『메시지』는 당신을 위한 성경입니다

성경을 처음 읽는 사람이나 너무 오랫동안 읽어 왔기에 성경이 너무 익숙해서 오히려 낯선 사람들, 성경을 공부하려는 사람이나 홀로 말씀을 깊게 묵상하고픈 사람들, 말씀을 전하는 설교자나 성경을 가르치는 주일학교 교사, 성경을 한번 읽어 봐야겠다는 마음을 갖고 있는 구도자나 믿지 않는 친구들……『메시지』는 바로 당신을 위한 성경입니다.

KB215014

복 있는 사람

오직 하나님 말씀에 사로잡혀 밤낮 성경말씀 곱씹는 그대!
에덴에 다시 심긴 나무, 달마다 신선한 과실 맺고 잎사귀 하나 지는 일 없이,
늘 꽃 만발한 나무라네.(시편 1:2-3, 메시지)

나는 저자에게 직접『메시지』의 저술 동기를 물은 적이 있습니다. 유진은 순전히 '목회적 동기'였다고 대답했습니다. 교인들이 성경 읽기를 너무 어려워하고, 말은 안 하지만 성경 읽기의 당위성을 알면서도 그렇게 못하고 있는 죄책감에서 교인들을 해방시키고 즐겁게 성경을 읽을 수 있도록 도울 길은 없을까를 고민했다고 합니다. 그 결과가 이 책『메시지』입니다. 나는 지난 수년 동안 영어 성경을 이『메시지』로 읽어 왔습니다. 얼마나 쉽고 흥미까지 있는지요! 그러면서도 이 책은 성경 원문의 표현을 벗어나지 않는 학문적 엄밀성까지 지키고 있습니다. 나는 성경에 흥미를 느끼며 성경을 독파할 다시없는 우리 시대의 대안으로, 단연 유진 피터슨의『메시지』를 추천하고 싶습니다.

이동원 목사 지구촌교회

성경은 자구(字句)를 따져 가며 세심히 읽어야 하는 진리의 말씀입니다. 그뿐만 아니라, 성경은 하나님께서 우리를 인격적 존재로 대하시며 건네시는 생생한 일상의 말씀이기도 합니다. 그 살아 있는 말씀으로 하나님의 마음을 느끼며 신앙의 내용도 바로 이해하게 될 때, 우리는 더욱 성숙한 믿음으로 나아가게 될 것입니다. 그 길로 나아가는 데 이 책『메시지』는 크나큰 유익을 줄 것이라 기대합니다.

박영선 목사 남포교회

유진 피터슨의『메시지』완간을 우리 모두가 오랫동안 기다려 왔습니다. 그의 탁월한 글솜씨와 함께 현대적 감각의 생생한 언어로 성경을 흥미롭게 풀어 우리 곁에 다가온『메시지』는 성도들의 영적 삶에 큰 변화를 가져올 기회가 되리라 확신합니다. 어렵게 여기던 성경과의 거리감을 없애고 친밀하게 다가갈 수 있게 함으로 그야말로 '열린 성경'이 되어 더 많은 독자들을 만날 수 있게 되었습니다. 말씀이 거침없이 읽힐 때 어떤 일이 일어날지 참으로 기대와 함께 흥분이 됩니다.

이규현 목사 수영로교회

문자로 기록된 성경은 하나님의 말씀이다. 거기에는 하나님의 깊은 뜻이 담겨 있다. 성경에 담겨 있는 깊은 뜻은 어느 시대 어떤 번역자에 의해서도 완전하게 드러낼 수 없다. 시대의 상황에서 최선을 다한 번역일 뿐이다. 유진 피터슨의『메시지』는 우리 시대에 살고 있는 사람들에게 하나님의 깊은 뜻을 가장 적절하게 잘 드러낸 최선의 번역이라는 찬사를 아끼지 않는다. 이름 그대로 독자들에게 살아 있는 메시지로 들려질 수 있는 번역이다. 어느 때보다 하나님의 말씀에 목말라하는 이때에, 이『메시지』가 많은 독자들에게 영의 양식이 될 줄 확신하는 바이다.

임영수 목사 모새골 공동체

저는 『메시지』 성경을 읽으면서, 성경 읽기를 무척이나 어려워하는 우리 성도들이 떠올랐습니다. 묵상은커녕 성경을 하루 한 장 읽기에도 바쁜 오늘날, 『메시지』는 한국교회에 참 귀한 선물입니다. 저는 성도를 말씀으로 깨워 각자의 삶 속에서 예수님 닮은 모습으로 서도록 도와주는 일이 목회자의 본질적인 사명이라 확신하며 사역해 왔습니다. 그러한 목회자의 마음이 담긴 『메시지』는, 어렵게만 느껴지던 성경을 우리 일상의 언어로 풀어 주어 성도 스스로 삶 속에서 말씀으로 하나님과 관계 맺도록 도와줍니다. 진정한 그리스도인의 영성은 구체적이고 실천적인 '일상의 영성', '삶의 영성'입니다. 『메시지』를 통해 한국교회의 성도들이 말씀의 깊은 세계로 뛰어들어 그 말씀대로 살기 위해 씨름하는, 주님의 참된 제자로 세워지기를 소망합니다.

이찬수 목사 분당우리교회

성에 낀 창가, 흐린 불빛 아래 앉아 시린 손을 호호 불며 시를 쓰던 지바고를 생각한다. 그리고 말씀의 지층을 탐사하면서, 곱씹은 말씀 한 자 한 자를 명징한 언어로 옮기느라 골똘했을 한 사람을 생각한다. 『메시지』의 행간에는 각고의 세월 동안 그가 흘렸을 눈물과 탄식, 기쁨과 감동이 배어 있다. 그 행간까지도 읽으려 한 번역자들과 편집자들의 노고도 눈물겹다. 아브라함 요수아 헤셸은 현대인을 가리켜 '메시지를 잃어버린 메신저'라 했다. 그런 현대인들에게 이 한 권의 책은 우리가 잃어버린 혹은 잊고 있는 본래적 삶을 되찾도록 도와줄 것이다. 성경의 세계와 깊이 만날 수 있는 또 하나의 창을 얻은 기분이다.

김기석 목사 청파교회

우리 교회는 성경을 읽을 때 두 가지 번역본을 사용하려고 합니다. 하나는 개역개정 성경이고, 하나는 『메시지』라는 의역 성경입니다. 특히, 『메시지』란 성경을 적극적으로 활용해 주시기를 바랍니다. 이미 성경을 여러 번 읽으셨던 분들은 새로운 번역본으로 읽으면서 성경의 새로운 의미를 깨달을 수 있을 것입니다. 그리고 처음 성경을 읽는 분들은 현대어로 번역된 이 성경을 통해 성경의 의미를 쉽게 파악할 수 있을 것입니다. 말씀을 통해 우리의 심령에 주실 하나님의 은혜의 단비를 사모합니다.

정현구 목사 서울영동교회

유진 피터슨의 『메시지』는 묵상 성경이다. 유진 피터슨은 문학적 상상력과 신학적 치밀성이 통합된 아주 놀라운 성경 해석가요 설교자다. 그의 풍요로운 문학적 상상력이 신학적 경직을 훌쩍 건너뛰어, 그의 모든 글들을 풍요롭고 자유롭고 아름답게 해준다. 딱딱한 성경의 이야기(narrative)를 흥미롭고 풍요로운 시적 언어로 다시 풀어내어 신선한 통찰력이 넘치는 새로운 이야기로 전하는 '스토리텔링 바이블'이 바로 『메시지』이다.

이문식 목사 광교산울교회

저는 『메시지』의 출판을 정말 오랫동안 기다려 왔습니다. 1996년도 안식년에 저는 리젠트 칼리지에 머물면서 저자도 만나고 그의 저서들도 접하게 되었습니다. 그때 『메시지』를 소개받고 읽으며 얼마나 좋아했는지 모릅니다. 그리고 그때부터 저는 한국어판의 간행을 기다려 왔습니다. 벌써 15년이나 되었네요. 이 책의 출간을 진심으로 기뻐하며 추천합니다. 여러분 모두 성경처럼 옆에 두고 읽어 보십시오. 은혜가 되고 영감이 떠오를 것입니다.

정주채 목사 향상교회

성경은 하나님에 대하여 어디서도 얻을 수 없는 살아 있는 정보를 가득 담고 있는 세상에서 가장 소중한 책이지만, 성경 원어가 모국어가 아닌 모든 사람에게 늘 쉽지 않은 책이기도 하다. 유진 피터슨은 문화와 시간의 벽을 뛰어넘어 그 소중한 의미를 밝혀 주는 번역과 의역 작업을 통해 우리를 성경 말씀에 더 가까이 나아가게 만든다. 한국인에 의한 한국판 『메시지』가 나올 때까지, 이 책은 우리 모두에게 축복의 보고가 될 것이다.

김형국 목사 나들목교회

『메시지』는 변함없는 진리의 말씀을, 지금 이 시대의 평범하고 일상적인 단어들에 담아 생동감 있게 전해 줍니다. 성경의 원문에 충실한 바른 번역이 살아 있는 언어로 더욱 빛을 발하는 『메시지』는, 성경을 처음 읽는 사람이든 오랫동안 상고해 온 사람이든, 누구에게나 깊이 파고드는 생명력 있는 진리의 귀한 통로가 될 것입니다. 이 시대의 젊은이와 미래를 이끌어 갈 다음 세대에게 생명을 살리는 도구로 크게 쓰일 것입니다.

오정현 목사 사랑의교회

유진 피터슨의 『메시지』는 이미 영어권 독자에게는 '뉴욕타임스'처럼 매일 읽을 수 있는 책으로 자리 잡았다. 그러나 『메시지』는 단순히 사건에 대한 기사를 읽고 아는 것에 그치지 않고 '거룩한 독서', '영적 독서' 렉티오 디비나(lectio divina) 전통이 해온 것처럼 읽고, 묵상하고, 기도하고, 일상의 구체적 삶에서 말씀을 삶으로 살아 내도록 배려한다. 따라서 오늘도 여전히 살아 계셔서 말씀하시는 하나님이 성경을 통해서 말씀하시고 계신 것을 『메시지』를 통해서 체험하게 될 것이고 읽는 이들이 성경을 더욱더 사랑하게 될 것이라 믿고 진심으로 추천한다.

강영안 미국 칼빈신학대학원 철학신학 교수, 서강대학교 철학과 명예교수

나는『메시지』출간으로, 한반도에 사는 남과 북의 사람들이 성경이 읽고 이해할 수 있는 책이라는 것을 알게 되리라고 확신한다. 유진 피터슨은 보통 사람들의 일상 언어로 성경을 번역했지만 학문적인 엄밀성도 갖춰, 젊은 사람이나 나이 든 사람, 성경을 공부해 온 사람이나 성경을 한 번도 읽은 적 없는 사람 모두에게, 하나님의 말씀이 "살아 있는" 말씀이 되게 했다. 하나님께서『메시지』를 사용하셔서, 이 땅 한반도가 그분의 살아 있는 말씀으로 가득 채워지기를 기도한다.

오대원 예수전도단 설립자

포스트모던 시대에 교회가 유념해야 하는 사실은 매체가 메시지가 된다는 점입니다. 교회가 간직해 온 가장 소중하고 핵심적인 매체는 하나님의 말씀인 성경인데, 그간 다양한 번역이 나오기는 했지만 아직도 개역이나 개역개정에 대해 많은 사람들이 어렵다는 반응을 보이고 있습니다. 이처럼 한국교회의 매체는 여전히 어렵고 접근하기 불편한 것이 사실입니다. 성경이라는 매체가 '교회는 어려운 곳'이라는 메시지를 전한다면 안타까운 일입니다. 유진 피터슨의『메시지』는 이미 영어권에서는 폭발적인 반응을 일으킨 바 있습니다. 이『메시지』가 우리나라의 독자들에게도 전해지게 되어 기쁘게 생각합니다. 바라기는『메시지』가 우리와 함께하시는 임마누엘의 하나님을 대면하는 새로운 매체가 되어, 교회의 문호가 모든 사람에게 활짝 열려 있다는 메시지도 함께 전달되기를 기대합니다.

김중안 전 한국기독학생회 IVF 대표

"말씀이 육신이 되어……." 육신이 된 말씀은 역사의 분기점마다 새 세상을 창조하는 영감과 통찰, 그리고 힘의 원천이었다. 위대한 개혁의 시대에는 일상의 언어, 보통 사람의 말로 생생하게 살아 펄떡이는 말씀이 있었다. 위클리프의 성경이, 루터의 성경이, 암울했던 일제 강점기에는 개역성경이, 그리고 이제 우리에게는『메시지』가 주어졌다. 주님께서는 우리 시대 또 어떤 역사를 시작하실 것인가?

이윤복 전 죠이선교회 대표

번역(飜譯)은 반역(反逆)이다. 게다가 중역(重譯)이라니! 대역죄에 처해야 마땅하다. 이 책은 유진 피터슨을 빙자해 성경 원문을 현대 한국 일상어로 읽어 내려는 발칙한 음모의 소산이다. 꽤 잘나가는 전문번역자들과 믿었던 성서학자들이 이 소란에 줄줄이 동원된 듯하다. 신속 과감하게 이 작전을 배후에서 조종한 출판사의 배포에 움찔했다.『메시지』에 부화뇌동할 젊은 세대들과 초신자들이 적지 않을 것 같아 벌써부터 걱정이다. 이런 예사롭지 않은 설레임, 대체 얼마 만인가?

양희송 청어람 ARMC 대표기획자

원어의 운율과 숙어적인 의미를 살리면서도 편안하게 빠져서 읽을 수 있는『메시지』를 우리말로 읽을 수 있게 됨을 환영한다. 우리말로 옮기면서 운율과 어감이 다소 달라졌지만, 성경을 살아 있는 메시지로 듣고자 하는 이들의 보조성경으로 흔쾌히 권하련다.

권영석 전 학원복음화협의회 상임대표

기독교는 창조주 하나님께서 친히 속내를 드러내신 계시의 종교다. 성경은 영원한 하나님의 진리를 제한된 사람의 언어로 담아낸 책으로, 평범한 사람이 이해하도록 배려하신 하나님의 커뮤니케이션이다. 그러나 역사상 수많은 번역이 난삽하거나 고전적 표현을 고집함으로써 성경의 메시지로부터 일반인을 격리시키는 오류를 범하곤 했다. 개역성경도 긴 시간이 흐르면서 현대인이 쉽게 읽기 어려운 책이 되고 말았다. 유진 피터슨의 『메시지』가 우리말로 번역된 것을 보니 오랜 가뭄에 단비같이 반가운 소식이다. 이 탁월한 '성경 옆의 성경'을 통해, 하나님의 말씀이 독자의 삶에 친숙하고 풍성하게 되살아나는 축복이 있기를 바란다.

정민영 국제 위클리프 성경번역선교회 부대표

개역성경, 솔직히 좀 어려운 게 사실이지만 다들 쓰니까 어쩔 수 없이 들고 다녀야 했다. 다른 현대어 성경, 좀 밋밋하고 아쉬운 구석이 많아 영어 성경 보듯 가끔 참고만 했다. 유진 피터슨의 『메시지』 성경, 오랜만에 앉은자리에서 책 읽듯이 쭉 읽고 묵상하고 싶게 만드는 성경이다. 못 믿겠으면 지금 당장 로마서 12장 1-2절을 찾아 읽어 보라!

서재석 Young2080 대표

『메시지』 성경의 출간은 오랫동안 기다려 왔던 일입니다. 왜냐하면 성경을 오늘날의 언어로 이해할 수 있는 탁월한 성경이기 때문입니다. 『메시지』를 통해 많은 사람들이 성경의 진수를 오늘의 생각과 언어 그리고 정서로 이해할 수 있었으면 좋겠습니다. 성경을 손에 잡히는 언어로 이해하고 묵상하기에 가장 훌륭한 도구가 될 것입니다.

한철호 미션파트너스 상임대표

말씀에 목마른 사람들이 있습니다. 말씀 없이는 단 한 순간도 살아갈 수 없는 사람들입니다. 저는 컴패션 현지에서 가난 속에서 몸부림치며 하나님 말씀 붙들고 일어나는 수많은 어린이와 부모들을 만납니다. 그들과 만나면, 말씀의 능력 앞에 엎드릴 수밖에 없습니다. 그 말씀에 가장 좋은 친구가 되는 『메시지』를 통해 말씀의 살아 있음을 더욱 깊이 경험하게 되기를 바랍니다.

서정인 국제어린이양육기구 한국컴패션 대표

『메시지』는 평소에 늘 곁에 두고 읽고 싶은 성경입니다. 마침내 본문 전체가 번역되다니, 얼마나 기쁜지요! 유진 피터슨은 많은 책에서 일상의 영성을 강조하는데, 우리의 구체적인 삶 가운데 함께하시는 하나님을 깨닫고 만나는 데 『메시지』가 많은 도움을 주리라 믿습니다. 『메시지』를 읽고 잠잠히 묵상하는 가운데, 수천 년 전 살았던 성경 속 인물들이 지금 우리 곁에서 이야기하는 듯한 놀라운 경험을 하게 될 것입니다.

문애란 G&M 글로벌문화재단 대표

『메시지』는 이 시대의 언어로 성경 속 그 시절을 물 흐르듯 자연스럽게 만나게 합니다. 『메시지』를 통해 더 많은 이들이 우리를 향한 하나님의 계획하심과 일하심을 생생하게 느끼기를, 나아가 예수님을 알지 못하는 이들 역시 지금 이 순간에도 살아 역사하시는 하나님을 뜨겁게 맞이하기를 소망합니다.

김경란 전 KBS 아나운서

『메시지』 성경의 뛰어난 가독성은, 하나님의 말씀인 성경이 이렇게 빨리 읽히고 이렇게 쉽게 이해되어도 괜찮나, 하는 생각이 들어 문득 독서를 멈출 정도이다. 그렇지만 성경이 왜 잘 안 읽히고 이해되기 어려운 책이어야 한단 말인가. 일상의 언어와 시대의 문장에 담겨 우리를 찾아온 새로운 버전의 이 성경은 하나님의 말씀이 얼마나 친근하고 가까운지를 새삼 상기시킨다. 말씀이 그분의 임재의 현장임을 믿는다. 『메시지』 성경의 생생하고 과감한 현대적 표현을 통해 우리는 어제와 마찬가지로 오늘도 동일하게 활동하시는 성령의 역동적인 운행을 경험하며 놀란다.

이승우 소설가, 조선대학교 문예창작학과 교수

『메시지』가 다른 쉬운 번역 성경과 차별되는 독특함은, 번역과 의역을 넘나드는 그 문학성 때문이다. 『메시지』는 딱딱한 성경의 이야기성(narrative)을 멋지게 되살려 낸, 이 시대를 사는 그리스도인들에게 참 반가운 선물이다. 『메시지』는 피터슨의 학문적인 토대 위에서 30여 년간의 목회 사역과 그의 문학적 소양이 빚어낸 역작이다. 하지만 역설적으로 『메시지』는 유진 피터슨의 책이 아니다. 그는 창작자가 아니라 통역자이기 때문이다. 하나님이 말씀하시고, 피터슨 목사는 알아듣기 쉬운 언어로 그 말씀을 전하는 또 한 명의 도구일 뿐이다. 이 지혜로운 동네 목사님이 준비해 주신 말씀이 우리 안에서 살아 내지도록 하는 것만이 그 은혜에 보답하는 길이리라.

고(故) 안수현 『그 청년 바보의사』 저자

제가 이스라엘에서 10년간 사역하면서 누린 최고의 복은, 이스라엘의 역사·지리·문화에 대한 폭넓은 이해를 통해 성경을 역사 드라마처럼 익사이팅하게 읽을 수 있게 되었다는 점입니다. 유진 피터슨의 『메시지』 또한 성경 속 이야기를 눈앞에서 움직이듯이 생생히 전달해 주어 성경을 더욱 친근하고 입체적으로 이해하도록 돕습니다. 이 책을 통해, 풍성하고 벗어날 수 없는 성경의 매력에 푹 빠져 보시기 바랍니다.

류모세 『열린다 성경』 저자

『메시지』는 유진 피터슨의 35년간의 목회 경험과 신학 교수로서의 전문성이 집약된 '읽는 성경'이다. 학자적 엄밀성뿐 아니라 공역 성경이 줄 수 없는 친근함과 정겨움이 넘쳐나는 이 책은, 기독교인과 일반인 모두에게 성경을 더욱 가까이하는 계기를 제공한다.

「국민일보」

『메시지』는 마치 다리와도 같다. 성경과 사람들 사이에 다리를 놓아 우리로 하여금 바로 일상에서 말씀하시는 것 같은 생생한 어조로 진리를 듣게 해준다.

하덕규 CCM 아티스트

유진 피터슨은 일상과 사람과 영성을 따로 보지 않았습니다. 『메시지』에는 뭇 백성을 향한 애끓는 사랑과 그분을 향한 한결같은 장인 정신이 살아 있습니다. 예수가 사람이 되어 오신 사랑과 연민을 그는 『메시지』를 통해 실천했습니다.

홍순관 CCM 아티스트

『메시지』의 출간을 독자의 한 사람으로 기다리고 있었습니다. 따뜻하고 친절한 저자의 배려가 글 한 구절 한 구절에 담겨져 있는 듯합니다. 덕분에 쉽게 펼쳐 보지 못했던 성경의 구석구석을 『메시지』와 함께 여행할 수 있어 읽는 내내 가슴 설레고, 인생이라는 여행길에 걸음걸음 흥겨움을 줍니다. 고맙습니다. 좋은 책을 만나게 해주셔서…….

조수아 CCM 아티스트

하나님은 인간의 언어를 사용하여 우리의 수준으로 말씀하셨다. 신약성경이 코이네(평범한) 그리스어로 쓰여진 것도 바로 그 맥락일 것이다. 『메시지』는 누구나 이해할 수 있는 일상의 언어로 우리에게 말씀하신 그 놀라운 성육신의 은혜를 고스란히 담아내고 있다.

조준모 CCM 아티스트, 한동대학교 국제어문학부 교수

일상을 사는 일과 말씀을 읽고 그 말씀을 일상 속에 해석하고 또한 비추어 내는 일은 늘 어려운 숙제 같습니다. 여기 이 책이 그 여정 가운데 도움이 되지 않을까 싶습니다.

한웅재 CCM 아티스트

『메시지』 모세오경 감수자

『메시지』는 목회자의 마음으로 번역된 성경이다. 독자에게 하나님의 마음을 전달하려는 간절한 목자의 마음이 문체와 어조 속에 잘 반영되어 있다. 유진 피터슨은 자신이 목회하는 교회의 회중의 눈높이에 맞춰, 현대인의 접근을 어렵게 만드는 성경의 구절들을 일상의 언어로 탁월하게 번역해 냈다.

김회권 교수 숭실대학교 구약학

광야길을 가며 구약성경을 읽고 있던 에티오피아 재무장관에게 예루살렘 교회의 전도자 빌립이 다가와 물었습니다. "읽는 것이 이해가 되십니까?" 그러자 에티오피아 내시는 "도와주는 사람이 없는데 어찌 이해가 되겠습니까?"라고 대답했습니다. 이 에피소드는 유진 피터슨의 『메시지』의 역할이 무엇인지 잘 설명해 줍니다. 우리가 부르는 찬송가의 한 구절처럼, 『메시지』는 하나님의 말씀을 알아듣기 쉽고 이해하기 쉽게 들려주는 탁월한 통역자입니다. 또한 천상의 언어를 우리가 사는 이 땅의 언어로 번역한 성육신적 성경입니다. 어느 것도 이보다 더 좋을 수 없을 것입니다.

류호준 교수 백석대학교 구약학

『메시지』의 미덕은 두 가지다. 무엇보다 성경을 막힘없이 읽을 수 있게 해준다. 하나님의 거대한 이야기를 만들었던 소소한 일상 속에서 사람들이 웃고 떠들고 화내고 슬퍼하던 소리를 생생히 듣는다. 그들와 함께했던 하나님의 일하심을 또렷하게 본다. 이것이 『메시지』의 잘 알려진 첫 번째 미덕이다. 그런데 『메시지』의 두 번째 미덕은 첫 번째 미덕과는 반대의 성격을 띤다. 『메시지』는 종종 성경을 읽는 걸음을 멈추게 한다. 하나님의 말씀이 잘 들리지 않는 이유 중 하나는 우리가 그 말씀에 너무 "익숙해져" 있기 때문이다. 익숙한 말은 더 이상 들리지 않는다. 더 이상 설레지도 않는다. 그런데 『메시지』는 하나님의 말씀을 낯설게 한다. 이런 말씀이 성경에 있었단 말인가? 말씀을 낯설게 하기, 이것이 『메시지』의 두 번째 미덕이다. 이런 낯설음이 정말로 성경이 무엇을 말하고 있는지 다시금 꼼꼼히 살펴보는 계기가 된다면, 『메시지』는 '성경 옆의 성경'이라는 소임을 성공적으로 수행한 것이다. 『메시지』를 통해 하나님 말씀을 가슴 설레며 읽게 되는 것, 그 하늘의 복을 모든 독자들이 누릴 수 있기를 바란다.

전성민 교수 밴쿠버 기독교세계관대학원 세계관 및 구약학 종교개혁의 중요한 공헌 가운데 하나는, 신부들의 전유물처럼 여겨진 라틴어로 된 성경을 각 나라말로 번역하여 평신도들이 직접 성경을 읽게 함으로써 성경 중심의 신앙을 세운 것이다. 한국에서는 예배용으로 사용되는 개역성경의 전통이 있고 최근에 다양한 성경이 보급되었지만, 여전히 신앙인들이 쉽게 성경을 읽기에는 장애물들이 있는 실정이다. 이러한 상황에서, 성경 옆의 성경 『메시지』는 성경이 신앙인들에게 더 가까이 다가가게 만드는 역할을 한다는 면에서 반갑지 않을 수 없다. 나 자신도 감수를 하면서 쉬운 일상의 말로 번역된 성경의 이야기가 통전적으로 다가오는 편안함을 느낄 수 있었다. 『메시지』가 한국어를 사용하는 신앙인들에게 성경의 오묘한 세계로 들어가는 친절한 친구가 되기를 소망한다.

배정훈 교수 장로회신학대학교 구약학

성경은 고전(古典) 가운데서도 최고의 고전이다. 고전이란 반드시 읽어야 할 책이라는 것은 누구나 알지만, 고전을 읽는다는 것은 말 그대로 고전(苦戰)이라, 쉽게 읽지 못하는 책이기도 하다. 성경이 영원히 읽어야 할 책이라는 점에는 그 누구도 이의를 제기하지 않을 것이다. 그러나 열정적인 독서에 비해서 그만큼 이해되지 않는 책이기도 하다. 이런 문제를 단번에 해결하는 책이 드디어 발간되었다. 문자적인 번역은 그 의미를 파악하기가 쉽지 않고, 풀어 쓴 의역은 본래의 의미를 벗어 나기가 십상이다. 그런데 『메시지』는 이 둘의 한계를 신기하게 극복하고, 본문의 의미를 현대적인 언어로 되살린 탁월한 결과물이다. 마치 성경의 원저자이신 하나님께서 옆에서 우리가 쓰는 언어로 말씀하시는 것 같은 착각을 불러일으킬 정도다.

차준희 교수 한세대학교 구약학

유진 피터슨의 『메시지』를 우리말로 읽는다는 것은 커다란 감동입니다. 히브리어와 그리스어로 기록된 성경의 말씀이 무슨 뜻인지를 오늘날 우리들의 글말로 새롭게 듣게 하기 때문입니다. 성경의 세계와 오늘 우리 사이에는 커다란 시간적·공간적·문화적 거리가 있습니다. 유진 피터슨의 『메시지』는 이 거리를 단숨에 건너뛰게 해줍니다. 그때 선포되었던 말씀을 오늘 우리에게 선포되는 말씀으로 듣게 할 뿐만 아니라 그 뜻이 무엇인지를 정확하게 깨닫게 해줍니다. 어렵게만 느껴지던 성경의 구절이 '아! 그런 뜻이었구나' 하면서 우리에게 다가오는 경험을 하게 됩니다. 그런 점에서 유진 피터슨의 『메시지』는 '뜻으로 푼 성경'이라고 말할 수 있습니다. 그가 풀어 놓은 말씀의 향연에 참여할 때, 독자들은 하나님의 말씀을 "종일 작은 소리로 읊조리는"(시 119:97) 시인의 고백을 공유하게 됩니다.

왕대일 교수 감리교신학대학교 구약학

『메시지』는 내가 아는 성경의 최근 번역본 중에 가장 역동적인 성경이다. 『메시지』는 아이들도 이해할 수 있는 성경이다. 성경을 많이 읽어 온 사람은 이 『메시지』를 통해 예수님의 말씀을 전혀 새로운 눈으로 보게 될 것이다.
빌리 그레이엄

『메시지』는 하나님 말씀을 교인들에게 전하려고 했던 피터슨의 목회 경험에서 나온 책이다. 『메시지』를 통해 가장 큰 유익을 얻을 사람은, 성경을 읽어도 이해가 되지 않아 성경을 덮어 버린 사람이다. 또한 깊이 생각하며 진리를 추구하지만 아직 말씀을 받아들일 준비가 되어 있지 않은 사람이다. 놀랍게도 『메시지』는, 일상적인 언어로 저들에게 강렬하게 다가가서 살아 있는 말씀이 된다.
달라스 윌라드 『하나님의 모략』 저자

『메시지』는 성경 본래의 목소리를 생생한 언어로 전해 주는 성경이다. 강력하게 추천한다.
리처드 포스터 『영적 훈련과 성장』 저자

학자적 엄밀성과 생생한 표현이 잘 어우러진 유진 피터슨의 『메시지』는, 다양한 성경 번역본 가운데 단연 돋보이고 뛰어난 성경이다. 성경 원문의 논리적 흐름과 활력적인 정서, 함축된 의미들이 탁월하게 되살아난다.
제임스 I. 패커 『하나님을 아는 지식』 저자

『메시지』는 오늘날 살아 있는 일상의 언어로 말하는 성경이다. 유진 피터슨의 탁월한 언어 감각은 『메시지』만의 고유한 특징이다.
고든 피 리젠트 칼리지 신약학 교수

우리는 전 교인과 함께 『메시지』를 읽었고, 지금도 계속해서 읽고 있다.
릭 워렌 새들백교회 담임목사

나는 『메시지』에서 단어를 읽을 뿐 아니라, 단어 뒤에서 말하는 소리까지도 듣게 된다. 『메시지』는 우리 눈에 읽히고 귀로도 들려서, 성경 속으로 들어가는 문을 활짝 열어 준다.
마이클 카드 CCM 아티스트

피터슨 목사님, 안녕하세요? 저는 그룹 U2의 싱어인 보노입니다. 성경 본문을 이렇게 멋지게 번역하신 그 수고에 대해서 저와 저희 밴드가 감사의 마음을 전하고 싶습니다. 정말이지 너무 훌륭합니다. 그동안 많은 훌륭한 번역들이 있었지만 제 자신의 언어 그대로 이야기해 주는 이런 성경은 처음이었어요. 10년이라는 시간, 참 긴 시간이죠. 이젠 좀 쉬셔야죠? 안녕히.

보노 록그룹 U2 리드싱어

『메시지』는 한 번 손에 들면 놓을 수 없는 책이다. 다음에 어떤 내용이 있을지 궁금해서 계속해서 읽게 되고, 읽다 보면 끊임없이 놀라게 된다. 『메시지』의 신선한 관점과 형식은 예수님에 관한 사실들을 단번에 읽어 내는 경험을 가져다줄 것이다.

에이미 그랜트 CCM 아티스트

성경의 이야기를 새롭고 신선하게 보는 눈을 열어 준 이 책을 처음 만난 것이 아주 오래전 일인 것 같다. 이제 『메시지』를 읽고 싶어 하는 저 수많은 사람들의 명단에 내 이름이 올라 있다. 『메시지』는 내게 너무도 소중한 친구이다.

맥스 루케이도 『예수님처럼』 저자

유진 피터슨 덕분에 이 시대 모든 이들이 성경을 흥미롭고 강력하고 감미롭고 날카롭고 설득력 있고 통렬하고 인간적이고 현대적이고 따뜻하고 극적으로 읽을 수 있게 되었다.

월터 왱어린 『오직 나와 내 집은』 저자

나는 『메시지』의 한 구절을 읽고, 다시 읽고 생각한다. '아, 이것이 그런 뜻이었구나!' 피터슨은 우리에게 평생의 선물을 주었다.

레베카 피펏 『빛으로 소금으로』 저자

놀랍다! 나는 항상 『메시지』를 가지고 다닌다. 『메시지』는 어디를 가든 꺼내 보고 싶은 보화다.

조니 에릭슨 타다 『하나님의 눈물』 저자

『메시지』는 나를 사로잡아 놀랍도록 살아 있게 한다. 『메시지』는 경이와 흥분, 인간의 진정한 언어와 감정으로 가득 차 있다.

프레드릭 뷰크너 『하나님을 향한 여정』 저자

『메시지』를 주신 하나님께 감사드린다. 유진 피터슨은 『메시지』를 통해 교회가 성경을 새롭게 읽을 수 있게 해주었다.

『크리스채너티 투데이』

『메시지』 구약 원서 감수자

로버트 L. 허버드 Jr. | 노스 파크 신학교 구약학 교수
리처드 E. 에버벡 | 트리니티 복음주의 신학교 구약학 교수
피터 E. 엔즈 | 이스턴 대학교 구약학 교수
듀안 A. 개럿 | 남침례 신학교 구약학 교수
프레스콧 H. 윌리엄스 Jr. | 전 오스틴 장로교 신학교 구약학 교수
브라이언 E. 베이어 | 컬럼비아 인터내셔널 대학교 인문대 교수
레이머 E. 쿠퍼 | 크리스웰 칼리지 구약학 교수
도널드 R. 글렌 | 댈러스 신학교 구약학 명예교수
폴 R. 하우스 | 비슨 신학교 구약학 교수
V. 필립스 롱 | 리젠트 칼리지 구약학 교수
트렘퍼 롱맨 3세 | 웨스트몬트 칼리지 구약학 교수
존 N. 오스월트 | 애즈베리 신학교 구약학 교수
리처드 L. 프랫 Jr. | 리폼드 신학교 구약학 교수
존 H. 월튼 | 휘튼 칼리지 구약학 교수
마빈 R. 윌슨 | 고든 칼리지 구약학 교수

『메시지』 모세오경 한국어판 작업에 도움을 준 이들

번역

김순현 | 여수 갈릴리교회 담임목사, 번역가(『메시지』『안식』『디트리히 본회퍼』 등 다수)

윤종석 | 전문 번역가(『메시지』『예수님처럼』『하나님의 모략』『놀라운 하나님의 은혜』 등 다수)

이종태 | 장로회신학대학교 초빙교수, 번역가(『메시지』『순전한 기독교』『다윗: 현실에 뿌리박은 영성』 등 다수)

책임 감수

김회권 | 숭실대학교 기독교학과 교수, 『청년설교 1·2·3』『하나님 나라 신학 강해 시리즈』 저자

신학 감수

류호준 | 백석대학교 구약학 교수

배정훈 | 장로회신학대학교 구약학 교수

왕대일 | 감리교신학대학교 구약학 교수

전성민 | 밴쿠버 기독교세계관대학원 세계관 및 구약학 교수

차준희 | 한세대학교 구약학 교수

영문 감수

이종태 | 장로회신학대학교 초빙교수, 번역가(『메시지』『순전한 기독교』『다윗: 현실에 뿌리박은 영성』 등 다수)

편집 및 독자 감수

『메시지』 한국어판이 약 10년에 걸쳐 완간되기까지, 복 있는 사람 출판사에서 오랫동안 수고해 온 멤버들과 개교회 목회자, 선교단체 간사, 신학생들 그리고 무명의 독자들의 날카롭고도 애정어린 편집 및 감수의 손길이 『메시지』 곳곳에 배어 있다.

메시지 | 모세오경

2011년 4월 29일 초판 1쇄 발행
2017년 4월 26일 양장판 1쇄 발행
2019년 1월 21일 양장판 3쇄 발행

지은이 유진 피터슨
옮긴이 김순현 윤종석 이종태
감수자 김회권
펴낸이 박종현

도서출판 복 있는 사람
주소 서울특별시 마포구 연남동 246-21(성미산로23길 26-6)
전화 02-723-7183(편집), 7734(영업·마케팅) 팩스 02-723-7184
이메일 hismessage@naver.com
등록 1998년 1월 19일 제1-2280호

ISBN 978-89-6360-203-5 04230
978-89-6360-217-2 04230 (세트)

이 도서의 국립중앙도서관 출판예정도서목록(CIP)은 서지정보유통지원시스템 홈페이지(http://seoji.nl.go.kr)와
국가자료공동목록시스템(http://www.nl.go.kr/kolisnet)에서 이용하실 수 있습니다. (CIP 제어번호: 2016028617)

THE MESSAGE: The Old Testament Books of Moses
by Eugene H. Peterson

Originally published in English in the USA under the title
THE MESSAGE: The Bible in Contemporary Language by Eugene H. Peterson
Copyright © 2002 by Eugene H. Peterson, All rights reserved.
THE MESSAGE Numbered Edition copyright © 2005
Korean edition © 2017 by The Blessed People Publishing Co., Seoul, Republic of Korea,
All rights reserved.
Licensed with permission of NavPress, Represented by Tyndale House Publishers, Inc.,
Carol Stream, Illinois 60188, USA.
License arranged through rMaeng2, Seoul, Republic of Korea.

THE MESSAGE and *THE MESSAGE* logo are trademarks of Navpress. Used by permission.
All rights reserved.

이 한국어판의 저작권은 알맹2 에이전시를 통하여 Tyndale House Publishers, Inc.와 독점 계약한
도서출판 복 있는 사람에 있습니다. 신저작권법에 의하여 한국 내에서 보호받는 저작물이므로 무단 전재와 무단 복제를 금합니다.
*THE MESSAGE*와 *THE MESSAGE* 로고는 Navpress의 고유 상표이므로 사용 시 허가가 필요합니다.

『메시지』는 유진 피터슨 The MESSAGE 공식 한국어판입니다.
『메시지』 한국어판은 서평이나 비상업적인 목적인 경우 50절까지 인용할 수 있으나,
그 이상 인용하거나 상업적인 목적인 경우 반드시 저작권자인 복 있는 사람 출판사의 서면 허가를 받아야 합니다.

메시지 | 모세오경

THE MESSAGE

The Old Testament Books of Moses

Eugene H. Peterson

일상의 언어로 쓰여진 성경 옆의 성경

모세오경

유진 피터슨

복 있는 사람

차례

일러두기

- 유진 피터슨의『메시지』영어 원문을 번역하면서, 한국 교회의 실정과 환경을 고려하여『메시지』한글 번역본의 극히 일부분을 의역하거나 문장과 용어를 바꾸었다.
- 유진 피터슨은『메시지』영어 원문에서, 유일무이한 하나님의 인격적 이름을 주(LORD) 대신에 대문자 GOD로 번역했다. 따라서『메시지』한국어판은 많은 논의와 신학 감수를 거쳐, 원저자의 의도를 반영해 '주'(LORD) 대신에 강조체 '**하나님**'(GOD)으로 표기했다.
- 『메시지』한국어판의 도량형(길이, 무게, 부피)은『메시지』영어 원문을 기초로 하여, 오늘날 우리나라에서 일반적으로 통용되는 단위로 환산해 표기했다.
- 지명, 인명은 대한성서공회에서 발행한「개역개정」「새번역」성경의 원칙을 따랐다.

한국의 독자에게

한국의 많은 친구들이 하나님의 말씀, 이 귀한 성경 말씀을 오늘의 언어로 된 새로운 번역으로 읽게 된다니 기쁘기 그지없습니다.

하나님의 말씀—하나님은 말씀하시고, 언어를 사용하십니다—은 세상과 우리 안에서 벌어지는 모든 일, 글자 그대로 모든 일의 기초입니다. 성경의 첫 페이지에는 "하나님께서 말씀하셨다"가 아홉 번이나 나옵니다. 하나님이 말씀하시면, 일이 생겨납니다. 우리가 존재하게 됩니다. 성경은 하나님이 말씀하실 때 생겨나거나 존재하게 되는 일들의 이야기입니다. 그 이야기는 우리가 자녀와 부모 간에, 친구와 이웃들과 이야기할 때 사용하는 언어와 똑같은 언어로 말하고 기록되었습니다. 그러므로 하나님의 백성이, 하나님이 누구시며 그분이 무슨 일을 하시는지를 계시해 주는 말씀을 읽는 데 계속해서 열심을 내는 것은 놀랄 일이 아닙니다. 참으로 놀라운 사실은, 하나님의 백성인 우리가 모든 것을 포괄하는 그 거대한 창조와 구원의 이야기에 등장하고, 그 이야기에 참여하고 있으며, 그 이야기를 살아 낸다는 것입니다.

여러분이 이 책을 펴서 읽는 동안, 기독교 신앙과 모든 삶의 핵심에 자리한 그 거대한 대화 속으로 들어가기를, 하나님이 말씀하시고 여러분이 응답하는 대화 속으로 들어가기를 간절히 바랍니다.

유진 피터슨

『메시지』를 읽는 독자에게

『메시지』에 독특한 점이 있다면, 현직 목사가 그 본문을 다듬었기 때문일 것이다. 나는 성경의 메시지를 내가 섬기는 사람들의 삶 속에 들여놓는 것을 내게 주어진 일차적 책임으로 받아들이고 성인 인생의 대부분을 살아왔다. 강단과 교단, 가정 성경공부와 산상수련회에서 그 일을 했고, 병원과 양로원에서 대화하면서, 주방에서 커피를 마시고 바닷가를 거닐면서 그 일을 했다. 『메시지』는 40년간의 목회 사역이라는 토양에서 자라난 열매다.

인간의 삶을 만들고 변화시키는 하나님의 말씀은, 내가 『메시지』 작업을 하는 동안 정말로 사람들의 삶을 만들고 변화시켰다. 우리 교회와 공동체라는 토양에 심겨진 말씀의 씨앗은, 싹을 틔우고 자라서 열매를 맺었다. 현재의 『메시지』를 작업할 무렵에는, 내가 수확기의 과수원을 누비며 무성한 가지에서 잘 영근 사과며 복숭아며 자두를 따고 있다는 기분이 들곤 했다. 놀랍게도 성경에는, 내가 목회하는 성도며 죄인인 사람들이 살아 낼 수 없는 말씀, 이 나라와 문화 속에서 진리로 확증되지 않는 말씀이 단 한 페이지도 없었다.

내가 처음부터 목사였던 것은 아니다. 원래 나는 교사의 길에 들어서서, 몇 년간 신학교에서 성경 원어인 히브리어와 그리스어를 가르쳤다. 남은 평생을 교수와 학자로 가르치고 집필하고 연구하며 살겠거니 생각했었다. 그러다 갑자기 직업을 바꾸어 교회 목회를 맡게 되었다.

뛰어들고 보니, 교회는 전혀 다른 세계였다. 제일 먼저 눈에 띈 차이는, 아무도 성경에 별로 관심이 없어 보인다는 점이었다. 얼마 전까지만 해도, 사람들은 내게 돈을 내면서까지 성경을 가르쳐 달라고 했는데 말이다. 내가 새로 섬기게 된 사람들 중 다수는, 사실 성경에 대해 아무것도 몰랐다. 성경을 읽은 적도 없었고, 배우려는 마음조차 없었다. 성경을 몇 년씩 읽어 온 사람들도 많았지만, 그들에게 성경은 너무 익숙해서 무미건조하고 진부한 말로 전락해 있었다. 그들은 지루함을 느낀 나머지 성경을 제쳐 둔 상태였다. 그 양쪽 사이에 있는 사람은 많지 않았다. 내가 가장 중요하게 여긴 일은, 성경 말씀을 그 사람들의 머리와 가슴 속에 들여놓아서, 성경의 메시지가 그들의 삶이 되게 하는 것이었다. 그러나 거기에 관심을 갖는 사람은 거의 없었다. 신문과 잡지, 영화와 소설이 그들 입맛에 더 맞았다.

결국 나는, 바로 그 사람들에게 성경의 메시지를 듣게—정말로 듣게—해주는 일을 내 평생의 본분으로 삼게 되었다. 그것이야말로 확실히 나를 위해 예비된 일이었다.

나는 성경의 세계와 오늘의 세계라는 두 언어 세계에 살고 있었다. 나는 언제나 그 두 세계가 같은 세계인 줄 알았다. 그러나 사람들은 그렇게 보지 않았다. 나는 어쩔 수 없이 "번역가"(당시에는 그런 표현을 쓰지 않았지만)가 되었다. 날마다 그 두 세계의 접경에 서서, 하나님이 우리를 창조하시고 구원하시고 치유하시고 복 주시고 심판하시고 다스리실 때 쓰시는 성경의 언어를, 우리가 잡담하고 이야기하고 길을 알려 주고 사업하고 노래 부르고 자녀에게 말할 때 쓰는 오늘의 언어로 옮긴 것이다.

그렇게 하는 동안, 성경의 원어—강력하고 생생한 히브리어와 그리스어—는 끊임없이 내 설교의 물밑에서 작용했다. 성경의 원어는 단어와 문장을 힘있고 예리하게 해주고, 내가 섬기는 사람들의 상상력을 넓혀 주었다. 그래서 오늘의 언어 속에서 성경의 언어를 듣고, 성경의 언어 속에서 오늘의 언어를 들을 수 있게 해주었다.

나는 30년간 한 교회에서 그 일을 했다. 그러던 어느 날(1990년 4월 30일이었다), 한 편집자가 내게 편지를 보내 왔다. 그동안 내가 목사로서 해온 일의 연장선에서 새로운 성경 번역본을 집필해 달라는 청탁의 편지였다. 나는 수락했다. 그 후 10년은 수확기였다. 그 열매가 바로 『메시지』다.

『메시지』는 읽는 성경이다. 기존의 탁월한 주석성경을 대체하기 위한 것이 아니다. 내 취지는 간단하다. (일찍이 우리 교회와 공동체에서도 그랬듯이) 성경이 충분히 읽을 수 있는 책이라는 사실을 모르는 사람들에게 성경을 읽게 해주고, 성경에 관심을 잃은 지 오래된 사람들에게 성경을 다시 읽게 해주는 것이다. 그렇다고 굳이 내용을 쉽게 하지는 않았다. 성경에는 이해하기 어려운 부분도 많이 있다. 그래서 『메시지』를 읽다 보면, 더 깊은 연구에 도움이 될 주석성경을 구하는 일이 조만간 중요하게 여겨질 것이다. 그때까지는, 일상을 살기 위해 읽으라. 읽으면서 이렇게 기도하라. "하나님, 말씀하신 대로 내게 이루어지기를 원합니다."

유진 피터슨

『메시지』 머리말

읽는 것이 먼저다. 일단 성경을 읽는 것이 중요하다. 읽다 보면, 어느새 우리는 새로운 말의 세계에 들어가 대화를 나누게 된다. 하나님께서 시작과 끝을 쥐고 계신 그 대화에 우리도 참여하고 있음을 곧 알게 된다. 이것은 우리가 예상치 못한 일이다. 하지만 어느 시대를 막론하고 성경을 읽는 사람들은, 성경이 우리에 관해서 기록된 책일 뿐 아니라 우리를 향해 기록된 책이라는 사실을 알고 있었다. 성경 속에서 우리는 대화의 참여자가 된다. 그 대화를 통해, 하나님은 말씀으로 우리를 만드시고 복 주시고 가르치시고 인도하시고 용서하시고 구원하신다.

우리는 이런 일에 익숙하지 못하다. 반면에, 설명이나 지시나 감동이나 즐거움을 주는 책을 읽는 데는 익숙하다. 하지만 성경은 다르다. 성경은 계시의 세계다. 하나님은 바로 우리 같은 사람들—하나님 형상대로 지음받은 남녀들—에게, 그분이 일하시는 방식과 우리가 살고 있는 세계의 실상을 계시해 주신다. 동시에 하나님은 우리를 이끌어 그분의 일하시는 삶에 동참하도록 초청하고 명령하신다. 우리 시대의 가장 중요한 일은 하나님께서 (하늘에서와 같이) 이 땅에 사랑과 정의의 위대한 통치를 세우시는 것이다. 우리가 그 일의 주체임을, 우리는 서서히 (혹은 갑자기) 깨닫는다. '계시'란 우리 스스로는 알아내지 못할 일, 짐작하지도 못할 내용을 읽고 있다는 뜻이다. 성경의 독특성은 바로 계시에 있다.

『메시지』 성경도, 일단 읽고 귀 기울여 듣는 것이 중요하다. 공부할 시간은 나중에 얼마든지 있을 것이다. 우선은 그냥 읽는 것이 중요하다. 서두르지 말고 생각하면서 읽어야 한다. 성경의 이야기와 노래, 기도와 대화, 설교와 환상이 우리를 보다 큰 세계로 초청하는 방식을 느낄 수 있어야 한다. 하나님께서는 그 큰 세계에 계시면서 우리 눈에 보이는 모든 것에 개입하신다. 이 땅에 산다는 것—그냥 왔다 가는 것이 아니라 정말로 산다는 것—의 의미를 일깨워 주신다. 읽다 보면, 우리는 "알아듣기" 시작한다. 읽으면 읽을수록, 더욱 그렇다. 우리는 하나님과 대화를 나누고 있다. 우리에게 가장 중요한 사안들에 관해서 어느새 듣고 대답하고 있다. 우리는 누구인가, 어디서 와서 어디로 가는가, 무엇이 우리를 움직이는가, 우리가 사는 세계와 공동체의 원리는 무엇인가, 무엇보다도 우리 가운데 계시면서 우리 힘으로 할 수 없는 일들을 대신 해주시는 하나님의 신기한 사랑에 관해 대화하게 된다.

성경을 읽으면서 우리는, 이 세상에 더 큰 의미가 있음을 알게 된다. 인간이라는 존재에도, 보이는 세계에도, 보이지 않는 세계에도 더 큰 의미가 있다. 모든 것에 더 큰 의미가 있다! 그리고 그 의미는 하나님과 관계가 있다.

많은 사람들에게 성경은 새로운 책, 전혀 다른 종류의 책이다. 성경은 우리가 읽는 책이지만, 우리를 읽는 책이기도 하다. 우리는 뭔가 얻어 낼 수 있는 책을 찾아 읽는 데 익숙하다. 이를테면, 유용한 정보나 기운을 북돋아 주는 감동적인 이야기, 온갖 일의 방법론, 비오는 날 시간을 때울 오락물, 더 행복한 삶으로 이끌어 줄 지혜 같은 것을 찾는다. 성경 읽기에도 그런 유익이 있을 수 있고, 실제로 있기도 하다. 하지만 하나님께서 우리에게 성경을 주신 본래 목적은, 단순히 우리를 초청하시기 위해서다. 하나님의 세계와 하나님의 말씀을 내 집처럼 느끼도록, 하나님이 말씀하시는 방식과 우리가 삶으로 그분께 응답하는 방식에 익숙해지도록 하려는 것이다.

❦

성경을 읽다 보면, 몇 가지 놀라운 일이 있다. 가장 놀랄 만한 일은, 성경은 일단 펼쳐서 읽어 보면 참으로 다가가기 쉬운 책이라는 점이다. 성경은 사실 누구나 읽고 이해할 수 있는 책이다. 두어 세대마다 새로운 번역본이 나오는 이유는, 성경의 언어를 우리가 현재 쓰는 일상어, 성경이 맨 처음 기록된 바로 그 언어로 유지하기 위해서다. 똑똑하지 않은 사람, 교육을 많이 받지 못한 사람도 성경을 이해할 수 있다. 성경은 우리가 시장과 놀이터와 저녁식탁에서 흔히 듣는 단어와 문장들로 기록되었기 때문이다. 성경이 워낙 유명하고 높여지다 보니, 반드시 전문가들이 설명하고 해석해 주어야 한다고 생각하는 사람들이 많다. 물론 설명이 필요한 부분도 있다. 하지만 성경에 기록된 말을 처음 들은 사람들은 평범한 노동자 계층이었다. 성경을 영어로 옮긴 초기의 최고 번역가 중 한 사람인 윌리엄 틴데일이 한 말이 있다. 그는 "쟁기로 밭을 가는 소년"이 읽을 수 있도록 성경을 번역하고 있다고 말했다.

교육을 많이 받은 아프리카인 어거스틴은 나중에 역사상 가장 영향력 있는 성경 교사가 되었지만, 성경을 처음 읽었을 때는 큰 반감을 가졌다. 문학적으로 세련되고 깔끔한 책을 극찬했던 그가 보기에, 성경은 평범하고 시시한 사람들의 투박하고 촌스러운 이야기로 가득했던 것이다. 그가 읽은 라틴어역 성경에는 속어와 은어가 수두룩했다. 많은 등장인물이 "속되고" 예수는 평범해 보여서, 그는 성경을 한 번 보고는 경멸하며 내던졌다. 그러나 하나님은 세련된 지성인의 몸을 입고 오지 않으셨고, 그분의 고상한 세계를 터득하도록 우리에게 수준 높은 지식인 문화를 가르치지도 않으셨다. 어거스틴은 세월이 흐른 뒤에야 그것을 깨달았다. 하나님이 우리를 구원하기 위해 유대인 종의 모습으로 인간의 삶에 들어오셨다는 것을 알게 되면서부터, 그는 감사하고 믿는 마음으로 성경을 읽기 시작했다.

성경을 읽어도 세상이 "더 나아지지" 않는다며 놀라는 사람들도 있다. 성경의 세계는 결코 여행사의 안내 책자에 나오는 그런 이상적인 세계가 아니다. 하나님께서 이 세계 속에서 일하시고 사랑하시고 구원하시지만, 그렇다고 해서 고난과 불의와 악이 말끔히 사라지지는 않는다. 그렇게 간단한 문제가 아니다. 하나님은 죄로 물든 우리의 본성과 역사 속에서 끈기 있고 깊이 있게 일하시지만, 종종 은밀하게 일하신다. 이 세계는 깔끔하고 단정한 곳이 못되며, 우리가 모든 일을 통제할 수 있다는 보장도 없다. 이런 현실에 익숙해져야 한다. 어디에나 신비가 있다. 성경이 우리에게 제시하는 세계는, 우리의 직업을 계획하여 미래를 보장받을 수 있는 세계, 인과법칙에 따라 움직이는 예측 가능한 세계가 아니다. 모든 일이 우리의 미숙한 바람대로 이루어지는 꿈의 세계도 아니다. 고통과 가난과 학대가 있다. 그 앞에서 우리는 분개하여 "어떻게 이러실 수 있습니까!" 하고 부르짖는다. 대다수 사람들의 경우, 우리의 꿈의 세계가 성경이 제시하는 실제 세계로 바뀌기까지, 길고 긴 세월이 걸린다. 그 실제 세계는 은혜와 자비, 희생과 사랑, 자유와 기쁨의 세계다. 하나님께 구원받은 세계다.

놀라운 사실이 하나 더 있다. 성경은 우리의 기분을 맞추려고 하지 않는다는 것이다. 성경은 더 쉬운 삶을 약속하는 어떤 것도 우리에게 팔려고 하지 않는다. 성경은 우리가 흔히 생각하는 형통이나 쾌락이나 짜릿한 모험의 비결을 내놓지 않는다. 성경을 읽으면서 뚜렷이 부각되는 실체는, 하나님께서 구원을 위해 사랑으로 행하시는 일이다. 우리와, 우리가 하는 모든 일이 그 하나님의 일에 포함되어 있다. 이것은 죄와 문화 속에서 위축되고 너저분해진 우리가 상상하던 것과는 사뭇 다르다. 성경을 읽는 것은, 여러 우상을 소개하는 우편주문용 카탈로그에서 우상 하나를 골라서 우리의 환상을 채우는 것이 아니다. 성경은 하나님께서 말씀으로 만물과 우리를 창조하시는 것에서 시작한다. 그리고 하나님께서 우리 각 사람과의 복잡한 관계 속으로 들어오셔서, 우리를 도우시고 복 주시고 가르치시고 훈련하시고 책망하시고 징계하시고 사랑하시고 구원하시는 이야기를 들려준다. 이것은 현실 도피가 아니라, 오히려 더 큰 현실 속으로 뛰어드는 것이다. 희생이 따르지만, 시종 훨씬 더 나은 삶으로 말이다.

⁂

하나님은 이 가운데 어느 것도 우리에게 강요하지 않으신다. 하나님의 말씀은 인격적인 부름이기 때문에, 초청하고 명령하고 도전하고 책망하고 심판하고 위로하고 지도하지만, 절대로 강요하지는 않는다. 결코 억지로 시키지 않는다. 대화에 참여해서 응답할 자유와 여지가 우리에게 주어져 있다. 무엇보다도 성경은 하나님의 일과 언어에 동참하도록 우리를 초청하는 책이다.

읽으면서 우리는, 말씀을 읽는 일과 말씀대로 사는 삶이 연관되어 있음을 알게 된다. 성경의 모든 말씀은 삶으로 살아 낼 수 있다. 많은 사람들이 발견하듯이, 성경을 읽으면서 가장 중요한 질문은 '이것이 무슨 의미인가'가 아니라 '어떻게 이대로 살 수 있는가'이다. 그래서 우리는 성경을 비인격적으로 읽지 않고 인격적으로 읽는다. 우리의 참 자아로 살기 위해서 읽는다. 그저 생활수준을 높이는 데 유용한 정보를 얻기 위해 읽는 것이 아니다. 성경 읽기는 하나님의 음성을 듣고 순종하기 위한 방편이지, 종교 자료를 수집해서 우리 스스로 신이 되기 위한 수단이 아니다.

지금부터 당신은 성경의 이야기를 듣게 될 것이다. 그 이야기들은 당신을 자신에게 몰입된 상태에서 이끌어 내어, 세상의 구원을 이루고 계신 하나님의 드넓은 자유 속으로 데려갈 것이다. 거기서 만나게 될 단어와 문장들이, 당신을 비수처럼 찔러 아름다움과 희망에 눈뜨게 할 것이다. 그것이 당신을 참된 삶과 연결해 줄 것이다.

그 메시지에 꼭 응답하기 바란다.

감수의 글

구약성경이 그리스도인의 정경으로 영접된 이래 2천 년 교회사 내내 구약성경은 여러 가지 이유로 경원시되어 왔다. 구약성경은 히말라야 산맥같이 험준하고 사하라 사막처럼 지루한 여로 같다. 구약성경은 일단 너무 길고 복잡하며, 우원(迂遠)한 옛날 이야기들로 가득 차 있다. 의미 없어 보이는 장황한 지명 및 인명 목록들과 너무 자세한 제사 규정, 성막과 성전 건축 규정들은 독자들의 인내를 과도하게 요구한다. 구약성경으로 가는 길을 막는 장애물은 여기서 그치지 않는다. 현대인의 평등 정서에 반하는 선민사상과 인종학살과 같은 수준의 야만적 전쟁과 폭력 이야기, 간음과 근친상간 등 반인륜적인 범죄 이야기 등 구약성경에는 오늘날의 인권의식과 윤리의식에 손상을 가하는 이야기들이 적지 않다. 과연 이런 역사와 이야기 속에서 어떻게 거룩하신 하나님의 현존을 발견할 수 있을까? 남녀차별, 노예제, 일부다처제를 버젓이 긍정하는 것처럼 보이는 구약성경 구절들 외에도 자기의를 앞세워 복수혈전을 요청하고 원수파멸을 노골적으로 간구하는 시편 기도문들은 또 어찌할 것인가? 이런 이유 때문에 많은 그리스도인들이 이런 구약성경과 신약성경 사이의 연속성을 찾는 데 어려움을 겪는다. 그들에게 구약성경은 인류에게 영생을 주시기 위해 독생자를 주시기까지 자신을 희생하신 하나님의 끝없는 죄인 사랑, 의인과 악인 모두에게 비를 주시는 그 하나님의 보편적인 사랑을 보여주지 않는 것처럼 보인다.

『메시지』의 저자인 유진 피터슨은 이렇게 아득히 멀어져 버린 구약성경과 현대 독자 사이의 간격을 메우기 위해 생동감 넘치는 현대어로 된 성경을 내놓았다. 그것은 일차적으로 목회자의 마음으로 번역된 성경이다. 독자에게 하나님의 마음을 전달하려는 간절한 목자의 마음이 문체와 어조 속에 잘 반영되어 있다. 유진 피터슨은 자신이 목회하는 교회 회중의 눈높이에 맞춰 현대인의 접근을 어렵게 만드는 구약성경의 구절들을 일상 언어로 번역한다. 험한 준령과 울퉁불퉁한 사막 여로를 곧게 펴서 독자들이 구약성경에서 전개되는 하나님의 구원 드라마를 속도감 있게 읽고 음미하도록 평탄 작업을 시도한다. 성경을 현대인의 감수성과 의식에 맞춰 재단하는 과정에서 신학적으로 아주 중요한 술어나 개념들 일부가 지나치게 쉽고 단순한 어휘로 번역되는 경우도 있다. 예를 들어, 창세기 15:6의 '의'(義)를 '바른 관계'로 번역함으로써 농축된 의미를 가진 신학 술어를 밋밋한 일상 언어로 풀어버린 경우도 있지만(『메시지』 신약의 경우, '복음'이나 하나님의 '말씀'을 '메시지'라는 중립적인 용어로 번역한 사례), 『메시지』 신약과는 달리 모세오경의 경우는 대부분 원의를 손상시키지 않고 번역했다. 구절 하나하나에 과중한 의미를 부여하려는 전문학자의 주석 작업에는 다소 불충분하게 보일지 몰라도, 『메시지』 구약 **모세오경**은 저자가 밝힌 의도대로 하나님의 구원 드라마를 유기적 맥락과 서사적 전진감 안에서 파악하도록 도와준다.

모세오경은 이스라엘 민족의 형성사다. 구약의 뿌리이며 그리스도인의 성경에서 첫째 자리를 차지하는 중요한 책이다. 하나님의 창조, 인류의 원시역사, 아브라함과 이삭과 야곱의 가나안 정착 이야기, 출애굽 구원 이야기, 시내 산 율법 계시와 성막 건축 이야기, 38년의 광야 생활에서 겪은 징계와 연단, 하나님의 신적 인도와 지탱 이야기, 그리고 가나안 땅 입구까지 이르는 긴 여정을 담고 있다. 창세기부터 신명기까지 구약의 첫 다섯 책은 모세의 사명이 성취되는 과정을 자세하게 기록하였기 때문에 모세오경으로 불린다. 또한 그것은 이스라엘 민족의 생명과 번영의 길을 제시한 사활적인 중요성을 가진 지침을 담고 있기 때문에 토라(Torah)라고도 불린다. 출애굽기부터 신명기까지가 모세 이야기라는 것은 쉽게 납득이 되지만 창세기가 모세 이야기라는 말은 선뜻 이해가 안될 수도 있다. 하지만 자세히 읽어 보면, 창세기도 모세의 관점에서 쓰여진 모세의 책임을 알 수 있다. 이런 추정을 뒷받침하는 결정적인 근거가 창세기 15:13-16과 출애굽기 3:6-8이다. 하나님은 창세기 15:13-16에서 이미 아브라함의 후손들이 이집트 땅에서 고된 종살이를 한 뒤에 다시 가나안 땅으로 되돌아올 것을 예언하신다. "이것을 알아 두어라. 네 후손이 다른 나라에서 나그네로 살다가, 사백 년 동안 종살이를 하고 매질을 당하게 될 것이다. 그 후에 내가 그들의 주인으로 군림하는 자들을 벌할 것이다. 그러면 네 후손은 재물을 가득 가지고 거기서 나올 것이다. 그러나 너는 장수를 누리다가 평안히 죽게 될 것이다. 네 후손은 사 대째가 되어서야 이 땅으로 돌아오게 될 것이다. 아직까지는 아모리 사람의 죄가 한창 자라고 있기 때문이다." 환상 중에 아브라함은 모세의 지도력 아래 자신의 후손이 출애굽할 것을 내다보고 있다. 모세는 아브라함의 꿈 속에 등장하는 출애굽 세대의 지도자인 것이다.

출애굽기 3:6-8에서 하나님은 자신을 모세에게 아브라함의 하나님, 이삭의 하나님, 야곱의 하나님이라고 소개한다. "나는 네 조상의 하나님, 곧 아브라함의 하나님, 이삭의 하나님, 야곱의 하나님이다.……나는 내 백성이 이집트에서 고통받는 모습을 오랫동안 지켜보았다. 압제자들의 손에서 벗어나기를 바라는 그들의 부르짖음도 들었다. 나는 그들의 고통을 속속들이 알고 있다. 이제 내가 내려가서 그들을 도와 이집트의 손아귀에서 그들을 풀어 주고, 그들을 그 땅에서 이끌어 내어 젖과 꿀이 흐르는 광활한 땅, 곧 가나안 사람과 헷 사람과 아모리 사람과 브리스 사람과 히위 사람과 여부스 사람의 땅으로 데리고 가겠다." "나는 네 조상의 하나님, 곧 아브라함의 하나님, 이삭의 하나님, 야곱의 하나님이다"라는 하나님의 자기 소개는 창세기를 압축하는 문장이다. 하나님께서는 그분 자신을 이 세 족장에게 공통으로 베푸신 약속에 매여 있는 하나님이라고 소개하는 셈이다. 그 공통된 약속은 가나안 땅을 아브라함의 후손에게 기업으로 줄 것이며, 그들의 후손은 창대하고 번성하여 천하에 이름을 떨치게 되며 궁극적으로 만민에게 복의 근원이 될 것이라는 약속이다. 하나님은 아브라함 때부터 모세 때까지 이 삼중적 약속을 실현시킬 의무에 매여 있다는 사실을 모세에게 털어놓고 모세의 동역과 협조를 요청하신 것이다. 모세오경은 아브라함과 이삭, 그리고 야곱에게 베푸신 하나님의 약속이 모세와 이스라엘 백성을 통해 성취되어 가는 과정을 추적한다. 따라서 모세오경은 목적지를 향해 전진하는 여행 이야기이면서, 땅을 차지하기 위해 벌이는 전쟁 이야기이며, 하나님의 약속 성취 사명을 감당하기 위해 이스라엘이 거쳐야 할 영적 단련과 성숙 이야기이다.

유진 피터슨의『메시지』모세오경은, 바로 이 하나님 백성이 가나안 땅을 향한 전진해 가는 이야기를 입체적으로 되살림으로써 독자들의 가나안 땅 행진에 동참하도록 유도한다.『메시지』모세오경은 독자들을 이야기 속 등장인물의 자리로 끌어들이는 초청 문체로 다듬어져 있다. 우리는『메시지』모세오경을 읽을 때 누릴 수 있는 유익을 몇 가지로 정리해 볼 수 있다. 첫째, 한 절 단위의 절 구분이 없기에 이야기의 맥락에 주목하면서 읽을 수 있다. 그러나 절 표시에 익숙한 한국 독자들을 위해 단락별로 절 표시가 제시되어 있어서 설교 강단용 성경으로 사용될 여지를 남겨 두었다. 둘째, 시문이나 운문의 경우 인용 단락을 들여쓰기함으로써 가독성을 높인다. 창세기 49장이나 신명기 32-33장 등 시적 운율을 아름답게 되살린 번역도 눈에 띈다. 마찬가지로, 통계나 도량형, 민수기의 인구조사 목록 등도 알아보기 쉽게 편집되어 잘 읽힌다. 셋째, 아름답고 격조 높은 현대 한국어로 번역되어 성경 원의에 손쉽게 접근할 수 있다. 넷째, 본문 안에 등장하는 인물 간의 대화를 쉽게 식별하도록 편집함으로써 대화의 역동성과 긴장을 음미할 수 있도록 배려한다. 예를 들어, 민수기 16장이나 27, 36장은 등장인물들 간에 오고 간 말들을 대화 분위기를 살려 번역함으로써 독자의 본문 몰입을 도와준다. 다섯째, 신명기의 경어체 설교가 호소력을 배가시킨다. 모세오경은 역사이면서 동시에 예언자적 미래 전망이자, 이것에 입각한 권고요 설교다.

이런 유익에도 불구하고,『메시지』모세오경은 몇 가지 아쉬움을 남긴다. 무엇보다도 야웨 하나님의 이름을 삭제한 점이다. 창세기 2장부터 나오는 '야웨'[혹은 '여호와', 대한성서공회에서 발행한『새번역』에서는 창 22:14, 출 3:15, 6:3, 17:15, 삿 6:24, 겔 48:35 외에는 모두 '주'(LORD)로 번역되어 있다—편집자]라는 하나님 이름이『메시지』모세오경에는 나오지 않는다. 출애굽기 3:14과 6:3은 '야웨'라는 하나님 이름의 신학적 의미가 계시되는 중요한 구문이다. "하나님이 모세에게 이르시되 나는 스스로 있는 자이니라.

또 이르시되 너는 이스라엘 자손에게 이같이 이르기를 스스로 있는 자가 나를 너희에게 보내셨다 하라", "내가 아브라함과 이삭과 야곱에게 전능의 하나님으로 나타났으나 나의 이름을 여호와로는 그들에게 알리지 아니하였고"(개역개정). '야웨'라는 이름은 '스스로 있는 자'라는 히브리어 문장에서 파생된 거룩한 이름이다. 모세가 받은 구원 계시의 독특성을 강조하는 하나님의 이름이다. 이런 구원사적으로 중대한 이름을 누락시키고 대신 **'하나님'**이라는 이름을 사용한다. 또한『메시지』모세오경은 출애굽기 6-12장 등 여러 군데서 하나님의 '말씀'을 **'메시지'**라고 번역함으로써, 사역(私譯) 성경의 임의성을 드러낸다. 하나님의 말씀을 현대인의 일상 언어로 번역하여 현대인의 마음에 하나님 말씀을 공명시키려는 저자의 의도가, 이 점에서 과유불급의 효과를 낸 것처럼 보인다. 독자들은『메시지』모세오경의 특장(特長)들과 더불어 그 한계 또한 인식함으로써 보다 더 온전한 성경 이해로 나아갈 수 있을 것이다.

번역은 하나님의 말씀을 현대인의 가슴에 와 닿게 증거하는 예언자적 중개 사역이다. 번역자는 하나님의 말씀을 살아 있는 말씀, 가슴에 와 닿는 말씀으로 전달할 의무가 있는 예언자다. 하나님의 말씀은 변함이 없지만 사람과 시대는 바뀌기에 하나님의 말씀도 항상 번역되어야 하는 것은 맞다. 그러나 하나님의 말씀이 너무 낯설어져 버린 시대를 사는 현대인들의 일상 언어의 한계 또한 인정해야 하나님의 심원한 말씀과 계시에 대한 목마름을 유지할 수 있을 것이다. 이런 점에서 흠정역(KJV)이나 새국제역(NIV), 새개역표준역(NRSV), 한글 개정개역도 장점과 한계를 각각 안고 있다. 하지만 하나님의 심원한 계시와 말씀에 대한 목마름을 다 충족시키지 못한다고 해서 번역 성경의 가치가 없어지는 것은 아니다.

나름의 한계를 갖고 있음에도 불구하고, 확실히『메시지』모세오경은 오늘날의 독자로 하여금 하나님의 율법에 순종하며 땅에 정착하는 삶을 추구하도록 돕는 예언자적 중개 사역을 잘 감당하고 있다. 모세오경 전체는, 방랑하는 이스라엘 백성에게 가나안 땅에서 하나님께 순종하여 복을 누리며 살라고 초청하고 명령하는 모세의 설교다. 특히 신명기에서 모세는 가나안 땅이 하나님이 주시는 복의 원천임과 동시에 하나님에 대한 일편단심의 충성심을 드세게 시험하는 유혹의 땅이라는 사실을 부단히 상기시킨다. 따라서 모세오경을 읽는 행위는 하나님과의 언약에 매여 이집트와 가나안과는 전혀 다른 거룩한 나라를 건설해 가며 그것에 참여하는 일이다. 젖과 꿀이 흐르는 땅에 들어가기 위해 하나님의 백성은, 하나님의 다스림에 복종하며 살아가는 것을 방해하는 가나안 원주민 일곱 족속의 본거지를 정복해야 한다. 그들이 믿는 신들은 악과 불의를 영구적으로 정당화하고 신적으로 재가하며 불의한 사회구조를 합법화하는 악한 종교이기 때문이다. 가나안 종교는 단지 이방종교이기 때문에 배척되고 훼파되어야 하는 것이 아니라 악하고 불의한 종교요 우상숭배이기 때문에 정복되어야 한다. 고아와 과부의 생존권을 돌보는 대신 지주와 고관대작들의 탐욕을 신성시하며 신을 풍요와 번영의 원천이라고 믿기에 악한 종교다. 모세오경은 악한 가나안 일곱 족속의 종교와 사회를 거룩하게 해체시키고 전복하여 정의의 젖과 공평의 꿀이 흐르는 공동체를 창조해 가려는 하나님의 분투를 증언한다. 『메시지』 모세오경은 이 하나님의 간절한 마음을 계시하는 책이며, 예언자적인 목회자의 마음이 담겨 있는 또 하나의 귀한 번역 성경이다.

김회권 숭실대학교 기독교학과 교수

The
MESSAGE
모세오경

『모세오경』| 머리말

일반적으로 모세오경으로 알려진 성경의 처음 다섯 책은 수 세기에 걸쳐 엄청난 권위와 위엄을 인정받아 왔다. 그 책들은 오랜 세월 동안 실로 방대한 분량의 읽기와 쓰기, 연구와 기도, 가르침과 설교의 재료가 되었으며, 지금도 그러하다.

이 다섯 책의 주된 관심사는 하나님이다. 이 다섯 책이 권위와 위엄을 자랑하는 것은 그 때문이다. 그러나 이 다섯 책은 하나님께만 관심을 기울이는 것이 아니라 우리에게도 관심을 기울인다. 이 다섯 책이 인간의 광범하고 강렬한 관심을 끄는 것은 그 때문이다. 우리는 '하늘과 땅'에서 무슨 일이 일어나고 있는지 알고 싶어 한다. 또 그 일들과 조화를 이루려면 어떻게 해야 하는지 알고 싶어 한다. 우리는 그것을 놓치고 싶지 않다.

모세오경은 대개 이야기와 이정표들로 구성되어 있다. 이야기들은 우리에게 매우 다양한 환경 속에서 인간들과 함께 일하시고 그들에게 말을 건네시는 하나님을 소개한다. 관념과 논쟁이 아니라, 우리 각 사람과 직접적으로 연관된 사건과 행동들 속에서 하나님을 소개하는 것이다. 이정표들은 즉각적이고 실제적인 지침들을 제공하여, 우리의 인간성에 어울리면서 하나님께 영광이 되는 행동으로 우리를 이끈다.

이 다섯 책에서 전개되는 이야기와 이정표들은 너무나 단순해서, 어른은 물론이고 아이들까지 쉽게 이해할 수 있다. 그러나 그 단순성은 (상당수 단순한 것들에서 보듯이) 심오하기도 해서, 하나님께서 우리와 함께 걸으시는 구원의 길에 우리를 평생토록 참여시킨다.

우리는 인간 성장의 이미지를 활용하여, 이 이야기와 이정표들이 수많은 남녀와 아이들을 강하게 끌어당겨 '하나님의' 백성으로 살아가게 하는 이유를 설명할 수 있다. 이 다섯 책은, 하나님께서 자신의 영광을 위해 먼저 우주를 창조하시고 그런 다음 인간을 창조하셔서 밟게 하시는 다섯 가지 성장 단계를 암시한다고 할 수 있다.

창세기는 태아기라고 할 수 있다. 하나님께서는 장차 인간의 죄와 반역 한가운데서 창조와 구원과 심판이라는 자신의 일을 수행하시고자 기본 요소들을 확정하신 뒤에(1–11장) 한 민족을 잉태하신다. 그것은 그 민족에게 자신을 구원의 하나님으로 드러내시고, 그들을 통해 이 땅의 모든 사람에게도 자신을 드러내시려는 것이다. 하나님께서는 작은 한 사람, 곧 아브라함에서부터 시작하신다. 하나님께서 그에게 이렇게 말씀하신다. "나는 강한 하나님이다. 너는 내 앞에서 흠 없이 살고, 온전하게 살아라! 내가 나와 너 사이에 언약을 맺고, 네게 큰 민족을 줄 것이다"(창 17:1-2). 미발달 상태인 하나님의 백성이 자궁 속에서 자란다. 태아가 형태를 갖추어 가면서 세부 기관과 훨씬 세부적인 기관들이 점점 분명하게 드러난다. 사라, 이삭, 리브가, 야곱과 에서, 라헬, 요셉과 그의 형제들이 그렇다. 임신이 진행되면서 자궁 안에는 분명 생명이 자라고 있지만, 아직은 분명하지 않고 눈에 보이지 않는 것이 많다. 배경은 어렴풋하고, 주변 민족들과 관습들은 안개에 휩싸여 있다. 하지만 하나님께서 잉태하신 생명은 발길질을 하면서 튼튼하게 자라난다.

출애굽기는 분만기와 유아기라고 할 수 있다. 하나님의 백성을 잉태하는 기간이 오래 지속되다가 드디어 진통이 시작된다. 이집트에서의 종살이는 조만간 이루어질 자궁 수축을 암시한다. 출산을 관장하기 위해 모세가 무대에 등장하면서 이집트에 열 가지 극심한 재앙이 임하고, 동시에 자궁 수축이 시작되면서 산고가 끝난다. 홍해에서 바닷물이 갈라지고, 하나님의 백성이 자궁에서 빠져나와 마른 땅에 이르고, 하나님의 자유로운 백성으로서 그들의 삶이 시작된다. 모세는 기기도 하고 아장아장 걷기도 하는 그들을 이끌고 시내 산에 도착한다. 이제 그들에게 젖이 공급된다. 하나님께서 산에서 그들에게 자신을 드러내시자, 그들이 자신들의 어버이를 알아보기 시작한다. 그들은 자유와 구원의 언어를 배운다. 옹알이 내지 초보적인 어휘로 이곳에서 한 마디 저곳에서 한 마디를 익히면서 열 마디(계명)를 익힌다. "이렇게 해라, 저렇게 하지 마라"와 같은 이정표들이 솟아오르기 시작한다. 그들의 유아기 생활을 가장 크게 지배하는 것은 하나님, 곧 살아 계신 하나님이다. 그들이 하나님의 깊고 넓은 세계를 탐험하면서 예배가 그들의 주된 활동, 그들의 가장 중요한 활동이 된다. 그들은 자신들을 예배에 길들이고, 예배용 구조물을 세우고, 예배 순서를 익히는 일에 엄청난 주의를 기울인다. 그들은 하나님께 복종하고 하나님을 경배하는 일에 온통 주의를 기울인다. 그 결과, "구름이 회막을 덮고, **하나님**의 영광이 성막에 가득했다. 구름이 회막 위에 있고 **하나님**의 영광이 성막에 가득했으므로, 모세는 회막 안으로 들어갈 수 없었다"(출 40:34-35).

레위기는 학령기라고 할 수 있다. 유아기에서 유년기로 접어들면, 공식적인 학령기가 시작된다. 알아야 할 것이 많아진다. 일을 제대로 처리하도록 돕는 몇 가지 조직과 장치, 이를테면 읽기, 쓰기, 산수가 필요한 것이다. 그러나 하나님의 백성이 밟아야 할 기초 교과과정은 하나님과 관련이 있다. 하나님과의 관계가 그들의 기초 교과과정인 것이다. 레위기는 하나님의 백성이 필독해야 할 교과서다. 레위기는 시청각 교재나 다름없다. 그것은 하나님과의 관계에 실패하거나(죄), 용서와 무죄 상태를 회복했을 때(구원), 하나님의 백성이 깨어서 준수하는 제사 의식과 절기를 그림으로 그려 보여준다. 일상생활은 끝없이 이어지는 구체적 세부 조항으로 이루어진다. 그 세부 조항 가운데 상당수는 우리가 하나님 앞에서 어떻게 행동하고, 서로에게 어떻게 처신해야 하는지와 관련이 있다. 그렇기 때문에 레위기가 하나님께서 중요하게 여기시는 끝없는 세부 조항으로 이루어져 있는 것은 당연한 일이다. "너희는 나의 모든 규례와 나의 모든 법도를 지켜라. 그대로 지켜 행하여라. 나는 **하나님**이다"(레 19:37).

민수기는 청소년기라고 할 수 있다. 청소년기는 우리가 누구인지를 꼬치꼬치 따지는 시기다. 대개의 경우 이 시기가 되면, 스스로를 돌볼 수 있을 만큼 신체적으로 충분히 자란 상태에 도달한다. 분명 어느 정도 한계가 있기는 하지만, 정신적으로도 스스로 사고할 수 있을 만큼 충분히 발달한 상태가 된다. 우리는 자신이 단순히 부모의 연장선도 아니고 우리 시대 문화를 반영하는 거울상도 아니라는 것을 깨닫는다. 그러면 우리는 누구인가? 특히 하나님의 백성으로서 우리는 누구인가? 민수기에 등장하는 하나님의 백성은, 처음으로 독립적으로 행동하고 사고하기 시작하면서 불가피하게 실수를 연발한다. 그들의 두드러진 실수 가운데 하나가 반역이다. 그들은 자신들의 하나밖에 없는 정체성을 실험한답시고 부모 세대 및 그 문화와 관계 맺기를 거부한다. 그것은 '자기 자신을 잃지 않으려고' 동원하는 가장 쉽고도 가장 저속한 방법이다. 그러나 사실 그런 '자신'에게는 딱히 이렇다 단언할 만한 것이 많지 않다. 성숙은 우리가 태아기와 분만기, 유아기와 학령기를 거치면서 습득한 것을 잘라 냄으로써 이루어지는 것이 아니라 통합함으로써 이루어진다. 하나님의 백성은 거의 사십 년 가까운 대단히 긴 청소년기를 광야에서 보낸다.

신명기는 성인기라고 할 수 있다. 성숙한 삶은 종합 작용으로 이루어진다. 성장은 기나긴 과정이다. 그리고 하나님 안에서 성장하는 데는 참으로 오랜 시간이 걸린다. 태아기를 꽉 채우고 홍해 바닷가에서 태어난 하나님의 백성은, 광야에서 사십 년 세월을 보내면서 모세의 인도와 지휘와 양육과 보호를 받으며 하나님의 계시 장소인 시내 산으로 나아가, 가르침과 지도와 훈련과 은혜를 받는다. 이제 그들은 새 땅, 곧 약속의 땅에서 자유로우면서도 순종하는 사람들로 살아갈 채비를 갖춘 상태다. 그들은 성인기에 돌입할 채비, 겉은 물론이고 속까지 성인이 될 채비를, 자유로운 백성, 거룩한 백성으로 살아갈 채비를 갖추었다. 그들을 자유로운 백성으로 만들어 주신 분도 하나님이시고, 그들을 거룩한 백성으로 변화시켜 주신 분도 하나님이시다. 그들은 (우리와 마찬가지로) 갈 길이 멀지만, 성숙의 온갖 조건을 이미 갖춘 상태다. 신명기는 하나님의 백성이 되는 전 과정을 요약하여 설교와 노래와 축복으로 표현해 낸다. 신명기의 가장 강력한 핵심어는 '사랑'이다. 모세는 이스라엘 백성에게 이렇게 말한다. "여러분은 하나님을, 여러분의 하나님을 전심으로 사랑하십시오. 여러분의 전부를 다해, 여러분이 가진 전부를 다 드려, 그분을 사랑하십시오"(신 6:5). 사랑은 인간의 가장 특징적이고 가장 종합적인 행위다. 우리는 사랑할 때 가장 우리다워진다. 우리는 사랑할 때 가장 하나님의 백성다워진다. 그러나 사랑은 사전에서 정의하는 추상적인 단어가 아니다. 성숙한 사랑을 하려면, 이 구원과 자유의 세계에서 살고, 이 구원과 자유의 세계를 이해하고, 이 구원과 자유의 세계로 들어가야 한다. 그리고 이야기들 속에서 우리 자신을 발견하고, 이정표들을 가까이하며 따르고, 예배생활을 익히고, 우리의 독특한 정체성, 곧 우리가 하나님의 백성으로서 사랑하는 것임을 깨달아야 한다.

❦

성경에서 모세오경은 이어지는 육십일 권 책의 기초라고 할 수 있다. 그러나 그것은 완전한 건물이 아니라 그 건물을 미리 내다본 것이다. 말하자면 장차 이루어질 일을 위해 도덕적으로 정교한 토대를 제공한 것이다. 이어지는 각 권의 책은 하나님의 백성이 되는 것과 관련된 메시아적 구원의 몇몇 양상을 포착하고 발전시킨다. 하지만 그 일은 언제나 이 기초(모세오경) 위에서 행해진다. 이야기와 이정표들로 이루어진 이 기초는 견고하고 지속적인 것임이 입증되었다.

❦

하나님의 이름을 우리말로 옮길 때, 이스라엘 자손과 그 이웃 민족들이 구약성경의 히브리어 원문에서 사용했던 신(神)의 총칭을 '하나님'(God) 혹은 '신'(god)으로 번역했다. 하지만 불타는 떨기나무에서 모세에게 나타나신 하나님의 유일무이한 인격적 이름(출 3:13-14)은 **'하나님'**(GOD)으로 번역했다. 초기 유대인 공동체는 그 유일무이한 이름 대신 '주'(LORD)라는 단어를 사용했다. 그것은 경외심(우리의 입술은 그 이름을 담을 자격이 없다)과 조심하는 마음(하나님의 이름을 '함부로' 불러 무심코 불경죄를 저지르는 일이 없게 하려는 마음)에서 우러난 행동이었다. 그리고 대부분의 성경번역자들이 지금도 그러한 관례를 따르고 있다.

창세기 | 머리말

가장 먼저 하나님이 계신다. 하나님은 삶을 주관하신다. 하나님은 삶의 기초이시다. 하나님이 그 어떤 것보다 우선이라는 의식이 없다면, 우리는 어느 것 하나 똑바로 이해할 수 없다. 삶을 바로 이해할 수 없을 뿐 아니라, 삶을 제대로 살아갈 수도 없다. 하나님은 가장자리에만 계신 분이 아니고, 선택사항 중 하나이신 분도 아니며, 주말에만 뵙는 분도 아니다. 하나님은 중심과 주변 어디에나 계신 분이며, 처음이요 마지막이신 분이다. 오직 하나님, 하나님, 하나님이다!

창세기는 우리가 이 하나님과 바른 관계에서 시작할 수 있게 해준다. "모든 것의 시작은 이러하다. 하나님께서……"(창 1:1). 창세기를 읽다 보면, 하나님께서 만드시고 채우시는 현실을 의식하게 된다. 창세기는 우리 삶을 정확하게 이해하고 말할 수 있도록 돕는 언어를 제공한다. 우리가 어디서 와서 어디로 가는지, 우리가 무슨 생각을 하며 무슨 일을 하는지, 우리와 함께 사는 사람들이 누구이며 어떻게 하면 그들과 사이좋게 지낼 수 있는지, 우리가 처한 곤경과 끊임없이 찾아오는 축복 등에 대해 빠짐없이 정확하게 말해 준다.

창세기는 이 언어를 활용하여 견고하고 참된 기초를 세운다. 우리가 생각하고 행동하고 느끼는 모든 것이 우리가 일생 동안 지어 가는 건물에 꼭 필요한 자재가 된다. 우리가 하는 모든 일에는 엄청난 의미가 깃들어 있고, 우리의 말과 행동과 기도는 그 하나하나가 하나님 나라라는 거대한 건물을 짓는 일과 연관되어 있다. 그러나 우리가 기초를 세우지는 않는다. 기초는 이미 주어져 있으며, 그 기초는 확고한 기반 위에 서 있다.

예수께서는 자신의 가장 유명한 가르침을 끝맺으시면서, 인생을 살아가는 두 가지 방법을 말씀해 주셨다. 우리는 모래 위에 집을 지을 수도 있고 바위 위에 지을 수도 있다. 만일 우리가 모래 위에 집을 짓는다면, 그 집이 아무리 훌륭하다 해도 맥없이 무너지고 말 것이다. 우리는 이미 확고하게 놓인 터, 곧 바위 위에 집을 짓는다. 창세기는 이 바위에 대한 증언이다. 하나님께서 창조하시고 우리 삶에 개입하시며, 은혜로운 심판을 내리시고 믿음으로 살도록 우리를 부르시며, 우리와 언약을 맺으신다는 증언이다.

> 하나님께서 말씀하셨다. "우리가 우리의 형상을 따라 사람을 만들자.
> 그들로 우리의 본성을 드러내게 하여
> 그들이 바다의 물고기와
> 공중의 새와 집짐승과
> 온 땅과
> 땅 위에 사는 온갖 동물을 돌보게 하자."
> 하나님께서 사람을 창조하시되
> 하나님을 닮게 창조하시고
> 하나님의 본성을 드러내게 하셨다.
> 하나님께서 사람을 남자와 여자로 창조하셨다.
> 하나님께서 그들에게 복을 주시며 말씀하셨다.
> "자녀를 낳고, 번성하여라! 온 땅에 가득하여라! 땅을 돌보아라!
> 바다의 물고기와 공중의 새와
> 땅 위에 사는 온갖 생물을 돌보아라!"(창 1:26-28)

그러나 창세기는 이 모든 것을 추상적인 '진리'나 핏기 없는 '원리'로 제시하지 않는다. 창세기는 구체적인 이름을 가진 사람들의 이야기를 연속해서 보여준다. 그들은 사랑하고 다투고, 믿고 의심한다. 결혼해서 자녀를 낳고, 죄를 짓고 은혜를 경험한다. 주의를 기울여 살펴보면, 이 이야기, 곧 아담과 하와, 가인과 아벨, 노아와 그의 아들들, 아브라함과 사라, 이삭과 리브가, 야곱과 라헬, 요셉과 그의 형제들 이야기가 또 다른 형태로 우리 삶에서 계속

되고 있음을 알 수 있다. 이 이야기들은 우리가 '하늘과 땅'에서 일어나는 어떤 일에도 외부인이나 구경꾼일 수 없음을 분명히 보여준다. 하나님은 저 멀리 우주에서 비인격적으로 일하시는 분이 아니다. 그분은 우리를 찾아오신 바로 그 삶의 자리에서 우리와 함께 일하시는 분이다. 우리가 선한 일을 하든 나쁜 일을 하든, 우리는 하나님께서 행하시는 모든 일에 계속해서 참여할 수밖에 없다. 누구도 예외일 수 없고 빠져나갈 수도 없다. 그러므로 우리는 그 이야기 속에서 시작하고 그 이야기 속에서 우리의 자리를 찾아야 할 것이다. 맨 처음부터 말이다.

창세기

하늘과 땅의 창조

1 [1-2] 모든 것의 시작은 이러하다. 하나님께서 하늘과 땅을 창조하셨다.
보이는 모든 것과 보이지 않는 모든 것을 창조하셨다. 땅은 아무것도
없는 늪, 끝없이 깊은 공허, 칠흑 같은 어둠이었다. 하나님의 영은 물의 심연
위에 새처럼 내려앉으셨다.

[3-5] 하나님께서 말씀하셨다. "빛!" 하시니
빛이 생겨났다.
하나님께서 보시니 그 빛이 좋았다.
하나님께서 빛과 어둠을 나누셔서,
빛을 낮이라 부르시고
어둠을 밤이라 부르셨다.
저녁이 되고 아침이 되니
첫째 날이었다.

[6-8] 하나님께서 말씀하셨다.
"물 한가운데 창공이 생겨

물과 물 사이를 갈라놓아라!"
하나님께서 창공을 만드셔서
창공 아래 물과
창공 위의 물로 갈라놓으시니,
그대로 되었다.
하나님께서 창공을 하늘이라 부르셨다.
저녁이 되고 아침이 되니
둘째 날이었다.

9-10 하나님께서 말씀하셨다. "갈라져라!
하늘 아래 있는 물은 한곳으로 모이고
뭍은 드러나라!" 하시니
그대로 되었다.
하나님께서 뭍을 땅이라 부르시고
모인 물을 바다라 부르셨다.
하나님께서 보시니 좋았다.

11-13 하나님께서 말씀하셨다. "땅은 푸른 움을 돋게 하여라!
씨 맺는 온갖 종류의 식물과
열매 맺는 온갖 종류의 나무를 자라게 하여라" 하시니
그대로 되었다.
땅은 씨 맺는 푸른 식물을
그 종류대로 나게 하고
열매 맺는 나무를 그 종류대로 자라게 했다.
하나님께서 보시니 좋았다.
저녁이 되고 아침이 되니
셋째 날이었다.

14-15 하나님께서 말씀하셨다. "빛들아! 나오너라!
하늘 창공에서 빛을 비추어라!
낮과 밤을 나누고
계절과 날과 해를 구분하여라.
하늘 창공에서 땅을 비추는 빛들이 되어라" 하시니
그대로 되었다.

16-19 하나님께서 두 큰 빛을 만드셔서,
그중 큰 빛에게는 낮을 맡기시고
작은 빛에게는 밤을 맡기셨다.
그리고 별들도 만드셨다.
하나님께서 그 빛들을 하늘 창공에 두셔서,
땅을 비추게 하시고
낮과 밤을 다스리며
빛과 어둠을 나누게 하셨다.
하나님께서 보시니 좋았다.
저녁이 되고 아침이 되니
넷째 날이었다.

20-23 하나님께서 말씀하셨다.
"바다는 물고기와 온갖 생물로 가득하여라!
새들은 땅 위 창공을 날아다녀라!"
하나님께서 거대한 고래들과
물에 가득한 모든 생물과
온갖 종류의 새를 창조하셨다.
하나님께서 보시니 좋았다.
하나님께서 그것들에게 복을 주시며 말씀하셨다.
"잘 자라서, 번성하여라! 바다에 가득하여라!

새들은 땅 위에 번성하여라!"
저녁이 되고 아침이 되니
다섯째 날이었다.

24-25 하나님께서 말씀하셨다. "땅은 생물을 내어라!
집짐승과 기어 다니는 것과 들짐승을 각기 종류대로 내어라" 하시니
그대로 되었다.
온갖 종류의 들짐승과
온갖 종류의 집짐승과 온갖 종류의 기어 다니는 것과 벌레가 생겨났다.
하나님께서 보시니 좋았다.

26-28 하나님께서 말씀하셨다. "우리가 우리의 형상을 따라 사람을 만들자.
그들로 우리의 본성을 드러내게 하여
그들이 바다의 물고기와
공중의 새와 집짐승과
온 땅과
땅 위에 사는 온갖 동물을 돌보게 하자."
하나님께서 사람을 창조하시되
하나님을 닮게 창조하시고
하나님의 본성을 드러내게 하셨다.
하나님께서 사람을 남자와 여자로 창조하셨다.
하나님께서 그들에게 복을 주시며 말씀하셨다.
"자녀를 낳고, 번성하여라! 온 땅에 가득하여라! 땅을 돌보아라!
바다의 물고기와 공중의 새와
땅 위에 사는 온갖 생물을 돌보아라!"

29-30 하나님께서 말씀하셨다.
"내가 땅 위에 있는 씨 맺는 온갖 식물과

열매 맺는 온갖 나무를
너희에게 양식으로 준다.
모든 짐승과 새와
숨 쉬고 움직이는 모든 것에게도
땅에서 자라는 것을 양식으로 준다" 하시니
그대로 되었다.

31 하나님께서 손수 만드신 모든 것을 보시니
참으로 좋고 좋았다!
저녁이 되고 아침이 되니
여섯째 날이었다.

2 1 하늘과 땅의 모든 것이
빠짐없이 완성되었다.

2-4 일곱째 날에
하나님께서 하시던 일을 마치셨다.
일곱째 날에
하나님께서 모든 일을 마치고 쉬셨다.
하나님께서 일곱째 날에 복을 주시고
그날을 거룩한 날로 삼으셨다.
그날에 하나님께서 창조하시던 모든 일을
마치고 쉬셨기 때문이다.

하늘과 땅이 창조될 때
그 모든 것의 시작은 이러했다.

아담과 하와

5-7 **하나님**께서 땅과 하늘을 지으시던 때에, 땅에는 아직 풀과 나무가 돋아나
지 않았다. **하나님**께서 땅에 비를 내리지 않으셨고, 땅을 일굴 사람도 없었
기 때문이다. (땅속에서 솟아 나온 물이 온 땅을 적시고 있었다.) **하나님**께서 땅의
흙으로 사람을 빚으시고, 그 코에 생명의 숨을 불어넣으셨다. 그러자 그 사
람이 살아나, 생명체가 되었다!
8-9 **하나님**께서 동쪽에 있는 에덴에 동산을 일구시고, 만드신 사람을 그곳에
두셨다. **하나님**께서는 보기에도 아름답고 먹기에도 좋은 온갖 나무를 그 땅
에 자라게 하셨다. 동산 한가운데는 생명나무가 있었고, 선과 악을 알게 하
는 나무도 있었다.
10-14 강 하나가 에덴에서 흘러나와 동산을 적시고, 그곳에서 네 줄기로 갈라
져 네 강을 이루었다. 첫째 강의 이름은 비손인데, 금이 나는 하윌라 온 땅을
두루 돌아 흘렀다. 그 땅에서 나는 금은 질이 좋았다. 그 땅은 향기 나는 송
진과 마노 보석이 나는 곳으로도 유명했다. 둘째 강의 이름은 기혼인데, 구
스 온 땅을 두루 돌아 흘렀다. 셋째 강의 이름은 힛데겔인데, 앗시리아 동쪽
으로 흘렀다. 넷째 강의 이름은 유프라테스였다.
15 **하나님**께서 사람을 데려다가 에덴 동산에 두시고, 땅을 일구며 돌보게 하셨다.
16-17 **하나님**께서 사람에게 명령하셨다. "동산에 있는 모든 나무의 열매는 무
엇이든 먹어도 좋다. 그러나 선과 악을 알게 하는 나무의 열매는 먹어서는
안된다. 그 나무의 열매를 먹는 순간, 너는 죽을 것이다."
18-20 **하나님**께서 말씀하셨다. "사람이 혼자 있는 것이 좋지 않으니, 내가 그
를 도울 짝을 만들어 주어야겠다." **하나님**께서 땅의 흙으로 들의 모든 짐승
과 공중의 모든 새를 만드셨다. **하나님**께서 그것들을 사람에게로 데려가셔
서, 그가 그것들을 무엇이라 부르는지 보셨다. 그 사람이 생물 하나하나를
일컫는 말이 곧 그 이름이 되었다. 그 사람이 집짐승과 공중의 새와 들짐승
에게 이름을 붙여 주었으나, 정작 자신에게 꼭 맞는 짝은 찾지 못했다.
21-22 **하나님**께서 남자를 깊이 잠들게 하셨다. 그가 잠들자, **하나님**께서 그의
갈빗대 하나를 떼어 내고 그 자리를 살로 메우셨다. **하나님**께서 남자에게서

떼어 낸 갈빗대로 여자를 만드시고, 그녀를 남자에게 데려오셨다.

23-25 남자가 말했다.
"드디어 나타났구나! 내 뼈 중의 뼈,
내 살 중의 살!
남자에게서 나왔으니
여자라고 부르리라."
그러므로 남자는 부모를 떠나, 아내를 품에 안고 한 몸이 된다.
남자와 그의 아내는 둘 다 벌거벗었으나 부끄러워하지 않았다.

사람의 불순종

3 1 뱀은 **하나님**께서 지으신 들짐승 가운데 가장 간교했다. 뱀이 여자
에게 말했다. "하나님이 너희에게 동산 안에 있는 모든 나무의 열매
를 먹지 말라고 하셨다는데, 그게 정말이냐?"
2-3 여자가 뱀에게 말했다. "그렇지 않아. 동산 안에 있는 나무들의 열매는 먹
어도 돼. 하지만 하나님께서는 동산 한가운데 있는 나무의 열매만큼은 '너희는
먹지도 말고 만지지도 마라. 그러면 너희가 죽을 것이다'라고 말씀하셨어."
4-5 뱀이 여자에게 말했다. "너희는 결코 죽지 않아. 하나님은 너희가 그 나무
의 열매를 먹는 순간 하나님처럼 되어서, 선에서 악까지 모든 실상을 보게
되리라는 것을 알고 계신거야."
6 여자가 그 나무를 보니 먹음직스럽게 보였고, 그 열매를 먹으면 모든 것을
알게 될 것 같았다! 여자가 그 열매를 따서 먹고 자기 남편에게도 주니, 그도
먹었다.
7 그러자 그 두 사람은 곧바로 "실상을 보게 되었다." 자신들이 벌거벗은 것
을 알게 된 것이다! 그들은 무화과나무 잎을 엮어서 임시로 몸을 가렸다.
8 저녁 산들바람 속에 **하나님**께서 동산을 거니시는 소리가 들리자, 남자와
그의 아내는 **하나님**을 피해 동산 나무 사이에 숨었다.
9 **하나님**께서 남자를 부르며 물으셨다. "네가 어디 있느냐?"

10 남자가 대답했다. "제가 동산에서 하나님의 소리를 듣고, 벌거벗은 것이
두려워 숨었습니다."
11 **하나님**께서 물으셨다. "네가 벌거벗었다고 누가 일러 주었느냐? 내가 네
게 먹지 말라고 한 나무의 열매를 네가 먹었느냐?"
12 남자가 대답했다. "하나님께서 제게 짝으로 주신 여자가 그 나무의 열매를
주기에, 제가 먹었습니다."
하나님께서 여자에게 물으셨다. "네가 어찌하여 이런 일을 저질렀느냐?"
13 여자가 대답했다. "뱀이 꾀어서, 제가 먹었습니다."

14-15 **하나님**께서 뱀에게 말씀하셨다.
"네가 이런 일을 저질렀으니,
너는 모든 집짐승과 들짐승보다 더 저주를 받아
평생토록 배로 기어 다니면서
흙을 먹어야 할 것이다.
내가 너와 여자 사이에
네 후손과 여자의 후손 사이에 전쟁을 일으킬 것이다.
여자의 후손은 네 머리를 상하게 하고
너는 그의 발뒤꿈치를 상하게 할 것이다."

16 여자에게는 이렇게 말씀하셨다.
"내가 네게 해산의 고통을 크게 더하겠다.
너는 고통 속에서 아이를 낳을 것이다.
너는 네 남편을 기쁘게 해주려고 하겠지만
그는 너를 지배하려 들 것이다."

17-19 남자에게는 이렇게 말씀하셨다.
"네가 네 아내의 말을 듣고
내가 네게 먹지 말라고 한

나무의 열매를 먹었으니,
땅이 너로 인하여 저주를 받을 것이다.
아이 낳는 것이 네 아내에게 고통스러운 일이듯이
네가 땅에서 양식을 얻는 것도
고통스러운 일이 될 것이다.
너는 평생토록 수고하며 일해야 할 것이다.
땅은 가시와 엉겅퀴를 내고
너는 죽어서 흙으로 돌아가는 그날까지
새벽부터 저녁까지 땀 흘리며
들에서 씨를 뿌리고 밭을 갈고 수확해야만
양식을 얻을 수 있을 것이다.
너는 흙에서 시작되었으니, 흙으로 끝날 것이다."

20 아담이라 알려진 그 남자는, 자기 아내에게 하와라는 이름을 지어 주었다.
그녀가 살아 있는 모든 것의 어머니였기 때문이다.
21 **하나님**께서 아담과 그의 아내에게 가죽옷을 만들어 입히셨다.
22 **하나님**께서 말씀하셨다. "이 사람이 우리 가운데 하나처럼 선에서 악까지
모든 것을 알게 되었다. 이제 그가 손을 뻗어 생명나무 열매도 따서 먹고 영
원히 살면 어찌하겠는가? 그런 일이 결코 일어나서는 안된다!"
23-24 그래서 **하나님**은 그들을 에덴 동산에서 내쫓으시고, 그들이 흙으로 지
어졌으므로 흙을 일구게 하셨다. **하나님**께서 그들을 쫓아내신 다음, 동산 동
쪽에 그룹 천사들과 회전하는 불칼을 두셔서, 생명나무에 이르는 길을 지키
게 하셨다.

가인과 아벨

4 1 아담이 자기 아내 하와와 잠자리를 같이하니, 하와가 임신하여 가
인을 낳았다. 하와가 말했다. "내가 **하나님**의 도우심으로 사내아이를
얻었다!"

2 하와가 또 아벨이라는 아이를 낳았다. 아벨은 양을 치는 목자가 되고, 가인
은 농부가 되었다.
3-5 시간이 흘렀다. 가인은 자기 밭에서 거둔 곡식을 **하나님**께 제물로 가져왔
고, 아벨도 자신이 기르는 양 떼의 첫 새끼 가운데서 가장 좋은 부위를 골라
제물로 가져왔다. **하나님**께서 아벨과 그의 제물은 반기셨으나, 가인과 그의
제물은 반기지 않으셨다. 가인은 화를 내며 언짢아했다.
6-7 **하나님**께서 가인에게 말씀하셨다. "어찌하여 화를 내느냐? 언짢아하는
까닭이 무엇이냐? 네가 잘하면, 내가 받아들이지 않겠느냐? 네가 잘못하여
서 죄가 숨어 너를 덮치려고 하니, 너는 죄를 다스려야 한다."
8 가인이 아우 아벨과 말다툼을 했다. 그들이 들에 나갔을 때, 가인이 아우
아벨을 덮쳐서 죽였다.
9 **하나님**께서 가인에게 물으셨다. "네 아우 아벨이 어디 있느냐?"
가인이 대답했다. "제가 어떻게 알겠습니까? 제가 그를 돌보는 사람입니까?"
10-12 **하나님**께서 말씀하셨다. "네가 무슨 일을 저질렀느냐? 네 아우의 피가
땅에서 내게 울부짖고 있구나. 이제부터 너는 이 땅에서 저주를 받게 될 것
이다. 땅이 두 팔을 벌려 살해된 네 아우의 피를 받았으니, 너는 이 땅에서
쫓겨날 것이다. 네가 땅을 일구어도, 땅은 네게 더 이상 좋은 것을 내주지 않
을 것이다. 너는 정처 없이 세상을 떠도는 자가 될 것이다."
13-14 가인이 **하나님**께 아뢰었다. "그 형벌은 제게 너무 가혹합니다. 저는 그
것을 감당할 수 없습니다! 하나님께서 저를 이 땅에서 쫓아내셨으니, 제가
다시는 하나님을 뵐 수 없게 되었습니다. 제가 정처 없이 세상을 떠돌면, 만
나는 사람마다 저를 죽이려고 할 것입니다."
15 **하나님**께서 그에게 말씀하셨다. "그렇지 않다. 누구든지 가인을 죽이는 자
는 일곱 배의 벌을 받을 것이다." **하나님**께서 가인을 지키기 위해 그에게 표
를 해주셔서, 어느 누가 그를 만나더라도 그를 죽이지 못하게 하셨다.
16 가인은 **하나님** 앞을 떠나, 에덴 동쪽에 있는 '아무도 살지 않는 땅'에서 살았다.
17-18 가인이 자기 아내와 잠자리를 같이하니, 그의 아내가 임신하여 에녹을
낳았다. 그때에 가인이 도시를 세우고, 자기 아들의 이름을 따서 그 도시의

이름을 에녹이라고 했다.

에녹은 이랏을 낳고
이랏은 므후야엘을 낳고
므후야엘은 므드사엘을 낳고
므드사엘은 라멕을 낳았다.

19-22 라멕은 아다와 씰라를 아내로 맞이했다. 아다는 야발을 낳았는데, 그는
장막에 살면서 가축을 치는 모든 사람의 조상이 되었다. 그의 아우 이름은
유발인데, 그는 수금과 피리를 연주하는 모든 사람의 조상이 되었다. 씰라는
두발가인을 낳았는데, 그는 대장간에서 구리와 쇠로 여러 기구를 만드는 사
람이었다. 그의 누이는 나아마였다.

23-24 라멕이 자기 아내들에게 말했다.
"아다와 씰라는 내 말을 들으시오.
라멕의 아내들이여, 내 말에 귀를 기울이시오.
내게 상처를 입힌 남자를 내가 죽였소.
나를 공격한 젊은 남자를 내가 죽였소.
가인을 해친 자가 일곱 배의 벌을 받는다면,
라멕을 해친 자는 일흔일곱 배의 벌을 받을 것이오!"

25-26 아담이 다시 자기 아내와 잠자리를 같이했다. 그녀가 아들을 낳고 그 이
름을 셋이라고 했다. 그녀가 이렇게 말했다. "가인에게 죽은 아벨을 대신해
서 하나님께서 내게 또 다른 아이를 주셨다." 셋도 아들을 낳고 그 이름을 에
노스라고 했다.
그때부터 사람들이 하나님의 이름으로 기도하고 예배하기 시작했다.

인류의 족보

5

1-2 인류의 족보는 이러하다. 하나님께서 인류를 창조하실 때, 하나님
의 형상대로, 하나님의 본성을 닮은 존재로 만드셨다. 하나님께서 남
자와 여자를 창조하시고, 그들 곧 온 인류에게 복을 주셨다.
3-5 아담은 백서른 살에 자신을 꼭 닮은 아들, 그 성품과 모습이 자신을 빼닮
은 아들을 낳고 그 이름을 셋이라고 했다. 셋을 낳은 뒤에 그는 800년을 더
살면서 자녀를 낳았다. 아담은 모두 930년을 살고 죽었다.
6-8 셋은 백다섯 살에 에노스를 낳았다. 에노스를 낳은 뒤에 그는 807년을 더
살면서 자녀를 낳았다. 셋은 모두 912년을 살고 죽었다.
9-11 에노스는 아흔 살에 게난을 낳았다. 게난을 낳은 뒤에 그는 815년을 더
살면서 자녀를 낳았다. 에노스는 모두 905년을 살고 죽었다.
12-14 게난은 일흔 살에 마할랄렐을 낳았다. 마할랄렐을 낳은 뒤에 그는 840
년을 더 살면서 자녀를 낳았다. 게난은 모두 910년을 살고 죽었다.
15-17 마할랄렐은 예순다섯 살에 야렛을 낳았다. 야렛을 낳은 뒤에 그는 830
년을 더 살면서 자녀를 낳았다. 마할랄렐은 모두 895년을 살고 죽었다.
18-20 야렛은 백예순두 살에 에녹을 낳았다. 에녹을 낳은 뒤에 그는 800년을
더 살면서 자녀를 낳았다. 야렛은 모두 962년을 살고 죽었다.
21-23 에녹은 예순다섯 살에 므두셀라를 낳았다. 에녹은 늘 하나님과 동행했
다. 므두셀라를 낳은 뒤에 그는 300년을 더 살면서 자녀를 낳았다. 에녹은
모두 365년을 살았다.
24 에녹은 늘 하나님과 동행하다가, 어느 날 홀연히 사라졌다. 하나님께서 그
를 데려가신 것이다.
25-27 므두셀라는 백여든일곱 살에 라멕을 낳았다. 라멕을 낳은 뒤에 그는 782
년을 더 살았다. 므두셀라는 모두 969년을 살고 죽었다.
28-31 라멕은 백여든두 살에 아들을 낳았다. 그는 아들의 이름을 노아라 하고,
이렇게 말했다. "이 아이는 하나님께서 저주하신 땅을 일구는 고된 일에서
우리를 쉬게 해줄 것이다." 노아를 낳은 뒤에 그는 595년을 더 살면서 자녀
를 낳았다. 라멕은 모두 777년을 살고 죽었다.

32 노아는 오백 살에 셈과 함과 야벳을 낳았다.

땅의 거인들

6 1-2 사람들의 수가 늘어나기 시작하고 그들에게서 점점 더 많은 딸들
이 태어나자, 하나님의 아들들이 사람의 딸들의 아름다움을 주목했
다. 그들이 사람의 딸들을 눈여겨보고는, 저마다 자기 마음에 드는 대로 자
기 아내로 삼았다.
3 그러자 **하나님**께서 말씀하셨다. "내가 사람들에게 영원히 생명을 불어넣지
는 않을 것이다. 결국 그들은 죽게 될 것이다. 이제부터 그들은 120년밖에
살지 못할 것이다."
4 그 무렵 (그리고 그 후에도) 땅에는 거인들이 있었다. 그들은 하나님의 아들
들과 사람의 딸들 사이에서 태어난 자들이었다. 그들은 고대의 용사들로서,
이름난 사람들이었다.

하나님과 동행한 노아

5-7 **하나님**께서 사람의 악이 통제 불능 상태가 되었음을 보셨다. 사람들은 눈
을 떠서 잠들 때까지 온통 악한 것만 생각하고 악한 것만 꾀했다. **하나님**께
서 사람 지으신 것을 후회하시고 마음 아파하셨다. **하나님**께서 말씀하셨다.
"내가 타락한 내 피조물을 없애 버리겠다. 사람과 짐승, 뱀, 곤충, 새들을 가
리지 않고 다 쓸어버리겠다. 그것들을 만든 것이 후회스럽구나."
8 그러나 노아만은 달랐다. 노아는 **하나님**의 눈에 쏙 들었다.

9-10 노아의 이야기는 이러하다. 노아는 자기 공동체에서 선하고 흠 없는 사
람이었다. 노아는 하나님과 동행했다. 노아는 세 아들 곧 셈과 함과 야벳을
두었다.
11-12 하나님께서 보시기에 세상은 이미 시궁창이 되어 있었고, 악이 곳곳에
퍼져 있었다. 하나님께서 보시기에 세상이 얼마나 타락했던지, 모든 사람이
썩어 있었고, 생명 자체가 속속들이 썩어 있었다.

13 하나님께서 노아에게 말씀하셨다. "다 끝났다. 사람도 끝이다. 악이 도처
에 퍼져 있으니, 내가 깨끗이 쓸어버리겠다.
14-16 너는 티크나무로 배를 한 척 만들어라. 배 안에 방을 여러 개 만들고, 역
청으로 배 안팎을 칠하여라. 배의 길이는 140미터, 너비는 23미터, 높이는
14미터가 되게 하여라. 배에 지붕을 달고, 맨 위에서 45센티미터 아래에 창
을 하나 내고, 배 옆쪽에 출입문을 내어라. 그리고 아래층과 가운데층과 위
층, 이렇게 삼층으로 만들어라.
17 내가 땅 위에 홍수를 일으켜, 하늘 아래 살아 있는 모든 것을 없애 버리겠
다. 모든 것을 멸하겠다.
18-21 그러나 내가 너와는 언약을 맺을 것이다. 너는 네 아들들과 아내와 며느
리들과 함께 배에 들어가거라. 살아 있는 모든 것 가운데서 암수 한 쌍씩을
데리고 배에 들어가서, 너와 함께 살아남게 하여라. 새도 그 종류대로, 포유
동물도 그 종류대로, 땅에 기어 다니는 것도 그 종류대로 한 쌍씩 데리고 들
어가서, 너와 함께 살아남게 하여라. 네게 필요한 모든 양식을 가져다가 쌓
아 두어라. 이것은 너와 짐승들의 양식이 될 것이다."
22 노아는 하나님께서 명령하신 대로 다 행했다.

홍수가 땅을 덮다

7 1 그 후에 하나님께서 노아에게 말씀하셨다. "너는 가족들을 다 데리
고 배에 들어가거라. 이 세대의 모든 사람 가운데 의로운 사람이라고
는 오직 너밖에 없다.
2-4 모든 정결한 짐승은 암수 일곱 쌍씩, 모든 부정한 짐승은 암수 한 쌍씩,
모든 날짐승은 암수 일곱 쌍씩 배에 태워서, 땅 위에 살아남게 하여라. 이제
칠 일이 지나면, 내가 사십 일 동안 밤낮을 가리지 않고 온 땅에 비를 퍼부을
것이다. 내가 만든 모든 것을 다 쓸어버릴 것이다."
5 노아는 하나님께서 명령하신 대로 다 행했다.
6-10 홍수가 땅을 덮은 것은 노아가 육백 살 되던 해였다. 노아와 그의 아내와
아들들과 며느리들은 홍수를 피해 배에 들어갔다. 정결한 짐승과 부정한 짐

승, 날짐승과 땅 위를 기어 다니는 모든 짐승도, 하나님께서 노아에게 명령
하신 대로, 암수 짝을 지어 노아에게로 와서 배에 들어갔다. 칠 일이 지나자
홍수가 났다.
11-12 노아가 육백 살 되던 해 둘째 달, 그달 십칠 일에, 땅속 깊은 샘들이 모
두 터지고, 하늘의 창들이 모두 열렸다. 사십 일 동안 밤낮으로 비가 땅 위에
쏟아졌다.
13-16 바로 그날, 노아는 자기의 세 아들 셈, 함, 야벳과, 자기 아내와 며느리
들을 데리고 배에 들어갔다. 그들과 함께, 온갖 종류의 들짐승과 집짐승, 땅
위를 기어 다니는 온갖 짐승과 날아다니는 온갖 짐승도 짝을 지어 노아에게
로 와서 배에 들어갔다. 하나님께서 노아에게 명령하신 대로, 살아 숨 쉬는
모든 것이 암수 짝을 지어 배에 들어갔다. 그런 다음 노아가 들어가자, **하나
님**께서 배의 문을 닫으셨다.
17-23 홍수가 사십 일 동안 계속되어 물이 차오르자, 배가 땅에서 높이 떠올랐
다. 물이 계속해서 불어나 수위가 높아지자, 배가 수면에 떠다녔다. 홍수가
더욱 심해져, 가장 높은 산들까지 잠겼다. 수위가 그 산들의 봉우리보다 6미
터 정도 더 높아졌다. 모든 것이 죽었다. 살아 움직이는 모든 것이 죽었다. 날
짐승, 집짐승, 들짐승 할 것 없이 땅에 가득한 모든 생물이 죽었다. 사람도 다
죽었다. 마른 땅 위에 살면서 숨을 쉬는 모든 것이 죽었다. **하나님**께서는 사
람과 짐승, 기어 다니는 것과 날아다니는 새까지, 모든 피조물을 남김없이 쓸
어버리셨다. 오직 노아와 그와 함께 배에 있던 가족과 짐승들만 살아남았다.
24 홍수는 백오십 일 동안 계속되었다.

노아가 하나님께 제단을 쌓다

8 1-3 그때에 하나님께서 노아와, 그와 함께 배에 있는 모든 들짐승과 집
짐승들을 돌아보셨다. 하나님께서 바람을 일으키시니, 물이 줄어들기
시작했다. 땅속 깊은 샘들이 막히고, 하늘의 창들이 닫히고, 비가 그쳤다. 물
이 조금씩 줄어들어서, 백오십 일이 지나자 고비를 넘겼다.
4-6 일곱째 달 십칠 일에, 배가 아라랏 산에 닿았다. 물은 열째 달이 될 때까

지 계속 줄어서, 열째 달 첫째 날에 산봉우리들이 드러났다. 사십 일이 지난
뒤에 노아는 자신이 배에 단 창문을 열었다.
7-9 노아가 까마귀 한 마리를 내보냈다. 까마귀는 물이 마르기를 기다리며 이
리저리 날아다니기만 했다. 그는 또 홍수의 상태를 알아보려고 비둘기 한 마
리를 내보냈다. 그러나 물이 아직 땅을 뒤덮고 있어서, 비둘기는 내려앉을 곳
을 찾지 못했다. 노아가 손을 뻗어 비둘기를 잡아서, 배 안으로 들여놓았다.
10-11 노아는 칠 일을 더 기다려 다시 비둘기를 내보냈다. 비둘기는 저녁때가
되어 돌아왔는데, 부리에 올리브 새순을 물고 있었다. 노아는 땅에서 물이
거의 다 빠진 것을 알았다.
12 노아가 다시 칠 일을 기다려 세 번째로 비둘기를 내보냈다. 이번에는 비둘
기가 돌아오지 않았다.
13-14 노아가 육백한 살이 되던 해 첫째 달 첫째 날에, 물이 말랐다. 노아가 배
의 뚜껑을 열고 보니, 땅이 말라 있었다. 둘째 달 이십칠 일에, 땅이 완전히
말랐다.
15-17 하나님께서 노아에게 말씀하셨다. "너는 네 아내와 아들들과 며느리들
과 함께 배에서 나오너라. 모든 짐승, 곧 모든 새와 포유동물과 기어 다니는
것까지, 이 배에 가득한 저 생명들을 모두 데리고 나오너라. 그것들이 땅에
서 새끼를 낳고 번성하게 하여라."
18-19 노아가 자기 아들들과 아내와 며느리들을 데리고 배에서 나오자, 모든 짐
승과 기어 다니는 짐승과 새, 곧 땅 위의 모든 동물이 종류대로 배에서 나왔다.
20-21 노아는 **하나님**께 제단을 쌓았다. 그는 모든 짐승과 새들 가운데서 정결
한 것을 골라 제단 위에 번제물로 드렸다. **하나님**께서 그 향기를 맡으시고
마음속으로 생각하셨다. "내가 다시는 사람 때문에 땅을 저주하지 않을 것이
다. 사람은 어려서부터 악으로 기울어지게 마련이니, 다시는 내가 이번처럼
살아 있는 모든 것을 죽이지 않을 것이다.

22 땅이 존재하는 한,
씨를 뿌리고 거두는 일, 추위와 더위,

여름과 겨울, 낮과 밤이
멈추지 않을 것이다."

내가 너희와 언약을 맺겠다

9 1-4 하나님께서 노아와 그의 아들들에게 복을 주시며 말씀하셨다. "자녀를 낳고, 번성하여라! 땅에 가득하여라! 새와 짐승과 물고기를 포함한 살아 있는 모든 것이 너희 앞에서 꼼짝 못하고, 너희를 두려워할 것이다. 너희가 이것들을 책임지고 돌보아라. 살아 있는 모든 것이 너희의 양식이 될 것이다. 전에 내가 식물을 양식으로 주었듯이, 이제 이 모든 것을 너희에게 양식으로 준다. 그러나 고기는 생명인 피가 들어 있는 채로 먹어서는 안된다.
5 생명인 피를 흘리게 하는 자에게는 내가 반드시 갚아 줄 것이다. 짐승이든 사람이든 피를 흘리게 하는 자에게는 내가 반드시 갚아 줄 것이다.

6-7 다른 사람의 피를 흘리게 하는 자는
그 자신도 피 흘림을 당할 것이다.
하나님께서 자신의 형상대로 사람을 지으셔서
하나님의 본성을 드러내게 하셨기 때문이다.
너희는 좋은 결실을 맺고, 번성하여라.
이 땅에 생명이 가득하게 하고, 풍성하게 누리며 살아라!"

8-11 하나님께서 노아와 그의 아들들에게 말씀하셨다. "내가 너희와, 너희 뒤에 올 너희 자손과 언약을 맺겠다. 또한 너희와 함께 살아 있는 모든 것, 곧 너희가 배에서 데리고 나온 새와 집짐승과 들짐승과도 언약을 맺을 것이다. 내가 너희와 언약을 맺어, 다시는 살아 있는 모든 것을 홍수로 멸망시키지 않을 것이다. 다시는 홍수가 땅을 멸망시키지 못하게 하겠다."
12-16 하나님께서 말씀하셨다. "이것은 내가 너희와 그리고 너희와 함께 살아 있는 모든 것과, 너희 뒤를 이어 살게 될 모든 후손과 맺는 언약의 표다. 내

가 구름 사이에 무지개를 걸어 두겠다. 그것이 나와 땅 사이에 맺은 언약의
표가 될 것이다. 이제부터 땅 위에 구름이 일어나 그 사이로 무지개가 나타
나면, 내가 너희와 살아 있는 모든 것과 맺은 나의 언약을 기억하고, 내가 다
시는 홍수로 모든 생명을 멸망시키지 않을 것이다. 구름 사이로 무지개가 나
타날 때마다 내가 그것을 보고, 나 하나님이 살아 있는 모든 것, 곧 땅 위의
살아 있는 모든 것과 맺은 영원한 언약을 기억할 것이다."
17 하나님께서 말씀하셨다. "이것이 내가, 나와 땅 위의 살아 있는 모든 것 사
이에 맺은 언약의 표다."

18-19 배에서 나온 노아의 아들들은 셈과 함과 야벳이었다. 함은 가나안의 조
상이 되었다. 노아의 세 아들로 말미암아 온 땅은 사람들로 북적이게 되었다.

20-23 노아는 농부로서, 최초로 포도밭을 가꾼 사람이었다. 그가 포도주를 마
시고 취하여, 자기 장막에서 벌거벗은 채 정신없이 곯아떨어져 있었다. 가나
안의 조상 함이 아버지의 벌거벗은 모습을 보고, 장막 밖에 있던 두 형제에
게 알렸다. 셈과 야벳은 겉옷을 가져다가 어깨에 걸치고 뒷걸음질해 들어가
서, 아버지의 벌거벗은 몸을 덮어 드렸다. 그들은 아버지의 벌거벗은 몸을
보지 않으려고 얼굴을 돌렸다.
24-27 노아가 술에서 깨어나, 작은아들이 행한 일을 알고 이렇게 말했다.

가나안은 저주를 받으라!
종들의 종, 자기 형제들의 종이 되리라!
셈의 하나님, 하나님은 찬양을 받으소서!
그러나 가나안은 그의 종이 되리라.
하나님께서 야벳을 번성하게 하시고
셈의 장막에서 넉넉하게 살게 하시리라.
그러나 가나안은 그의 종이 되리라.

28-29 노아는 홍수가 있은 뒤에 350년을 더 살았다. 그는 모두 950년을 살고 죽었다.

노아 자손의 족보

10 1 노아의 세 아들, 셈과 함과 야벳의 족보는 이러하다. 홍수가 있은 뒤에 그들이 아들들을 낳았다.
2 야벳의 아들은 고멜, 마곡, 마대, 야완, 두발, 메섹, 디라스다.
3 고멜의 아들은 아스그나스, 리밧, 도갈마다.
4-5 야완의 아들은 엘리사, 달시스, 깃딤, 로다님이다. 이들로부터 바닷가에 사는 여러 민족이 나왔다. 이들 민족은 저마다 자기 지역에서 자기 언어를 가지고 종족을 이루며 살았다.

6 함의 아들은 구스, 이집트, 붓, 가나안이다.
7 구스의 아들은 쓰바, 하윌라, 삽다, 라아마, 삽드가다.
라아마의 아들은 스바, 드단이다.
8-12 구스는 또 니므롯을 낳았는데, 니므롯은 세상에 처음 등장한 위대한 용사였다. 그는 **하나님** 앞에서 탁월한 사냥꾼이었다. 그래서 "**하나님** 앞에서 탁월한 사냥꾼 니므롯처럼"이라는 말이 생겨났다. 그의 나라는 시날 땅 바벨과 에렉과 악갓과 갈레에서 시작되었다. 그는 그 땅을 떠나 앗수르로 가서, 니느웨와 르호보딜과 갈라를 세우고, 니느웨와 큰 성 갈라 사이에 레센을 세웠다.
13-14 이집트는 루드인, 아남인, 르합인, 납두인, 바드루스인, (블레셋의 조상인) 가슬루인, 갑돌인의 조상이 되었다.
15-19 가나안은 맏아들 시돈과 헷을 낳았고, 그에게서 여부스 사람, 아모리 사람, 기르가스 사람, 히위 사람, 알가 사람, 신 사람, 아르왓 사람, 스말 사람, 하맛 사람이 나왔다. 나중에 가나안 사람은 시돈에서 그랄 쪽으로, 남쪽으로는 멀리 가사까지, 그 후에 동쪽으로는 소돔과 고모라와 아드마와 스보임을 넘어 라사까지 퍼져 나갔다.
20 이들은 종족과 언어와 지방과 민족을 따라 살펴본 함의 후손이다.

21 야벳의 형 셈도 아들들을 낳았다. 셈은 에벨 모든 자손의 조상이 되었다.
22 셈의 아들은 엘람, 앗수르, 아르박삿, 룻, 아람이다.
23 아람의 아들은 우스, 훌, 게델, 메섹이다.
24-25 아르박삿은 셀라를 낳고, 셀라는 에벨을 낳았다. 에벨은 두 아들 벨렉과
욕단을 낳았다. (벨렉이라는 이름은 그의 시대에 인류가 나뉘어졌다고 해서 붙여진
이름이다.)
26-30 욕단은 알모닷, 셀렙, 하살마웻, 예라, 하도람, 우살, 디글라, 오발, 아비
마엘, 스바, 오빌, 하윌라, 요밥을 낳았다. 이들은 모두 욕단의 아들들이다.
이들의 거주지는 메사에서 동쪽 산지인 스발까지였다.
31 이들은 종족과 언어와 지방과 민족을 따라 살펴본 셈의 후손이다.

32 이것은 여러 민족으로 갈라져 나간 노아 자손의 족보다. 홍수가 있은 뒤에
이들로부터 여러 민족이 갈라져 세상으로 뻗어 나갔다.

하나님께서 사람들의 언어를 혼란스럽게 하시다

11 1-2 한때 온 세상이 같은 언어를 사용했다. 그들은 동쪽에서 이주
해 오다가 시날 땅 한 평지에 이르러 그곳에 정착했다.
3 그들이 서로 말했다. "자, 벽돌을 만들어 단단하게 구워 내자." 그들은 돌
대신 벽돌을 사용하고, 진흙 대신 역청을 사용했다.
4 그들이 말했다. "우리가 직접 도시를 세우고, 하늘까지 닿는 탑을 쌓자. 우
리의 이름을 드높여서, 우리가 온 땅에 흩어지는 일이 없게 하자."
5 **하나님**께서 내려오셔서, 사람들이 세운 도시와 탑을 살펴보셨다.
6-9 **하나님**께서 단번에 알아보시고 말씀하셨다. "백성도 하나요 언어도 하나
이니, 이것은 시작에 불과하다. 저들이 다음에 무슨 일을 할지 안 봐도 눈에
선하다. 저들은 무슨 일이든 거침없이 할 것이다! 자, 우리가 내려가서 저들
의 말을 어지럽혀, 저들이 서로 알아듣지 못하게 하자." **하나님**께서 그들을
그곳에서 세상 곳곳으로 흩어 버리셨다. 그래서 그들은 도시 세우는 일을 그
만두어야 했다. **하나님**께서 그들의 언어를 혼란스럽게 하셨으므로, 그곳의

이름을 바벨이라고 했다. 하나님께서 그들을 그곳에서 세상 곳곳으로 흩어
버리셨다.

셈의 족보

10-11 셈의 이야기는 이러하다. 셈은 홍수가 있은 지 두 해가 지나서 백 살에
아르박삿을 낳았다. 아르박삿을 낳은 뒤에 그는 500년을 더 살면서 자녀를
낳았다.
12-13 아르박삿은 서른다섯 살에 셀라를 낳았다. 셀라를 낳은 뒤에 그는 403
년을 더 살면서 자녀를 낳았다.
14-15 셀라는 서른 살에 에벨을 낳았다. 에벨을 낳은 뒤에 그는 403년을 더 살
면서 자녀를 낳았다.
16-17 에벨은 서른네 살에 벨렉을 낳았다. 벨렉을 낳은 뒤에 그는 430년을 더
살면서 자녀를 낳았다.
18-19 벨렉은 서른 살에 르우를 낳았다. 르우를 낳은 뒤에 그는 209년을 더 살
면서 자녀를 낳았다.
20-21 르우는 서른두 살에 스룩을 낳았다. 스룩을 낳은 뒤에 그는 207년을 더
살면서 자녀를 낳았다.
22-23 스룩은 서른 살에 나홀을 낳았다. 나홀을 낳은 뒤에 그는 200년을 더 살
면서 자녀를 낳았다.
24-25 나홀은 스물아홉 살에 데라를 낳았다. 데라를 낳은 뒤에 그는 119년을
더 살면서 자녀를 낳았다.
26 데라는 일흔 살에 아브람과 나홀과 하란을 낳았다.

데라의 족보

27-28 데라의 이야기는 이러하다. 데라는 아브람과 나홀과 하란을 낳았다.
하란은 롯을 낳았다. 하란은 자기 가족의 고향인 갈대아 우르에서 아버지 데
라보다 먼저 죽었다.
29 아브람과 나홀이 각자 아내를 맞아들였다. 아브람의 아내 이름은 사래였

고, 나홀의 아내 이름은 밀가였다. 밀가는 나홀의 형제인 하란의 딸이었다.
하란에게는 두 딸이 있었는데, 밀가와 이스가였다.
30 사래는 임신을 못해서 자식이 없었다.
31 데라는 아들 아브람과 (하란의 아들인) 손자 롯과 (아브람의 아내인) 며느리
사래를 데리고 갈대아 우르를 떠나 가나안 땅을 향해 갔다. 그러나 도중에
하란에 이르러, 그곳에 자리를 잡고 살았다.
32 데라는 205년을 살고 하란에서 죽었다.

하나님께서 아브람을 부르시다

12 1 **하나님**께서 아브람에게 말씀하셨다. "네 고향과 네 가족과 네 아
버지 집을 떠나, 내가 네게 보여줄 땅으로 가거라.

2-3 내가 너를 큰 민족이 되게 하고
네게 복을 주겠다.
내가 네 이름을 떨치게 할 것이니
너는 복의 근원이 될 것이다.
너를 축복하는 사람에게는 내가 복을 내리고
너를 저주하는 사람에게는 내가 저주를 내리겠다.
세상 모든 민족이
너로 인하여 복을 받을 것이다."

4-6 아브람은 **하나님**께서 말씀하신 대로 길을 떠났다. 롯도 아브람을 따라 떠
났다. 아브람이 하란을 떠날 때, 그의 나이는 일흔다섯 살이었다. 아브람은
아내 사래와 조카 롯과 모든 재산과 하란에서 얻은 사람들을 데리고 가나안
땅을 향해 길을 떠나, 마침내 그 땅에 무사히 도착했다.
아브람은 그 땅을 지나서 세겜 땅 모레의 상수리나무가 있는 곳에 이르렀다.
당시 그 땅에는 가나안 사람이 살고 있었다.
7 **하나님**께서 아브람에게 나타나셔서 말씀하셨다. "내가 이 땅을 네 자손에

게 주겠다." 아브람은 **하나님**께서 자신에게 나타나신 그곳에 제단을 쌓았다.
8 아브람이 그곳을 떠나 베델 동쪽에 있는 산지로 가서, 서쪽으로는 베델이
보이고 동쪽으로는 아이가 보이는 곳에 장막을 쳤다. 그는 그곳에 제단을 쌓
고 **하나님**께 기도를 드렸다.
9 아브람이 또 길을 떠나서, 줄곧 남쪽으로 길을 잡아 네겝 지역에 이르렀다.

10-13 그때 그 땅에 기근이 들었다. 기근이 극심했기 때문에, 아브람은 이집트
로 내려가 살았다. 이집트 근처에 이르러, 그는 자기 아내 사래에게 말했다.
"여보, 알다시피 당신은 아름다운 여인이잖소. 이집트 사람들이 당신을 보
면, '아, 저 여인은 그의 아내구나!' 하면서, 나는 죽이고 당신은 살려 둘 것이
오. 부탁이니, 당신이 내 누이라고 말해 주시오. 당신 덕에 내가 그들의 환대
를 받고 목숨도 부지할 수 있을 거요."
14-15 아브람이 이집트에 이르렀을 때, 이집트 사람들은 그의 아내가 눈부시게
아름다운 여인임을 한눈에 알아보았다. 바로의 대신들이 바로 앞에서 그 여
인의 아름다움을 칭찬했다. 그리하여 사래는 바로의 거처로 불려 들어갔다.
16-17 아브람은 아내 덕에 대접을 잘 받았다. 그는 양과 소, 암나귀와 수나귀, 남
종과 여종, 그리고 낙타까지 얻었다. 그러나 **하나님**께서는 아브람의 아내 사
래의 일로 바로를 심하게 치셨다. 궁에 있던 모든 사람이 중병에 걸린 것이다.
18-19 바로가 아브람을 불러 말했다. "네가 어찌하여 내게 이런 일을 행하였느
냐? 그녀가 네 아내라고 왜 말하지 않았느냐? 어찌하여 너는 그녀가 네 누
이라고 말하여, 내가 그녀를 아내로 삼게 할 뻔했느냐? 여기, 네 아내를 돌
려줄 테니, 데리고 나가거라!"
20 바로는 신하들을 시켜 아브람을 그 나라에서 내보냈다. 그들은 아브람이
자기 아내와 자신의 모든 소유를 가지고 나가게 했다.'

아브람과 롯이 갈라지다

13

1-2 아브람은 아내와 자신의 모든 소유를 가지고 이집트를 떠나 네
겝 지역으로 돌아갔다. 롯도 그와 함께 갔다. 이제 아브람은 가축

과 은과 금이 많은 큰 부자가 되었다.
3-4 아브람은 네겝 지역을 떠나 장막생활을 하면서 베델로 갔다. 그곳은 전에
그가, 베델과 아이 사이에 장막을 치고 처음으로 제단을 쌓은 곳이었다. 아
브람은 거기서 **하나님**께 기도를 드렸다.
5-7 아브람과 함께 다니던 롯도 양과 소와 장막이 많은 부자였다. 그 땅은 그
들이 함께 살기에는 비좁았다. 그들의 재산이 너무 많았으므로, 그들은 그
곳에서 함께 살 수 없었다. 아브람과 롯의 목자들 사이에 다툼이 일어나기도
했다. 그때 그 땅에는 가나안 사람과 브리스 사람도 살고 있었다.
8-9 아브람이 롯에게 말했다. "너와 나 사이에, 네 목자들과 내 목자들 사이
에 다툼이 있어서는 안된다. 어쨌든 우리는 한 가족이 아니냐? 주위를 둘러
보아라. 저기 넓은 땅이 보이지 않느냐? 그러니 따로 떨어져 살자꾸나. 네가
왼쪽으로 가면 나는 오른쪽으로 가고, 네가 오른쪽으로 가면 나는 왼쪽으로
가겠다."
10-11 롯이 바라보니, 요단 온 들판이 소알에 이르기까지 물이 넉넉하여, **하나
님**의 동산 같고 이집트 땅과 같았다. (그때는 **하나님**께서 소돔과 고모라를 멸망시
키시기 전이었다.) 롯은 요단 온 들판을 택하고 동쪽으로 출발했다.
11-12 그렇게 해서 삼촌과 조카는 갈라지게 되었다. 아브람은 가나안에 자리
를 잡았고, 롯은 평지의 여러 도시에서 살다가 소돔 근처에 장막을 쳤다.
13 소돔 사람들은 악해서, **하나님**을 거슬러 극악한 죄를 짓는 자들이었다.
14-17 롯이 아브람을 떠나간 뒤에, **하나님**께서 아브람에게 말씀하셨다. "네 눈
을 들어 주위를 보아라. 북쪽과 남쪽, 동쪽과 서쪽을 둘러보아라. 네 눈에 보
이는 모든 것, 네 앞에 펼쳐진 온 땅을, 내가 너와 네 자손에게 영원히 주겠
다. 내가 네 후손을 땅의 먼지처럼 많아지게 하겠다. 땅의 먼지를 셀 수 없듯
이 네 후손도 셀 수 없게 될 것이다. 일어나 걸어 보아라. 땅을 세로로 질러가
보기도 하고, 가로로 질러가 보기도 하여라. 내가 그 모든 것을 네게 주겠다."
18 아브람은 장막을 옮겨, 헤브론에 있는 마므레의 상수리나무 숲 근처에 자
리를 잡고 살았다. 그는 그곳에서 **하나님**께 제단을 쌓았다.

멜기세덱의 축복을 받다

14 1-2 그때에 이런 일이 있었다. 시날 왕 아므라벨, 엘라살 왕 아리
옥, 엘람 왕 그돌라오멜, 고임 왕 디달이 전쟁을 일으켜서 소돔
왕 베라, 고모라 왕 비르사, 아드마 왕 시납, 스보임 왕 세메벨, 벨라 왕 소알
과 싸웠다.
3-4 공격을 받은 다섯 왕은 싯딤 골짜기, 곧 소금 바다에 집결했다. 그들은 십
이 년 동안 그돌라오멜의 지배를 받다가, 십삼 년째 되는 해에 반란을 일으
켰던 것이다.
5-7 십사 년째 되는 해에 그돌라오멜이 자신과 동맹을 맺은 왕들과 함께 진격
해 가서, 아스드롯가르나임에서 르바 사람을 치고, 함에서는 수스 사람을 치
고, 사웨 기랴다임에서는 엠 사람을 치고, 세일 산지에서는 호리 사람을 쳐
서, 사막 가장자리에 있는 엘 바란까지 이르렀다. 돌아오는 길에 그들은 엔
미스밧, 곧 가데스에서 아멜렉 사람의 전 지역과 하사손다말에 사는 아모리
사람의 전 지역을 쳤다.
8-9 그러자 소돔 왕이 고모라 왕, 아드마 왕, 스보임 왕, 벨라 왕 곧 소알 왕과
함께 진군하여, 싯딤 골짜기에서 적들과 맞서 전열을 가다듬었다. 엘람 왕
그돌라오멜, 고임 왕 디달, 시날 왕 아므라벨, 엘라살 왕 아리옥, 이 네 왕이
다섯 왕과 맞서 싸웠다.
10-12 싯딤 골짜기는 역청 수렁이 가득했다. 소돔 왕과 고모라 왕이 달아나다
가 역청 수렁에 빠지고, 나머지는 산지로 달아났다. 그러자 네 왕은 소돔과
고모라의 모든 재물과 양식과 병기를 약탈하여 떠나갔다. 그들은 당시 소돔
에 살고 있던 아브람의 조카 롯을 사로잡고, 그의 모든 소유도 빼앗아 갔다.
13-16 도망쳐 나온 사람 하나가 히브리 사람 아브람에게 와서 그 일을 알렸다.
그때 아브람은 아모리 사람 마므레의 상수리나무 숲 근처에 살고 있었다. 마
므레는 에스골과 형제간이었고, 아넬과도 형제간이었다. 이들은 모두 아브
람과 동맹을 맺은 사이였다. 아브람이 자기 조카가 포로로 끌려갔다는 소식
을 듣고 부하들을 모으니 318명이었다. 그들은 모두 아브람의 집에서 태어
난 사람들이었다. 아브람은 그들을 데리고 롯을 잡아간 자들을 추격해 단까

지 갔다. 아브람과 그의 부하들은 여러 패로 나뉘어 밤에 공격했다. 그들은
다마스쿠스 북쪽 호바까지 적들을 뒤쫓아 갔다. 그들은 약탈당한 모든 것을
되찾았고, 아브람의 조카 롯과 그의 재물뿐 아니라 부녀자들과 다른 사람들
까지 되찾았다.
17-20 아브람이 그돌라오멜과 그와 동맹을 맺은 왕들을 쳐부수고 돌아오자,
소돔 왕이 사웨 골짜기, 곧 왕의 골짜기로 나와서 그를 맞이했다. 살렘 왕 멜
기세덱이 빵과 포도주를 가지고 나아왔다. 그는 지극히 높으신 하나님의 제
사장이었다. 그가 아브람을 축복하며 말했다.

지극히 높으신 하나님, 하늘과 땅의 창조주께
아브람은 복을 받으리라.
그대의 원수들을 그대의 손에 넘겨주신,
지극히 높으신 하나님께서는 찬양을 받으소서.

아브람은 되찾은 재물의 십분의 일을 멜기세덱에게 주었다.
21 소돔 왕이 아브람에게 말했다. "사람들은 내게 돌려주고, 재물은 그대가
다 가지시오."
22-24 그러나 아브람은 소돔 왕에게 이렇게 말했다. "**하나님** 지극히 높으신 하
나님, 하늘과 땅의 창조주께 맹세하건대, 나는 왕의 것을 하나도 가지지 않
겠습니다. 왕의 것은 실오라기 하나, 신발 끈 하나도 가지지 않겠습니다. 그
것은 왕이 '내가 아브람을 부자로 만들어 주었다'고 말하지 못하게 하려는 것
입니다. 나에게는 아무것도 주지 마십시오. 다만 젊은이들이 먹은 것과, 나
와 함께 갔던 사람들, 곧 아넬과 에스골과 마므레의 몫은 챙겨 주십시오. 그
들은 자신들의 몫을 받아 마땅합니다."

하나님께서 아브람과 언약을 맺으시다

15 1 이 모든 일이 있은 뒤에, **하나님**의 말씀이 환상 가운데 아브람
에게 임했다. "아브람아, 두려워하지 마라. 나는 네 방패다. 네가

받을 상이 매우 크다!"
2-3 아브람이 말했다. "주 **하나님**, 제게는 자식이 없어 다마스쿠스 사람 엘리
에셀이 모든 것을 물려받을 텐데, 주께서 주시는 선물이 무슨 소용이 있겠습
니까?" 아브람이 계속해서 말했다. "보십시오, 주께서 제게 자식을 주지 않
으셨으니, 이제 제 집의 종이 모든 것을 상속받을 것입니다."
4 그러자 **하나님**의 **메시지**가 임했다. "걱정하지 마라. 그는 네 상속자가 아니
다. 네 몸에서 태어날 아들이 네 상속자가 될 것이다."
5 **하나님**께서 아브람을 밖으로 데리고 나가셔서 말씀하셨다. "저 하늘을 바
라보아라. 저 별들을 세어 보아라. 셀 수 있겠느냐? 네 자손을 세어 보아라!
아브람아, 너는 장차 큰 민족을 이룰 것이다!"
6 아브람이 믿었다! **하나님**을 믿었다! 하나님께서는 그가 "하나님과 바른 관
계를 맺었다"고 선언해 주셨다.
7 **하나님**께서 계속 말씀하셨다. "나는 너를 갈대아 우르에서 데리고 나와, 이
땅을 네게 주어 소유하게 한 **하나님**이다."
8 아브람이 말했다. "주 **하나님**, 이 땅이 제 것이 되리라는 것을 제가 어떻게
알 수 있겠습니까?"
9 **하나님**께서 말씀하셨다. "삼 년 된 암송아지 한 마리와 삼 년 된 암염소 한
마리, 삼 년 된 숫양 한 마리, 산비둘기 한 마리, 그리고 집비둘기 한 마리를
내게 가져오너라."
10-12 아브람이 그 모든 짐승을 **하나님**께 가져와서 반으로 가르고, 갈린 반쪽
을 서로 마주 보게 차려 놓았다. 그러나 비둘기들은 가르지 않았다. 독수리
들이 짐승의 시체 위로 날아들었으나, 아브람이 쫓아 버렸다. 해가 지자 아
브람이 깊은 잠에 빠졌는데, 공포와 어둠이 그를 짓눌렀다.
13-16 **하나님**께서 아브람에게 말씀하셨다. "이것을 알아 두어라. 네 후손이 다
른 나라에서 나그네로 살다가, 사백 년 동안 종살이를 하고 매질을 당하게
될 것이다. 그 후에 내가 그들의 주인으로 군림하는 자들을 벌할 것이다. 그
러면 네 후손은 재물을 가득 가지고 거기서 나올 것이다. 그러나 너는 장수
를 누리다가 평안히 죽게 될 것이다. 네 후손은 사 대째가 되어서야 이 땅으

로 돌아오게 될 것이다. 아직까지는 아모리 사람의 죄가 한창 자라고 있기
때문이다."
17-21 해가 져서 어두워지자, 연기 나는 화덕과 타오르는 횃불이 갈라 놓은 짐
승들 사이로 지나갔다. 그때 **하나님**께서 아브람과 언약을 맺으시며 말씀하
셨다. "내가 이집트의 나일 강에서부터 앗시리아의 유프라테스 강에 이르는
이 땅을 네 자손에게 주겠다. 이 땅은 겐 사람과 그니스 사람과 갓몬 사람과
헷 사람과 브리스 사람과 르바 사람과 아모리 사람과 가나안 사람과 기르가
스 사람과 여부스 사람의 땅이다."

하갈과 이스마엘

16 1-2 아브람의 아내 사래는 아직 아이를 낳지 못했다.
그녀에게는 하갈이라는 이집트 여종이 있었다. 사래가 아브람에
게 말했다. "**하나님**께서 내가 아이 갖는 것을 좋다고 여기지 않으시니, 당신
은 내 여종과 잠자리를 같이하세요. 내가 여종의 몸을 빌려서 대를 이을 수
있을지도 모르잖아요." 아브람은 사래의 말을 따르기로 했다.
3-4 그리하여 아브람의 아내 사래는 자신의 이집트 여종 하갈을 데려다가 자
기 남편 아브람에게 아내로 주었다. 이것은 아브람이 가나안 땅에 산 지 십
년이 지난 뒤의 일이었다. 그가 하갈과 잠자리를 같이하자, 하갈이 임신을
했다. 하갈은 자신이 임신한 것을 알고 자신의 여주인을 업신여겼다.
5 사래가 아브람에게 말했다. "내가 이런 능욕을 당하는 것은 다 당신 책임이
에요. 내가 내 여종을 당신과 잠자리를 같이하도록 했건만, 그 종이 자기가
임신한 것을 알고서 나를 업신여기지 뭐예요. **하나님**께서 우리 중에 누가 옳
은지 결정해 주시면 좋겠어요."
6 아브람이 말했다. "당신이 결정하구려. 당신 종은 당신 소관이잖소."
사래가 하갈을 학대하자, 하갈이 달아났다.
7-8 **하나님**의 천사가 광야의 샘 곁에서 하갈을 발견했다. 그 샘은 수르로 가
는 길가에 있었다. 천사가 말했다. "사래의 여종 하갈아, 여기서 무엇을 하고
있느냐?"

하갈이 대답했다. "내 여주인 사래에게서 도망치는 중입니다."
9-12 **하나님**의 천사가 말했다. "네 여주인에게로 돌아가거라. 그녀의 학대를
참아 내어라." 천사가 계속해서 말했다. "내가 네게 큰 민족, 셀 수 없을 만
큼 많은 자손을 주겠다.

네가 임신했으니, 아들을 낳을 것이다. 너는 그 이름을 이스마엘이라 하여라.
하나님께서 네 소리를 듣고 응답하셨다.
그는 날뛰는 야생마처럼 될 것이다.
남과 맞서 싸우고, 남도 그와 맞서 싸울 것이다.
그는 늘 문제를 일으키며
자기 가족과도 사이가 좋지 못할 것이다."

13 하갈이 자신에게 말씀하신 **하나님**께 기도하며 '나를 보시는 하나님!'이라
고 불렀다.
"그래! 그분께서 나를 보셨고, 나도 그분을 뵈었다!"
14 그래서 광야의 그 샘도 '나를 보시는, 살아 계신 하나님의 샘'이라고 부르
게 되었다. 그 샘은 지금도 가데스와 베렛 사이에 그대로 있다.
15-16 하갈이 아브람에게서 아들을 낳았다. 아브람이 그 아이의 이름을 이스
마엘이라고 했다. 하갈이 아브람의 아들 이스마엘을 낳았을 때에 아브람은
여든여섯 살이었다.

할례, 언약의 표

17 1-2 아브람이 아흔아홉 살이 되었을 때, **하나님**께서 그에게 나타나
셔서 말씀하셨다. "나는 강한 하나님이다. 너는 내 앞에서 흠 없
이 살고, 온전하게 살아라! 내가 나와 너 사이에 언약을 맺고, 네게 큰 민족
을 줄 것이다."
3-8 아브람이 압도되어, 얼굴을 땅에 대고 엎드렸다.
하나님께서 그에게 말씀하셨다. "이것은 내가 너와 맺은 언약이다. 너는 수

많은 민족들의 아버지가 될 것이다. 이제 네 이름은 더 이상 아브람이 아니
라 아브라함이다. '내가 너를 수많은 민족들의 아버지로 만들 것'이기 때문이
다. 내가 너를 아버지들의 아버지로 만들겠다. 네게서 여러 민족이 나오고,
네게서 여러 왕이 나오게 하겠다. 내가 너와는 물론이고 네 후손과도 영원토
록 지속될 언약을 맺어, 네 하나님이 되고 네 후손의 하나님이 되겠다. 네가
장막을 치고 있는 이 땅, 곧 가나안 땅 전체를 너와 네 후손에게 주어 영원토
록 소유하게 하고, 나는 그들의 하나님이 될 것이다."
9-14 하나님께서 아브라함에게 계속 말씀하셨다. "너는 내 언약을 지켜야 한
다. 너와 네 후손이 대대로 지켜야 한다. 이것은 네가 지켜야 할 언약, 네 후
손이 지켜야 할 언약이다. 너희 모든 남자에게 할례를 행하여라. 포피를 잘
라 내어라. 이것이 나와 너 사이에 맺는 언약의 표가 될 것이다. 대대로 모
든 남자아이는 태어난 지 팔 일째 되는 날에 할례를 받아야 한다. 너희 집에
서 태어난 종들과, 이방인에게서 사 온 종들도 너희 혈족은 아니지만 할례를
받아야 한다. 너희는 너희 자손뿐 아니라 밖에서 들여온 사람에게도 할례를
행해야 한다. 그러면 내 언약이 너희 몸에 새겨져서, 영원한 언약의 표가 될
것이다. 할례를 받지 않은 남자, 곧 포피를 잘라 내지 않은 남자는 자기 백성
가운데서 잘려 나갈 것이다. 그가 내 언약을 깨뜨렸기 때문이다."
15-16 하나님께서 또 아브라함에게 말씀하셨다. "네 아내 사래를 더 이상 사래
라고 하지 말고, 사라라고 하여라. 내가 그녀에게 복을 주어, 그녀가 네 아들
을 낳게 하겠다! 내가 반드시 그녀에게 복을 주어, 그녀에게서 여러 민족이
나오게 하고, 여러 민족의 왕들도 나오게 할 것이다."
17 아브라함이 얼굴을 땅에 대고 엎드린 채 웃으며 속으로 말했다. "백 살이
나 된 남자가 아들을 볼 수 있다고? 아흔 살이나 된 사라가 아이를 낳을 수
있다고?"
18 아브라함이 정신을 차리고 하나님께 아뢰었다. "이스마엘이나 하나님 앞
에서 잘 살았으면 좋겠습니다."
19 하나님께서 말씀하셨다. "내 말은 그런 뜻이 아니다. 네 아내, 사라가 아들
을 낳을 것이다. 너는 그 아이의 이름을 이삭(웃음)이라고 하여라. 내가 그와

는 물론이고, 그의 후손과도 영원한 언약을 맺을 것이다.
20-21 이스마엘 말이냐? 네가 그를 위해 기도하는 것을 내가 들었다. 내가 그
에게도 복을 주어, 많은 자식을 낳아 큰 민족을 이루게 하겠다. 그는 열두 지
도자의 아버지가 될 것이다. 내가 그를 큰 민족이 되게 하겠다. 그러나 나는
내년 이맘때 사라가 낳을 네 아들 이삭과 언약을 맺을 것이다."
22 하나님께서 아브라함과 말씀을 마치고 떠나가셨다.

23 그날 아브라함은 자기 아들 이스마엘과, 집에서 태어난 종과 돈을 주고 사
온 모든 종, 곧 자기 집안의 모든 남자를 데려다가, 하나님께서 말씀하신 대
로 그들의 포피를 잘라 내어 할례를 행했다.
24-27 아브라함이 할례를 받을 때 그의 나이는 아흔아홉 살이었고, 그의 아들
이스마엘이 할례를 받을 때 그의 나이는 열세 살이었다. 아브라함과 이스마
엘이 같은 날에 할례를 받았고, 그의 집안에 있는 모든 종도 그날에 할례를
받았다. 집에서 태어난 종과 돈을 주고 이방인에게서 사 온 종이 모두 아브
라함과 함께 할례를 받았다.

하나님께서 아브라함에게 아들을 약속하시다

18 1-2 **하나님**께서 마므레의 상수리나무 숲 근처에서 아브라함에게
나타나셨다. 그때 아브라함은 장막 입구에 앉아 있었다. 몹시 뜨
거운 한낮이었다. 아브라함이 고개를 들어 보니, 세 사람이 서 있었다. 그가
장막에서 뛰어나가 그들을 맞이하며 절했다.
3-5 아브라함이 말했다. "주님, 괜찮으시다면 잠시 이 종의 집에 머무시기 바
랍니다. 물을 가져올 테니 발을 씻으시고, 이 나무 아래에서 좀 쉬십시오. 제
곁을 지나가게 되셨으니, 제가 음식을 가져오겠습니다. 원기를 회복하여 길
을 떠나십시오."
그들이 말했다. "좋습니다. 그대가 말한 대로 하십시오."
6 아브라함이 급히 장막으로 달려가서 사라에게 말했다. "서두르시오. 가장
고운 밀가루 세 컵을 가져다가 반죽하여 빵을 구우시오."

7-8 아브라함이 또 가축우리로 달려가서 살진 송아지 한 마리를 골라 종에게
건네니, 종이 곧 그것을 잡아 요리했다. 아브라함은 치즈와 우유와 구운 송
아지 고기를 가져다가 그 사람들 앞에 차려 놓았다. 그들이 식사하는 동안,
아브라함은 나무 아래에 서 있었다.
9 그 사람들이 아브라함에게 말했다. "그대의 아내 사라는 어디 있습니까?"
아브라함이 대답했다. "장막 안에 있습니다."
10 그들 가운데 한 사람이 말했다. "내년 이맘때 내가 다시 찾아오겠습니다.
그때에는 그대의 아내 사라에게 아들이 있을 것입니다." 사라는 그 사람의
바로 뒤, 장막 입구에서 그 말을 듣고 있었다.
11-12 아브라함과 사라는 이미 나이 많은 노인이었고, 사라는 아이를 가질 수
있는 나이가 훨씬 지난 상태였다. 사라가 속으로 웃으면서 말했다. "나처럼
늙은 여자가 임신을 한다고? 남편도 이렇게 늙었는데?"
13-14 **하나님**께서 아브라함에게 말씀하셨다. "사라가 '나처럼 늙은 여자가 아
이를 갖는다고?' 하면서 웃는데, 어찌 된 것이냐? **하나님**이 하지 못할 일이
있느냐? 내가 내년 이맘때 돌아올 텐데, 그때에는 사라에게 아이가 있을 것
이다."
15 사라가 두려운 나머지 거짓말을 했다. "저는 웃지 않았습니다."
그러자 **하나님**께서 말씀하셨다. "아니다. 네가 웃었다."

아브라함이 소돔을 위해 간구하다

16 그 사람들이 떠나려고 자리에서 일어나, 소돔을 향해 출발했다. 아브라함
은 그들을 배웅하려고 함께 걸어갔다.
17-19 그때 **하나님**께서 말씀하셨다. "내가 앞으로 하려고 하는 일을 아브라함
에게 숨기겠느냐? 아브라함은 장차 크고 강한 민족이 되어, 세상 모든 민족
이 그를 통해 복을 받게 될 것이다. 그렇다. 내가 그를 택한 것은, 그가 자기
자녀와 후손을 가르쳐 **하나님**의 생활방식을 따라, 친절하고 너그럽고 바르
게 살게 하려는 것이다. 그리하여 **하나님**이 아브라함에게 약속하신 것을 이
루려는 것이다."

[20-21] **하나님**께서 계속해서 말씀하셨다. "소돔과 고모라의 희생자들이 울부짖
는 소리가 내 귀를 먹먹하게 하는구나. 그 도시의 죄악이 너무 크다. 내가 직
접 내려가서, 저들이 하는 짓이 정말 내 귀에 들려오는 울부짖음처럼 악한지
알아봐야겠다."
[22] 그 사람들이 소돔을 향해 출발했으나, 아브라함은 **하나님**의 길에 서서 그
길을 가로막았다.
[23-25] 아브라함이 **하나님**을 대면하여 아뢰었다. "진심이십니까? 죄 없는 사람
들을 악한 사람들과 함께 쓸어버릴 작정이십니까? 그 도시에 의인 오십 명
이 있다면 어떻게 하시겠습니까? 죄 없는 사람들을 악한 사람들과 함께 쓸
어버리시겠습니까? 의인 오십 명을 봐서라도 그 도시를 용서하지 않으시렵
니까? 저는 주께서 의인과 악인을 구별하지 않고 죽이실 것이라고는 생각하
지 않습니다. 세상을 심판하시는 분께서 공정하게 심판하셔야 하지 않겠습
니까?"
[26] **하나님**께서 말씀하셨다. "소돔에 의인 오십 명이 있으면, 내가 그들을 봐
서 그 도시를 용서하겠다."
[27-28] 아브라함이 다시 아뢰었다. "한 줌 흙에 지나지 않는 제가 감히 주께 말
씀드립니다. 오십 명에서 다섯 명이 모자라면 어떻게 하시겠습니까? 다섯
명이 모자란다는 이유로 그 도시를 멸하시겠습니까?"
하나님께서 말씀하셨다. "사십오 명이 있으면, 내가 그 도시를 멸하지 않겠다."
[29] 아브라함이 다시 아뢰었다. "사십 명밖에 찾지 못하시면 어떻게 하시겠습
니까?"
"사십 명이 있으면, 그 도시를 멸하지 않겠다."
[30] 아브라함이 아뢰었다. "주님, 노하지 마십시오. 삼십 명밖에 찾지 못하시
면 어떻게 하시겠습니까?"
"삼십 명만 찾을 수 있어도, 내가 그 도시를 멸하지 않겠다."
[31] 아브라함이 더 강하게 아뢰었다. "주님, 부디 참아 주십시오. 이십 명이면
어떻게 하시겠습니까?"
"이십 명만 있어도, 내가 그 도시를 멸하지 않겠다."

32 아브라함이 멈추지 않고 아뢰었다. "주님, 이번이 마지막이니, 노하지 마
십시오. 열 명밖에 찾지 못하시면 어떻게 하시겠습니까?"
"그 열 명을 봐서라도, 내가 그 도시를 멸하지 않겠다."
33 하나님께서 아브라함과 말씀을 마치고 떠나가셨다. 아브라함은 집으로 돌
아갔다.

소돔과 고모라의 심판

19 1-2 저녁때에 두 천사가 소돔에 도착했다. 롯은 그 도시 입구에 앉아
있었다. 그가 그들을 보고 일어나 맞이하면서, 그들에게 엎드려 절
하며 말했다. "두 분께서는 부디 저희 집에 오셔서, 씻고 하룻밤 묵으십시오.
그러면 내일 아침 일찍 일어나 기운을 차리고 길을 떠나실 수 있을 겁니다."
그들이 말했다. "아닙니다. 우리는 거리에서 자겠습니다."
3 그러나 롯은 거절하지 말라고 간청했다. 그들은 거절하지 못하고 롯을 따라
집으로 들어갔다. 롯이 그들을 위해 따뜻한 음식을 차리자 그들이 먹었다.
4-5 그들이 잠자리에 들기 전에, 소돔의 남자들이 젊은이 노인 할 것 없이 사
방에서 몰려와 롯의 집을 에워쌌다. 그러고는 롯에게 고함을 지르며 말했다.
"오늘 밤 당신 집에서 머물려고 온 사람들이 어디 있소? 그들을 데리고 나오
시오. 우리가 그들과 재미 좀 봐야겠소!"
6-8 롯이 밖으로 나가 뒤로 문을 닫아걸고 말했다. "여보시오, 제발 수치스러
운 짓을 하지 마시오! 자, 내게 남자를 알지 못하는 두 딸이 있소. 내가 그들
을 내줄 테니 그 아이들과 즐기고, 이 사람들은 건드리지 마시오. 이들은 내
손님이오."
9 그들이 말했다. "저리 비켜! 어디서 굴러들어 와서 우리를 가르치려 드는
거냐! 저들보다 너를 먼저 손봐야겠구나." 그러고는 롯에게 달려들어 그를
밀치고 문을 부수려고 했다.
10-11 그러자 두 사람이 손을 내밀어 롯을 집 안으로 끌어들이고 문을 닫아걸
었다. 그들은 문을 부수려고 하는 자들을 우두머리 졸개 할 것 없이 모두 눈
이 멀게 하여, 어둠 속을 헤매게 만들었다.

12-13 그 두 사람이 롯에게 말했다. "이곳에 그대의 가족들이 더 있습니까? 아
들이나 딸이나, 이 도시에 사는 가족들 말입니다. 지금 당장 그들을 데리고
이 도시에서 나가시오! 우리가 곧 이 도시를 멸하려고 하오. 이곳의 희생자
들이 울부짖는 소리가 **하나님**의 귀를 먹먹하게 합니다. **하나님**께서 이곳을
쓸어버리도록 우리를 보내셨소."
14 롯이 밖으로 나가서 자기 딸들의 약혼자들에게 알렸다. "이곳을 떠나게.
하나님께서 이 도시를 멸하려고 하시네!" 그러나 그들은 롯의 말을 농담으로
여겼다.
15 새벽이 되자, 천사들이 롯을 떠밀며 말했다. "서두르시오. 너무 늦기 전에
그대의 아내와 두 딸을 데리고 이곳을 떠나시오. 그러지 않으면, 이 도시가
벌을 받을 때에 멸망하고 말 것이오."
16-17 롯이 꾸물거리자, 그 사람들이 롯의 팔과 그의 아내와 딸들의 팔을 잡고
도시 밖 안전한 곳으로 데리고 나갔다. **하나님**께서 그들에게 자비를 베푸셨
다! 롯의 가족을 밖으로 데리고 나온 뒤에, 그 사람들이 롯에게 말했다. "지
금 당장 달아나 목숨을 구하시오! 뒤돌아보지 마시오! 평지 어디에서도 멈추
면 안됩니다. 산으로 달아나시오. 그러지 않으면, 죽고 말 것입니다."
18-20 그러자 롯이 반대했다. "안됩니다, 그렇게 하지 마십시오! 두 분께서는
저를 좋게 보시고 크나큰 호의를 베푸셔서 제 생명을 구해 주셨습니다. 하지
만 저는 산으로 달아날 수 없습니다. 산에 있더라도 끔찍한 재앙이 미쳐서
죽을지도 모릅니다. 저쪽을 보십시오. 저 성읍은 우리가 닿기에 가깝고, 아
무런 일도 닥치지 않을 만큼 작은 곳입니다. 저 작은 성읍으로 달아나 목숨
을 건지게 해주십시오."
21-22 "좋소. 그대가 그렇게 하겠다면, 원하는 대로 하시오. 그대가 택한 성읍
은 멸하지 않겠소. 하지만 서둘러 그곳으로 달아나시오! 그대가 그곳에 닿기
전에는 내가 아무 일도 할 수 없소." 그리하여 그 성읍은 '작은 성읍'이라는
뜻의 소알이라 불리게 되었다.
23 롯이 소알에 이르렀을 때 해가 하늘 높이 떠 있었다.
24-25 그때 **하나님**께서 유황과 불을 소돔과 고모라에 비처럼 퍼부으셨다. 유

황과 불이 하나님이 계신 하늘로부터 용암처럼 흘러내려서, 두 도시와 평지
전체, 두 도시에 살고 있던 모든 사람과, 땅에서 자라던 모든 것을 멸했다.
26 그러나 롯의 아내는 뒤를 돌아보다가 그만 소금기둥이 되고 말았다.
27-28 아브라함은 이튿날 아침 일찍 일어나, 얼마 전에 하나님과 함께 서 있던
곳으로 갔다. 그가 소돔과 고모라를 바라보고 온 평지를 내려다보니, 보이는
것이라고는 온통 땅에서 뿜어져 나오는 연기뿐이었다. 마치 용광로에서 뿜
어져 나오는 연기 같았다.
29 하나님께서 평지의 도시들을 멸하실 때에 아브라함을 잊지 않으셨다. 그
래서 그 도시들을 땅에서 쓸어버리시기 전에 롯을 먼저 나오게 하신 것이다.

30 롯은 소알을 떠나 산으로 가서 두 딸과 함께 살았다. 소알에 머무는 것이
두려웠기 때문이다. 그는 두 딸과 함께 동굴에서 살았다.
31-32 하루는 큰딸이 작은딸에게 말했다. "아버지는 늙어 가고, 이 땅에는 우
리에게 아이를 얻게 해줄 남자가 없구나. 아버지에게 술을 대접해 취하게 한
뒤에, 아버지와 잠자리를 같이하자. 그러면 우리가 아버지를 통해 자식을 얻
게 될 거야. 우리가 집안을 살릴 수 있는 방법은 이것밖에 없어."
33-35 그날 밤 그들은 자기 아버지에게 술을 대접해 취하게 했다. 큰딸이 들어
가 아버지와 잠자리를 같이했다. 그러나 그는 취한 나머지 딸이 무슨 일을
하는지 전혀 알지 못했다. 이튿날 아침, 큰딸이 작은딸에게 말했다. "지난밤
에는 내가 아버지와 잠자리를 같이했으니, 오늘 밤은 네 차례야. 우리가 다
시 아버지를 취하게 한 뒤에, 네가 아버지와 잠자리를 같이하여라. 그러면
우리 둘 다 아버지를 통해 아이를 갖게 되어, 우리 집안을 살리게 될 거야."
그날 밤 그들은 아버지에게 또다시 술을 대접해 취하게 한 다음, 작은딸이
들어가 아버지와 잠자리를 같이했다. 이번에도 그는 취한 나머지 딸이 무슨
일을 하는지 전혀 알지 못했다.
36-38 두 딸 모두 자기 아버지 롯의 아이를 갖게 되었다. 큰딸은 아들을 낳고
그 이름을 모압이라고 했다. 모압은 오늘날 모압 사람의 조상이 되었다. 작
은딸도 아들을 낳고 그 이름을 벤암미라고 했다. 벤암미는 오늘날 암몬 사람

의 조상이 되었다.

아브라함과 아비멜렉

20

1-2 아브라함은 그곳에서 남쪽 네겝 지역으로 이주하여 가데스와
수르 사이에 정착했다. 아브라함이 그랄에서 장막생활을 하던 때
에 자기 아내 사라를 가리켜 "이 여인은 나의 누이요"라고 했다.
2-3 그랄 왕 아비멜렉이 사람을 보내어 사라를 데려갔다. 그러나 하나님께서
그날 밤 아비멜렉의 꿈에 나타나셔서 말씀하셨다. "너는 이제 죽은 목숨이
다. 네가 데려온 여인은 남편이 있는 여인이다."
4-5 아비멜렉은 아직 그녀와 잠자리를 같이하지 않았고, 그녀에게 손도 대지
않았다. 그가 말했다. "주님, 죄 없는 사람을 죽이시렵니까? 아브라함이 제
게 '이 여인은 나의 누이요'라고 했고, 그녀도 아브라함을 가리켜 '그는 나의
오라버니입니다'라고 하지 않았습니까? 제가 이 일에서 무슨 잘못을 저질렀
는지 모르겠습니다."
6-7 하나님께서 꿈에 그에게 말씀하셨다. "네가 다른 뜻이 없었다는 것을 잘
안다. 그래서 네가 내게 죄를 짓지 않도록 내가 막은 것이다. 너를 막아 그녀
와 잠자리를 같이하지 못하게 한 것이다. 그러니 이제 그 여인을 남편에게 돌
려보내라. 그는 예언자니, 그가 너와 네 목숨을 위해 기도해 줄 것이다. 그 여
인을 돌려보내지 않으면, 너와 네 집안의 모든 사람이 반드시 죽을 것이다."
8-9 아비멜렉은 이튿날 아침 일찍 일어나 집안의 모든 종을 한자리에 불러 모
으고 자초지종을 말했다. 그 자리에 모인 모든 사람이 큰 충격을 받았다. 아
비멜렉이 아브라함을 불러들여 말했다. "우리에게 무슨 일을 한 것이오? 내
가 그대에게 무슨 잘못을 했기에, 나와 내 나라에 이토록 엄청난 죄를 끌어
들인 것이오? 그대가 내게 한 일은 결코 해서는 안될 일이었소."
10 아비멜렉이 계속해서 아브라함에게 말했다. "도대체 무슨 생각으로 이 같
은 일을 벌인 것이오?"
11-13 아브라함이 말했다. "이곳에는 하나님을 두려워하는 마음이 없어서, 사
람들이 나를 죽이고 내 아내를 빼앗을 것이라고 생각했기 때문입니다. 사실

을 말씀드리면, 아내는 내 이복누이입니다. 그녀와 나는 아버지는 같고 어머니가 다를 뿐입니다. 하나님께서 나로 하여금 내 아버지의 집을 떠나 나그네로 떠돌게 하셨을 때, 내가 아내에게 말하기를 '부탁이 있소. 우리가 어디로 가든지, 사람들에게 내가 당신의 오라버니라고 말해 주시오' 하고 말했습니다."

14-15 아비멜렉은 사라를 아브라함에게 돌려보냈다. 그녀를 보내면서 양 떼와
소 떼와 남녀 종들도 함께 보냈다. 그가 말했다. "내 땅이 그대 앞에 있으니,
어디든지 원하는 곳에 가서 사시오."

16 사라에게는 이렇게 말했다. "나는 그대의 오라버니에게 은화 천 개를 주었
소. 그것으로 사람들 앞에서 그대의 깨끗함이 입증될 것이오. 이제 그대는
명예가 회복되었소."

17-18 아브라함이 하나님께 기도하자, 하나님께서 아비멜렉과 그의 아내와 여
종들의 병을 고쳐 주셨다. 그러자 그들이 다시 아이를 가질 수 있게 되었다.
하나님께서 아브라함의 아내 사라의 일로 아비멜렉 집안의 모든 태를 닫아
버리셨던 것이다.

이삭이 태어나다

21 1-4 하나님께서는 약속하신 바로 그날에 사라를 찾아오셨다. 그리
고 약속하신 대로 사라에게 행하셨다. 하나님께서 정하신 바로
그때에, 사라가 임신하여 노년의 아브라함에게 아들을 안겨 주었다. 아브라
함은 아들의 이름을 이삭이라고 했다. 아이가 태어난 지 팔 일이 되자, 아브
라함은 하나님께서 명령하신 대로 아이에게 할례를 행했다.

5-6 아브라함의 아들 이삭이 태어났을 때, 아브라함의 나이는 백 살이었다.
사라가 말했다.

하나님께서 내게 웃음을 복으로 주셨구나.
이 소식을 듣는 모든 이가 나와 함께 웃을 것이다!

7 그녀가 또 말했다.

사라가 아이에게 젖을 물릴 날이 올 것이라고
누가 아브라함에게 말할 수 있었겠는가!
그러나 내가 이렇게! 늙은 아브라함에게 아들을 안겨 주지 않았는가!

8 아이가 자라서 젖을 떼게 되었다. 이삭이 젖을 떼던 날, 아브라함은 성대한
잔치를 베풀었다.
9-10 어느 날 사라가 보니, 이집트 여인 하갈이 아브라함에게서 낳은 아들이
자기 아들 이삭을 놀리고 있었다. 그녀가 아브라함에게 말했다. "저 여종과
아들을 쫓아내세요. 저 여종의 아들이 내 아들 이삭과 함께 유산을 나눠 갖
게 할 수는 없습니다!"
11-13 아브라함은 그 일로 큰 고통을 겪었다. 결국 이스마엘도 자기 아들이었
기 때문이다. 그러나 하나님께서 아브라함에게 말씀하셨다. "그 아이와 네
여종의 문제로 걱정하지 마라. 사라가 네게 말한 대로 하여라. 네 후손은 이
삭을 통해 이어질 것이다. 네 여종의 아들에 관해서는 안심하여라. 그도 네
아들이니, 내가 그도 큰 민족이 되게 하겠다."
14-16 아브라함은 이튿날 아침 일찍 일어나, 얼마의 음식과 물 한 통을 하갈의
등에 지워 주고, 아이와 함께 떠나보냈다. 그녀는 정처 없이 길을 헤매다가
브엘세바 광야에 이르렀다. 물이 다 떨어지자, 그녀는 아이를 덤불 아래 놓
아두고 50미터쯤 걸어갔다. 그녀는 "내 아들이 죽어 가는 모습을 지켜볼 수
없구나" 하고는, 그 자리에 주저앉아 흐느껴 울기 시작했다.
17-18 하나님께서 아이가 우는 소리를 들으셨다. 하나님의 천사가 하늘에서
하갈을 부르며 말했다. "하갈아, 어찌 된 일이냐? 두려워하지 마라. 하나님
께서 아이의 소리를 들으셨고, 아이가 곤경에 처한 것도 알고 계신다. 일어
나거라. 가서 아이를 일으켜 세우고, 굳게 붙잡아 주어라. 내가 그를 큰 민족
이 되게 하겠다."
19 그때 하나님께서 하갈의 눈을 열어 주셨다. 그녀가 둘러보니, 샘이 보였

다. 그녀는 샘으로 가서 물통에 물을 가득 채운 다음, 아이에게 시원한 물을
충분히 먹였다.
20-21 아이가 자라는 동안 하나님께서 아이 곁에 계셨다. 그 아이는 광야에 살
면서 노련한 활잡이가 되었다. 그는 바란 광야에서 살았다. 그의 어머니는
그에게 이집트 여인을 아내로 얻어 주었다.

브엘세바에서 아비멜렉과 맺은 계약

22-23 그 무렵, 아비멜렉과 그의 군지휘관 비골이 아브라함에게 말했다. "그대
가 무슨 일을 하든지, 하나님께서는 그대 편이오. 그러니 그대는 나와 내 가
족에게 어떠한 부당한 행동도 하지 않겠다고 맹세해 주시오. 이곳에서 사는
동안, 내가 그대를 대한 것처럼 그대도 나와 내 땅을 그렇게 대하겠다고 맹
세해 주시오."
24 아브라함이 말했다. "맹세합니다."
25-26 그러고 나서, 아브라함은 아비멜렉의 종들이 우물을 빼앗은 일을 그에
게 따졌다. 아비멜렉이 대답했다. "누가 그런 짓을 했는지 나는 모르오. 그대
도 그 일에 대해 내게 말해 준 적이 없지 않소. 오늘 처음 듣는 이야기오."
27-28 그리하여 두 사람은 계약을 맺었다. 아브라함이 양과 소를 가져다가 아
비멜렉에게 주었다. 아브라함은 양 떼에서 양 일곱 마리를 따로 떼어 놓았다.
29 아비멜렉이 물었다. "그대가 따로 떼어 놓은 이 양 일곱 마리는 무슨 뜻이오?"
30 아브라함이 대답했다. "이 양 일곱 마리를 받으시고, 내가 판 이 우물이 내
우물이라는 증거로 삼아 주십시오."
31-32 두 사람이 거기서 맹세하고 계약을 맺었으므로, 그곳을 브엘세바(맹세의
우물)라 부르게 되었다. 그들이 브엘세바에서 계약을 맺은 다음, 아비멜렉과
그의 군지휘관 비골은 그곳을 떠나 블레셋 사람의 땅으로 돌아갔다.
33-34 아브라함은 브엘세바에 에셀 나무를 심고, 거기서 하나님을 예배하고
영원하신 하나님께 기도를 드렸다. 아브라함은 블레셋 사람의 땅에서 오랫
동안 살았다.

하나님께서 아브라함을 시험하시다

22

[1] 이 모든 일이 있은 뒤에, 하나님께서 아브라함을 시험하셨다.
하나님께서 말씀하셨다. "아브라함아!"
아브라함이 대답했다. "예, 말씀하십시오."
[2] 하나님께서 말씀하셨다. "네가 아끼는 아들, 네 사랑하는 아들 이삭을 데
리고 모리아 땅으로 가거라. 거기서 내가 네게 지시할 산에서 그를 번제물로
바쳐라."
[3-5] 아브라함은 아침 일찍 일어나서 나귀에 안장을 얹었다. 그는 젊은 두 종
과 아들 이삭을 데리고 갔다. 그는 번제에 쓸 장작을 쪼갠 뒤에, 하나님께서
지시해 주신 곳으로 출발했다. 사흘째 되는 날에 그가 눈을 들어 바라보니
멀리 그곳이 보였다. 아브라함은 젊은 두 종에게 말했다. "이곳에서 나귀와
함께 머물러 있어라. 아이와 나는 저곳으로 가서 예배하겠다. 그러고 나서
우리가 너희에게 돌아오겠다."
[6] 아브라함은 번제에 쓸 장작을 가져다가 자기 아들 이삭에게 지우고, 자신
은 부싯돌과 칼을 챙겨 들었다. 두 사람은 함께 길을 떠났다.
[7] 이삭이 자기 아버지 아브라함에게 말했다. "아버지?"
"그래, 내 아들아."
"부싯돌과 장작은 있는데, 번제에 쓸 양은 어디에 있습니까?"
[8] 아브라함이 대답했다. "아들아, 번제에 쓸 양은 하나님께서 마련하실 것이
다." 두 사람은 계속해서 걸었다.
[9-10] 그들이 하나님께서 아브라함에게 지시하신 곳에 이르렀다. 아브라함은
제단을 쌓고, 그 위에 장작을 벌여 놓았다. 그런 다음 이삭을 묶어 장작 위에
올려놓았다. 아브라함이 손을 뻗어 칼을 쥐고 자기 아들을 죽이려고 했다.
[11] 바로 그때에 **하나님**의 천사가 하늘에서 그를 불렀다. "아브라함아! 아브라
함아!"
"예, 말씀하십시오."
[12] "그 아이에게 손대지 마라! 그 아이를 건드리지 마라! 네가 나를 위해 네
아들, 네 사랑하는 아들을 제단에 바치기를 주저하지 않았으니, 네가 하나님

을 얼마나 경외하는지 이제 내가 알겠다."
13 아브라함이 고개를 들어 살펴보니, 덤불에 뿔이 걸린 숫양 한 마리가 보였
다. 아브라함은 그 양을 잡아다가 자기 아들 대신 번제물로 바쳤다.
14 아브라함이 그곳의 이름을 '여호와 이레'(하나님께서 마련하신다)라고 했다.
"하나님의 산에서 하나님께서 마련하신다"라는 말은 거기서 생겨난 것이다.
15-18 하나님의 천사가 하늘에서 두 번째로 아브라함을 불러 말했다. "내가 맹
세한다. 하나님의 확실한 말씀이다! 네가 네 아들, 네 사랑스럽고 사랑스러
운 아들을 아끼지 않고 내게 바쳤으니, 내가 네게 복을 주겠다. 내가 반드시
네게 복을 주겠다! 내가 네 자손을 하늘의 별처럼, 바닷가의 모래처럼 번성
하게 하겠다! 네 후손이 원수를 물리칠 것이다. 네가 내 말에 순종했으니, 땅
위의 모든 민족이 네 후손으로 인하여 복을 받게 될 것이다."
19 그 후에 아브라함은 젊은 종들에게로 돌아왔다. 그들은 짐을 챙겨 브엘세
바로 돌아갔다. 아브라함은 브엘세바에 정착했다.

⁂

20-23 이 모든 일이 있은 뒤에, 아브라함에게 소식이 들려왔다. "그대의 동생
나홀이 아버지가 되었소! 밀가가 그의 자녀를 낳았는데, 맏아들은 우스, 그
아래로 부스, 그므엘(그는 아람의 아버지다), 게셋, 하소, 빌다스, 이들랍, 브두
엘(그는 리브가의 아버지다)이 태어났소." 밀가는 아브라함의 동생 나홀에게서
이 여덟 아들을 낳았다.
24 나홀의 첩 르우마도 나홀의 네 자녀, 곧 데바, 가함, 다하스, 마아가를 낳
았다.

막벨라 동굴에 사라를 묻다

23

1-2 사라는 127년을 살았다. 사라는 오늘날 헤브론이라 하는, 가
나안 땅 기럇아르바에서 죽었다. 아브라함은 그녀를 위해 슬퍼하
며 울었다.
3-4 아브라함은 죽은 아내 사라를 위해 애곡하기를 그치고 일어나서 헷 사람

들에게 말했다. "비록 내가 여러분 가운데 사는 이방인에 지나지 않지만, 묘
지로 쓸 땅을 내게 팔아서 내 아내를 안장할 수 있게 해주시기 바랍니다."
5-6 헷 사람들이 대답했다. "어째서 그런 말을 하십니까? 우리와 함께 사는
당신은 이방인에 불과한 분이 아닙니다. 당신은 하나님이 세우신 지도자입
니다! 우리의 묘지 가운데서 가장 좋은 곳에 당신의 아내를 안장하십시오.
우리 가운데 누구도 묘지를 구하는 당신의 부탁을 거절하지 않을 것입니다."
7-9 그러자 아브라함이 일어나서 그 땅 사람들, 곧 헷 사람들에게 정중히 절
하며 말했다. "여러분이 나를 도와 내 아내를 안장할 적당한 매장지를 제공
하겠다는 말이 진심이라면, 나를 위해 소할의 아들 에브론에게 말해 주시기
바랍니다. 그가 소유하고 있는 막벨라 동굴을 내게 팔도록 주선해 주십시오.
그 동굴은 그의 밭머리에 있습니다. 값은 충분히 쳐 드릴 테니, 여러분이 증
인이 되어 그가 내게 그 밭을 팔도록 해주십시오."
10-11 에브론은 헷 사람 공동체의 일원이었다. 헷 사람 에브론이 마을 의회의
일원인 헷 사람들이 모두 들을 수 있도록 아브라함에게 큰소리로 대답했다.
"어르신, 그렇게 해서는 안됩니다. 그 밭은 당신 것입니다. 당신께 드리는 선
물입니다. 그 밭과 동굴을 당신께 드리겠습니다. 내 동족이 보는 앞에서 내
가 그것을 당신께 드리겠습니다. 돌아가신 부인을 안장하십시오."
12-13 아브라함이 그곳에 모인 의회 앞에 정중히 절하고 에브론에게 대답했
다. "부디 내 말을 들어주셔서, 내가 그 땅의 값을 치를 수 있게 해주십시오.
내 돈을 받고, 내가 가서 아내를 안장할 수 있게 해주십시오."
14-15 그러자 에브론이 아브라함에게 대답했다. "정 그러시다면, 어르신과 저
사이에 은 사백 세겔이면 어떻겠습니까? 어서 가서 부인을 안장하십시오."
16 아브라함은 에브론의 제안을 받아들이고, 에브론이 헷 사람의 마을 의회
앞에서 제안한 금액—당시 통용되던 환율로 은 사백 세겔—을 지불했다.
17-20 그리하여 마므레 근처에 있는 에브론의 밭, 곧 밭과 동굴과 밭의 경계
안에 있는 모든 나무가 아브라함의 소유가 되었다. 헷 사람의 마을 의회가
그 거래의 증인이 되었다. 그런 다음 아브라함은 가나안 땅 마므레, 곧 오늘
날의 헤브론 근처 막벨라 밭에 있는 동굴에 자기 아내 사라를 묻었다. 그 밭

과 거기에 딸린 동굴이 헷 사람에게서 아브라함 소유의 묘지가 되었다.

이삭과 리브가

24 [1] 아브라함은 이제 노인이 되었다. 하나님께서 아브라함이 하는
일마다 복을 주셨다.
2-4 아브라함이 그의 모든 소유를 맡아 관리하는 집안의 늙은 종에게 말했다.
"네 손을 내 허벅지 밑에 넣고 하늘의 하나님, 땅의 하나님이신 하나님께 맹
세하여라. 너는 이곳 가나안의 젊은 여자들 가운데서 내 아들의 아내 될 사
람을 찾지 않고, 내가 태어난 고향으로 가서 내 아들 이삭의 아내를 찾겠다
고 맹세하여라."
5 종이 대답했다. "하지만 그 여인이 집을 떠나 저와 함께 오지 않겠다고 하
면 어찌합니까? 그러면 제가 아드님을 주인님의 고향 땅으로 데려가야 하
는지요?"
6-8 아브라함이 말했다. "아니다. 절대 그래서는 안된다. 내 아들을 그곳으로
데려가서는 절대로 안된다. 하나님 하늘의 하나님께서는 나를 내 아버지 집
과 내 고향 땅에서 이끌어 내시고 '내가 이 땅을 네 후손에게 주겠다'고 내게
엄숙히 약속하셨다. 그러니 그 하나님께서 천사를 너보다 앞서 보내셔서 내
아들의 아내 될 사람을 찾게 하실 것이다. 그 여인이 오지 않겠다고 하면, 너
는 내게 한 맹세에서 풀려나게 될 것이다. 그러나 어떠한 경우에도 내 아들
을 그곳으로 데려가서는 안된다."
9 그 종은 자기 주인 아브라함의 허벅지 밑에 손을 넣고 엄숙히 맹세했다.
10-14 종은 주인의 낙타 떼에서 열 마리를 가져다가 주인이 준 선물을 싣고,
아람나하라임에 이르러 나홀의 성을 찾아갔다. 그는 성 밖에 있는 한 우물가
에서 낙타들을 쉬게 했다. 때는 여인들이 물을 길으러 나오는 저녁 무렵이었
다. 그는 이렇게 기도했다. "하나님, 제 주인 아브라함의 하나님, 오늘 일이
순조롭게 이루어지게 해주십시오. 제 주인 아브라함을 선대해 주십시오! 제
가 이곳 우물가에 서 있다가 마을의 젊은 여인들이 물을 길으러 나오면, 한
여인에게 '그대의 물동이를 기울여 물을 마시게 해주시오' 하고 말하겠습니

다. 그때 그 여인이 '드십시오. 제가 당신의 낙타들에게도 물을 먹이겠습니
다' 하고 대답하면, 그 여인이 바로 하나님께서 당신의 종 이삭을 위해 택하
신 여인인 줄 알겠습니다. 이것으로 하나님께서 제 주인을 위해 뒤에서 은혜
롭게 일하고 계신 줄 알겠습니다."
15-17 그가 말을 마치자마자, 리브가가 어깨에 물동이를 메고 나왔다. 그녀는
아브라함의 동생 나홀의 아내인 밀가가 낳은 브두엘의 딸이었다. 그 여인은
눈부시게 아름다웠고, 아직 남자를 알지 못하는 처녀였다. 그녀가 우물로 내
려가서 물동이에 물을 채워 가지고 올라왔다. 그 종이 그녀에게 달려가서 말
했다. "그대의 물동이에 든 물을 한 모금 마실 수 있겠소?"
18-21 그녀가 말했다. "그럼요, 드십시오!" 그녀는 물동이를 받쳐 들고 그가 물
을 마실 수 있게 해주었다. 그가 물을 실컷 마시고 나자, 그녀가 말했다. "제
가 낙타들도 실컷 마실 수 있도록 물을 길어다 주겠습니다." 그녀는 곧 물동
이의 물을 여물통에 붓고, 다시 우물로 내려가 물동이를 채웠다. 그녀는 낙
타들에게 물을 다 먹일 때까지 계속해서 물을 길어 왔다.
이것이 **하나님**의 응답인지, 과연 **하나님**께서 이 여행 목적을 이루어 주신 것
인지, 그 사람은 말없이 그 모습을 지켜보고 있었다.
22-23 낙타들이 물을 다 마시자, 그 사람은 무게가 5그램이 조금 넘는 금코걸
이 한 개와 무게가 110그램 정도 되는 팔찌 두 개를 꺼내어 그녀에게 선물로
주었다. 그리고 그녀에게 물었다. "그대의 가족에 대해 내게 말해 주겠소? 그
대는 누구의 딸인가요? 그대의 아버지 집에 우리가 묵어갈 방이 있는지요?"
24-25 그녀가 대답했다. "저는 밀가와 나홀의 아들인 브두엘의 딸입니다. 우리
집에는 묵을 방이 많고, 꼴과 여물도 넉넉합니다."
26-27 그 사람은 이 말을 듣고서, 고개를 숙여 **하나님**께 경배하고 기도했다.
"**하나님**, 제 주인 아브라함의 하나님, 찬양을 받으소서. 하나님께서 제 주인
에게 얼마나 관대하고 신실하신지, 아무것도 거절하지 않으셨습니다. 저를
제 주인의 동생이 사는 집 앞까지 이끌어 주셨습니다!"
28 그녀는 그곳을 떠나 달려가서, 무슨 일이 있었는지 어머니 집 모든 식구에
게 알렸다.

29-31 리브가에게는 라반이라는 오라버니가 있었는데, 그가 우물가에 있는 그
사람에게로 뛰어나갔다. 그는 자기 여동생이 하고 있는 코걸이와 팔찌를 보
았고, 또 그녀가 "그 사람이 이러이러한 것을 내게 말했습니다" 하고 말하는
이야기도 들었던 것이다. 그가 가 보니, 과연 그 사람이 여전히 우물가에 낙
타들과 함께 서 있었다. 라반이 그를 맞이했다. "**하나님**의 복을 받으신 분이
여, 어서 들어오십시오! 어찌하여 이곳에 서 계십니까? 제가 당신을 위해 집
을 치워 놓았습니다. 당신의 낙타들을 둘 곳도 있습니다."
32-33 그리하여 그 사람은 집으로 들어갔다. 라반은 낙타들에게서 짐을 내리고
낙타들에게 꼴과 여물을 주었다. 그리고 그 사람과 그의 일행이 발을 씻을 수
있도록 물을 가져다주었다. 그런 다음 라반은 먹을 것을 대접했다. 하지만 그
사람은 이렇게 말했다. "제 이야기를 말씀드리기 전에는 먹지 않겠습니다."
라반이 말했다. "어서 말씀하십시오."
34-41 그 종이 말했다. "저는 아브라함의 종입니다. **하나님**께서 제 주인에게
복을 주셔서, 유력한 사람이 되게 하셨습니다. **하나님**께서 그분에게 양과
소, 은과 금, 남종과 여종, 낙타와 나귀를 주셨습니다. 결국에는 제 주인의
부인인 사라가 늘그막에 그분의 아들을 낳았고, 그분은 모든 재산을 그 아
들에게 넘겨주셨습니다. 제 주인께서는 제게 맹세하라 하시면서, '내가 살고
있는 이 땅 가나안 사람의 딸들 가운데서 내 아들의 아내가 될 사람을 찾지
말고, 내 아버지 집, 내 친족에게로 가서, 그곳에서 내 아들의 아내가 될 사
람을 찾아 오너라' 하고 말씀하셨습니다. 저는 제 주인에게 '하지만 그 여인
이 저와 함께 오지 않겠다고 하면 어찌합니까?' 하고 말씀드렸습니다. 그분
께서는 '내가 마음을 다해 섬기는 **하나님**께서 천사를 너와 함께 보내셔서 일
이 잘 되게 해주실 것이다. 네가 내 친족, 내 아버지 집에서 내 아들의 아내
가 될 사람을 데려오게 하실 것이다. 그런 뒤에야 너는 맹세에서 풀려나게
될 것이다. 네가 내 친족에게 갔는데, 그들이 그녀를 네게 내주지 않더라도,
너는 맹세에서 풀려나게 될 것이다' 하고 말씀하셨습니다.
42-44 제가 오늘 우물가에 이르렀을 때, 저는 이렇게 기도했습니다. '**하나님**,
제 주인 아브라함의 하나님, 제가 맡은 이 일이 잘 이루어지게 해주십시오.

저는 이 우물가에 서 있겠습니다. 한 젊은 여인이 물을 길으러 이곳에 오면, 제가 그녀에게 "그대 물동이의 물을 한 모금 마시게 해주시오" 하고 말하겠습니다. 그때 그녀가, "제가 당신에게 물을 드릴 뿐 아니라 당신의 낙타들에게도 물을 먹이겠습니다" 하고 말하면, 바로 그 여인이 **하나님**께서 제 주인의 아들을 위해 택하신 여인인 줄 알겠습니다.'

45-48 제가 이 기도를 마치자마자, 리브가가 물동이를 어깨에 메고 도착했습니다. 그녀는 우물로 내려가 물을 길었고, 저는 '물 좀 주시겠소?' 하고 물었습니다. 그녀는 주저하지 않고 물동이를 내밀며, '드십시오. 당신께서 다 드시면, 제가 당신의 낙타들에게도 물을 먹이겠습니다' 하고 말했습니다. 제가 물을 마시자, 그녀는 낙타들에게도 물을 주었습니다. 저는 그녀에게 '그대는 누구의 딸인가요?' 하고 물었습니다. 그녀는 자신이 '나홀과 밀가의 아들인 브두엘의 딸입니다' 하더군요. 저는 그녀에게 코걸이 한 개와 팔찌 두 개를 주고, 고개를 숙여 **하나님**께 경배했습니다. 저는 저를 제 주인의 친족이 사는 집 앞으로 곧장 이끄셔서 주인 아들의 아내가 될 여인을 얻게 하신 **하나님**, 제 주인 아브라함의 하나님을 찬양했습니다.

49 이제 여러분은 어떻게 하실지 제게 말씀해 주십시오. 여러분께서 관대하게 승낙하시려거든, 그렇게 하겠다고 제게 알려 주십시오. 그렇지 않거든, 제가 다음 일을 생각할 수 있도록 분명하게 말씀해 주십시오."

50-51 라반과 브두엘이 대답했다. "이 일은 전적으로 **하나님**께로부터 비롯된 일입니다. 이 문제에 대해 우리는 어느 쪽이든 할 말이 없습니다. 리브가를 당신께 맡기니, 데려가십시오. **하나님**께서 분명히 밝히신 대로, 당신 주인 아들의 아내로 삼으십시오."

52-54 아브라함의 종은 그들의 결정을 듣고서, 고개를 숙여 **하나님**께 경배했다. 그런 다음 은금 패물과 옷가지를 꺼내어 리브가에게 주었다. 그는 그녀의 오라버니와 어머니에게도 값비싼 선물을 주었다. 그와 그의 일행은 저녁을 먹고 밤을 지냈다. 그들은 아침 일찍 일어났다. 그 종이 말했다. "저를 제 주인에게로 돌아가게 해주십시오."

55 리브가의 오라버니와 어머니가 말했다. "저 아이를 한 열흘쯤 더 머물다

가게 해주십시오."
56 종이 대답했다. "제가 지체하지 않게 해주십시오! 하나님께서 모든 일을
잘 되게 해주셨으니, 저를 제 주인에게로 보내 주십시오."
57 그들이 말했다. "우리가 그 아이를 불러서 물어보겠습니다."
그들은 리브가를 불러서 물었다. "이분과 같이 가겠느냐?"
58 그녀가 대답했다. "가겠습니다."
59-60 그리하여 그들은 리브가와 그녀의 유모를, 아브라함의 종과 그 일행과
함께 가도록 배웅했다. 그들은 이런 말로 리브가를 축복했다.

너는 우리의 누이, 풍성한 삶을 살아라!
네 자녀들도, 승리하며 살 것이다!

61 리브가와 젊은 여종들이 낙타에 올라타고 그 사람을 따라나섰다. 그 종은
리브가를 데리고 주인의 집을 향해 출발했다.
62-65 이삭은 네겝 지역에서 살고 있었다. 그는 브엘라해로이를 방문했다가
막 돌아왔다. 저녁 무렵 그가 들에 나가 묵상하던 중에, 눈을 들어 보니 낙타
떼가 오는 것이 보였다. 리브가도 눈을 들어 이삭을 보고는, 낙타에서 내려
그 종에게 물었다. "들판에서 우리를 향해 오는 저 남자는 누구입니까?"
"제 주인이십니다."
그녀는 너울을 꺼내어 얼굴을 가렸다.
66-67 그 종이 이삭에게 여행의 자초지종을 말하자, 이삭은 리브가를 자기 어
머니 사라의 장막으로 데리고 들어갔다. 그는 리브가와 결혼하고, 그녀는 그
의 아내가 되었다. 이삭은 리브가를 사랑했다. 이삭은 어머니를 여읜 뒤에
위로를 받았다.

아브라함이 죽다

25 1-2 아브라함이 재혼을 했다. 새 아내의 이름은 그두라였다. 그녀
는 시므란, 욕산, 므단, 미디안, 이스박, 수아를 낳았다.

3 욕산은 스바와 드단을 낳았다.
드단의 후손은 앗수르 사람, 르두시 사람, 르움미 사람이었다.
4 미디안은 에바, 에벨, 하녹, 아비다, 엘다아를 낳았다. 이들은 모두 그두라
의 후손이다.

5-6 아브라함은 자신의 모든 소유를 이삭에게 주었다. 그는 아직 살아 있을
때에 첩들에게서 얻은 자식들에게도 재산을 나누어 주었다. 그 후에 그들을
동쪽 땅으로 보내어, 자기 아들 이삭과 서로 멀리 떨어져 살게 했다.
7-11 아브라함은 175년을 살고 숨을 거두었다. 그는 장수를 누리다가 수명을
다 채우고 평안하게 죽어, 자기 조상과 함께 묻혔다. 그의 아들 이삭과 이스
마엘이 그를 막벨라 동굴에 묻었다. 그 동굴은 마므레 근처, 헷 사람 소할의
아들 에브론의 밭에 있었다. 이 밭은 아브라함이 헷 사람에게서 사들인 밭이
었다. 아브라함은 아내 사라 곁에 묻혔다. 아브라함이 죽은 뒤에, 하나님께
서 그의 아들 이삭에게 복을 주셨다. 이삭은 브엘라해로이에서 살았다.

이스마엘의 족보

12 아브라함의 아들 이스마엘, 곧 사라의 여종인 이집트 사람 하갈이 아브라
함에게서 낳은 이스마엘의 족보는 이러하다.
13-16 이스마엘의 아들들의 이름을 태어난 순서대로 적으면 다음과 같다. 이
스마엘의 맏아들 느바욧, 그 아래로 게달, 앗브엘, 밉삼, 미스마, 두마, 맛
사, 하닷, 데마, 여둘, 나비스, 게드마. 이들은 모두 이스마엘의 아들들이다.
그들의 이름이 곧 그들이 정착하여 장막을 친 곳의 이름이 되었다. 그들은
열두 부족의 지도자들이었다.
17-18 이스마엘은 137년을 살았다. 그가 숨을 거두자, 자기 조상과 함께 묻혔
다. 그의 자손은 이집트 동쪽 인근의 하윌라에서 앗수르 방면에 있는 수르에
이르기까지 흩어져 정착했다. 이스마엘의 자손은 자기 친족과 어울려 살지
않았다.

야곱과 에서

19-20 아브라함의 아들 이삭의 족보는 이러하다. 아브라함은 이삭을 낳았다.
이삭은 마흔 살에 밧단아람의 아람 사람 브두엘의 딸 리브가와 결혼했다. 그
녀는 아람 사람 라반의 누이였다.
21-23 이삭은 자기 아내가 임신하지 못하므로, **하나님**께 간절히 기도했다. **하
나님**께서 그의 기도를 들어주셔서, 리브가가 임신하게 되었다. 그런데 태 속
에서 아이들이 어찌나 뒤척이고 발길질을 해대던지, 그녀는 이렇게 말했다.
"계속 이런 식이라면, 어찌 살까?" 그녀는 **하나님**께 나아가 어찌 된 일인지
알고자 했다. **하나님**께서 그녀에게 말씀하셨다.

네 태 속에 두 민족이 있다.
두 민족이 네 몸속에 있는 동안 서로 다툴 것이다.
한 민족이 다른 민족을 압도할 것이며
형이 동생을 섬길 것이다.

24-26 해산할 날이 다 되었을 때, 그녀의 태 속에는 쌍둥이가 들어 있었다. 첫
째가 나왔는데, 피부가 붉었다. 그 모습이 마치 털 많은 담요에 아늑하게 싸
여 있는 것 같았다. 그래서 그의 이름을 에서(털복숭이)라고 했다. 이어서 동
생이 나왔는데, 손으로 에서의 발뒤꿈치를 꼭 붙잡고 있었다. 그래서 그의
이름을 야곱(발뒤꿈치)이라고 했다. 그들이 태어났을 때, 이삭의 나이는 예순
살이었다.
27-28 아이들은 무럭무럭 자라났다. 에서는 밖에서 지내기 좋아하는 노련한
사냥꾼이 되었고, 야곱은 장막 안에서 생활하기 좋아하는 차분한 사람이 되
었다. 이삭은 에서가 사냥해 온 것을 좋아했으므로 에서를 사랑했다. 그러나
리브가는 야곱을 사랑했다.
29-30 어느 날 야곱이 죽을 쑤고 있는데, 에서가 허기진 채 들에서 돌아왔다.
에서가 야곱에게 말했다. "그 붉은 죽을 내게 좀 다오. 배가 고파 죽겠다!"
그가 에돔(붉은 사람)이라고 불리게 된 것은 이 때문이었다.

31 야곱이 말했다. "형, 나와 거래합시다. 내가 끓인 죽과 형이 가지고 있는
장자의 권리를 맞바꿉시다."
32 에서가 대답했다. "배고파 죽을 지경인데, 장자의 권리가 무슨 소용이 있어?"
33-34 야곱이 말했다. "먼저 나한테 맹세부터 하시오." 그러자 에서가 맹세를
했다. 그는 맹세를 하고 장자의 권리를 팔아넘겼다. 야곱은 에서에게 빵과
팥죽을 건넸다. 에서는 먹고 마신 다음, 일어나서 그곳을 떠나갔다. 그렇게
에서는 장자의 권리를 내던져 버렸다.

이삭과 아비멜렉

26

1 그 땅에 흉년이 들었다. 아브라함의 때에 있었던 것만큼이나 극
심한 흉년이었다. 그래서 이삭은 그랄에 있는 블레셋 왕 아비멜
렉에게로 갔다.
2-5 **하나님**께서 이삭에게 나타나셔서 말씀하셨다. "이집트로 내려가지 말
고, 내가 네게 일러 주는 곳에 머물러라. 여기 이 땅에 머물러라. 그러면 내
가 너와 함께하고 네게 복을 주겠다. 내가 너와 네 자손에게 이 모든 땅을 주
어, 내가 네 아버지 아브라함에게 맹세한 약속을 다 이루겠다. 내가 네 후손
을 하늘의 별처럼 많게 하고, 그들에게 이 모든 땅을 주겠다. 세상 모든 민
족이 네 후손으로 인하여 복을 받게 될 것이다. 그것은, 아브라함이 나의 부
름에 순종하고, 나의 명령, 곧 나의 계명과 나의 규례와 나의 가르침을 따랐
기 때문이다."
6 그래서 이삭은 그랄에 머물렀다.
7 그곳 사람들이 그의 아내에 대해 물었다. 이삭이 "그녀는 내 누이입니다"
하고 대답했다. 그는 "내 아내입니다" 하고 말하기가 두려웠다. "리브가가
몹시 아름답기 때문에 이 사람들이 나를 죽이고 그녀를 빼앗아 갈지도 모른
다"고 생각했던 것이다.
8-9 그들이 그곳에 머문 지 꽤 오랜 시간이 지난 어느 날, 블레셋 왕 아비멜렉
이 창밖을 내다보다가, 이삭이 자기 아내 리브가를 껴안는 모습을 보았다.
아비멜렉이 사람을 보내어 이삭을 불러들였다. 그가 말했다. "그러니까 그녀

는 그대의 아내였군. 그런데 어찌하여 그대는 누이라고 말했소?"
이삭이 대답했다. "그녀를 탐내는 사람에게 제가 죽을지도 모른다고 생각했
기 때문입니다."
10 아비멜렉이 말했다. "그러나 그대가 우리에게 무슨 일을 저지를 뻔했는지
생각해 보시오! 시간이 조금 더 있었으면, 남자들 가운데 누군가가 그대의
아내와 잠자리를 같이했을지도 모르잖소. 그대 때문에 우리가 죄를 지을 뻔
했소."
11 아비멜렉은 백성에게 명령을 내렸다. "누구든지 이 남자나 그의 아내를 건
드리는 자는 반드시 죽을 것이다."

12-15 이삭이 그 땅에 곡물을 심어 엄청난 수확을 거두었다. 하나님께서 그에
게 복을 주셨다. 이삭은 점점 더 부유해져, 아주 큰 부자가 되었다. 그의 양
떼와 소 떼와 종들이 많이 불어나자, 블레셋 사람들이 그를 시기하기 시작했
다. 그들은 앙심을 품고, 이삭의 아버지 아브라함의 종들이 아브라함의 때에
판 모든 우물을 흙과 쓰레기로 막아 버렸다.
16 마침내, 아비멜렉이 이삭에게 말했다. "떠나시오. 그대는 너무 커져서 우
리가 감당하지 못하겠소."
17-18 그래서 이삭은 그곳을 떠났다. 그는 그랄 골짜기에 장막을 치고 정착했
다. 이삭은 자기 아버지 아브라함의 때에 팠으나 아브라함이 죽자 블레셋 사
람들이 막아 버린 우물들을 다시 팠다. 그는 자기 아버지가 그 우물들에 붙
였던 원래 이름대로 이름을 붙여 불렀다.
19-24 어느 날, 이삭의 종들이 골짜기를 파다가 물이 솟아나는 샘을 발견했다.
그랄 지역의 목자들이 "이 물은 우리 것이오"라고 주장하며 이삭의 목자들과
다투었다. 이삭은 우물을 두고 다투었다고 해서 그 우물의 이름을 에섹(다툼)
이라고 했다. 이삭의 목자들이 다른 우물을 팠는데, 그것을 두고도 다툼이
일어났다. 그래서 이삭은 그 우물의 이름을 싯나(불화)라고 했다. 이삭이 그
곳을 떠나 또 다른 우물을 팠다. 그러나 이번에는 그 우물을 두고 다툼이 일
지 않았다. 그래서 이삭은 그 우물의 이름을 르호봇(활짝 트인 곳)이라 하고

이렇게 말했다. "이제 **하나님**께서 우리에게 넉넉한 땅을 주셨으니, 이 땅에 서 우리가 퍼져 나갈 것이다." 그는 거기서 브엘세바로 올라갔다. 바로 그날 밤에 **하나님**께서 그에게 나타나셔서 말씀하셨다.

나는 네 아버지 아브라함의 하나님이다.
내가 너와 함께 있으니, 조금도 두려워하지 마라.
내가 나의 종 아브라함으로 인하여
네게 복을 주고 네 자손이 번성하게 할 것이다.

25 이삭이 그곳에 제단을 쌓고 **하나님**의 이름을 부르며 기도를 드렸다. 그는 장막을 쳤고, 그의 종들은 또 다른 우물을 파기 시작했다.

26-27 그때 아비멜렉이 자신의 보좌관 아훗삿과 군지휘관 비골을 데리고 그랄에서부터 이삭에게로 왔다. 이삭이 그들에게 물었다. "무슨 일로 나에게 왔습니까? 그대들은 나를 미워하여, 그대들의 땅에서 나를 쫓아내지 않았습니까?"

28-29 그들이 대답했다. "우리는 **하나님**께서 그대 편에 계시다는 것을 분명히 알았소. 우리는 그대와 우리 사이에 서로 우호적인 관계를 유지하는 계약을 맺고 싶소. 우리는 전에 그대를 괴롭히지 않았고 친절히 대했으며, 그대가 우리에게서 평안히 떠나가게 해주었소. 그러니 그대도 우리에게 그렇게 해주시오. **하나님**의 복이 그대와 함께하기를 빕니다!"

30-31 이삭은 잔치를 베풀어 그들과 함께 먹고 마셨다. 이튿날 아침 그들은 서로 맹세를 주고받았다. 그런 다음 이삭이 작별을 고하자, 그들은 친구가 되어 헤어졌다.

32-33 그날 늦게 이삭의 종들이 그에게 와서 자신들이 파고 있던 우물에 관한 소식을 전했다. "저희가 물을 발견했습니다!" 이삭이 그 우물의 이름을 세바(맹세)라고 했다. 그것이 오늘날까지 그 도시의 이름, 곧 브엘세바(맹세의 우물)가 되었다.

❦

34-35 에서는 마흔 살이 되던 때에 헷 사람 브에리의 딸 유딧과 헷 사람 엘론
의 딸 바스맛을 아내로 맞아들였다. 그들은 이삭과 리브가의 근심거리가 되
었다.

이삭이 야곱을 축복하다

27 1 이삭이 늙어서 거의 앞을 볼 수 없게 되자, 맏아들 에서를 불러
말했다. "내 아들아."
"예, 아버지."
2-4 이삭이 말했다. "나는 이제 늙어서 언제 죽을지 모르겠구나. 내 부탁을 들
어다오. 화살집과 활을 챙겨 들로 나가서 사냥을 좀 해오너라. 그런 다음 내
가 좋아하는 별미를 준비해서 내게 가져오너라. 내가 그것을 먹고 죽기 전에
너를 마음껏 축복해 주겠다."
5-7 이삭이 자기 아들 에서에게 하는 말을 리브가가 엿듣고 있었다. 에서가
자기 아버지를 위해 사냥감을 잡으러 들로 나가자마자, 리브가가 자기 아들
야곱에게 말했다. "방금 네 아버지가 네 형 에서와 나누는 이야기를 내가 엿
들었다. 네 아버지가 이렇게 말씀하시더구나. '사냥감을 잡아 별미를 준비해
오너라. 내가 그것을 먹고 죽기 전에 하나님의 복으로 너를 축복해 주겠다.'
8-10 그러니 아들아, 내 말을 잘 듣고 내가 일러 주는 대로 하거라. 염소 떼가
있는 곳으로 가서, 새끼 염소 두 마리를 내게 끌고 오너라. 네가 가장 좋은
것을 골라 오면, 내가 그것들로 네 아버지가 좋아하는 별미를 준비하겠다.
너는 그것을 아버지께 가져다드려라. 그러면 아버지가 그 음식을 드시고 죽
기 전에 너를 축복해 주실 것이다."
11-12 야곱이 말했다. "하지만 어머니, 에서 형은 털이 많은 사람이고 나는 피
부가 매끈합니다. 아버지께서 나를 만지시면 어떻게 되겠습니까? 아버지께
서는 내가 아버지를 속이고 있다고 여기실 것입니다. 축복은커녕 오히려 저
주를 받게 될 것입니다."

13 그의 어머니가 말했다. “그렇게 되면 그 저주는 내가 받을 테니, 너는 내가
시키는 대로만 하여라. 가서 염소를 끌고 오너라.”
14 그가 가서 염소를 끌고 와 어머니에게 건네자, 그녀는 그의 아버지가 몹시
좋아하는 별미를 요리했다.
15-17 리브가는 맏아들 에서의 예복을 가져다가 작은아들 야곱에게 입혔다.
그리고 염소 가죽으로 그의 두 손과 매끈한 목덜미를 덮었다. 그런 다음 자
신이 준비한 별미와 직접 구운 신선한 빵을 야곱의 손에 건넸다.
18 야곱이 아버지에게 가서 말했다. “아버지!”
그러자 이삭이 말했다. “그래, 아들아, 너는 누구냐?”
19 야곱이 아버지에게 대답했다. “아버지의 맏아들 에서입니다. 제가 아버지
께서 말씀하신 대로 했습니다. 이제 일어나셔서 제가 사냥한 고기를 드시고,
마음껏 저를 축복해 주십시오.”
20 이삭이 물었다. “벌써 다녀왔느냐? 어떻게 이렇게 빨리 잡았느냐?”
“아버지의 **하나님**께서 제 길을 열어 주셨습니다.”
21 이삭이 말했다. “가까이 오너라, 아들아. 내가 너를 만져 봐야겠다. 네가
정말 내 아들 에서란 말이냐?”
22-23 야곱이 아버지 이삭에게 가까이 다가가자, 이삭이 그를 만져 보고 말했
다. “목소리는 야곱의 목소리인데, 손은 에서의 손이구나.” 야곱의 손이 그
의 형 에서의 손처럼 털이 많았기 때문에, 이삭은 그가 야곱인 것을 알아보
지 못했다.
23-24 이삭이 야곱을 축복하려다가 다시 물었다. “네가 정말로 내 아들 에서냐?”
“예, 그렇습니다.”
25 이삭이 말했다. “음식을 가져오너라. 내가 내 아들이 사냥해 온 것을 먹고
마음껏 축복해야겠다.” 야곱이 아버지에게 음식을 가져다드리자 이삭이 먹
었다. 포도주도 가져다드리자 이삭이 마셨다.
26 이삭이 말했다. “아들아, 가까이 와서 내게 입을 맞춰 다오.”
27-29 야곱이 가까이 다가가서 이삭에게 입을 맞추자 이삭이 그의 옷 냄새를
맡았다. 마침내, 이삭이 그를 축복했다.

아, 내 아들의 냄새가
하나님께서 복을 내리신
넓은 들의 향기와 같구나.
하나님께서 네게
하늘의 이슬을 내리시고
땅에서 난 풍성한 곡식과 포도주를 주실 것이다.
민족들이 너를 섬기고
나라들이 네게 경의를 표할 것이다.
너는 네 형제들을 다스리고
네 어머니의 아들들이 네게 경의를 표할 것이다.
너를 저주하는 사람은 저주를 받고
너를 축복하는 사람은 복을 받을 것이다.

30-31 야곱이 이삭의 축복을 받고 나가자마자, 에서가 사냥을 마치고 돌아왔
다. 그도 별미를 준비하여 아버지에게 가서 말했다. "일어나셔서 이 아들이
사냥해 온 고기를 드시고, 저를 마음껏 축복해 주십시오."
32 그의 아버지 이삭이 말했다. "그런데 너는 누구냐?"
"아버지의 아들, 아버지의 맏아들, 에서입니다."
33 이삭이 떨면서 크게 동요하기 시작했다. 그가 말했다. "그렇다면 먼저 사
냥감을 잡아서 내게 가져온 그는 누구란 말이냐? 나는 네가 들어오기 바로
전에 식사를 마치고, 그를 축복해 주었다. 그가 영원히 복을 받을 것이다!"
34 아버지의 말을 들은 에서가 비통하게 흐느껴 울며 큰소리로 말했다. "아버
지! 제게도 축복해 주실 수 없습니까?"
35 이삭이 말했다. "네 동생이 이곳에 와서 속임수를 써 네 복을 가로채 갔구나."
36 에서가 말했다. "그 녀석의 이름이 야곱, 발뒤꿈치라고 불리는 것은 다 이
유가 있었군요. 지금까지 그 녀석은 저를 두 번이나 속였습니다. 처음에는 제
장자의 권리를 빼앗아 가더니, 이제는 제가 받을 복까지 빼앗아 갔습니다."
에서가 간절히 청했다. "저를 위한 축복은 남겨 두지 않으셨습니까?"

37 이삭이 에서에게 대답했다. "나는 그를 네 주인이 되게 하고, 그의 모든 형
제를 그의 종이 되게 했으며, 그에게 곡식과 포도주를 남김없이 주었다. 내
가 그 모든 것을 다 주었는데, 내 아들아, 너를 위해 무엇이 남아 있겠느냐?"
38 "아버지, 제게 축복해 주실 것이 하나도 없다는 말씀입니까? 아버지, 제게
도 축복해 주십시오! 제게도 축복해 주세요!" 에서가 슬픔에 잠겨서 흐느꼈다.
39-40 이삭이 그에게 말했다.

너는 땅의 혜택을 받지 못하고,
하늘의 이슬에서 멀리 떨어져 살 것이다.
너는 칼로 생계를 유지하며 살고
네 동생을 섬길 것이다.
그러나 네가 더 이상 감당할 수 없을 때
너는 속박에서 벗어나 자유롭게 뛰어다닐 것이다.

41 에서는 아버지가 야곱을 축복한 일 때문에 야곱에 대한 분노로 들끓었다.
그는 "내 아버지의 죽음을 애곡할 때가 가까워지고 있다. 그때가 되면 내가
내 동생 야곱을 죽여 버리겠다"고 마음을 먹었다.
42-45 맏아들 에서가 하는 말을 들은 리브가는, 작은아들 야곱을 불러 말했다.
"네 형 에서가 네게 복수할 계획을 세우고 있다. 너를 죽이겠다는구나. 아들
아, 내 말을 잘 들어라. 여기를 떠나거라. 하란에 있는 내 오라버니 라반에게
가서 네 목숨을 부지하여라. 네 형의 분노가 가라앉고 진정되어서 네가 그에
게 한 일을 잊어버릴 때까지, 한동안 외삼촌 집에서 지내거라. 때가 되면, 내
가 사람을 보내 너를 데려오게 하겠다. 내가 어찌 같은 날에 너희 둘을 다 잃
겠느냐?"
46 리브가가 이삭에게 말했다. "나는 이 헷 여자들이 지긋지긋해요. 야곱마저
헷 여자와 결혼하겠다고 하면, 내가 어찌 살겠어요?"

28

1-2 이삭은 야곱을 불러 축복한 다음, 이렇게 당부했다. "가나안
여인을 아내로 맞이해서는 안된다. 당장 이곳을 떠나 밧단아람으
로 가서, 네 외할아버지 브두엘의 집을 찾아가거라. 네 외삼촌 라반의 딸들
가운데서 아내를 얻도록 하여라.
3-4 그러면 강하신 하나님께서 네게 복을 주시고 수많은 자손을 주셔서, 여러
민족을 이루게 하실 것이다. 아브라함의 복을 너와 네 자손에게도 주셔서,
네가 살고 있는 이 땅, 하나님께서 아브라함에게 주신 이 땅을 네가 차지하
게 하실 것이다."
5 이삭은 야곱을 떠나보냈다. 야곱은 밧단아람으로 가서, 아람 사람 브두엘
의 아들인 라반을 찾아갔다. 라반은 야곱과 에서의 어머니인 리브가의 오라
버니였다.
6-9 에서는 이삭이 야곱을 축복하고 밧단아람으로 보내서 거기서 아내를 얻
으라고 한 것과, 그를 축복하면서 가나안 여인과 결혼하지 말라고 당부한
것, 그리고 야곱이 부모의 말에 순종하여 밧단아람으로 떠난 것을 알게 되었
다. 아버지 이삭이 가나안 여인을 얼마나 싫어하는지 알게 된 에서는, 이스
마엘에게 가서 아브라함의 아들 이스마엘의 딸이요 느바욧의 누이인 마할랏
과 결혼했다. 마할랏 외에도 그는 이미 여러 아내를 두고 있었다.

베델에서 드린 야곱의 서원

10-12 야곱은 브엘세바를 떠나 하란을 향해 갔다. 한 곳에 이르러 해가 지자,
그는 그곳에서 하룻밤을 묵기로 했다. 그는 거기에 있는 돌 하나를 가져다가
머리에 베고 누워 잠이 들었다. 그리고 꿈을 꾸었다. 꿈에 보니, 땅에 계단이
세워져 있고 그 끝이 하늘에까지 닿아서, 하나님의 천사들이 그 계단을 오르
내리고 있었다.
13-15 그때 **하나님**께서 야곱 바로 앞에서 말씀하셨다. "나는 **하나님**, 네 조상
아브라함의 하나님, 이삭의 하나님이다. 네가 지금 자고 있는 이 땅을 내가
너와 네 후손에게 주겠다. 네 후손이 땅의 먼지처럼 많아질 것이며, 서쪽에
서부터 동쪽에 이르기까지 그리고 북쪽에서부터 남쪽에 이르기까지 퍼져 나

갈 것이다. 땅의 모든 민족이 너와 네 후손으로 인하여 복을 받게 될 것이다. 참으로 내가 너와 함께 있어, 네가 어디로 가든지 너를 지키며, 너를 다시 이 땅으로 데려오겠다. 내가 네게 약속한 것을 다 이루기까지, 내가 너를 떠나지 않겠다."
16-17 야곱이 잠에서 깨어나 말했다. "**하나님**께서 이곳에 계시는데, 내가 정말 그것을 몰랐구나!" 그는 무척 두려웠다. 그는 경외감에 사로잡혀 작은 소리로 말했다. "믿기지 않아. 이 얼마나 놀랍고 거룩한 곳인가! 이곳이 바로 하나님의 집이며, 여기가 바로 하늘의 문이다."
18-19 야곱은 아침 일찍 일어나서, 베개로 삼았던 돌을 가져다가 기념기둥으로 세우고 그 위에 기름을 부었다. 그러고 나서 그곳의 이름을 베델(하나님의 집)이라고 했다. 그 전까지 그 성읍의 이름은 루스였다.
20-22 야곱은 이렇게 서원했다. "이제 시작하는 이 여정에서, 만일 하나님이 저와 함께 계셔서, 저를 지키고 보호하시며, 먹을 것과 입을 것을 마련해 주시고, 저로 무사히 제 아버지 집에 돌아가게 해주시면, **하나님**께서는 제 하나님이 되실 것입니다. 제가 기념으로 세운 이 돌기둥은, 이곳을 하나님이 사시는 곳이라 말해 주는 표석이 될 것입니다. 그리고 하나님께서 제게 무엇을 주시든지, 그 십분의 일을 하나님께 되돌려 드리겠습니다."

야곱이 라반의 집에 머물다

29 1-3 야곱이 다시 길을 떠나 동방 사람들의 땅에 이르렀다. 그가 보니 넓은 들에 우물이 있고, 세 무리의 양 떼가 우물 주위에서 자고 있었다. 이 우물은 양 떼에게 물을 먹이는 공동 우물이었다. 우물 입구는 큰 돌로 덮여 있었다. 양 떼가 다 모이면 목자들이 우물에서 돌을 굴려 양 떼에게 물을 먹였고, 물을 먹인 뒤에는 다시 돌을 제자리로 굴려서 우물을 덮어 두곤 했다.
4 야곱이 말했다. "여보시오, 당신들은 어디서 왔습니까?"
그들이 말했다. "하란에서 왔습니다."
5 야곱이 물었다. "나홀의 손자 라반이라는 분을 아십니까?"

"예, 압니다."
6 야곱이 계속해서 물었다. "그분은 잘 지내고 계시는지요?"
그들이 대답했다. "아주 잘 지내고 있습니다. 저기 그의 딸 라헬이 양 떼를 몰고 오는군요."
7 야곱이 말했다. "아직 해가 한창인데, 지금은 양을 모을 때가 아니지 않습니까? 양 떼에게 물을 먹이고 나서 돌아가 풀을 더 먹이는 것이 어떨까요?"
8 그들이 대답했다. "우리는 그렇게 할 수가 없답니다. 목자들이 이곳에 다 도착한 뒤에야 물을 먹일 수 있습니다. 우물에서 돌을 굴려 내려면 모두가 힘을 합쳐야 하거든요. 그러고 나서야 양 떼에게 물을 먹일 수 있습니다."
9-13 야곱이 그들과 대화하고 있을 때, 라헬이 아버지의 양 떼를 몰고 왔다. 그녀는 양을 치고 있었다. 야곱은 자기 외삼촌 라반의 딸 라헬을 알아보았다. 야곱은 그녀가 외삼촌 라반의 양 떼를 이끌고 도착한 것을 보자마자, 다가가서 혼자 힘으로 우물 입구에서 돌을 굴려 내고 외삼촌 라반의 양 떼에게 물을 먹였다. 그러고 나서 야곱은 라헬에게 입 맞추고 울음을 터뜨렸다. 그는 자신이 그녀 아버지의 친척이며 리브가의 아들임을 라헬에게 밝혔다. 그녀는 집으로 달려가서 자신이 들은 것을 아버지에게 알렸다. 라반은 자기 누이의 아들 야곱이 왔다는 소식을 듣고, 달려 나가서 그를 껴안고 입 맞추고는 집으로 데려왔다. 야곱은 라반에게 그동안 있었던 일을 모두 이야기했다.
14-15 라반이 말했다. "너는 내 가족이자, 내 혈육이다!"
야곱이 라반의 집에 머문 지 한 달이 되었을 때, 라반이 말했다. "네가 내 조카이기는 하다만, 거저 일해서야 되겠느냐? 어느 정도의 보수를 받고 싶은지 말해 보아라. 얼마면 적당하겠느냐?"
16-18 라반에게는 두 딸이 있었다. 큰딸은 레아였고, 작은딸은 라헬이었다. 레아는 눈매가 예뻤지만, 라헬은 눈부시게 아름다웠다. 야곱이 사랑한 사람은 라헬이었다.
그래서 야곱은 이렇게 대답했다. "외삼촌의 작은딸 라헬을 위해 제가 칠 년 동안 외삼촌의 일을 돕겠습니다."
19 라반이 말했다. "그 아이를 낯선 사람과 결혼시키느니 네게 주는 것이 훨

씬 낫겠다. 좋다. 여기 내 집에 머물러라."

20 그리하여 야곱은 라헬을 위해 칠 년 동안 일했다. 그러나 그가 그녀를 몹시 사랑했으므로, 칠 년이 수일처럼 여겨졌다.

21-24 마침내 야곱이 라반에게 말했다. "제가 일하기로 약속한 기한을 다 채웠으니, 이제 제 아내를 주십시오. 저는 당장이라도 결혼할 준비가 되어 있습니다." 라반은 주위 사람들을 모두 초청하여 성대한 잔치를 베풀었다. 하지만 저녁이 되자, 그는 자기 딸 레아를 데려다가 신방에 들여보냈고, 야곱은 그녀와 잠자리를 같이했다. (라반은 여종 실바를 딸 레아에게 몸종으로 주었다.)

25 아침이 되어 보니, 신방에 레아가 있었다!

야곱이 라반에게 따져 물었다. "제게 무슨 일을 하신 겁니까? 제가 라헬을 얻겠다고 이 모든 기간을 일한 것이 아닙니까? 외삼촌은 어째서 저를 속이셨습니까?"

26-27 라반이 말했다. "우리 지역에서는 그런 식으로 하지 않는다네. 작은딸을 큰딸보다 먼저 결혼시키는 법이 없지. 신혼 첫 주를 즐기게. 그러면 다른 딸도 자네에게 주겠네. 그러나 그 값으로 칠 년을 더 일해야 할 것이네."

28-30 야곱은 그렇게 하기로 했다. 신혼 첫 주를 지내자, 라반은 자기 딸 라헬을 야곱에게 주어 그의 아내가 되게 했다. (라반은 여종 빌하를 딸 라헬에게 몸종으로 주었다.) 야곱은 라헬과 잠자리를 같이했다. 야곱은 레아보다 라헬을 더 사랑했다. 그가 다시 칠 년 동안 라반을 위해 일했다.

31-32 **하나님**께서 레아가 사랑받지 못하는 것을 아시고 그녀의 태를 열어 주셨다. 그러나 라헬은 아이를 갖지 못했다. 레아가 임신하여 아들을 낳았다. 그녀는 아이의 이름을 르우벤(보라, 사내아이다!)이라 하고, "이것은 **하나님**께서 나의 불행을 보셨다는 증거다. 이제 내 남편이 나를 사랑해 줄 것이라는 증거나 다름없어" 하고 말했다.

33-35 레아가 또 임신하여 아들을 낳았다. 그녀는 "**하나님**께서 내가 사랑받지 못한다는 것을 들으시고 내게 이 아들도 주셨다" 말하고, 아이의 이름을 시므온(**하나님**께서 들으셨다)이라고 했다. 그녀가 다시 임신하여 아들을 낳았다. 그녀는 "내가 아들 셋을 낳았으니, 이제는 남편의 마음이 나와 통할 거야" 하면

서, 아이의 이름을 레위(통하다)라고 했다. 그녀가 마지막으로 임신하여 네 번
째 아들을 낳았다. 그녀는 "이제는 내가 **하나님**을 찬양하리라" 말하고, 아이
의 이름을 유다(하나님을 찬양하다)라고 했다. 그러고는 그녀의 출산이 그쳤다.

30

1 라헬은 자신이 야곱의 아이를 낳지 못함을 깨닫고 언니를 시샘
했다. 그녀가 야곱에게 말했다. "나도 아이를 갖게 해주세요. 그
러지 않으면 죽어 버리겠어요!"
2 야곱이 라헬에게 화를 내며 말했다. "내가 하나님이라도 된다는 말이오?
내가 당신이 아이를 갖지 못하게 하기라도 했다는 말이오?"
3-5 라헬이 말했다. "내 몸종 빌하가 있으니, 그녀와 잠자리를 같이하세요. 그
녀가 나를 대신해 아이를 낳으면, 내가 그녀를 통해 아이를 얻어 집안을 이어
나갈 수 있을 거예요." 그녀는 자신의 몸종 빌하를 야곱에게 아내로 주었고,
야곱은 빌하와 잠자리를 같이했다. 빌하가 임신하여 야곱의 아들을 낳았다.
6-8 라헬이 말했다. "하나님께서 내 편에서 나를 변호해 주셨다. 하나님께서
내 말을 들으시고 내게 아들을 주셨어." 그녀는 아이의 이름을 단(변호)이라
고 했다. 라헬의 몸종 빌하가 또 임신하여 야곱에게서 두 번째 아들을 낳자,
라헬이 말했다. "내가 온 힘을 다해 언니와 싸워서 이겼다." 그러고는 아이의
이름을 납달리(싸움)라고 했다.
9-13 레아는 자신이 더 이상 아이를 낳을 수 없다는 것을 알고, 자신의 몸종
실바를 야곱에게 아내로 주었다. 실바가 야곱의 아들을 낳자, 레아가 "참 다
행이구나!" 하고 말하면서 아이의 이름을 갓(행운)이라고 했다. 레아의 몸종
실바가 야곱에게서 두 번째 아들을 낳자, 레아가 "참 행복한 날이다! 여자들
이 나의 행복을 보고 축하해 줄 거야" 하고 말했다. 그러고는 아이의 이름을
아셀(행복하다)이라고 했다.
14 밀 수확이 있던 어느 날, 르우벤이 들에서 합환채를 발견하고는, 그것을
집으로 가져와 자기 어머니 레아에게 주었다. 라헬이 레아에게 물었다. "언
니의 아들이 가져온 합환채를 좀 얻을 수 있을까요?"

15 레아가 대답했다. "내게서 남편을 빼앗아 간 것으로는 부족하더냐? 그래
서 이제는 내 아들이 가져온 합환채까지 원하는 거냐?"
라헬이 말했다. "좋아요. 언니의 아들이 가져온 사랑의 열매를 얻는 대신에
오늘 밤 그이가 언니와 잠자리를 같이하게 해주지요."
16-21 그날 저녁에 야곱이 들에서 돌아오자, 레아가 그를 맞이하며 말했다.
"오늘 밤에는 나와 잠자리를 같이해요. 내 아들이 구해 온 합환채를 주고 당
신과 하룻밤을 보내기로 했어요." 그래서 야곱은 그날 밤 레아와 잠자리를
같이했다. 하나님께서 레아의 말에 귀 기울여 주셔서, 레아가 임신하여 야곱
에게서 다섯 번째 아들을 낳았다. 그녀가 말했다. "내 몸종을 남편에게 주었
더니 하나님께서 내게 갚아 주셨다." 그녀는 아이의 이름을 잇사갈(교환했다)
이라고 했다. 레아가 또 임신하여 야곱에게서 여섯 번째 아들을 낳고는 "하
나님께서 내게 큰 선물을 주셨다. 내가 아들 여섯을 낳았으니, 이제는 남편
이 나를 존중해 줄 거야" 하고 말했다. 그녀는 아이의 이름을 스불론이라고
했다. 그녀는 마지막으로 딸을 낳고 아이의 이름을 디나라고 했다.
22-24 그때에 하나님께서 라헬을 기억하셨다. 하나님께서 그녀의 말에 귀 기
울이시고, 그녀의 태를 열어 주셨다. 그녀가 임신하여 아들을 낳고는, "하나
님께서 나의 수치를 없애 주셨다" 하고 말했다. 그녀는 "**하나님**께서 내게 아
들을 하나 더 주시면 좋으련만" 하고 기도하며, 아이의 이름을 요셉(더하다)
이라고 했다.

야곱의 품삯

25-26 라헬이 요셉을 낳은 뒤에, 야곱이 라반에게 말했다. "제가 고향으로 돌아
가게 해주십시오. 장인어른을 섬기고 얻은 제 아내들과 자식들을 제게 주십시
오. 제가 장인어른을 위해 얼마나 열심히 일했는지 장인어른도 잘 아십니다."
27-28 라반이 말했다. "맞는 말이네. 내가 점을 쳐 보니, **하나님**께서 자네 때문
에 내게 복을 주셨다는 것을 알겠더군." 그러고는 이렇게 말을 이었다. "내가
얼마를 주면 좋을지 정해 보게. 내가 자네에게 주겠네."
29-30 야곱이 대답했다. "제가 한 일이 장인어른께 얼마나 가치가 있었는지,

제가 장인어른의 가축을 돌보는 동안 가축이 얼마나 불어났는지, 장인어른도 잘 아십니다. 제가 여기 왔을 때만 해도 장인어른의 재산이 보잘것없었으나 이제는 크게 불어났습니다. 제가 한 모든 일이 장인어른께는 복이 되었습니다. 이제는 제가 제 가족을 위해 무언가를 해야 하지 않겠습니까?"

31-33 "그래, 내가 자네에게 무엇을 해주면 되겠나?"

야곱이 말했다. "아무것도 해주지 않으셔도 됩니다. 다만 이렇게 하면 어떻겠습니까? 제가 목장으로 돌아가서 장인어른의 가축 떼를 돌보겠습니다. 오늘 모든 가축 떼를 샅샅이 살펴서, 얼룩지거나 점이 있는 양과, 검은 새끼양과, 점이 있거나 얼룩진 염소들을 골라 내십시오. 그것들이 제 품삯이 될 것입니다. 그리하면 장인어른께서 제 품삯을 조사하실 때 저의 정직함을 확인하실 수 있을 것입니다. 장인어른께서 얼룩지지 않고 점이 없는 염소나 검지 않은 양을 발견하시면, 제가 그것을 훔친 것으로 아셔도 좋습니다."

34 라반이 말했다. "좋네. 그렇게 하지."

35-36 그러나 라반은 그날로 얼룩지고 점이 있는 숫염소와 얼룩지고 점이 있는 암염소와 검은 양과 흰색 기미가 도는 가축까지 모두 가려내어, 자기 아들들 손에 맡겨 돌보게 했다. 그런 다음 자신과 야곱 사이에 사흘 거리를 두었다. 그동안 야곱은 라반의 남은 가축 떼를 돌보았다.

37-42 야곱은 미루나무, 감복숭아나무, 버즘나무의 싱싱한 가지들을 꺾어다가 껍질을 벗겨 흰 줄무늬가 드러나게 했다. 그는 껍질을 벗긴 가지들을 가축 떼가 물을 먹으러 오는 여물통 앞에 세워 두었다. 짝짓기 때가 된 가축들이 물을 마시러 와서 줄무늬가 있는 나뭇가지들 앞에서 짝짓기를 했다. 그렇게 짝짓기를 한 것들은 줄무늬가 있거나 점이 있거나 얼룩진 새끼들을 낳았다. 야곱은 암양들을 라반의 양 떼 가운데서 검은 빛이 도는 양들 앞에 두었다. 그는 이런 식으로 양 떼를 구분해 자신의 것으로 가려내어 라반의 양 떼와 섞이지 않게 했다. 튼튼한 가축들이 짝짓기를 할 때면, 그 가축들이 볼 수 있도록 여물통 앞에 가지들을 세워 놓아, 그 앞에서 짝짓기를 하게 했다. 그러나 약한 가축들 앞에는 그 가지들을 세워 두지 않았다. 그리하여 약한 것들은 라반의 것이 되고, 튼튼한 것들은 야곱의 것이 되었다.

43 야곱은 점점 더 부자가 되었다. 낙타와 나귀는 말할 것도 없고, 상당히 많은 양 떼와 종들을 손에 넣게 되었다.

야곱이 라반을 떠나 고향으로 돌아가다

31 1-2 야곱은 라반의 아들들이 뒤에서 쑥덕거리는 소리를 들었다. "야곱이 우리 아버지 재산을 이용해서 자기 잇속만 차리는데, 우리 아버지는 손해만 보고 있다." 동시에 야곱은 라반의 태도가 달라졌다는 것도 알게 되었다. 자신을 대하는 태도가 전과 같지 않았던 것이다.

3 그때에 하나님께서 야곱에게 말씀하셨다. "네가 태어난 고향으로 돌아가거라. 내가 너와 함께 가겠다."

4-9 야곱은 라헬과 레아에게 기별하여 그의 가축 떼가 있는 들에서 만나자고 했다. 야곱이 말했다. "내가 보니, 그대들의 아버지가 나를 대하는 태도가 달라졌소. 나를 예전처럼 대해 주시지 않소. 그러나 내 아버지의 하나님께서는 변함이 없으셔서, 지금도 나와 함께하고 계시오. 내가 그대들의 아버지를 위해 얼마나 열심히 일했는지는 그대들이 잘 알 것이오. 그런데도 그대들의 아버지는 몇 번이나 되풀이하여 나를 속이고, 내 품삯도 번번이 바꿔 셈했소. 그러나 하나님께서는 그대들의 아버지가 내게 해를 입히지 못하게 하셨소. 그대들의 아버지가 '얼룩진 것이 자네의 품삯이 될 것이네' 하고 말하면 온 가축이 얼룩진 양과 새끼를 낳았고, 그대들의 아버지가 '이제부터는 줄무늬 있는 것이 자네의 품삯이 될 것이네' 하고 말하면 온 가축이 줄무늬 있는 새끼를 낳았소. 하나님께서는 몇 번이고 그대들 아버지의 가축을 이용해서 내게 갚아 주셨소.

10-11 일찍이 가축들이 짝짓기를 하던 때에, 나는 꿈에 줄무늬가 있고 얼룩지고 점이 있는 숫염소들이 암염소들에 올라타는 것을 보았소. 그 꿈에서 하나님의 천사가 '야곱아!' 하고 나를 불렀소.

나는 '예' 하고 대답했소.

12-13 그 천사가 이렇게 말했소. '잘 보아라. 가축들 가운데 짝짓기를 하고 있는 염소들은 다 줄무늬가 있고 얼룩지고 점이 있는 것뿐임을 알아 두어라.

라반이 이제까지 네게 어떻게 했는지 내가 다 안다. 나는 베델의 하나님이
다. 네가 거기서 한 기둥을 거룩하게 구별해 세우고 내게 서원했다. 이제 너
는 이곳을 떠나 네가 태어난 고향으로 돌아가거라.'"
14-16 라헬과 레아가 말했다. "우리 아버지가 언제 우리를 제대로 대해 준 적
이 있나요? 아버지는 우리를 이방인보다도 못하게 대했잖아요. 아버지가 바
란 것은 온통 돈밖에 없었습니다. 그것도 우리를 팔아서 번 것인데도 아버지
가 다 써 버리고 말았습니다. 하나님께서 우리 아버지에게서 거두어 우리에
게 돌려주신 재산은 당연히 우리와 우리 자녀들 몫입니다. 그러니 망설이지
마세요. 하나님께서 당신에게 일러 주신 대로 하세요."
17-18 야곱은 그렇게 했다. 그는 자녀와 아내들을 낙타에 태우고, 모든 가축과
밧단아람에서 얻은 것을 전부 가지고서, 가나안 땅에 있는 자기 아버지 이삭
의 집으로 떠났다.
19-21 마침 라반은 양털을 깎으러 가고 없었다. 라헬이 그 틈을 타서 아버지 집
의 수호신상을 훔쳐 냈다. 야곱이 자신의 계획을 비밀로 했기 때문에, 아람
사람 라반은 사태가 어떻게 돌아가는지 전혀 몰랐다. 야곱은 자신의 전 재산
을 가지고 떠났다. 이내 유프라테스 강을 건너 길르앗 산지를 향해 나아갔다.
22-24 라반은 사흘이 지나서야 "야곱이 도망쳤다"는 소식을 들었다. 라반은 친
척들을 불러 모아 야곱을 추격했다. 그들은 칠 일이 지나서야 길르앗 산지에
서 그를 따라잡았다. 그날 밤 꿈에 하나님께서 아람 사람 라반에게 나타나셔
서 말씀하셨다. "좋은 일이든 나쁜 일이든, 야곱에게 함부로 하지 마라."
25 라반이 이르러 보니, 야곱이 길르앗 산지에 장막을 쳐 놓았다. 라반도 그
곳에 장막을 쳤다.
26-30 라반이 말했다. "자네가 나 몰래 내빼고 내 딸들을 포로처럼 끌고 가다
니, 무슨 생각으로 이렇게 했는가? 어째서 도둑처럼 밤중에 도망쳤는가? 왜
내게 알리지 않았나? 내가 알았더라면, 음악과 소고와 피리를 동원해서 성
대한 환송식을 열어 자네를 떠나보냈을 것이네! 하지만 자네는 내가 내 딸들
과 손자손녀들에게 입 맞출 기회조차 주지 않았네. 그렇게 한 것은 어리석은
짓이네. 나는 마음만 먹으면 당장 자네를 해칠 수 있지만, 자네 아버지의 하

나님께서 간밤에 내게 나타나셔서 말씀하셨네. 좋은 일이든 나쁜 일이든, 야
곱에게 함부로 하지 말라고 말일세. 고향이 그리워서 떠난 것은 이해가 되
네. 하지만 내 집의 수호신상은 왜 훔쳐 갔는가?"
31-32 야곱이 라반에게 대답했다. "저는 장인어른이 제게서 장인어른의 딸들
을 강제로 빼앗아 갈까 봐 두려웠습니다. 그러나 장인어른의 수호신상에 관
해서는, 여기 있는 누구에게서 그것이 나오든, 그 사람은 살아남지 못할 것
입니다. 우리 모두 지켜볼 테니, 뒤져 보십시오. 장인어른께 속한 것이 조금
이라도 나오거든, 그것을 가져가십시오." 야곱은 라헬이 수호신상을 훔쳤다
는 사실을 모르고 있었다.
33-35 라반은 야곱의 장막과 레아의 장막과 두 여종의 장막을 샅샅이 뒤졌지
만, 아무것도 찾아내지 못했다. 그는 레아의 장막에서 나와 라헬의 장막으로
갔다. 그러나 라헬은 그 수호신상을 가져다 낙타 안장 속에 넣고는 그 위에
앉아 있었다. 라반이 장막을 뒤지고 샅샅이 수색했으나 아무것도 찾아내지
못했다. 라헬이 자기 아버지에게 말했다. "아버지, 제가 월경중이라 아버지
앞에서 일어설 수 없으니, 저를 무례하다 여기지 말아 주십시오." 라반은 그
곳을 샅샅이 뒤져 보았으나, 수호신상을 찾아내지 못했다.
36-37 이제는 야곱이 화를 내며 라반에게 따졌다. "제가 무슨 죄를 짓고 무슨
잘못을 저질렀기에, 저를 이렇게 괴롭히십니까? 장인어른께서 이곳을 샅샅
이 뒤졌으나, 장인어른의 소유라고 할 만한 것을 단 하나라도 찾아낸 것이
있습니까? 있다면, 보여주십시오. 증거를 제시해 주십시오. 장인어른과 저
사이에 누가 옳고 그른지, 우리 가족과 장인어른의 가족이 배심원이 되어 가
려 줄 것입니다.
38-42 제가 장인어른을 위해 이십 년 동안 일하면서, 암양과 암염소가 유산한
적이 한 번도 없었습니다. 저는 장인어른의 가축 가운데서 숫양 한 마리 잡
아먹은 적이 없습니다. 들짐승에게 찢긴 가축은 장인어른께 가져가지 않고
제 주머니를 털어 변상했습니다. 사실, 장인어른은 제 잘못인지 아닌지 가리
지도 않고 제게 물어내게 하셨습니다. 저는 찌는 듯한 더위나 살을 에는 듯
한 추위에도 밖에서 일했고, 잠을 못 자고 밤을 새운 적도 여러 번 있었습니

다. 지난 이십 년 동안 저는, 장인어른의 두 딸을 얻기 위해 십사 년을 종처럼 일했고, 장인어른의 가축을 얻기 위해 육 년을 더 일했습니다. 그런데도 장인어른은 제 품삯을 열 번이나 바꿔 셈했습니다. 제 아버지의 하나님, 아브라함의 하나님, 이삭의 두려우신 하나님께서 저와 함께 계시지 않았다면, 장인어른은 저를 빈손으로 떠나보냈을 것입니다. 그러나 하나님께서는 제가 곤경에 처한 것과 제가 얼마나 열심히 일했는지를 아시고, 지난밤에 판결을 내려 주신 것입니다."

43-44 라반이 자신을 변호했다. "딸들도 내 딸들이고, 아이들도 내 아이들이고, 가축도 내 가축일세. 자네 눈에 보이는 모든 것이 내 것일세. 그러나 내가 내 딸들이나 그 애들이 낳은 자식들을 어찌하겠는가? 그러니 자네와 나 사이에 계약을 맺어 해결하세. 하나님께서 우리 사이에 증인이 되어 주실 것이네."

45 야곱이 돌 하나를 가져다가 기둥처럼 똑바로 세웠다.

46-47 야곱이 가족을 불러 모아 "돌들을 가져오시오!" 하고 말했다. 그들은 돌들을 주워 모아 쌓아 올리고, 그 돌무더기 곁에서 음식을 먹었다. 라반은 그 돌무더기를 아람 말로 여갈사하두다(증거의 기념비)라고 했고, 야곱은 히브리 말로 갈르엣(증거의 기념비)이라고 했다.

48-50 라반이 말했다. "이제부터 이 돌무더기 기념비가 자네와 나 사이에 증거가 될 것이네." (이 돌무더기를 갈르엣, 곧 증거의 기념비라 부르는 것은 이 때문이다.) 이 돌무더기를 미스바(망루)라고도 하는데, 이는 라반이 이렇게 말했기 때문이다. "우리가 서로 보지 못할 때에도 하나님께서 자네와 나 사이에서 지켜보신다네. 자네가 내 딸들을 박대하거나 다른 아내들을 맞아들이면, 주위에 자네를 보는 사람이 아무도 없다 하더라도, 하나님께서 자네를 보시고 우리 사이에 증인이 되어 주실 것이네."

51-53 라반이 계속해서 야곱에게 말했다. "이 돌무더기 기념비와 내가 세운 이 돌기둥이 증거일세. 내가 이 선을 넘어가 자네를 해치지 않고, 자네도 이 선을 넘어와 나를 해치지 않겠다는 증거 말일세. 아브라함의 하나님, 나홀의 하나님(그들 조상의 하나님)께서 우리 사이의 일들을 올바르게 해주실 것이네."

53-55 야곱도 두려우신 분, 곧 자기 아버지 이삭의 하나님께 맹세하며 약속했
다. 야곱은 산에서 제사를 드리고 예배한 뒤에, 친족들을 모두 식사에 청했
다. 그들은 음식을 먹고 그날 밤을 그 산에서 묵었다. 라반은 이튿날 아침 일
찍 일어나, 손자손녀와 딸들에게 입 맞추고 그들을 축복한 다음 집을 향해
출발했다.

네 이름은 더 이상 야곱이 아니다

32 1-2 야곱도 자기 길을 갔다. 하나님의 천사들이 그를 만났다. 야곱
이 그들을 보고 "하나님의 진이다!" 하고 말했다. 그러고는 그곳
의 이름을 마하나임(진영)이라고 했다.
3-5 그런 다음 야곱은 에돔의 세일 땅에 사는 자기 형 에서에게 심부름꾼들을
먼저 보냈다. 그는 그들에게 지시했다. "나의 주인 에서께 이렇게 전하여라.
'당신의 종 야곱이 말씀드립니다. 저는 라반의 집에 머물며 지금까지 떠나지
못하고 있었습니다. 그동안 저는 소와 나귀와 양 떼를 얻게 되었고, 남녀 종
들도 거느리게 되었습니다. 주인님, 주인님의 허락을 바라며 제가 이 모든
소식을 전합니다.'"
6 심부름꾼들이 야곱에게 돌아와 말했다. "주인님의 형님이신 에서께 주인님
의 소식을 전했습니다. 그분은 주인님을 맞이하러, 부하 사백 명을 거느리고
오시는 중입니다."
7-8 야곱은 몹시 두렵고 겁이 났다. 당황한 그는, 일행과 양과 소와 낙타 떼를
두 진으로 나누고 나서 생각했다. "에서 형님이 한쪽 진을 치면, 다른 쪽 진
은 달아날 기회가 있을 거야."
9-12 야곱이 기도했다. "나의 조상 아브라함의 하나님, 나의 아버지 이삭의 하
나님, 제게 '네 부모의 고향으로 돌아가거라. 그러면 내가 너를 선대하겠다'
고 말씀하신 **하나님**, 저는 **하나님**께서 보여주신 그 모든 사랑과 성실을 받을
만한 사람이 못됩니다. 제가 이곳을 떠나 요단 강을 건너던 때, 제가 가진 것
은 옷가지가 전부였습니다. 하지만 보십시오. 이제 저는 두 진이나 이루었습
니다! 몹시도 화가 난 제 형님으로부터 저를 구해 주십시오! 그가 와서 저와

제 아내들과 자식들 할 것 없이 저희 모두를 칠까 두렵습니다. 하나님께서는
'내가 너를 선대하겠다. 네 자손을 바다의 모래처럼 셀 수 없을 만큼 많아지
게 하겠다'고 친히 말씀하셨습니다."
13-16 야곱은 그날 밤 그곳에서 묵었다. 그는 자기 소유물 가운데서 형 에서에
게 줄 선물을 골라 준비했다. 암염소 이백 마리와 숫염소 스무 마리, 암양 이
백 마리, 숫양 스무 마리, 새끼 딸린 낙타 서른 마리, 암소 마흔 마리, 황소
열 마리, 암나귀 스무 마리, 수나귀 열 마리였다. 그는 종들에게 한 떼씩 맡
기며 말했다. "나보다 앞서 가거라. 가축 떼 사이에 거리를 충분히 두어라."
17-18 그런 다음 첫 번째 종에게 이렇게 지시했다. "나의 형님 에서가 가까이
다가와서 '네 주인이 누구냐? 어디로 가는 중이냐? 이것들은 누구의 것이
냐?' 하고 묻거든, '주인님의 종 야곱의 것입니다. 이것들은 에서 주인님께
드리는 선물입니다. 그도 뒤에 오고 있습니다' 하고 대답하여라."
19-20 그는 떼를 이끌고 출발하는 두 번째 종과 세 번째 종에게도 차례로 같은
지시를 내렸다. "너는 이렇게 말하여라. '주인님의 종 야곱이 저희 뒤에 오고
있습니다.'" 야곱은 생각했다. "연이어 선물을 받으면 형님의 마음이 풀어지
겠지. 그런 다음에 내 얼굴을 보면, 형님이 나를 기쁘게 맞아 줄지도 몰라."
21 야곱은 선물을 앞세워 보내고, 그날 밤을 진에서 머물렀다.
22-23 그러나 야곱은 밤중에 일어나, 두 아내와 두 여종과 열한 명의 자녀들을
데리고 얍복 강을 건넜다. 그는 그들을 강 너머로 안전하게 건너보내고, 자
신의 모든 소유물도 건너보냈다.
24-25 야곱이 홀로 뒤에 남았는데, 어떤 사람이 그를 붙잡고 동이 틀 때까지
씨름했다. 그 사람은 야곱을 이길 수 없음을 알고는, 일부러 야곱의 엉덩이
뼈를 쳐서 탈골시켰다.
26 그 사람이 말했다. "동이 트려고 하니 나를 놓아 다오."
야곱이 말했다. "저를 축복해 주시지 않으면 놓아주지 않겠습니다."
27 그 사람이 물었다. "네 이름이 무엇이냐?"
야곱이 대답했다. "야곱입니다."
28 그 사람이 말했다. "아니다. 이제 네 이름은 더 이상 야곱이 아니다. 네가

하나님과 씨름하여 이겼으니, 이제부터 네 이름은 이스라엘(하나님과 씨름한
자)이다."
29 야곱이 물었다. "당신의 이름이 무엇입니까?"
그 사람이 말했다. "어째서 내 이름을 알려고 하느냐?" 그러고는 곧 그 자리
에서 야곱을 축복해 주었다.
30 야곱은 "내가 하나님을 마주 대하여 뵈었는데도, 이렇게 살아서 이야기를
전하는구나!" 하고 말하며, 그곳의 이름을 브니엘(하나님의 얼굴)이라고 했다.
31-32 야곱이 브니엘을 떠날 때 해가 떠올랐다. 그는 엉덩이뼈 때문에 절뚝거
렸다. (그래서 이스라엘 사람들은 오늘날까지도 엉덩이뼈의 힘줄을 먹지 않는다. 야
곱의 엉덩이뼈가 탈골되었기 때문이다.)

야곱과 에서의 화해

33 1-4 야곱이 눈을 들어 보니, 에서가 부하 사백 명을 거느리고 오고
있었다. 야곱은 레아와 라헬과 두 여종에게 자녀들을 나누어 맡
기고, 맨 앞에는 두 여종을, 그 뒤에는 레아와 그녀의 아이들을, 그리고 맨
뒤에는 라헬과 요셉을 세웠다. 야곱 자신은 선두에 서서, 자기 형에게 다가
가면서 일곱 번 절하고 경의를 표했다. 그러자 에서가 달려와 그를 와락 껴
안았다. 그는 야곱을 힘껏 안고 입을 맞추었다. 그 둘은 함께 울었다.
5 잠시 후에 에서가 둘러보다가, 여인과 아이들을 보고 물었다. "너와 함께
있는 이 사람들은 누구냐?"
야곱이 대답했다. "하나님께서 제게 은혜로 주신 자녀들입니다."
6-7 그러자 두 여종이 자기 아이들과 함께 나아와 절하고, 이어서 레아와 그
녀의 아이들이 나아와 절하고, 마지막으로 라헬과 요셉이 에서에게 나아와
절했다.
8 에서가 물었다. "내가 앞서 만난 가축 떼는 다 무엇이냐?"
"주인님께서 저를 너그러이 맞아 주셨으면 하는 마음에서 보내드린 것입니다."
9 에서가 말했다. "내 아우야, 나는 온갖 것을 풍성히 가지고 있으니 네 것은
네가 가지거라."

10-11 야곱이 말했다. "아닙니다. 받아 주십시오. 저를 맞아 줄 마음이 있으시
면, 그 선물을 받아 주십시오. 주인님의 얼굴을 뵈니, 저를 보고 미소 지으시
는 하나님의 얼굴을 뵙는 것 같습니다. 제가 주인님께 드린 선물을 받아 주
십시오. 하나님께서 저를 선대해 주셔서, 저는 넉넉히 가지고 있습니다." 야
곱이 간곡히 권하므로 에서가 선물을 받아들였다.
12 에서가 말했다. "내가 앞장설 테니, 어서 출발하자."
13-14 그러자 야곱이 말했다. "주인님도 보시다시피, 아이들이 많이 지쳐 있습
니다. 가축들도 새끼에게 젖을 먹여야 하니, 천천히 진행하는 것이 좋겠습
니다. 하루라도 심하게 몰다가는 다 죽고 말 것입니다. 그러니 주인님께서는
이 종보다 앞서 가십시오. 저는 제 가축 떼와 아이들 걸음에 맞춰서 천천히
가겠습니다. 세일에서 주인님을 만나겠습니다."
15 에서가 말했다. "그렇다면 내 부하 몇을 네게 남겨 두도록 하겠다."
야곱이 말했다. "그러실 필요가 없습니다. 저를 이렇게 환대해 주신 것으로
충분합니다."
16 에서는 그날로 길을 떠나 세일로 돌아갔다.
17 야곱은 숙곳으로 갔다. 그는 자기가 살 집과 가축을 위한 초막을 지었다.
그리하여 그곳을 숙곳(초막)이라고 부르게 되었다.
18-20 이렇게 야곱은 밧단아람을 떠나 가나안 땅 세겜 성읍에 무사히 이르렀
다. 그는 그 성읍 근방에 장막을 쳤다. 그리고 장막을 친 그 땅을 세겜의 아
버지 하몰의 아들들에게서 샀다. 그는 그 땅값으로 은화 백 개를 지불했다.
그런 다음 그곳에 제단을 쌓고, 그 이름을 엘엘로헤이스라엘(이스라엘의 하나
님은 강하시다)이라고 했다.

디나가 부끄러운 일을 당하다

34 1-4 어느 날, 레아가 낳은 야곱의 딸 디나가 그 땅 여자들을 만나
러 갔다. 그 땅의 족장이며 히위 사람 하몰의 아들인 세겜이 그
녀를 보고 강간하여 욕보였다. 그가 야곱의 딸 디나에게 마음을 빼앗기고 사
랑에 빠져서, 결혼해 달라고 졸라 댔다. 세겜이 자기 아버지 하몰에게 말했

다. "이 소녀를 제 아내로 얻어 주십시오."
5-7 야곱은 세겜이 자기 딸 디나를 욕보였다는 말을 들었으나, 아들들이 가축
떼와 함께 들에 나가 있었으므로 그들이 집으로 돌아올 때까지 아무 말도 하
지 않았다. 세겜의 아버지 하몰이 결혼을 성사시키려고 야곱을 찾아왔다. 그
사이에 야곱의 아들들이 들에서 돌아와 무슨 일이 있었는지 들었다. 그들은
몹시 흥분해서, 분노를 억누르지 못했다. 세겜이 야곱의 딸을 욕보인 것은
이스라엘 안에서는 도저히 묵과할 수 없고 참을 수 없는 일이었다.
8-10 하몰이 야곱과 그의 아들들에게 말했다. "내 아들 세겜이 당신 딸에게 빠
져 있습니다. 그러니 따님을 내 아들의 아내로 주십시오. 우리 서로 사돈 관
계를 맺읍시다. 여러분의 딸을 우리에게 주면, 우리도 우리의 딸을 여러분에
게 주겠습니다. 우리 서로 어울려 한 가족처럼 지냅시다. 우리 가운데 자리
잡고 편히 지내십시오. 우리와 함께 살면서 번성하기를 바랍니다."
11-12 세겜이 디나의 아버지와 오라버니들에게 자기 생각을 말했다. "허락해
주십시오. 신부를 데려오는 값은 얼마든지 치르겠습니다. 당신들이 그 값을
정하십시오. 이 소녀를 내 아내로 주기만 하면, 바라는 값이 아무리 많다 해
도 꼭 치르겠습니다."
13-17 야곱의 아들들은 자신들의 누이를 욕보인 세겜과 그의 아버지에게 속임
수를 써서 대답했다. 그들은 이렇게 말했다. "말도 안됩니다. 할례 받지 않은
남자에게 우리 누이를 줄 수 없습니다. 그렇게 하는 것은 우리에게 수치스러
운 일입니다. 당신네 남자들이 모두 우리처럼 할례를 받는 조건이라면 한번
진지하게 이야기해 볼 수 있습니다. 그렇게 해준다면, 우리가 기꺼이 당신네
딸들과 결혼하고 우리의 딸들을 당신들에게 시집보내며, 당신들 가운데서
편히 지내면서 당신들과 더불어 큰 민족을 이루어 행복하게 지내겠습니다.
그러나 당신들이 이 조건을 받아들이지 않으면, 우리는 우리 누이를 데리고
떠나겠습니다."
18 하몰과 그의 아들 세겜이 생각하기에 그 조건은 꽤 타당해 보였다.
19 야곱의 딸에게 빠져 있던, 젊은 세겜은 그들이 요구한 대로 했다. 그는 자
기 아버지의 집안에서 가장 인정받는 아들이었다.

20-23 하몰과 그의 아들 세겜은 광장으로 가서 성읍 의회 앞에 말했다. "이 사
람들은 우리를 좋아합니다. 그들은 우리의 친구입니다. 그러니 그들이 이 땅
에 자리 잡고 편히 지내게 해줍시다. 우리 땅은 그들이 자리 잡고 살아도 될
만큼 넓습니다. 생각해 보십시오. 우리는 그들의 딸들과 결혼하고, 그들은
우리의 딸들과 결혼할 수 있게 될 것입니다. 하지만 이 사람들은 우리 성읍
의 모든 남자가 자기들처럼 할례를 받아야만 우리의 청을 받아들이고, 우리
와 함께 살면서 더불어 한 민족이 되겠다고 하는군요. 이것은 우리에게 크게
이득이 되는 거래입니다. 이 사람들은 엄청난 가축 떼를 소유하고 있는 대단
한 부자들이니, 그 모든 것이 결국 우리 손에 들어오게 될 것입니다. 그러니
그들이 요구하는 대로 해주고, 그들이 우리 가운데 자리 잡고 살면서 우리와
어울리게 합시다."
24 성읍 주민 모두가 하몰과 그의 아들 세겜의 제안을 받아들여, 모든 남자가
할례를 받았다.
25-29 할례를 받고 사흘이 지난 뒤, 모든 남자가 아파하고 있을 때에 야곱의
두 아들 곧 디나의 오라버니인 시므온과 레위가 각자 칼을 들고, 자기들이
주인이기라도 한 것처럼 당당하게 성읍으로 들어가서 그곳 남자들을 모조리
살해했다. 그들은 또 하몰과 그의 아들 세겜을 죽이고, 세겜의 집에서 디나
를 구출하여 그곳을 떠났다. 야곱의 다른 아들들은 살해 현장에 달려 들어가
서, 디나를 욕보인 것에 대한 보복으로 성읍 전체를 약탈했다. 그들은 양 떼,
소 떼, 나귀 떼뿐 아니라 성읍 안과 들에 있는 소유물까지 모조리 빼앗았다.
그런 다음 부녀자들과 아이들을 포로로 잡고, 그들의 집을 샅샅이 뒤져 값나
가는 것은 무엇이든 약탈했다.
30 야곱이 시므온과 레위에게 말했다. "너희가 이 땅의 가나안 사람과 브리스
사람 사이에서 내 이름을 몹시도 추하게 만들었구나. 저들이 힘을 합쳐 우리
를 치면, 수가 적은 우리는 살아남을 수가 없다. 저들이 나와 우리 가족을 다
죽이고 말 것이다."
31 그들이 말했다. "누구든지 우리 누이를 창녀처럼 대하는 자를, 우리는 가만
둘 수 없습니다."

베델로 돌아가거라

35 [1] 하나님께서 야곱에게 말씀하셨다. "베델로 돌아가거라. 그곳에
머물면서, 네가 네 형 에서를 피해 달아나던 때에 네게 나타난 하
나님께 제단을 쌓아라."
2-3 야곱은 자기 가족과 자기와 함께한 모든 사람에게 말했다. "여러분이 지
니고 있는 이방 신들을 모두 내던져 버리고, 몸을 깨끗이 씻고, 깨끗한 옷으
로 갈아입으시오. 이제 우리는 베델로 갈 것이오. 그곳에서 내가 곤경에 처
했을 때 내게 응답하시고, 내가 어디로 가든지 늘 나와 함께하신 하나님께,
제단을 쌓을 것이오."
4-5 그들은 자신들이 의지해 온 이방 신들과 행운의 부적 귀걸이들을 모두 야
곱에게 넘겨주었다. 야곱은 그것들을 세겜 근처 상수리나무 밑에 묻었다. 그
러고 나서 그들은 길을 떠났다. 큰 두려움이 주변 성읍들에 임했다. 겁에 질
린 그들은 아무도 야곱의 아들들을 추격하지 못했다.
6-7 야곱과 그의 일행은 가나안 땅 루스, 곧 베델에 이르렀다. 야곱은 그곳에
제단을 쌓고, 그곳의 이름을 엘베델(베델의 하나님)이라고 했다. 야곱이 자기
형을 피해 달아나던 때에 하나님께서 그곳에서 그에게 나타나셨기 때문이다.
8 그때 리브가의 유모 드보라가 죽어, 베델 바로 아래에 있는 상수리나무 밑
에 묻혔다. 사람들이 그 나무를 알론바굿(눈물의 상수리나무)이라고 했다.
9-10 야곱이 밧단아람에서 돌아온 뒤에, 하나님께서 그에게 다시 나타나 복을
주시며 말씀하셨다. "네 이름이 야곱(발뒤꿈치)이지만, 그것은 더 이상 네 이
름이 아니다. 이제부터 네 이름은 이스라엘(하나님과 씨름한 자)이다."
11-12 하나님께서 말씀하셨다.

나는 강한 하나님이다.
자녀를 낳고, 번성하여라!
한 민족, 곧 민족들의 무리가
네게서 나오고
왕들이 네 허리에서 나올 것이다.

이제 내가
아브라함과 이삭에게 준 땅을 네게 주고
네 후손에게도 줄 것이다.

13 그런 뒤에 하나님께서 야곱과 말씀을 나누시던 곳을 떠나 올라가셨다.
14-15 야곱은 하나님께서 자기와 말씀하시던 곳에 돌기둥을 세우고, 그 위에
부어 드리는 제물을 붓고, 또 그 위에 기름을 부었다. 야곱은 하나님께서 자
기와 말씀을 나누신 장소, 곧 베델(하나님의 집)을 하나님께 바쳤다.

16-17 그들은 베델을 떠났다. 에브랏까지는 아직 한참을 가야 하는데, 라헬이
진통을 시작했다. 진통이 몹시 심할 즈음에, 산파가 그녀에게 말했다. "두려
워하지 마세요. 또 사내아이를 낳았습니다."
18 죽어 가던 라헬은 마지막 숨을 거두면서 아이의 이름을 베노니(내 고통의
아들)라고 했다. 그러나 아이의 아버지는 아이의 이름을 베냐민(복된 아들)이
라고 했다.
19-20 라헬이 죽어서 에브랏, 곧 베들레헴으로 가는 길가에 묻혔다. 야곱은 그
곳에 묘비를 세워 그녀의 무덤을 표시했다. 그 묘비는 오늘날까지 '라헬의
묘비'로 그곳에 있다.

21-22 이스라엘이 계속 진행하다가 믹달에델에 장막을 쳤다. 이스라엘이 그
지역에서 지내는 동안, 르우벤이 자기 아버지의 첩 빌하와 잠자리를 같이했
다. 그가 한 일을 이스라엘이 전해 들었다.

22-26 야곱에게는 열두 아들이 있었다.
레아가 낳은 아들은,

야곱의 맏아들인 르우벤
시므온
레위
유다
잇사갈
스불론이다.
라헬이 낳은 아들은,
요셉
베냐민이다.
라헬의 몸종 빌하가 낳은 아들은,
단
납달리다.
레아의 몸종 실바가 낳은 아들은,
갓
아셀이다.
이들은 밧단아람에서 태어난, 야곱의 아들들이다.

27-29 마침내 야곱이 기럇아르바의 마므레에 있는 자기 아버지 이삭의 집으로
돌아왔다. 오늘날 헤브론이라 불리는 그곳은 아브라함과 이삭이 살던 곳이
다. 이삭은 이제 백여든 살이었다. 이삭은 늙고 나이가 들어서 마지막 숨을
거두었다. 아들 에서와 야곱이 그를 조상 곁에 묻었다.

에서의 족보

36 1 에돔이라고도 하는 에서의 족보는 이러하다.
2-3 에서는 가나안 여인들과 결혼했다. 헷 사람 엘론의 딸 아다,
히위 사람 아나의 딸이며 시브온의 손녀딸인 오홀리바마, 이스마엘의 딸이
며 느바욧의 누이인 바스맛을 아내로 맞았다.

4 아다는 에서에게서 엘리바스를 낳았고,
바스맛은 르우엘을 낳았고,
5 오홀리바마는 여우스와 얄람과 고라를 낳았다.
이들은 모두 에서가 가나안 땅에서 얻은 아들들이다.

6-8 에서는 아내들과 아들딸들과 자기 집안의 모든 사람과 모든 가축—가나
안에서 얻은 모든 짐승과 재산—을 거두어, 자기 아우 야곱에게서 상당히 떨
어진 곳으로 옮겨 갔다. 한곳에서 같이 살기에는 형제의 재산이 너무 많고
땅도 부족해서, 그들의 가축 떼를 모두 먹여 살릴 수 없었기 때문이다. 에서
는 세일 산지에 자리를 잡았다. (에서와 에돔은 같은 사람이다.)
9-10 세일 산지에 사는 에돔 사람의 조상 에서의 족보는 이러하다. 에서의 아
들들의 이름은,
에서의 아내 아다가 낳은 아들 엘리바스
에서의 아내 바스맛이 낳은 아들 르우엘이다.
11-12 엘리바스의 아들들은 데만, 오말, 스보, 가담, 그나스다. (엘리바스에게는
딤나라는 첩이 있었는데, 그녀는 엘리바스의 아들 아말렉을 낳았다.) 이들은 모두
에서의 아내 아다의 손자들이다.
13 르우엘의 아들들은 나핫, 세라, 삼마, 미사다. 이들은 에서의 아내 바스맛
의 손자들이다.
14 에서의 아내이며 시브온의 아들 아나의 딸인 오홀리바마의 아들들은 이러
하다. 그녀는 에서에게서 여우스, 얄람, 고라를 낳았다.

15-16 에서의 족보에서 나온 족장들은 이러하다. 에서의 맏아들 엘리바스의
자손으로 족장이 된 이들은 데만, 오말, 스보, 그나스, 고라, 가담, 아말렉이
다. 이들은 에돔 땅에 거주하는 엘리바스 자손의 족장들이며, 모두 아다의
자손이다.
17 에서의 아들 르우엘의 자손으로 족장이 된 이들은 나핫, 세라, 삼마, 미사
다. 이들은 에돔 땅에 거주하는 르우엘 자손의 족장들이며, 에서의 아내 바

스맛의 자손이다.
18 에서의 아내 오홀리바마의 자손으로 족장이 된 이들은 여우스, 얄람, 고라
다. 이들은 모두 에서의 아내이자 아나의 딸인 오홀리바마에게서 태어난 족
장들이다.
19 이들은 모두 에서 곧 에돔의 자손으로, 족장이 된 사람들이다.

20-21 그 땅의 원주민인 호리 사람 세일의 족보는 이러하다. 로단, 소발, 시브
온, 아나, 디손, 에셀, 디산. 이들은 에돔 땅에 거주하는 세일의 자손으로, 호
리 사람의 족장들이다.
22 로단의 아들들은 호리, 호맘이고, 로단의 누이는 딤나다.
23 소발의 아들들은 알완, 마나핫, 에발, 스보, 오남이다.
24 시브온의 아들들은 아야, 아나다. 아나는 자기 아버지 시브온의 나귀를 치
다가 광야에서 온천을 발견한 사람이다.
25 아나의 아들은 디손이고 딸은 오홀리바마다.
26 디손의 아들들은 헴단, 에스반, 이드란, 그란이다.
27 에셀의 아들들은 빌한, 사아완, 아간이다.
28 디산의 아들들은 우스, 아란이다.
29-30 호리 사람의 족장들은 로단, 소발, 시브온, 아나, 디손, 에셀, 디산이다.
이들은 종족별로 살펴본, 세일 땅에 거주하는 호리 사람의 족장들이다.

31-39 이스라엘에 아직 왕이 없을 때에, 에돔 땅을 다스린 왕들은 이러하다.
브올의 아들 벨라가 에돔의 왕이었고, 그의 도성의 이름은 딘하바였다. 벨라
가 죽자, 보스라 출신 세라의 아들 요밥이 그 뒤를 이어 왕이 되었다. 요밥이
죽자, 데만 사람의 땅에서 온 후산이 그 뒤를 이어 왕이 되었다. 후산이 죽
자, 브닷의 아들 하닷이 그 뒤를 이어 왕이 되었다. 하닷은 미디안 사람을 모
압 땅에서 물리친 왕이었다. 그의 도성의 이름은 아윗이었다. 하닷이 죽자,
마스레가 출신 삼라가 그 뒤를 이어 왕이 되었다. 삼라가 죽자, 강가의 르호
봇 출신 사울이 왕이 되었다. 사울이 죽자, 악볼의 아들 바알하난이 그 뒤를

이어 왕이 되었다. 악볼의 아들 바알하난이 죽자, 하닷이 왕이 되었다. 그의 도성의 이름은 바우였다. 그의 아내 이름은 므헤다벨이었는데, 그녀는 마드렛의 딸이자 메사합의 손녀였다.

40-43 에서의 가계에서 나온 족장들을 종족과 거주지별로 살펴보면 이러하다. 딤나, 알와, 여뎃, 오홀리바마, 엘라, 비논, 그나스, 데만, 밉살, 막디엘, 이람. 이들은 모두 에돔의 족장들로, 각자 자기 지역을 차지하고 살았다.

이상은 에돔 사람의 조상인 에서의 족보를 나열한 것이다.

37

1 그 즈음에 야곱은 자기 아버지가 살던 가나안 땅에 정착했다.

요셉과 그의 형제들

2 야곱의 이야기는 이러하다. 그의 이야기는 요셉과 함께 계속된다. 당시 열일곱 살이던 요셉은 양 떼를 치는 형들을 돕고 있었다. 사실 그 형들은 모두 요셉의 이복형들로, 아버지의 아내인 빌하와 실바의 아들들이었다. 요셉은 형들에 대해 좋지 않은 이야기를 아버지에게 전했다.

3-4 이스라엘은 늘그막에 얻은 아들 요셉을 다른 아들들보다 더 사랑했다. 그래서 그는 요셉에게 정교하게 수놓은 겉옷을 지어 입혔다. 그의 형들은 아버지가 자기들보다 요셉을 더 사랑하는 것을 알고는 그를 미워했다. 그들은 요셉에게 말조차 건네지 않았다.

5-7 요셉이 꿈을 꾸었다. 그가 꿈 이야기를 형들에게 전하자, 형들이 그를 더 미워했다. 요셉이 말했다. “내가 꾼 꿈 이야기를 잘 들어 보세요. 우리가 모두 밖으로 나가 밭에서 밀짚 단을 모아들이는데, 갑자기 내 단이 일어나 우뚝 서고 형님들의 단들은 내 단 주위로 빙 둘러서서 내 단에 절을 하더군요.”

8 형들이 말했다. “그래서 어쨌다는 거냐! 네가 우리를 다스리기라도 하겠다는 거냐? 네가 우리의 우두머리가 되겠다는 거냐?” 요셉의 꿈 이야기와 그의 말투 때문에 형들은 그를 전보다 더욱 미워했다.

9 요셉이 또 다른 꿈을 꾸고 이번에도 형들에게 말했다. “내가 또 다른 꿈을

꾸었습니다. 해와 달과 열한 별이 내게 절을 하더군요!"
10-11 그가 그 꿈 이야기를 아버지와 형들에게 전하자, 그의 아버지가 그를 꾸
짖으며 말했다. "그 꿈 이야기가 다 무엇이냐? 나와 네 어머니와 네 형들이
다 네게 절하게 된다는 것이냐?" 이제 형들은 드러내 놓고 그를 시기했지
만, 그의 아버지는 그 모든 일을 마음에 새겨 두었다.
12-13 그의 형들이 세겜으로 가서 아버지의 양 떼에게 풀을 먹이고 있었다. 이
스라엘이 요셉에게 말했다. "네 형들이 지금 양 떼와 함께 세겜에 있다. 네가
네 형들에게 좀 다녀와야겠다."
요셉이 말했다. "그렇게 하겠습니다."
14 이스라엘이 그에게 말했다. "가서, 네 형들과 양 떼가 어떻게 하고 있는지
살펴보고, 돌아와서 내게 알려 다오." 그는 요셉을 헤브론 골짜기에서 세겜
으로 떠나보냈다.
15 요셉이 들판에서 헤매고 있는데, 어떤 사람이 다가와 물었다. "무엇을 찾
고 있느냐?"
16 "제 형들을 찾고 있습니다. 그들이 어디서 양 떼에게 풀을 먹이고 있는지
아시는지요?"
17 그 사람이 말했다. "그들은 여기를 떠났다. 내가 들으니, 그들이 '도단으로
가자'고 하더구나." 그래서 요셉은 길을 떠나 형들의 뒤를 따라가다가 도단
에서 그들을 찾아냈다.
18-20 형들은 멀리서 요셉을 알아보았다. 그들은 그가 자신들에게 이르기 전
에 그를 죽이기로 모의했다. 그들이 말했다. "꿈꾸는 자가 이리로 오는구나.
저 녀석을 죽여서 이 오래된 구덩이들 가운데 한 곳에 던져 넣고, 사나운 짐
승이 잡아먹었다고 말하자. 녀석의 꿈이 어떻게 되는지 지켜보자구."
21-22 르우벤은 아우들이 하는 이야기를 듣고 요셉을 구할 생각으로 끼어들었
다. "그를 죽이려 하다니 안될 일이야. 살인은 절대 안돼. 그 애를 이곳 광야
에 있는 구덩이에 던져 버리기만 하고, 다치게는 하지 마라." 르우벤은 나중
에 다시 와서 그를 끌어내어 아버지에게 데려갈 생각이었다.
23-24 요셉이 형들에게 이르자, 그들은 그가 입고 있던 화려한 겉옷을 벗기고,

그를 붙잡아 구덩이에 던져 넣었다. 그 구덩이는 바싹 말라서, 물 한 방울도
없었다.
25-27 그런 다음 그들은 앉아서 저녁을 먹었다. 그들이 눈을 들어 보니, 길르
앗에서 오는 이스마엘 상인 한 떼가 보였다. 그들은 이집트에 가서 팔 향료
와 향품과 향수를 여러 마리 낙타에 싣고 오는 길이었다. 유다가 말했다. "형
제들아, 우리가 아우를 죽이고 그 흔적을 감춘다고 해서 얻는 게 무엇이냐?
그 아이를 죽이지 말고, 이스마엘 사람들에게 팔아넘기자. 따지고 보면, 그
아이도 우리의 형제, 우리의 혈육이다." 형제들이 그의 말에 동의했다.
28 그때에 미디안 상인들이 지나가고 있었다. 형들이 요셉을 구덩이에서 끌
어내어 이스마엘 사람들에게 은화 스무 개를 받고 팔아넘겼다. 이스마엘 사
람들은 요셉을 데리고 이집트로 내려갔다.
29-30 나중에 르우벤이 돌아와 구덩이로 가서 보니, 요셉이 거기에 없었다! 그
는 비통한 마음에 자기 옷을 찢었다. 그가 어찌할 바를 몰라 하며 형제들에
게 가서 말했다. "아이가 사라지고 없다! 이제 어찌해야 하나!"
31-32 그들이 요셉의 겉옷을 가져다가, 염소 한 마리를 죽인 다음 그 피에 옷
을 담갔다. 그들은 그 겉옷을 아버지에게 가지고 가서 말했다. "저희가 이것
을 발견했습니다. 살펴보십시오. 아버지 아들의 겉옷이 맞나요?"
33 야곱은 곧바로 그 겉옷을 알아보았다. "내 아들의 옷이다. 사나운 짐승이
그 아이를 잡아먹었구나. 요셉이 갈기갈기 찢겨 죽었구나!"
34-35 야곱은 슬픔에 잠겨 자기 옷을 찢고서, 거칠고 굵은 베옷을 입고, 아들
의 죽음을 오래도록 슬퍼했다. 자녀들이 위로하려고 했으나, 그는 그들의 위
로를 마다했다. "나는 내 아들의 죽음을 슬퍼하면서 무덤으로 가련다." 아버
지는 요셉을 생각하며 하염없이 눈물을 흘렸다.
36 미디안 상인들이 이집트에서 요셉을 보디발에게 팔아넘겼다. 보디발은 바
로의 신하로, 바로의 왕실 일을 맡아보는 사람이었다.

유다와 다말

38 1-5 그 무렵, 유다는 형제들로부터 떨어져 나와 히라라고 하는 아
둘람 사람과 함께 지내고 있었다. 그곳에 있는 동안 유다는 가나안 사람 수아의 딸을 만났다. 유다가 그녀와 결혼하여 잠자리를 같이하니, 그녀가 임신하여 아들을 낳고 아이의 이름을 엘이라고 했다. 그녀가 다시 임신하여 아들을 낳고 아이의 이름을 오난이라고 했다. 그녀가 또다시 아들을 낳고 아이의 이름을 셀라라고 했다. 셀라를 낳았을 때 그들 부부는 거십에 살고 있었다.

6-7 유다가 맏아들 엘에게 아내를 얻어 주었다. 그녀의 이름은 다말이었다. 그러나 유다의 맏아들 엘이 **하나님**께 심히 악한 죄를 지어, **하나님**께서 그의 목숨을 거두어 가셨다.

8-10 유다가 오난에게 말했다. "가서 남편을 잃은 네 형수와 잠자리를 같이하도록 하여라. 네 형의 혈통이 끊어지지 않게 하는 것이 동생인 네가 해야 할 도리다." 하지만 오난은 아이를 낳아도 자기 아이가 되지 못할 것을 알고, 형수와 잠자리를 같이할 때마다 형의 아이를 낳지 않으려고 정액을 바닥에 쏟았다. 그가 한 짓은 **하나님**을 크게 거스르는 일이었다. **하나님**께서 그의 목숨도 거두어 가셨다.

11 그러자 유다는 며느리 다말을 찾아가서 말했다. "내 아들 셀라가 다 자랄 때까지 네 아버지 집에서 과부로 지내고 있거라." 그는 셀라마저 형들처럼 죽게 될까 걱정했던 것이다. 그리하여 다말은 자기 아버지 집으로 가서 살았다.

12 시간이 흘러 유다의 아내, 곧 수아의 딸이 죽었다. 애도 기간이 끝나자, 유다는 아둘람 사람인 친구 히라와 함께 양 떼의 털을 깎으러 딤나로 갔다.

13-14 다말은 "네 시아버지가 양 떼의 털을 깎으러 딤나로 갔다"는 소식을 전해 들었다. 그녀는 과부의 옷을 벗고, 너울로 얼굴을 가려 남이 알아보지 못하게 한 다음, 딤나로 가는 길에 있는 에나임 입구에 앉아 있었다. 그녀는 셀라가 다 자랐는데도 유다가 자기를 그와 결혼시키려 하지 않는다는 것을 알고 있었다.

15 유다는 너울로 얼굴을 가리고 있는 그녀를 보고는 창녀라고 생각했다. 그

는 길가에 있는 그녀에게 다가가 말했다. "오늘 밤 함께 보내자." 유다는 그
녀가 자기 며느리인 줄을 전혀 알지 못했다.
16 그녀가 말했다. "그 값으로 내게 무엇을 주겠습니까?"
17 유다가 말했다. "내 가축 떼에서 새끼 염소 한 마리를 보내겠다."
그녀가 말했다. "그것을 보낼 때까지 내게 담보물을 맡기면 그렇게 하겠습니다."
18 "담보물로 원하는 게 뭐냐?"
그녀가 대답했다. "어르신이 갖고 있는 줄 달린 도장과 지팡이를 주십시오."
유다는 그것들을 다말에게 건네고 잠자리를 같이했다. 그녀가 임신하게 되었다.
19 그녀는 그곳을 떠나 집으로 돌아가서, 너울을 벗고 과부의 옷을 다시 입었다.
20-21 유다는 친구인 아둘람 사람 편에 새끼 염소를 보내며 그 여자에게서 담
보물을 찾아오게 했다. 그러나 그 친구는 그녀를 찾지 못했다. 그래서 그곳
사람들에게 물었다. "이곳 에나임 근처 길가에 앉아 있던 창녀는 어디로 갔
습니까?"
그들이 말했다. "여기에는 창녀가 없답니다."
22 그가 유다에게로 돌아와서 말했다. "그 여자를 찾을 수 없었네. 그곳 사람
들이, 거기에는 창녀가 없다고 하더군."
23 유다가 말했다. "담보물을 가질 테면 가지라지. 우리가 계속 찾아다니면,
다들 우리를 보고 손가락질할 것이네. 나는 이 거래에서 내 도리를 다했네.
내가 새끼 염소를 보냈지만 자네가 그녀를 찾지 못한 것뿐이네."
24 세 달쯤 지난 뒤에, 유다의 귀에 한 소식이 들려왔다. "자네 며느리가 창녀
짓을 하고 있네. 게다가 이제는 임신까지 했다는군."
유다가 고함을 질렀다. "그 애를 이곳으로 끌어내어 불태워 버려라!"
25 사람들이 다말을 끌어내려고 하자, 그녀가 시아버지에게 전갈을 보냈다.
"저는 이 물건의 주인 때문에 임신하게 되었습니다. 이 물건을 확인해 보십
시오. 이 줄 달린 도장과 지팡이가 누구의 것입니까?"
26 유다는 그것이 자기 것임을 알아보고 말했다. "그 애가 옳고, 내가 잘못했
다. 내가 그 애를 내 아들 셀라와 결혼시키려 하지 않았기 때문이다." 유다는
다시는 그녀와 잠자리를 같이하지 않았다.

27-30 다말이 출산할 때가 되었는데, 그녀의 태 속에 쌍둥이가 있었다. 아이를 낳을 때, 한 아이의 손이 나왔다. 산파가 그 손에 붉은 실을 묶고 말했다. "이 아이가 먼저 나온 아이다." 그러나 바로 그때, 그 아이의 손이 도로 들어가더니 그의 동생이 나왔다. 산파가 말했다. "동생이 밀치고 나왔구나!" 그래서 아이의 이름을 베레스(돌파)라고 했다. 곧이어 그 아이의 형이 손에 붉은 실을 감고 나오니, 아이의 이름을 세라(빛나다)라고 했다.

이집트로 팔려 간 요셉

39 1 이스마엘 사람들이 요셉을 이집트로 끌고 가자, 바로의 신하로 왕실 일을 도맡아 관리하고 있던 이집트 사람 보디발이 그들에게서 요셉을 샀다.

2-6 **하나님**께서 요셉과 함께하셨으므로, 그가 하는 일이 다 잘 되었다. 그는 자기 주인인 이집트 사람의 집에서 지내게 되었다. 그의 주인은 **하나님**께서 요셉과 함께하시면서, 요셉이 하는 일마다 잘 되게 해주시는 것을 알았다. 그는 요셉이 몹시 마음에 들어 그에게 자신의 시중을 들게 했다. 그는 자신의 개인적인 일들을 요셉에게 맡기고, 모든 재산을 관리하게 했다. 그때부터 **하나님**께서 요셉으로 인해 그 이집트 사람의 집에 복을 주셨다. 그의 집에 있는 것이든 밭에 있는 것이든, 그가 소유한 모든 것에 **하나님**의 복이 두루 미쳤다. 보디발은 하루 세 끼 밥 먹는 일만 신경 쓰면 되었다.

6-7 요셉은 용모가 준수하고 잘생긴 남자였다. 시간이 흐르면서 주인의 아내가 요셉에게 반해, 어느 날 이렇게 말했다. "나와 함께 침실로 가자."

8-9 요셉은 그렇게 하지 않았다. 그는 주인의 아내에게 말했다. "보십시오. 주인께서는 모든 소유를 제게 맡기시고 집안일에 대해서는 일절 신경 쓰지 않으십니다. 그분은 저를 동등한 사람으로 대해 주셨습니다. 다만 그분께서 제게 맡기지 않으신 것이 있는데, 바로 당신입니다. 당신은 주인님의 아내이기 때문입니다! 그런데 제가 어떻게 그분의 신뢰를 저버리고 하나님께 죄를 짓겠습니까?"

10 그녀가 하루도 빠지지 않고 날마다 졸라 댔지만, 요셉은 뜻을 굽히지 않았

다. 그녀와 같이 자기를 거절한 것이다.
11-15 그러던 어느 날, 요셉이 일을 보러 집으로 들어갔는데, 그날따라 집 안
에 종들이 아무도 없었다. 그녀가 그의 겉옷을 붙잡고 말했다. "나와 함께 침
실로 가자!" 요셉은 그녀의 손에 겉옷을 버려두고 집 밖으로 뛰쳐나갔다. 그
녀는 그가 겉옷을 자기 손에 버려두고 뛰쳐나간 것을 알고는, 종들을 불러
말했다. "이것 좀 봐라, 저 히브리 놈이 본색을 드러내서, 너희 모르게 나를
유혹하려 하는구나. 저 놈이 나를 욕보이려 해서 내가 크게 소리를 질렀더
니, 내 고함과 비명 소리를 듣고는 이렇게 겉옷을 내 손에 버려두고 밖으로
도망쳤다."
16-18 그녀는 자기 주인이 집에 돌아올 때까지 요셉의 겉옷을 가지고 있다가,
그에게 같은 이야기를 들려주었다. "당신이 데려온 히브리 놈이 내 뒤를 쫓
아와서, 나를 희롱하려고 하지 뭐예요. 내가 소리치고 비명을 질렀더니, 이
렇게 자기 겉옷을 내 손에 버려두고 밖으로 도망쳤답니다."
19-23 요셉의 주인은 "이게 다 당신의 종이 벌인 일이예요"라고 하는 아내의
이야기에 격분했다. 그는 요셉을 붙잡아 왕의 죄수들을 가두는 감옥에 처넣
었다. 그러나 **하나님**께서는 그곳 감옥에서도 여전히 요셉과 함께하셨고, 요
셉에게 인자를 베푸셔서 간수장과 가까운 사이가 되게 하셨다. 간수장은 요
셉에게 모든 죄수를 맡겼고, 요셉은 모든 일을 잘 처리했다. 간수장은 요셉
에게 자유를 주고, 전혀 간섭하지 않았다. **하나님**께서 요셉과 함께하시면서,
그가 하는 일마다 최선의 결과를 낳게 해주셨기 때문이다.

관리들의 꿈을 해석하다

40

1-4 시간이 흘러, 이집트 왕의 술잔을 맡은 관리와 빵을 맡은 관리
가 자신들의 주인인 이집트 왕의 뜻을 거스르는 일이 있었다. 바
로는 두 관리, 곧 술잔을 맡은 관리와 빵을 맡은 관리에게 크게 노하여, 그
들을 감옥에 가두고 경호대장의 감시를 받게 했다. 그들이 갇힌 곳은 요셉이
갇힌 곳과 같은 감옥이었다. 경호대장은 요셉에게 그들의 시중을 들도록 지
시했다.

4-7 감옥에 갇힌 지 얼마 뒤에, 술잔을 맡은 관리와 빵을 맡은 관리가 같은 날
밤에 꿈을 꾸었는데, 각자의 꿈이 저마다 의미를 가지고 있었다. 요셉이 아
침에 그들에게 가 보니, 둘 다 기운이 없어 보였다. 그래서 그는 자신과 함께
갇혀 있는 바로의 두 관리에게 물었다. "무슨 일입니까? 어째서 얼굴에 수심
이 가득합니까?"
8 그들이 말했다. "우리가 각자 꿈을 꾸었는데, 그 꿈을 해석해 줄 사람이 없
어서 그러네."
요셉이 말했다. "꿈의 해석은 하나님께로부터 오는 것이 아닙니까? 어떤 꿈
을 꾸었는지 이야기해 보십시오."
9-11 술잔을 맡은 관리가 먼저 요셉에게 자기 꿈을 이야기했다. "꿈에 보니 내
앞에 포도나무가 있는데, 가지가 세 개 달려 있더군. 싹이 나고 꽃이 피더니
포도송이들이 익는 거야. 나는 바로의 술잔을 가지고 있었는데, 그 포도송이
들을 따서 바로의 술잔에 짜 넣고는 그 잔을 바로께 올려 드렸네."
12-15 요셉이 말했다. "그 뜻은 이렇습니다. 가지 셋은 사흘을 뜻합니다. 사흘
안에 바로께서 당신을 이곳에서 꺼내어 복직시키실 것입니다. 당신은 술잔
을 맡은 관리였을 때와 똑같이 바로께 술잔을 올려 드리게 될 것입니다. 당
신의 일이 잘 되면 저를 기억해 주십시오. 바로께 제 사정을 아뢰어 주셔서
저를 이곳에서 꺼내 주십시오. 저는 히브리 사람의 땅에서 납치되어 왔습니
다. 그리고 저는 여기서도 이 감옥에 갇힐 만한 일을 한 적이 없습니다."
16-17 요셉의 꿈 해석이 좋은 것을 보고, 빵을 맡은 관리도 그에게 말했다. "내
꿈은 이러하네. 버들가지를 엮어 만든 바구니 세 개가 내 머리 위에 있었네.
맨 위 바구니에는 갓 구운 온갖 빵들이 있었는데, 새들이 내 머리 위의 바구
니에서 그것을 쪼아 먹고 있었네."
18-19 요셉이 말했다. "그 꿈의 해석은 이렇습니다. 바구니 셋은 사흘을 뜻합
니다. 사흘 안에 바로께서 당신의 머리를 베고 당신의 몸을 기둥에 매달 텐
데, 그러면 새들이 와서 당신의 뼈가 드러날 때까지 모조리 쪼아 먹을 것입
니다."
20-22 사흘째 되는 날, 그날은 바로의 생일이었다. 바로는 모든 신하를 위해

잔치를 베풀고, 술잔을 맡은 관리와 빵을 맡은 관리를 모든 신하가 볼 수 있도록 영광의 자리에 나란히 세웠다. 그런 다음 술잔을 맡은 관리를 본래의 직위에 복직시켰다. 그 관리는 전과 똑같이 바로에게 술잔을 따라 올렸다. 하지만 빵을 맡은 관리는 요셉이 해석한 대로 기둥에 매달게 했다.
23 그러나 술잔을 맡은 관리는 요셉에게 신경 쓰지 않았다. 요셉의 처지를 까맣게 잊고 만 것이다.

바로의 꿈을 해석하다

41 1-4 그로부터 두 해가 지난 뒤에 바로가 꿈을 꾸었다. 꿈에 그는 나일 강가에 서 있었다. 튼튼해 보이는 암소 일곱 마리가 나일 강에서 올라와 습지에서 풀을 뜯고 있었다. 뒤이어 가죽만 남은 암소 일곱 마리가 강에서 올라와, 강가에 있는 암소들 곁에 섰다. 그러더니 바싹 마른 암소들이 튼튼한 암소 일곱 마리를 잡아먹는 것이었다. 그때 바로가 잠에서 깨어났다.
5-7 바로가 다시 잠이 들어 두 번째 꿈을 꾸었다. 줄기 하나에서 튼실하고 잘 여문 이삭 일곱이 자라났다. 곧이어 이삭 일곱이 더 자라났는데, 이번에는 야위고 동풍에 바싹 마른 것들이었다. 그 야윈 이삭들이 튼실하고 잘 여문 이삭들을 삼켜 버렸다. 바로가 잠에서 깨어 보니 또 다른 꿈이었다.
8 아침이 되자, 바로는 마음이 뒤숭숭했다. 그는 사람을 보내어 이집트의 마술사와 현자들을 모두 불러들였다. 바로가 그들에게 자신이 꾼 꿈을 이야기했으나, 그들은 그 꿈을 바로에게 해석해 주지 못했다.
9-13 그때 술잔을 맡은 관리가 용기를 내어 바로에게 말했다. "제가 오래전에 경험한 일을 미리 말씀드렸어야 했는데, 이제야 생각났습니다. 전에 왕께서 종들에게 노하셔서 저와 빵을 맡은 관리를 경호대장의 집에 가두신 적이 있습니다. 그때 저희 두 사람이 같은 날 밤에 꿈을 꾸었는데, 각자 꾼 꿈이 저마다 의미가 있었습니다. 마침 그곳에 경호대장의 소유였던 젊은 히브리 종 하나가 저희와 함께 있었습니다. 저희가 꾼 꿈을 그에게 이야기했더니, 그가 저희 꿈을 각기 다르게 해석해 주었습니다. 그리고 모든 일이 그가 해석한

대로 되어서, 저는 복직되고 빵을 맡은 관리는 기둥에 매달렸습니다."
14 바로가 즉시 사람을 보내어 요셉을 불러오게 했다. 사람들이 서둘러 그를
감옥에서 끌어냈다. 요셉은 머리털을 깎고 깨끗한 옷을 입고서 바로 앞으로
나아갔다.
15 바로가 요셉에게 말했다. "내가 꿈을 꾸었는데, 아무도 그것을 해석해 주는
사람이 없다. 그런데 너는 꿈 이야기를 듣기만 하면 해석해 낸다고 하더구나."
16 요셉이 대답했다. "제가 아니라, 하나님께서 하시는 것입니다. 하나님께서
왕의 마음을 편하게 해주실 것입니다."
17-21 그러자 바로가 요셉에게 말했다. "꿈에 내가 나일 강가에 서 있었다. 튼
튼해 보이는 암소 일곱 마리가 강에서 올라와 습지에서 풀을 뜯고 있었다.
뒤이어 가죽만 남은 암소 일곱 마리가 올라왔는데, 그처럼 흉한 소는 일찍이
이집트에서 본 적이 없었다. 그런데 가죽만 남아 보기 흉한 암소 일곱 마리
가, 먼저 올라온 튼튼한 암소 일곱 마리를 잡아먹었다. 그러나 그렇게 잡아
먹고도 전과 같이 뼈와 가죽만 남아 보기 흉한 모습이었다. 다른 소를 잡아
먹었다고는 짐작할 수 없을 정도였다. 그러고는 잠에서 깨어났다.
22-24 두 번째 꿈에 보니, 줄기 하나에서 튼실하고 잘 여문 이삭 일곱이 자라
나고, 뒤이어 쭈글쭈글하고 야위고 동풍에 바싹 마른 이삭 일곱이 자라났다.
그러더니 그 야윈 이삭들이 알찬 이삭들을 삼켜 버렸다. 내가 이 모든 꿈을
마술사들에게 이야기했지만, 그들은 그 뜻을 해석하지 못했다."
25-27 요셉이 바로에게 말했다. "왕의 두 꿈은 모두 같은 것을 의미합니다. 하
나님께서 친히 하시려는 일을 왕께 알려 주신 것입니다. 튼튼한 암소 일곱
마리는 일곱 해를 뜻하고, 튼실한 이삭 일곱도 일곱 해를 뜻합니다. 그 둘은
같은 꿈입니다. 뒤이어 올라온 병들고 흉한 암소 일곱 마리도 일곱 해를 뜻
하고, 야위고 동풍에 바싹 마른 이삭 일곱도 마찬가지입니다. 그것들은 모두
칠 년 흉년을 의미합니다.
28-32 그 의미는 앞서 말씀드린 것과 같이, 하나님께서 친히 하시려는 일을 왕
께 알려 주신 것입니다. 앞으로 일곱 해 동안은 이집트 전역에 큰 풍년이 들
것입니다. 그러나 그 뒤에 이어지는 일곱 해 동안은 흉년이 닥쳐 이집트 전역

에 들었던 풍년의 흔적을 말끔히 지워 버릴 것입니다. 그 흉년으로 인해 나라가 텅 비고, 전에 들었던 큰 풍년의 흔적조차 사라지고 말 것입니다. 기근이 온 나라를 휩쓸 것입니다. 왕께서 같은 꿈을 두 번이나 꾸신 것은 하나님께서 이 일을 행하시기로, 그것도 속히 행하시기로 결정하셨다는 뜻입니다.
33-36 그러니 왕께서는 지혜롭고 경험 많은 사람을 찾으셔서, 그에게 나라를 맡겨 관리하게 하시는 것이 좋겠습니다. 그런 다음 감독관들을 임명하셔서, 풍년이 드는 일곱 해 동안 이집트 전역을 감독하게 하십시오. 그들에게 앞으로 풍년이 드는 동안 생산되는 온갖 식량을 거둬들여 왕의 권한으로 곡식을 비축하게 하고, 각 성읍에 보관하여 장차 식량으로 삼게 하십시오. 이 곡식을 저장해 두셔야, 앞으로 이집트에 닥칠 칠 년 흉년 동안 활용하실 수 있을 것입니다. 그렇게 해야 이 나라가 흉년으로 망하지 않을 것입니다."
37 바로와 그의 신하들이 이 제안을 좋게 여겼다.
38 바로가 신하들에게 말했다. "이 사람이야말로 우리에게 필요한 사람이 아니겠소? 이 사람처럼 그 안에 하나님의 영이 있는 사람을 어디서 찾을 수 있겠소?"
39-40 바로가 요셉에게 말했다. "그대야말로 우리가 찾는 사람이오. 하나님께서 그대에게 앞으로 일어날 일의 내막을 알려 주셨으니, 그대처럼 자격을 갖춘 사람, 그대처럼 경험 많고 지혜로운 사람도 없을 것이오. 이제부터 그대가 내 일을 맡아 보시오. 나의 모든 백성이 그대에게 보고할 것이오. 내가 그대보다 높은 게 있다면 왕이라는 사실뿐이오."
41-43 바로가 요셉을 임명하면서 말했다. "이집트 온 땅을 그대 손에 맡기겠소." 그런 다음 바로는 자신의 손가락에서 인장 반지를 빼내어 요셉의 손가락에 끼워 주었다. 바로는 요셉에게 가장 좋은 세마포옷을 입히고, 목에 금목걸이를 걸어 주었다. 그리고 왕의 전차에 버금가는 전차를 내주어 요셉이 마음대로 쓰게 했다. 요셉이 전차에 올라타자, 사람들이 "만세!" 하고 외쳤다. 요셉이 이집트 온 땅을 맡아 다스렸다.
44 바로가 요셉에게 말했다. "내가 왕이지만, 그대의 허락 없이는 이집트에서 어느 누구도 손가락 하나 움직이지 못할 것이오."

45 바로는 요셉에게 사브낫바네아(하나님께서 말씀하시며 그분은 살아 계시다)라
는 이름을 지어 주고, 온(헬리오폴리스)의 제사장 보디베라의 딸 아스낫을 그
에게 아내로 주었다.
요셉은 자신의 임무에 따라 이집트 온 땅을 둘러보았다.
46 요셉이 이집트 왕 바로를 위해 일하기 시작할 때에 그의 나이 서른 살이었
다. 요셉은 바로 앞에서 물러나오자마자, 이집트에서 일을 시작했다.

47-49 풍년이 든 일곱 해 동안 그 땅은 풍성한 곡식을 냈다. 요셉은 이집트에
찾아온 일곱 해 풍년 동안 생산된 식량을 거두어들여 여러 도시에 비축했다.
각 도시마다 주변 밭에서 거두어들인 잉여 농산물을 저장하게 했다. 요셉이
얼마나 많은 곡식을 거두어들였던지, 바다의 모래처럼 많았다! 나중에는 그
수를 헤아리는 것조차 포기해야 할 정도였다.
50-52 요셉은 일곱 해 흉년이 닥치기 전에 온의 제사장 보디베라의 딸 아스낫
에게서 두 아들을 보았다. 요셉은 "하나님께서 나의 모든 고난과 내 아버지
의 집을 잊게 해주셨다"고 말하며, 맏아들의 이름을 므낫세(잊다)라고 했다.
또 "하나님께서 내 슬픔의 땅에서 나를 번성하게 해주셨다"고 말하면서, 둘
째 아들의 이름을 에브라임(갑절의 번성)이라고 했다.
53-54 일곱 해 풍년이 끝나고, 요셉이 말한 대로 일곱 해 흉년이 찾아왔다. 모
든 나라가 기근을 겪었으나, 식량이 있는 나라는 이집트뿐이었다.
55 기근이 이집트 전역으로 확산되자, 괴로움에 빠진 백성이 바로에게 먹을
것을 달라고 부르짖었다. 바로는 이집트 사람들에게 이렇게 말했다. "요셉에
게 가서, 그가 일러 주는 대로 하여라."
56-57 기근이 더욱 심해져 이집트 온 땅을 덮자, 요셉은 곡식 창고를 열어 비
축해 두었던 식량을 이집트 사람들에게 팔았다. 기근이 극심했다. 이윽고
온 세상이 요셉에게서 식량을 사려고 모여들었다. 기근이 온 세상을 덮쳤던
것이다.

요셉의 형들이 식량을 구하러 이집트로 가다

42 1-2 야곱이 이집트에 식량이 있다는 소문을 듣고, 아들들에게 말
했다. "어째서 잠자코 앉아서 서로 얼굴만 쳐다보고 있느냐? 이
집트에 식량이 있다고 하니, 그리로 내려가서 식량을 좀 사 오너라. 그래야
우리가 굶어 죽지 않고 살지 않겠느냐."
3-5 요셉의 형 열 명이 식량을 구하러 이집트로 내려갔다. 야곱은 요셉의 아
우 베냐민을 그들과 함께 보내지 않았다. 그에게 무슨 일이 일어날까 봐 두
려웠기 때문이다. 가나안 땅에도 기근이 심하게 들었으므로, 이스라엘의 아
들들은 식량을 사러 가는 다른 사람들과 함께 이집트로 갔다.
6-7 그때 요셉은 이집트 온 땅을 다스리고 있었다. 그는 온 백성에게 식량을
나눠주는 일을 책임지고 있었다. 요셉의 형들이 도착하여 그에게 절하며 경
의를 표했다. 요셉은 곧바로 그들을 알아보았으나, 마치 모르는 사람을 대하
듯 엄하게 말했다.
요셉이 물었다. "너희는 어디에서 왔느냐?"
그들이 대답했다. "가나안에서 왔습니다. 저희는 식량을 사려고 왔습니다."
8 요셉은 그들을 알아보았으나, 그들은 그를 알아보지 못했다.
9 요셉은 그들에 관해 꾸었던 꿈을 떠올리며 말했다. "너희는 정탐꾼들이다.
너희는 우리의 약점을 살피러 온 것이다."
10-11 그들이 말했다. "아닙니다, 주인님. 저희는 식량을 사러 왔을 뿐입니다.
저희는 모두 한 남자의 아들들입니다. 저희는 정직한 사람들입니다. 정탐이
라니, 당치도 않습니다."
12 요셉이 말했다. "아니다. 너희는 정탐꾼들이다. 너희는 우리의 약점을 찾
으러 온 게 틀림없다."
13 그들이 말했다. "저희 형제는 모두 열둘이며, 가나안 땅에 사는 한 아버지
의 아들들입니다. 막내는 아버지와 함께 있고, 하나는 없어졌습니다."
14-16 그러나 요셉이 말했다. "내가 말한 대로, 너희는 정탐꾼들이다. 내가 너
희를 시험해 보겠다. 바로의 살아 계심을 두고 맹세하건대, 너희 아우를 이
곳으로 데려오기 전에는 너희가 이곳을 떠나지 못할 것이다. 너희 가운데 한

사람이 가서 너희 아우를 데려오고, 나머지는 이곳 감옥에 남아 있거라. 너희 말이 사실인지 아닌지 확인해야겠다. 바로의 살아 계심을 두고 말하건대, 너희는 정탐꾼들인 게 틀림없다."

17 그러고 나서 요셉은 그들을 감옥에 집어넣고 사흘을 지내게 했다.

18-20 사흘째 되는 날, 요셉이 그들에게 말했다. "너희가 살고 싶다면 이렇게 하여라. 나는 하나님을 경외하는 사람이다. 너희 말대로 너희가 정직하다면, 너희 형제 가운데 한 사람만 이곳 감옥에 남고, 나머지는 식량을 가지고 굶주리는 너희 가족들에게 돌아가거라. 그러나 너희는 너희 막내아우를 내게 데려와서, 너희 말이 진실임을 증명해야 한다. 그래야 너희 가운데 한 사람도 죽지 않을 것이다." 그들은 그렇게 하기로 했다.

21 그들이 서로 말하기 시작했다. "지금 우리는 우리 아우에게 한 짓의 죄값을 치르고 있는 거야. 우리 아우가 살려 달라고 할 때, 그 애가 얼마나 두려워했는지 우리가 똑똑히 보았잖아. 그런데도 우리는 그 애의 말을 들은 체도 하지 않았어. 그래서 이렇게 곤경에 처하게 된 거야."

22 르우벤이 한마디 했다. "내가 너희에게 '그 애를 다치게 하지 말라'고 하지 않았더냐? 그런데도 너희는 내 말을 듣지 않았어. 지금 우리는 그 애를 죽인 죄값을 치르고 있는 거야."

23-24 요셉이 통역을 쓰고 있었으므로, 그들은 요셉이 모든 말을 알아듣는 줄 알지 못했다. 요셉은 그들이 보지 못하는 곳으로 물러나와 울었다. 그는 마음이 진정되자, 그들이 지켜보는 앞에서 시므온을 붙잡아 묶고 죄수로 삼았다.

25 그런 다음 요셉은 지시를 내려, 그들의 자루에 곡식을 채우고 가져온 돈을 각자의 자루에 도로 넣게 했고, 또 그들이 돌아가는 길에 먹을 양식을 주게 했다. 요셉이 지시한 대로 되었다.

26 그들은 식량을 나귀에 싣고 출발했다.

27-28 잠잘 곳에 이르러, 그들 가운데 하나가 나귀에게 먹이를 주려고 자루를 열어 보니, 자루 안에 돈이 있었다. 그가 형제들을 불러 말했다. "내 돈이 되돌아왔어. 여기 내 자루 속에 돈이 들어 있다!" 다들 그것을 보고는 놀라서 두려워했다. "하나님께서 우리를 어떻게 하시려는 거지?"

29-32 그들은 가나안 땅에 있는 아버지 야곱에게 돌아가서, 그동안 있었던 일
을 낱낱이 말했다. "그 나라를 다스리는 사람이 우리에게 엄히 말하면서, 우
리를 정탐꾼들이라고 몰아세웠습니다. 우리는 이렇게 말했습니다. '저희는
정직한 사람들이지 결코 정탐꾼들이 아닙니다. 저희는 열두 형제이고, 모두
가 한 아버지의 아들들입니다. 하나는 사라졌고, 막내는 아버지와 함께 가나
안 땅에 있습니다.'
33-34 그랬더니 그 나라의 주인이 이렇게 말했습니다. '너희 형제들 가운데 한
사람은 내 곁에 남겨 두고, 너희는 굶주린 가족을 위해 식량을 가지고 가거
라. 너희 막내아우를 내게 데려와서, 너희가 정탐꾼들이 아니라 정직한 사람
들이라는 것을 증명해 보여라. 그러면 나는 너희 형제를 풀어 주고, 너희는
이 나라에 마음대로 오가게 될 것이다.'"
35 그들이 식량 자루를 비우는데, 자루에서 각 사람의 돈 주머니가 나왔다.
그들과 그들의 아버지는 그 돈을 보고서 근심에 사로잡혔다.
36 그들의 아버지가 말했다. "너희는 내가 얻은 모든 것을 빼앗아 가는구나!
요셉도 없어지고, 시므온도 없어졌는데, 이제는 베냐민마저 빼앗아 가려고
하는구나. 너희 말대로 하면, 내게 무엇이 남겠느냐."
37 르우벤이 목소리를 높여 말했다. "제 두 아들의 목숨을 아버지의 손에 맡
기겠습니다. 제가 베냐민을 데려오지 않으면, 아버지께서 그 아이들을 죽이
셔도 좋습니다. 베냐민을 제게 맡겨 주십시오. 제가 반드시 그 아이를 데려
오겠습니다."
38 그러나 야곱은 거절했다. "내 아들을 너희와 함께 내려보낼 수는 없다. 그
아이의 형은 죽었고, 내게 남은 것은 이제 그 아이뿐이다. 길에서 그 아이에
게 무슨 일이라도 생기면, 너희는 백발이 성성한 채 슬퍼하는 나를 땅에 묻
어야 할 것이다."

베냐민을 데리고 다시 이집트로 가다

43

1-2 기근이 더욱 심해졌다. 이집트에서 가져온 식량이 다 떨어지자,
그들의 아버지가 말했다. "다시 가서 식량을 조금 더 구해 오너라."

3-5 유다가 말했다. "그 사람이 우리에게 엄히 경고하면서 말하기를, '너희 아
우를 데려오지 않으면, 너희는 내 얼굴을 볼 수 없을 것이다'라고 했습니다.
아버지께서 아우를 우리와 함께 가도록 내주시면, 우리가 내려가서 아버지
께 식량을 구해 오겠습니다. 하지만 아버지께서 그렇게 하지 않겠다고 하시
면, 우리는 가지 않겠습니다. 간다고 한들 무슨 소용이 있겠습니까? 그 사람
이 우리에게 '너희 아우를 데려오지 않으면, 너희는 내 얼굴을 볼 수 없을 것
이다' 하고 말했으니 말입니다."
6 이스라엘이 말했다. "너희는 어찌하여 내 인생을 이토록 고달프게 하느냐?
도대체 어쩌자고 또 다른 아우가 있다는 말을 했느냐?"
7 그들이 말했다. "그 사람이 우리를 심하게 다그치며 '너희 아버지는 살아
계시느냐? 너희에게 또 다른 아우가 있느냐?' 하고 우리 가족에 대해 꼬치
꼬치 캐묻기에, 그렇다고 대답한 것입니다. 그 사람이 '너희 아우를 이리로
데려오너라' 하고 말할 줄 우리가 어찌 알았겠습니까?"
8-10 유다가 아버지 이스라엘에게 재촉했다. "제가 책임질 테니 그 아이를 보
내 주십시오. 우리가 곧 떠나야겠습니다. 우리가 가지 않으면, 우리 가족 모
두가 굶어 죽게 됩니다. 우리도 아버지도 우리 자녀도 다 죽게 될 것입니다!
그 아이의 안전을 제가 모두 책임지겠습니다. 그 아이의 생명과 제 생명을
맞바꾸겠습니다. 제가 그 아이를 무사히 데려오지 않으면, 제가 죄인이 되어
모든 죄를 달게 받겠습니다. 우리가 이렇게 꾸물거리지 않고 갔더라면, 벌써
두 번은 다녀왔을 것입니다."
11-14 아버지 이스라엘이 마지못해 응했다. "정 그렇게 해야만 한다면, 이렇게
하여라. 이 땅에서 나는 가장 좋은 토산물을 너희 자루에 넣어 가서 그 사람
에게 선물로 드리거라. 향유와 꿀, 향료와 향수, 유향나무 열매와 감복숭아
도 얼마 가져가거라. 돈도 넉넉히 챙겨서, 너희 자루에 담겨 있던 액수의 두
배를 가져가거라. 분명히 착오가 있었을 것이다. 너희 아우를 데리고 출발하
여라. 그 사람에게 다시 가거라. 너희들이 그 사람 앞에 설 때 강하신 하나님
이 은혜를 베푸셔서, 그 사람이 너희의 다른 형제와 베냐민을 함께 돌려보내
주면 더없이 좋겠구나. 내게는 이제 남은 게 하나도 없다. 다 잃어버렸다."

15-16 그들은 선물을 마련하고 돈을 두 배로 챙겨서 베냐민을 데리고 갔다. 그
들은 지체하지 않고 이집트로 가서 요셉을 만났다. 그들이 베냐민을 데려온
것을 보고, 요셉이 자기 집 관리인에게 말했다. "이 사람들을 집으로 데려가
서 편히 쉬게 해주어라. 짐승을 잡고 식사를 준비하여라. 내가 그들과 점심
을 함께할 것이다."
17-18 관리인은 요셉이 말한 대로 그들을 집 안으로 데리고 들어갔다. 그들은
안내를 받아 요셉의 집으로 들어가면서, 불안에 휩싸여 생각했다. "그 돈 때
문이야. 그 사람은 우리가 처음 이곳으로 내려왔을 때 그 돈을 가지고 도망
쳤다고 생각하는 거다. 이제 그가 원하는 곳에서 우리를 붙잡았으니, 우리를
종으로 삼고 우리의 나귀를 몰수하려는 거야."
19-22 그래서 그들은 요셉의 집 관리인에게 다가가 그 집 문 앞에서 말했다.
"주인님, 들어 보십시오. 저희는 지난번에 식량을 사러 여기에 내려왔던 사
람들입니다. 집으로 돌아가던 날 밤에 자루를 열어 보니, 자루에 저희 돈이
들어 있었습니다. 저희가 지불한 액수 그대로였습니다. 저희가 그 돈을 고스
란히 가져왔고, 추가로 식량을 살 돈도 많이 가져왔습니다. 누가 저희 자루
속에 돈을 넣어 두었는지 저희는 모르겠습니다."
23 관리인이 말했다. "모든 것이 잘 되었으니, 걱정하지 마십시오. 여러분의
하나님, 여러분 아버지의 하나님께서 여러분에게 덤으로 주신 것이 분명합
니다. 나는 이미 여러분의 돈을 다 받았습니다." 그러고는 시므온을 데려와
그들에게 넘겨주었다.
24-25 관리인은 그들을 요셉의 집으로 데리고 들어가서, 발 씻을 물을 주고 그
들의 나귀에게 먹이를 주며 그들을 편히 쉬게 해주었다. 형제들은 요셉과 함
께 식사할 것이라는 말을 듣고, 정오에 그가 나타나기를 기다리며 가져온 선
물을 펼쳐 놓았다.
26 요셉이 집에 오자, 그들은 가져온 선물을 그 앞에 내놓고 정중히 머리 숙
여 절했다.
27 요셉이 그들을 맞이하며 말했다. "전에 너희가 말한 연로하신 너희 아버지
는 안녕하시냐? 아직도 살아 계시느냐?"

28 그들이 말했다. "예, 주인님의 종인 저희 아버지는 지금도 살아 계시고, 아
주 잘 지내십니다." 그러고는 다시 정중히 머리 숙여 절했다.
29 그때 요셉이 자기 어머니의 아들, 곧 자기 친동생 베냐민을 알아보고 그들
에게 물었다. "전에 너희가 내게 말한 막내아우가 이 아이냐?" 그러고는 "내
아들아, 하나님께서 네게 은혜 베푸시기를 빈다" 하고 말했다.
30-31 요셉은 자기 아우를 보고 감정이 북받쳐 울음이 터져 나오려고 하자, 급
히 다른 방으로 들어가서 한참을 울었다. 그러고 나서 얼굴을 씻고 마음을
진정시킨 다음, 상을 차리라고 말했다.
32-34 요셉은 따로 상을 받았고, 형제들은 형제들끼리, 이집트 사람들은 이집
트 사람들끼리 식사하도록 상을 차리게 했다. (이집트 사람들은 히브리 사람들
과 한 식탁에서 먹지 않았다. 히브리 사람들과 식사하는 것을 역겹게 여겼기 때문이
다.) 형제들이 안내를 받아 앉고 보니, 요셉을 마주 보고 맏이에서부터 막내
에 이르기까지 나이 순으로 앉게 되었다. 형제들은 이제 무슨 일이 벌어질까
의아해 하며 놀란 눈으로 서로 쳐다보았다. 요셉은 각 사람이 먹을 음식을
자기 식탁에서 형제들의 접시로 나르게 했다. 베냐민의 접시에 담긴 음식은
다른 형들의 접시에 담긴 음식보다 훨씬 많았다. 형제들은 요셉과 함께 마음
껏 먹고 마셨다.

베냐민의 자루에서 은잔이 나오다

44

1-2 요셉이 자기 집 관리인에게 지시했다. "저 사람들의 자루에 그
들이 가져갈 수 있을 만큼 넉넉하게 식량을 채우고, 각 사람이 가
져온 돈을 자루 맨 위에 도로 넣어라. 그리고 막내의 자루 맨 위에는 식량 값으
로 가져온 돈과 함께 내 은잔을 넣어 두어라." 그는 요셉이 지시한 대로 했다.
3-5 동이 트자, 그들은 배웅을 받으며 나귀들을 이끌고 길을 나섰다. 그들이
아직 그 도시에서 얼마 벗어나지 못했을 때, 요셉이 자기 집 관리인에게 말
했다. "그들을 뒤쫓아라. 그들을 따라잡거든, '너희는 어찌하여 선을 악으로
갚느냐? 이것은 내 주인께서 마실 때 쓰시는 잔이다. 점을 칠 때 쓰시는 잔
이기도 하다. 이렇게 괘씸한 짓을 저지르다니!' 하고 말하여라."

6 관리인은 그들을 따라잡고서 이 모든 말을 그대로 했다.
7-9 그들이 말했다. "저희는 무슨 말씀을 하시는지 모르겠습니다. 저희 형제
들은 그런 짓을 할 사람들이 아닙니다! 지난번 자루 속에서 발견한 돈도 가
나안 땅에서 고스란히 가져왔습니다. 그런데 저희가 마음이 변해 당신 주인
님의 집에서 은잔을 훔쳤다고 생각하시는 것입니까? 저희 가운데 누구에게
서든 그 잔이 발견되면, 그 사람은 죽어 마땅합니다. 그리고 나머지 형제들
도 당신 주인님의 종이 되겠습니다."
10 관리인이 말했다. "좋다. 그러나 그렇게까지 할 필요는 없다. 잔이 발견되
는 자는 내 주인님의 종이 될 것이다. 그러나 나머지 사람들은 죄가 없으니
가도 좋다."
11-12 그들은 다급한 마음에 누가 먼저랄 것도 없이 각자 자기 자루를 바닥에
내려놓고 자루를 풀어 조사를 받았다. 관리인은 맏이에서부터 막내에 이르기
까지 그들의 자루를 하나씩 뒤졌다. 그런데 베냐민의 자루에서 잔이 나왔다.
13 그들은 낙심하여 자기 옷을 찢고서, 나귀에 짐을 실은 뒤에 그 도시로 되
돌아갔다.
14 유다와 그의 형제들이 돌아가 보니, 요셉이 아직 집에 있었다. 그들은 요
셉이 보는 앞에서 바닥에 털썩 주저앉았다.
15 요셉이 그들을 나무라며 말했다. "너희가 어찌하여 이런 짓을 했느냐? 나
같은 사람이 이런 것을 알아낼 줄 몰랐단 말이냐?"
16 유다가 형제들을 대신해서 말했다. "주인님, 저희가 무슨 할 말이 있고 무
슨 변명을 할 수 있겠습니까? 저희에게 죄가 없다는 것을 무엇으로 입증할
수 있겠습니까? 하나님께서 저희 뒤에 계시면서 저희 잘못을 들추어 보이셨
습니다. 저희가 주인님 앞에 죄를 지었으니, 이제 주인님의 종이 되겠습니
다. 저희 모두가 이 일에 연루되었습니다. 잔을 가져간 아이나 저희나 다 죄
인입니다."
17 요셉이 말했다. "나는 그렇게 할 마음이 없다. 잔을 가져간 자만 나의 종이
될 것이다. 나머지는 죄가 없으니 너희 아버지에게로 돌아가거라."
18-20 유다가 앞으로 나아가 말했다. "주인님, 부탁드립니다. 주인님께 한 가

지만 말씀드리게 해주십시오. 주인님께서는 바로와 같은 분이시니, 노여워
하지 마시고, 제가 주제넘다고 여기지 말아 주십시오. 주인님께서는 저희에
게 '아버지와 동생이 있느냐?'고 물으셨습니다. 그래서 저희는 '저희에게 연
로한 아버지와, 그가 노년에 얻은 아우가 있습니다. 그 아이의 형은 죽고, 그
아이의 어머니가 낳은 아들 가운데 남은 아이는 그 아이뿐입니다. 그래서 아
버지께서는 누구보다 그 아이를 사랑하십니다' 하고 솔직히 말씀드렸습니다.
21-22 그러자 주인님께서는 저희에게 '그 아이를 이리로 데려오너라. 내가 그
아이를 보아야겠다'고 말씀하셨습니다. 저희는 그럴 수 없다는 뜻으로 '그 아
이는 아버지를 떠날 수 없습니다. 그 아이가 떠나면, 아버지는 돌아가시고
말 것입니다' 하고 말씀드렸습니다.
23 그러자 주인님께서는 '너희 막내아우를 데려오지 않으면, 너희는 나를 보
지 못할 것이다' 하고 말씀하셨습니다.
24-26 저희는 저희 아버지께 돌아가, 주인님께서 저희에게 하신 모든 말씀을
전했습니다. 저희 아버지께서 '다시 가서 식량을 조금 더 구해 오너라'고 했
을 때도, 저희는 '그럴 수 없습니다. 막내아우가 우리와 함께 가지 않으면,
우리는 다시 갈 수 없습니다. 막내아우가 함께 가지 않으면, 우리는 그분을
뵐 수가 없습니다' 하고 단호하게 말씀드렸습니다.
27-29 그러자 주인님의 종인 제 아버지는 저희에게 '너희도 잘 알다시피, 내 아
내가 두 아들을 낳았는데, 한 아이는 잃어버렸다. 그 아이는 짐승에게 찢겨
죽은 게 틀림없다. 그 후로 나는 그 아이를 한 번도 본 적이 없다. 그런데 이
제 너희가 이 아이를 데리고 갔다가 이 아이에게 무슨 일이라도 생기면, 너
희는 백발이 성성한 채 슬퍼하는 나를 끝내 땅에 묻어야 할 것이다' 하고 말
씀하셨습니다.
30-32 주인님의 종인 제 아버지에게 이 아이의 목숨은 당신 목숨이나 다름없
어서, 제가 이 아이 없이 아버지 앞에 나타나면 아버지는 아이가 없어진 것
을 아시고 그 자리에서 돌아가시고 말 것입니다. 아버지가 슬픔에 잠겨 돌아
가시면, 여기 주인님 앞에 주인님의 종으로 서 있는 저희가 그분을 돌아가시
게 한 셈이 됩니다. 그뿐 아닙니다. 저는 그 아이를 주인님께 보여드릴 수 있

게 해달라고 하면서, 제 아버지께 '제가 그 아이를 데려오지 않으면, 아버지
앞에서 평생 죄인으로 살겠습니다' 하고 다짐했습니다.
33-34 그러니 이 아이 대신에 제가 주인님의 종으로 이곳에 머물게 해주십시
오. 이 아이는 형제들과 함께 돌아가게 해주십시오. 이 아이가 함께 가지 못
하는데, 제가 어떻게 아버지께 돌아갈 수 있겠습니까? 제발, 제가 돌아가서
아버지가 슬픔에 잠겨 돌아가시는 모습을 보지 않게 해주십시오!"

요셉이 형제들에게 자신을 밝히다

45

1-2 요셉은 더 이상 자신을 억제할 수 없어, 자신의 수행원들에게
"물러가라! 다들 물러가라!" 하고 소리쳤다. 요셉은 자기 곁에 아
무도 없게 되자, 형제들에게 자신이 누구인지를 밝혔다. 그러나 그의 흐느끼
는 소리가 너무도 격해서, 이집트 사람들에게까지 들렸다. 그 소식은 곧 바
로의 궁에도 전해졌다.
3 요셉이 자기 형제들에게 말했다. "내가 요셉입니다. 정말 내 아버지께서 아
직도 살아 계십니까?" 그의 형제들은 말문이 막혀 한 마디도 할 수 없었다.
그들은 자신들이 보고 들은 것을 믿을 수가 없었다.
4-8 요셉이 형제들에게 말했다. "내게 가까이 오십시오." 그들이 가까이 다가
갔다. "내가 바로 형님들의 아우 요셉입니다. 형님들이 이집트에 팔아넘긴
그 요셉입니다. 저를 팔아넘겼다고 괴로워하지도 말고, 자책하지도 마십시
오. 그 일 뒤에는 하나님이 계셨습니다. 하나님께서 나를 형님들보다 앞서
이곳으로 보내셔서, 여러 목숨을 구하게 하셨습니다. 이 땅에 흉년이 든 지
두 해가 되었지만, 앞으로도 다섯 해 동안은 흉년이 계속 들어 밭을 갈지도
못하고 추수도 하지 못하게 될 것입니다. 하나님께서 나를 앞서 보내셔서,
이 땅에 살아남은 민족이 있게 하시고, 놀라운 구원의 행위로 형님들의 목숨
을 구하도록 준비하셨습니다. 보다시피, 나를 이곳으로 보낸 것은 형님들이
아니라 하나님이십니다. 하나님께서 나를 바로의 아버지와 같은 자리에 앉히
시고, 내게 그의 일을 맡기셔서, 나를 이집트의 통치자로 세워 주셨습니다.
9-11 서둘러 아버지께 돌아가십시오. 가서 아버지께 이렇게 전하십시오. '아

버지의 아들 요셉이 말씀드립니다. 저는 이집트 온 땅의 주인입니다. 되도록
빨리 이곳으로 오셔서 저와 함께 지내십시오. 아버지께서 저와 가까이 계실
수 있도록 제가 고센 땅에 지내실 곳을 마련해 놓겠습니다. 아버지와 아버지
의 아들들과 손자들, 그리고 아버지의 양 떼와 소 떼와 아버지의 모든 재산
을 가지고 오십시오. 제가 그곳에서 아버지를 극진히 모시겠습니다. 앞으로
도 흉년이 다섯 해나 더 들 텐데, 아버지께 필요한 모든 것을 제가 살펴 드리
겠습니다. 아버지와 아버지께 딸린 모든 식구를 제가 보살피고, 부족한 것이
하나도 없게 해드리겠습니다' 하고 말씀해 주십시오.
12-13 나를 보십시오. 내가 내 입으로 형님들에게 이 모든 말을 하는 것을, 형
님들은 물론이고 내 아우 베냐민도 직접 보고 있습니다. 내가 이집트에서 차
지하고 있는 높은 지위에 대해 아버지께 말씀드리고, 형님들이 이곳에서 본
것을 하나도 빠짐없이 말씀드려 주십시오. 하지만 오래 지체하지 말고, 서둘
러 아버지를 모시고 이곳으로 내려오십시오."
14-15 그러고 나서 요셉은 자기 아우 베냐민의 목을 껴안고 울었다. 베냐민도
요셉의 목을 껴안고 울었다. 요셉은 형들과도 한 사람씩 입을 맞추며 부둥켜
안고 울었다. 그제야 형들도 요셉과 이야기를 나눌 수 있게 되었다.
16 "요셉의 형제들이 왔다"는 소식이 바로의 궁에 전해졌다. 그 소식을 듣고
바로와 그의 모든 신하가 기뻐했다.
17-18 바로가 요셉에게 말했다. "그대의 형제들에게 이렇게 전하시오. '너희 짐
을 짐승들의 등에 싣고 가나안으로 가서, 너희 아버지와 너희 가족들을 데리
고 이곳으로 돌아오너라. 내가 너희를 이집트에서 가장 좋은 땅에 자리 잡고
살게 해주겠다. 너희는 그 땅에서 나는 기름진 것을 먹고 살게 될 것이다.'
19-20 그들에게 이 말도 전하시오. '나는 너희가 이렇게 하기를 바란다. 너희
아이들과 아내들을 태워 올 수 있도록 이집트에서 마차 몇 대를 가져가거라.
마차에 너희 아버지를 모시고 돌아오너라. 이집트 온 땅에 있는 가장 좋은
것이 너희 차지가 될 것이니, 아무 걱정 말고 살림살이는 두고 오너라.'"
21-23 이스라엘의 아들들은 바로가 하라는 대로 했다. 요셉은 그들에게 바로가
약속한 대로 마차를 내주었고, 돌아가는 길에 먹을 양식도 주었다. 그는 형

들에게 새로 만든 옷을 마련해 주고, 베냐민에게는 은화 삼백 개와 옷 여러 벌을 주었다. 아버지에게는 이집트의 특산물을 실은 나귀 열 마리와 오는 길에 먹을 양식으로 곡식과 빵을 실은 또 다른 나귀 열 마리를 선물로 보냈다.
24 요셉은 형제들을 떠나보냈다. 그들이 떠나갈 때, 그는 "오가는 길에 마음을 편히 하시고, 서로 사이좋게 지내십시오" 하고 당부했다.
25-28 그들은 이집트를 떠나 가나안 땅에 있는 아버지 야곱에게로 돌아갔다. 그들이 말했다. "요셉이 지금까지 살아 있습니다. 그는 이집트 온 땅을 다스리는 사람입니다!" 야곱은 말문이 막혔다. 그는 자신의 귀를 의심했다. 그러나 요셉이 한 말을 아들들에게서 다 전해 듣고 또 요셉이 자기를 태워 오라고 보낸 마차를 보자, 그제야 혈색이 돌아왔다. 그들의 아버지 야곱이 기운을 차린 것이다. 이스라엘이 말했다. "내 아들 요셉이 지금까지 살아 있다는 말은 충분히 들었다. 그러니 내가 가서, 죽기 전에 그 아이를 봐야겠다."

야곱의 가족이 이집트로 가다

46 1 마침내 이스라엘은 자기의 모든 소유를 가지고 여행길에 올랐다. 그는 브엘세바에 이르러 자기 아버지 이삭의 하나님께 희생 제사를 드리며 예배했다.
2 그날 밤, 하나님께서 이스라엘에게 환상 가운데 말씀하셨다. "야곱아! 야곱아!" 그가 대답했다. "예, 말씀하십시오."
3-4 하나님께서 말씀하셨다. "나는 네 아버지의 하나님이다. 이집트로 내려가는 것을 두려워하지 마라. 내가 그곳에서 너를 큰 민족이 되게 하겠다. 내가 너와 함께 이집트로 내려갔다가, 너를 다시 이곳으로 데려오겠다. 네가 죽을 때, 요셉이 네 곁에 있을 것이다. 요셉이 그의 손으로 네 눈을 감겨 줄 것이다."
5-7 야곱이 브엘세바를 떠났다. 이스라엘의 아들들은 바로가 이스라엘을 모셔 오라고 보내 준 마차에 자신들의 아버지와 아이들과 아내들을 태웠다. 그들은 가나안 땅에서 모은 가축과 재산을 가지고 이집트에 도착했다. 야곱은 자기 집안의 모든 사람, 곧 아들과 손자들, 딸과 손녀들까지 한 사람도 빠뜨

리지 않고 다 데리고 갔다.
8 이집트로 내려간 이스라엘 자손, 곧 야곱과 그 자손의 이름은 이러하다.
야곱의 맏아들 르우벤.
9 르우벤의 아들 하녹, 발루, 헤스론, 갈미.
10 시므온의 아들 여무엘, 야민, 오핫, 야긴, 스할, 가나안 여인이 낳은 아들
사울.
11 레위의 아들 게르손, 고핫, 므라리.
12 유다의 아들 엘, 오난, 셀라, 베레스, 세라. (엘과 오난은 가나안 땅에 있을 때
이미 죽었다.) 베레스의 아들은 헤스론과 하물이다.
13 잇사갈의 아들 돌라, 부와, 욥, 시므론.
14 스불론의 아들 세렛, 엘론, 얄르엘.
15 이들은 레아가 밧단아람에서 낳은 야곱의 자손이다. 디나도 그의 딸이다.
아들딸을 모두 합하니 서른세 명이다.
16 갓의 아들 시뵨, 학기, 수니, 에스본, 에리, 아로디, 아렐리.
17 아셀의 아들 임나, 이스와, 이스위, 브리아, 그들의 누이 세라. 브리아의
아들 헤벨과 말기엘.
18 이들은 라반이 자기 딸 레아에게 준 여종 실바가 낳은 야곱의 자손으로,
모두 열여섯 명이다.
19-21 야곱의 아내 라헬의 아들은 요셉과 베냐민이다. 요셉은 온의 제사장 보
디베라의 딸 아스낫과 결혼하여 얻은 두 아들, 므낫세와 에브라임의 아버지
다. 그들은 요셉이 이집트에서 얻은 아들들이다. 베냐민의 아들들은 벨라,
베겔, 아스벨, 게라, 나아만, 에히, 로스, 뭅빔, 훕빔, 아릇이다.
22 이들은 야곱과 라헬 사이에서 태어난 자손으로, 모두 열네 명이다.
23 단의 아들 후심.
24 납달리의 아들 야스엘, 구니, 예셀, 실렘.
25 이들은 라반이 자기 딸 라헬에게 준 여종 빌하가 낳은 야곱의 자손으로,
모두 일곱 명이다.
26-27 야곱과 함께 이집트로 내려간 사람들 가운데 야곱의 며느리들을 뺀 그

의 직계 자손은 모두 예순여섯 명이다. 이집트에서 요셉에게 태어난 두 아들
까지 합하면, 이집트에 들어간 야곱의 집안 식구는 모두 일흔 명이다.

28-29 야곱은 유다를 앞서 보내어, 고센 땅으로 가는 길을 요셉에게서 알아 오
게 했다. 그들이 고센에 도착할 무렵, 요셉은 전차를 준비시켜 아버지 이스
라엘을 만나러 고센으로 갔다. 요셉은 아버지를 보자마자, 그의 목을 끌어안
고 한참을 울었다.
30 이스라엘이 요셉에게 말했다. "내가 이렇게 네 얼굴을 들여다보고 네가 정
말로 살아 있는 것을 확인하다니, 이제 죽어도 여한이 없다."
31-34 요셉이 자기 형제들과 아버지의 가족들에게 말했다. "내가 바로께 가서
'가나안 땅에 살던 제 형제들과 아버지의 가족들이 제게 왔습니다. 그들은
목자들입니다. 줄곧 가축을 치면서 살아온 사람들입니다. 그들이 양 떼와 소
떼를 몰고 자기들의 모든 재산을 가지고 왔습니다' 하고 말씀드리겠습니다.
바로께서 형님들을 불러들여 무슨 일을 하는지 물으실 것이니, 형님들은 '왕
의 종들인 저희는 지금까지 줄곧 가축을 치며 살아온 기억밖에 없습니다. 저
희는 물론이고 저희 조상도 그러했습니다' 하고 대답하십시오. 그러면 바로
께서 형님들을 고센 지방에서 따로 지내게 하실 것입니다. 이집트 사람들은
목자라면 누구나 천하게 보기 때문입니다."

47 1 요셉이 바로에게 가서 말했다. "제 아버지와 형제들이 양 떼와
소 떼와 모든 재산을 가지고 가나안 땅에서 왔습니다. 그들이 지
금 고센 땅에 와 있습니다."
2-3 요셉은 자기 형제들 가운데 다섯 사람을 데려가서 바로에게 소개했다. 바
로가 그들에게 물었다. "너희는 무슨 일을 하느냐?"
3-4 "왕의 종들인 저희는 조상 때부터 목자였습니다. 저희는 새로 정착할 곳
을 찾아 이 나라에 왔습니다. 가나안 땅에는 저희 양 떼를 먹일 풀밭이 없습

니다. 가나안 땅에 기근이 몹시 심하게 들었기 때문입니다. 부디 왕의 종들
이 고센 땅에 자리를 잡고 살게 해주십시오."
5-6 바로가 요셉을 보며 말했다. "그대의 아버지와 형제들이 도착해, 이렇게
온 가족이 다 만나게 되었소! 이집트는 그들을 환영하오. 가장 좋은 땅을 골
라서 그대의 아버지와 형제들이 자리 잡고 살게 하시오. 좋소. 고센 땅을 그
들에게 주시오. 그들 가운데 특별히 목축을 잘하는 이들이 있거든, 그들에게
내 가축을 맡겨 돌보게 하시오."
7-8 이어서 요셉이 자기 아버지 야곱을 모시고 들어와 바로에게 소개했다. 야
곱이 바로를 축복하자, 바로가 야곱에게 물었다. "연세가 어떻게 되시오?"
9-10 야곱이 바로에게 대답했다. "제가 나그네처럼 세상을 살아온 세월이 백
삼십 년입니다. 제 조상이 받아 누린 세월에는 못 미치지만, 험한 인생을 살
았습니다." 야곱은 바로를 축복하고 물러나왔다.
11-12 요셉은 바로가 지시한 대로 자기 아버지와 형제들을 이집트에 정착시키
고, 가장 좋은 땅—라암셋(고센)—을 그들에게 주어 그 땅의 당당한 주인이
되게 했다. 요셉은 자기 아버지와 형제들과 아버지의 온 가족을 가장 나이
어린 아이에 이르기까지 잘 보살폈다. 그는 그들에게 모든 것을 넉넉하게 공
급해 주었다.

13-15 마침내 온 땅에 식량이 바닥났다. 기근이 더욱 심해지더니, 이집트 땅과
가나안 땅이 기근으로 황폐해졌다. 요셉은 식량 배급의 대가로, 이집트 땅과
가나안 땅에 있는 돈을 남김 없이 거두어들여 바로의 궁에 두었다. 이집트
땅과 가나안 땅에서 거두어들일 수 있는 돈이 바닥나자, 이집트 사람들이 요
셉에게로 몰려와서 말했다. "저희에게 식량을 주십시오. 저희가 주인님 앞에
서 죽는 모습을 두고 보실 참입니까? 돈이 바닥났습니다."
16-17 요셉이 말했다. "여러분의 가축을 끌고 오시오. 돈이 떨어졌다니, 여러
분의 가축을 받고 식량을 내주겠소." 그래서 이집트 사람들은 요셉에게 가축
을 끌고 왔고, 요셉은 말과 양, 소, 나귀를 받고 그들에게 식량을 내주었다.

요셉은 그해 내내 가축을 받고 그들에게 식량을 내주었다.
18-19 그해가 가고 이듬해가 되자, 이집트 사람들이 다시 몰려와서 말했다.
"주인님께서 잘 아시다시피, 저희는 빈털터리입니다. 돈은 이미 다 떨어졌고, 가축마저 주인님께 다 팔아 버렸습니다. 저희 몸과 땅을 빼면 저희에게는 식량과 맞바꿀 물건이 아무것도 남아 있지 않습니다. 저희가 이렇게 버티다가 주인님 앞에서 굶어 죽는다면, 저희 몸과 땅이 무슨 소용이겠습니까? 저희의 몸과 땅을 받으시고 식량을 주십시오. 저희가 바로의 종이 되고 저희 땅도 바로께 넘겨드리겠습니다. 저희가 바라는 것은 그저 살아남는 데 필요한 씨앗뿐입니다. 저희가 생계를 유지하며 땅을 살릴 수 있을 만큼만 씨앗을 주십시오."
20-21 요셉은 이집트에 있는 모든 땅을 사들여 바로의 것이 되게 했다. 기근이 너무 심해서 이집트 사람들은 너나없이 자기 땅을 팔 수밖에 없었다. 그렇게 해서 결국 모든 땅이 바로의 소유가 되었고, 백성은 바로의 종이 되었다. 요셉이 이집트 땅 이 끝에서 저 끝까지 온 백성을 종이 되게 한 것이다.
22 그러나 요셉은 제사장들의 땅은 사들이지 않았다. 제사장들은 바로에게서 정기적으로 급료를 받고 있었고, 그 급료만으로도 살아갈 수 있어서 땅을 팔 필요가 없었다.
23-24 요셉이 백성에게 공표했다. "나는 다음과 같이 일을 처리하겠소. 나는 여러분과 여러분의 땅을 사서 바로의 것이 되게 했소. 이제 나는 여러분에게 씨앗을 주어, 여러분이 땅에 심을 수 있게 하겠소. 곡식을 수확할 때, 오분의 일은 바로께 내고 오분의 사는 여러분이 가지시오. 여러분과 여러분의 가족을 위한 씨앗으로 말이오. 그러면 여러분은 여러분의 자녀들을 먹여 살릴 수 있을 것이오!"
25 백성이 말했다. "주인님께서 저희 목숨을 구해 주셨습니다! 주인님의 호의에 감사드립니다. 저희가 기꺼이 바로의 종이 되겠습니다."
26 요셉은 '오분의 일은 바로께 바친다'는 내용의 이집트 토지법을 공표했다. 그 법은 지금까지도 유효하다. 그러나 제사장들의 땅은 바로의 것이 되지 않았다.

야곱의 마지막 부탁

27-28 이스라엘은 이집트의 고센 땅에 자리를 잡고 살았다. 그들은 재산을 소
유하고 번성하여 아주 큰 백성이 되었다. 야곱은 이집트에서 십칠 년을 살았
다. 그는 모두 백사십칠 년을 살았다.
29-30 죽을 날이 다가오자, 이스라엘은 자기 아들 요셉을 불러 이렇게 말했다.
"내 부탁을 들어다오. 내게 끝까지 성실하게 신의를 지키겠다는 표시로 네
손을 내 허벅지 밑에 넣어라. 나를 이집트에 묻지 마라. 내가 조상과 함께 잠
들거든, 나를 이집트에서 옮겨 내어 내 조상 곁에 묻어 다오."
요셉이 말했다. "그렇게 하겠습니다. 아버지께서 당부하신 대로 하겠습니다."
31 이스라엘이 "내게 약속해 다오" 하고 말하자, 요셉이 약속했다.
이스라엘은 침상에서 머리 숙여 절하며 하나님께 순종과 감사를 드렸다.

에브라임과 므낫세를 축복하다

48 1-2 이런 대화가 있고 나서 얼마 후에, 요셉은 "주인님의 아버지
께서 편찮으십니다"라는 소식을 들었다. 그는 자신의 두 아들 므
낫세와 에브라임을 데리고 야곱에게로 갔다. 야곱은 "당신의 아들 요셉이 왔
습니다"라는 말을 듣고, 기운을 내어 침상에서 일어나 앉았다.
3-7 야곱이 요셉에게 말했다. "강하신 하나님께서 가나안 땅 루스에서 내게
나타나 복을 주시며 말씀하시기를, '내가 너로 번성하여 그 수가 많아지게
하고, 네게서 여러 민족이 나오게 하며, 이 땅을 네 뒤에 오는 자손에게 영원
한 유산으로 넘겨주겠다'고 하셨다. 내가 너와 만나기 전에 이곳 이집트에서
태어난 네 두 아들을, 내가 양자로 삼아야겠다. 그 아이들은 르우벤과 시므
온처럼 내 아들의 지위를 얻게 될 것이다. 이 두 아이 뒤에 태어나는 아이들
은 네 자식이 될 것이다. 이 두 아이는 자기 형들의 뒤를 이어 유산을 상속받
게 될 것이다. 내가 그렇게 하려는 것은, 내가 밧단을 떠나 가나안 땅으로 돌
아가던 길에, 슬프게도, 네 어머니 라헬이 지금은 베들레헴이라 하는 에브랏
에 거의 다 와서 죽고 말았기 때문이다."
8 그러고 나서 야곱이 요셉의 아들들을 보고 물었다. "이 아이들은 누구냐?"

9-11 요셉이 아버지에게 말했다. "이 아이들은 하나님께서 이곳에서 제게 주
신 제 아들들입니다."
그러자 야곱이 말했다. "내가 축복할 수 있도록 그 아이들을 내게 데려오너
라." 이스라엘은 나이가 많아 시력이 떨어져서 거의 앞을 볼 수 없었다. 그래
서 요셉이 그들을 가까이 데려갔다. 연로한 이스라엘이 그들에게 입을 맞추
고 껴안았다. 그런 다음 요셉에게 말했다. "내가 네 얼굴을 다시 보리라고는
생각지도 못했는데, 하나님께서는 네 아이들까지 보게 해주셨구나!"
12-16 요셉은 그들을 이스라엘의 무릎에서 물러나게 하고, 얼굴을 땅에 대고
엎드려 절했다. 그런 다음 두 아이를 데려다가, 오른손으로는 에브라임을 이
끌어 이스라엘의 왼편에 서게 하고, 왼손으로는 므낫세를 이끌어 이스라엘
의 오른편에 서게 했다. 그러나 이스라엘은 두 팔을 엇갈리게 내밀어 오른손
을 작은아들 에브라임의 머리에 얹고, 왼손은 맏아들 므낫세의 머리에 얹었
다. 그런 다음 그들을 축복했다.

저의 조상 아브라함과 이삭을
당신 앞에서 걷게 하신 하나님,
제가 태어난 날부터 지금까지 줄곧
저의 목자가 되어 주신 하나님,
온갖 해악에서 저를 구해 주신 하나님의 천사께서
이 아이들에게 복을 내려 주소서.
저의 이름이 이 아이들의 삶 속에서 메아리치게 하시고
저의 조상 아브라함과 이삭의 이름도 이 아이들의 삶 속에서 살아 있게 하
소서.
이 아이들이 자라서
그들의 자손이 이 땅을 덮게 하소서.

17-18 요셉은 아버지가 오른손을 에브라임의 머리에 얹은 것을 보고 아버지가
실수한 것이려니 생각했다. 그래서 아버지의 오른손을 잡고 에브라임의 머

리에서 므낫세의 머리로 옮기며 말했다. "아버지, 손을 잘못 얹으셨습니다.
다른 아이가 맏아들이니, 그 아이의 머리에 오른손을 얹으십시오."
19-20 그러나 그의 아버지는 그렇게 하기를 마다하며 말했다. "내 아들아, 나
도 안다. 내가 무엇을 하는지 나도 안다. 므낫세도 민족을 이루어 크게 될 것
이다. 그러나 그의 아우가 더 크게 되고, 그의 후손은 민족들을 부유하게 할
것이다." 그러고는 두 아이에게 축복했다.

이스라엘 백성이 너희의 이름으로 이렇게 축복하리라.
하나님께서 너를 에브라임과 므낫세처럼 되게 해주시기를.

이렇게 함으로써 그는 분명하게 에브라임을 므낫세 앞에 내세웠다.
21-22 이스라엘이 요셉에게 말했다. "이제 나는 곧 죽을 것이다. 하나님께서
너와 함께 계셔서, 네가 네 조상의 땅으로 무사히 돌아갈 수 있게 해주시기
를 빈다. 너는 형제들 가운데 첫째나 다름없으니, 내가 칼과 활로 아모리 사
람의 손에서 빼앗은 산등성이 땅을 네게 선물로 준다."

야곱이 열두 아들을 축복하다

49

1 야곱이 아들들을 불러 말했다. "내게로 모여라. 장차 너희에게
일어날 일을 일러 주겠다."

2 야곱의 아들들아, 다 함께 와서 들어라.
너희 아버지 이스라엘의 말을 들어라.

3-4 르우벤, 너는 내 맏아들,
나의 힘, 내 사내다움의 첫 번째 증거.
너는 영예도 절정이고 힘도 절정이다만
엎질러진 물과 같아서
더 이상 정상에 있지 못할 것이다.

네가 아버지의 침상에 올라가,
아버지의 잠자리를 더럽혔기 때문이다.

5-6 시므온과 레위는 한통속.
걸핏하면 합세하여 싸움을 건다.
나는 그들이 꾸미는 복수극에 끼지 않고
그들이 모의하는 격한 싸움에 끼어들지 않을 것이다.
그들은 홧김에 사람들을 죽이고
내키는 대로 소들을 베어 버린다.
7 고삐 풀린 그들의 노여움,
무분별한 그들의 분노에 화가 임할 것이다.
나는 그들을 쓰레기와 함께 내던지고
갈기갈기 찢겨진 색종이 조각처럼 이스라엘 전역에 흩뿌릴 것이다.

8-12 너 유다야, 네 형제들이 너를 찬양할 것이다.
네 손가락이 네 원수들의 목을 누르고
네 형제들이 네게 경의를 표할 것이다.
유다, 너는 젊은 사자다.
내 아들아, 너는 짐승을 잡아먹고 힘차게 보금자리로 돌아올 것이다.
백수의 왕 사자처럼 웅크린 그를 보라.
누가 감히 끼어들어 그를 방해하랴?
왕권이 유다에게서 떠나지 않을 것이다.
최후의 통치자가 오고
민족들이 그에게 복종할 때까지,
유다는 지휘봉을 놓지 않을 것이다.
그는 자기 나귀를 포도나무에 단단히 매고
순종 나귀 새끼를 튼튼한 가지에 맬 것이다.
그는 자기 옷을 포도주에 빨고

자기 겉옷을 붉은 포도즙에 빨 것이다.
그의 두 눈은 포도주보다 검고
그의 이는 우유보다 흴 것이다.

13 스불론은 바닷가에 자리 잡고 살며
배들의 안전한 항구가 되고,
영토는 시돈과 맞닿은 곳까지 이를 것이다.

14-15 잇사갈은 가축우리 사이에 웅크린
튼튼한 나귀다.
그는 그곳이 얼마나 아름다운 곳인지
그 땅이 얼마나 좋은 곳인지를 알고서,
자신의 자유를 포기하고
종처럼 일하게 되었다.

16-17 단은 자기 백성을 위해 정의의 문제를 다룰 것이다.
그는 이스라엘 지파들 사이에서 자기 몫을 톡톡히 할 것이다.
단은 풀밭 속의 작은 뱀,
길가에 숨은 치명적인 뱀이다.
말의 발뒤꿈치를 물어
그 위에 탄 거대한 사람을 떨어뜨린다.

18 하나님,
제가 주의 구원을 바라고 기다립니다.

19 갓은 악당들의 공격을 받겠지만,
그들을 직접 쓰러뜨릴 것이다.

20 아셀은 양식이 풍부한 사람으로 알려져,
왕들에게 달콤하고 감미로운 것들을 올릴 것이다.

21-26 납달리는 자유롭게 뛰노는 사슴이니
사랑스러운 새끼 사슴들을 낳는다.

요셉은 야생 나귀,
샘 곁의 야생 나귀,
언덕 위의 씩씩한 나귀다.
사수들이 악의를 품고
화살촉에 증오를 묻혀 쏘았지만,
요셉은 빗발치는 화살 속에서도 흔들림 없이
활을 굳게 쥐고 팔을 유연하게 놀렸으니,
이는 야곱의 전사이시며 이스라엘의 목자요 바위이신 분께서
뒤에서 보호해 주셨기 때문이다.
네 아버지의 하나님, 그분께서 너를 도와주시기를!
강하신 하나님, 그분께서 네게 복을 주시고
하늘에서 내리는 복과
땅에서 솟구치는 복,
젖을 먹이는 복과 잉태하는 복을 주시기를!
네 아버지의 복이
예로부터 이어져 온 산들의 복보다 크고
영원한 언덕들의 복보다 풍성하기를.
그 복이 요셉의 머리에,
형제들 가운데서 거룩하게 구별된 사람의 이마에 머물기를.

27 베냐민은 굶주린 늑대다.
아침에는 자신이 잡은 짐승을 게걸스럽게 먹고

저녁에는 남은 것을 나눈다.

28 이들은 모두 이스라엘의 열두 지파다. 이것은 그들의 아버지가 아들들에
게 축복하며 한 말, 특별히 아들 한 사람 한 사람에게 해준 고별 축복기도다.

29-32 야곱이 아들들에게 지시했다. "이제 나는 조상 곁으로 간다. 나를 헷 사
람 에브론의 밭에 있는 동굴에 내 조상과 함께 묻어 다오. 그 동굴은 가나안
땅 마므레 앞 막벨라 밭에 있다. 그 밭은 아브라함이 묘지로 쓰려고 헷 사람
에브론에게서 사 두신 것이다. 아브라함과 그분의 아내 사라가 그곳에 묻혀
있고, 이삭과 그분의 아내 리브가도 그곳에 묻혀 있다. 나도 레아를 그곳에
묻었다. 그 밭과 동굴은 헷 사람에게서 산 것이다."
33 야곱은 아들들에게 지시하고 나서, 발을 침상 위로 올려 마지막 숨을 거두
고, 조상 곁으로 돌아갔다.

50

1 요셉이 아버지를 끌어안고 슬피 울며, 그에게 입을 맞추었다.

야곱의 죽음

2-3 요셉이 장의사들을 시켜 자기 아버지의 시신에 향 재료를 넣게 했다. 장
의사들이 이스라엘의 시신에 향 재료를 넣는 데 꼬박 사십 일이 걸렸다. 이
집트 사람들은 칠십 일 동안 그의 죽음을 애도했다.
4-5 애도 기간이 끝나자, 요셉이 바로의 궁에 청원을 올렸다. "여러분이 진심
으로 저를 생각하는 마음이 있거든, 바로께 제 말씀을 전해 주십시오. 제 아
버지께서 제게 맹세하게 하시면서, '나는 곧 죽는다. 내가 죽으면, 내가 가나
안 땅에 마련해 놓은 묘지에 나를 묻어 다오' 하고 말씀하셨습니다. 부디 제
가 올라가서 아버지의 장례를 치르게 해주십시오. 장례를 마치고, 제가 돌아
오겠습니다."

6 바로가 말했다. "그렇게 하시오. 그대의 아버지가 그대에게 맹세하게 한 대
로, 가서 고인의 장례를 치르시오."
7-9 요셉은 아버지의 장례를 치르러 갔다. 바로의 궁에서 일하는 모든 고위
관료들과 이집트의 모든 고위 인사들, 그리고 요셉의 가족들, 곧 그의 형제
들과 아버지 집안 사람들이 요셉과 함께 올라갔다. 아이들과 양 떼와 소 떼
는 고센에 남겨 두었다. 전차와 기병들이 그들과 함께 갔다. 그것은 거대한
장례 행렬이었다.
10 그들은 요단 강 건너편 아닷 타작 마당에 이르러, 크게 애통하며 애도의
기간을 보냈다. 요셉은 자기 아버지를 위해 칠 일 동안 장례 예식을 치렀다.
11 가나안 사람들은 아닷 타작 마당에서 슬피 우는 모습을 보고 이렇게 말했
다. "이집트 사람들이 진심으로 애도하는구나." 그리하여 요단 강가에 있는
그곳이 아벨미스라임(이집트 사람들의 애도)이라고 불리게 되었다.
12-13 야곱의 아들들은 아버지가 지시한 대로 행했다. 아버지의 시신을 가나
안 땅으로 모셔다가, 마므레 앞 막벨라 밭에 있는 동굴에 묻었다. 그 밭은 아
브라함이 헷 사람 에브론에게서 묘지로 사들인 것이었다.

14-15 요셉은 아버지의 장례를 치르고 나서 이집트로 돌아왔다. 아버지의 장
례를 치르러 요셉과 함께 갔던 형제들도 그와 함께 돌아왔다. 장례를 치르고
나서 요셉의 형들이 서로 말했다. "요셉이 우리에게 원한을 품고 우리가 그
에게 저지른 모든 악을 되갚으려고 하면 어떻게 하지?"
16-17 그래서 그들은 요셉에게 이런 전갈을 보냈다. "아버지께서 돌아가시기
전에 분부하시기를, '요셉에게 전하여라. 네 형들이 네게 아주 못된 짓을 했
으나, 너는 네 형들의 죄, 그들의 모든 잘못을 용서해 주어라' 하고 말씀하셨
습니다. 그러니, 아우님 아버지께서 섬기시던 그 하나님의 종들인 우리가 지
은 죄를 용서해 주시겠습니까?"
요셉은 이 전갈을 받고 울었다.
18 요셉의 형들이 직접 와서, 요셉 앞에 엎드려 말했다. "우리가 아우님의 종

이 되겠습니다."
19-21 요셉이 대답했다. "두려워하지 마십시오. 내가 하나님을 대신하겠습니
까? 보다시피, 형님들이 나를 해치려고 악한 일을 꾸몄으나, 하나님께서는
그 계략을 선으로 바꾸셔서 나를 이롭게 하셨고, 지금 형님들 주위에서 이루
어진 모든 일에서 보는 것처럼, 수많은 사람들도 살리신 것입니다. 두려워할
이유가 없으니, 마음 편히 지내십시오. 제가 형님들과 형님들의 자녀들을 보
살피겠습니다." 그는 진심어린 말로 그들을 안심시켰다.
22-23 요셉은 아버지의 집안 식구들과 함께 이집트에서 살았다. 그는 110년을
살면서 에브라임에게서 증손자를 보았다. 므낫세의 아들 마길의 아들들까지
도 요셉의 자식으로 인정받았다.
24 마침내 요셉이 형제들에게 말했다. "나는 곧 죽습니다. 하나님께서 반드시
여러분에게 찾아오시고, 여러분을 이 땅에서 이끌어 내셔서, 아브라함과 이
삭과 야곱에게 엄숙히 약속하신 땅으로 되돌아가게 하실 것입니다."
25 요셉은 이스라엘의 아들들에게 맹세하게 하면서 말했다. "하나님께서 찾
아오셔서 여러분이 이곳을 떠나게 될 때에, 내 유골을 가지고 가십시오."
26 요셉은 백열 살에 죽었다. 그들이 그의 시신을 향 재료로 채우고, 이집트
에서 입관했다.

출애굽기 | 머리말

인류는 곤경에 처해 있다. 우리는 오랫동안 곤경 속에서 살아 왔다. 수많은 사람들이 이 곤경에서 우리를 건져 내기 위해, 엉망인 이 세상을 말끔히 치우기 위해 엄청난 노력을 기울여 왔다. 이 진창에서 우리를 끌어내려고 온 힘을 기울이는 사람들, 곧 부모와 교사, 의사와 상담가, 통치자와 정치인, 작가와 목회자들의 역량과 인내와 지성과 헌신은 여간 인상적인 게 아니다.

이러한 활동의 중심에 하나님이 계신다. 하나님께서 우리를 곤경에서 건져 내기 위해 행하시는 일, 그것을 포괄하는 용어가 다름 아닌 '구원'이다. 우리 스스로 할 수 없는 일을 하나님께서 우리를 위해 하시는 것, 그것이 구원이다. 하나님의 백성이 사용하는 어휘 중에서 가장 중요한 단어가 바로 구원이다. 출애굽기는 하나님께서 행하시는 구원을 담고 있는 감동적이고 극적인 실화다. 하나님께서는 모세를 통해 그분의 백성에게 말씀하신다.

> "나는 **하나님**이다. 내가 이집트의 혹독한 강제노동에서 너희를 이끌어 내겠다. 내가 너희를 종살이에서 구해 내겠다. 내가 직접 나서서, 강력한 심판을 행하여 너희를 속량하겠다. 내가 너희를 내 백성으로 삼고 너희 하나님이 될 것이다. 너희는 내가 이집트의 혹독한 강제노동에서 너희를 이끌어 낸, **하나님** 너희 하나님인 것을 알게 될 것이다. 나는 아브라함과 이삭과 야곱에게 주기로 약속한 땅으로 너희를 데리고 가서, 그 땅을 너희에게 주어 너희 나라가 되게 하겠다. **나는 하나님이다**"(출 6:6-8).

이 이야기는 노래와 시, 연극과 소설, 정치와 사회정의, 회개와 회심, 예배와 거룩한 생활로 재생산되면서 수 세기에 걸쳐 엄청난 결과들을 낳았다. 이 이야기는 지금도 사람들, 특히 곤경에 처한 사람들의 상상력을 끊임없이 사로잡는다.

의미심장하게도, 하나님은 추상적인 진리나 엄밀한 정의(定義)나 주의를 끄는 구호가 아닌 '이야기'로 구원을 제시하신다. 출애굽기는 줄거리와 등장인물이 있는 이야기, 다시 말해 의도와 인격적 관계가 있는 이야기 속으로 우리를 끌어들인다. 이야기는 먼저 우리의 상상력을 통해 참여를 유도한다. 그런 다음에는 우리에게 의지가 있을 경우 믿음을 통해 우리의 삶 전체를 걸고 하나님께 응답하도록 참여를 유도한다. 이 출애굽 이야기는, 지금도 하나님께서 곤경에 처한 사람들을 역사의 혼란으로부터 건져 내어 구원의 나라로 이끌기 위해 사용하시는 주요 수단이다.

출애굽기의 반 정도(1-19, 32-34장)는 가혹한 학대를 받던 미천한 한 민족이 종살이에서 건짐 받아 자유로운 삶으로 옮겨 가는 흥미진진한 이야기다. 나머지 반(20-31, 35-40장)은 구원받은 삶, 곧 자유로운 삶을 지루하다 싶을 정도로 세심하게 가르치고 훈련시키는 과정이라고 할 수 있다. 구원 이야기는 이 둘 중 어느 한쪽이라도 없으면 온전하게 될 수 없다.

출애굽기

1 [1-5] 야곱과 함께 각자 자기 가족을 데리고 이집트로 간 이스라엘의 아
들들 이름은 이러하다.
르우벤, 시므온, 레위, 유다,
잇사갈, 스불론, 베냐민,
단, 납달리, 갓, 아셀.
야곱의 혈통에서 태어난 사람은 모두 칠십 명이었다. 요셉은 이미 이집트에
있었다.
[6-7] 그 후에 요셉이 죽고, 그의 모든 형제와 그 시대 사람들이 다 죽었다. 그
러나 이스라엘 자손은 계속해서 자녀를 낳았다. 그들은 아이를 많이 낳고 번
성하여 그 수가 폭발적으로 늘었고, 마침내 그 땅에 가득 차게 되었다.

이집트 왕이 이스라엘 자손을 억압하다

[8-10] 요셉을 알지 못하는 새 왕이 이집트를 다스리게 되었다. 그 왕이 놀라서
자기 백성에게 말했다. "이스라엘 자손의 수가 우리가 감당할 수 없을 만큼
많아졌다. 무슨 조치를 취해야겠다. 전쟁이라도 일어나서 그들이 우리의 적
군과 합세하거나 우리를 떠나 버리는 일이 없도록, 그들을 견제할 방안을 강
구하자."

11-14 그들은 이스라엘 자손을 노역자 부대로 편성하고 공사감독을 두어 강제
노동을 하게 했다. 이스라엘 자손은 바로를 위해 곡식을 저장해 둘 성읍 비
돔과 라암셋을 세웠다. 그러나 이집트 사람들이 그들을 가혹하게 부릴수록,
이스라엘 자손은 더욱더 불어났다. 어디를 가나 이스라엘 자손이 있었다! 이
집트 사람들은 이스라엘 자손을 감당할 수 없게 되자 그들을 전보다 더 혹독
하게 다루었고, 강제노동을 시켜 그들을 짓눌렀다. 이집트 사람들은 벽돌과
회반죽 만드는 일과 힘든 밭일 등 온갖 고된 노동으로 이스라엘 자손을 괴롭
게 했다. 그들은 산더미처럼 많은 일과 과중한 노역을 부과하여 이스라엘 자
손을 억압했다.
15-16 이집트 왕이 십브라와 부아라 하는 히브리 산파 두 명과 이야기를 나누
었다. "너희는 히브리 여자들이 아이를 낳을 때 잘 살펴서, 사내아이거든 죽
이고 여자아이거든 살려 두어라."
17-18 그러나 산파들은 하나님을 깊이 경외했으므로, 이집트 왕이 명령한 대
로 하지 않고 사내아이들을 살려 두었다. 이집트 왕이 산파들을 불러들여 말
했다. "너희가 어찌하여 내 명령을 따르지 않았느냐? 너희가 사내아이들을
살려 주었더구나!"
19 산파들이 바로에게 대답했다. "히브리 여인들은 이집트 여인들과 달리 힘
이 좋아서, 산파가 도착하기도 전에 아이를 낳아 버립니다."
20-21 하나님께서 그 산파들을 기뻐하셨다. 이스라엘 백성은 그 수가 계속 증
가하여, 아주 강한 백성이 되었다. 산파들이 하나님을 경외했으므로, 하나님
께서 그들의 가정을 번성하게 하셨다.
22 그러자 바로가 온 백성에게 명령을 내렸다. "태어난 사내아이는 모두 나일
강에 던져 죽여라. 그러나 여자아이는 살려 두어라."

모세가 태어나다

2 1-3 레위 가문의 한 남자가 레위 가문의 여자와 결혼했다. 그 여자가
임신하여 아들을 낳았다. 그녀는 그 아이에게 특별한 것이 있음을 보
고, 세 달 동안 아이를 숨겨서 길렀다. 더 이상 숨길 수 없게 되자, 그녀는 갈

대로 만든 작은 바구니 배를 구해다가 역청과 송진을 발라 물이 새지 않게
하고, 그 속에 아이를 뉘었다. 그런 다음 바구니 배를 나일 강가의 갈대 사이
에 띄워 놓았다.
4-6 아이의 누이가 조금 떨어져 잘 보이는 곳에 서서, 아이에게 무슨 일이 일
어나는지 지켜보고 있었다. 마침 바로의 딸이 목욕하러 나일 강으로 내려왔
다. 시녀들은 강가를 거닐고 있었다. 바로의 딸이 갈대 사이에 떠 있는 바구
니 배를 보고, 시녀를 보내 가져오게 했다. 그녀가 바구니를 열어 보니, 아이
가 있었다. 아이가 울고 있었다! 그녀가 아이를 보고 불쌍한 마음이 들어 말
했다. "이 아이는 틀림없이 히브리 사람의 아이로구나."
7 그때 아이의 누이가 그녀 앞으로 나아가서 말했다. "제가 가서, 히브리 여
인 중에 공주님을 대신해서 아이에게 젖을 먹일 유모를 데려올까요?"
8 바로의 딸이 말했다. "그래, 어서 다녀오너라." 그 소녀가 가서 아이의 어머
니를 불러왔다.
9 바로의 딸이 그녀에게 말했다. "이 아이를 데려가서 나를 대신해 젖을 먹여
주게. 내가 자네에게 품삯을 주겠네." 그 여인이 아이를 데려가서 젖을 먹였다.
10 아이가 젖을 뗀 뒤에 여인이 아이를 바로의 딸에게 데려오니, 바로의 딸이
그 아이를 아들로 삼았다. 그녀는 "내가 그를 물에서 건져 냈다"고 말하면서,
아이의 이름을 모세(건져 냈다)라고 했다.

미디안으로 도망친 모세

11-12 세월이 흘러, 모세가 어른이 되었다. 어느 날 그가 자기 동족에게 가서
보니, 그들이 모두 고되게 일하고 있었다. 마침 그때 한 이집트 사람이 그의
동족 히브리 사람을 때리는 모습이 보였다! 모세는 사방을 살펴 아무도 없는
것을 확인하고는, 이집트 사람을 죽여 모래 속에 묻었다.
13 이튿날 그가 다시 그곳에 가 보니, 히브리 사람 둘이서 싸우고 있었다. 먼
저 싸움을 건 사람에게 모세가 말했다. "그대는 왜 동족을 때리는 것이오?"
14 그 사람이 되받아쳤다. "당신이 뭔데 우리에게 이래라저래라 하는 거요?
이집트 사람을 죽이더니 나도 죽일 셈이오?"

그러자 모세가 두려워하며 말했다. "탄로 났구나. 사람들이 이 일을 알고 있다."

❦

15 바로가 이 소식을 전해 듣고 모세를 죽이려 했으나, 모세는 미디안 땅으로
도망쳤다. 그는 한 우물가에 앉아 있었다.
16-17 미디안 제사장에게 일곱 딸이 있었다. 그 딸들이 우물가로 와서 물을 길
어 여물통에 채우고 아버지의 양 떼에게 물을 먹였다. 그때 어떤 목자들이
와서 그들을 쫓아내자, 모세가 그 딸들을 구해 주고 그들이 양 떼에게 물을
먹이는 것을 도와주었다.
18 딸들이 집으로 돌아가 자기 아버지 르우엘에게 이르니, 아버지가 말했다.
"일찍 끝났구나. 어떻게 이렇게 빨리 돌아왔느냐?"
19 그들이 말했다. "어떤 이집트 사람이 목자들한테서 우리를 구해 주고, 우
리를 위해 물을 길어 양 떼에게 먹여 주기까지 했습니다."
20 아버지가 말했다. "그 사람이 어디 있느냐? 어째서 그 사람을 남겨 두고
왔느냐? 그를 불러다가 함께 식사하도록 하자."
21-22 모세가 그의 제안에 따라 그곳에 정착하기로 하자, 르우엘이 자기 딸 십
보라(새)를 모세에게 아내로 주었다. 십보라가 아들을 낳자, 모세는 "내가 낯
선 땅에서 나그네가 되었다"고 말하면서, 아이의 이름을 게르솜(나그네)이라
고 했다.

❦

23 세월이 많이 흘러 이집트 왕이 죽었다. 이스라엘 자손이 종살이 때문에 신
음하며 부르짖었다. 고된 노역에서 벗어나게 해달라는 그들의 부르짖음이
하나님께 이르렀다.

24 하나님께서 그들의 신음소리를 들으시고,
아브라함과 이삭과 야곱과 맺으신 언약을 기억하셨다.
25 하나님께서 이스라엘에게 일어난 일을 보시고,

그들의 처지를 헤아리셨다.

하나님께서 모세를 부르시다

3 [1-2] 모세는 그의 장인인 미디안 제사장 이드로의 양 떼를 치고 있었다.
그는 양 떼를 이끌고 광야 서쪽 끝으로 가서 하나님의 산, 호렙에 이
르렀다. **하나님**의 천사가 떨기나무 가운데서 타오르는 불꽃으로 그에게 나
타났다. 모세가 보니, 떨기나무가 활활 타오르는데도 그 나무가 타 버리지
않았다.
[3] 모세가 말했다. "이곳에서 무슨 일이 일어나고 있는 건가? 믿을 수가 없군!
놀라운 일이다! 어째서 떨기나무가 타 버리지 않는 걸까?"
[4] 모세가 멈춰 서서 살피려는 것을 보시고, 하나님께서 떨기나무 가운데서
그를 부르셨다. "모세야, 모세야!"
모세가 대답했다. "예, 제가 여기 있습니다!"
[5] 하나님께서 말씀하셨다. "더 이상 가까이 다가오지 마라. 네 발에서 신을
벗어라. 네가 서 있는 곳은 거룩한 땅이다."
[6] 하나님께서 또 말씀하셨다. "나는 네 조상의 하나님, 곧 아브라함의 하나
님, 이삭의 하나님, 야곱의 하나님이다."
모세는 하나님 뵙기를 두려워하여, 얼굴을 가렸다.
[7-8] **하나님**께서 말씀하셨다. "나는 내 백성이 이집트에서 고통받는 모습을 오
랫동안 지켜보았다. 압제자들의 손에서 벗어나기를 바라는 그들의 부르짖음
도 들었다. 나는 그들의 고통을 속속들이 알고 있다. 이제 내가 내려가서 그
들을 도와 이집트의 손아귀에서 그들을 풀어 주고, 그들을 그 땅에서 이끌어
내어 젖과 꿀이 흐르는 광활한 땅, 곧 가나안 사람과 헷 사람과 아모리 사람
과 브리스 사람과 히위 사람과 여부스 사람의 땅으로 데리고 가겠다.
[9-10] 도움을 구하는 이스라엘 자손의 부르짖음이 내게 들렸고, 그들이 이집트
사람들에게 얼마나 혹사당하고 있는지도 내가 보았다. 이제 너는 돌아가거
라. 내가 너를 바로에게 보낼 테니, 너는 내 백성 이스라엘을 이집트에서 이
끌고 나오너라."

11 모세가 하나님께 대답했다. "하지만 어째서 저입니까? 어떻게 제가 바로에게 가서 이스라엘 자손을 이집트에서 이끌어 낼 수 있다고 생각하십니까?"

12 하나님께서 말씀하셨다. "내가 너와 함께하겠다. 너는 내 백성을 이집트에서 이끌어 낸 뒤에 이 산, 바로 이곳에서 하나님을 예배하게 될 것이다. 이것이 내가 너를 보냈다는 증거가 될 것이다."

13 그러자 모세가 하나님께 아뢰었다. "제가 이스라엘 백성에게 가서 '너희 조상의 하나님께서 나를 너희에게 보내셨다'고 하면, 그들이 제게 '그분의 이름이 무엇이냐?'고 물을 것입니다. 그러면 제가 무엇이라고 대답해야 하겠습니까?"

14 하나님께서 모세에게 말씀하셨다. "**나는 스스로 있는 자다**. 너는 '**스스로 있는 자**가 나를 너희에게 보내셨다'고 이스라엘 백성에게 말하여라."

15 하나님께서 모세에게 계속해서 말씀하셨다. "네가 이스라엘 자손에게 할 말은 이것이다. '**하나님** 너희 조상의 하나님, 곧 아브라함의 하나님, 이삭의 하나님, 야곱의 하나님께서 나를 너희에게 보내셨다.' 이것이 언제나 나의 이름이었고, 앞으로도 나는 이 이름으로 늘 기억될 것이다.

16-17 이제 가거라. 이스라엘의 지도자들을 모으고, 그들에게 '**하나님** 너희 조상의 하나님, 곧 아브라함과 이삭과 야곱의 하나님께서 내게 나타나셔서 말씀하셨다'고 전하여라. 그리고 이렇게 말하여라. '너희가 이집트에서 어떤 일을 겪고 있는지 내가 똑똑히 보았다. 내가 너희를 이집트에서 겪는 괴로움으로부터 이끌어 내어, 가나안 사람과 헷 사람과 아모리 사람과 브리스 사람과 히위 사람과 여부스 사람이 사는 땅, 젖과 꿀이 흐르는 땅으로 데리고 가겠다.'

18 그러면 그들이 네 말을 들을 것이다. 또 너는 이스라엘의 지도자들과 함께 이집트 왕에게 가서 이렇게 말하여라. '**하나님** 히브리 사람의 하나님께서 우리를 만나 주셨습니다. 우리가 광야로 사흘길을 가서 **하나님** 우리 하나님을 예배하게 해주십시오.'

19-22 내가 이집트 왕을 강제로 치지 않는 한, 그가 너희를 내보내지 않을 것이다. 그러므로 내가 직접 나서서 이집트를 칠 것이다. 내가 이적으로 그들

을 휘청거리게 하고 그들의 아픈 곳을 칠 것이다! 그런 뒤에야, 그들이 너희를 기꺼이 떠나보낼 것이다! 나는 이 백성이 이집트 사람들의 따뜻한 배웅을 받게 하겠다. 너희가 빈손으로 떠나지 않을 것이다! 여인들은 저마다 자기 이웃과 자기 집에 사는 사람들에게 은붙이와 금붙이, 보석과 옷가지를 달라고 하여, 그것으로 너희 자녀를 치장할 것이다. 너희는 이집트 사람들을 빈털터리로 만들 것이다!"

4 1 모세가 이의를 제기했다. "그들은 저를 믿지 않고, 제가 하는 말을
한 마디도 듣지 않을 것입니다. 그들은 '**하나님**께서 그에게 나타나셨
다고? 천만에!' 하고 말할 것입니다."
2 **하나님**께서 말씀하셨다. "네 손에 있는 것이 무엇이냐?"
"지팡이입니다."
3 "그것을 땅에 던져라." 모세가 지팡이를 던지니, 그것이 뱀이 되었다. 모세
가 재빨리 뒤로 물러섰다!
4-5 **하나님**께서 모세에게 말씀하셨다. "손을 뻗어 그 꼬리를 잡아라." 그가 손
을 뻗어 꼬리를 잡으니, 그것이 원래대로 지팡이가 되었다. "이는 **하나님** 그
들 조상의 하나님, 곧 아브라함의 하나님, 이삭의 하나님, 야곱의 하나님이
네게 나타났다는 것을 그들이 믿게 하려는 것이다."
6 **하나님**께서 또 말씀하셨다. "네 손을 옷 속에 넣어 보아라." 모세가 손을 옷
속에 넣었다가 꺼내 보니, 손이 나병에 걸려 눈처럼 하얗게 되어 있었다.
7 **하나님**께서 말씀하셨다. "네 손을 다시 옷 속에 넣어 보아라." 모세가 다시
손을 넣었다가 꺼내 보니, 손이 전처럼 말끔해져 있었다.
8-9 "그들이 너를 믿지 않고 첫 번째 표적을 보고 믿지 않더라도, 두 번째 표
적을 보고는 믿을 것이다. 그러나 그들이 이 두 표적을 보고도 너를 믿지 않
고 네 메시지도 듣지 않거든, 나일 강에서 물을 조금 떠다가 마른 땅에 부어
라. 네가 부은 나일 강의 물이 마른 땅에 닿자마자 피로 변할 것이다."
10 모세가 **하나님**께 또 이의를 제기했다. "주님, 저는 정말 말을 잘하지 못합

니다. 저는 본래 말재주가 없는 사람입니다. 전에도 그랬지만, 주님께서 제
게 말씀하신 뒤에도 마찬가지입니다. 저는 말을 심하게 더듬습니다."
11-12 **하나님**께서 말씀하셨다. "누가 사람의 입을 만들었느냐? 누가 말 못하
는 자와 듣지 못하는 자를 만들고, 누가 앞을 보는 자와 앞 못 보는 자를 만
들었느냐? 나 **하나님**이 아니냐? 그러니 가거라. 내가 너와, 네 입과 함께하
겠다! 내가 너와 함께하여, 네가 무슨 말을 해야 할지 가르쳐 주겠다."
13 모세가 말했다. "주님, 제발 다른 사람을 보내십시오!"
14-17 **하나님**께서 모세에게 노하셨다. "레위 사람, 네 형 아론이 있지 않느냐?
그가 말 잘하는 것을 내가 안다. 그는 말을 아주 잘하는 사람이다. 그가 지
금, 너를 만나러 오고 있다. 그가 너를 보면 기뻐할 것이다. 너는 그가 해야
할 말을 일러 주어라. 네가 말할 때에 내가 너와 함께하고, 그가 말할 때에
내가 그와 함께하겠다. 내가 차근차근 너희를 가르치겠다. 그가 너를 대신해
서 백성에게 말할 것이다. 그가 네 입을 대신하겠으나, 그 입에서 나오는 말
은 네가 결정해야 할 것이다. 이제 이 지팡이를 손에 들어라. 네가 그것으로
이적을 행할 것이다."

18 모세가 장인 이드로에게 가서 말했다. "이집트에 있는 제 친족들에게 돌아
가야겠습니다. 그들이 아직도 살아 있는지 알아보고 싶습니다."
이드로가 말했다. "가게나. 자네에게 평안이 있기를 비네."

19 **하나님**께서 미디안에서 모세에게 말씀하셨다. "어서 이집트로 돌아가거
라. 너를 죽이려고 하던 자들이 모두 죽었다."
20 모세는 아내와 아들들을 나귀에 태우고 이집트로 돌아가는 여행길에 올랐
다. 그는 하나님의 지팡이를 힘껏 쥐고 있었다.
21-23 **하나님**께서 모세에게 말씀하셨다. "이집트로 돌아가거든, 너는 내가 너
를 통해 행할 모든 이적을 바로 앞에서 행하여라. 그러나 나는 그를 고집불
통이 되게 하여 백성을 내보내지 않게 하겠다. 그러면 너는 바로에게 이렇게

말하여라. '**하나님**의 메시지다. 이스라엘은 나의 아들, 나의 맏아들이다! 내가 네게 "내 아들을 놓아주어 나를 섬기게 하여라" 하고 말했다. 그러나 너는 내 아들을 놓아주려고 하지 않았다. 그래서 이제 내가 네 아들, 네 맏아들을 죽이겠다.'"

❦

24-26 그들이 이집트로 돌아가다가 밤에 야영을 하는데, **하나님**께서 모세를 만나셔서 그를 죽이려고 하셨다. 십보라가 부싯돌 칼을 가져다가 아들의 포피를 자르고 그것을 모세의 몸에 갖다 대며 말했다. "당신은 내게 피 남편입니다!" 그러자 **하나님**께서 그를 놓아주셨다. 십보라가 "피 남편"이라는 표현을 쓴 것은 할례 때문이었다.

❦

27-28 **하나님**께서 아론에게 말씀하셨다. "광야로 가서 모세를 만나거라." 아론은 길을 떠나 하나님의 산에서 모세를 만나 그에게 입을 맞추었다. 모세는 **하나님**께서 그를 보내면서 전하라고 하신 메시지와 그에게 명령하신 이적들을 아론에게 알려 주었다.
29-31 모세와 아론이 가서 이스라엘의 모든 지도자를 불러 모았다. 아론은 **하나님**께서 모세에게 일러 주신 모든 말씀을 그들에게 전하고 백성 앞에서 이적을 행하여 보였다. 그러자 백성이 믿었다. 그들은 **하나님**께서 이스라엘 자손이 겪고 있는 일을 살피고 계시며, 그들의 고통을 모두 알고 계시다는 말을 듣고, 엎드려 경배했다.

모세와 아론이 바로 앞에 서다

5

1 그 후에 모세와 아론이 바로에게 가서 말했다. "**하나님** 이스라엘의 하나님께서 '내 백성을 놓아주어, 그들이 광야에서 나의 절기를 지키게 하여라' 하고 말씀하십니다."
2 바로가 말했다. "**하나님**이 누구인데, 내가 그의 말을 듣고 이스라엘을 보내

야 한다는 것이냐? 나는 너희들이 말하는 '하나님'을 도무지 모르겠고, 이스
라엘도 절대로 떠나보내지 않겠다."
3 그들이 말했다. "히브리 사람의 하나님께서 우리를 만나 주셨습니다. 우리
가 광야로 사흘길을 가서 우리 하나님을 예배하게 해주십시오. 그러지 않으
면 그분께서 질병과 죽음으로 우리를 치실 것입니다."
4-5 그러나 이집트 왕은 이렇게 말했다. "모세와 아론, 너희는 도대체 무엇 때
문에 백성에게 휴일을 주어 쉬게 해야 한다는 것이냐? 돌아가서 일이나 하
거라!" 바로가 계속해서 말했다. "내가 이 자들을 빈둥거리게 했더니, 이제
너희는 그들에게 쉴 시간까지 주자는 말이냐?"
6-9 바로는 즉시 조치를 취했다. 그는 강제노동 감독관과 작업반장들에게 지
시를 내렸다. "너희는 벽돌을 만드는 데 필요한 짚을 더 이상 저 백성에게 공
급해 주지 마라. 저들 스스로 짚을 마련하게 하여라. 전과 똑같은 수의 벽돌
을 생산하게 하고, 저들의 하루 작업량을 조금도 줄여 주어서는 안된다! 저
들이 게을러져서, '우리 하나님을 예배할 수 있도록 시간을 주십시오' 하며
떠들고 다니는 것이다. 저들을 엄히 다스려라. 그래야 저들의 불평이 사라지
고, 신을 예배하겠다는 망상도 사라질 것이다."
10-12 강제노동 감독관과 작업반장들이 나가서 백성에게 새로운 지시를 내렸
다. "바로께서 명령하신다. 더 이상 너희에게 짚을 공급해 주지 않겠다. 어디
든 가서, 너희 스스로 짚을 마련하여라. 그러나 너희의 하루 작업량에서 벽
돌 하나라도 줄어들어서는 안된다!" 백성은 이집트 전역으로 흩어져 짚을 긁
어모았다.
13 강제노동 감독관들은 그들을 무자비하게 대했다. "너희의 하루 작업량을
다 채워라. 너희가 짚을 공급받던 때와 같은 수의 벽돌을 만들어야 한다."
14 강제노동 감독관들은 자신들이 세운 이스라엘 출신 작업반장들을 때리며
다그쳤다. "너희는 어째서 하루 작업량을 어제도 그제도, 그리고 오늘도 채
우지 못했느냐?"
15-16 이스라엘 출신 작업반장들이 바로에게 가서 작업량을 줄여 달라고 호소
했다. "왕께서는 어찌하여 왕의 종들을 이같이 대하십니까? 아무도 저희에

게 짚을 주지 않으면서 저희더러 '벽돌을 만들라!'고 합니다. 보십시오. 저희
의 잘못이 아닌데도, 저희가 이렇게 매를 맞았습니다."
17-18 그러자 바로가 말했다. "게으름뱅이들! 너희야말로 게으름뱅이들이다!
그러니 너희가 '우리가 가서 **하나님**을 예배하게 해주십시오' 하고 불평하는
것이다. 썩 물러가서 일이나 하여라! 아무도 너희에게 짚을 공급해 주지 않
을 것이다. 그래도 하루가 끝날 때는 하루 작업량을 다 채워야 한다."
19 이스라엘 출신 작업반장들은 자신들이 곤경에 처했음을 알았다. 그들은
돌아가서 백성에게 "너희의 하루 작업량에서 벽돌 한 장도 줄여 줄 수 없다"
고 말해야 했다.
20-21 그들은 바로 앞에서 나오다가, 자신들을 만나려고 기다리던 모세와 아
론과 마주쳤다. 그들이 모세와 아론에게 말했다. "**하나님**께서 당신들이 한
짓을 보시고 심판해 주셨으면 좋겠소. 당신들은 바로와 그의 신하들 앞에서
우리를 역겹게 만들었소! 당신들이 바로의 손에 우리를 죽일 무기를 쥐어 준
것이오!"
22-23 모세가 돌아와서 **하나님**께 아뢰었다. "주님, 주께서는 어찌하여 이 백성
을 이렇게도 모질게 대하십니까? 도대체 왜 저를 보내셨습니까? 제가 바로
에게 가서 주의 이름으로 말한 순간부터 이 백성의 사정이 더 악화되었습니
다. 저들을 구하신다고요? 주께서는 이렇게 하는 것이 저들을 구하는 것으
로 보이십니까?"

내가 너희를 구해 내겠다

6 1 **하나님**께서 모세에게 말씀하셨다. "이제 너는 내가 바로에게 어떻
게 하는지 보게 될 것이다. 그는 강한 손에 떠밀려 그들을 내보낼 것
이다. 그는 강한 손에 떠밀려 그들을 자기 땅에서 내쫓을 것이다."
2-6 하나님께서 모세에게 말씀하시며 그를 안심시키셨다. "나는 **하나님**이다.
나는 아브라함과 이삭과 야곱에게 강한 하나님으로 나타났으나, 그들에게
하나님(스스로 있는 자)이라는 내 이름으로 나를 알리지 않았다. 또한 나는 나
그네로 머물던 가나안 땅을 그들에게 주기로 그들과 언약을 맺었다. 이제 나

는 이집트 사람들이 종으로 부리는 이스라엘 자손의 신음소리를 듣고 나의
언약을 기억했다. 그러니 너는 이스라엘 자손에게 이렇게 전하여라.
6-8 '나는 **하나님**이다. 내가 이집트의 혹독한 강제노동에서 너희를 이끌어 내
겠다. 내가 너희를 종살이에서 구해 내겠다. 내가 직접 나서서, 강력한 심판
을 행하여 너희를 속량하겠다. 내가 너희를 내 백성으로 삼고 너희 하나님이
될 것이다. 너희는 내가 이집트의 혹독한 강제노동에서 너희를 이끌어 낸,
하나님 너희 하나님인 것을 알게 될 것이다. 나는 아브라함과 이삭과 야곱에
게 주기로 약속한 땅으로 너희를 데리고 가서, 그 땅을 너희에게 주어 너희
나라가 되게 하겠다. **나는 하나님이다.**'"
9 모세가 이 메시지를 이스라엘 자손에게 전했으나, 그들은 모진 종살이에
지치고 낙심하여 그의 말을 들으려고 하지 않았다.
10-11 그러자 **하나님**께서 모세에게 말씀하셨다. "이집트 왕 바로에게 가서 이
스라엘 자손을 그의 땅에서 내보내라고 말하여라."
12 모세가 **하나님**께 대답했다. "보십시오. 이스라엘 자손도 제 말을 들으려고
하지 않는데, 바로가 어찌 제 말을 듣겠습니까? 게다가 저는 말을 더듬습니다."
13 그러나 **하나님**께서는 모세와 아론에게 이스라엘 자손과 이집트 왕 바로에
대해 다시 설명해 주시면서, 이스라엘 자손을 이집트 땅에서 인도하여 내라
고 거듭 명령하셨다.

모세와 아론의 족보

14 이스라엘 지파들의 우두머리들은 이러하다.
맏아들 르우벤의 아들들은 하녹, 발루, 헤스론, 갈미다. 이들은 르우벤 가
문이다.
15 시므온의 아들들은 여무엘, 야민, 오핫, 야긴, 소할, 그리고 가나안 여인이
낳은 아들 사울이다. 이들은 시므온 가문이다.
16 레위의 아들들의 이름을 태어난 순서대로 적으면 게르손, 고핫, 므라리다.
레위는 137년을 살았다.
17 게르손의 아들들은 가문별로 립니, 시므이다.

18 고핫의 아들들은 아므람, 이스할, 헤브론, 웃시엘이다. 고핫은 133년을 살
았다.
19 므라리의 아들들은 마흘리, 무시다.
이들은 태어난 순서로 본 레위의 자손이다.
20 아므람은 자신의 고모 요게벳과 결혼했는데, 그녀가 아론과 모세를 낳았
다. 아므람은 137년을 살았다.
21 이스할의 아들들은 고라, 네벡, 시그리다.
22 웃시엘의 아들들은 미사엘, 엘사반, 시드리다.
23 아론은 암미나답의 딸이며 나손의 누이인 엘리세바와 결혼했는데, 그녀가
나답, 아비후, 엘르아살, 이다말을 낳았다.
24 고라의 아들들은 앗실, 엘가나, 아비아삽이다. 이들은 고라 가문이다.
25 아론의 아들 엘르아살은 부디엘의 딸 가운데 하나와 결혼했는데, 그녀가
비느하스를 낳았다.
이들은 가족별로 본 레위 가문의 우두머리들이다.

26-27 **하나님**께로부터 "이스라엘 자손을 가문별로 이집트 땅에서 이끌어 내
라"는 명령을 받은 이들도 아론과 모세이고, 이집트 왕 바로에게 가서 이스
라엘 자손을 이집트 땅에서 내보내라고 말한 이들도 모세와 아론이다.

내가 너를 바로에게 신과 같이 되게 하겠다

28 **하나님**께서 이집트에서 모세에게 말씀하실 때의 상황은 이러하다.

29 하나님께서 모세에게 말씀하셨다. "나는 **하나님**이다. 내가 네게 하는 말을
너는 이집트 왕 바로에게 하나도 빠짐없이 전하여라."
30 그러자 모세가 대답했다. "보십시오, 저는 말을 더듬습니다. 바로가 어찌
제 말을 듣겠습니까?"

7 [1-5] 하나님께서 모세에게 말씀하셨다. "보아라, 내가 너를 바로에게 신
과 같이 되게 하고, 네 형 아론은 너의 예언자가 되게 하겠다. 너는 내
가 네게 명령한 모든 것을 말하고, 네 형 아론은 그것을 바로에게 전해야 한
다. 그러면 그가 이스라엘 자손을 자기 땅에서 내보낼 것이다. 동시에 나는
바로가 고집을 부리게 해서, 많은 표적과 이적을 이집트에 가득 채우겠다.
바로는 네 말을 들으려고 하지 않겠지만, 나는 내 뜻대로 이집트를 치고 강
력한 심판을 행하여, 나의 군사요 나의 백성인 이스라엘 자손을 이집트에서
이끌어 내겠다. 내가 직접 나서서 이스라엘 자손을 그 땅에서 이끌어 낼 때
에 내가 하나님인 것을 이집트 사람들이 알게 될 것이다."
6-7 모세와 아론은 하나님께서 명령하신 대로 행했다. 그들이 바로에게 말할
때에 모세는 여든 살이고 아론은 여든세 살이었다.

8-9 하나님께서 모세와 아론에게 말씀하셨다. "바로가 너희에게 '이적을 행하
여, 너희 자신을 입증해 보아라' 하고 말하거든, 너는 아론에게 '형님의 지팡
이를 들어 바로 앞에 던지십시오. 그러면 그것이 뱀으로 변할 것입니다' 하
고 말하여라."
10 모세와 아론이 바로에게 가서 하나님께서 명령하신 대로 행했다. 아론이
자기 지팡이를 바로와 그의 신하들 앞에 던지니, 그것이 뱀으로 변했다.
11-12 바로가 현자와 마술사들을 불러들였다. 이집트의 마술사들도 자기들의
마술로 똑같이 했다. 그들이 각자 자기 지팡이를 던지니, 그것들이 모두 뱀으
로 변했다. 그러나 그때에 아론의 지팡이가 그들의 지팡이들을 삼켜 버렸다.
13 그러나 바로는 고집을 부렸다. 하나님께서 말씀하신 대로, 바로는 그들의
말을 들으려 하지 않았다.

첫 번째 재앙, 피

14-18 하나님께서 모세에게 말씀하셨다. "바로는 고집이 세서, 백성을 내보내
려 하지 않는다. 너는 아침이 되거든 곧바로 바로에게 가서, 그가 강가로 내

려올 때에 그를 만나거라. 너는 나일 강가에서, 전에 뱀으로 변했던 지팡이
를 들고 그에게 이렇게 말하여라. '**하나님** 히브리 사람의 하나님께서 나를
왕에게 보내셔서 이 메시지를 전하게 하셨습니다. "내 백성을 내보내어 광야
에서 나를 예배하게 하여라." 그런데도 왕은 아직까지 그 말씀을 듣지 않았
습니다. 이제 이것으로 왕은 그분이 **하나님**이신 것을 알게 될 것입니다. 이
제 내가 쥐고 있는 이 지팡이로 나일 강의 물을 치겠습니다. 그러면 강물이
피로 변하여, 나일 강에 있는 물고기가 죽고 강물에서 악취가 나서, 이집트
사람들이 그 강의 물을 마시지 못하게 될 것입니다.'"
19 **하나님**께서 모세에게 말씀하셨다. "너는 아론에게 말하여, 지팡이를 잡고
서, 이집트의 물, 곧 이집트의 강과 운하와 늪과 모든 고인 물 위로 그것을
흔들라고 하여라. 이집트 온 땅에 피가 가득할 것이다. 냄비와 접시에 담긴
물까지 피로 변할 것이다."
20-21 모세와 아론은 **하나님**께서 명령하신 대로 행했다. 아론이 지팡이를 들
어 바로와 그의 신하들이 보는 앞에서 나일 강의 물을 치니, 강의 물이 다 피
로 변했다. 강에 있는 물고기가 죽고 강물에서 악취가 나서, 이집트 사람들
이 그 강의 물을 마실 수 없게 되었다. 이집트 온 땅에 피가 가득했다.
22-25 그러나 이집트의 마술사들도 자기들의 마술로 똑같이 했다. 바로는 여
전히 고집을 부렸다. **하나님**께서 말씀하신 대로, 바로는 그들의 말을 들으려
하지 않았다. 그는 그 일에 전혀 마음을 두지 않고, 발길을 돌려 궁으로 돌아
갔다. 그러나 이집트 사람들 모두가 나일 강의 물을 마실 수 없게 되었으므
로, 마실 물을 찾아 강에서 멀리 떨어진 땅을 파야만 했다.
하나님께서 나일 강을 치시고 나서 칠 일이 지났다.

두 번째 재앙, 개구리 떼

8 1-4 **하나님**께서 모세에게 말씀하셨다. "너는 바로에게 가서 이렇게 말
하여라. '**하나님**의 메시지다. 내 백성을 내보내어 나를 예배하게 하여
라. 경고하건대, 네가 그들을 내보내지 않으면, 내가 개구리 떼로 온 땅을 치
겠다. 나일 강이 개구리들로 가득 찰 것이다. 개구리들이 네 궁과 네 침실과

네 침대로 들어가고, 네 신하들의 집과 백성 가운데로 다니며, 네 솥과 냄비
와 접시 속으로 뛰어들 것이다. 개구리들이 너를 덮치고, 모든 사람을 덮칠
것이다. 장소와 물건을 가리지 않고, 개구리 천지가 될 것이다!'"
5 **하나님**께서 모세에게 말씀하셨다. "너는 아론에게 말하여, 지팡이를 강과
운하와 늪 위로 흔들어 개구리 떼를 이집트 땅 위로 올라오게 하라고 하여라."
6 아론이 이집트의 물 위로 지팡이를 뻗자, 개구리 떼가 올라와 온 땅을 뒤덮
었다.
7 그러나 마술사들도 자기들의 마술로 똑같이 하여, 개구리들이 이집트 땅
위로 올라오게 했다.
8 바로가 모세와 아론을 불러들여 말했다. "**하나님**께 기도하여 이 개구리들
을 우리에게서 없애 다오. 내가 백성을 내보내어 **하나님**께 제사를 드리고 예
배하게 하겠다."
9 모세가 바로에게 말했다. "그렇게 하겠습니다. 시간을 정해 주십시오. 왕의
신하들과 왕의 백성과 왕의 궁에서 이 개구리들을 언제 없애면 좋겠습니까?
나일 강에 있는 개구리들만 남고 다 사라질 것입니다."
10-11 "내일이다."
모세가 말했다. "내일 그렇게 하겠습니다. 왕께서는 우리 **하나님** 같은 분이
없음을 알게 될 것입니다. 개구리 떼가 왕과 왕의 궁과 왕의 신하들과 왕의
백성에게서 사라질 것입니다. 오직 나일 강의 개구리들만 남을 것입니다."
12-14 모세와 아론이 바로 앞에서 물러나왔다. 모세가 **하나님**께서 바로에게
보내신 개구리들을 두고 기도하자, **하나님**께서 모세의 기도에 응답하셨다.
집과 뜰과 들 할 것 없이, 모든 곳에서 개구리들이 죽었다. 사람들이 개구리
들을 모아서 쌓아 놓으니, 죽은 개구리 냄새가 온 땅에 진동했다.
15 그러나 바로는 숨을 돌리게 되자, 다시 고집을 부리고 모세와 아론의 말을
들으려 하지 않았다. **하나님**께서 말씀하신 그대로였다.

세 번째 재앙, 이

16 **하나님**께서 모세에게 말씀하셨다. "너는 아론에게 말하여, 지팡이를 들어

먼지를 치라고 하여라. 그러면 이집트 온 땅에서 먼지가 이로 변할 것이다."
17 모세가 그대로 행했다. 아론이 지팡이를 쥐고 땅의 먼지를 치자, 먼지가
이로 변하여 모든 사람과 짐승에게 들러붙었다. 온 땅의 먼지가 이로 변하
여, 이집트 도처에 이가 퍼졌다.
18 마술사들도 자기들의 마술로 이를 만들어 내려고 했지만, 이번에는 그렇
게 할 수가 없었다. 어디를 가나 이 천지였고, 모든 사람과 짐승에게 온통 이
가 들러붙었다.
19 마술사들이 바로에게 말했다. "이것은 하나님이 하시는 일입니다." 그러나
바로는 완강해서 그들의 말을 들으려 하지 않았다. **하나님**께서 말씀하신 그
대로였다.

네 번째 재앙, 파리 떼

20-23 **하나님**께서 모세에게 말씀하셨다. "너는 아침 일찍 일어나서 바로 앞에
서거라. 바로가 물가로 내려올 때에, 그에게 이렇게 말하여라. '**하나님의 메
시지다**. 내 백성을 내보내어 나를 예배하게 하여라. 네가 내 백성을 내보내
지 않으면, 내가 너와 네 신하들과 네 백성과 네 궁에 파리 떼를 풀어 놓겠
다. 이집트 사람들의 집과 그들이 딛고 선 땅에도 파리 떼가 득실거릴 것이
다. 그러나 그 일이 일어날 때, 내 백성이 사는 고센 땅은 구별하여 거룩한
곳으로 삼겠다. 고센 땅에는 파리 떼가 없을 것이다. 그 일로 인하여 너는 내
가 이 땅에서 하나님인 것을 알게 될 것이다. 내가 네 백성과 내 백성을 분명
하게 구별하겠다. 이 표적이 내일 일어날 것이다.'"
24 **하나님**께서 말씀하신 대로 행하셨다. 바로의 궁과 신하들의 집에 파리 떼
가 득실거렸다. 이집트 온 땅이 파리 떼로 폐허가 되었다.
25 바로가 모세와 아론을 불러들여 말했다. "어서 가거라. 너희 하나님께 제
사를 드려라. 그러나 이 땅에서 드려야 한다."
26-27 모세가 말했다. "그렇게 하는 것은 현명한 일이 아닙니다. 이집트 사람
들은 우리가 우리 **하나님**께 제사를 드리는 것을 몹시 불쾌하게 여길 것입니
다. 우리가 이집트 사람들 앞에서 그들이 불쾌하게 여기는 제사를 드리면,

그들이 우리를 죽이려 들 것입니다. 우리 **하나님**께서 우리에게 지시하신 대
로, 우리가 광야로 사흘길을 가서 제사를 드리게 해주십시오."
28 바로가 말했다. "좋다. 내가 너희를 내보낼 테니, 가서 광야에서 너희 **하나님**
께 제사를 드려라. 다만 너무 멀리 가지는 마라. 이제 나를 위해 기도해 다오."
29 모세가 말했다. "내가 이곳에서 나가는 대로 **하나님**께 기도하여, 내일 파
리 떼가 왕과 왕의 신하들과 왕의 백성에게서 떠나가게 하겠습니다. 그러나
우리를 속이지 마십시오. 왕의 마음이 바뀌어서, 우리를 내보내어 **하나님**께
제사를 드리지 못하게 하는 일이 없기를 바랍니다."
30-32 모세가 바로 앞에서 물러나와 **하나님**께 기도하니, **하나님**께서 모세의
기도를 들어주셨다. 하나님께서 바로와 그의 신하들과 그의 백성에게서 파
리 떼를 없애 주셨다. 파리가 한 마리도 남지 않았다. 그러나 바로는 또다시
고집을 부리고 백성을 내보내려 하지 않았다.

다섯 번째 재앙, 가축의 죽음

9 1-4 **하나님**께서 모세에게 말씀하셨다. "바로에게 가서 이렇게 말하여
라. '**하나님** 히브리 사람의 하나님이 말씀하신다. 내 백성을 내보내어
나를 예배하게 하여라. 경고하건대, 네가 그들을 내보내지 않고 계속 붙잡아
두면, **하나님**이 들에 있는 네 가축을 칠 것이다. 너의 말과 나귀와 낙타와 소
와 양을 쳐서 극심한 병이 들게 할 것이다. **하나님**이 이스라엘의 가축과 이
집트의 가축을 분명하게 구별할 것이다. 이스라엘 자손에게 속한 짐승은 단
한 마리도 죽지 않을 것이다.'"
5 **하나님**께서 때를 정하시고 말씀하셨다. "**하나님**이 내일 이 일을 행할 것이다."
6-7 이튿날 **하나님**께서 그대로 행하셨다. 이집트의 가축은 모두 죽었으나, 이
스라엘 자손의 가축은 한 마리도 죽지 않았다. 바로가 사람을 보내어 일어난
일을 알아보니, 과연 이스라엘 자손의 가축은 단 한 마리도 죽지 않았다. 그
러나 바로는 여전히 고집을 부리고 백성을 내보내려 하지 않았다.

여섯 번째 재앙, 악성 종기

8-11 **하나님**께서 모세와 아론에게 말씀하셨다. "너희는 아궁이에서 재를 긁어
모아 두 손에 가득 쥐어라. 그리고 모세가 그것을 바로가 보는 앞에서 공중
에 뿌려라. 그것이 이집트 온 땅을 덮는 미세한 먼지가 되어, 이집트 온 땅에
있는 사람과 짐승에게 악성 종기를 일으킬 것이다." 그들은 아궁이에서 재를
긁어모아 손에 쥐고, 바로 앞에 서서 공중에 뿌렸다. 그랬더니 그것이 사람
과 짐승에게 악성 종기를 일으켰다. 이번에는 마술사들도 종기 때문에 모세
와 맞서지 못했다. 이집트에 있는 다른 모든 사람과 마찬가지로, 그들도 온
몸에 종기가 났기 때문이다.
12 **하나님**께서 바로의 고집을 드세게 하셨다. **하나님**께서 모세에게 말씀하신
대로, 바로는 그들의 말을 들으려 하지 않았다.

일곱 번째 재앙, 우박

13-19 **하나님**께서 모세에게 말씀하셨다. "너는 아침 일찍 일어나서 바로 앞에
서거라. 그에게 이렇게 말하여라. '**하나님** 히브리 사람의 하나님이 말씀하신
다. 내 백성을 내보내어 나를 예배하게 하여라. 이번에는 내가 너와 네 신하
들과 네 백성을 나의 강력한 능력으로 쳐서, 온 세상 어디에도 나와 같은 신
이 없음을 너로 알게 하겠다. 내가 치명적인 질병으로 너와 네 백성을 쳤더
라면, 지금쯤 네게 남은 것이 없고, 네게 그 흔적조차 없으리라는 것을 이제
너도 깨달을 것이다. 내가 너를 쓰러뜨리지 않은 것은, 네가 내 능력을 인정
하게 하여 내 이름이 온 세상에 전파되게 하려는 것이다. 너는 아직도 내 백
성을 희생시켜 네 자신을 높이면서, 내 백성을 놓아주지 않고 있다. 그러므
로 앞으로 일어날 일은 이러하다. 내일 이맘때 내가 무시무시한 우박을 퍼부
을 것이다. 이집트가 세워진 이래로 지금까지 그와 같은 우박이 없었을 것이
다. 그러니 너는 네 가축을 안전한 곳으로 대피시켜라. 우박이 떨어지면, 사
람이나 짐승 할 것 없이 들에 있는 모든 것이 죽을 것이다.'"
20-21 바로의 신하들 가운데 **하나님**의 말씀을 받아들인 자들은 모두 자기 일꾼
과 짐승들을 서둘러 안전한 곳으로 대피시켰다. 그러나 **하나님**의 말씀을 진

지하게 받아들이지 않은 자들은 자기 일꾼과 짐승들을 들에 내버려 두었다.
22 **하나님**께서 모세에게 말씀하셨다. "네 두 손을 하늘로 뻗어, 이집트 온 땅, 곧
이집트의 들에 있는 사람과 짐승들과 농작물 위에 우박이 떨어지게 하여라."
23-26 모세가 하늘을 향해 지팡이를 들자, **하나님**께서 천둥소리와 함께 우박
과 번개를 내리셨다. **하나님**께서 이집트 땅에 우박을 퍼부으신 것이다. 번개
와 폭풍을 동반한 사나운 우박이었다. 이집트 역사상 그와 같은 우박이 내린
적은 한 번도 없었다. 우박은 이집트 온 땅을 사납게 내리쳤다. 사람이나 짐
승이나 농작물 할 것 없이, 들에 있는 모든 것을 세차게 내리쳤다. 들에 있는
나무까지 부러뜨렸다. 그러나 이스라엘 자손이 사는 고센 땅만은 예외여서,
그 땅에는 우박이 내리지 않았다.
27-28 바로가 모세와 아론을 불러들여 말했다. "이번에는 내가 확실히 죄를 지
었다. **하나님**이 옳고 나와 내 백성은 그르다. **하나님**께 기도해 다오. 우리가
하나님이 내리시는 천둥과 우박을 맞을 만큼 맞았다. 내가 너희를 내보낼 테
니, 가능한 한 빨리 여기서 나갔으면 좋겠다."
29-30 모세가 말했다. "내가 이 성을 벗어나는 대로, **하나님**께 내 손을 들겠습
니다. 천둥이 멎고, 우박도 그칠 것입니다. 그러면 왕은 땅이 하나님의 것임
을 알게 될 것입니다. 그래도 왕과 왕의 신하들이 **하나님**을 경외하지 않을
것을 나는 알고 있습니다."
31-32 (마침 아마와 보리가 무르익고 있어서, 그것들이 못쓰게 되고 말았다. 그러나 밀
과 귀리는 아직 여물지 않아서 피해를 입지 않았다.)

33 모세가 바로 앞에서 물러나와 성 밖으로 나갔다. 그가 **하나님**께 손을 들
자, 천둥과 우박이 그치고 비바람이 잠잠해졌다.
34-35 그러나 바로는 비와 우박과 천둥이 멎은 것을 보고, 곧 다시 죄를 지었
다. 그와 그의 신하들이 전처럼 고집을 꺾지 않았다. 바로의 마음은 바위처
럼 단단해졌다. **하나님**께서 모세를 통해 말씀하신 대로, 바로는 이스라엘 자
손을 내보내려 하지 않았다.

여덟 번째 재앙, 메뚜기 떼

10 1-2 **하나님**께서 모세에게 말씀하셨다. "바로에게 가거라. 내가 바
로와 그의 신하들의 마음을 완강하게 했다. 이는 내가 바로에게
이 표적들을 보게 하려는 것이고, 내가 이집트 사람들을 어떻게 괴롭게 했는
지 네가 네 자녀와 후손에게 전하게 하려는 것이다. 내가 이집트 사람들에게
행한 표적 이야기를 네가 네 자녀와 후손에게 들려주어, 내가 **하나님**인 것을
너희 모두가 알게 하려는 것이다."
3-6 모세와 아론이 바로에게 가서 말했다. "**하나님** 히브리 사람의 하나님께서
이렇게 말씀하십니다. '네가 언제까지 굴복하지 않겠느냐? 내 백성을 내보
내어 나를 예배하게 하여라. 두고 보아라. 네가 내 백성을 내보내지 않으면,
내가 내일 네 땅으로 메뚜기 떼를 들여보내겠다. 메뚜기 떼가 온 땅을 뒤덮
어, 아무도 땅을 보지 못하게 될 것이다. 메뚜기들이 우박의 피해를 입지 않
고 남은 것을 모조리 먹어 치우고, 들에서 자라는 어린 나무까지 먹어 치울
것이다. 나무란 나무는 모조리 끝장낼 것이다. 또한 메뚜기들이 네 궁으로
들이닥쳐서, 네 신하들의 집과 이집트에 있는 모든 집에 가득 찰 것이다. 네
조상이 이 땅을 처음 밟은 이래로, 오늘까지 그와 같은 것을 본 사람이 아무
도 없을 것이다.'"
모세가 발길을 돌려 바로 앞에서 물러나왔다.
7 바로의 신하들이 바로에게 말했다. "왕께서는 저 사람이 언제까지 우리를
괴롭히도록 내버려 두시겠습니까? 저 사람들을 내보내어 자기의 **하나님**을
예배하게 하십시오. 이집트가 다 죽어 가는 것이 보이지 않습니까?"
8 모세와 아론이 다시 바로에게 불려 갔다. 바로가 그들에게 말했다. "그렇다
면 어서 가거라. 가서 너희 **하나님**을 예배하여라. 너희와 함께 갈 사람들이
도대체 누구냐?"
9 모세가 말했다. "우리가 **하나님**께 예배를 드려야 하므로, 젊은이와 노인들,
아들과 딸들, 양 떼와 소 떼를 데리고 가겠습니다."
10-11 바로가 말했다. "**하나님**의 복을 빌어 주며 너희를 보낼지언정, 너희 자
녀들을 너희와 함께 보내지는 않을 것이다. 너희가 못된 짓을 꾀하고 있는

것이 빤히 들여다보인다. 어림없는 수작 마라. 너희 장정들만 가거라. 어서
가서 **하나님**을 예배하여라. 그것이 너희가 그토록 바라던 것이 아니냐." 그
들은 바로 앞에서 쫓겨났다.
12 **하나님**께서 모세에게 말씀하셨다. "네 손을 이집트 땅 위로 뻗어, 메뚜기
떼가 이집트 땅을 덮게 하여라. 메뚜기들이 우박의 피해를 입지 않고 땅에
남은 채소를 남김없이 먹어 치울 것이다."
13 모세가 지팡이를 이집트 땅 위로 뻗자, **하나님**께서 동풍이 불게 하셨다.
동풍이 그날 내내 낮과 밤으로 불었다. 아침에 보니, 동풍이 메뚜기 떼를 몰
고 왔다.
14-15 메뚜기 떼가 이집트 땅을 덮고 이집트 온 땅에 내려앉았다. 메뚜기 떼가
땅을 가득 메웠다. 그렇게 많은 메뚜기 떼의 습격은 전에도 없었고 앞으로도
없을 것이었다. 메뚜기 떼가 온 땅을 뒤덮어서 땅이 새까맣게 되었다. 메뚜
기들은 모든 채소와 열매뿐 아니라, 우박의 피해를 입지 않은 모든 것을 닥
치는 대로 먹어 치웠다. 이집트 온 땅에 벌거벗은 나무와 텅 빈 들 외에는 아
무것도 남지 않았다. 푸른 것이라고는 흔적조차 없었다.
16-17 바로가 즉시 모세와 아론을 불러들여 말했다. "내가 너희 **하나님**과 너희
에게 죄를 지었다. 한 번 더 나의 죄를 눈감아 다오. 너희 **하나님**께 기도하여
이 재앙에서 나를 건져 달라고 해다오. 이곳에서 죽음이 떠나가게 해다오!"
18-19 모세가 바로 앞에서 물러나와 **하나님**께 기도하자, **하나님**께서 바람의
방향을 바꾸셨다. 강한 서풍이 메뚜기 떼를 몰고 가서 홍해에 처넣어 버렸
다. 이집트 온 땅에 메뚜기가 한 마리도 남지 않았다.
20 그러나 **하나님**께서 바로의 마음을 전처럼 완강하게 하셨다. 바로는 여전
히 이스라엘 자손을 내보내려 하지 않았다.

아홉 번째 재앙, 어둠

21 **하나님**께서 모세에게 말씀하셨다. "네 손을 하늘로 뻗어, 이집트 땅에 어
둠이 내리게 하여라. 손으로 더듬어야 다닐 수 있을 만큼 짙은 어둠이 내릴
것이다."

22-23 모세가 하늘로 손을 뻗자, 짙은 어둠이 사흘 동안 이집트 땅에 내렸다.
사람들은 서로 볼 수 없었고, 사흘 동안 꼼짝도 할 수 없었다. 그러나 이스라
엘 자손만은 예외여서, 그들이 사는 곳에는 빛이 있었다.
24 바로가 모세를 불러들여 말했다. "가서 **하나님**을 예배하여라. 너희 양 떼
와 소 떼는 남겨 두고, 너희 자녀들은 데리고 가거라."
25-26 모세가 말했다. "왕께서는 우리가 **하나님**께 드릴 짐승과 제물들을 가져
가게 해주셔야 합니다. 그래야 우리가 우리 **하나님**을 예배하면서 그것들을
제물로 드릴 수 있습니다. 우리의 가축들도 우리와 함께 가야 하며, 한 마리
도 남겨 두어서는 안됩니다. 그것들은 우리가 **하나님**께 드릴 예배에 필요한
제물입니다. 그리고 그곳에 이를 때까지는, 어떤 것을 제물로 드려야 할지
우리가 알지 못합니다."
27 그러나 **하나님**께서 바로의 마음을 계속해서 완강하게 하셨다. 바로는 그
들을 내보내려 하지 않았다.
28 바로가 모세에게 말했다. "내 앞에서 썩 꺼져라! 다시는 너를 보고 싶지 않
다. 조심해라. 내 앞에 다시 나타났다가는 죽을 것이다."
29 모세가 말했다. "마음대로 하십시오. 나도 다시는 왕 앞에 나타나지 않겠
습니다."

열 번째 재앙, 처음 태어난 것의 죽음

11 1 **하나님**께서 모세에게 말씀하셨다. "내가 마지막으로 바로와 이
집트를 치겠다. 그렇게 한 다음에야 그가 너희를 놓아줄 것이다.
그가 너희를 내보내는 날, 그날은 너희가 이집트를 보는 마지막 날이 될 것
이다. 그가 너희를 어떻게든 빨리 떨쳐 버리려 할 것이다.
2-3 네가 할 일은 이러하다. 너는 백성에게 말하여, 남자는 이웃 남자에게, 여
자는 이웃 여자에게 은붙이와 금붙이를 요구하게 하여라." **하나님**께서는 이
집트 사람들이 이스라엘 백성을 선대하게 해주셨다. 또한 모세는, 바로의 신
하들과 백성에게 크게 높임을 받는 인물이 되었다.
4-7 모세가 바로 앞에 섰다. "**하나님의 메시지**입니다. '내가 한밤중에 이집트

가운데로 지나가겠다. 왕좌에 앉은 바로의 맏아들에서부터 맷돌을 가는 여
종의 맏아들에 이르기까지, 이집트에 있는 모든 맏아들이 죽을 것이다. 짐승
의 처음 태어난 새끼도 죽을 것이다. 이집트 전역에서 통곡소리가 터져 나올
것이다. 그러한 통곡은 전에도 없었고 앞으로도 없을 것이다. 그러나 이스라
엘 자손에게는—사람에게나 짐승에게나—개도 감히 함부로 짖지 못할 것이
다. 이는 하나님께서 이집트 사람과 이스라엘 자손을 분명하게 구별하고 계
심을 너로 알게 하려는 것이다.'
8 그러면 왕의 모든 신하가 무릎을 꿇고 나에게 떠나 달라고 사정할 것입니
다. '떠나시오! 당신과 당신을 따르는 백성은 모두 떠나 주시오!' 할 것입니
다. 그때에는 나도 반드시 떠나겠습니다."
모세는 몹시 화를 내며 바로 앞에서 물러나왔다.
9 하나님께서 모세에게 말씀하셨다. "바로는 네가 하는 말을 한 마디도 들으
려 하지 않을 것이다. 이는 나 하나님의 살아 있음과 나의 표적을 이집트 땅
에 더 많이 나타내려는 것이다."

10 모세와 아론은 바로 앞에서 이 모든 표적을 행했다. 그러나 하나님께서는
바로의 마음을 전보다 더 완강하게 하셨다. 그는 또다시 이스라엘 자손을 자
기 땅에서 내보내려 하지 않았다.

유월절, 무교절

12 1-10 하나님께서 이집트 땅에서 모세와 아론에게 말씀하셨다. "이
달은 너희에게 한 해의 첫째 달이 될 것이다. 이스라엘 온 공동체
에 전하여라. 이 달 십 일에 모든 남자가 자기 가족을 위해 어린양 한 마리
를, 집집마다 어린양 한 마리를 잡으라고 하여라. 가족의 수가 너무 적어서
어린양 한 마리를 다 먹을 수 없거든, 사람 수에 따라 가까운 이웃과 함께 나
누어 먹어라. 각 사람이 먹을 양을 잘 계산하여라. 너희의 어린양은 일 년 된
건강한 수컷으로 하되, 양이나 염소 가운데서 골라라. 그 양을 이 달 십사 일
까지 우리에 넣어 두었다가 해가 질 무렵에 잡아라. 이스라엘 온 공동체가

그렇게 하여라. 그런 다음 그 양의 피 얼마를 받아다가, 고기를 먹을 집의 두 문기둥과 그 기둥 사이에 놓인 상인방에 발라라. 그날 밤에 너희는 고기를 불에 구워 먹되, 누룩을 넣지 않은 빵과 쓴 나물을 곁들여 먹어야 한다. 날것으로 먹거나 물에 삶아 먹지 마라. 머리와 다리와 내장 할 것 없이, 고기 전체를 구워 먹어라. 그것을 아침까지 남겨 두지 말고, 남은 것이 있거든 불에 태워 버려라.

11 그것을 먹는 방법은 이러하다. 옷을 차려 입고, 신을 신고, 손에 지팡이를 들고, 서둘러 먹어라. 이것이 **하나님**의 유월절이다.

12-13 그날 밤에 내가 이집트 땅을 지나가면서 사람이든 짐승이든 가리지 않고 이집트 땅에 있는 처음 태어난 것을 모두 치고, 이집트의 모든 신들을 심판하겠다. 나는 **하나님**이다. 피는 너희가 살고 있는 집을 가리키는 표적이 될 것이다. 내가 그 피를 보고서 너희를 넘어가겠다. 내가 이집트 땅을 칠 때에 어떤 재앙도 너희를 건드리지 못할 것이다.

14-16 이날은 너희에게 기념일이 될 것이니, 너희는 이날을 **하나님**의 절기, 곧 대대로 영원히 지켜야 할 절기로 기념하여라. 너희는 칠 일 동안 누룩을 넣지 않은 빵(무교병)을 먹어라. 첫째 날에 너희는 집에서 누룩을 모두 없애 버려라. 첫째 날부터 일곱째 날까지 누룩을 넣은 빵을 먹는 사람은, 누구든지 이스라엘 가운데서 끊어질 것이다. 첫째 날과 일곱째 날은 거룩하게 구별된 날이니, 그 두 날에는 일하지 마라. 각 사람이 먹을 것을 장만하는 일만은 할 수 있다.

17-20 무교절을 지켜라! 이는 내가 너희를 이집트 땅에서 일제히 이끌어 낸 것을 기념하는 날이다. 너희는 이날을, 대대로 영원히 지켜야 할 절기로 기념하여라. 너희는 첫째 달 십사 일 저녁부터 이십일 일 저녁까지 누룩을 넣지 않은 빵을 먹어야 한다. 칠 일 동안은 너희 집 안에 누룩의 흔적조차 있어서는 안된다. 너희를 방문한 사람이든 그 땅에서 태어난 사람이든, 누구든지 누룩을 넣은 음식을 먹는 사람은 이스라엘 공동체 가운데서 끊어질 것이다. 누룩을 넣은 음식은 아무것도 먹지 말고, 오직 무교병만 먹어야 한다."

21-23 모세는 이스라엘의 장로들을 모두 불러 모아 이렇게 말했다. "각자 자기

가족을 위해 어린양 한 마리를 골라서 유월절 어린양으로 잡으십시오. 우슬
초 한 다발을 가져다가 피를 받은 그릇에 담근 다음, 그 피를 두 문기둥과 상
인방에 바르십시오. 아침까지 아무도 집 밖으로 나가서는 안됩니다. **하나님**
께서 이집트를 치러 지나가실 것입니다. **하나님**께서 두 문기둥과 상인방에
바른 피를 보시고, 그 문 앞을 넘어가실 것입니다. 파괴하는 자가 여러분의
집으로 들어가 여러분을 쳐서 멸하는 일이 없게 하실 것입니다.
24-27 이 말씀을 지키십시오. 이것은 여러분과 여러분의 자녀를 위한 규례이
니, 영원히 지키십시오. **하나님**께서 여러분에게 주시겠다고 약속하신 땅에
들어가거든, 여러분은 이것을 지켜 행하십시오. 여러분의 자녀가 '왜 이렇게
하는 것입니까?' 하고 묻거든, '이것은 **하나님**께 드리는 유월절 제사다. **하나
님**께서 이집트를 죽음으로 치시고 우리를 구하실 때, 이집트에 있던 이스라
엘 자손의 집은 그냥 넘어가셨다' 하고 그들에게 말해 주십시오."
백성이 엎드려 경배했다.
28 이스라엘 자손이 가서, **하나님**께서 모세와 아론에게 명령하신 대로, 모든
것을 행했다.

이스라엘이 이집트를 떠나다

29 한밤중에 **하나님**께서, 왕좌에 앉은 바로의 맏아들에서부터 감옥에 갇힌
죄수의 맏아들에 이르기까지, 이집트 땅의 모든 맏아들을 치셨다. 짐승의 처
음 태어난 새끼도 치셨다.
30 그날 밤에 바로는 물론이고 그의 신하들과 모든 이집트 사람들이 깨어 일
어났다. 거친 통곡의 소리가 이집트를 덮었다! 초상을 당하지 않은 집이 한
집도 없었다.
31-32 바로가 그 밤에 모세와 아론을 불러들여 말했다. "너희와 너희 이스라엘
자손은 이 땅에서 썩 나가 너희 뜻대로 하여라! 너희가 바라던 대로, 가서 **하
나님**을 예배하여라. 너희가 요구하던 대로, 너희 양 떼와 소 떼도 데리고 가
거라. 그리고 나를 위해 복을 빌어 다오."
33 이집트 사람들은 이스라엘 자손을 속히 내쫓고 싶었다. 그들은 "우리가 다

죽게 되었다"고 하면서, 이스라엘 자손에게 서둘러 떠나라고 재촉했다.
34-36 이스라엘 백성은 부풀지 않은 빵 반죽 덩어리를 그릇에 담아 외투에 싸서
어깨에 둘러맸다. 이스라엘 자손은 모세가 일러 준 대로 행하여, 이집트 사람
들에게 은붙이와 금붙이와 옷가지를 요구했다. **하나님**께서 이집트 사람들이
이스라엘 자손을 선대하게 해주셔서, 이스라엘 자손이 요구하는 대로 기꺼이
내주게 하셨다! 이스라엘 자손은 이집트 사람들을 빈털터리로 만들었다.
37-39 이스라엘 자손은 라암셋을 떠나 숙곳을 향해 나아갔다. 60만여 명의 장
정이 자기 가족들과 함께 걸어서 갔다. 양 떼와 소 떼 등 수많은 가축 떼는
말할 것도 없고, 어중이떠중이들도 그 뒤를 따랐다. 그들은 이집트에서 가
지고 나온 반죽으로 누룩을 넣지 않은 빵을 구웠다. 이는 그들이 이집트에서
급히 나오느라, 여정에 필요한 양식을 미처 마련하지 못했기 때문이다.

유월절 규례

40-42 이스라엘 자손은 이집트에서 430년을 살았다. 430년이 끝나는 바로 그
날, **하나님**의 모든 군대가 이집트를 떠났다. 그날 **하나님**께서 이스라엘 자손
을 이집트에서 이끌어 내시면서, 밤을 새워 지켜 주셨다. **하나님**께서 이 밤
을 지켜 주셨으므로, 이스라엘의 모든 사람이 대대로 이 밤을 새우며 **하나님**
을 경배하게 되었다.

43-47 **하나님**께서 모세와 아론에게 말씀하셨다. "유월절 규례는 이러하다.
외국인은 유월절 음식을 먹지 못한다.
돈으로 사들인 종으로, 할례 받은 사람은 먹을 수 있다.
잠시 머무는 방문객이나 고용된 일꾼은 먹을 수 없다.
한 집에서 먹되, 집 밖으로 고기를 가지고 나가서는 안된다.
뼈는 하나라도 꺾어서는 안된다.
이스라엘 온 공동체가 유월절 식사에 빠짐없이 참여해야 한다."

48 "너희와 함께 사는 외국인이 **하나님** 앞에서 유월절을 지키고자 한다면, 그
의 집안 모든 남자가 할례를 받아야 한다. 그런 다음에 그는 유월절 식사에
참여할 수 있다. 그는 본국인과 같은 대우를 받을 것이다. 그러나 할례를 받
지 않은 사람은 유월절 음식을 먹어서는 안된다."

49 "이 법은 본국인이나 너희와 함께 사는 외국인에게나 똑같이 적용된다."

50-51 이스라엘 모든 자손이 **하나님**께서 모세와 아론에게 명령하신 대로 행했
다. 바로 그날에 하나님께서 이스라엘 자손을 지파별로 이집트 땅에서 이끌
어 내셨다.

❦

13

1-2 **하나님**께서 모세에게 말씀하셨다. "처음 태어난 것은 모두 거
룩하게 구별하여 내게 바쳐라. 이스라엘 자손 가운데서 맨 처음
태를 열고 나온 것은, 사람이든 짐승이든 모두 내 것이다."
3 모세가 백성에게 말했다. "이날을 항상 기억하십시오. 이날은 여러분이 이
집트, 곧 여러분이 종살이하던 집에서 나온 날입니다. **하나님**께서 강한 손으
로 여러분을 이집트에서 이끌어 내셨으니, 누룩을 넣은 빵은 먹지 마십시오.
4-5 여러분은 봄이 시작되는 아빕월에 이집트를 떠났습니다. **하나님**께서 여
러분을 이끄셔서, 가나안 사람과 헷 사람과 아모리 사람과 히위 사람과 여부
스 사람의 땅, 곧 여러분에게 주시겠다고 여러분의 조상에게 약속하신 젖과
꿀이 흐르는 땅으로 여러분을 데려가시거든, 여러분은 이 달에 다음과 같이
예식을 지켜야 합니다.
6 여러분은 칠 일 동안 누룩을 넣지 않은 빵을 먹어야 하며, 일곱째 날에는
하나님께 절기를 지켜야 합니다.
7 칠 일 동안은 누룩을 넣지 않은 빵을 먹어야 합니다. 누룩을 넣은 흔적이
있어서는 안되며, 어디에도 누룩이 있어서는 안됩니다.
8 그날에 여러분은, 여러분의 자녀에게 '이 예식을 지키는 것은 내가 이집트에

서 나올 때 **하나님**께서 나를 위해 행하신 일 때문이다' 하고 알려 주십시오.
9-10 이날을 지키는 것은 여러분의 손에 감은 표나 여러분의 두 눈 사이에 붙
인 기념표나 여러분의 입에 담긴 **하나님**의 가르침과 같은 것입니다. **하나님**
께서 강한 손으로 여러분을 이집트에서 이끌어 내셨기 때문입니다. 여러분
은 해마다 정해진 때에, 이 규례대로 행하십시오.
11-13 **하나님**께서 여러분과 여러분의 조상에게 약속하신 대로, 여러분을 가나
안 사람의 땅으로 이끄셔서 그 땅을 여러분에게 주시거든, 여러분은 맨 처음
태어난 모든 것을 **하나님**께 구별하여 드려야 합니다. 여러분의 가축이 맨 처
음 낳은 새끼도 모두 **하나님**의 것입니다. 여러분이 나귀의 첫 새끼를 다른
것으로 대신하고 싶으면 어린양으로 대신할 수 있습니다. 대신하지 않으려
거든, 그 목을 꺾어야 합니다.
13-16 여러분의 자녀 가운데 맏아들은 모두 대속하십시오. 때가 되어 여러분
의 아들이 '왜 이렇게 하는 것입니까?' 하고 묻거든, 이렇게 말해 주십시오.
'**하나님**께서 강한 손으로 이집트, 곧 종살이하던 집에서 우리를 이끌어 내셨
다. 바로가 우리를 놓아주지 않으려고 완강하게 버티자, **하나님**께서 이집트
에서 처음 태어난 것, 곧 사람뿐 아니라 짐승의 처음 태어난 것까지 다 죽이
셨다. 그래서 내가 처음 태어난 모든 수컷을 **하나님**께 제물로 드리고 모든
맏아들을 대속하는 것이다.' 이날을 지키는 것은 여러분의 손에 감은 표나
여러분의 이마 중앙에 붙인 표와 같은 역할을 합니다. **하나님**께서 강한 손으
로 우리를 이집트에서 이끌어 내셨기 때문입니다."

17 바로가 백성을 내보낸 뒤의 상황은 이러하다. 블레셋 사람의 땅을 통과해
가는 길이 가장 가까운 길인데도, 하나님께서는 백성을 그 길로 인도하지 않
으셨다. "백성이 전쟁을 만나면 마음이 바뀌어 이집트로 되돌아갈 것이다"
하고 생각하셨기 때문이다.
18 그래서 하나님께서는, 백성을 홍해로 가는 광야길로 돌아가도록 인도하셨
다. 이스라엘 자손은 군대식으로 대열을 갖춰 이집트를 떠났다.
19 모세는 요셉의 유골을 가지고 떠났다. 요셉이 전에 말하기를 "하나님께서

틀림없이 여러분을 책임지실 것입니다. 그때 여기서 내 유골을 가지고 가겠
다고 다짐하십시오" 하고 이스라엘 자손에게 엄숙히 맹세시켰기 때문이다.
20-22 그들은 숙곳을 떠나서 광야 끝에 있는 에담에 진을 쳤다. **하나님**께서 그
들보다 앞서 가시며 낮에는 구름기둥으로 길을 인도하시고, 밤에는 불기둥
으로 그들을 비추어 주셨다. 그들은 낮에도 밤에도 이동할 수 있었다. 낮에
는 구름기둥이, 밤에는 불기둥이 그 백성을 떠나지 않았다.

하나님께서 행하시는 구원

14 1-2 **하나님**께서 모세에게 말씀하셨다. "너는 이스라엘 자손에게 말
하여, 오던 길로 되돌아가서 믹돌과 바다 사이에 있는 비하히롯,
곧 바알스본 맞은편 바닷가에 진을 치라고 하여라.
3-4 바로는 '이스라엘 자손이 길을 잃고서 헤매고 있다. 저들이 광야에 꼼짝없
이 갇혔다'고 생각할 것이다. 그때 내가 바로의 마음을 다시 고집스럽게 하
여, 그가 너희를 뒤쫓아 오게 할 것이다. 내가 바로와 그의 군대를 사용하여
나의 영광을 드러내겠다. 그러면 이집트 사람들이 내가 **하나님**인 것을 깨닫
게 될 것이다."
이스라엘 자손이 그대로 행했다.
5-7 이집트 왕이 이스라엘 백성이 떠났다는 소식을 전해 들었다. 바로와 그의
신하들이 마음이 변하여 말했다. "우리에게 종살이하던 이스라엘을 놓아주
다니, 우리가 대체 무슨 짓을 한 건가?" 바로는 전차를 준비시키고 군대를
소집했다. 그는 최정예 전차 육백 대와 그 밖의 이집트 전차들과 전차를 모
는 기병들을 거느리고 나섰다.
8-9 **하나님**께서 이집트 왕 바로의 마음을 완강하게 하셨다. 바로는 이스라엘
자손이 뒤도 돌아보지 않고 떠나가자, 그들의 뒤를 쫓기로 결심했다. 이집트
사람들이 추격하여 바닷가에 진을 치고 있던 이스라엘 자손을 바짝 따라붙
었다. 바로의 말이 끄는 전차들과 전차를 모는 기병들과 바로의 모든 군사가
바알스본 맞은편 비하히롯에 집결했다.
10-12 바로가 접근해 오자, 이스라엘 자손이 고개를 들어 그들을 보았다. 이집

트 사람들이었다! 금방이라도 그들을 덮칠 태세였다!
그들은 몹시 두려웠다. 그들은 무서워서 **하나님**께 부르짖었다. 그들이 모세
에게 말했다. "이집트에 넓은 매장지가 없어서 이곳 광야에서 죽게 하려고
우리를 데려왔단 말입니까? 왜 우리를 이집트에서 이끌고 나와서 이 같은
일을 당하게 하는 겁니까? 전에 이집트에 있을 때 우리가 이런 일이 일어날
거라고 하지 않았습니까? '광야에서 죽는 것보다 차라리 이집트에서 종으로
사는 것이 더 나으니, 우리를 이집트에 그대로 내버려 두라'고 우리가 말하
지 않았습니까?"
13 모세가 백성에게 말했다. "두려워하지 마십시오. 굳게 서서, **하나님**께서
오늘 여러분을 위해 행하시는 구원을 지켜보십시오. 오늘 저 이집트 사람들
을 똑똑히 보아 두십시오. 다시는 여러분이 저들을 볼 일이 없을 것입니다.

14 **하나님**께서 여러분을 위해 싸우실 것입니다.
여러분은 잠자코 가만히 있기만 하면 됩니다!"

15-16 **하나님**께서 모세에게 말씀하셨다. "너는 왜 내게 부르짖느냐? 이스라엘
자손에게 말하여라. 계속해서 전진하라고 명령하여라. 지팡이를 높이 들고
바다 위로 네 손을 뻗어, 바다를 갈라지게 하여라! 이스라엘 자손이 바다 한
가운데로 마른 땅을 밟고 지나가게 될 것이다.
17-18 내가 이집트 사람들이 너희를 집요하게 추격하도록 하겠다. 내가 바로
와 그의 모든 군대와 그의 전차와 기병들을 사용하여 나의 영광을 드러내고,
내가 **하나님**인 것을 이집트 사람들이 깨닫게 하겠다."
19-20 이스라엘 진을 이끌고 가던 하나님의 천사가 그들 뒤로 자리를 옮겼다.
앞에 있던 구름기둥도 뒤로 자리를 옮겼다. 이제 구름이 이집트 진과 이스라
엘 진 사이를 막아섰다. 구름이 한쪽 진은 어둠으로 덮어 버리고 다른 쪽 진
은 빛으로 환하게 밝혀 주었다. 두 진이 밤새도록 서로 가까이 가지 못했다.
21 모세가 바다 위로 손을 뻗자, **하나님**께서 밤새도록 강한 동풍으로 바닷물

을 물러가게 하셨다. 하나님께서 바다를 마른 땅으로 만드셨다. 바닷물이 갈
라졌다.
22-25 물이 갈라져 좌우에 벽이 되자, 이스라엘 자손이 바다 한가운데로 마른
땅을 밟고 지나갔다. 이집트 사람들이 그들을 맹렬히 추격하여 쫓아왔다. 바
로의 모든 말과 전차와 기병들이 바다 한가운데로 달려 들어왔다. 새벽녘이
되자, 하나님께서 불기둥과 구름기둥에서 이집트 군대를 내려다보시고, 그
들을 공포 속으로 몰아넣으셨다. 하나님께서 그들의 전차 바퀴를 움직이지
못하게 하시니, 전차 바퀴가 진창에 박혀 옴짝달싹하지 못했다.
이집트 사람들이 말했다. "이스라엘에게서 도망쳐라! 하나님이 그들 편이 되
어 이집트와 싸우고 있다!"
26 하나님께서 모세에게 말씀하셨다. "네 손을 바다 위로 뻗어라. 그러면 바
닷물이, 이집트 사람들과 그들의 전차와 기병들 위로 다시 덮칠 것이다."
27-28 모세가 바다 위로 손을 뻗었다. 날이 밝으면서 바닷물이 원래 있던 자리
로 되돌아왔다. 이집트 사람들이 달아나려고 했으나, 하나님께서 이집트 사
람들을 바다 한가운데에 처넣어 버리셨다. 바닷물이 다시 돌아와서, 전차와
기병들을 덮어 버렸다. 이스라엘을 추격하여 바다로 들어온 바로의 군대 가
운데 살아남은 사람이 하나도 없었다.
29-31 그러나 이스라엘 자손은 바다 한가운데로 마른 땅을 밟고 지나갔다. 바
닷물이 그들의 좌우에서 벽이 되어 주었다. 그날 하나님께서 이스라엘 자손
을 이집트 사람들의 압제에서 구원해 주셨다. 이스라엘 자손은 이집트 사람
들이 죽어서 바닷가로 밀려오는 것을 보고, 하나님께서 이집트 사람들에 맞
서 행하신 큰 권능을 깨닫게 되었다. 백성이 하나님 앞에서 그분을 경외하
며, 하나님과 그분의 종 모세를 믿었다.

구원의 노래

15

1-8 그때에 모세와 이스라엘 자손이 목소리를 합하여 하나님께 이
노래를 불러 드렸다.

내 마음 다해 **하나님**께 노래하리라, 이 놀라운 승리를!
그분께서 말과 기병을 바다에 던지셨네.
하나님은 나의 힘, **하나님**은 나의 노래
오, **하나님**은 나의 구원!
그분은 내가 모시는 하나님
나 세상에 알리리라!
그분은 내 아버지의 하나님
나 그 소식 널리 전하리라!
하나님은 용사,
순전하심이 한결같으신 **하나님**.
바로의 전차와 군대를
바다에 내던지시고
그의 정예 장교들을
홍해에 수장시키셨네.
사나운 바닷물이 그들 위에 덮치니
그들 깊고 푸른 바다에 바위처럼 가라앉았네.
하나님, 주의 강한 오른손은 권능으로 빛나고
주의 강한 오른손은 원수를 산산이 부수십니다.
주의 강력한 위엄으로
교만한 원수들을 박살내시고
주의 진노를 풀어 놓으셔서,
그들을 바삭 태워 버리셨습니다.
주께서 콧김을 한 번 부시니
물이 쌓여 일어서고
일렁이는 물결이 둑처럼 일어서며
사나운 바다가 엉기어 늪이 되었습니다.

9 원수가 말합니다.

"내가 쫓아가서 붙잡고
노획물을 나누어서
물리도록 먹으리라.
내가 칼을 뽑아 들고
주먹으로 그들을 비틀거리게 하리라."

10-11 주께서 힘껏 바람을 일으키시니
바다가 그들을 덮쳤습니다.
그들은 거대한 물속에
납덩이처럼 가라앉아 버렸습니다.
오 **하나님**, 신들 가운데
누가 주와 견주겠습니까?
권능과 거룩하신 위엄,
찬양받으실 하나님
이적을 행하시는 하나님
누가 주와 견줄 수 있겠습니까?

12-13 주께서 오른손을 내미시니
땅이 그들을 삼켰습니다.
그러나 주께서는 친히 구원하신 백성을
자비로운 사랑으로 이끄시고
주의 보호 아래 두시며
주의 거룩한 초장으로 인도하셨습니다.

14-18 사람들이 듣고서 겁을 먹었고
블레셋 사람들이 몸부림치며 두려워 떨었습니다.
에돔의 지도자들도
모압의 우두머리들마저도, 벌벌 떨었습니다.

가나안의 모든 사람도
당황하여 정신을 잃었습니다.
불안과 공포가
그들을 비틀거리게 했습니다.
주께서 오른손을 휘두르시자
그들이 그 앞에서 돌처럼 굳어졌습니다,
오 **하나님**, 주의 백성이 다 건너가서 뭍에 오를 때까지
주께서 지으신 백성이 다 건너가서 뭍에 오를 때까지, 그리하셨습니다.
주께서 그들을 데려다가
주님 기업의 산에 심으셨습니다.
그곳은 주께서 거하시는 곳
그곳은 주께서 지으신 곳
주님, 그곳은
주께서 손수 세우신 주님의 성소입니다.
하나님께서
영원무궁토록 다스리소서!

19 정말로 그랬다. 바로의 말과 전차와 기병들이 바다에 들어서자, **하나님**께
서 바닷물을 되돌려서 그들을 덮어 버리셨다. 그러나 이스라엘 자손은 바다
한가운데로 마른 땅을 밟고 지나갔다.

20-21 아론의 누이이며 예언자인 미리암이 탬버린을 들자, 모든 여인이 그녀를
따라 탬버린을 들고 춤을 추었다. 미리암이 노래를 부르며 그들을 이끌었다.

하나님께 노래하리라,
이 놀라운 승리를!
그분께서 말과 기병을

바다에 던지셨네!

마라에서 백성이 불평하다

22-24 모세가 이스라엘을 인도하여 홍해에서 수르 광야로 들어갔다. 그들이
사흘 동안 광야를 다녔지만 물을 찾지 못했다. 그들이 마라에 이르렀는데,
마라의 물은 써서 마실 수가 없었다. 그래서 그들은 그곳을 마라(쓰다)라고
했다. 백성이 모세에게 불평했다. "우리더러 무엇을 마시라는 말입니까?"
25 모세가 기도하며 **하나님**께 부르짖었다. **하나님**께서 그에게 나뭇가지 하
나를 가리키셨다. 모세가 그 가지를 가져다가 물에 던져 넣자, 물이 단물로
변했다.
26 **하나님**께서 법도와 율례를 세우시고, 그들을 시험하기 시작하신 곳이 바
로 그곳이다.
하나님께서 말씀하셨다. "너희가 **하나님** 앞에서 제대로 살고 순종하여 내 말
을 잘 들으며, 내 계명을 따르고 내 모든 법을 지키면, 내가 이집트 사람들에
게 내린 그 모든 질병으로 너희를 치지 않을 것이다. 나는 너희를 치료하는
하나님이다."
27 그들이 엘림에 이르렀다. 그곳에는 샘이 열두 개, 종려나무가 일흔 그루
있었다. 그들은 그곳 물가에 진을 쳤다.

하나님께서 만나와 메추라기를 보내 주시다

16 1-3 이집트를 떠난 뒤 둘째 달 십오 일에, 이스라엘 온 무리가 엘림
을 떠나 엘림과 시내 사이에 있는 신 광야로 이동했다. 이스라엘
온 무리가 그 광야에서 모세와 아론에게 불평했다. 이스라엘 자손이 말했다.
"**하나님**께서는 왜 우리를 이집트에서 편안히 죽게 내버려 두지 않으셨는지
모르겠습니다. 거기에는 우리가 먹을 수 있는 양고기 요리와 빵이 잔뜩 있는
데 말입니다. 당신들이 우리 이스라엘 온 무리를 이 광야로 끌고 와서 굶겨
죽이고 있는 것 아닙니까!"
4-5 **하나님**께서 모세에게 말씀하셨다. "내가 하늘에서 너희에게 양식을 비처

럼 내려 주겠다. 백성이 날마다 나가서 그날 먹을 양만큼 거두어들이게 하여
라. 그들이 나의 가르침대로 사는지 살지 않는지, 내가 그들을 시험해 보겠
다. 여섯째 날에는, 거두어들인 것으로 음식을 준비하다 보면, 날마다 거두
던 양의 두 배가 될 것이다."
6-7 모세와 아론이 이스라엘 백성에게 말했다. "오늘 저녁에 여러분은 이집트
에서 여러분을 이끌어 내신 분이 **하나님**이신 것을 알게 될 것입니다. 그리고
아침에는 여러분이 **하나님**의 영광을 보게 될 것입니다. 여러분이 불평하는
소리를 하나님께서 들으셨습니다. 여러분도 알다시피, 여러분이 불평한 것
은 우리에게 한 것이 아니라, **하나님**께 한 것입니다."
8 모세가 말했다. "**하나님**께서 저녁에는 여러분에게 고기를 주셔서 먹이시
고, 아침에는 여러분에게 빵을 주셔서 배불리 먹이실 것입니다. 여러분이 불
평하는 소리를 **하나님**께서 들으신 것입니다. 도대체 우리가 누구이기에 이
렇게 불평하는 것입니까? 여러분이 불평한 것은 우리에게 한 것이 아니라
하나님께 한 것입니다!"
9 모세가 아론에게 지시했다. "이스라엘 온 무리에게 '**하나님**께 가까이 나아
오십시오. 그분께서 여러분이 불평하는 소리를 들으셨습니다' 하고 전해 주
십시오."
10 아론이 이스라엘 온 무리에게 지시를 내릴 때, 그들이 광야를 바라보았다.
그곳에서 **하나님**의 영광이 구름 속에 분명하게 드러났다.
11-12 **하나님**께서 모세에게 말씀하셨다. "이스라엘 자손이 불평하는 소리를
내가 들었다. 이제 그들에게 이렇게 알려라. '해가 질 때는 너희가 고기를 먹
을 것이고, 동이 틀 무렵에는 양식을 배불리 먹을 것이다. 너희는 내가 **하나
님** 너희 하나님인 것을 깨닫게 될 것이다.'"
13-15 그날 저녁에 메추라기가 날아와 진을 덮었고, 아침에는 온 진에 이슬이
맺혔다. 이슬이 걷히자, 광야의 지면에 마치 땅 위에 맺힌 서리처럼 가는 것
이 널려 있었다. 이스라엘 자손이 그것을 보고 서로 '만-후'(이게 뭐지?) 하고
물었다. 그들은 그것이 무엇인지 몰랐다.
15-16 모세가 그들에게 말했다. "이것은 **하나님**께서 여러분에게 먹으라고 주

신 양식입니다. 하나님께서 이렇게 지시하셨습니다. '각자 자기가 먹을 만큼
한 사람에 2리터씩 거두어들여라. 각자 자기 장막에 있는 모든 사람이 먹을
만큼 거두어들여라.'"
17-18 이스라엘 백성이 광야로 나가 거두어들이기 시작했다. 더러는 조금 많
게, 더러는 조금 적게 거두어들였다. 그러나 거두어들인 것의 양을 달아 보
니, 조금 많이 거둔 사람도 남지 않고, 조금 적게 거둔 사람도 모자라지 않았
다. 각 사람이 필요한 만큼만 거두어들인 것이다.
19 모세가 그들에게 말했다. "거둔 것을 아침까지 남겨 두지 마십시오."
20 그러나 그들은 모세의 말을 듣지 않았다. 몇몇 사람이, 거둔 것 가운데 일
부를 아침까지 따로 남겨 두었다. 그러자 거기서 벌레가 생기고 악취가 났
다. 모세가 그들에게 크게 화를 냈다.
21-22 아침마다 사람들이 저마다 필요한 만큼 그것을 거두어들였다. 해가 뜨
거워지면, 그것은 녹아서 사라져 버렸다. 여섯째 날에는 한 사람에 4리터씩,
두 배로 양식을 거두어들였다.
무리의 지도자들이 모세에게 와서 이 일을 보고했다.
23-24 모세가 말했다. "하나님께서 말씀하셨습니다. '내일은 안식의 날, 곧 하
나님의 거룩한 안식일이다. 무엇이든 구울 것이 있거든 오늘 굽고, 삶을 것
이 있거든 오늘 삶아라. 남은 것은 아침까지 따로 챙겨 두어라.'" 그들은 모
세가 지시한 대로 남은 것을 아침까지 따로 챙겨 두었다. 거기서는 악취가
나지 않았고 벌레도 생기지 않았다.
25-26 모세가 말했다. "오늘은 그것을 먹으십시오. 오늘이 바로 그날, 곧 하나
님께 드리는 안식일입니다. 오늘은 지면에서 그것을 얻지 못할 것입니다. 육
일 동안은 날마다 그것을 거두어들이십시오. 그러나 일곱째 날은 안식일이
니, 그것을 거두어들이지 못할 것입니다."
27 일곱째 날에 백성 가운데 몇몇 사람이 그것을 거두어들이려고 나갔으나,
아무것도 얻지 못했다.
28-29 하나님께서 모세에게 말씀하셨다. "너희가 언제까지 내 명령을 어기고,
내 지시를 따르지 않으려느냐? 하나님이 너희에게 안식일을 주었다는 것을

모르겠느냐? 그래서 내가 여섯째 날에 너희에게 이틀치 양식을 주는 것이다.
그러니 일곱째 날에 너희는 각자 자기 집에 머물고 집 밖으로 나가지 마라."
30 백성이 일곱째 날에는 일을 하지 않고 쉬었다.
31 이스라엘 자손이 그것의 이름을 만나(이게 뭐지?)라고 했다. 그것은 고수
씨같이 희고, 꿀을 섞은 과자 같은 맛이 났다.

32 모세가 말했다. "이것은 하나님의 명령입니다. '너희는 이것을 일 오멜, 곧
2리터들이 단지에 담아 다음 세대를 위해 보관해 두어라. 그렇게 해서, 내가
너희를 이집트에서 이끌어 낸 뒤에 광야에서 너희를 먹여 살린 양식을 그들
이 볼 수 있게 하여라.'"
33 모세가 아론에게 말했다. "단지 하나를 가져다가 그 속에 만나 2리터를 채
우십시오. 그것을 하나님 앞에 두고, 다음 세대를 위해 잘 보관하십시오."
34 아론은 하나님께서 모세에게 지시하신 대로, 그것을 챙겨 증거판 앞에 두
고 보관했다.
35 이스라엘 자손은 장차 정착하여 살게 될 땅에 이를 때까지 사십 년 동안 만
나를 먹었다. 그들은 가나안으로 들어가는 경계에 이를 때까지 만나를 먹었다.
36 고대 도량형에 따르면, 일 오멜은 십분의 일 에바다.

백성이 하나님을 시험하다

17 1-2 이스라엘 온 무리가 하나님의 인도하심에 따라 신 광야에서 서
서히 앞으로 나아갔다. 그들이 르비딤에 진을 쳤으나, 거기에는
백성이 마실 물이 없었다. 백성이 모세를 비난하며 말했다. "우리에게 마실
물을 주십시오." 그러자 모세가 말했다. "어찌하여 나를 괴롭힙니까? 여러분
은 어찌하여 하나님을 시험합니까?"
3 그러나 백성은 목이 말랐으므로, 모세에게 불평했다. "어쩌자고 우리를 이
집트에서 데리고 나왔습니까? 어쩌자고 우리와 우리 자녀와 짐승들을 이곳
으로 끌고 와서 목말라 죽게 하는 겁니까?"
4 모세가 기도로 하나님께 부르짖었다. "이 사람들을 제가 어떻게 해야 하겠

습니까? 이제 조금 있으면 이들이 저를 죽이려 들 것입니다!"
5-6 하나님께서 모세에게 말씀하셨다. "너는 이스라엘의 장로들 가운데 몇 사
람을 데리고 백성보다 앞서 가거라. 나일 강을 칠 때 썼던 지팡이를 가지고
가거라. 내가 저기 호렙 산 바위 위에서 네 앞에 있겠다. 너는 그 바위를 쳐
라. 그러면 거기서 물이 솟구쳐 나와, 백성이 마실 수 있게 될 것이다."
6-7 모세는 이스라엘의 장로들이 지켜보는 앞에서 하나님의 말씀대로 행했
다. 모세가 그곳의 이름을 맛사(시험한 곳)라고도 하고 므리바(다툼)라고도 했
다. 이는 이스라엘 자손이 다투었기 때문이며, "하나님께서 이곳에 우리와
함께 계신가, 계시지 않는가?" 하고 하나님을 시험했기 때문이다.

8-9 아말렉이 와서, 르비딤에서 이스라엘을 공격했다. 모세가 여호수아에게
명령했다. "우리를 위해 장정들을 뽑아서 아말렉과 싸우러 나가거라. 내가
내일 하나님의 지팡이를 잡고 산꼭대기에 서 있겠다."
10-13 여호수아는 모세가 지시한 대로 아말렉과 싸우러 나갔다. 모세와 아론
과 훌은 산꼭대기로 올라갔다. 모세가 두 손을 들면 이스라엘이 이기고, 모
세가 두 손을 내리면 아말렉이 이겼다. 모세의 두 팔이 아프기 시작했다. 그
래서 그들은 돌을 가져다가 모세의 아래에 두었다. 모세가 그 돌 위에 앉자,
아론과 훌이 각자 양옆에서 그의 두 팔을 받쳐 주었다. 그리하여 그의 두 손
이 해가 질 때까지 내려오지 않았다. 여호수아는 전투에서 아말렉과 그 군대
를 무찔렀다.
14 하나님께서 모세에게 말씀하셨다. "너는 이 일을 기념으로 삼고 기록하여,
그 기록한 것을 여호수아에게 맡겨라. 내가 아말렉에 대한 기억을 이 세상에
서 완전히 지워 버릴 것이다."
15-16 모세가 제단을 쌓고, 그 이름을 '하나님은 나의 깃발'이라고 했다. 그가
말했다.

하나님의 통치 앞에 무릎을 꿇어라!

하나님께서 영원토록
아말렉과 싸우실 것이다!

이드로가 모세를 찾아오다

18 1-4 미디안의 제사장이며 모세의 장인인 이드로가, 하나님께서 모
세와 그분의 백성 이스라엘에게 행하신 모든 일, 곧 **하나님**께서
이스라엘을 이집트에서 건져 내셨다는 소식을 들었다. 모세의 장인 이드로
는, 모세가 친정으로 돌려보냈던 십보라와 그녀의 두 아들을 데리고 있었다.
한 아이의 이름은 게르솜(나그네)인데, 이는 모세가 "내가 낯선 땅에서 나그
네가 되었다"고 한 데서 붙여진 이름이다. 다른 아이의 이름은 엘리에셀(하나
님의 도우심)인데, 이는 모세가 "내 아버지의 하나님께서 나의 도움이 되셔서,
바로의 살해 위협으로부터 나를 건져 주셨다"고 한 데서 붙여진 이름이다.
5-6 모세의 장인 이드로가 모세의 두 아들과 아내를 데리고 광야에 있는 모세
에게 왔다. 모세는 하나님의 산에 진을 치고 있었다. 이드로는 앞서 모세에
게 다음과 같은 전갈을 보냈다. "자네의 장인인 내가 자네의 아내와 두 아들
을 데리고 가고 있네."
7-8 모세가 장인을 맞으러 나가서, 엎드려 절하고 그에게 입을 맞추었다. 그
들은 서로 안부를 묻고 나서 함께 장막으로 들어갔다. 모세는 **하나님**께서 이
스라엘을 도우셔서 바로와 이집트 사람들에게 행하신 모든 일과, 오는 길에
겪은 온갖 고생과, **하나님**께서 그들을 어떻게 구원하셨는지를, 장인에게 모
두 들려주었다.
9-11 이드로는 **하나님**께서 이스라엘을 이집트 사람들의 압제에서 건져 내시
면서 이스라엘에게 행하신 온갖 선한 일을 듣고 기뻐하며 이렇게 말했다.
"이스라엘을 이집트와 바로의 권력에서 구원하시고, 자기 백성을 이집트의
압제에서 건져 내신 **하나님**은 찬양을 받으소서. **하나님**께서 다른 모든 신들
보다 크시다는 것을 이제 내가 알았네. 그분께서 이스라엘에게 오만하게 굴
던 모든 자들에게 이 같은 일을 행하셨으니 말일세."
12 모세의 장인 이드로가 번제물과 희생 제물을 하나님께 바쳤다. 아론과 이

스라엘의 장로들이 와서 모세의 장인과 함께 하나님 앞에서 음식을 먹었다.
13-14 이튿날 모세가 백성을 재판하려고 자리에 앉았다. 백성은 아침부터 저
녁까지 하루 종일 모세 앞에 줄지어 서 있었다. 모세의 장인은 그가 백성을
위해 하는 모든 일을 보고 말했다. "이게 무슨 일인가? 어찌하여 모든 사람
을 아침부터 저녁까지 자네 앞에 세워 두고 자네 혼자서 이 모든 일을 처리
하는가?"
15-16 모세가 장인에게 대답했다. "백성이 하나님에 관한 문제들을 가지고 저에
게 오기 때문입니다. 그들은 무슨 일이 생길 때마다 저에게 옵니다. 저는 이
웃 간의 문제를 재판하고, 하나님의 법도와 규례를 그들에게 가르쳐 줍니다."
17-23 모세의 장인이 말했다. "그런 식으로 일하지 말게. 그러다가는 자네도
탈진하고 백성도 자네와 함께 탈진하고 말 걸세. 이 일은 너무 과중해서 자
네 혼자서는 할 수 없네. 내 말을 들어 보게. 자네가 이 일을 어떻게 처리해
야 하는지 내가 알려 주겠네. 하나님께서 이 일에 자네와 함께하실 걸세. 자
네는 백성을 위해 하나님 앞에 나아가되, 중요한 문제를 하나님께 내어드
리게. 자네가 할 일은 그들에게 법도와 규례를 가르쳐서, 그들이 어떻게 살
고 무엇을 해야 하는지 보여주는 것이네. 그런 다음에 유능한 사람들, 곧 하
나님을 경외하고 참되며 청렴한 사람들을 눈여겨보았다가 그들을 천 명, 백
명, 오십 명, 열 명으로 조직된 사람들의 지도자로 세우게. 백성 사이의 문제
를 재판하는 일상적인 일은 그들이 책임지도록 맡기게. 판결하기 어려운 사
안은 자네에게 가져오게 하되, 일상적인 소송은 그들이 재판하도록 하게. 그
들이 자네의 짐을 나누어 지면 자네의 일이 훨씬 가벼워질 걸세. 자네가 이
렇게 일을 처리하면 자네는 하나님께서 명령하시는 것은 무엇이든 수행할
능력을 갖추게 될 테고, 백성도 각자 자기 자리에서 번성할 것이네."
24-27 모세가 장인의 조언을 듣고, 그가 말한 대로 모든 일을 처리했다. 모세
는 온 이스라엘에서 능력 있는 사람들을 뽑아, 그들을 천 명, 백 명, 오십 명,
열 명으로 조직된 사람들의 지도자로 세웠다. 그들은 백성 사이의 문제를 재
판하는 일상적인 일을 맡았다. 그들은 자신들이 판결하기 어려운 사안은 모
세에게 가져왔고, 일상적인 문제는 자신들이 재판했다. 얼마 후에 모세는 장

인을 떠나보냈다. 모세의 장인은 자기 고향으로 돌아갔다.

시내 산

19

1-2 이집트를 떠난 지 세 달이 지난 뒤에 이스라엘 자손은 시내 광
야로 들어갔다. 그들은 르비딤을 떠나 시내 광야에 이르렀다. 이
스라엘은 그곳 산 앞에 진을 쳤다.
3-6 모세가 하나님을 뵈러 올라가자, **하나님**께서 산에서 그를 불러 말씀하셨
다. "너는 야곱의 집에 말하고, 이스라엘 백성에게 전하여라. '너희는 내가
이집트 사람들에게 한 일을 보았고, 내가 어떻게 너희를 독수리 날개에 태워
내게 데려왔는지도 보았다. 너희가 내 말을 순종하는 마음으로 듣고 내 언약
을 지키면, 너희는 모든 민족 가운데서 나의 특별한 보배가 될 것이다. 온 세
상이 나의 것이지만, 너희는 내가 특별히 선택한 민족이다. 너희는 제사장
나라, 거룩한 민족이다.'
너는 이 말을 이스라엘 백성에게 꼭 전하여라."
7 모세가 돌아와서 이스라엘의 장로들을 불러 모으고, **하나님**께서 그에게 명
령하신 모든 말씀을 그들 앞에 전했다.
8 백성이 한목소리로 이렇게 응답했다. "**하나님**께서 말씀하시는 모든 것을
우리가 다 행하겠습니다." 모세는 백성이 한 말을 **하나님**께 전했다.

9 **하나님**께서 모세에게 말씀하셨다. "준비하여라. 내가 짙은 구름 속에서 네
게 나타나겠다. 그러면 내가 너와 이야기하는 것을 백성이 듣고 너를 온전히
신뢰하게 될 것이다." 모세가 백성이 한 말을 다시 한번 **하나님**께 전했다.
10-13 **하나님**께서 모세에게 말씀하셨다. "너는 백성에게 가서, 거룩한 **하나님**
을 뵐 수 있도록 앞으로 이틀 동안 그들을 준비시켜라. 그들에게 옷을 깨끗
이 빨게 하여, 셋째 날에는 준비를 다 마치게 하여라. 이는 셋째 날에 **하나님**
이 시내 산에 내려가서, 온 백성 앞에 나의 존재를 알릴 것이기 때문이다. 너
는 백성을 위해 산 모든 주위에 경계선을 정하고, 이렇게 일러 주어라. '경고

한다! 산에 오르지 마라. 산에 한 발짝도 들여놓지 마라. 누구든지 산에 접
근하는 자는 반드시 죽음을 면치 못할 것이다. 이 명령을 어긴 그 자에게 아
무도 손대지 말고, 돌로 쳐서 죽여야 한다. 아니면 화살을 쏘아 죽여야 한다.
짐승이든 사람이든, 반드시 죽여야 한다.'
뿔나팔소리가 길게 울리면, 그것은 백성이 산에 올라와도 좋다는 신호다."
14-15 모세가 산에서 내려와 백성에게 거룩한 만남을 준비하게 하니, 그들이
저마다 자기 옷을 깨끗이 빨았다. 모세가 백성에게 말했다. "셋째 날을 준비
하고, 여자와 잠자리를 같이하지 마십시오."
16 셋째 날 새벽녘에, 천둥소리가 크게 울리고 번개가 치고 짙은 구름이 산을
뒤덮었다. 귀청을 찢는 듯한 나팔소리가 울려 퍼졌다. 진 안에 있던 모든 백
성이 두려워 떨었다.
17 모세는 백성이 하나님을 만날 수 있도록, 그들을 이끌고 진 밖으로 나왔
다. 그들은 긴장하며 산기슭에 섰다.
18-20 **하나님**께서 불 가운데 그곳으로 내려오시니, 시내 산에 연기가 자욱했
다. 마치 용광로에서 나오는 것처럼 연기가 뿜어져 나왔다. 산 전체가 크게
흔들리며 진동했다. 나팔소리가 점점 크게 울려 퍼졌다. 모세가 아뢰자, **하**
나님께서 천둥소리로 응답하셨다. 하나님께서 시내 산 꼭대기로 내려오셨
다. **하나님**께서 모세를 산꼭대기로 부르시니, 모세가 올라갔다.
21-22 **하나님**께서 모세에게 말씀하셨다. "너는 내려가서, 백성에게 경고하여
라. **하나님**을 보겠다고 경계선을 넘어 들어오다가 많은 사람들이 죽는 일이
없게 하여라. 제사장들에게도 경고하여, 거룩한 만남을 준비하게 하여라. 그
렇게 하지 않으면 **하나님**이 그들을 칠 것이다."
23 모세가 **하나님**께 아뢰었다. "백성은 시내 산에 올라올 수 없습니다. **하나**
님께서 '산 주위에 경계선을 정해서, 거룩한 산 앞에서 경외심을 가져라' 하
고 우리에게 이미 경고하셨기 때문입니다."
24 **하나님**께서 모세에게 말씀하셨다. "내려가서 아론을 데리고 다시 올라오
너라. 그러나 제사장들과 백성이 경계선을 넘어 **하나님**에게 올라오는 일이
없게 하여라. 경계선을 넘으면, **하나님**이 그들을 칠 것이다."

25 모세가 백성에게 내려가서, 그들에게 전했다.

십계명

20

1-2 **하나님**께서 이 모든 말씀을 하셨다.
"나는 너희를 이집트 땅,
종살이에서 이끌어 낸
하나님 너희 하나님이다.
3 나 외에, 다른 신을 섬기지 마라.
4-6 날아다니는 것이나 걸어 다니는 것이나 헤엄쳐 다니는 것이나, 크기와 모
양과 형상이 어떠하든지, 신상들을 새겨 만들지 마라. 그것들에게 절하거나
그것들을 섬기지 마라. 나는 **하나님** 너희 하나님이며, 몹시도 질투하는 하나
님이다. 나를 미워하는 사람에게는, 내가 그들의 죄를 자녀들에게 넘겨줄 뿐
아니라, 삼사 대 자손에 이르기까지 그 죄를 벌할 것이다. 그러나 나를 사랑
하고 내 계명을 지키는 사람에게는, 내가 천 대에 이르기까지 한결같은 성실
로 대한다.
7 **하나님** 너희 하나님의 이름을, 저주하거나 실없이 농담을 하는 데 사용하
지 마라. 나 **하나님**은, 그 이름을 경건하지 못한 일에 사용하는 것을 참지 않
을 것이다.
8-11 안식일을 기억하여 거룩하게 지켜라. 육 일 동안 일하면서 네 할 일을 다
하여라. 그러나 일곱째 날은 **하나님** 너희 하나님의 안식일이다. 그날에는 아
무 일도 하지 마라. 너희와 너희 아들딸, 너희 남종과 여종, 너희 집짐승, 심
지어 너희 마을을 방문한 손님도 일을 해서는 안된다. **하나님**이 육 일 동안
하늘과 땅과 바다와 그 안에 있는 모든 것을 만들고, 일곱째 날에 쉬었기 때
문이다. 그러므로 **하나님**이 안식일을 복되게 하고, 그날을 구별하여 거룩한
날로 삼은 것이다.
12 너희 부모를 공경하여라. 그러면 **하나님** 너희 하나님이 너희에게 주는 땅
에서 오래도록 살 것이다.
13 살인하지 마라.

14 간음하지 마라.
15 도둑질하지 마라.
16 너희 이웃에 대해 거짓말하지 마라.
17 너희 이웃의 집이나 그 아내, 남종이나 여종, 소나 나귀를 탐내지 마라. 너
희 이웃의 소유는 무엇이든 너희 마음에 두지 마라."

❦

18-19 온 백성이 천둥소리와 번개와 나팔소리와 연기 자욱한 산을 보고 두려
워하며 뒤로 멀찍이 물러섰다. 그들이 모세에게 말했다. "당신이 우리에게
말씀하십시오. 우리가 듣겠습니다. 하나님께서 우리에게 말씀하시지 않게
해주십시오. 하나님께서 직접 말씀하시면, 우리는 죽습니다."
20 모세가 백성에게 말했다. "두려워하지 마십시오. 하나님께서 오신 것은,
여러분을 시험하고 여러분 안에 깊은 경외심을 심어 주어, 여러분이 죄짓지
않게 하시려는 것입니다."
21 모세가 하나님이 계신 짙은 구름 쪽으로 가까이 나아가는 동안, 백성은 멀
리 떨어져 서 있었다.

22-26 **하나님**께서 모세에게 말씀하셨다. "너는 이 **메시지**를 이스라엘 백성에
게 전하여라. '내가 하늘에서부터 너희와 이야기하는 것을 너희는 직접 경험
했다. 너희는 은이나 금으로 신상들을 만들어서 내 옆에 두지 마라. 너희는
나를 위해 흙으로 제단을 만들고, 그 위에 너희의 양과 소를 번제물과 화목
제물로 바쳐라. 내가 내 이름을 존귀하게 여겨 예배하도록 한 곳이면 어디든
지 함께 있어 너희에게 복을 주겠다. 너희가 나를 위해 돌로 제단을 만들려
거든, 다듬은 돌은 쓰지 마라. 돌에 정을 대는 것은 제단을 더럽히는 짓이다.
계단을 이용해 내 제단에 오르지 마라. 그러면 너희 벌거벗은 몸이 드러나기
때문이다.'"

여러 가지 규례와 법도

21

1 "네가 백성 앞에서 제시할 규례와 법도는 이러하다.
2-6 너희가 히브리 종을 산 경우, 그는 여섯 해 동안을 종으로 섬기
고, 일곱째 해에는 몸값을 치르지 않고도 자유의 몸이 된다. 그가 혼자 몸으
로 들어왔으면 혼자 몸으로 나가고, 결혼한 몸으로 들어왔으면 아내를 데리
고 나갈 수 있다. 주인이 그에게 아내를 얻어 주어서 그 아내가 아들딸을 낳
았으면, 그의 아내와 아이들은 주인의 집에 머무르고 그 혼자서만 떠날 수
있다. 그러나 그 종이 '저는 주인님과 제 아내와 아이들을 사랑합니다. 저는
자유를 원하지 않습니다' 하고 말하면, 주인은 그를 하나님 앞으로 데리고
가서 그의 귀를 문이나 문기둥에 대고 송곳으로 뚫는다. 이것은 그가 평생
동안 종이 되었다는 표시다.
7-11 어떤 사람이 자기 딸을 종으로 판 경우, 그녀는 여섯 해가 지나도 남자처
럼 자유의 몸이 될 수 없다. 주인이 그녀를 마음에 들어 하지 않으면, 그녀
의 가족은 그녀를 다시 사 와야 한다. 그녀의 주인은 약속을 어겼으므로, 그
녀를 외국인에게 팔 권리가 없다. 그녀를 자기 아들에게 양도하기로 했으면,
주인은 그녀를 딸처럼 대해 주어야 한다. 주인이 다른 여인을 아내로 맞아들
이더라도, 음식과 의복과 부부관계에 대한 그녀의 권리는 온전히 유지해 주
어야 한다. 주인이 이 세 가지 의무 가운데 어느 하나라도 이행하지 않으면,
그녀는 몸값을 치르지 않고도 자유의 몸이 된다.
12-14 사람을 때려서 죽게 한 자는 사형에 처해야 한다. 그러나 고의로 죽인 것
이 아니라 불가항력적으로 발생한 우발적 사고라면, 그 살인한 자가 도망하
여 은신할 곳을 내가 따로 정해 주겠다. 그러나 계획적이고 교활한 흉계에 의
한 살인이라면, 설령 그가 내 제단에 있더라도 끌어내어 사형에 처해야 한다.
15 부모를 때린 자는 사형에 처해야 한다.
16 사람을 유괴한 자는, 그 사람을 팔았든 데리고 있든 상관없이 사형에 처해
야 한다.
17 부모를 저주한 자는 사형에 처해야 한다.
18-19 사람들이 서로 싸우다가 한 사람이 다른 사람을 돌이나 주먹으로 때려

서 상처를 입혔는데, 맞은 사람이 죽지 않고 자리에 누웠다가 나중에 나아서 목발을 짚고 다닐 수 있게 되었으면, 때린 사람은 형벌을 받지 않는다. 하지만 그동안 입은 손해를 보상하고 다친 사람이 완전히 회복될 때까지 책임을 져야 한다.

20-21 어떤 주인이 남종이나 여종을 몽둥이로 때려 그 종이 그 자리에서 죽으면, 그 종의 억울함을 갚아 주어야 한다. 그러나 그 종이 하루나 이틀을 더 살면, 그의 억울함을 갚아 주지 않아도 된다. 종은 주인의 재산이기 때문이다.

22-25 사람들이 서로 싸우다가 임신한 여자를 쳐서 유산하게 했으나 상처를 입히지 않았으면, 가해자는 무엇이든 그 여자의 남편이 요구하는 것으로 변상해야 한다. 그러나 그 이상의 해를 입힌 경우에는, 목숨에는 목숨으로, 눈에는 눈으로, 이에는 이로, 손에는 손으로, 발에는 발로, 화상에는 화상으로, 상처에는 상처로, 타박상에는 타박상으로 갚아야 한다.

26-27 어떤 주인이 남종이나 여종의 눈을 때려서 멀게 했으면, 주인은 그 눈으로 인해 그 종을 자유의 몸으로 내보내야 한다. 주인이 남종이나 여종의 이를 쳐서 부러뜨렸으면, 주인은 그 이로 인해 그 종을 풀어 주고 자유의 몸으로 내보내야 한다.

28-32 소가 남자나 여자를 들이받아 죽게 했으면, 그 소는 돌로 쳐서 죽여야 한다. 그 고기는 먹어서는 안되며, 이 경우에 소의 주인은 벌을 받지 않는다. 그러나 그 소가 들이받은 적이 있고 주인이 그것을 알고도 미리 조치를 취하지 않아 소가 남자나 여자를 죽인 경우에는, 그 소는 돌로 쳐서 죽이고 그 주인도 사형에 처해야 한다. 만일 사형을 받는 대신에 배상금을 주기로 합의했으면, 그는 자기 목숨을 되찾기 위해 배상금을 충분히 치러야 한다. 소가 남의 아들이나 딸을 들이받은 경우에도, 동일한 판결이 적용된다. 소가 남의 남종이나 여종을 들이받은 경우에는, 종의 주인에게 은 삼십 세겔을 지불하고 그 소는 돌로 쳐서 죽여야 한다.

33-34 어떤 사람이 구덩이의 덮개를 열어 놓거나 구덩이를 파고 덮개를 덮지 않아서 소나 나귀가 거기에 빠졌으면, 구덩이 주인은 짐승의 주인에게 짐승의 값을 치러 배상해야 한다. 그러나 죽은 짐승은 구덩이 주인의 차지가 된다.

35-36 어떤 사람의 소가 이웃의 소를 다치게 하여 죽게 했으면, 살아 있는 소
를 팔아서 그 돈을 나누어 갖고 죽은 소도 나누어 가져야 한다. 그러나 그 소
가 들이받은 적이 있고 주인이 그것을 알고도 미리 조치를 취하지 않은 경우
에는, 소의 주인은 살아 있는 소로 배상하고 죽은 소를 차지한다."

22 1-3 "어떤 사람이 소나 양을 훔쳐서 그것을 잡거나 팔았으면, 그는
훔친 소 대신에 소 다섯 마리를, 훔친 양 대신에 양 네 마리를 배
상해야 한다. 도둑이 어느 집에 침입하다가 붙잡혀서 맞아 죽었으면, 살인죄
가 성립되지 않는다. 그러나 그것이 날이 밝은 후에 일어난 일이면, 살인죄
가 성립된다.
3-4 도둑은 자신이 훔친 것에 대해 충분히 배상해야 한다. 갚을 능력이 없는
사람은 자기 몸을 팔아 종이 되어서라도 훔친 것을 갚아야 한다. 그가 현장
에서 잡혔을 경우, 훔친 소나 나귀나 양이 아직 살아 있으면, 그는 두 배로
갚아야 한다.
5 어떤 사람이 자기 밭이나 포도밭에서 가축을 풀어 놓아 먹이다가, 그 가축
이 다른 사람의 밭에 들어가서 뜯어 먹었으면, 가축의 주인은 자기 밭이나
포도밭에서 난 가장 좋은 것으로 배상해야 한다.
6 불이 나서 덤불로 번져 낟가리나 아직 거두지 않은 곡식이나 밭 전체를 태
워 버렸으면, 불을 놓은 사람이 그 피해를 배상해야 한다.
7-8 어떤 사람이 이웃에게 돈이나 물건을 보관해 달라고 맡겼는데 그 맡은 사
람의 집에 도둑이 든 경우, 도둑이 잡히면 그 도둑은 두 배로 배상해야 한다.
도둑이 잡히지 않으면, 그 집의 주인을 하나님 앞으로 데려가서, 그가 이웃
의 물건에 손을 댔는지 안 댔는지 여부를 판결받아야 한다.
9 소나 나귀나 양이나 의복이나 그 밖의 어떤 유실물이든지, 도난당했다가
찾은 물건을 두고 서로 자기 것이라고 주장하는 경우에는, 두 당사자가 재
판관 앞으로 가야 한다. 재판관에게 유죄 판결을 받은 사람은 상대방에게 두
배로 배상해야 한다.

10-13 어떤 사람이 나귀나 소나 양이나 그 밖의 짐승을 보호해 달라고 다른 사
람에게 맡겼는데, 그 짐승이 죽거나 다치거나 없어졌지만 이를 목격한 사람
이 없는 경우, 그 맡았던 사람은 **하나님** 앞에서 맹세하여 자신이 상대방의
재산에 손을 대지 않았음을 밝혀야 한다. 짐승의 주인은 그 맹세를 받아들이
고 배상을 요구해서는 안된다. 그러나 그것이 도둑맞은 것으로 밝혀지면, 그
주인은 배상받을 수 있다. 그것이 들짐승에게 찢겨 죽었으면, 찢겨 죽은 짐
승을 증거물로 제시하고 배상금은 지불하지 않아도 된다.
14-15 어떤 사람이 이웃에게서 짐승을 빌렸는데, 주인이 없는 사이에 그 짐승
이 상처를 입거나 죽은 경우, 그는 그것에 대해 배상해야 한다. 그러나 주인
이 그 자리에 함께 있었으면, 배상하지 않아도 된다. 그 짐승이 세를 내고 빌
려 온 것이면, 그 세를 내는 것으로 배상해야 한다."

16-17 "어떤 사람이 약혼하지 않은 처녀를 꾀어 잠자리를 같이했으면, 그는 결
혼 비용을 주고 그녀와 결혼해야 한다. 그녀의 아버지가 그녀를 절대 주지
않겠다고 하더라도, 그 사람은 처녀의 결혼 비용을 물어야 한다.
18 마술을 부리는 여자는 살려 두지 마라.
19 짐승과 교접하는 자는 사형에 처해야 한다.
20 **하나님** 한분 외에 다른 신에게 제사를 드리는 자는 사형에 처해야 한다.
21 나그네를 학대하거나 착취하지 마라. 너희도 한때 이집트에서 나그네였음
을 기억하여라.
22-24 과부나 고아를 학대하지 마라. 너희가 그들을 학대해서 그들이 내게 부
르짖으면, 내가 그 부르짖음을 반드시 귀 기울여 들을 것이다. 내가 몹시 진
노를 드러내어, 칼을 들고 맹렬히 너희 가운데로 갈 것이다. 그러면 너희 아
내는 과부가 되고 너희 자녀는 고아가 될 것이다.
25 너희 가운데서 아무것도 가진 것 없는 내 백성에게 돈을 꾸어 주었으면,
심하게 독촉하지 말고 이자도 받지 마라.
26-27 너희가 이웃의 겉옷을 담보물로 잡았으면, 해가 지기 전에 돌려주어라.

그에게 덮을 것이라고는 그것뿐인데, 그가 무엇을 덮고 자겠느냐? 네 이웃
이 추워서 부르짖으면, 내가 직접 나설 것이다. 나는 자비로운 하나님이다.
28 하나님에게 욕이 되는 말을 하지 말고, 너희의 지도자들을 저주하지 마라.
29-30 너희의 포도주 통이 가득 차거든 내게 바치는 것을 아까워하지 마라.
너희의 맏아들은 내게 바쳐라. 너희의 소와 양도 처음 태어난 것은 내게 바
쳐라. 칠 일 동안은 어미와 함께 있게 하고, 그 후에 내게 바쳐라.
31 너희는 나를 위해 거룩하여라.
들에서 찢겨 죽은 짐승을 발견하거든, 그 고기를 먹지 마라. 그것은 개에게
나 던져 주어라."

⁂

23 1-3 "악의에 찬 소문을 옮기지 마라.
악인과 어울려 불의한 증언을 하지 마라. 다수의 사람이 악을 행
하더라도 그들을 따라가지 말고, 다수의 마음에 들려고 거짓으로 증언하지
마라. 또 어떤 사람이 가난하다고 해서, 소송에서 그를 편들지도 마라.
4-5 너희 원수의 소나 나귀가 돌아다니는 것을 보거든, 그 주인에게 데려다
주어라. 너희를 미워하는 자의 나귀가 짐에 눌려 힘없이 쓰러져 있는 것을
보거든, 그냥 지나치지 말고 가서 일으켜 주어라.
6 가난한 사람들과 관련된 소송이 일어나거든, 그들에게 돌아가야 할 마땅한
권리를 조작하지 마라.
7 거짓 고발을 멀리하여라. 죄 없는 사람과 선한 사람을 죽이는 일에 끼어들
지 마라. 나는 악인의 죄를 눈감아 주지 않는다.
8 뇌물을 받지 마라. 뇌물은 선한 사람의 눈을 멀게 하고 선한 사람의 말을
왜곡시킨다.
9 나그네를 착취하지 마라. 너희가 나그네의 처지를 잘 알지 않느냐. 너희도
한때 이집트 땅에서 나그네였다.
10-11 너희는 여섯 해 동안 땅에 씨를 뿌리고 그 농작물을 거두어들여라. 그러
나 일곱째 해에는 그 땅을 묵히고 놀려서, 가난한 사람들이 그 땅에서 나는

것을 먹게 하여라. 그들이 남긴 것은 들짐승이 먹게 하여라. 너희의 포도밭
과 올리브밭도 그렇게 해야 한다.
12 너희는 육 일 동안 일하고 일곱째 날에는 쉬어야 한다. 그래야 너희의 소
와 나귀도 쉬고, 너희의 종과 이주 노동자들도 쉴 시간을 얻게 될 것이다.
13 내가 너희에게 하는 모든 말을 잘 들어라. 다른 신들은 거들떠보지도 말
고, 그 이름을 입에 담지도 마라."

지켜야 할 세 가지 절기

14 "너희는 일 년에 세 차례, 나를 위해 절기를 지켜야 한다.
15 내가 너희에게 명령한 대로, 너희는 아빕월 정한 때에 칠 일 동안 누룩을
넣지 않은 빵을 먹으며 봄의 절기인 무교절을 지켜라. 그달에 너희가 이집트
에서 나왔기 때문이다. 아무도 내 앞에 빈손으로 나와서는 안된다.
16 밭에서 수고하여 얻은 첫 열매를 거두어들일 때에 여름 절기인 맥추절을
지켜라.
일 년 농사를 거두어들이는 한 해의 끝에 가을 절기인 수장절을 지켜라.
17 너희의 모든 남자는 일 년에 세 차례, 주 하나님 앞에 나와야 한다."

18 "내게 바치는 희생 제물의 피를 누룩을 넣은 것과 함께 바치지 마라.
절기 때 내게 바친 제물의 지방을 아침까지 남겨 두지 마라.
19 한 해의 첫 열매 가운데 가장 좋은 것을 너희 하나님의 집으로 가져오너라.
새끼 염소를 그 어미의 젖에 삶지 마라."

❦

20-24 "이제 마음을 가다듬고 준비하여라. 내가 너희 앞에 천사를 보내어 너희
가는 길에서 너희를 지키고, 내가 예비해 둔 곳으로 너희를 인도하도록 하겠
다. 너희는 그에게 세심한 주의를 기울여, 그의 말에 순종하고 그를 거역하
지 마라. 그가 나의 권한으로 행동하는 까닭에, 너희의 반역을 참지 않을 것
이다. 그러나 너희가 그의 말에 순종하고 내가 너희에게 이르는 모든 것을

행하면, 내가 너희 원수들에게 원수가 되고 너희 적들과 맞서 싸우겠다. 내가 보낸 천사가 너희보다 앞서 가서 너희를 아모리 사람과 헷 사람과 브리스 사람과 가나안 사람과 히위 사람과 여부스 사람의 땅으로 인도할 때에, 내가 그 민족들을 깨끗이 없애 버리겠다. 그러니 그들의 신들을 숭배하지도 말고 섬기지도 마라. 내가 그들을 지면에서 쓸어버리고, 그들이 신성하게 여기는 남근 모양의 기둥들을 산산이 부수어 버릴 것이니, 너희는 그들이 하는 짓을 조금도 따라 하지 마라."

25-26 "너희는 너희 **하나님**을 섬겨라. 그러면 내가 너희의 음식과 물에 복을
줄 것이다. 내가 너희 중에서 병을 제거할 것이니, 너희 땅에서는 유산하는
일도 없고 임신하지 못하는 여인도 없을 것이다. 내가 반드시 너희가 풍족하
고 흠잡을 데 없는 삶을 살게 하겠다.
27 내가 공포를 너희 앞에 보내어, 너희가 맞서야 할 민족들을 혼란에 빠뜨리
겠다. 너희는 너희 원수들의 뒤통수만 보게 될 것이다.
28-31 또한 내가 절망을 너희 앞에 보내어, 히위 사람과 가나안 사람과 헷 사
람을 너희 앞에서 몰아내겠다. 내가 그들을 단번에 없애 버리지는 않을 것이
다. 이는 그 땅이 잡초로 무성해지고 들짐승들이 그 땅을 차지하는 일을 막
으려는 것이다. 내가 그들을 그 땅에서 서서히 몰아내겠다. 그동안에 너희는
너희의 곡물을 잘 자라게 할 기회를 얻고 그 땅을 너희 소유로 삼게 될 것이
다. 나는 너희의 경계를 홍해에서 지중해까지 그리고 광야에서 유프라테스
강까지 뻗어 가게 하고, 그 땅에 살고 있는 모든 사람을 너희 손에 넘겨주겠
다. 그러니 어서 가서 그들을 쫓아내어라.
32-33 그들이나 그들의 신들과 타협하지 마라. 그들이 그 땅에서 너희와 함께
머물지 못하게 해야 한다. 그러지 않으면, 그들이 너희를 꾀어 죄짓게 하고 그
들의 신들을 섬기게 할 것이다. 조심하여라. 그것은 대단히 위험한 일이다."

시내 산에서 언약을 맺다

24

1-2 **하나님**께서 모세에게 말씀하셨다. "너는 아론과 나답과 아비후
와 이스라엘의 장로 칠십 명과 함께 산에 올라 **하나님**에게 오너
라. 그들은 멀찍이 서서 경배하고, 모세 너는 **하나님**에게 가까이 오너라. 나
머지 사람들은 가까이 와서는 안된다. 백성은 결코 산에 올라와서는 안된다."
3 모세가 백성에게 가서 **하나님**께서 말씀하신 모든 것, 곧 모든 법도와 규례
를 말해 주었다. 그들이 한목소리로 대답했다. "**하나님**께서 말씀하신 모든
것을 우리가 행하겠습니다."
4-6 모세는 **하나님**께서 말씀하신 모든 것을 기록했다. 그는 이튿날 아침 일찍
일어나, 이스라엘 열두 지파를 상징하는 열두 개의 돌기둥을 사용하여 산기
슭에 제단을 쌓았다. 그런 다음 이스라엘의 젊은이들에게 지시하여, 소를 잡
아 번제물과 화목 제물을 드리게 했다. 모세는 그 피의 절반을 가져다가 그
릇에 담고, 나머지 절반은 제단에 뿌렸다.
7 모세가 언약의 책을 들고 낭독하니, 백성이 귀 기울여 들었다. 그들은 "**하**
나님께서 말씀하신 모든 것을 우리가 행하겠습니다. 우리가 순종하겠습니
다" 하고 말했다.
8 모세가 남은 피를 가져다가 백성에게 뿌리며 말했다. "이것은 내가 전한 이
모든 말씀에 따라 **하나님**께서 여러분과 맺으신 언약의 피입니다."

⁂

9-11 그 후에 모세와 아론과 나답과 아비후와 이스라엘의 장로 칠십 명이 산
으로 올라가서 이스라엘의 하나님을 뵈었다. 하나님께서는 청보석을 깔아
놓은 것 같은, 하늘빛처럼 맑고 깨끗한 곳에 서 계셨다. 하나님께서 이스라
엘 자손의 기둥 같은 이 지도자들을 치지 않으셨다. 그들은 하나님을 뵙고
서, 먹고 마셨다.

12-13 **하나님**께서 모세에게 말씀하셨다. "산의 더 높은 곳으로 올라와서, 거기
서 나를 기다려라. 내가 그들을 가르치려고 교훈과 계명을 기록한 두 돌판을

네게 주겠다." 모세가 자신의 부관 여호수아와 함께 일어나 하나님의 산으로
올라갔다.
14 모세가 이스라엘의 장로들에게 말했다. "우리가 돌아올 때까지 여기서 우
리를 기다리십시오. 아론과 훌이 여러분과 함께 있으니, 무슨 문제가 생기면
그들에게 가십시오."
15-17 모세가 산에 오르자, 구름이 산을 덮었다. **하나님**의 영광이 시내 산 위
에 머무르고, 육 일 동안 구름이 산을 뒤덮었다. 일곱째 날에 **하나님**께서 구
름 속에서 모세를 부르셨다. 산 밑에 있던 이스라엘 자손의 눈에는 **하나님**의
영광이 산꼭대기에서 맹렬히 타는 불처럼 보였다.
18 모세는 구름 속으로 들어가 산으로 올라갔다. 모세는 밤낮으로 사십 일을
그 산에 있었다.

성소를 지을 예물

25

1-9 **하나님**께서 모세에게 말씀하셨다. "너는 이스라엘 자손에게
말하여, 나를 위해 예물을 마련하게 하여라. 자원하는 마음으로
바치는 모든 사람의 예물을 받아라. 그들에게서 받을 예물은 이러하다. 금과
은과 청동, 청색 실과 자주색 실과 주홍색 실, 가는 모시실, 염소 털, 가공한
숫양 가죽, 돌고래 가죽, 아카시아나무, 등잔에 쓸 기름, 거룩하게 구별하는
기름에 넣는 향료와 분향할 향에 넣는 향료, 에봇과 가슴받이에 박을 마노와
그 밖의 보석들이다. 내가 그들 가운데 머물 수 있도록 그들에게 나를 위한
성소를 지으라고 하여라. 너는 내가 네게 준 설계대로, 곧 성막의 도안과 거
기서 쓸 모든 기구의 도안대로 지어야 한다."

언약궤

10-15 "먼저 그들을 시켜 아카시아나무로 궤를 만들어라. 길이 1.12미터, 너비
와 높이는 67.5센티미터가 되게 하고, 궤의 안과 밖에 순금을 입히고 그 둘
레에는 금테를 둘러라. 금고리 네 개를 주조하여 궤의 네 다리에 달되, 한쪽
에 고리 두 개, 다른 한쪽에 고리 두 개를 달아라. 아카시아나무로 채를 만들

어 금을 입히고, 그 채를 궤 양쪽에 달린 고리에 끼워서 궤를 들 수 있게 하
여라. 채는 고리에 끼워 두고 빼내지 마라.
16 내가 네게 줄 증거판을 그 궤 속에 넣어 두어라.
17 그 궤의 덮개, 곧 속죄판을 순금으로 만들되, 길이 1.12미터, 너비 67.5센
티미터가 되게 하여라.
18-22 두들겨 편 금으로 날개 달린 천사 둘을 조각하여, 속죄판의 양쪽 끝에
자리 잡게 하여라. 천사 하나는 이쪽 끝에, 다른 하나는 저쪽 끝에 자리 잡게
하되, 천사들과 속죄판이 하나로 이어지게 하여라. 천사들은 날개를 활짝 펴
서 속죄판 위에 머물게 하고, 서로 마주 보며 속죄판을 내려다보게 하여라.
속죄판을 덮개로 삼아 궤 위에 얹고, 궤 안에는 내가 네게 줄 증거판을 넣어
두어라. 내가 정한 때에 거기서 너를 만날 것이다. 속죄판 위, 곧 증거궤 위
에 있는 두 천사 사이에서 내가 너와 이야기하고, 내가 이스라엘 자손에게
내릴 명령들을 네게 말해 주겠다."

임재의 빵을 차려 놓는 상

23-28 "다음으로 아카시아나무로 상을 만들어라. 길이 90센티미터, 너비 45센
티미터, 높이 67.5센티미터가 되게 하고, 그 위에 순금을 입히고, 그 둘레에
는 금테를 둘러라. 상 둘레에 손바닥 너비만한 턱을 만들고, 그 턱의 둘레에
도 금테를 둘러라. 금고리 네 개를 만들어, 상의 네 다리에 달되, 상의 윗면
과 평행이 되게 하여라. 그 고리들은 상을 나를 때 쓰는 채를 끼우는 데 사용
될 것이다. 채는 아카시아나무로 만들고 거기에 금을 입혀서, 상을 나를 때
사용하여라.
29 접시와 대접과 단지, 그리고 부어 드리는 제물을 담는 주전자를 만들어라.
이것들은 순금으로 만들어라.
30 갓 구운 임재의 빵을 그 상 위에, 곧 내 앞에 항상 놓아두어라."

등잔대

31-36 "두들겨 편 순금으로 등잔대를 만들어라. 등잔대의 줄기와 가지와 잔과

꽃받침과 꽃잎이 모두 하나로 이어지게 하여라. 등잔대의 줄기 양쪽에 가지 여섯 개를 내되, 한쪽에 세 개, 다른 한쪽에 세 개를 내어라. 가지에는 꽃받침과 꽃잎이 달린 감복숭아꽃 모양의 잔 세 개를 얹어라. 줄기에서 나온 가지 여섯 개를 모두 그렇게 만들어라. 등잔대의 줄기에는 꽃받침과 꽃잎이 달린 감복숭아꽃 모양의 잔 네 개를 만들어 달되, 줄기에서 양쪽으로 갈라져 나온 가지 한 쌍마다 그 아래에 꽃받침을 하나씩 달아라. 두들겨 편 순금으로 등잔대를 만들되, 전체가 하나로 이어지게 만들어라.

37-38 등잔 일곱 개를 만들어 상 앞쪽을 비추게 하여라. 심지 자르는 가위와 재를 담는 접시도 순금으로 만들어라.

39-40 순금 약 34킬로그램을 사용하여 등잔대와 그 부속 기구들을 만들어라. 내가 산에서 네게 준 도안을 잘 살펴서, 모든 것을 그대로 만들어라."

성막

26

1-6 "성막을 만들되, 가늘게 꼰 모시실과 청색 실과 자주색 실과 주홍색 실로 짜서 그룹 천사 문양을 수놓은 열 폭의 천으로 만들어라. 이 일은 숙련된 장인이 맡아야 한다. 열 폭의 천은 각각 길이 12.6미터, 너비 1.8미터로 하되, 다섯 폭을 옆으로 나란히 이어 한 벌이 되게 하고, 나머지 다섯 폭도 옆으로 나란히 이어 한 벌이 되게 하여라. 나란히 이은 한 벌의 한쪽 가장자리를 따라 청색 실로 고리를 만들고, 나란히 이은 다른 벌의 한쪽 가장자리에도 그렇게 하여, 두 벌의 마지막 폭에 각각 오십 개의 고리를 만들어라. 금으로 갈고리 오십 개를 만들고, 그것으로 두 벌의 천을 서로 연결하여 하나의 온전한 성막이 되게 하여라.

7-11 그런 다음 염소 털로 짜서 만든 열한 폭의 천으로 성막을 덮을 천막을 만들어라. 천 한 폭의 길이는 13.5미터, 너비는 1.8미터로 하되, 천 다섯 폭을 나란히 이어 연결하고, 나머지 여섯 폭도 그렇게 연결하여라. 여섯 번째 폭은 반으로 접어 성막 앞쪽으로 걸치게 하여라. 나란히 이은 천의 한쪽 가장자리를 따라 고리 오십 개를 만들고, 맞물릴 쪽의 가장자리에도 고리 오십 개를 만들어라. 청동으로 갈고리 오십 개를 만들고, 그것을 양쪽 고리에 걸

어 하나의 천막이 되게 하여라.

12-14 여분으로 남은 천막의 반 폭은 성막의 뒤로 늘어뜨려라. 천막에서 양쪽 으로 45센티미터씩 남는 부분은 성막 양옆으로 늘어뜨려 성막을 덮게 하여라. 마지막으로, 붉게 물들인 가공한 숫양 가죽으로 천막 덮개를 만들고, 돌고래 가죽으로 그 위에 덮을 덮개를 만들어라.

15-25 아카시아나무 널판으로 성막의 뼈대를 세워라. 각 널판은 길이 4.5미터, 너비 67.5센티미터로 하고, 널판마다 촉꽂이 두 개를 만들어 널판을 고정시킬 수 있게 하여라. 모든 널판을 똑같이 만들어라. 남쪽에 세울 널판 스무 개와 은밑받침 마흔 개를 만들어, 널판마다 두 개씩 달려 있는 촉꽂이를 꽂을 수 있게 하여라. 성막의 북쪽도 같은 구조로 만들어라. 서쪽을 바라보는 성막의 뒤쪽에 세울 널판을 여섯 개 만들고, 성막 뒤쪽 두 모퉁이에 세울 널판을 추가로 두 개 더 만들어라. 두 모퉁이에 세울 널판은 두께가 위에서 아래까지 두 겹이 되게 하고, 하나의 고리에 끼워 맞추도록 하여라. 널판이 여덟 개이고, 각 널판에 밑받침이 두 개씩 있어, 은밑받침이 열여섯 개가 된다.

26-30 아카시아나무로 가로다지를 만들어라. 성막 한쪽 옆면 널판들에 다섯 개, 다른 쪽 옆면 널판들에도 다섯 개, 서쪽을 바라보는 성막 뒤쪽에도 다섯 개를 만들어라. 널판들의 가운데에 끼울 중간 가로다지는 이쪽 끝에서 저쪽 끝까지 이어지게 해야 한다. 널판에는 금을 입히고 가로다지를 꿸 금고리를 만들어라. 그리고 가로다지에도 금을 입혀라. 그런 다음 내가 산에서 네게 보여준 도안대로 성막을 세워라.

31-35 청색 실과 자주색 실과 주홍색 실과 가늘게 꼰 모시실로 휘장을 만들어라. 숙련된 장인을 시켜 휘장에 그룹 천사 문양을 짜 넣게 하여라. 그 휘장을 금갈고리에 걸어 아카시아나무로 만든 네 기둥에 드리워라. 네 기둥에는 금을 입히고, 은으로 만든 네 개의 밑받침 위에 그 기둥들을 세워라. 휘장을 갈고리에 걸어 드리우고 나서, 휘장 안쪽에 증거궤를 들여놓아라. 이 휘장이 성소와 지성소를 구분해 줄 것이다. 속죄판으로 지성소에 있는 증거궤를 덮어라. 상과 등잔대는 휘장 바깥쪽에 놓되, 등잔대는 성막 남쪽에 놓고 상은 맞은편 북쪽에 놓아라.

36-37 성막 문을 가리는 막을 만들어라. 청색 실과 자주색 실과 주홍색 실과 가늘게 꼰 모시실로 짜서 만들어라. 아카시아나무로 기둥 다섯 개를 만들고 금을 입혀서 그 막의 뼈대로 세우고, 막을 칠 수 있게 금갈고리도 만들어라. 그리고 기둥을 받치는 데 쓸 밑받침 다섯 개는 청동으로 주조하여라."

제단

27 1-8 "아카시아나무로 제단을 만들어라. 가로와 세로가 2.25미터의 정사각형 모양이 되게 하고, 높이는 1.35미터로 하여라. 네 귀퉁이에는 뿔을 하나씩 만들어 달되, 네 개의 뿔이 제단과 하나로 이어지게 하고 그 위에 청동을 입혀라. 재를 담는 통과 부삽, 대야, 고기 집게, 화로를 만들어라. 이 모든 기구는 청동으로 만들어라. 청동으로 그물 모양의 석쇠를 만들고 석쇠의 네 귀퉁이에 고리를 만들어 달아라. 그 석쇠를 제단 가장자리 밑에 달아 제단 중간에 자리하게 하여라. 제단을 드는 데 쓸 채는 아카시아나무로 만들고 거기에 청동을 입혀라. 제단 양쪽에 달린 고리에 그 채를 꿰어 제단을 나를 수 있게 하여라. 제단은 널판으로 만들되, 속이 비게 만들어라."

성막 뜰

9-11 "성막 뜰을 만들어라. 뜰의 남쪽 면은 길이가 45미터여야 한다. 성막 뜰을 두를 휘장은 가늘게 꼰 모시실로 짜고, 휘장을 칠 기둥 스무 개와 청동으로 만든 밑받침 스무 개, 은으로 만든 갈고리와 줄도 만들어라. 뜰의 북쪽 면도 남쪽 면과 똑같이 만들어라.

12-19 뜰의 서쪽 끝에는 길이 22.5미터 되는 휘장을 치고, 휘장을 칠 기둥 열 개와 밑받침 열 개를 만들어라. 뜰의 앞쪽, 곧 뜰의 동쪽 끝의 길이도 22.5미터로 하고, 한쪽에 기둥 세 개와 밑받침 세 개를 세우고, 길이 6.75미터 되는 휘장을 쳐라. 다른 한쪽도 똑같이 하여라. 뜰의 정문에는 청색 실과 자주색 실과 주홍색 실과 가늘게 꼰 모시실로 짜서 장인이 수를 놓은 9미터 길이의 막을 쳐라. 밑받침 네 개에 기둥 네 개를 세우고 그 위에 막을 쳐라. 뜰 사방에 세울 기둥은 은줄로 묶고, 은갈고리를 달고, 청동밑받침으로 받쳐야 한

다. 뜰의 길이는 45미터, 너비는 22.5미터여야 한다. 가늘게 꼰 모시실로 짜서 청동밑받침 위에 설치할 휘장의 높이는 2.25미터여야 한다. 성막의 말뚝과 뜰에 박을 말뚝을 비롯해 성막을 세우는 데 쓰는 모든 기구는 청동으로 만들어야 한다."

20-21 "이스라엘 자손에게 등불에 쓸 맑고 깨끗한 올리브기름을 가져오게 하여, 등불이 끊임없이 타오르게 하여라. 아론과 그의 아들들은 이 등불을 회막 안, 증거궤를 가리는 휘장 바깥쪽에 항상 켜 두어, 저녁부터 아침까지 하나님 앞에서 타오르게 해야 한다. 이것은 이스라엘 자손이 대대로 지켜야 할 영원한 규례다."

제사장의 예복

28 1-5 "너는 이스라엘 자손 가운데서 네 형 아론과 그의 아들들, 곧 나답과 아비후와 엘르아살과 이다말을 데려다가 나를 섬기는 제사장 일을 맡겨라. 네 형 아론을 위해 거룩한 예복을 지어 영광과 아름다움을 상징하게 하여라. 숙련된 장인들, 곧 내가 이 일에 재능을 부여한 사람들과 상의하고, 그들을 준비시켜 아론의 예복을 만들게 하여라. 이는 그를 거룩하게 구별하여 나를 섬기는 제사장으로 일하게 하려는 것이다. 그들이 지어야 할 옷은 가슴받이와 에봇과 겉옷과 속옷과 두건과 허리띠다. 네 형 아론과 그의 아들들에게 거룩한 예복을 만들어 주어, 그들이 나를 위해 제사장으로 일하게 하여라. 예복을 만드는 이들은 금실과 청색 실과 자주색 실과 주홍색 실과 가는 모시실로 만들어야 한다."

에봇

6-14 "숙련된 장인을 시켜, 금실과 청색 실과 자주색 실과 주홍색 실과 가늘게 꼰 모시실로 에봇을 만들게 하여라. 에봇은 양쪽 끝에 멜빵을 달아서 조일 수 있게 만들어라. 에봇 위에 매는 장식 허리띠는 에봇과 같은 재질로 만들되, 금실과 청색 실과 자주색 실과 주홍색 실과 가늘게 꼰 모시실로 만들고,

에봇에 이어 붙여 하나가 되게 해야 한다. 마노 보석 두 개를 가져다가 거기에 이스라엘의 아들들 이름을 태어난 순서에 따라 새겨 넣어라. 보석 하나에 여섯 명의 이름을 새기고, 다른 보석에 나머지 여섯 명의 이름을 새겨라. 보석 세공사가 인장을 새기듯이, 두 보석에 이스라엘의 아들들 이름을 새겨 넣어라. 그런 다음 그 두 보석을 세공한 금테에 물려라. 그 두 보석은 이스라엘 자손을 기념하는 보석이니 에봇의 양쪽 멜빵에 달아라. 아론이 이 이름들을 양 어깨에 짊어지고 **하나님** 앞에서 기념이 되게 할 것이다. 또 세공한 금테를 만들어라. 순금으로 사슬 두 개를 만들어 새끼줄처럼 꼰 다음, 그 꼰 사슬을 그 테에 달아라."

가슴받이

15-20 "이제 에봇을 만들 때와 마찬가지로, 숙련된 장인들을 동원하여 판결 가슴받이를 만들어라. 금실과 청색 실과 자주색 실과 주홍색 실과 가늘게 꼰 모시실을 사용하여 가로와 세로가 23센티미터인 정사각형 모양으로 두 겹이 되게 만들어라. 거기에 값진 보석을 네 줄로 박아 넣어라.

첫째 줄에는 홍옥수와 황옥과 취옥을
둘째 줄에는 홍옥과 청보석과 수정을
셋째 줄에는 청옥과 마노와 자수정을
넷째 줄에는 녹주석과 얼룩 마노와 벽옥을 박아 넣어라.

20-21 이 보석들을 세공한 금테에 물려라. 열두 보석은 이스라엘의 아들들의 수대로 열둘이다. 인장을 새기듯이 보석마다 각 사람의 이름을 새겨 넣어 열두 지파를 나타내게 하여라.

22-28 가슴받이를 매달 사슬은 순금으로 새끼줄처럼 꼬아서 만들어라. 금고리 두 개를 만들어 가슴받이 양쪽 끝에 달고, 금줄 두 개를 가슴받이 양쪽 끝에 달려 있는 고리에 매어라. 그런 다음 그 금줄의 다른 두 끝을 두 개의 테에 매고, 그것들을 에봇 멜빵 앞에 달아라. 또 금고리 두 개를 만들어서 가슴받

이 양 끝, 곧 에봇과 만나는 가슴받이 안쪽 가장자리에 달아라. 그런 다음 금 고리 두 개를 더 만들어서 에봇의 앞쪽 두 멜빵 아랫부분, 곧 장식 허리띠 위쪽 이음매 곁에 달아라. 청색 줄로 가슴받이 고리와 에봇 고리를 이어 가슴받이를 고정시켜서, 가슴받이가 에봇의 장식 허리띠 위에 튼튼하게 붙어 늘어지지 않게 하여라.

29-30 아론이 성소에 들어갈 때마다 판결 가슴받이에 새긴 이스라엘의 아들들 이름을 가슴에 달고 **하나님** 앞으로 들어가 기념이 되게 하여라. 판결 가슴받이 안에 우림과 둠밈을 넣어라. 아론이 **하나님** 앞으로 들어갈 때, 그것들이 그의 가슴에 있어야 한다. 이렇게 아론은 늘 판결 가슴받이를 지니고 **하나님** 앞으로 들어가야 한다."

겉옷

31-35 "에봇에 받쳐 입을 겉옷을 청색으로 만들되, 머리를 넣을 수 있도록 가운데에 구멍을 내고, 그 구멍의 둘레를 감침질하여 찢어지지 않게 하여라. 겉옷 하단의 가장자리에는 청색 실과 자주색 실과 주홍색 실로 석류 모양의 술을 만들어 달고, 그 사이사이에 금방울을 달아라. 방울 하나 석류 하나, 또 방울 하나 석류 하나를 다는 식으로, 겉옷 하단의 가장자리를 돌아가며 방울과 석류를 번갈아 달면 된다. 아론이 제사장 직무를 수행할 때는 이 옷을 입어야 한다. 성소에 들어가서 **하나님** 앞으로 들어갔다가 나올 때 방울소리가 울리면, 그는 죽지 않을 것이다."

두건, 속옷, 속바지

36-38 "순금으로 패를 만들어라. 그 위에, 인장을 새기듯이 '**하나님**께 거룩'이라고 새겨라. 그 패를 청색 끈에 매어 두건 앞쪽에 달아라. 그 패는 아론의 이마에 달려 있어야 한다. 이스라엘 자손이 거룩하게 구별하여 드리는 거룩한 예물과 관련된 죄를 아론이 담당하게 하여라. 그 패가 늘 아론의 이마에 달려 있으면, 예물이 **하나님** 앞에서 기꺼이 받아들여질 것이다.

39-41 가는 모시실로 속옷을 지어라. 가는 모시실로 두건을 만들어라. 허리띠

는 수놓는 사람이 만들어야 한다. 아론의 아들들이 입을 속옷과 허리띠와 관
을 만들어 영광과 아름다움을 나타내게 하여라. 네 형 아론과 그의 아들들에
게 그것들을 입혀라. 그들의 머리에 기름을 부어 제사장으로 세우고, 거룩하
게 구별하여 나를 섬기는 제사장의 일을 하게 하여라.
42-43 허리에서 넓적다리까지 덮는 속바지를 모시실로 만들어라. 아론과 그의
아들들이 회막에 들어가거나 성소에서 섬기기 위해 제단으로 나아갈 때는
반드시 그 옷을 입어야 한다. 그래야 죄를 지어 죽는 일이 없게 된다. 이것은
아론과 그의 후손 제사장들이 지켜야 할 영원한 규례다."

제사장 위임식

29 1-4 "그들을 거룩하게 구별하여 제사장으로 세우는 의식은 이러하
다. 수송아지 한 마리와 숫양 두 마리를 건강하고 흠 없는 것으로
골라라. 빵과 기름을 섞어 만든 과자와 기름을 바른 속 빈 과자를 고운 밀가
루로 만들되, 누룩은 넣지 마라. 그것들을 한 바구니에 담아 수송아지와 숫
양 두 마리와 함께 가져오너라. 아론과 그의 아들들을 회막 입구로 데려와서
물로 씻겨라.
5-9 예복을 가져와서 아론에게 속옷과 에봇 아래 받쳐 입는 겉옷과 에봇과 가
슴받이를 입히고, 수놓은 허리띠로 에봇을 매게 하여라. 그의 머리에 두건을
씌우고 두건 위에 거룩한 패를 붙여라. 그리고 거룩하게 구별하는 기름을 가
져다가 그의 머리에 부어, 그를 거룩하게 구별하여라. 그런 다음 그의 아들
들을 데려다가 속옷을 입히고, 아론과 그의 아들들에게 허리띠를 매어 주고,
그들에게 관을 씌워라. 그들의 제사장직을 법으로 확정하여 영원한 것이 되
게 하여라.
9-14 너는 아론과 그의 아들들에게 다음과 같은 방식으로 직무를 맡겨라. 수
소를 회막으로 끌어다가, 아론과 그의 아들들이 그 수소의 머리에 손을 얹게
한 다음, 회막 입구 **하나님** 앞에서 그 수소를 잡아라. 그 수소의 피 얼마를
받아다가 손가락으로 제단 뿔에 바르고, 나머지 피는 제단 밑에 부어라. 그
런 다음 내장을 덮은 모든 지방과, 간과 두 콩팥에 붙은 지방을 떼어 내어 제

단 위에서 불살라라. 그러나 그 수소의 고기와 가죽과 똥은 진 밖에서 태워
버려라. 이것이 바로 속죄 제사다.
15-18 또 숫양 한 마리를 끌어다가, 아론과 그의 아들들이 그 숫양의 머리에
손을 얹게 한 다음, 그 숫양을 잡고 피를 받아서 제단 사면에 뿌려라. 그 숫
양의 각을 뜨고 내장과 다리는 씻어서 여러 부위의 고기와 머리와 함께 모아
두고, 그 숫양을 제단 위에서 송두리째 불살라라. 이것이 **하나님**에게 바치는
번제요, 향기로운 냄새며, **하나님**에게 불살라 바치는 제사다.
19-21 다시 숫양 한 마리를 끌어다가, 아론과 그의 아들들이 그 숫양의 머리에
손을 얹게 한 다음, 그 숫양을 잡고 피 얼마를 받아서 아론의 오른쪽 귓불과
그의 아들들의 오른쪽 귓불에 바르고, 그들의 오른손 엄지손가락과 오른발
엄지발가락에도 발라라. 남은 피는 제단 사면에 뿌려라. 또 제단 위에 있는
피를 가져다가 거룩하게 구별하는 기름과 섞어 아론과 그의 옷에 뿌리고, 그
의 아들들과 그들의 옷에도 뿌려라. 그러면 아론과 그의 옷과 그의 아들들과
그들의 옷이 거룩하게 될 것이다.
22-23 그 숫양에게서 지방 곧 기름진 꼬리와, 내장을 덮은 지방과, 간을 덮은
껍질과, 두 콩팥과 거기에 붙은 지방을 떼어 내고, 오른쪽 넓적다리를 잘라
내어라. 이것은 제사장 위임식에 쓸 숫양이다. 그리고 **하나님** 앞에 놓인 빵
바구니에서 빵 한 덩이와 기름을 섞어 만든 과자 한 개와 속 빈 과자 한 개를
가져오너라.
24-25 너는 이 모든 것을 아론과 그 아들들의 손에 얹어 주어, 그것을 **하나님**
앞에서 흔들게 하여, 흔들어 바치는 제물로 드리게 하여라. 그런 다음 그들
의 손에서 그것을 받아다가 제단 위에 놓고 번제물과 함께 불살라라. 이것은
하나님 앞에 향기로운 냄새요, **하나님**에게 바치는 제물이다.
26 아론의 위임식 제물인 숫양의 가슴을 가져다가 흔들어 바치는 제물로 **하**
나님 앞에서 흔들어 바쳐라. 그것은 네 몫이 될 것이다.
27-28 아론과 그 아들들의 위임식 제물인 숫양의 고기 가운데서 흔들어 바친
가슴과 들어 올려 바친 넓적다리를 거룩하게 구별하여라. 아론과 그의 아들
들은 이 제물을 이스라엘 자손에게서 영원토록 받게 될 것이다. 이스라엘 자

손은 화목 제물 가운데서 이 제물을 정기적으로 바쳐야 한다.
29-30 아론의 거룩한 예복은 그의 후손에게 물려주어, 그들이 그 옷을 입고 기
름부음을 받아 제사장직을 위임받게 하여라. 아론의 뒤를 이어 제사장이 될
아들은, 칠 일 동안 그 옷을 입고 회막에 들어가 성소에서 섬겨야 한다.
31-34 위임식 제물로 바친 숫양을 가져다가 그 고기를 성소에서 삶아라. 아론
과 그의 아들들은 회막 입구에서 그 삶은 고기와 바구니에 든 빵을 먹어야
한다. 이 제물로 인해 속죄받고 제사장으로 위임받아 거룩하게 구별되었으
니, 그들만이 그 제물을 먹을 수 있다. 그 제물은 거룩한 것이므로 다른 사람
은 먹을 수 없다. 위임식 제물로 바친 숫양이나 빵이 이튿날 아침까지 남아
있거든 태워 버려야 한다. 그것은 거룩한 것이니, 다른 사람은 먹지 마라.
35-37 내가 너에게 명령한 모든 것을 행하여 아론과 그 아들들을 위한 위임식
을 칠 일 동안 행하여라. 날마다 수소 한 마리를 속죄를 위한 속죄 제물로 바
쳐라. 제단을 위한 속죄 제물은 제단 위에 바치고, 그것에 기름을 부어 거룩
하게 구별하여라. 너는 칠 일 동안 제단을 위해 속죄하여 제단을 거룩하게
구별하여라. 그러면 제단에 거룩함이 속속들이 스며들게 되어, 그 제단을 만
지는 사람도 거룩하게 될 것이다.
38-41 제단 위에 바쳐야 할 것은 이러하다. 일 년 된 어린양 두 마리를 날마다
바치되, 어린양 한 마리는 아침에 바치고 다른 어린양 한 마리는 저녁에 바
쳐라. 첫 번째 어린양 제물을 바칠 때, 고운 밀가루 2리터에 깨끗한 올리브
기름 1리터를 섞어 바치고, 포도주 1리터는 부어 드리는 제물로 바쳐라. 저
녁에 두 번째 어린양 제물을 바칠 때도 아침 제사 때와 같은 곡식 제물과 부
어 드리는 제물을 바쳐야 한다. 이것은 향기로운 냄새요, **하나님**에게 바치는
제물이다.
42-46 이것은 너희가 대대로 회막 입구에서 매일 **하나님** 앞에 바쳐야 하는 번
제다. 내가 거기서 너희를 만나고, 거기서 너희와 이야기하겠다. 나의 영광
으로 거룩하게 된 그곳에서 내가 이스라엘 자손을 만날 것이다. 내가 회막과
제단을 거룩하게 하겠다. 내가 아론과 그의 아들들을 거룩하게 하여 나를 섬
기는 제사장으로 삼겠다. 내가 이스라엘 자손 가운데로 들어가 그들과 함께

살 것이다. 내가 그들의 하나님이 될 것이다. 그들은, 내가 그들과 함께 살
려고 그들을 이집트 땅에서 이끌어 낸 그들의 **하나님**인 것을 깨닫게 될 것이
다. 나는 **하나님** 너희의 하나님이다."

분향단

30

1-5 "분향할 제단을 만들어라. 그것을 아카시아나무로 만들되, 가
로와 세로가 45센티미터인 정사각형 모양이 되게 하고, 높이는
90센티미터로 하며, 제단과 네 뿔이 하나로 이어지게 하여라. 분향단의 윗
면과 네 옆면과 뿔에 순금을 입히고, 그 둘레에 금테를 두르고, 금테 밑에 금
고리 두 개를 만들어 달아라. 두 개의 고리를 분향단 양쪽 옆에 달아서 채를
꿰어 들 수 있게 하여라. 채는 아카시아나무로 만들어 금을 입혀라.
6-10 그 분향단을 증거궤를 가리는 휘장 앞, 곧 증거판 위에 있는 속죄판 앞에
놓아두어라. 그 속죄판에서 내가 너를 만나겠다. 아론은 그 분향단 위에다
향기로운 향을 피워야 하는데, 매일 아침 등잔을 손질할 때마다 피우고 저녁
에 등불을 밝힐 준비를 할 때도 향을 피워야 한다. 그리하여 대대로 **하나님**
앞에서 향이 피어오르게 해야 한다. 이 분향단 위에 부정한 향이나 번제물이
나 곡식 제물을 올려놓고 태워서는 안되며, 그 위에 부어 드리는 제물을 부
어서도 안된다. 아론은 일 년에 한 차례 분향단의 뿔을 깨끗하게 하되, 매년
속죄 제물의 피로 이 단을 속죄해야 한다. 너는 대대로 이렇게 해야 한다. 이
것은 **하나님**에게 지극히 거룩한 것이다."

속죄세

11-16 **하나님**께서 모세에게 말씀하셨다. "네가 이스라엘 자손의 수를 세어 조
사할 때, 인구조사를 받는 모든 사람은 자기 목숨 값으로 속죄세를 **하나님**에
게 바쳐야 한다. 그래야 인구조사를 할 때 나쁜 일이 일어나지 않을 것이다.
누구든지 인구조사를 받는 사람은 (성소 표준 세겔로 무게가 6그램 정도 되는) 반
세겔을 내야 한다. 이 반 세겔은 **하나님**에게 바치는 예물이다. 스무 살 이상
으로 인구조사를 받는 모든 사람은 **하나님**에게 예물을 바쳐야 한다. 너희 목

숨에 대한 속죄세를 **하나님**에게 바칠 때, 부유한 사람이라고 해서 반 세겔보다 더 많이 내서도 안되고 가난한 사람이라고 해서 더 적게 내서도 안된다. 너는 이스라엘 자손에게서 속죄세를 받아 장막을 유지하는 비용으로 충당하여라. 그것은 이스라엘 자손이 **하나님**에게 경의를 표하여 기념물로 드리는 기금, 너희 목숨을 속죄하는 기금이 될 것이다."

대야

17-21 **하나님**께서 모세에게 말씀하셨다. "너는 대야와 그 받침대를 청동으로 만들어라. 그것을 회막과 제단 사이에 놓고, 거기에 물을 담아라. 아론과 그의 아들들이 그 물로 손과 발을 씻을 것이다. 그들이 회막에 들어갈 때나 제단 가까이 가서 섬기거나 **하나님**에게 예물을 바칠 때, 물로 씻어야 죽지 않을 것이다. 그들이 손과 발을 씻어야 죽지 않을 것이다. 이것은 아론과 그의 아들들이 대대로 지켜야 할 영원한 규례다."

거룩하게 구별하는 기름

22-25 **하나님**께서 모세에게 말씀하셨다. "너는 가장 좋은 향료를 취하여라. 성소 표준 도량형으로 액체 몰약은 5.5킬로그램, 향기로운 육계는 그 절반 정도인 2.75킬로그램, 향기로운 향초 줄기는 2.75킬로그램, 계피는 5.5킬로그램을 마련하고, 올리브기름도 4리터 마련하여라. 이것들을 향을 제조하는 사람이 하는 것처럼 잘 혼합하여, 거룩하게 구별하는 기름을 만들어라.
26-29 그것을 회막과 증거궤와, 상과 거기에 딸린 모든 기구와, 등잔대와 거기에 딸린 기구와, 분향단과, 번제단과 거기에 딸린 모든 기구와, 대야와 그 받침대에 발라라. 그것들을 거룩하게 구별하여 그 안에 거룩함이 속속들이 스며들게 하여라. 그러면 그것을 만지는 사람도 누구나 거룩하게 될 것이다.
30-33 그런 다음 아론과 그의 아들들에게 기름을 부어라. 그들을 거룩하게 구별하여 나를 섬기는 제사장으로 세워라. 너는 이스라엘 자손에게 이렇게 일러 주어라. '이것은 너희 대대로 내게 거룩하게 구별하는 기름이 될 것이다.' 그 기름을 일반인에게 붓지 마라. 너희 몸에 쓰려고 이 혼합법을 모방하지도

마라. 그것은 거룩한 것이니, 거룩하게 다루어라. 그 혼합법을 모방하거나 그 기름을 일반인에게 붓는 사람은 누구든지 추방될 것이다."

거룩한 향

34-38 하나님께서 모세에게 말씀하셨다. "너는 향기로운 향료들, 곧 소합향과 나감향과 풍자향을 가져다가, 거기에 순수한 유향을 섞어라. 향 제조하는 법에 따라 그 향료들을 같은 비율로 섞어 향기로운 향을 만들고, 소금을 쳐서 깨끗하고 거룩하게 만들어라. 그 가운데 일부를 곱게 빻아서, 그 가루 가운데 일부를 내가 너와 만날 회막 안 증거궤 앞에 놓아라. 그곳은 너희에게 가장 거룩한 곳이 될 것이다. 너희가 이 향을 만들 때, 사사로이 쓰려고 그 혼합법을 모방해서는 안된다. 그 향은 하나님에게 거룩한 것이니, 거룩하게 다루어라. 사적인 용도로 그 혼합법을 모방하는 사람은 누구든지 추방될 것이다."

브살렐과 오홀리압

31

1-5 하나님께서 모세에게 말씀하셨다. "내가 한 일을 보아라. 내가 유다 지파 사람 훌의 손자이며 우리의 아들인 브살렐을 직접 뽑았다. 내가 그에게 하나님의 영을 가득 채워 주었고, 문양을 그리고 금과 은과 동으로 만들고 보석을 깎아 물리고 나무를 조각하는 등, 온갖 공예에 필요한 솜씨와 지식과 기술을 주었다. 그는 탁월한 장인이다.

6-11 또한 내가 단 지파 사람 아히사막의 아들 오홀리압을 그에게 붙여 주어 함께 일하게 했다. 내가 공예에 재능이 있는 모든 사람에게 기술을 주어, 내가 너에게 명령한 모든 것을 만들게 하겠다. 곧 회막과 증거궤와 그 위에 덮을 속죄판과, 회막의 모든 기구와, 상과 거기에 딸린 모든 기구와, 순금 등잔대와 거기에 딸린 모든 기구와, 분향단과, 번제단과 거기에 딸린 모든 기구와, 대야와 그 받침대와, 예복과 제사장 아론과 그의 아들들이 제사장 직무를 행할 때 입을 거룩한 예복과, 거룩하게 구별하는 기름과, 성소에서 쓸 향기로운 향을 만들게 하겠다. 그들이 이 모든 것을 내가 네게 명령한 대로 만들 것이다."

나의 안식일을 지켜라

12-17 **하나님**께서 모세에게 말씀하셨다. "너는 이스라엘 자손에게 이렇게 전
하여라. '너희는 그 무엇보다 나의 안식일을 지켜라. 안식일은 내가 너희를
거룩하게 하는 **하나님**인 것을 생생히 알리려고 나와 너희 사이에 대대로 세
운 표징이다. 안식일은 너희에게 거룩한 날이니, 너희는 안식일을 지켜라.
누구든지 안식일을 더럽히는 자는 반드시 죽임을 당할 것이다. 누구든지 안
식일에 일하는 자는 백성 가운데서 추방될 것이다. 육 일 동안은 일할 것이
나, 일곱째 날은 안식일이다. 순전한 안식의 날, **하나님**에게 거룩한 날이다.
누구든지 안식일에 일하는 자는 반드시 죽임을 당할 것이다. 이스라엘 자손
은 안식일을 변함없는 언약으로 삼아 대대로 지켜야 한다. 이것은 나와 이스
라엘 자손 사이에 세워진 영원한 표징이다. **하나님**이 육 일 동안 하늘과 땅
을 만들고, 일곱째 날에는 쉬면서 숨을 돌렸기 때문이다.'"

18 **하나님**께서 시내 산에서 모세와 이야기를 마치시고, 손가락으로 돌판에
쓰신 두 증거판을 모세에게 주셨다.

우리를 위해 신을 만들어 주십시오

32 1 백성은 모세가 영원히 산에서 내려오지 않을 것이라 생각하고
서 아론에게 몰려가 말했다. "어떻게 좀 해보십시오. 우리를 이
끌어 줄 신을 만들어 주십시오. 우리를 이집트에서 데리고 나온 저 모세라는
사람이, 도대체 어찌 되었는지 모르겠습니다."
2-4 아론이 그들에게 말했다. "여러분의 아내와 아들딸들의 귀에서 금고리를
빼서 내게 가져오시오." 모든 백성이 귀에서 금고리를 빼서 아론에게 가져왔
다. 아론이 그들의 손에서 받은 금을 가지고 그것을 주조하여 송아지 형상을
만들었다.
백성의 반응이 뜨거웠다. "오 이스라엘아, 이 신이 너희를 이집트에서 이끌
어 낸 너희의 신이다!"
5 아론은 사태를 파악하고서, 송아지 형상 앞에 제단을 쌓았다.

그런 다음 이렇게 선언했다. "내일은 하나님께 드리는 절기입니다!"
6 이튿날 이른 아침, 백성이 일어나서 번제와 화목제를 드렸다. 백성이 앉아
서 먹고 마시다가 파티를 벌이기 시작했다. 그것은 급기야 난잡한 파티로 변
질되고 말았다!
7-8 **하나님**께서 모세에게 말씀하셨다. "가거라! 내려가거라! 네가 이집트 땅
에서 이끌어 낸 네 백성이 타락하고 말았다. 그들이 순식간에 내가 명령한
길에서 벗어나 송아지 형상을 만들어 숭배했다. 그들이 송아지 형상에게 제
물을 바치고, '오 이스라엘아, 이 신이 너희를 이집트에서 이끌어 낸 너희의
신이다!' 하고 말했다."
9-10 **하나님**께서 모세에게 말씀하셨다. "내가 이 백성을 보니, 참으로 고집이
세고 목이 뻣뻣한 백성이구나! 이제 너는 나를 막지 마라. 내가 저들에게 마
음껏 진노를 터뜨리겠다. 내 진노가 활활 타올라서 저들을 태워 없애 버릴
것이다. 그러나 너는 내가 큰 민족으로 만들겠다."
11-13 모세가 **하나님**을 진정시키며 아뢰었다. "**하나님**, 어찌하여 **하나님**께서
당신의 백성에게 진노를 터뜨리려 하십니까? **하나님**께서는 크신 권능과 능
력으로 저들을 이집트에서 이끌어 내셨습니다. 그런데 어찌하여 이집트 사
람들이 '그 신이 그들에게 악의를 품었군! 그들을 데리고 나간 것이, 결국 그
들을 산에서 죽여 지면에서 싹 쓸어버리기 위해서였다'고 말하게 하려 하십
니까? 진노를 거두십시오. 한 번 더 생각하셔서, 당신의 백성에게 불행을 안
겨 주는 일을 거두어 주십시오! 당신의 종 아브라함과 이삭과 이스라엘을 기
억해 주십시오. **하나님**께서 '내가 네 후손을 하늘의 별처럼 많게 하고 그들
에게 이 땅을 영원토록 주겠다'고 약속하지 않으셨습니까?"
14 그러자 **하나님**께서 뜻을 돌이키셨다. 자기 백성에게 내리시려던 재앙을
내리지 않기로 결정하셨다.

15-16 모세가 돌아서서 두 증거판을 손에 들고 산에서 내려왔다. 그 두 돌판의
양면에는 글자가 쓰여 있었다. 그 두 돌판은 하나님께서 만드시고 손수 새겨
서 쓰신 것이었다.

17 여호수아가 백성이 시끄럽게 떠드는 소리를 듣고 모세에게 말했다. "진에
서 싸우는 소리가 들립니다!"
18 그러나 모세는 이렇게 말했다.

이것은 승전가도 아니고
패전가도 아니다.
내가 듣기에는 백성이 파티를 벌이는 소리다.

19-20 정말 그랬다. 모세는 진 가까이 와서 송아지 형상과 백성이 춤추는 모습
을 보고 분노가 치밀어 올랐다. 그는 두 돌판을 산 아래로 내던져 산산조각
냈다. 그는 그들이 만든 송아지 형상을 가져다가 불에 녹이고, 가루가 되도
록 빻아서 물에 뿌리고는, 이스라엘 자손에게 마시게 했다.
21 모세가 아론에게 말했다. "이 백성이 도대체 형님에게 어떻게 했기에, 형
님은 저들을 이토록 엄청난 죄에 빠지게 한 것입니까?"
22-23 아론이 말했다. "주인님, 화내지 마십시오. 당신도 이 백성이 얼마나 악
한 것에 마음을 두는지 잘 알지 않습니까. 저들이 나에게 '우리를 이끌어 줄
신을 만들어 주십시오. 우리를 이집트에서 데리고 나온 저 모세라는 사람이,
도대체 어찌 되었는지 모르겠습니다' 하더군요.
24 그래서 내가 '금을 가지고 있는 사람이 있습니까?' 하고 물었습니다. 그랬
더니 저들이 자기들의 장신구를 가져와서 내게 주었습니다. 내가 그것을 불
에 던졌더니 이 송아지가 나왔습니다."
25-26 모세는 백성이 제멋대로 날뛰는 것을 보았다. 아론이 그들을 제멋대로
굴게 내버려 두어서, 적들 앞에서 조롱거리가 되게 한 것이다. 모세가 진 입
구에 자리를 잡고 말했다. "누구든지 하나님 편에 설 사람은 나와 함께하시
오!" 레위 자손이 모두 모세 앞으로 나아왔다.
27 모세가 그들에게 말했다. "하나님 이스라엘의 하나님께서 내리신 명령이
오. '너희는 허리에 칼을 차고 진의 한쪽 끝에서 다른 쪽 끝까지 다니면서,
형제와 친구와 이웃들을 죽여라.'"

28 레위 자손이 모세의 명령대로 행했다. 그날 백성 가운데서 삼천 명이 죽임
을 당했다.
29 모세가 말했다. "오늘 여러분은 받은 명령대로 다 행했습니다. 큰 희생을
치르면서 여러분의 아들과 형제들까지 죽였습니다! 하나님께서 여러분에게
복을 주셨습니다."
30 이튿날 모세가 백성에게 말했다. "여러분은 엄청난 죄를 지었습니다! 행여
하나님께서 여러분의 죄를 깨끗게 해주실지도 모르니, 이제 내가 **하나님**께
올라가려고 합니다."
31-32 모세가 **하나님**께 돌아가서 아뢰었다. "참으로 끔찍한 일이 아닐 수 없
습니다. 이 백성이 죄를 지었습니다. 그것도 엄청난 죄를 지었습니다! 저들
이 자신들을 위해 금으로 신상을 만들었습니다. 하지만 이제 저들의 죄를 용
서해 주십시오.……용서하지 않으시려거든, 차라리 주께서 기록하신 책에서
제 이름을 지워 주십시오."
33-34 **하나님**께서 모세에게 말씀하셨다. "나에게 죄를 지은 사람들만 내가 내
책에서 지워 버릴 것이다. 이제 너는 가서, 내가 너에게 말해 준 곳으로 백성
을 인도하여라. 보아라, 내 천사가 너보다 앞서 갈 것이다. 그러나 셈을 치르
는 날, 내가 반드시 그들의 죄값을 물을 것이다."
35 백성과 아론이 만든 송아지 형상 때문에 **하나님**께서 백성에게 전염병을
내리셨다.

33 1-3 **하나님**께서 모세에게 말씀하셨다. "이제 가거라. 네가 이집트
땅에서 이끌어 낸 백성과 함께 이곳을 떠나거라. 내가 아브라함
과 이삭과 야곱에게 '네 후손에게 주겠다'고 약속한 땅을 향해 가거라. 내가
천사를 너희보다 앞서 보내어, 가나안 사람과 아모리 사람과 헷 사람과 브리
스 사람과 히위 사람과 여부스 사람을 몰아내겠다. 그 땅은 젖과 꿀이 흐르는
땅이다. 그러나 나는 너희와 함께하지 않겠다. 너희는 고집이 세고 목이 뻣
뻣한 백성이다! 내가 너희와 함께 가다가는 너희를 없애 버릴지도 모른다."

4 백성이 이 엄한 결정을 듣고는 슬픔에 빠져 침통한 표정을 지었다. 장신구
를 몸에 걸치는 사람이 아무도 없었다.
5-6 **하나님**께서 모세에게 말씀하셨다. "이스라엘 자손에게 전하여라. '너희는
목이 뻣뻣한 백성이다. 나는 너희와 한순간도 같이 있을 수 없다. 내가 너희
를 없애 버릴지도 모른다. 그러니 내가 너희를 어떻게 할지 결정할 때까지는
너희 몸에서 모든 장신구를 떼어 버려라.'" 그리하여 이스라엘 자손은 호렙
산에서부터 장신구를 떼어 버렸다.

❦

7-10 모세는 장막을 거두어 진 밖으로 나가서, 진에서 멀리 떨어진 곳에 장막
을 치곤 했다. 그는 그 장막을 회막이라고 불렀다. **하나님**을 찾는 사람은 누
구나 진 밖에 있는 회막으로 나아갔다. 그 일은 이렇게 진행되었다. 모세가
회막으로 나아갈 때면 온 백성이 주의하여 서 있었다. 그들은 모세가 회막에
들어갈 때까지 저마다 자기 장막 입구에 서서 그를 지켜보았다. 모세가 회막
에 들어갈 때면, 구름기둥이 회막 입구로 내려와 **하나님**께서 모세와 이야기
를 나누셨다. 구름기둥이 내려와 회막 입구에 머무는 것을 볼 때면, 온 백성
이 모두 일어섰다. 저마다 자기 장막 입구에 주의하여 서 있다가 엎드려 경
배했다.
11 **하나님**께서는 마치 이웃이 서로 이야기를 나누듯이 모세와 얼굴을 마주하
고 말씀을 나누셨다. 모세가 진으로 돌아가도, 그의 젊은 부관 여호수아는
회막을 떠나지 않고 그대로 머물렀다.

❦

12-13 모세가 **하나님**께 아뢰었다. "보십시오, 하나님께서는 제게 '이 백성을 이
끌고 가라'고 하셨지만, 누구를 저와 함께 보내실지는 알려 주지 않으셨습니
다. 주께서는 제게 '나는 너를 잘 안다. 너는 내게 특별한 존재다' 하고 말씀
해 주셨습니다. 제가 주께 특별한 존재라면, 주의 계획을 알려 주십시오. 그
러면 제가 계속해서 주께 특별한 존재가 될 것입니다. 이 백성은 주의 백성

이며, 주의 책임이라는 것을 기억해 주십시오."
14 하나님께서 말씀하셨다. "내가 친히 너와 함께 가겠다. 내가 이 여정을 끝
까지 지켜보겠다."
15-16 모세가 아뢰었다. "주께서 여기서 앞장서 가지 않으시려거든, 지금 당장
이 여정을 취소해 주십시오. 그러지 않으시면, 주께서 저와 함께하시고, 저
뿐 아니라 우리 백성과 함께하신다는 것을 어떻게 알겠습니까? 저희와 함께
가시겠습니까, 가지 않으시겠습니까? 주께서 함께 가지 않으시면, 이 세상
다른 모든 민족 가운데서, 저와 주의 백성이 주께 특별한 존재라는 것을 저
희가 어떻게 알겠습니까?"
17 하나님께서 모세에게 말씀하셨다. "알겠다. 네가 말한 대로 하겠다. 내가
너를 잘 알고, 너는 내게 특별한 존재이기 때문이다. 내가 너를 잘 안다."
18 모세가 아뢰었다. "부디, 주의 영광을 제게 보여주십시오."
19 하나님께서 말씀하셨다. "내가 나의 선한 것을 네 앞으로 지나가게 하고,
네 앞에서 하나님의 이름을 선포하겠다. 나는 내가 선대하고자 하는 자를 선
대하고, 내가 긍휼을 베풀고자 하는 자에게 긍휼을 베풀 것이다."
20 하나님께서 또 말씀하셨다. "그러나 네가 내 얼굴은 보지 못할 것이다. 나
를 본 사람은 아무도 살 수 없기 때문이다."
21-23 하나님께서 말씀하셨다. "보아라, 여기 내 옆에 자리가 있다. 이 바위에
서 있어라. 나의 영광이 지나갈 때 내가 너를 바위틈에 두고, 내가 다 지나갈
때까지 너를 내 손으로 덮어 주겠다. 그런 다음 내가 손을 치우면, 너는 내
등을 보게 될 것이다. 그러나 내 얼굴은 보지 못할 것이다."

다시 새겨 주신 언약의 말씀

34

1-3 하나님께서 모세에게 말씀하셨다. "너는 돌판 두 개를 깎아서
처음 것과 같이 만들어라. 네가 깨뜨린 원래 판에 있던 말씀을 내
가 새 돌판에 다시 새겨 넣을 것이다. 아침에 시내 산으로 올라와 산꼭대기
에서 나를 만날 준비를 하여라. 아무도 너와 함께 올라와서는 안된다. 이 산
어디에도 사람이나 짐승이 있어서는 안된다. 양이나 소가 산 앞에서 풀을 뜯

고 있어서도 안된다."
4-7 모세가 돌판 두 개를 깎아서 처음 것과 같이 만들었다. 그는 아침 일찍 일
어나, **하나님**께서 명령하신 대로 돌판 두 개를 가지고 시내 산으로 올라갔
다. **하나님**께서 구름 가운데 내려오셔서 모세 옆에 자리를 정하시고, **하나님**
의 이름을 선포하셨다. **하나님**께서 모세 앞으로 지나가며 선포하셨다. "**하나
님**, 나 **하나님**은 자비롭고 은혜로우며 한없이 오래 참는 하나님이다. 사랑이
충만하고, 속속들이 진실한 하나님이다. 천 대에 이르기까지 한결같은 사랑
을 베풀고, 죄악과 반역과 죄를 용서하는 하나님이다. 그러나 나는 죄를 그
냥 넘기지는 않는다. 아버지가 죄를 지으면 본인뿐 아니라 아들과 손자, 그
리고 삼사 대 자손에 이르기까지 그 죄값을 치르게 할 것이다."
8-9 모세가 곧바로 땅에 엎드려 경배하며 말했다. "주님, 주께서 제 안에서 조
금이라도 선한 것을 보시거든, 비록 이 백성이 목이 뻣뻣한 백성이지만 저희
와 함께 가 주십시오. 저희의 죄악과 죄를 용서해 주시고, 저희를 주의 것으
로, 주의 소유로 삼아 주십시오."
10-12 **하나님**께서 말씀하셨다. "이제 내가 너희와 언약을 맺겠다. 세상 어디
서도, 어느 민족에게도 일어난 적이 없는 이적을 내가 너희 모든 백성이 보
는 앞에서 행하겠다. 그러면 너희와 함께 사는 온 백성이 **하나님**의 일, 곧 내
가 너희를 위해 행하는 일이 얼마나 크고 놀라운지 보게 될 것이다. 너희는
내가 오늘 너희에게 명령하는 모든 것에 주의를 기울여라. 내가 아모리 사람
과 가나안 사람과 헷 사람과 브리스 사람과 히위 사람과 여부스 사람을 몰아
내어, 너희 앞길을 깨끗이 치울 것이다. 방심하지 마라. 경계를 늦추지 마라.
너희가 들어가는 땅의 사람들과 계약을 맺어, 그들이 너희를 넘어뜨리지 못
하게 하여라.
13-16 너희는 그들의 제단을 허물고, 그들의 남근 모양의 기둥들을 깨부수고,
그들이 다산을 빌며 세운 기둥들을 찍어 버려라. 다른 신들을 예배하지 마
라. **하나님**은 '질투'라는 이름을 가진 질투하는 하나님이다. 주의하여라. 너
희는 그 땅에 살고 있는 사람들과 계약을 맺지 말고, 그들의 음란한 종교생
활에 어울리지 말며, 그들의 제단에서 그들과 함께 식사를 하지 마라. 너희

의 아들들을 그들의 여자들과 결혼시키지 마라. 안락의 신과 여신을 가까이
하는 여자들은 너희의 아들들에게도 똑같은 짓을 하게 만들 것이다.
17 너희는 자신을 위해 신상들을 부어 만들지 마라.
18 너희는 무교절을 지켜라. 아빕월에는 칠 일 동안 누룩을 넣지 않은 빵만
먹어라. 이는 너희가 아빕월에 이집트에서 나왔기 때문이다.
19 맨 처음 태어난 것은 모두 내 것이다. 너희의 가축 가운데 처음 태어난 수
컷은, 소든 양이든 모두 내 것이다.
20 맨 처음 태어난 나귀는 어린양으로 대신하여라. 대신하지 않으려거든, 그
목을 꺾어야 한다.
너희의 맏아들은 모두 대속하여라.
아무도 빈손으로 내 앞에 나와서는 안된다.
21 육 일 동안 일하고 일곱째 날에는 쉬어라. 밭갈이하는 철이나 추수하는 철
이라도 일곱째 날에는 일을 멈추어야 한다.
22 밀을 처음 거두어들일 때에 칠칠절을 지키고, 한 해가 끝날 때에는 수장절
을 지켜라.
23-24 너희의 모든 남자는 일 년에 세 차례, 주 이스라엘의 **하나님** 앞에 나와
야 한다. 너희가 매년 세 차례 너희 **하나님** 앞에 나올 때에, 너희 땅에 대해
걱정하지 않아도 된다. 내가 너희 앞에서 모든 민족을 몰아내고, 너희에게
땅을 넉넉히 줄 것이다. 너희에게서 그 땅을 빼앗으려고 기회를 엿보며 어슬
렁거리는 자가 없을 것이다.
25 너희는 내 희생 제물의 피를 발효된 것과 섞지 마라.
유월절에 쓰고 남은 것을 이튿날 아침까지 남겨 두지 마라.
26 너희가 생산한 첫 열매 가운데 가장 좋은 것을 너희 하나님의 집으로 가져
오너라.
새끼염소를 그 어미의 젖에 삶지 마라."

27 **하나님**께서 모세에게 말씀하셨다. "이제 너는 이 말을 기록하여라. 내가
이 말을 근거로 너와 이스라엘과 언약을 맺었기 때문이다."

28 모세는 그곳에서 **하나님**과 함께 밤낮으로 사십 일을 지냈다. 그는 음식도
먹지 않고 물도 마시지 않은 채 언약의 말씀, 곧 열 가지 말씀을 두 돌판에
기록했다.
29-30 모세가 두 증거판을 들고 시내 산에서 내려올 때, **하나님**과 함께 이야기
를 나눈 그의 얼굴이 빛나고 있었다. 그러나 그 자신은 알지 못했다. 아론과
이스라엘 모든 자손이 모세를 보았으나, 그의 빛나는 얼굴을 보고 두려워서
그에게 가까이 가기를 주저했다.
31-32 모세가 큰소리로 그들을 불렀다. 아론과 공동체 지도자들이 모세에게
다시 나아오자, 모세가 그들과 이야기를 나누었다. 그 후에야 이스라엘 모든
자손이 그에게 나아왔고, 모세는 **하나님**께서 시내 산에서 말씀해 주신 모든
명령을 그들에게 전했다.
33-35 모세는 그들과 이야기하기를 마치고, 수건으로 자기 얼굴을 가렸다. 그
러나 **하나님** 앞에 나아가서 **하나님**과 함께 이야기할 때는 수건을 벗었고, 나
올 때까지 수건을 쓰지 않았다. 모세가 나와서 자신이 받은 명령을 이스라엘
자손에게 전할 때면, 이스라엘 자손은 그의 얼굴이 빛나는 것을 보았다. 모
세는 **하나님**과 이야기를 나누러 다시 들어갈 때까지 자기 얼굴을 수건으로
가렸다.

35

1 모세가 이스라엘 온 회중에게 말했다. "이것은 **하나님**께서 여
러분에게 행하라고 명령하신 사항들입니다.
2-3 육 일 동안은 일을 해야 합니다. 그러나 일곱째 날은 거룩한 안식일, **하나
님**께 드리는 거룩한 안식일입니다. 이날에 일하는 사람은 누구나 죽임을 당
할 것입니다. 안식일에 여러분은 집에서 불을 피워서는 안됩니다."

하나님께 드릴 예물

4 모세가 이스라엘 온 회중에게 말했다. "이것은 **하나님**께서 명령하신 것입
니다.

5-9 여러분 가운데서 **하나님**을 위한 예물을 모으겠습니다. 사람이 **하나님**께
예물로 드리고 싶어 하는 것이면 무엇이든 **하나님**을 위해 받겠습니다. 금과
은과 청동, 청색 실과 자주색 실과 주홍색 실, 가는 모시실, 염소 털, 가공한
숫양 가죽, 돌고래 가죽, 아카시아나무, 등잔에 쓸 기름, 거룩하게 구별하는
기름에 넣는 향료와 분향할 향에 넣는 향료, 에봇과 가슴받이에 박을 마노
보석과 그 밖의 보석들을 받겠습니다.
10-19 여러분 가운데 기술이 있는 사람은 모두 나오십시오. 와서, **하나님**께서
명령하신 모든 것, 곧 성막과 그 위에 덮을 천막과 덮개, 갈고리, 널판, 가로
다지, 기둥, 밑받침, 증거궤와 그 채, 속죄판과 그것을 가릴 휘장, 상과 그 채
와 부속 기구와 임재의 빵, 불을 밝힐 등잔대와 부속 기구와 등잔과 등잔에 쓸
기름, 분향단과 그 채, 거룩하게 구별하는 기름, 분향할 향, 성막 입구의 정
문에 늘어뜨릴 막, 번제단과 거기에 달 청동석쇠와 채와 부속 기구들, 대야와
그 받침대, 성막 뜰에 두를 휘장과 그 기둥과 밑받침, 뜰 정문에 칠 막, 성막
의 말뚝, 뜰의 말뚝과 그 줄, 성소에서 섬길 때 입는 예복, 제사장 아론이 입
을 거룩한 예복과 그 아들들이 제사장으로 섬길 때 입을 예복을 만드십시오."
20-26 이스라엘 공동체의 모든 사람이 모세 앞에서 물러나왔다. 마음에 감동
을 받은 모든 사람, 그 영으로 자원하여 드리고자 하는 모든 사람이, 회막을
짓고 예배하고 거룩한 예복을 짓는 데 쓸 예물을 **하나님**께 가져왔다. 남자
여자 할 것 없이 그들 가운데 자원하여 드리기 원하는 사람들은 모두 와서
장식핀과 귀걸이, 반지, 목걸이 등 금으로 만든 것들을 드렸다. 저마다 자신
의 금붙이를 **하나님**께 드렸다. 그리고 청색 실과 자주색 실과 주홍색 실, 가
는 모시실, 염소 털, 가공한 가죽, 돌고래 가죽을 가진 사람들은 그것들을 가
져왔다. 은이나 청동으로 **하나님**께 드리고 싶어 하는 이들은 그것을 예물로
가져왔다. 작업에 쓸 아카시아나무를 가진 이들은 그것을 가져왔다. 직조 기
술이 있는 여자들은 청색 실과 자주색 실과 주홍색 실과 가는 모시실로 직접
짠 것을 가져왔다. 실을 잣는 재능이 있는 여자들은 염소 털로 실을 자았다.
27-29 지도자들은 에봇과 가슴받이에 박을 마노 보석과 그 밖의 값진 여러 보
석들을 가져왔다. 그들은 등잔에 쓸 기름과 거룩하게 구별하는 기름과 향을

만드는 데 쓸 향료와 올리브기름도 가져왔다. 이스라엘의 모든 남자와 여자가 마음에 감동을 받아, **하나님**께서 모세를 통해 만들라고 명령하신 작업에 쓸 것들을 기꺼이 가져왔다. 그들은 자발적으로 물품을 가져다가 **하나님**께 드렸다.

브살렐과 오홀리압

30-35 모세가 이스라엘 자손에게 말했다. "보십시오, **하나님**께서 유다 지파 사람 훌의 손자이며 우리의 아들인 브살렐을 직접 뽑으셨습니다. **하나님**께서는 그에게 하나님의 영을 가득 채워 주셨고, 문양을 그리고 금과 은과 청동으로 만들고 보석을 깎아 물리고 나무를 조각하는 등, 온갖 공예에 필요한 솜씨와 지식과 기술을 그에게 주셨습니다. 또한 **하나님**께서는 그와 단 지파 사람 아히사막의 아들 오홀리압을 가르치는 자로 삼으셨습니다. **하나님**께서는 그들에게 조각하는 일과 문양을 그리는 일, 청색 실과 자주색 실과 주홍색 실과 가는 모시실로 천을 짜고 수를 놓는 일에 필요한 지식을 주셨습니다. 이제 그들은 무엇이든 만들 수 있고, 무엇이든 고안해 낼 수 있게 되었습니다."

36

1 "브살렐과 오홀리압은, **하나님**께서 그분의 명령대로 성소의 예배에 필요한 모든 것을 만들라고 기술과 지식을 주신 사람들과 함께 일을 시작해야 합니다."

2-3 모세는 브살렐과 오홀리압뿐 아니라 **하나님**께서 손으로 능숙하게 일하는 재능을 주신 모든 사람을 불러들였다. 그 사람들은 일을 시작하고 그 일에 참여하기를 간절히 원했다. 그들은 이스라엘 자손이 성소를 만드는 일에 쓰라고 가져온 온갖 예물을 모세에게서 넘겨받았다. 백성이 아침마다 계속해서 자발적으로 예물을 가져왔다.

4-5 성소 건립에 필요한 모든 것을 만들던 기술자들이 잇따라 모세에게 와서 말했다. "**하나님**께서 우리에게 명령하신 일을 하는 데 쓰고도 남을 만큼 넉넉한데도, 백성이 더 많은 예물을 가져오고 있습니다!"

6-7 그래서 모세가 진중에 명령을 내렸다. "남자든 여자든, 성소 건립에 쓸 예
물을 더 이상 가져오지 마십시오!"
그 명령을 듣고 백성이 더 이상 예물을 가져오지 않았다! 해야 할 일을 다 할 수 있을 만큼 물자가 넉넉했다. 남을 정도로 넉넉했다.

성막 천

8-13 성막 제작 기술이 있는 모든 사람이 가늘게 꼰 모시실과 청색 실과 자주색 실과 주홍색 실로 열 폭의 천을 짜고, 그 위에 그룹 천사 문양을 수놓았다. 천 한 폭은 길이 12.6미터, 너비 1.8미터였다. 열 폭의 천은 다섯 폭을 옆으로 나란히 이어 한 벌을 만들고, 나머지 다섯 폭도 옆으로 나란히 이어 또 한 벌을 만들었다. 나란히 이은 한 벌의 한쪽 가장자리를 따라 청색 실로 고리를 만들고, 나란히 이은 다른 벌의 한쪽 가장자리에도 그렇게 했다. 그들은 두 벌의 마지막 폭에 각각 오십 개의 고리를 만들어 서로 맞닿게 했다. 그리고 금갈고리 오십 개를 만들어서, 그것으로 두 벌의 천을 서로 연결하여 하나의 온전한 성막이 되게 했다.
14-19 그런 다음 그들은 염소 털로 짜서 만든 열한 폭의 천으로 성막을 덮을 천막을 만들었다. 천 한 폭의 길이는 13.5미터, 너비는 1.8미터였다. 그들은 천 다섯 폭을 나란히 이어 연결하고, 나머지 여섯 폭도 그렇게 연결했다. 그런 다음 나란히 이은 천의 한쪽 가장자리를 따라 고리 오십 개를 만들고, 맞물릴 쪽의 가장자리에도 고리 오십 개를 만들었다. 청동으로 갈고리 오십 개를 만들어서, 그것을 고리에 걸어 하나의 천막이 되게 했다. 그들은 붉게 물들인 가공한 숫양 가죽으로 천막을 덮고, 그 위에 돌고래 가죽을 덮어 일을 마무리했다.

성막의 뼈대

20-30 그들은 아카시아나무 널판을 수직으로 세워 성막의 뼈대를 만들었다. 각 널판은 길이 4.5미터, 너비 67.5센티미터로 하고, 널판마다 촉꽂이 두 개를 만들어 널판을 고정시킬 수 있게 했다. 그들은 모든 널판을 똑같이 만들

었다. 남쪽에 세울 널판 스무 개를 만들고, 은밑받침 마흔 개를 만들어, 널판
마다 두 개씩 달려 있는 촉꽂이를 꽂을 수 있게 했다. 성막의 북쪽도 같은 구
조로 만들었다. 서쪽을 바라보는 성막의 뒤쪽에 세울 널판을 여섯 개 만들
고, 성막 뒤쪽 두 모퉁이에 세울 널판도 추가로 두 개 더 만들었다. 두 모퉁
이에 세울 널판은 두께가 위에서 아래까지 두 겹이고, 하나의 고리에 끼워
맞췄다. 널판이 여덟 개이고, 각 널판에 밑받침이 두 개씩 있어, 은밑받침이
열여섯 개가 되었다.
31-34 그들은 아카시아나무로 가로다지를 만들었는데, 성막 한쪽 옆면 널판들
에 다섯 개, 다른 쪽 옆면 널판들에도 다섯 개, 서쪽을 바라보는 성막 뒤쪽에
도 다섯 개를 만들었다. 널판들의 가운데에 끼울 중간 가로다지는 이쪽 끝에
서 저쪽 끝까지 이어지게 했다. 그들은 널판에 금을 입히고, 가로다지를 꿸
수 있도록 금고리를 만들었다. 그리고 가로다지에도 금을 입혔다.
35-36 그들은 청색 실과 자주색 실과 주홍색 실과 가늘게 꼰 모시실로 휘장을
만들었다. 그리고 휘장에 그룹 천사 문양을 짜 넣었다. 아카시아나무로 기둥
네 개를 만들어 금을 입히고, 그 기둥을 받칠 은밑받침 네 개를 주조했다.
37-38 그들은 성막 문을 가릴 막을 만들었는데, 청색 실과 자주색 실과 주홍색
실과 가늘게 꼰 모시실로 수를 놓아 만들었다. 아카시아나무로 기둥 다섯 개
를 만들고 금을 입혀서 뼈대로 세우고, 막을 칠 수 있게 금갈고리를 만들고,
기둥을 받칠 청동밑받침도 다섯 개 만들었다.

언약궤

37

1-5 브살렐은 아카시아나무로 궤를 만들었다. 길이 1.12미터, 너
비와 높이는 67.5센티미터가 되게 만들었다. 궤의 안과 밖에 순
금을 입히고, 그 둘레에 금테를 둘렀다. 금고리 네 개를 주조하여 궤의 네 다
리에 달되, 한쪽에 고리 두 개, 다른 한쪽에 고리 두 개를 달았다. 아카시아
나무로 채를 만들어 금을 입혔고, 그 채를 궤 양쪽에 달린 고리에 끼워서 궤
를 들 수 있게 했다.
6 그런 다음 그는 궤의 덮개, 곧 속죄판을 순금으로 만들었는데, 길이 1.12미

터, 너비 67.5센티미터가 되게 했다.
7-9 그는 두들겨 편 금으로 날개 달린 그룹 천사 둘을 조각하여 속죄판 양쪽
끝에 자리 잡게 했는데, 천사 하나는 이쪽 끝에, 다른 하나는 저쪽 끝에 자리
잡게 했고, 천사들과 속죄판이 하나로 이어지게 했다. 천사들은 날개를 활짝
펴고 속죄판 위에 머무는 듯 보였고, 서로 마주 보며 속죄판을 내려다보는
것 같았다.

임재의 빵을 차려 놓는 상

10-15 그는 아카시아나무로 상을 만들었다. 길이 90센티미터, 너비 45센티미
터, 높이 67.5센티미터가 되게 하고, 그 위에 순금을 입히고, 그 둘레에는 금
테를 둘렀다. 상 둘레에는 손바닥 너비만한 턱을 만들고, 그 턱의 둘레에도
금테를 둘렀다. 상에 매달 금고리 네 개를 주조하여, 상의 네 다리에 상의 윗
면과 평행이 되게 달았다. 그 고리들은 상을 나를 때 쓰는 채를 끼우는 데 사
용될 것이었다. 채는 아카시아나무로 만들고, 거기에 금을 입혔다. 이 채는
상을 나를 때 사용될 것이었다.
16 그는 상에 쓸 기구들, 곧 접시와 대접과 단지, 그리고 부어 드리는 제물을
담는 주전자를 순금으로 만들었다.

등잔대

17-23 그는 두들겨 편 순금으로 등잔대를 만들고, 등잔대의 줄기와 가지와 잔과
꽃받침과 꽃잎이 모두 하나로 이어지게 만들었다. 등잔대의 줄기 양쪽에 가
지 여섯 개를 냈는데, 한쪽에 세 개, 다른 한쪽에 세 개를 냈다. 가지에는 꽃
받침과 꽃잎이 달린 감복숭아꽃 모양의 잔 세 개를 얹었고, 줄기에서 나온 가
지 여섯 개를 모두 그렇게 만들었다. 등잔대의 줄기에는 꽃받침과 꽃잎이 달
린 감복숭아꽃 모양의 잔 네 개를 만들어 달았다. 줄기에서 양쪽으로 갈라져
나온 가지 한 쌍마다 그 아래에 꽃받침을 하나씩 달았다. 두들겨 편 순금으로
줄기와 꽃받침을 포함한 등잔대 전체를 만들었고, 전체가 하나로 이어지게
했다. 그는 등잔 일곱 개와 심지 자르는 가위를 모두 순금으로 만들었다.

24 그는 약 34킬로그램의 순금을 사용하여 등잔대와 그 부속 기구들을 만들었다.

분향단

25-28 그는 아카시아나무로 분향단을 만들었다. 가로와 세로가 45센티미터인 정사각형 모양이 되게 하고, 높이는 90센티미터가 되게 하고, 제단과 네 뿔이 하나로 이어지게 했다. 분향단의 윗면과 네 옆면과 뿔에 순금을 입히고, 그 둘레에 금테를 두르고, 금테 밑에 금고리 두 개를 만들어 달았다. 두 개의 고리를 분향단 양쪽 옆에 달아 그 고리에 채를 꿰어 분향단을 나를 수 있게 했다. 채는 아카시아나무로 만들어 금을 입혔다.
29 또한 그는 향 제조하는 법에 따라, 거룩하게 구별하는 기름과 순수하고 향기로운 향을 마련했다.

번제단

38 1-7 그는 아카시아나무로 번제단을 만들었다. 가로와 세로가 2.25미터로 정사각형 모양이 되게 만들고, 높이는 1.35미터가 되게 했다. 네 귀퉁이에는 뿔을 하나씩 만들어 달았다. 네 개의 뿔이 제단과 하나로 이어지게 했고 청동을 입혔다. 그는 제단에 쓰이는 모든 기구, 곧 재를 담는 통, 부삽, 대야, 고기 집게, 화로를 청동으로 만들었다. 그는 청동으로 그물 모양의 석쇠를 만들어 제단 가장자리 밑에 달아 제단 중간에 자리 잡게 했다. 그리고 채를 꿸 수 있도록 고리 네 개를 주조하여 석쇠의 네 귀퉁이에 하나씩 달았다. 채는 아카시아나무로 만들어 청동을 입혔다. 그러고는 제단 양쪽에 달린 고리에 그 채를 꿰어 제단을 나를 수 있게 했다. 제단은 널판으로 만들었는데, 속이 비게 했다.

대야

8 그는 회막 입구에서 섬기도록 임명받은 여인들의 거울을 녹여 청동대야와 그 받침대를 만들었다.

성막 뜰

9-11 그는 성막 뜰을 만들었다. 뜰의 남쪽 면에는 길이 45미터의 휘장이 성막
뜰을 두르고 있었는데, 이 휘장은 가늘게 꼰 모시실로 짠 것이었다. 또한 남
쪽에는 휘장을 칠 기둥 스무 개와 청동으로 만든 밑받침 스무 개, 그리고 은
으로 만든 갈고리와 줄이 있었다. 뜰의 북쪽 면도 남쪽 면과 똑같았다.
12-20 뜰의 서쪽 끝에는 길이 22.5미터 되는 휘장과 기둥 열 개와 밑받침 열
개, 은갈고리와 은줄이 있었다. 뜰의 앞쪽, 곧 뜰의 동쪽 끝의 길이도 22.5미
터였는데, 한쪽에 기둥 세 개와 밑받침 세 개가 있고, 길이 6.75미터 되는 휘
장이 쳐져 있었다. 다른 한쪽도 똑같이 되어 있었다. 뜰 사방에 두른 휘장은
모두 가늘게 꼰 모시실로 짠 것이었다. 기둥 밑받침은 청동으로 만들었고,
기둥에 거는 갈고리와 줄은 은으로 만들었다. 뜰의 기둥머리들은 은으로 덮
개를 하고 은줄로 동여져 있었다. 뜰의 정문 입구에 친 막은 청색 실과 자주
색 실과 주홍색 실과 가늘게 꼰 모시실로 수를 놓아 짠 것이었다. 길이 9미
터, 높이 2.25미터로 뜰의 휘장과 잘 어울렸다. 기둥 네 개와 청동밑받침이
있었고, 갈고리는 은이었다. 기둥은 은으로 덮개를 하고 은줄로 동였다. 성
막과 뜰에 박을 말뚝은 모두 청동으로 만들었다.

성막 공사의 명세서

21-23 다음은 증거판을 안치한 성막 공사의 명세서로, 제사장 아론의 아들 이
다말이 모세의 지시를 받아 레위 사람들을 시켜 작성한 것이다. 유다 지파
사람 훌의 손자이며 우리의 아들인 브살렐이 **하나님**께서 모세에게 명령하신
모든 것을 만들었다. 브살렐과 함께 일한 단 지파 사람 아히사막의 아들 오
홀리압은 솜씨 좋은 장인이자 도안가이며, 청색 실과 자주색 실과 주홍색 실
과 가는 모시실로 수를 놓는 사람이었다.
24 금. 성소 건축 공사에 사용된 금, 자원하여 바친 금은 성소 도량형으로 모
두 994킬로그램이었다.
25-28 은. 인구조사를 받은 공동체 사람들에게서 거둔 은은 성소 도량형으
로 3,419킬로그램이었다. 인구조사를 받은 스무 살 이상의 사람이 모두

603,550명으로, 각 사람이 일 베가, 곧 반 세겔을 낸 셈이다. 그들은 은 3,400킬로그램을 들여 성소 밑받침과 휘장 밑받침을 주조했다. 밑받침은 백 개를 주조했는데, 밑받침 하나당 은 34킬로그램이 들었다. 또한 그들은 나머지 은 19킬로그램을 들여 기둥에 연결할 갈고리와 기둥머리에 씌울 덮개, 기둥에 동여맬 줄을 만들었다.

29-31 청동. 거두어들인 청동은 무게가 2,406킬로그램이었다. 그것으로 회막 문과 청동제단과 거기에 다는 석쇠와 제단의 모든 기구와 뜰 사방의 밑받침을 만들고, 성막과 뜰에 박을 모든 말뚝을 만들었다.

제사장이 입을 옷

39 1 예복. 그들은 청색 실과 자주색 실과 주홍색 실로 성소에서 섬길 때 입는 예복을 짜서 만들었다. 또한 그들은 **하나님**께서 모세에게 명령하신 대로 아론이 입을 거룩한 예복도 만들었다.

2-5 에봇. 그들은 금실과 청색 실과 자주색 실과 주홍색 실과 가늘게 꼰 모시실로 에봇을 만들었다. 그들은 금판을 두들겨 얇게 편 다음 그것을 잘라 여러 가닥의 실로 만들고, 청색 실과 자주색 실과 주홍색 실과 가늘게 꼰 모시실과 함께 섞어 짜서 문양을 만들었다. 멜빵은 에봇 양쪽 끝에 달아서 조일 수 있게 했다. 장식 허리띠는 **하나님**께서 모세에게 명령하신 대로 에봇과 같은 재질로 만들되, 금실과 청색 실과 자주색 실과 주홍색 실과 가늘게 꼰 모시실로 만들고 에봇에 이어 붙여 하나가 되게 했다.

6-7 그들은 마노 보석 두 개를 세공한 금테에 물리고 이스라엘의 아들들 이름을 그 보석에 새긴 다음, 그 보석들을 에봇의 양쪽 멜빵에 달아 이스라엘 자손을 기념하는 보석으로 삼았다. 이는 **하나님**께서 모세에게 명령하신 대로 행한 것이다.

8-10 가슴받이. 그들은 에봇을 만들 때와 마찬가지로 금실과 청색 실과 자주색 실과 주홍색 실과 가늘게 꼰 모시실로 가슴받이를 만들었다. 두 겹으로 만들어진 가슴받이는 가로와 세로가 23센티미터인 정사각형 모양이었다. 거기에 값진 보석을 네 줄로 박아 넣었다.

첫째 줄에는 홍옥수와 황옥과 취옥을
11 둘째 줄에는 홍옥과 청보석과 수정을
12 셋째 줄에는 청옥과 마노와 자수정을
13-14 넷째 줄에는 녹주석과 얼룩 마노와 벽옥을 박아 넣었다.
이 보석들을 세공한 금테에 물렸다. 열두 보석은 이스라엘의 아들들의 수대
로 열둘이었다. 인장을 새기듯이 열두 이름을 새겼는데, 각 사람의 이름은
열두 지파를 나타냈다.
15-21 그들은 순금을 새끼줄처럼 꼬아서 가슴받이를 매달 사슬을 만들었다.
그들은 금테 두 개와 금고리 두 개를 만들어서, 그 두 고리를 가슴받이의 양
쪽 끝에 달고, 금줄 두 개의 끝을 가슴받이 끝에 달려 있는 두 개의 고리에
붙들어 맸다. 그런 다음 금줄을 두 개의 테에 붙잡아 매고, 그것들을 에봇 멜
빵 앞에 달았다. 또 금고리 두 개를 만들어서 가슴받이 양 끝, 곧 에봇과 만
나는 가슴받이 안쪽 가장자리에 달았다. 그런 다음 금고리 두 개를 더 만들
어서 에봇의 앞 양쪽 두 멜빵 아랫부분, 곧 장식 허리띠 위쪽 이음매 곁에 달
았다. 청색 줄로 가슴받이 고리와 에봇 고리를 이어 가슴받이를 고정시켜서,
가슴받이가 에봇의 장식 허리띠 위에 튼튼하게 붙어 늘어지지 않게 했다. **하
나님**께서 모세에게 명령하신 대로 행했다.
22-26 겉옷. 그들은 에봇에 받쳐 입을 겉옷을 모두 청색으로 만들었다. 겉옷의
가운데에 구멍을 내고, 그 구멍의 둘레를 옷깃처럼 감침질하여 찢어지지 않
게 했다. 겉옷의 가장자리에는 청색 실과 자주색 실과 주홍색 실과 가늘게
꼰 모시실로 석류 모양의 술을 만들어 달았다. 또한 그들은 순금으로 방울을
만들어서, 겉옷의 가장자리를 돌아가며 방울과 석류를 번갈아 달았다. 성막
에서 섬길 때 입는 겉옷의 가장자리를 돌아가며 방울 하나 석류 하나, 또 방
울 하나 석류 하나를 달았다. **하나님**께서 모세에게 명령하신 대로 행했다.
27-29 그들은 또 아론과 그의 아들들을 위해 직조공이 만든 가는 모시실로 속
옷을 만들고, 가는 모시실로 두건을, 모시실로 관을, 가늘게 꼰 모시실로 속
바지를 만들고, 가늘게 꼰 모시실과 청색 실과 자주색 실과 주홍색 실로 수
를 놓아 허리띠를 만들었다. **하나님**께서 모세에게 명령하신 대로 행했다.

30-31 그들은 순금으로 패, 곧 거룩한 관을 만들고, 인장을 새기듯이 그 위에
'**하나님**께 거룩'이라고 새겼다. 그것을 청색 끈에 매어 두건에 달았다. **하나
님**께서 모세에게 명령하신 대로 행했다.

성막을 완성하다

32 이렇게 해서 성막, 곧 회막이 완성되었다. 이스라엘 백성은 **하나님**께서 모
세에게 명령하신 모든 것을, 하나도 빠뜨리지 않고 모두 행했다.
33-41 그들은 성막, 곧 회막과 거기에 딸린 모든 기구를 모세에게 가져왔다.
그 내역은 이러하다.

붙잡아 매는 갈고리
널판
가로다지
기둥
밑받침
가공한 숫양 가죽 덮개
돌고래 가죽 덮개
칸막이 휘장
증거궤와
거기에 딸린 채와
속죄판
상과
거기에 딸린 기구와
임재의 빵
순금 등잔대와
거기에 장착할 등잔들
그리고 거기에 딸린 모든 기구와
등잔에 쓸 기름

금제단
거룩하게 구별하는 기름
분향할 향
성막 문에 치는 막
청동제단과
거기에 딸린 청동석쇠와
제단의 채와 모든 부속 기구들
대야와
그 받침대
성막 뜰에 두르는 휘장과
휘장을 칠 기둥과 밑받침
성막 뜰 정문에 칠 막과
막을 칠 줄과 말뚝
성막, 곧 회막에서 섬길 때 쓰는 기구들
성소에서 섬길 때 입는 예복
제사장 아론과
그의 아들들이 제사장으로 섬길 때 입는 거룩한 예복.

42-43 이스라엘 자손은 모든 일을 **하나님**께서 명령하신 대로 다 마쳤다. 모세
는 그들이 모든 일을 마친 것과 **하나님**께서 명령하신 대로 행한 것을 보고,
그들을 축복했다.

모세가 하나님께서 명령하신 대로 다 행하다

40

1-3 **하나님**께서 모세에게 말씀하셨다. "첫째 달 첫째 날에 성막,
곧 회막을 세워라. 그 안에 증거궤를 두고 휘장을 쳐서 그 궤를
가려라.
4 상을 가져다가 놓고, 등잔대와 등잔을 배치하여라.
5 금으로 만든 분향단을 증거궤 앞에 두고 성막 문에 휘장을 달아라.

6 번제단을 성막, 곧 회막 입구에 놓아라.
7 대야를 회막과 제단 사이에 놓고, 거기에 물을 채워라.
8 회막 사방에 뜰을 만들고 뜰 입구에는 휘장을 달아라.
9-11 그런 다음 거룩하게 구별하는 기름을 가져다가 성막과 그 안에 있는 모
든 것에 바르고, 성막과 거기에 딸린 모든 기구를 거룩하게 구별하여라. 그
러면 그것들이 거룩하게 될 것이다. 번제단과 거기에 딸린 모든 기구에 기름
을 발라 제단을 거룩하게 구별하여라. 그러면 제단이 지극히 거룩하게 될 것
이다. 대야와 그 받침대에 기름을 발라 거룩하게 구별하여라.
12-15 마지막으로, 아론과 그의 아들들을 회막 문으로 데려가 물로 씻겨라. 아
론에게 거룩한 예복을 입히고 그에게 기름을 붓고, 그를 거룩하게 구별하여
나를 섬기는 제사장으로 세워라. 그의 아들들을 데려다가 속옷을 입히고, 네
가 그들의 아버지에게 기름을 부었던 것처럼 그들에게도 기름을 부어 나를
섬기는 제사장으로 세워라. 그들은 기름부음을 받음으로써 대대로 영원한
제사장직을 맡게 될 것이다."
16 모세는 **하나님**께서 명령하신 모든 것을 하나도 빠뜨리지 않고 다 행했다.

17-19 둘째 해 첫째 달 첫째 날에 성막이 세워졌다. 모세가 성막을 세웠는데,
밑받침을 놓고, 널판을 세우고, 가로다지를 얹고, 기둥을 세우고, 성막 위로
천막을 펴고, 천막 위에 덮개를 씌웠다. **하나님**께서 모세에게 명령하신 대로
행했다.
20-21 모세는 증거판을 궤 안에 놓고, 궤를 나를 수 있도록 채를 끼우고, 궤 위
에 덮개 곧 속죄판을 얹었다. 그러고는 궤를 성막 안에 들여놓고 휘장을 쳐
서 증거궤를 가렸다. **하나님**께서 모세에게 명령하신 대로 행했다.
22-23 모세는 회막 안, 성막의 북쪽 면, 휘장 바깥쪽에 상을 놓고 거기 **하나님**
앞에 빵을 차려 놓았다. **하나님**께서 모세에게 명령하신 대로 행했다.
24-25 모세는 회막 안, 상의 맞은편, 성막의 남쪽 면에 등잔대를 놓고 **하나님**
앞에 등잔들을 올려놓았다. **하나님**께서 그에게 명령하신 대로 행했다.
26-27 모세는 금제단을 회막 안, 휘장 앞에 놓고 그 위에 향기로운 향을 피웠

다. 하나님께서 그에게 명령하신 대로 행했다.
28 모세는 성막 문에 막을 달았다.
29 모세는 성막, 곧 회막 문에 번제단을 놓고 번제와 곡식 제사를 드렸다. 하
나님께서 그에게 명령하신 대로 행했다.
30-32 모세는 회막과 제단 사이에 대야를 놓고 거기에 씻을 물을 채웠다. 모세
와 아론과 그의 아들들이 거기서 손과 발을 씻었다. 그들은 회막에 들어갈
때와 제단에서 섬길 때 거기서 씻었다. 하나님께서 모세에게 명령하신 대로
행했다.
33 마지막으로, 모세는 성막과 제단 주위에 뜰을 조성하고, 뜰 입구에 막을
달았다.
모세는 일을 다 마쳤다.

34-35 구름이 회막을 덮고, 하나님의 영광이 성막에 가득했다. 구름이 회막 위
에 있고 하나님의 영광이 성막에 가득했으므로, 모세는 회막 안으로 들어갈
수 없었다.
36-38 구름이 성막에서 걷힐 때면, 이스라엘 백성이 길을 나섰다. 그러나 구름
이 걷히지 않으면, 그들은 구름이 걷히기까지 길을 나서지 않았다. 낮에는
하나님의 구름이 성막 위에 있고 밤에는 불이 그 구름 가운데 있어서, 온 이
스라엘 자손이 모든 여정에서 그것을 볼 수 있었다.

레위기 | 머리말

인류가 결코 포기하지 않는 습관 가운데 하나는 하나님을 길들이겠다는 고집이다. 우리는 하나님을 길들이겠다고 결심한다. 우리의 계획을 위해 하나님을 이용할 방법을 생각해 낸다. 우리의 계획과 야망과 기호에 들어맞는 크기로 하나님을 축소시키려 한다.

그러나 성경은 우리가 그럴 수 없다고 훨씬 더 고집스럽게 말한다. 하나님이 우리의 계획에 딱 들어맞으실 리가 없다. 오히려 우리가 그분의 계획에 맞춰야 한다. 우리는 하나님을 이용할 수 없다. 하나님은 도구나 기구나 신용카드가 아니시다.

"너희는 내가 명령한 것을 행하고, 내가 일러 준 대로 살아라. 나는 **하나님**이다.
나의 거룩한 이름을 더럽히지 마라. 나는 이스라엘 백성 가운데서 거룩하게 높임을 받기 원한다. 나는 너희를 거룩하게 하는 **하나님**이다. 나는 너희 하나님이 되려고 너희를 이집트에서 이끌어 낸 **하나님**이다. 나는 **하나님**이다"(레 22:31-33).

우리는 소원성취라는 우리의 환상이나 세상의 명성을 얻으려는 이상적인 계획에 하나님을 끌어들이려고 시도한다. 우리의 그러한 시도로부터 하나님을 구별해 주는 단어가 다름 아닌 '거룩'이다. 거룩은 하나님께서 그분의 방식대로 살아 계시며, 우리의 경험과 상상을 뛰어넘는 방식으로 살아 계시다는 뜻이다. 거룩은 강렬한 순수성으로 타오르는 생명, 접촉하는 것은 무엇이든 변화시키는 생명과 관계가 있다.

하나님은 모든 생명의 중심이시며 거룩한 하나님이시다. 그러므로 우리가 바라는 하나님이 아니라 있는 그대로의 하나님께 응답하며 살기 위해서는, 많은 가르침과 오랜 훈련이 필요하다. 레위기는 이집트에서 건짐받은 우리의 조상이 가나안 땅에 정착하기 위해 길을 떠나는 이야기에서 잠시 쉬어 가는 대목이라 할 수 있다. 일종의 연장된 중간휴식, 곧 '거룩'이 무엇인지 조금도 알지 못하는 문화 속에서 '거룩하게' 살기 위해, 상세하고도 대단히 신중하게 준비하는 시간이다. 이 백성은 가나안에 들어가는 순간, 우상이라는 일촉즉발의 치명적인 지뢰밭을 지나가야 할 것이다. 그 우상들은 "우리가 원하는 것을, 우리가 원하는 대로, 우리가 원하는 때에, 우리에게 주십시오" 라고 외치는, 신에 대한 우리의 환상에 부합하는 것들이다. 하지만 이런 환상을 품고 가다가는 불구가 되거나 목숨을 잃고 말 것이다. 모든 나라와 문화 속에서 구원받은 하나님의 백성을, 하나님께서 창조하신 목적대로, 곧 하나님이 거룩하신 것처럼 거룩하게 살도록 가르치는 '많은 교훈과 오랜 훈련'의 출발점이 바로 레위기다.

이런 관점에서 레위기를 읽을 때 우리의 마음을 울리는 첫 번째 사실은, 이 거룩하신 하나님께서 실제로 우리와 함께하신다는 것이며, 우리 삶의 세세한 부분이 모두 이 거룩하신 하나님의 현존에 영향을 받는다는 것이다. 우리 안에 있는 것도, 우리의 관계도, 우리의 환경도 예외가 아니다. 두 번째 사실은, 하나님께서 우리 안과 우리 주위에 있는 모든 것을 그분의 거룩한 임재 속으로 가져가셔서, 그 모든 것이 거룩하신 분의 강렬한 불꽃 속에서 변화되는 길(희생 제사, 절기, 안식일)을 우리에게 제공하신다는 것이다. 그분의 임재 속으로 들어가는 것은 근사한 일이다. 우리도 고대 이스라엘 백성처럼 매 순간 그분의 임재 가운데 서 있다(시 139편). 우리 주님은 우리 근처의 장막이나 집에 거하시지 않는다. 그분은 신자인 우리 안에 그리고 우리들 가운데 거하시면서 이렇게 말씀하신다. "내가 거룩하니, 너희도 거룩하여라"(벧전 1:16; 레 11:44-45, 19:2, 20:7 인용).

우리가 이 사실을 깨닫기만 하면, 겉보기에 끝없이 이어지는 것 같은 레위기의 세부 지침과 가르침들은 우리에게 복음을 가리키는 이정표가 될 것이다. 말하자면 하나님께서는 우리 삶의 세세한 부분에 이르기까지 마음을 쓰시며, 우리 안과 우리 주위에 있는 모든 것을 기꺼이 변화시킬 의향이 있으시다는 것이다. 나중에 바울은 그 변화에 대해 다음과 같이 권고했다.

> 그러므로 나는, 이제 여러분이 이렇게 살기를 바랍니다. 하나님께서 여러분을 도우실 것입니다. 여러분의 매일의 삶, 일상의 삶—자고 먹고 일하고 노는 모든 삶—을 하나님께 헌물로 드리십시오. 하나님께서 여러분을 위해 하시는 일을 받아들이는 것이, 바로 여러분이 그분을 위해 할 수 있는 최선의 일입니다. 문화에 너무 잘 순응하여 아무 생각 없이 동화되어 버리는 일이 없도록 하십시오. 대신에, 여러분은 하나님께 시선을 고정하십시오. 그러면 속에서부터 변화가 일어날 것입니다. 그분께서 여러분에게 바라시는 것을 흔쾌히 인정하고, 조금도 머뭇거리지 말고 거기에 응하십시오. 여러분을 둘러싸고 있는 문화는 늘 여러분을 미숙한 수준으로 끌어 낮추려 하지만, 하나님께서는 언제나 여러분에게서 최선의 것을 이끌어 내시고 여러분 안에 멋진 성숙을 길러 주십니다(롬 12:1-2).

레위기

번제

1 1-2 **하나님**께서 모세를 부르셔서, 회막에서 그에게 말씀하셨다. "너는
이스라엘 백성에게 전하여라. 그들에게 이렇게 일러 주어라. 누구든
지 **하나님**에게 제물을 바칠 때는, 소 떼나 양 떼 가운데서 골라 제물을 바쳐
야 한다.
3-9 소 떼 가운데서 골라 번제로 제물을 바치는 것이면, **하나님**이 받을 만한
흠 없는 수컷을 회막 입구에서 바쳐야 한다. 너희 손을 번제물의 머리에 얹
어라. 그러면 그것이 너희를 대신해 속죄하는 제물로 받아들여질 것이다. 하
나님 앞에서 그 수소를 잡아라. 아론의 아들인 제사장들은 그 피를 가져다
가, 회막 입구에 있는 제단 사면에 뿌려야 한다. 그런 다음, 그 번제물의 가
죽을 벗기고 각을 떠라. 아론의 아들인 제사장들은 제단에 불을 마련하고 정
성껏 장작을 벌여 놓은 다음, 각을 뜬 여러 부위의 고기와 머리와 지방을 제
단 위, 불을 피우기 위해 마련해 놓은 장작 위에 차려 놓아야 한다. 그 내장
과 다리를 깨끗이 씻어라. 그러면 제사장은 그것들을 모두 제단 위에서 불살
라야 한다. 이것이 번제요, 불살라 바치는 제물이며, **하나님**을 기쁘게 하는
향기다.
10-13 양 떼나 염소 떼 가운데서 골라 번제로 바치는 것이면, 흠 없는 수컷을

바쳐야 한다. 제단의 북쪽 **하나님** 앞에서 그 제물을 잡아라. 아론의 아들인
제사장들은 그 피를 제단 사면에 뿌려야 한다. 그 번제물의 각을 떠라. 제사
장은 여러 부위의 고기와 머리와 지방을 제단 위, 불을 피우기 위해 마련해
놓은 장작 위에 차려 놓아야 한다. 그 내장과 다리를 깨끗이 씻어라. 그러면
제사장은 그것들을 모두 제단 위에서 불살라 바쳐야 한다. 이것이 번제요,
불살라 바치는 제물이며, **하나님**을 기쁘게 하는 향기다.
14-17 새를 번제로 **하나님**에게 바치는 것이면, 산비둘기나 집비둘기를 바쳐야
한다. 제사장은 그 새를 제단으로 가져가서, 목을 비틀어 끊고 제단 위에서
불살라야 한다. 그러나 먼저 그 피를 제단 곁으로 흘려보내고, 모래주머니와
그 안에 든 것을 제거해서, 제단 동쪽에 있는 잿더미에 던져 버려야 한다. 그
리고 두 날개를 잡고 그 몸을 찢되 두 쪽으로 나뉘지 않게 하여, 제단 위, 불
을 피우기 위해 마련해 놓은 장작 위에서 불살라야 한다. 이것이 번제요, 불
살라 바치는 제물이며, **하나님**을 기쁘게 하는 향기다."

곡식 제물

2 1-3 "**하나님**에게 곡식 제물을 바칠 때는, 고운 곡식 가루를 사용해야
한다. 그 가루에 기름을 붓고 향을 얹어, 아론의 아들인 제사장들에게
가져가거라. 그러면 제사장들 가운데 한 사람이 고운 곡식 가루 한 움큼과
기름을 가져다가, 향 전체와 함께 제단 위에서 기념물로 불살라야 한다. 이
것이 불살라 바치는 제물이며, **하나님**을 기쁘게 하는 향기다. 곡식 제물 가
운데 남은 것은 아론과 그의 아들들 몫이다. 이것은 **하나님**에게 불살라 바치
는 제물 가운데 지극히 거룩한 것이다.
4 화덕에서 구운 빵으로 곡식 제물을 바칠 때는, 고운 곡식 가루에 기름을 섞
되 누룩을 넣지 않고 만든 빵이나, 고운 곡식 가루에 누룩을 넣지 않고 기름
을 얇게 발라 만든 과자를 바쳐야 한다.
5-6 철판에 구운 것으로 곡식 제물을 바칠 때는, 고운 곡식 가루에 기름을 섞
되 누룩을 넣지 않고 만든 것을 바쳐야 한다. 그것을 여러 조각으로 부수고
그 위에 기름을 부어라. 이것이 곡식 제물이다.

7 냄비에 넣어 튀긴 것으로 곡식 제물을 바칠 때는, 고운 곡식 가루에 기름을
섞어 만들어야 한다.
8-10 너희는 이와 같은 재료로 만든 곡식 제물을 가져다가 제사장에게 주어
라. 제사장은 그 곡식 제물을 제단으로 가져가서, 그중에서 기념할 조각을
떼어 제단 위에서 불살라야 한다. 이것이 불살라 바치는 제물이며, **하나님**을
기쁘게 하는 향기다. 곡식 제물 가운데 남은 것은 아론과 그의 아들들 몫이
다. 이것은 **하나님**에게 바치는 제물 가운데 지극히 거룩한 것이다.
11-13 **하나님**에게 바치는 모든 곡식 제물에는 누룩을 넣어서는 안된다. 누룩
이나 꿀을 **하나님**에게 불살라 바치는 제물로 바쳐서는 안된다. 그것들을 첫
수확물의 제물로 **하나님**에게 바치는 것은 괜찮지만, **하나님**을 기쁘게 하는
향기로 바치려고 제단 위에 올려놓아서는 안된다. 너희가 바치는 모든 곡식
제물에는 소금을 쳐서 간을 맞추어야 한다. 너희가 바치는 곡식 제물에 너희
하나님과 언약을 맺을 때 넣는 소금을 빼놓아서는 안된다. 너희가 바치는 모
든 제물에 소금을 넣어라.
14-16 첫 수확물을 곡식 제물로 **하나님**에게 바칠 때는, 햇곡식의 이삭을 볶아
찧은 것을 바쳐야 한다. 그 위에 기름을 붓고 향을 얹어라. 이것이 곡식 제물
이다. 제사장은 그 곡식과 기름에서 일부를 덜어 내어 향 전체와 함께 기념
물로 불살라야 한다. 이것이 **하나님**에게 불살라 바치는 제물이다."

화목 제물

3 1-5 "소 떼 가운데서 골라 화목 제물로 바치는 것이면, 수컷이든 암컷
이든 흠 없는 것을 바쳐야 한다. 제물의 머리에 손을 얹은 다음, 회막
입구에서 그 제물을 잡아라. 아론의 아들인 제사장들은 제단 사면에 그 피를
뿌려야 한다. 그 화목 제물 가운데서 내장을 덮거나 내장에 붙은 모든 지방
과, 두 콩팥과 그 둘레 허리께 있는 지방과, 콩팥과 함께 떼어 낸 간을 덮은
껍질은 **하나님**에게 불살라 바치는 제물로 바쳐야 한다. 아론과 그의 아들들
은 그것들을 제단 위, 불을 피우기 위해 마련해 놓은 장작 위에서 번제물과
함께 불살라야 한다. 이것이 불살라 바치는 제물이며, **하나님**을 기쁘게 하는

향기다.
6-11 양 떼 가운데서 골라 **하나님**에게 화목 제물로 바치는 것이면, 수컷이든
암컷이든 흠 없는 것을 끌고 와야 한다. 어린양을 바치는 것이면, 그 양을 **하**
나님에게 바쳐라. 제물의 머리에 손을 얹은 다음, 회막에서 그 제물을 잡아
라. 그러면 아론의 아들들이 그 피를 제단 사면에 뿌릴 것이다. 화목 제물에
서 떼어 낸 지방과, 엉치뼈 부근에서 잘라 낸 기름진 꼬리 전부와, 내장을 덮
거나 내장에 붙은 모든 지방과, 두 콩팥과 그 둘레 허리께 있는 지방과, 콩
팥과 함께 떼어 낸 간을 덮은 껍질을 **하나님**에게 불살라 바치는 제물로 바쳐
라. 제사장은 그것을 제단 위에서 불살라야 한다. 이것이 **하나님**에게 바치는
음식이며, 불살라 바치는 제물이다.
12-16 염소를 바치는 것이면, 그 염소를 **하나님** 앞으로 끌고 와서 그 머리에
손을 얹은 다음, 회막 앞에서 잡아야 한다. 그러면 아론의 아들들이 그 피를
제단 사면에 뿌릴 것이다. 내장을 덮거나 내장에 붙은 모든 지방과, 두 콩팥
과 그 둘레 허리께 있는 지방과, 콩팥과 함께 떼어 낸 간을 덮은 껍질을 **하나**
님에게 불살라 바치는 제물로 바쳐라. 그러면 제사장은 그것들을 제단 위에
서 불살라야 한다. 이것이 **하나님**에게 바치는 음식이요, 불살라 바치는 제물
이며, **하나님**을 기쁘게 하는 향기다.
16-17 모든 지방은 **하나님**의 것이다. 이것은 너희가 어느 곳에 살든지 대대로
지켜야 할 영원한 규례다. 너희는 지방을 먹지 말고, 피도 먹지 마라. 그 가
운데 어느 것도 먹어서는 안된다."

속죄 제물

4 1-12 **하나님**께서 모세에게 말씀하셨다. "너는 이스라엘 자손에게 이렇
게 일러 주어라. 어떤 사람이 뜻하지 않게 **하나님**의 명령 가운데 하
나라도 어겨 범해서는 안될 죄를 지었으면, 특히, 기름부음을 받은 제사장
이 죄를 지어 그 죄가 백성에게 돌아가게 되었으면, 그 제사장은 자신이 지
은 죄로 인해 흠 없는 수소 한 마리를 **하나님**에게 속죄 제물로 가져와야 한
다. 그는 그 수소를 회막 입구 **하나님** 앞으로 끌고 와서 그 머리에 손을 얹

은 다음, **하나님** 앞에서 잡아야 한다. 그 수소의 피 얼마를 받아다가 회막 안으로 가지고 들어가서, 손가락에 그 피를 찍어 **하나님** 앞, 곧 성소 휘장 앞에 일곱 번 뿌려야 한다. 또한 그는 그 피 얼마를 가져다가 회막 안, 곧 **하나님** 앞에 있는 분향단의 뿔들에도 발라야 한다. 수소의 나머지 피는 회막 입구에 있는 번제단 밑에 쏟아야 한다. 그런 다음 속죄 제물로 바친 수소의 지방을 모두 떼어 내야 한다. 떼어 내야 할 지방은 내장을 덮거나 내장에 붙은 모든 지방과, 두 콩팥과 그 둘레 허리께 있는 지방과, 콩팥과 함께 떼어 낸 간을 덮은 껍질이다. 이 절차는 화목 제물로 바친 수소의 지방을 떼어 낼 때와 같다. 마지막으로, 그는 이 모든 것을 번제단 위에서 불살라야 한다. 그 밖의 모든 것, 곧 수소의 가죽, 고기, 머리, 다리, 기관, 내장은 진 밖에 있는 깨끗한 곳, 곧 재를 버리는 곳으로 가져가서 장작불 위에 얹어 불살라야 한다.

13-21 회중 전체가 뜻하지 않게 **하나님**의 명령 가운데 하나라도 어겨 범해서는 안될 죄를 지었으면, 그 사실을 깨달은 사람이 하나도 없더라도 그들은 유죄다. 자신들이 지은 죄를 깨달은 경우, 회중은 수소 한 마리를 속죄 제물로 끌고 와서 회막에 바쳐야 한다. 회중의 장로들은 **하나님** 앞에서 그 수소의 머리에 손을 얹은 다음, 그들 가운데 한 사람이 **하나님** 앞에서 그 수소를 잡아야 한다. 기름부음을 받은 제사장은 그 피 얼마를 가져다가 회막 안으로 가지고 들어가서, 손가락에 그 피를 찍어 **하나님** 앞, 곧 휘장 앞에 일곱 번 뿌려야 한다. 그는 또 그 피를 회막 안, 곧 **하나님** 앞에 있는 제단 뿔들에 바르고, 나머지 피는 회막 입구에 있는 번제단 밑에 쏟아야 한다. 그는 제물에서 지방을 떼어 내어 제단 위에서 불살라야 한다. 이 수소를 처리하는 절차는 속죄 제물로 바친 수소를 처리할 때와 같다. 제사장이 회중을 위해 속죄하면, 그들은 용서를 받는다. 그 후에 회중은 그 수소를 진 밖으로 끌어내어, 첫 번째 수소를 불사른 것과 같이 불살라야 한다. 이것이 회중을 위한 속죄 제물이다.

22-26 통치자가 뜻하지 않게 **하나님**의 명령 가운데 하나라도 어겨 범해서는 안될 죄를 지었으면, 그는 유죄다. 그가 자신이 지은 죄를 깨달은 경우, 흠 없는 숫염소 한 마리를 제물로 끌고 와서, 그 머리에 손을 얹은 다음, 하나님

앞 번제물 잡는 곳에서 그것을 잡아야 한다. 이것이 속죄 제물이다. 제사장
은 이 속죄 제물의 피 얼마를 가져다가 손가락에 찍어 번제단의 뿔들에 바르
고, 나머지 피는 제단 밑에 쏟아야 한다. 숫염소의 모든 지방은 화목 제물의
지방을 불사를 때와 마찬가지로 제단 위에서 불살라야 한다.
제사장이 통치자의 죄 때문에 그를 위해 속죄하면, 그는 용서를 받는다.
27-31 회중 가운데 한 사람이 뜻하지 않게 하나님의 명령 가운데 하나라도 어
겨 범해서는 안될 죄를 지었으면, 그는 유죄다. 그가 자신이 지은 죄를 깨달
은 경우, 흠 없는 암염소 한 마리를 끌고 와서 자신이 지은 죄를 위해 바치
고 그 제물의 머리에 손을 얹은 다음, 번제물 잡는 곳에서 그 제물을 잡아야
한다. 제사장은 그 속죄 제물의 피 얼마를 가져다가 손가락에 찍어 번제단의
뿔들에 바르고, 나머지 피는 제단 밑에 쏟아야 한다. 마지막으로, 그는 화목
제물을 처리할 때와 같이 그 제물에서 지방을 모두 떼어 내어, 제단 위에서
불살라 하나님을 기쁘게 하는 향기로 바쳐야 한다.
이와 같이 제사장이 그를 위해 속죄하면, 그는 용서를 받는다.
32-35 그가 속죄 제물로 어린양을 가져오는 것이면, 흠 없는 암컷을 바쳐야 한
다. 그는 속죄 제물의 머리에 손을 얹은 다음, 번제물 잡는 곳에서 잡아야 한
다. 제사장은 속죄 제물의 피 얼마를 가져다가 손가락에 찍어 번제단의 뿔들
에 바르고, 나머지 피는 제단 밑에 쏟아야 한다. 그는 화목 제물로 바친 어린
양을 처리할 때와 같이 속죄 제물의 지방을 모두 떼어 내야 한다. 마지막으
로, 제사장은 그것을 제단 위, 곧 하나님에게 바치는 제물 위에 올려놓고 불
살라야 한다.
이와 같이 제사장이 그의 죄 때문에 그를 위해 속죄하면, 그는 용서를 받는다."

5

1 "너희가 범죄 사건에 대해 보거나 들은 것을 증인석에 올라가 증언
하지 않아 죄를 지으면, 너희는 그 죄에 대해 책임을 져야 한다.
2 너희가 부정한 것, 곧 부정한 들짐승의 주검이나 부정한 집짐승의 주검이
나 부정한 길짐승의 주검을 만졌으면, 그것을 깨닫지 못했더라도 너희가 더

러워졌으므로 죄가 된다.
3 너희가 사람 몸에 있는 부정한 것, 곧 그것이 무엇이든 사람을 더럽힐 수
있는 부정한 것에 닿았으면, 그것을 깨닫지 못하다가 나중에 깨닫더라도 죄
가 된다.
4 너희가 선한 일이든 악한 일이든 무엇을 하겠다고 충동적으로 맹세하거나
경솔히 다짐했으면, 그것을 깨닫지 못하다가 나중에 깨닫더라도 어느 경우
에나 죄가 된다.
5-6 너희에게 이러한 죄가 있거든 그 지은 죄를 즉시 고백하고, 너희가 지은
죄에 대한 벌로 가축 떼에서 암컷 어린양이나 암염소 한 마리를 속죄 제물로
가져와 **하나님**에게 바쳐야 한다.
이와 같이 제사장이 너희 죄를 위해 속죄해야 한다.
7-10 어린양을 드릴 형편이 못되거든, 너희가 지은 죄에 대한 벌로 산비둘기
나 집비둘기 두 마리를 **하나님**에게 가져와서, 한 마리는 속죄 제물로 바치고
다른 한 마리는 번제물로 바쳐야 한다. 이것들을 제사장에게 가져오면, 제사
장은 먼저 속죄 제물로 가져온 비둘기를 바쳐야 한다. 그는 그 목을 비틀어
꺾되 끊지는 말아야 하며, 그 속죄 제물의 피 얼마를 제단에 뿌리고, 나머지
피는 제단 밑에 짜내야 한다. 이것이 속죄 제물이다. 그런 다음 그는 두 번째
비둘기를 가져다가 절차에 따라 번제물로 바쳐야 한다.
이와 같이 제사장이 너희 죄를 위해 속죄하면, 너희는 용서를 받는다.
11-12 산비둘기 두 마리나 집비둘기 두 마리를 바칠 형편이 못되거든, 고운 곡
식 가루 2리터를 속죄 제물로 가져와야 한다. 이것은 속죄 제물이니, 거기에
기름을 섞거나 향을 얹어서는 안된다. 이것을 제사장에게 가져가면, 제사장
은 그 가루를 기념물로 한 움큼 가져다가 **하나님**에게 바치는 제물과 함께 제
단 위에서 불살라야 한다. 이것이 속죄 제물이다.
13 제사장이 너희를 위해 그리고 너희가 지은 죄 가운데 어떤 죄를 위해 속죄
하면, 너희는 용서를 받는다. 나머지 제물은 곡식 제물과 마찬가지로 제사장
의 몫이다."

보상 제물

14-16 하나님께서 모세에게 말씀하셨다. "어떤 사람이 신뢰를 저버리고 하나
님의 거룩한 제물 가운데 어느 하나라도 소홀히 하여 자신도 모르게 죄를 지
었으면, 그는 그 죄에 대한 벌로 가축 떼에서 흠 없는 숫양 한 마리를 가져와
하나님에게 바쳐야 한다. 그 숫양의 값은 세겔로 정해야 하는데, 보상 제물
의 값을 규정한 성소 세겔 단위에 따라야 한다. 그가 거룩한 제물과 관련하
여 자신이 지은 죄를 추가로 보상할 때는, 그 숫양 값에 오분의 일을 더해서
제사장에게 주어야 한다.
이와 같이 제사장이 보상 제물의 숫양으로 그를 위해 속죄하면, 그는 용서를
받는다.
17-18 누구든지 하나님의 명령 가운데 하나라도 어겨 범해서는 안될 죄를 지
었는데, 그것을 깨닫지 못하다가 나중에 깨달으면, 그는 그것에 대해 책임을
져야 한다. 그는 보상 제물의 값으로 정해진 흠 없는 숫양 한 마리를 제사장
에게 가져와야 한다.
18-19 그가 모르고 저지른 잘못 때문에 제사장이 그를 위해 속죄하면, 그는 용
서를 받는다. 이것이 보상 제물이다. 그가 하나님 앞에 분명히 죄가 있기 때
문이다."

6 1-6 하나님께서 모세에게 말씀하셨다. "누구든지 하나님에 대한 신뢰
를 저버림으로 죄를 지었으면, 곧 이웃이 자신에게 맡긴 물건과 관련
해 이웃을 속이거나, 그 물건을 빼앗거나, 그 물건을 사취하거나, 이웃을 협
박하거나, 잃어버린 물건을 줍고도 거짓말하거나, 사람이 짓기 쉬운 죄와 관
련해 거짓 맹세하여, 결국 그가 죄를 짓고 유죄인 것이 드러나면, 그는 자신
이 훔치거나 빼앗은 것을 되돌려 주어야 하고, 자신이 맡았던 물건을 반환해
야 하며, 자신이 주운 물건이나 거짓으로 맹세한 물건을 되돌려 주어야 한
다. 그는 전부 갚을 뿐 아니라 물건 값에 오분의 일을 더해서 원래의 주인에
게 갚되, 보상 제물을 바치는 날에 갚아야 한다. 그는 정해진 보상 제물의 값

에 따라, 가축 가운데서 흠 없는 숫양 한 마리를 보상 제물로 **하나님**에게 바
쳐야 한다.
7 이와 같이 제사장이 **하나님** 앞에서 그를 위해 속죄하면, 그는 사람이 하면
죄가 되는 일들 가운데 어느 하나라도 잘못하여 지은 죄를 용서받는다."

그 밖의 규례

8-13 **하나님**께서 모세에게 말씀하셨다. "아론과 그의 아들들에게 명령하여라. 그들에게 이렇게 지시하여라. 번제물에 관한 규례는 이러하다. 번제물은 아침이 될 때까지 밤새도록 제단의 화로 위에 그대로 두고, 제단 위의 불은 계속 타오르게 해야 한다. 제사장은 모시로 짠 옷을 입고 속에는 모시 속옷을 입어야 한다. 번제물을 태우고 남은 재는 제단 옆으로 옮겨 두었다가, 옷을 갈아입고 진 밖에 있는 깨끗한 곳으로 옮겨야 한다. 그동안에 제단 위의 불이 계속 타오르게 해야 하며, 절대 꺼뜨려서는 안된다. 아침마다 불에 장작을 보충하고, 그 위에 번제물을 차려 놓고, 화목 제물의 지방을 그 위에서 불살라야 한다. 제단 위의 불이 계속 타오르게 해야 하며, 절대 꺼뜨려서는 안된다."

❦

14-18 "곡식 제물에 관한 규례는 이러하다. 곡식 제물은 아론의 아들들이 제단 앞에서 **하나님**에게 바쳐야 한다. 제사장은 곡식 제물에서 고운 가루를 한 움큼 가져다가 곡식 제물에 섞은 기름과 거기에 얹은 향과 함께 기념물로 제단 위에서 불살라, **하나님**을 기쁘게 하는 향기로 바쳐야 한다. 나머지 곡식 제물은 아론과 그의 아들들이 먹는다. 그들은 누룩을 넣지 않은 빵을 먹어야 하며, 거룩한 곳, 곧 회막 뜰에서 그것을 먹어야 한다. 누룩을 넣고 구워서는 안된다. 그것은 나에게 바친 제물 가운데서 내가 그들 몫으로 정해 준 것이다. 그것은 속죄 제물과 보상 제물처럼 지극히 거룩한 것이다. 아론의 후손 가운데서 남자는 누구나 그것을 먹을 수 있다. 이것은 **하나님**에게 바치는 제물과 관련하여 대대로 지켜야 할 영원한 규례다. 누구든지 이 제물을 만지는 사람은 거룩해야 한다."

19-23 **하나님**께서 모세에게 말씀하셨다. "아론과 그의 아들들이 기름부음을 받
는 날에 그들 각자가 **하나님**에게 바쳐야 할 제물은 이러하다. 고운 곡식 가루
2리터를 매일 바치는 곡식 제물로 바치되, 반은 아침에 바치고 반은 저녁에
바쳐야 한다. 그 가루에 기름을 섞어 철판에 굽고, 잘 섞은 뒤에 여러 조각으
로 부셔서 **하나님**을 기쁘게 하는 향기로 바쳐야 한다. 아론의 아들들 가운데
아론의 뒤를 이어 기름부음을 받은 제사장이 그것을 **하나님**에게 바쳐야 한
다. 이것은 영원한 규례다. 제물은 모두 불살라야 한다. 제사장이 바치는 모
든 곡식 제물은 온전히 불살라야 하며, 아무도 그것을 먹어서는 안된다."

24-30 **하나님**께서 모세에게 말씀하셨다. "아론과 그의 아들들에게 이렇게 일러
주어라. 속죄 제물을 위한 규례는 이러하다. 속죄 제물은 지극히 거룩한 제
물이니 **하나님** 앞 번제물 잡는 곳에서 잡아야 한다. 제사를 드리는 제사장이
그 제물을 먹되, 거룩한 곳, 곧 회막 뜰에서 먹어야 한다. 누구든지 그 고기
를 만지는 사람은 거룩해야 한다. 고기에서 피가 튀어 옷에 묻으면, 거룩한
곳에서 그 옷을 빨아야 한다. 고기를 삶을 때 사용한 질그릇은 깨뜨려야 한
다. 고기를 청동그릇에 삶았으면, 그 그릇은 문질러 닦고 물로 씻어야 한다.
제사장의 가족 가운데서 남자는 누구나 그 제물을 먹을 수 있다. 그것은 지
극히 거룩한 것이다. 그러나 성소에서 속죄하기 위해 속죄 제물의 피를 회막
안으로 가져왔을 때는, 그 제물을 먹어서는 안된다. 그것은 불살라야 한다."

7 1-6 "보상 제물에 관한 규례는 이러하다. 보상 제물은 지극히 거룩한
것이니, 보상 제물은 번제물 잡는 곳에서 잡아야 한다. 제사장은 그
피를 제단 사면에 뿌려야 한다. 그 제물의 지방을 바치되, 기름진 꼬리와, 내
장을 덮은 지방과, 두 콩팥과 그 둘레 허리께 있는 지방과, 콩팥과 함께 떼어

낸 간을 덮은 껍질을 모두 바쳐야 한다. 제사장은 이것들을 제단 위에서 하
나님에게 바치는 제물로 불살라야 한다. 이것이 보상 제물이다. 제사장의 가
족 가운데서 남자는 누구나 그 제물을 먹을 수 있으나, 반드시 거룩한 곳에
서 먹어야 한다. 그 제물은 지극히 거룩한 것이다.
7-10 보상 제물은 속죄 제물과 같아서, 이 두 제물에는 같은 규례가 적용된다.
그 제물은 속죄한 제사장의 몫이다. 어떤 사람을 위해 번제를 바친 제사장은
그가 바친 번제물의 가죽을 갖는다. 화덕에서 구운 곡식 제물이나 냄비나 철
판에서 만든 곡식 제물은 모두 그 제물을 바친 제사장의 몫이다. 그것은 그
의 것이다. 기름을 섞은 것이든 마른 것이든, 모든 곡식 제물은 아론의 아들
들이 다 똑같이 나누어 갖는다."

11-15 "**하나님**에게 바치는 화목 제물에 관한 규례는 이러하다. 감사의 뜻으로
화목 제물을 바칠 때는, 누룩 없이 기름을 섞어 만든 빵과, 누룩 없이 기름을
얇게 발라 만든 과자와, 고운 곡식 가루에 기름을 섞어 반죽해서 만든 과자를
감사 제물과 함께 바쳐야 한다. 감사의 뜻으로 바치는 화목 제물에는, 누룩
을 넣은 빵도 함께 바쳐야 한다. 제물의 종류별로 각각 하나씩 높이 들어 바
치는 제물로 **하나님**에게 바쳐야 한다. 그 제물은 화목 제물의 피를 뿌린 제사
장의 몫이 된다. 감사의 뜻으로 바친 화목 제물 가운데서 고기는 그것을 바친
그날에 먹어야 하며, 다음날 아침까지 조금이라도 남겨 두어서는 안된다.
16-21 서원 제물이거나 자원 제물이면, 제물을 바친 그날에 먹고, 남은 것은 다
음날에 먹어도 된다. 그러나 제물 가운데 셋째 날까지 남은 고기는 반드시 불
살라야 한다. 셋째 날에 화목 제물의 고기를 조금이라도 먹으면, 그 제물을
바친 사람은 받아들여지지 않을 것이다. 그 제물이 그에게 조금도 유익이 되
지 못하는 것은, 그것이 부정한 고기가 되었기 때문이다. 누구든지 그 고기를
먹는 사람은 그 죄에 대해 책임을 져야 한다. 부정한 것에 닿은 고기는 먹지
말고 불살라야 한다. 그 밖의 다른 고기는 정결하게 된 사람이면 누구나 먹을
수 있다. 그러나 부정한 사람이 **하나님**에게 바쳐진 화목 제물의 고기를 먹으

면, 그는 회중 가운데서 추방될 것이다. 사람에게 있는 부정한 것이든 짐승에
게 있는 부정한 것이든 또는 역겨운 물건이든, 부정한 것을 만지고도 **하나님**
에게 바쳐진 화목 제물을 먹으면, 그는 회중 가운데서 추방될 것이다."

22-27 **하나님**께서 모세에게 말씀하셨다. "이스라엘 백성에게 전하여라. 그들
에게 이렇게 일러 주어라. 소나 양이나 염소의 지방은 어느 것이든 먹지 마
라. 죽은 채 발견된 짐승의 지방이나 맹수에게 찢겨 죽은 짐승의 지방은 다
른 용도로는 쓸 수 있으나, 먹어서는 안된다. **하나님**에게 제물로 바친 짐승
의 지방을 먹는 사람은 회중 가운데서 추방될 것이다. 또한 너희가 어느 곳
에 살든지, 새의 피든 짐승의 피든, 피는 절대로 먹어서는 안된다. 피를 먹는
사람은 회중 가운데서 추방될 것이다."

28-34 **하나님**께서 모세에게 말씀하셨다. "이스라엘 백성에게 전하여라. 그들
에게 이렇게 일러 주어라. 화목 제물을 **하나님**에게 바칠 때는, 그 제물의 일
부를 자기 손으로 가져와서 **하나님**을 위한 특별 제물로 바쳐야 한다. 제물에
서 떼어 낸 지방과 가슴을 함께 가져와서, 가슴은 흔들어 바치는 제물로 **하**
나님 앞에 흔들어 바치고, 지방은 제사장이 제단 위에서 불살라야 한다. 가
슴은 아론과 그의 아들들의 몫이 된다. 너희가 바치는 화목 제물 가운데 오
른쪽 넓적다리는 높이 들어 바치는 제물로 제사장에게 주어라. 오른쪽 넓적
다리는 아론의 아들들 가운데 화목 제물의 피와 지방을 바치는 제사장에게
주어, 그의 몫이 되게 하여라. 이스라엘 자손의 화목 제물 가운데서 흔들어
바치는 제물의 가슴과 높이 들어 바치는 제물의 넓적다리는, 내가 제사장 아
론과 그의 아들들에게 준다. 이것은 그들이 이스라엘 백성에게서 받을 영원
한 보상이다."
35-36 이것은 아론과 그의 아들들이 제사장이 되어 **하나님**을 섬기도록 세워진
날부터, **하나님**의 제물 가운데서 그들이 받게 될 몫이다. **하나님**께서는 제사

장들이 기름부음을 받은 날부터 이것을 그들에게 주도록 이스라엘 백성에게
명령하셨다. 이것은 대대로 지켜야 할 영원한 규례다.

37-38 이것은 번제물, 곡식 제물, 속죄 제물, 보상 제물, 위임식 제물, 화목 제
물에 관한 규례다. 이는 시내 광야에서 이스라엘 백성에게 **하나님**께 제물을
드리라고 명령하신 날에, **하나님**께서 시내 산에서 모세에게 주신 규례다.

제사장 위임식

8 1-4 **하나님**께서 모세에게 말씀하셨다. "너는 아론과 그의 아들들을 함
께 데려오고, 그들의 옷과 거룩하게 구별하는 기름과 속죄 제물로 바
칠 수소 한 마리와 숫양 두 마리와 누룩을 넣지 않은 빵 한 바구니를 가져오
너라. 그리고 모든 회중을 회막 입구에 불러 모아라." 모세가 **하나님**께서 명
령하신 대로 하니, 회중이 회막 입구에 모였다.
5 모세가 회중에게 말했다. "**하나님**께서 이렇게 하라고 명령하셨습니다."
6-9 모세는 아론과 그의 아들들을 데려다가 물로 그들을 씻겼다. 그는 아론에
게 속옷을 입히고 허리띠를 매어 주었다. 그런 다음 겉옷을 입히고 에봇을
걸쳐 주고, 장식 허리띠로 에봇을 고정시켜 몸에 꼭 맞게 했다. 그는 또 아론
에게 가슴받이를 달아 주고, 가슴받이 주머니 안에 우림과 둠밈을 넣어 주었
다. 그러고는 아론의 머리에 두건을 씌우고, 두건 앞쪽에 금패, 곧 거룩한 관
을 달아 주었다. 모세는 **하나님**께서 명령하신 대로 행했다.
10-12 그런 다음 모세는 거룩하게 구별하는 기름을 가져다가 성막과 그 안에
있는 모든 기구에 발라서, 그것들을 거룩하게 구별했다. 그는 또 그 기름을
제단 위에 일곱 번 뿌리고, 제단과 그 모든 기구, 대야와 그 받침대에 발라서
그것들을 거룩하게 구별했다. 그러고는 거룩하게 구별하는 기름을 아론의
머리에 붓고 그에게 발라서, 그를 거룩하게 구별했다.
13 모세는 아론의 아들들을 데려다가, 그들에게 속옷을 입히고 허리띠를 매어
준 다음 머리에 두건을 씌어 주었다. 모세는 **하나님**께서 명령하신 대로 행했다.
14-17 모세가 속죄 제물로 바칠 수소 한 마리를 끌고 나오자, 아론과 그의 아

들들이 수소의 머리에 손을 얹었다. 모세는 수소를 잡고 손가락으로 제단 뿔
하나하나에 피를 발라서 제단을 깨끗하게 하고, 나머지 피는 제단 밑에 쏟았
다. 모세는 제단을 거룩하게 구별하여 거기서 속죄할 수 있게 했다. 그는 내
장을 덮은 모든 지방과, 간을 덮은 껍질과, 두 콩팥과 거기에 붙은 지방을 가
져다가 제단 위에서 모두 불살랐고, 그 수소의 가죽과 고기와 내장은 진 밖
에서 불살랐다. 모세는 **하나님**께서 명령하신 대로 행했다.
18-21 모세가 번제물로 숫양 한 마리를 드리자, 아론과 그의 아들들이 그 숫양
의 머리에 손을 얹었다. 모세는 숫양을 잡고 그 피를 제단 사면에 뿌렸다. 그
는 숫양의 각을 뜨고 나서, 머리와 각을 뜬 여러 부위와 지방을 불살랐다. 그
는 내장과 다리를 물로 씻은 다음, 그 숫양을 통째로 제단 위에서 불살랐다.
이것은 번제요, **하나님**을 기쁘시게 하는 향기며, **하나님**께 드리는 제물이다.
모세는 **하나님**께서 명령하신 대로 행했다.
22-29 모세가 두 번째 숫양, 곧 위임식 제물로 쓸 숫양을 드리자, 아론과 그
의 아들들이 그 숫양의 머리에 손을 얹었다. 모세는 숫양을 잡고 그 피 얼마
를 가져다가 아론의 오른쪽 귓불과 오른손 엄지손가락과 오른발 엄지발가락
에 발랐다. 또 아론의 아들들을 데려다가, 그 피 얼마를 그들의 오른쪽 귓불
과 오른손 엄지손가락과 오른발 엄지발가락에 발랐다. 나머지 피는 제단 사
면에 뿌렸다. 모세는 숫양의 지방과, 기름진 꼬리와, 내장에 붙은 모든 지방
과, 간을 덮은 껍질과, 두 콩팥과 거기에 붙은 지방과, 오른쪽 넓적다리를 떼
어 냈다. 그는 **하나님** 앞에 두는 누룩을 넣지 않은 빵 바구니에서, 누룩을 넣
지 않고 기름을 섞어 만든 빵 한 개와 속이 빈 과자 한 개를 집어서, 지방과
오른쪽 넓적다리 위에 올려놓았다. 그가 이 모든 것을 아론과 그의 아들들의
손에 두자, 아론과 그의 아들들이 그것을 흔들어 바치는 제물로 **하나님** 앞에
흔들어 드렸다. 그런 다음 모세가 그 모든 것을 그들의 손에서 다시 가져다
가 제단 위에 있는 번제물 위에 놓고 불살랐다. 이것은 위임식 제물이요, **하
나님**을 기쁘시게 하는 향기며, **하나님**께 드리는 제물이다. 모세는 그 가슴을
가져다가 흔들어 바치는 제물로 **하나님** 앞에 올려 드렸다. 위임식 제물 가운
데서 가슴은 모세의 몫이었다. 모세는 **하나님**께서 명령하신 대로 행했다.

30 모세는 거룩하게 구별하는 기름과 제단에 있는 피 얼마를 가져다가 아론
과 그의 옷과 아론의 아들들과 그들의 옷에 뿌려서, 아론과 그의 옷과 아론
의 아들들과 그들의 옷을 거룩하게 구별했다.
31-35 모세가 아론과 그의 아들들에게 말했다. "회막 입구에서 그 고기를 삶아
서, 위임식 바구니에 담긴 빵과 함께 먹으십시오. '아론과 그의 아들들이 그
것을 먹어야 한다'고 하셨으니, 그것을 먹으십시오. 남은 고기와 빵은 모두
불살라 버리십시오. 위임식을 마치는 날까지 칠 일 동안 회막 문을 나가지
마십시오. 여러분의 위임식은 칠 일 동안 계속될 것입니다. **하나님**께서 여러
분을 위해 속죄하시려고, 여러분이 오늘 행한 것을 하라고 명령하셨습니다.
여러분은 칠 일 동안 밤낮으로 회막 입구에 머무십시오. 반드시 **하나님**께서
시키시는 대로 행하십시오. 그러면 죽지 않을 것입니다. 이것이 내가 받은
명령입니다."
36 아론과 그의 아들들은 **하나님**께서 모세를 통해 명령하신 일을 모두 행했다.

아론이 제사장 직무를 수행하다

9 1-2 팔 일째 되는 날, 모세는 아론과 그의 아들들과 이스라엘의 지도자
들을 불러 모았다. 모세가 아론에게 말했다. "속죄 제물로 드릴 송아
지 한 마리와 번제물로 드릴 숫양 한 마리를 흠 없는 것으로 가져와서 **하나
님**께 드리십시오.
3-4 그리고 이스라엘 백성에게 이렇게 전하십시오. 속죄 제물로 드릴 숫염소
한 마리와 번제물로 드릴 일 년 된 흠 없는 송아지 한 마리와 어린양 한 마리
를 가져오고, 화목 제물로 드릴 수소 한 마리와 숫양 한 마리를 기름 섞은 곡
식 제물과 함께 가져와서 **하나님** 앞에 드리십시오. **하나님**께서 오늘 여러분
에게 나타나실 것입니다."
5-6 백성이 모세가 명령한 것들을 회막으로 가져왔다. 온 회중이 가까이 다가
와서 **하나님** 앞에 섰다. 모세가 말했다. "이것은 **하나님**께서 여러분에게 명
령하신 것입니다. **하나님**의 빛나는 영광이 여러분에게 나타날 것입니다."
7 모세가 아론에게 지시했다. "제단으로 가까이 가서, 형님의 속죄 제물과 번

제물을 드리십시오. 형님 자신과 백성을 위해 속죄하십시오. **하나님**께서 명
령하신 대로, 백성을 위한 제물을 드려 그들을 위해 속죄하십시오."
8-11 아론은 제단으로 가까이 가서 자신을 위한 속죄 제물로 송아지를 잡았
다. 아론의 아들들이 그 피를 그에게 가져오자, 아론은 손가락에 그 피를 찍
어 제단 뿔들에 발랐다. 나머지 피는 제단 밑에 쏟았다. 아론은 속죄 제물에
서 떼어 낸 지방과, 콩팥과, 간을 덮은 껍질을 제단 위에서 불살랐다. 모세는
하나님께서 명령하신 대로 행했다. 고기와 가죽은 진 밖에서 불살랐다.
12-14 그 다음에 아론은 번제물을 잡았다. 아론의 아들들이 그에게 그 피를 건
네자, 아론은 그 피를 제단 사면에 뿌렸다. 아론의 아들들이 그에게 각을 뜬
여러 부위와 머리를 건네자, 아론은 그것들을 제단 위에서 불살랐다. 그는
내장과 다리를 씻어 제단 위에 있는 번제물 위에 놓고 불살랐다.
15-21 이어서 아론은 백성의 제물을 드렸다. 아론은 백성을 위한 속죄 제물로
숫염소를 가져다가 잡고, 먼저 드린 제물과 마찬가지로 그것을 속죄 제물로
드렸다. 같은 절차에 따라 번제물도 드렸다. 이어서 곡식 제물을 한 움큼 가
져다가 아침 번제물과 함께 제단 위에서 불살랐다. 그리고 백성을 위한 화목
제물로 수소와 숫양을 잡았다. 아론의 아들들이 그에게 그 피를 건네자, 아
론은 그 피를 제단 사면에 뿌렸다. 그들이 수소와 숫양에게서 떼어 낸 여러
부위의 지방, 곧 기름진 꼬리와, 콩팥을 덮은 지방과, 간을 덮은 껍질을 두
짐승의 가슴 위에 놓자, 아론은 그것을 제단 위에서 불살랐다. 아론은 두 짐
승의 가슴과 오른쪽 넓적다리를 흔들어 바치는 제물로 **하나님** 앞에 흔들어
드렸다. 모세는 **하나님**께서 명령하신 대로 행했다.
22-24 아론이 백성을 향해 두 손을 들어 그들을 축복했다. 아론은 속죄 제물과
번제물과 화목 제물을 다 드리고 나서 제단에서 내려왔다. 모세와 아론은 회
막 안으로 들어갔다. 그들이 회막에서 나와 백성을 축복하자, **하나님**의 영광
이 온 백성에게 나타났다. **하나님**께로부터 불이 나와서, 제단 위에 있는 번
제물과 지방을 불살라 버렸다. 온 백성이 그 일어난 일을 보고, 큰소리로 환
호하며 땅에 엎드려 경배했다.

나답과 아비후의 죽음

10

1-2 바로 그날에 아론의 아들들인 나답과 아비후가 각기 자기 향로
를 가져와서, 거기에 타오르는 숯불을 담고 향을 피워 '알 수 없는'
불을 **하나님**께 드렸다. 그러나 그 불은 **하나님**께서 명령하신 불이 아니었다.
하나님께로부터 불이 나와서 그들을 불살라 버리니, 그들이 **하나님** 앞에서
죽고 말았다.
3 모세가 아론에게 말했다. "**하나님**께서 다음과 같이 말씀하신 것은 이 일을
두고 하신 것입니다.

나를 가까이하는 사람에게
내가 나의 거룩함을 보일 것이다.
온 백성 앞에서
내가 나의 영광을 나타낼 것이다."

아론은 아무 말도 하지 못했다.
4-5 모세가 아론의 삼촌 웃시엘의 두 아들 미사엘과 엘사반을 불러서 그들에
게 말했다. "가서, 너희의 죽은 조카들을 성소에서 진 밖으로 옮겨라." 그들
은 모세가 지시한 대로 가서 조카들을 진 밖으로 옮겼다.
6-7 모세가 아론과 그의 남은 아들 엘르아살과 이다말에게 말했다. "머리를
풀거나 옷을 찢어 애도해서는 안됩니다. 그렇게 하다가는 여러분마저 죽고,
하나님께서 온 회중에게 진노하실 것입니다. **하나님**께서 불로 없애신 자들
의 죽음은 여러분의 동족인 이스라엘 온 백성이 애도할 것입니다. 여러분은
회막 문을 떠나지 마십시오. 떠나면, 여러분은 죽습니다. 여러분은 **하나님**께
서 기름부어 거룩하게 구별하신 사람들이기 때문입니다."
그들은 모세가 말한 대로 행했다.

⁂

8-11 **하나님**께서 아론에게 지시하셨다. "너나 네 아들들이 회막에 들어갈 때

는, 포도주나 독한 술을 마시지 마라. 마시면, 너희는 죽는다. 이것은 대대로 지켜야 할 영원한 규례다. 거룩한 것과 속된 것을 구별하고, 정결한 것과 부정한 것을 구별하여라. **하나님**이 모세를 통해 말한 모든 규례를 이스라엘 백성에게 가르쳐라."

12-15 모세가 아론과 살아남은 그의 두 아들 엘르아살과 이다말에게 말했다. "**하나님**께 불살라 바치는 제물을 드리고 남은 곡식 제물은 여러분이 가져가십시오. 누룩을 넣지 않고 만든 그 제물은 지극히 거룩한 것이니, 여러분은 그것을 제단 옆에서 먹으십시오. **하나님**께 불살라 바치는 제물 가운데서 그것은 형님과 형님 아들들의 몫이니, 거룩한 곳에서 먹어야 합니다. **하나님**께서 내게 그렇게 명령하셨습니다. 또한 형님과 형님의 아들딸들은 흔들어 바치는 제물의 가슴과 높이 들어 바치는 제물의 넓적다리를 정결한 곳에서 먹어야 합니다. 그것들은 이스라엘 백성이 바친 화목 제물 가운데서 형님과 형님 자녀들의 몫으로 주신 것입니다. 높이 들어 바치는 제물의 넓적다리와, 흔들어 바치는 제물의 가슴과, 불살라 바치는 제물에서 떼어 낸 지방을 가져다가, 흔들어 바치는 제물로 올려 드리십시오. 이것은 **하나님**께서 명령하신 대로, 영원히 형님과 형님 자녀들의 몫이 될 것입니다."

16-18 모세는 속죄 제물로 드린 염소가 어떻게 되었는지 알아보았다. 그런데 그것은 이미 다 타 버린 상태였다. 모세가 아론의 남은 아들 엘르아살과 이다말에게 화를 내며 물었다. "속죄 제물은 지극히 거룩한 것인데, 어찌하여 너희는 그것을 거룩한 곳에서 먹지 않았느냐? 그 제물을 너희에게 주신 것은, 공동체의 죄를 없애고 **하나님** 앞에서 그들을 위해 속죄하게 하려는 것이다. 그 피를 거룩한 곳으로 가지고 들어가지 않았으니, 너희는 내가 명령한 대로 성소에서 그 염소를 먹었어야 했다."

19 아론이 모세에게 대답했다. "보십시오. 오늘 그들이 **하나님** 앞에 속죄 제물과 번제물을 드렸습니다. 그리고 내게 무슨 일이 있었는지 당신도 보지 않았습니까? 나는 두 아들을 잃었습니다. 오늘 내가 그 속죄 제물을 먹었다고 한들, **하나님**께서 기뻐하셨겠습니까?"

20 이 말을 듣고 모세도 수긍했다.

먹을 수 있는 짐승과 먹을 수 없는 짐승

11

1-2 하나님께서 모세와 아론에게 말씀하셨다. "이스라엘 백성에게
전하여라. 그들에게 이렇게 일러 주어라. 땅 위에 있는 모든 짐승
가운데 네가 먹을 수 있는 짐승은 이러하다.
3-8 굽이 둘로 갈라지고 새김질을 하는 짐승은 어느 것이든 먹어도 된다. 새
김질은 하지만 굽이 갈라지지 않았거나, 굽은 갈라졌으나 새김질을 하지 않
는 짐승은 먹어서는 안된다. 예를 들어, 낙타는 새김질은 하지만 굽이 갈라
지지 않았으니 부정한 것이다. 오소리도 새김질은 하지만 굽이 갈라지지 않
았으니 부정한 것이다. 토끼도 새김질은 하지만 굽이 갈라지지 않았으니 부
정한 것이다. 돼지는 굽이 둘로 갈라졌지만 새김질을 하지 않으니 부정한 것
이다. 너희는 이런 짐승의 고기를 먹어서는 안되며 그 주검을 만져서도 안된
다. 그것들은 너희에게 부정한 것이다.
9-12 바다나 강에 사는 동물 가운데서 지느러미와 비늘이 있는 것은 무엇이
든 먹어도 된다. 그러나 바다에 사는 것이든 강에 사는 것이든, 얕은 곳에 사
는 작은 것이든 깊은 곳에 사는 큰 것이든, 지느러미와 비늘이 없는 것은 무
엇이나 혐오스러운 것이다. 이런 것은 혐오스러운 것으로 여겨라. 그 고기를
먹지 말고 그 주검도 혐오스러운 것으로 여겨라. 물에 사는 것 가운데서 지
느러미와 비늘이 없는 것은 무엇이든 너희에게 혐오스러운 것이다.
13-19 다음은 너희가 혐오해야 할 새들이니, 이것들은 먹지 마라. 독수리, 참
수리, 물수리, 솔개, 각종 수리, 각종 까마귀, 타조, 쏙독새, 갈매기, 각종
매, 올빼미, 가마우지, 따오기, 뜸부기, 사다새, 대머리수리, 황새, 각종 왜
가리, 오디새, 박쥐. 이 새들은 혐오스러운 것이다.
20-23 네 발로 기어 다니는 날벌레는 모두 너희에게 혐오스러운 것이다. 그러
나 이것들 가운데서 몇 가지는 먹어도 된다. 이를테면, 다리가 달려서 땅에
서 뛸 수 있는 것은 먹을 수 있다. 각종 메뚜기와 여치와 귀뚜라미와 방아깨
비는 먹어도 된다. 그러나 그 밖에 다리가 네 개 달린 날벌레는 모두 혐오스
러운 것이다.
24-25 그런 것들의 주검에 몸이 닿은 사람은 저녁때까지 부정하다. 그 주검들

가운데 하나라도 들어 옮기는 사람은 반드시 자기 옷을 빨아야 한다. 그는
저녁때까지 부정하다.
26 굽이 갈라졌어도 완전히 갈라지지 않았거나 새김질을 하지 않는 짐승은
모두 너희에게 부정한 것이다. 그것들 가운데 어느 하나의 주검에 몸이 닿은
사람은 부정하게 된다.
27-28 네 발로 걷는 짐승 가운데 발바닥으로 걷는 짐승은 모두 너희에게 부정
한 것이다. 그 주검에 몸이 닿은 사람은 저녁때까지 부정하다. 그 주검을 들
어 옮기는 사람은 반드시 자기 옷을 빨아야 한다. 그는 저녁때까지 부정하
다. 그것들은 너희에게 부정한 것이다.
29-38 땅에 기어 다니는 동물 가운데서 너희에게 부정한 것은 이러하다. 족제
비, 쥐, 각종 도마뱀, 도마뱀붙이, 왕도마뱀, 벽도마뱀, 사막도마뱀, 카멜레
온. 기어 다니는 동물 가운데 이런 것들은 너희에게 부정한 것이다. 이것들
이 죽었을 때 그 주검을 만지는 사람은 저녁때까지 부정하다. 이것들 가운데
하나가 죽어서 어떤 물건 위에 떨어진 경우, 나무든 천이든 가죽이든 삼베
든, 그 물건이 무엇으로 만들어졌든, 또 그 물건의 용도가 무엇이든 관계없
이 그 물건은 부정하게 되니, 그 물건을 물에 담가라. 그것은 저녁때까지 부
정하고, 그 후에는 정결하다. 그 주검이 질그릇에 떨어지면, 그 안에 있는 것
은 무엇이든 부정하게 된다. 너희는 그 그릇을 깨뜨려야 한다. 먹을 수 있는
음식이더라도 그 그릇에 담긴 물에 닿으면, 부정하게 된다. 그 그릇에 담긴
마실 것도 무엇이든 부정하게 된다. 이런 것들의 주검이 어떤 물건에 떨어지
면, 그 물건은 무엇이든 부정하게 된다. 화덕이든 냄비든 모두 깨뜨려야 한
다. 그것들은 부정한 것이니, 너희는 그것들을 부정한 것으로 여겨야 한다.
샘이나 물이 고인 웅덩이는 정결한 것으로 남지만, 이 주검들 가운데 어느
하나라도 너희 몸에 닿으면, 너희는 부정하게 된다. 파종할 씨 위에 주검이
떨어져도, 그 씨는 여전히 정결하다. 그러나 그 씨가 물에 젖어 있을 때 주검
이 그 위에 떨어지면, 너희는 그 씨를 부정한 것으로 여겨야 한다.
39-40 먹어도 되는 짐승이 죽었을 경우, 그 주검에 몸이 닿은 사람은 누구나
저녁때까지 부정하다. 죽은 고기를 먹은 사람은 자기 옷을 빨아야 하며, 저

녁때까지 부정하다. 그 주검을 들어 옮기는 사람도 자기 옷을 빨아야 하며,
저녁때까지 부정하다.
41-43 땅에 기어 다니는 동물은 혐오스러운 것이니 먹어서는 안된다. 배로 기
어 다니든 네 발로 기어 다니든 여러 발로 기어 다니든, 땅에 기어 다니는 동
물은 먹지 마라. 그것들은 혐오스러운 것이다. 너희는 그것들로 너희 자신을
부정하게 하거나 더럽히는 일이 없게 하여라. 나는 너희 **하나님**이다.
44-45 내가 거룩하니, 너희도 자신을 거룩하게 하여라. 땅에 기어 다니는 어떤
것으로도 너희 자신을 부정하게 해서는 안된다. 나는 너희를 이집트 땅에서
이끌어 낸 **하나님**이다. 내가 거룩하니, 너희도 거룩하여라."

46-47 "이것은 짐승과 새와 물고기와 땅에 기어 다니는 동물에 관한 규례다.
너희는 부정한 것과 정결한 것, 먹을 수 있는 동물과 먹을 수 없는 동물을 구
별해야 한다."

산모를 정결하게 하는 규례

12 1-5 **하나님**께서 모세에게 말씀하셨다. "이스라엘 백성에게 이렇게
일러 주어라. 임신하여 사내아이를 낳은 여자는 칠 일 동안 부정
하다. 그녀는 월경할 때와 마찬가지로 부정하다. 너희는 팔 일째 되는 날에
그 아이에게 할례를 행하여라. 산모는 출혈 상태에서 정결하게 될 때까지 삼
십삼 일 동안 집 안에 머물러 있어야 한다. 정결하게 되는 기간이 다 찰 때까
지, 산모는 거룩하게 구별된 것을 만지거나 성소에 들어가서는 안된다. 여자
아이를 낳은 여자는 십사 일 동안 부정하다. 그녀는 월경할 때와 마찬가지로
부정하다. 산모는 출혈 상태에서 정결하게 될 때까지 육십육 일 동안 집 안
에 머물러 있어야 한다.
6-7 사내아이를 낳았든 여자아이를 낳았든, 정결하게 되는 기간이 다 차면,
산모는 번제물로 바칠 일 년 된 어린양 한 마리와 속죄 제물로 바칠 집비둘
기나 산비둘기 한 마리를 회막 입구로 가져와서 제사장에게 건네야 한다. 제
사장은 그것을 받아 **하나님**에게 바쳐서 그녀를 위해 속죄해야 한다. 그러면

그녀는 출혈 상태로부터 정결하게 된다.
이것은 사내아이나 여자아이를 낳은 산모에게 주는 규례다.
8 그녀가 어린양 한 마리를 마련할 형편이 못되면, 산비둘기 두 마리나 집비
둘기 두 마리를 가져다가 하나는 번제물로, 다른 하나는 속죄 제물로 바쳐도
된다. 제사장이 그녀를 위해 속죄하면, 그녀는 정결하게 된다."

악성 피부병에 관한 규례

13 1-3 하나님께서 모세와 아론에게 말씀하셨다. "어떤 사람의 피부에
부스럼이나 물집이나 번들거리는 얼룩이 생겨서 그 몸에 악성 피
부병 증상이 보이면, 그 사람을 제사장 아론이나 그의 아들들 가운데 한 제
사장에게 데려가야 한다. 제사장은 그 피부의 상처를 살펴보아야 한다. 상처
부위의 털이 희어지고 그 부위가 피부보다 들어가 보이면, 그것은 전염성이
있는 악성 피부병이다. 제사장은 그 상처를 살펴본 뒤에 그 사람을 부정하다
고 선언해야 한다.
4-8 피부에 생긴 번들거리는 얼룩이 희기는 한데 피부에만 있는 것처럼 보이
고 그 부위의 털이 희어지지 않았으면, 제사장은 그 사람을 칠 일 동안 격리
시켜야 한다. 칠 일째 되는 날에 상처를 다시 살펴보아 상처가 더 퍼지지 않
았다고 판단되면, 제사장은 그를 다시 칠 일 동안 격리시켜야 한다. 칠 일째
되는 날에 다시 살펴보아 상처가 옅어지고 더 퍼지지 않았으면, 제사장은 그
사람을 정결하다고 선언해야 한다. 그것은 해롭지 않은 뾰루지다. 그 사람이
집에 가서 자기 옷을 빨아 입으면, 그는 정결하다. 그러나 제사장에게 몸을
보여서 정결하다고 선언을 받은 뒤에 상처가 더 퍼졌으면, 그는 다시 제사장
에게 돌아가야 한다. 제사장은 그를 살펴보아 상처가 퍼졌으면, 그 사람을
부정하다고 선언해야 한다. 그것은 전염성이 있는 악성 피부병이다.
9-17 어떤 사람이 전염성이 있는 악성 피부병에 걸렸으면, 반드시 그를 제사
장에게 데려가야 하고, 제사장은 그를 살펴보아야 한다. 피부에 흰 부스럼이
생겼는데 그 부위의 털이 희어지고 부스럼이 곪아 터졌으면, 그것은 만성 피
부병이다. 제사장은 그를 부정하다고 선언해야 한다. 그러나 그가 이미 부정

하다는 진단을 받았으므로, 그를 격리시키지 않아도 된다. 제사장이 보기에 악성 피부병이 그 사람의 머리끝에서 발끝까지 피부 전체를 덮었으면, 제사장은 철저히 살펴보아야 한다. 피부병이 그 사람의 몸 전체를 덮었으면, 제사장은 그 사람을 정결하다고 선언해야 한다. 상처 부위가 온통 희어졌으므로, 그 사람은 정결하다. 그러나 상처 부위가 곪아 터져 고름이 흘러나오면, 그 사람은 부정하다. 제사장은 곪아 터진 부위를 살펴보고 그 사람을 부정하다고 선언해야 한다. 곪아 터진 부위는 악성 피부병의 증거이므로 부정하다. 그러나 곪아 터진 부위가 아물어 희어졌으면, 그 사람은 제사장에게 돌아가야 하고, 제사장은 그를 다시 살펴보아야 한다. 상처 부위가 희어졌으면, 제사장은 그 사람을 정결하다고 선언해야 한다. 그는 정결하다.

18-23 어떤 사람이 피부에 종기가 생겼다가 나았는데 종기가 있던 자리에 흰 부스럼이나 번들거리는 희붉은 얼룩이 생겼으면, 그는 제사장에게 가서 자기 몸을 보여야 한다. 상처가 깊어지고 상처 부위의 털이 희어졌으면, 제사장은 그를 부정하다고 선언해야 한다. 그것은 종기에서 발생한 악성 피부병이다. 그러나 제사장이 살펴보아 상처 부위의 털이 희지 않고 상처도 깊지 않고 수그러들었으면, 제사장은 그를 칠 일 동안 격리시켜야 한다. 그러고도 상처가 피부에 넓게 퍼졌으면, 제사장은 그를 부정하다고 진단해야 한다. 그것은 전염성이 있는 병이다. 그러나 번들거리는 얼룩이 더 퍼지지 않고 그대로이면, 그것은 종기로 인해 생긴 흉터일 뿐이다. 제사장은 그를 정결하다고 선언해야 한다.

24-28 어떤 사람이 피부에 화상을 입었는데, 덴 자리에 희붉은 얼룩이나 번들거리는 흰 얼룩이 생겼으면, 제사장은 그것을 살펴보아야 한다. 얼룩 부위에 난 털이 희어지고 그 부위가 피부보다 들어가 보이면, 화상 부위에 악성 피부병이 생긴 것이다. 제사장은 그를 부정하다고 선언해야 한다. 그것은 전염성이 있는 악성 피부병이다. 그러나 제사장이 살펴보아 얼룩 부위의 털이 희지 않고 그 부위가 피부보다 들어가 보이지 않고 옅어졌으면, 제사장은 그를 칠 일 동안 격리시켜야 한다. 칠 일째 되는 날에 제사장은 그를 다시 살펴보아야 한다. 그때까지 얼룩이 피부에 퍼졌으면, 제사장은 그를 부정하다고 진

단해야 한다. 그것은 전염성이 있는 악성 피부병이다. 그러나 그때까지 얼룩이 같은 부위에 머물러 더 퍼지지 않고 수그러들었으면, 그것은 화상으로 부풀어 오른 것일 뿐이다. 그것은 화상으로 생긴 흉터이니, 제사장은 그를 정결하다고 선언해야 한다.

29-37 남자든 여자든 머리나 턱에 피부병이 생기면, 제사장은 병의 상태를 진단해야 한다. 상처 부위가 피부보다 들어가 보이고 그 부위의 털이 누렇고 가늘면, 제사장은 그 사람을 부정하다고 선언해야 한다. 그것은 전염성이 있는 피부병인 백선이다. 그러나 제사장이 백선이 난 자리를 살펴보아 상처 부위가 피부보다 들어가 보이지 않고 그 부위의 털이 검지 않으면, 제사장은 그 사람을 칠 일 동안 격리시켜야 한다. 칠 일째 되는 날에 제사장은 상처 부위를 다시 살펴보아, 백선이 퍼지지 않았고 백선 부위의 털이 누렇지 않으며 그 부위가 피부보다 들어가 보이지 않으면, 그는 백선이 난 자리만 제외하고 털을 모두 밀어야 한다. 제사장은 그를 다시 칠 일 동안 격리시켜야 한다. 백선이 퍼지지 않았고 백선 부위가 피부보다 들어가 보이지 않으면, 제사장은 그를 정결하다고 선언해야 한다. 그 사람이 집에 가서 자기 옷을 빨아 입으면, 그는 정결하다. 그러나 그 사람이 정결하다고 선언받은 뒤에 다시 백선이 퍼지면, 제사장은 그 부위를 다시 살펴보아야 한다. 백선이 피부에 퍼졌으면, 누런 털을 찾아볼 필요도 없이 그 사람은 부정하다. 그러나 제사장이 보기에 백선이 더 진행되지 않았고 그 부위에 검은 털이 자라기 시작했으면, 백선이 나은 것이다. 그 사람은 정결하니, 제사장은 그를 정결하다고 선언해야 한다.

38-39 남자든 여자든 피부에 번들거리는 얼룩이나 번들거리는 흰 얼룩이 생기면, 제사장은 그것을 살펴보아야 한다. 얼룩이 희끗하면, 그것은 피부에 생긴 뾰루지일 뿐이니, 그 사람은 정결하다.

40-44 어떤 사람이 머리카락이 빠져 대머리가 되어도, 그는 정결하다. 앞머리카락이 빠지면, 그저 대머리일 뿐 그는 정결하다. 그러나 두피나 이마에 희붉은 상처가 생기면, 그것은 악성 피부병에 걸렸다는 뜻이다. 제사장은 그 상처를 살펴보아야 한다. 두피나 이마에 생긴 상처가 악성 피부병에 걸린 상처처럼 희붉게 보이면, 그는 악성 피부병에 걸린 것이므로 부정하다. 제사장

은 그의 머리에 생긴 상처로 인해 그를 부정하다고 선언해야 한다.
45-46 악성 피부병에 걸린 사람은 누구든지 찢어진 옷을 입고, 머리를 풀되 빗
질을 하지 말아야 한다. 또한 그는 윗입술을 가리고, "부정하다! 부정하다!"
하고 외쳐야 한다. 그 상처가 없어지지 않는 한, 그는 계속해서 부정할 것이
다. 그 사람은 진 밖에서 따로 살아야 한다."

⁂

47-58 "털옷이나 모시옷이나, 모시나 털로 짠 직물이나 편물이나, 가죽이나 가
죽 제품에 악성 곰팡이가 피어 반점이 생기면, 또는 옷이나 가죽이나 직물
이나 편물이나 가죽으로 만든 어떤 것에 푸르스름하거나 불그스름한 반점
이 생기면, 그것은 악성 곰팡이가 피었다는 표시다. 그것을 제사장에게 보여
야 한다. 제사장은 그 반점을 살펴보고 곰팡이가 핀 물건을 칠 일 동안 압류
해 두어야 한다. 칠 일째 되는 날에 제사장은 그 반점을 다시 살펴보아야 한
다. 직물이나 편물이나 가죽 소재의 옷에 반점이 퍼졌으면, 그것은 쉽게 없
어지지 않는 악성 곰팡이의 반점이니, 그 천이나 가죽은 부정하다. 제사장은
그 옷을 불살라야 한다. 그것은 쉽게 없어지지 않는 악성 곰팡이니, 불에 태
워 버려야 한다. 그러나 제사장이 살펴보아 반점이 옷에 퍼지지 않았으면,
제사장은 그 옷의 주인에게 반점이 있는 옷을 빨게 하고, 그것을 다시 칠 일
동안 압류해 두어야 한다. 옷을 빤 뒤에, 제사장은 다시 살펴보아야 한다. 반
점이 퍼지지 않았더라도 반점의 모양이 바뀌지 않았으면, 그 옷은 여전히 부
정하다. 곰팡이가 옷 안쪽에 피었든 바깥쪽에 피었든, 그 옷은 불에 태워 버
려야 한다. 그 옷을 빤 뒤에 반점이 수그러들었으면, 제사장은 반점이 있는
부분을 잘라 내야 한다. 하지만 그렇게 하고도 반점이 다시 나타나면 그것은
새로 생겨난 것이니, 반점이 생긴 것은 모두 불에 던져 버려라. 그러나 한 번
빨아서 옷에서 반점이 완전히 사라졌으면, 한 번 더 빨아야 한다. 그러면 정
결하게 된다.
59 이것은 털옷이나 모시옷이나 직물이나 편물이나 온갖 가죽 제품에 악성 곰
팡이 반점이 생겼을 때, 그것이 정결한지 부정한지를 결정하기 위한 규례다."

14

1-9 **하나님**께서 모세에게 말씀하셨다. "악성 피부병에 걸린 사람을 정결하게 하는 날에 지켜야 할 규례는 이러하다. 먼저, 그 사람을 제사장에게 데려가면, 제사장은 그를 진 밖으로 데리고 나가서 살펴보아야 한다. 악성 피부병에 걸린 사람이 병에서 나았으면, 제사장은 정결하게 되려는 그 사람을 위해 살아 있는 정결한 새 두 마리와 백향목 가지와 주홍색 실과 우슬초를 가져오도록 사람들에게 지시해야 한다. 제사장은 병에서 나은 사람에게 지시하여 그 두 마리 새 가운데 한 마리를 맑은 물이 담긴 질그릇 위에서 잡게 해야 한다. 그런 다음 살아 있는 새와 백향목 가지와 주홍색 실과 우슬초를 가져다가, 맑은 물 위에서 죽은 새의 피를 찍어 악성 피부병이 나아 정결하게 된 사람에게 일곱 번 뿌리고, 그를 정결하다고 선언해야 한다. 마지막으로, 살아 있는 새는 넓은 들로 날려 보내야 한다. 정결하게 된 그 사람은 자기 옷을 빨고 자기 몸의 털을 모두 밀고 물로 씻으면 정결하게 된다. 그 후에 그는 진으로 들어가도 되지만, 자기 장막 밖에서 칠 일 동안 생활해야 한다. 칠 일째 되는 날, 그는 자기 몸의 털을 밀되, 머리털과 수염과 눈썹까지 모두 밀어야 한다. 그런 다음 자기 옷을 빨고 물로 온몸을 씻어야 한다. 그러면 그 사람은 정결하게 된다.

10-18 다음날 곧 팔 일째 되는 날에, 그는 흠 없는 어린양 두 마리와 일 년 된 흠 없는 암양 한 마리를, 기름 섞은 고운 곡식 가루 6리터와 함께 가져와야 한다. 그 사람을 정결하다고 선언할 제사장은, 그와 그가 바친 제물을 회막 입구 **하나님** 앞에 두어야 한다. 제사장은 어린양 두 마리 가운데 한 마리를 끌어다가 기름 0.3리터와 함께 보상 제물로 바치되, **하나님** 앞에 흔들어 바치는 제물로 올려 바쳐야 한다. 속죄 제물과 번제물 잡는 곳, 곧 거룩한 곳에서 그 어린양을 잡아야 한다. 보상 제물은 속죄 제물과 마찬가지로 제사장의 몫이다. 그것은 지극히 거룩한 것이다. 제사장은 보상 제물의 피 얼마를 받아다가, 정결하게 되려는 사람의 오른쪽 귓불과 오른손 엄지손가락과 오른발 엄지발가락에 발라야 한다. 그런 다음 기름을 가져다가 자기 왼손 손바닥

에 붓고, 오른손 손가락으로 그 기름을 찍어 하나님 앞에 일곱 번 뿌려야 한다. 제사장은 그 남은 기름을 정결하게 되려는 사람의 오른쪽 귓불과 오른손 엄지손가락과 오른발 엄지발가락, 곧 보상 제물의 피를 바른 부위에 덧발라야 한다. 나머지 기름은 정결하게 되려는 사람의 머리에 바르고, 하나님 앞에서 그를 위해 속죄해야 한다.
19-20 마지막으로, 제사장은 부정한 상태에서 벗어나 정결하게 되려는 사람을 위해 속죄 제물을 바치고 그를 위해 속죄한 뒤에, 번제물을 잡아 제단 위에서 곡식 제물과 함께 바쳐야 한다. 이와 같이 제사장이 그 사람을 위해 속죄하면, 그 사람은 정결하게 된다."

21-22 "가난하여 이러한 제물을 바칠 형편이 못되는 사람은, 어린 숫양 한 마리를 보상 제물로 가져와서 자신을 위해 속죄할 흔들어 바치는 제물로 바치고, 기름 섞은 고운 곡식 가루 2리터와 기름 0.3리터를 곡식 제물로 바쳐야 한다. 형편이 닿는 대로 산비둘기 두 마리나 집비둘기 두 마리를 바치되, 한 마리는 속죄 제물로 다른 한 마리는 번제물로 바쳐야 한다.
23-29 팔 일째 되는 날에 그는 그것들을 제사장에게로, 곧 회막 입구 하나님 앞으로 가져와야 한다. 제사장은 보상 제물로 바친 어린양을 기름 0.3리터와 함께 가져다가, 흔들어 바치는 제물로 하나님 앞에 흔들어 바쳐야 한다. 그런 다음 보상 제물로 바친 어린양을 잡고 그 피 얼마를 가져다가, 정결하게 되려는 이의 오른쪽 귓불과 오른손 엄지손가락과 오른발 엄지발가락에 발라야 한다. 제사장은 자신의 왼손 손바닥에 기름을 붓고, 오른손 손가락으로 그 기름을 찍어 하나님 앞에 일곱 번 뿌려야 한다. 또한 자기 손바닥에 있는 기름을 찍어 보상 제물의 피를 바른 부위, 곧 정결하게 되려는 이의 오른쪽 귓불과 오른손 엄지손가락과 오른발 엄지발가락에 덧발라야 한다. 그리고 손바닥에 남아 있는 기름을 가져다가, 정결하게 되려는 사람의 머리에 바르고 하나님 앞에서 그를 위해 속죄해야 한다.
30-31 마지막으로, 그 사람은 힘이 닿는 대로 마련한 산비둘기나 집비둘기를, 하나는 속죄 제물로 다른 하나는 번제물로 바치되, 곡식 제물과 함께 바쳐야

한다. 이런 절차에 따라, 제사장은 **하나님** 앞에서 정결하게 되려는 사람을 위해 속죄해야 한다."

32 이것은 악성 피부병에 걸렸으나 자신을 정결하게 하기 위해 바치는 제물을 마련할 형편이 못되는 사람이 따라야 할 규례다.

집에 악성 곰팡이가 핀 경우

33-42 **하나님**께서 모세와 아론에게 말씀하셨다. "내가 너희에게 주어 소유하게 할 가나안 땅에 너희가 들어가서, 너희 소유가 된 그 땅의 어느 한 집에 내가 내린 악성 곰팡이가 피거든, 그 집의 주인은 제사장에게 가서 '집에 곰팡이가 피었습니다' 하고 알려야 한다. 제사장은 그 곰팡이를 살펴보러 가기 전에 그 집을 비우도록 지시해야 한다. 이는 그 집에 있는 물건이 하나라도 부정하다고 선언되는 일이 없게 하려는 것이다. 제사장이 그 집에 가서 살펴보아, 그 집 벽에 핀 곰팡이가 푸르스름하거나 불그스름하게 돋아나 있고 벽면보다 더 깊이 스며들었으면, 제사장은 그 집 문밖으로 나와서 그 집을 칠 일 동안 폐쇄해야 한다. 칠 일째 되는 날에 다시 가서 살펴보아 곰팡이가 그 집 벽에 두루 퍼졌으면, 제사장은 곰팡이가 핀 돌들을 빼내어 성 밖의 쓰레기 더미에 버리도록 지시해야 한다. 반드시 그 집 내벽 전체를 긁어내고, 긁어낸 벽토는 성 밖의 쓰레기 더미에 버려야 한다. 그러고 나서 돌들이 빠진 자리에 새로운 돌들을 끼우고, 그 집 내벽에 벽토를 다시 발라야 한다.

43-47 돌들을 빼내고 집 내벽을 긁어내어 벽토를 다시 바른 뒤에도 곰팡이가 피면, 제사장이 가서 살펴봐야 한다. 만일 곰팡이가 퍼졌으면, 그것은 악성 곰팡이다. 그 집은 부정하니, 그 집을 헐고 돌들과 목재와 벽토를 성 밖의 쓰레기 더미에 내다 버려야 한다. 그 집을 폐쇄한 기간에 그 집에 들어가는 사람은 누구든지 저녁때까지 부정하고, 그 집에서 잠을 자거나 음식을 먹은 사람은 누구든지 자기 옷을 빨아야 한다.

48-53 그러나 제사장이 가서 살펴보아, 내벽에 벽토를 다시 바른 뒤에 그 집에 곰팡이가 퍼지지 않았으면, 곰팡이가 제거된 것이다. 제사장은 그 집이 정결하다고 선언해야 한다. 그런 다음 새 두 마리와 백향목 가지와 주홍색 실과

우슬초를 가져다가 그 집을 정결하게 해야 한다. 제사장은 맑은 물이 담긴
질그릇 위에서 새 한 마리를 잡아야 한다. 그런 다음 백향목 가지와 우슬초
와 주홍색 실과 살아 있는 새를 가져다가, 죽은 새의 피와 맑은 물에 담갔다
가 그 집에 일곱 번 뿌려야 한다. 이렇게 새의 피와 맑은 물과 살아 있는 새
와 백향목 가지와 우슬초와 주홍색 실로 그 집을 정결하게 해야 한다. 마지
막으로, 살아 있는 새는 성 밖의 넓은 들에 놓아주어야 한다. 제사장이 그 집
을 위해 속죄했으니, 그 집은 정결하다.
54-57 이것은 각종 악성 피부병과 백선, 옷과 집에 피는 노균과 곰팡이, 그리
고 부스럼과 물집과 번들거리는 얼룩과 관련해서 따라야 할 절차로, 언제 부
정하게 되고 언제 정결하게 되는지를 판정하기 위한 것이다. 이것은 전염성
있는 피부병과 노균과 곰팡이와 관련된 절차다."

남자나 여자가 부정하게 되었을 때의 규례

15 1-3 하나님께서 모세와 아론에게 말씀하셨다. "이스라엘 백성에게
전하여라. 그들에게 이렇게 일러 주어라. 어떤 남자의 성기에서
고름이 흘러나오면, 그 고름은 부정한 것이다. 고름이 계속 흘러나오든 흘
러나오지 않고 고여 있든, 그는 부정하다. 고름이 몸에서 계속 흘러나오거나
고름이 몸 안에 고여 있는 모든 날 동안, 그는 부정하다.
4-7 그가 누운 자리는 모두 부정하고, 그가 깔고 앉은 물건도 모두 부정하다.
고름을 흘리는 남자의 잠자리에 몸이 닿았거나, 그가 깔고 앉은 물건에 앉았
거나, 그와 몸이 닿은 사람은 누구든지 자기 옷을 빨고 물로 몸을 씻어야 한
다. 그는 저녁때까지 부정하다.
8-11 고름을 흘리는 남자가 정결한 사람에게 침을 뱉으면, 그 정결한 사람은
자기 옷을 빨고 물로 몸을 씻어야 한다. 그는 저녁때까지 부정하다. 고름을
흘리는 남자가 타고 다니는 안장도 모두 부정하다. 그가 깔고 앉은 물건에 몸
이 닿은 사람은 누구나 저녁때까지 부정하다. 그러한 물건을 옮긴 사람도 자
기 옷을 빨고 물로 몸을 씻어야 한다. 그는 저녁때까지 부정하다. 고름을 흘
리는 남자가 물로 두 손을 씻지 않은 채 어떤 사람을 만졌으면, 그에게 닿은

사람도 자기 옷을 빨고 물로 몸을 씻어야 한다. 그는 저녁때까지 부정하다.
12 고름을 흘리는 남자가 만진 질그릇은 깨뜨려 버려야 한다. 나무그릇은 물
로 씻어야 한다.
13-15 고름을 흘리던 남자가 나아서 깨끗하게 되면, 그는 정결해지기 위해 칠
일 동안 기다렸다가 옷을 빨고 흐르는 물에 몸을 씻어야 한다. 그런 다음에
야 그는 정결하게 된다. 팔 일째 되는 날에 그는 산비둘기 두 마리나 집비둘
기 두 마리를 가지고 회막 입구 하나님 앞으로 와서, 제사장에게 주어야 한
다. 그러면 제사장은 한 마리는 속죄 제물로, 다른 한 마리는 번제물로 바쳐
서, 고름을 흘리는 그 사람을 위해 하나님 앞에서 속죄해야 한다.
16-18 어떤 남자가 정액을 흘리면, 그는 물로 온몸을 씻어야 한다. 그는 저녁때
까지 부정하다. 옷이든 가죽으로 만든 물건이든, 정액이 묻은 것은 모두 물
로 빨아야 한다. 그것은 저녁때까지 부정하다. 남자가 여자와 잠자리를 같이
하여 정액을 흘리면, 둘 다 물로 씻어야 한다. 그들은 저녁때까지 부정하다.
19-23 어떤 여자가 몸에서 피를 흘리는데 그것이 월경이면, 그 여자는 칠 일
동안 부정하다. 그 여자의 몸에 닿은 사람은 모두 저녁때까지 부정하다. 그
여자가 월경중에 눕거나 앉은 자리는 모두 부정하다. 그 여자의 잠자리에 몸
이 닿거나 그 여자가 깔고 앉은 물건에 몸이 닿은 사람은, 자기 옷을 빨고 물
로 몸을 씻어야 한다. 그는 저녁때까지 부정하다.
24 어떤 남자가 그 여자와 잠자리를 같이하다가 그 여자가 흘린 피에 몸이 닿
으면, 그는 칠 일 동안 부정하고 그가 누운 잠자리도 모두 부정하다.
25-27 어떤 여자가 월경 기간이 아닌데 여러 날 동안 출혈을 하거나 월경 기간이
지났는데도 계속 출혈을 하면, 그 여자는 월경할 때와 마찬가지로 부정하다.
출혈을 하는 동안 그 여자가 누운 잠자리와 그 여자가 앉은 자리는 모두 월경
할 때와 마찬가지로 부정하다. 이러한 것들에 몸이 닿은 사람은 모두 부정하
다. 그는 자기 옷을 빨고 물로 몸을 씻어야 한다. 그는 저녁때까지 부정하다.
28-30 출혈이 멎어 깨끗하게 되면, 그 여자는 칠 일을 기다려야 한다. 그런 다
음에야 정결하게 된다. 팔 일째 되는 날에 그 여자는 산비둘기 두 마리나 집
비둘기 두 마리를 가져와 회막 입구에서 제사장에게 주어야 한다. 그러면 제

사장은 한 마리는 속죄 제물로, 다른 한 마리는 번제물로 바친다. 제사장은
출혈로 인해 부정해진 그 여자를 위해 **하나님** 앞에서 속죄해야 한다.
31 너희는 부정하게 하는 것으로부터 이스라엘 백성을 떼어 놓아야 한다. 그
러지 않으면, 그들 가운데 있는 나의 성막을 더럽혀 그들이 부정한 상태로
죽게 될 것이다.
32-33 이것은 고름이나 정액을 흘려 자신을 부정하게 한 남자와 월경중인 여
자가 따라야 할 절차로, 몸에서 무언가 흘러나오는 남자나 여자뿐 아니라 부
정한 여자와 잠자리를 같이한 남자도 이 절차를 따라야 한다."

속죄의 날

16 1-2 아론의 두 아들이 알 수 없는 불을 가지고 **하나님** 앞으로 나아
갔다가 죽은 일이 있었다. 그 후에 **하나님**께서 모세에게 말씀하
셨다. "네 형 아론에게 일러 주어라. 휘장 안쪽의 지성소, 곧 궤를 덮고 있는
속죄판 앞에 아무 때나 들어오다가는 죽을 것이다. 내가 구름 속에서 속죄판
위에 임하기 때문이다.
3-5 아론이 성소에 들어갈 때에 따라야 할 절차는 이러하다. 아론은 속죄 제
물로 바칠 수송아지 한 마리와 번제물로 바칠 숫양 한 마리를 가져와야 한
다. 거룩한 모시 속옷과 모시 속바지를 입고, 모시로 만든 띠를 두르고, 모시
로 만든 두건을 써야 한다. 이것들은 거룩한 옷이니, 먼저 물로 몸을 씻고 나
서 입어야 한다. 그런 다음 그는 이스라엘 공동체로부터 속죄 제물과 번제물
로 바칠 숫염소 두 마리를 받아 가져와야 한다.
6-10 아론은 자신을 위한 속죄 제물로 수송아지를 바쳐서, 자기 자신과 자기
가족을 위해 속죄해야 한다. 또한 그는 숫염소 두 마리를 회막 입구 **하나님**
앞에 두고 제비를 뽑아서, 하나는 **하나님**을 위한 것으로, 다른 하나는 아사
셀을 위한 것으로 정해야 한다. **하나님**의 몫으로 정해진 염소는 속죄 제물로
바치고, 아사셀의 몫으로 정해진 염소는 속죄를 위해 광야에 있는 아사셀에
게 보내야 한다.
11-14 아론은 자신을 위한 제물로 수송아지를 바쳐서, 자기 자신과 자기 가족

을 위해 속죄해야 한다. 그는 속죄 제물로 수송아지를 잡아야 한다. **하나님** 앞 제단에 타오르는 숯불을 향로에 가득 담고 곱게 간 향기로운 향을 두 손 가득 떠서 휘장 안으로 가지고 들어가, **하나님** 앞에서 그 향을 태워 향의 연기가 증거궤 위의 속죄판을 덮게 해야 한다. 그래야 그가 죽지 않을 것이다. 그런 다음 수송아지의 피 얼마를 가져다가 손가락에 찍어 속죄판 위에 뿌리고, 속죄판 앞에 일곱 번 뿌려야 한다.

15-17 이어서 아론은 백성을 위한 속죄 제물로 지목된 염소를 잡고, 그 피를
가지고—휘장 안으로 들어가서, 수송아지의 피를 뿌릴 때와 마찬가지로 염소의 피를 제단 위와 앞에 뿌려야 한다. 이와 같이 아론은 지성소를 위해 속죄해야 한다. 이는 이스라엘 자손의 부정과 그들의 반역과 그들의 다른 모든 죄 때문이다. 아론은 부정한 백성 가운데 있는 회막을 위해서도 그와 같이 해야 한다. 아론이 속죄하기 위해 지성소에 들어가서, 자신과 자기 가족과 이스라엘 온 공동체를 위해 속죄하기를 마치고 성소에서 나오기까지, 아무도 회막 안에 있어서는 안된다.

18-19 그 후에 아론은 **하나님** 앞 제단으로 가서, 제단을 위해 속죄해야 한다.
그는 수송아지의 피와 염소의 피 얼마를 가져다가 제단의 네 뿔에 바르고, 그 피를 손가락에 찍어 제단 위에 일곱 번 뿌려서, 이스라엘 자손의 부정으로부터 제단을 정결하게 하고 거룩하게 구별해야 한다.

20-22 지성소와 회막과 제단을 위해 속죄하기를 마친 뒤에, 아론은 살아 있는
염소를 가져와서 그 머리에 두 손을 얹고, 이스라엘 백성의 모든 부정과 모든 반역과 모든 죄를 고백해야 한다. 그리고 그 모든 죄를 그 염소의 머리에 씌워서 대기하고 있던 사람에게 맡겨 광야로 내보내야 한다. 그 염소가 이스라엘 백성의 온갖 부정을 짊어지고 광야로 나가면, 그는 그 염소를 광야에 풀어 주어야 한다.

23-25 마지막으로, 아론은 회막 안으로 들어가, 지성소에 들어가기 위해 입었던
모시옷을 벗어서 거기 놓아두어야 한다. 그는 거룩한 곳에서 물로 몸을 씻고, 제사장 옷을 입고, 자신을 위한 번제물과 백성을 위한 번제물을 바쳐 자신과 백성을 위해 속죄한 다음, 속죄 제물의 지방을 제단 위에서 불살라야 한다.

26-28 염소를 끌고 나가서 광야의 아사셀에게 놓아 보낸 사람은, 자기 옷을 빨
고 물로 몸을 씻어야 한다. 그런 다음에야 그는 진 안으로 들어올 수 있다.
속죄 제물로 바친 수송아지와 속죄 제물로 바친 염소의 피를 지성소 안으로
가지고 들어가 속죄한 다음에는, 그것들을 진 밖으로 가지고 나가서 그 가죽
과 고기와 내장 전체를 불살라야 한다. 지명을 받아 그것들을 불사른 사람
은, 자기 옷을 빨고 물로 몸을 씻어야 한다. 그런 다음에야 그는 진 안으로
들어올 수 있다."

29-31 "이것은 너희가 지켜야 할 기준이며, 영원히 지켜야 할 규례다. 일곱째
달 십 일에, 너희는 본국인이든 너희와 함께 사는 외국인이든, 엄격한 금식
을 시작하고 아무 일도 해서는 안된다. 이날은 너희를 위해 속죄하는 날, 너
희가 정결하게 되는 날이기 때문이다. 너희의 모든 죄가 **하나님** 앞에서 말끔
히 씻겨질 것이다. 이날은 모든 안식일 중의 안식일이다. 너희는 금식해야
한다. 이것은 너희가 영원히 지켜야 할 규례다.
32 아버지의 뒤를 이어 기름부음을 받고 위임받은 제사장은 다음과 같은 절
차에 따라 속죄해야 한다.
33 그는 거룩한 모시옷을 입어야 한다.
그는 속죄하여 지성소를 정결하게 해야 한다.
그는 속죄하여 회막과 제단을 정결하게 해야 한다.
그는 제사장들과 온 회중을 위해 속죄해야 한다.
34 이것은 너희가 영원히 지켜야 할 규례다. 너희는 이스라엘 백성의 모든 죄
를 위해 일 년에 한 차례 속죄해야 한다."
아론은 **하나님**께서 모세에게 명령하신 대로 행했다.

제물과 피에 관한 규례

17 1-7 **하나님**께서 모세에게 말씀하셨다. "아론과 그의 아들들과 온
이스라엘 자손에게 전하여라. 그들에게 이렇게 일러 주어라. 이
것은 **하나님**이 명령한 것이다. 소나 어린양이나 염소를 회막 입구로 끌고 와

서 **하나님**의 성막 앞에서 **하나님**에게 바치지 않고 진 안이나 밖에서 잡는 사
람은 누구든지 피 흘리는 죄를 범한 자로 여길 것이다. 그는 피를 흘렸으므
로 자기 백성 가운데서 끊어져야 한다. 이것은 이스라엘 자손이 습관을 따라
들에서 잡던 제물을 **하나님**에게로 가져오게 하려는 것이다. 그들은 그 제물
을 **하나님**에게로 가져와야 한다. 그 제물을 회막 입구에 있는 제사장에게 가
져와서, 화목 제물로 **하나님**에게 바쳐야 한다. 제사장은 그 피를 회막 입구
에서 **하나님**의 제단에 뿌리고, 그 지방을 **하나님**을 기쁘게 하는 향기로 불살
라야 한다. 그들은 전에 음란하게 섬기던 숫염소 귀신들에게 더 이상 제물을
바쳐서는 안된다. 이것은 그들이 대대로 지켜야 할 영원한 규례다.
8-9 너는 또 그들에게 이렇게 일러 주어라. 이스라엘 자손이든 그들과 함께
사는 외국인이든, 번제물이나 화목 제물을 바치되 그것을 회막 입구로 가져
와서 **하나님**에게 바치지 않는 사람은 자기 백성 가운데서 끊어질 것이다.
10-12 이스라엘 자손이든 그들과 함께 사는 외국인이든, 피를 먹는 사람이 있
으면 나는 그와 관계를 끊고 그를 백성 가운데서 끊어 버리겠다. 이는 생물
의 생명이 그 피 속에 있기 때문이다. 피는 너희의 생명을 위해 속죄할 때 제
단 위에 바치라고 내가 준 것이다. 피 곧 생명이 죄를 속한다. 그래서 내가
이스라엘 백성에게 피를 먹지 말라고 한 것이다. 너희와 함께 사는 외국인에
게도 피를 먹지 말라는 명령이 적용된다.
13-14 이스라엘 자손이든 그들과 함께 사는 외국인이든, 먹을 수 있는 짐승이
나 새를 사냥해 잡은 사람은, 누구든지 그 피를 땅에 쏟고 흙으로 덮어야 한
다. 모든 생물의 생명은 피와 다름없고, 피는 곧 그 생물의 생명이기 때문이
다. 그래서 내가 이스라엘 자손에게 '어떤 생물의 피도 먹지 마라. 피는 곧
모든 생물의 생명이기 때문이다. 피를 먹는 자는 누구든지 끊어져야 한다'고
말한 것이다.
15-16 죽은 채 발견된 짐승이나 찢겨 죽은 짐승을 먹은 사람은, 본국인이든 외
국인이든 자기 옷을 빨고 물로 몸을 씻어야 한다. 그는 저녁때까지 부정하다
가 저녁이 지나면 정결하게 된다. 옷을 빨지 않거나 몸을 씻지 않으면, 그는
자신의 행위에 책임을 져야 한다."

성관계에 관한 규례

18 1-5 하나님께서 모세에게 말씀하셨다. "이스라엘 백성에게 전하
여라. 그들에게 이렇게 일러 주어라. 나는 **하나님** 너희 하나님이
다. 너희는 전에 너희가 살던 이집트 땅의 사람들처럼 살지 마라. 내가 너희
를 이끌고 갈 가나안 땅의 사람들처럼 살아서도 안된다. 너희는 그들이 하는
대로 하지 마라. 너희는 나의 법도를 따라 살고, 나의 규례를 지키며 살아라.
나는 너희 **하나님**이다. 너희는 나의 규례와 법도를 지켜라. 이것을 지키는
사람은 그로 인해 살 것이다. 나는 **하나님**이다.
6 가까운 친족과 동침하지 마라. 나는 **하나님**이다.
7 네 어머니와 동침하여 네 아버지를 욕되게 하지 마라. 그녀는 네 어머니이
니, 그녀와 동침해서는 안된다.
8 네 아버지의 아내와 동침하지 마라. 그것은 네 아버지를 욕되게 하는 짓이다.
9 네 아버지의 딸이든 네 어머니의 딸이든, 한 집에서 태어났든 다른 곳에서
데려왔든, 네 누이와 동침하지 마라.
10 네 아들의 딸이나 네 딸의 딸과 동침하지 마라. 그것은 네 몸을 욕되게 하
는 짓이다.
11 네 아버지의 아내가 낳은 네 아버지의 딸과 동침하지 마라. 그녀는 네 누이다.
12 네 아버지의 누이와 동침하지 마라. 그녀는 네 고모이며 네 아버지의 가까운
친족이다.
13 네 어머니의 자매와 동침하지 마라. 그녀는 네 이모이며 네 어머니의 가까운
친족이다.
14 네 숙부의 아내와 동침하여 네 아버지의 형제, 곧 네 숙부를 욕되게 하지
마라. 그녀는 네 숙모다.
15 네 며느리와 동침하지 마라. 그녀는 네 아들의 아내이니 그녀와 동침하지 마라.
16 네 형제의 아내와 동침하지 마라. 그것은 네 형제를 욕되게 하는 짓이다.
17 한 여자와 그 여자의 딸과 아울러 동침하지 마라. 그녀의 손녀들과도 동침
하지 마라. 그들은 그녀의 가까운 친족이다. 그것은 사악한 짓이다.
18 네 아내가 살아 있는 동안에 그녀의 자매를 첩으로 맞아 동침하는 일이 없

게 하여라.
19 월경중이라 부정한 상태인 여자와 동침하지 마라.
20 네 이웃의 아내와 동침하지 마라. 그녀 때문에 네 자신을 욕되게 하지 마라.
21 네 자녀를 몰렉 신에게 희생 제물로 불살라 바치지 마라. 그것은 분명 네
하나님을 모독하는 짓이다. 나는 **하나님**이다.
22 여자하고 하듯이 남자와 동침하지 마라. 그것은 역겨운 짓이다.
23 짐승과 교접하지 마라. 짐승으로 네 자신을 욕되게 하지 마라.
여자도 짐승과 교접해서는 안된다. 그것은 사악한 짓이다.
24-28 이 모든 일 가운데 어느 것으로도 너희 자신을 더럽히지 마라. 내가 너
희 앞에 있는 땅에서 쫓아낼 민족들이 그와 같은 일을 하다가 더러워졌고,
그 땅도 더러워졌다. 나는 그 죄악으로 인해 그 땅을 벌했고, 그 땅은 거기에
살던 사람들을 토해 냈다. 너희는 본국인이든 외국인이든, 나의 규례와 법도
를 지켜야 한다. 너희는 이 역겨운 짓들 가운데 어느 하나라도 행해서는 안
된다. 너희가 오기 전에 그 땅에 살던 사람들이 그 모든 짓을 행하여 그 땅을
더럽혔다. 너희마저 그 땅을 더럽히면, 그 땅이 너희 앞서 살았던 민족들을
토해 냈듯이 너희도 토해 낼 것이다.
29-30 이 역겨운 짓들 가운데 어느 하나라도 행하는 자는 자기 백성 가운데서
끊어질 것이다. 너희는 내 명령을 지켜라. 너희가 오기 전에 행해졌던 역겨
운 짓들 가운데 어느 하나라도 행하지 마라. 그런 짓으로 너희 자신을 더럽
히지 마라. 나는 **하나님** 너희 하나님이다."

내가 거룩하니, 너희도 거룩하여라

19

1-2 **하나님**께서 모세에게 말씀하셨다. "너는 이스라엘 회중에게 전
하여라. 그들에게 이렇게 일러 주어라. **하나님** 너희 하나님인 내
가 거룩하니, 너희도 거룩하여라.
3 너희는 저마다 자기 부모를 공경해야 한다.
안식일을 지켜라. 나는 **하나님** 너희 하나님이다.
4 신이라고 할 수 없는 우상들에 관심을 갖지 마라. 쇠를 녹여 우상들을 만들

지 마라. 나는 **하나님** 너희 하나님이다.
5-8 **하나님**에게 화목 제물을 바칠 때는, 너희가 배운 대로 받아들여질 만하
게 바쳐야 한다. 제물은 너희가 바친 그날과 그 다음날까지 먹고, 셋째 날까
지 남은 것은 무엇이든 불살라 버려야 한다. 셋째 날까지 남은 제물을 먹으
면, 그 고기는 더럽혀졌으므로 받아들여지지 않을 것이다. 누구든지 그것을
먹는 자는 **하나님**에게 거룩한 것을 더럽힌 것이므로 책임을 져야 할 것이다.
그 사람은 자기 백성 가운데서 끊어질 것이다.
9-10 땅에서 곡식을 거두어들일 때는, 밭 가장자리까지 거두지 말고 떨어진
이삭을 다 줍지 마라. 너희 포도밭의 포도를 남김없이 거두지 말고, 밭으로
되돌아가 떨어진 포도알갱이를 줍지도 마라. 가난한 사람과 외국인을 위해
그것들을 남겨 두어라. 나는 **하나님** 너희 하나님이다.
11 도둑질하지 마라.
거짓말하지 마라.
속이지 마라.
12 내 이름으로 거짓 맹세하여 너희 하나님의 이름을 욕되게 하지 마라. 나는
하나님이다.
13 네 친구를 이용해 먹거나 그의 것을 빼앗지 마라.
품꾼이 받을 삯을 주지 않은 채 다음날까지 가지고 있지 마라.
14 듣지 못하는 사람을 저주하지 말고, 눈먼 사람 앞에 장애물을 놓지 마라.
너희 하나님을 두려워하여라. 나는 **하나님**이다.
15 정의를 왜곡하지 마라. 가난한 사람이라고 해서 편들지 말고, 세력 있는
사람이라고 해서 봐주지 마라. 옳은 것에 기초해서 재판하여라.
16 험담과 소문을 퍼뜨리지 마라.
네 이웃의 목숨이 위태로운데 팔짱을 끼고 바라보기만 해서는 안된다. 나는
하나님이다.
17 마음속으로 네 이웃을 미워하지 마라. 그에게 잘못이 있으면, 그것을 밝히
드러내라. 그러지 않으면, 너도 그 잘못의 공범자가 된다.
18 네 동족에게 복수할 기회를 노리거나 원한을 품지 마라.

네 이웃을 네 자신처럼 사랑하여라. 나는 하나님이다.
19 너희는 내 규례를 지켜라.
종류가 다른 두 동물을 서로 교배시키지 마라.
너희 밭에 두 종류의 씨를 함께 뿌리지 마라.
두 종류의 재료로 짠 옷을 입지 마라.
20-22 한 남자가 여종하고 동침했는데, 그 여종에게 결혼하기로 한 남자가 있
고 그가 아직 그녀의 몸값을 치르지 않았거나 그녀가 자유의 몸이 아니라면,
두 사람은 조사를 받아야 한다. 하지만 여자가 자유의 몸이 아니기 때문에 그
두 사람이 사형을 당하지는 않는다. 남자는 하나님에게 바칠 보상 제물을 회
막 입구로 가져와야 한다. 이때 보상 제물은 숫양이어야 한다. 제사장은 남
자가 저지른 죄 때문에 바친 보상 제물인 숫양을 가지고, 그를 위해 하나님
앞에서 속죄해야 한다. 그러면 남자는 자신이 저지른 죄를 용서받게 된다.
23-25 너희가 그 땅에 들어가 각종 과일나무를 심을 때, 처음 삼 년 동안은 그
나무의 열매를 먹지 마라. 그 열매는 먹을 수 없는 것으로 여겨라. 사 년째
되는 해에는 그 열매가 거룩하게 되어, 하나님에게 바치는 찬양의 제물이 된
다. 오 년째 되는 해부터 너희는 그 열매를 먹을 수 있다. 이렇게 하면 너희
는 더 풍성한 수확물을 얻게 될 것이다. 나는 하나님 너희 하나님이다.
26 너희는 고기를 피째 먹지 마라.
점을 치거나 마술을 쓰지 마라.
27 머리 양옆에 난 머리카락을 자르지 말고, 수염을 다듬지 마라.
28 죽은 사람을 위한다고 너희 몸에 상처를 내지 마라.
너희 몸에 문신을 새기지 마라. 나는 하나님이다.
29 너희 딸을 창녀가 되게 하여 그녀를 욕되게 하지 마라. 그러면 온 땅이 조
만간 지저분한 섹스로 가득 차 매음굴이 될 것이다.
30 나의 안식일을 지키고, 나의 성소를 귀하게 여겨라. 나는 하나님이다.
31 주술에 빠지지 말고, 영매들을 가까이하지 마라. 그런 일로 너희 영혼을
더럽히지 마라. 나는 하나님 너희 하나님이다.
32 노인을 공경하고, 나이 든 어른에게 존경을 표하여라. 너희 하나님을 경외

하여라. 나는 **하나님**이다.
33-34 외국인이 너희 땅에서 생활할 때에 그를 착취하지 마라. 외국인과 본국
인을 동등하게 대하여라. 그를 네 가족처럼 사랑하여라. 너희도 전에는 이집
트 땅에서 외국인이었다는 것을 기억하여라. 나는 **하나님** 너희 하나님이다.
35-36 길이나 무게나 양을 잴 때 속이지 마라. 바른 저울과 바른 추와 바른 자를 사
용하여라. 나는 **하나님** 너희 하나님이다. 내가 너희를 이집트에서 이끌어 냈다.
37 너희는 나의 모든 규례와 나의 모든 법도를 지켜라. 그대로 지켜 행하여라.
나는 **하나님**이다."

반드시 죽여야 하는 죄

20 1-5 **하나님**께서 모세에게 말씀하셨다. "너는 이스라엘 자손에게
이렇게 일러 주어라. 이스라엘 자손이든 이스라엘에 사는 외국인
이든, 자기 자녀를 몰렉 신에게 바치는 사람은 모두 사형에 처해야 한다. 공
동체가 그를 돌로 쳐서 죽여야 한다. 나도 그를 단호하게 내쫓아 자기 백성
가운데서 끊어 버리겠다. 자기 자녀를 몰렉 신에게 바친 사람은 나의 성소
를 더럽히고 나의 거룩한 이름을 모독한 것이다. 그 사람이 자기 자녀를 몰
렉 신에게 바치는데도 그 땅 사람들이 아무 일 없다는 듯이 못 본 척하며 그
를 죽이지 않으면, 내가 그와 그의 가족을 가차 없이 내쫓을 것이다. 그는 물
론이고 그와 함께 몰렉 신의 의식에 참여하여 음란한 행위를 한 자들을 모조
리 자기 백성 가운데서 끊어 버리겠다.
6 나는 주술에 빠지거나 영매들과 가까이하면서 그들의 의식에 참여해 음란
한 짓을 일삼는 자들을 가차 없이 내쫓을 것이다. 그들을 자기 백성 가운데
서 끊어 버리겠다.
7-8 너희 자신을 구별하여 거룩하게 살아라. 나는 **하나님** 너희 하나님이니,
너희는 거룩한 삶을 살아라. 너희는 내가 일러 주는 대로 행하고, 내가 일러
주는 대로 살아라. 나는 너희를 거룩하게 하는 **하나님**이다.
9 자기 부모를 저주하는 자는 모두 사형에 처해야 한다. 자기 부모를 저주했
으니, 그는 자기 죄값으로 죽을 것이다.

10 어떤 남자가 다른 남자의 아내, 이를테면 이웃의 아내와 간음하면, 간음한
남자와 여자 둘 다 사형에 처해야 한다.
11 어떤 남자가 자기 아버지의 아내와 동침하면, 자기 아버지를 욕되게 한 것
이다. 그 남자와 여자는 반드시 사형에 처해야 한다. 그들은 자기 죄값으로
죽을 것이다.
12 어떤 남자가 자기 며느리와 동침하면, 둘 다 사형에 처해야 한다. 그들이
저지른 짓은 사악하므로, 그들은 자기 죄값으로 죽을 것이다.
13 어떤 남자가 여자와 하듯이 남자하고 동침하면, 그 둘은 역겨운 짓을 한
것이므로 사형에 처해야 한다. 그들은 자기 죄값으로 죽을 것이다.
14 어떤 남자가 한 여자뿐 아니라 그 여자의 어머니와도 결혼하면, 그것은 사
악한 짓이다. 그들 셋을 모두 화형에 처해서, 공동체로부터 사악한 짓을 제
거해야 한다.
15 어떤 남자가 짐승과 교접하면, 그는 사형에 처해야 한다. 너희는 그 짐승
도 죽여야 한다.
16 어떤 여자가 짐승과 교접하면, 너희는 그 여자와 짐승을 모두 죽여야 한
다. 그들은 사형에 처해야 한다. 그들은 자기 죄값으로 죽을 것이다.
17 어떤 남자가 자기 누이, 곧 자기 아버지의 딸이나 자기 어머니의 딸과 결
혼하여 동침하면, 그것은 수치스러운 일이다. 그들은 공개적으로 자기 백성
가운데서 끊어져야 한다. 그가 자기 누이를 욕되게 했으니, 그 죄값을 치러
야 한다.
18 어떤 남자가 월경중인 여자와 잠자리를 같이하여 성관계를 가지면, 그는
그 여자의 샘을 드러낸 것이고 그 여자는 자신의 샘을 드러낸 것이니, 둘 다
자기 백성 가운데서 끊어져야 한다.
19 네 이모나 네 고모와 동침하지 마라. 그것은 가까운 친족을 욕되게 하는
짓이다. 둘 다 그 죄값을 치러야 한다.
20 어떤 남자가 자기 숙모와 동침하면, 그것은 자기 숙부를 욕되게 한 것이
다. 둘 다 그 죄값을 치르고 자식 없이 죽을 것이다.
21 어떤 남자가 자기 형제의 아내와 결혼하면, 그것은 더러운 짓이다. 그는

자기 형제를 모욕한 것이다. 그들은 자식을 보지 못할 것이다.
22-23 너희는 내가 일러 준 대로, 나의 모든 규례와 법도를 지켜 행하여라. 그
렇게 살아야 내가 너희를 데리고 들어갈 그 땅이 너희를 토해 내지 않을 것
이다. 내가 너희 앞에서 쫓아낼 민족들처럼 살아서는 안된다. 그들은 이 모
든 짓을 행했고, 나는 그 일 하나하나를 끔찍이 싫어했다.
24-26 기억하여라. 내가 너희에게 말한 대로, 너희는 그들의 땅을 차지하게 될
것이다. 젖과 꿀이 흐르는 그 땅을 내가 너희에게 유산으로 주겠다. 나는 **하
나님**, 곧 너희를 여러 민족들 가운데서 구별한 너희 하나님이다. 그러니 너
희는 이렇게 살아라. 정결한 짐승과 부정한 짐승을 구별하고, 정결한 새와
부정한 새를 구별하여라. 짐승이든 새든 땅을 기어 다니는 것이든, 내가 너
희를 위해 부정하다고 정해 준 것들로 너희 자신을 더럽히지 마라. 나 **하나
님**이 거룩하니, 너희도 내 앞에서 거룩하게 살아라. 내가 너희를 여러 민족
들 가운데서 구별하여 내 것이 되게 했다.
27 너희 가운데 영매나 마법사로 사는 자는 사형에 처해야 한다. 너희는 그들
을 돌로 쳐서 죽여야 한다. 그들은 자기 죄값으로 죽을 것이다."

제사장이 지켜야 할 규례

21

1-4 **하나님**께서 모세에게 말씀하셨다. "너는 아론의 아들들인 제
사장들에게 전하여라. 그들에게 이렇게 일러 주어라. 제사장은
주검을 만져 자신을 더럽혀서는 안된다. 다만 가까운 가족인 어머니나 아버
지나 아들이나 딸이나 형제나 결혼하지 않아 남편 없이 그를 의지하다가 죽
은 누이의 주검은 예외다. 이들 가족 때문에 제사장이 부정하게 되는 것은
괜찮지만, 결혼해서 혈연으로만 연결되어 있는 누이의 주검과 접촉하여 자
신을 더럽히고 욕되게 해서는 안된다.
5-6 제사장은 자기 머리털을 밀거나 수염을 다듬거나 자기 몸에 상처를 내서
는 안된다. 그는 자기 하나님에게 거룩해야 하고, 자기 하나님의 이름을 더
럽혀서는 안된다. **하나님**에게 제물을 바치는 것, 곧 자기 하나님에게 음식을
바치는 것이 그의 일이니, 그는 거룩해야 한다.

7-8 제사장은 하나님에게 거룩한 사람이니, 창녀나 제의에서 몸을 판 여자나
이혼한 여자와 결혼해서는 안된다. 그는 너희 하나님에게 음식을 바치는 사
람이니 거룩해야 한다. 너희는 그를 거룩한 사람으로 대하여라. 너희를 거룩
하게 하는 나 **하나님**이 거룩하기 때문이다.
9 제사장의 딸이 매춘으로 자기 몸을 더럽혔을 경우, 그녀는 자기 아버지를
수치스럽게 한 것이다. 그녀는 화형에 처해야 한다.
10-12 형제들 가운데서 대제사장이 된 사람은, 자기 머리에 거룩하게 구별하는
기름부음을 받고 위임을 받아 제사장 옷을 입었으니, 머리를 풀거나 엉킨 채
로 두거나 낡거나 찢어진 옷을 입어서는 안된다. 그는 주검이 놓인 방에 들
어가서도 안된다. 자기 아버지나 어머니 때문이라고 해도 자신을 더럽혀서
는 안된다. 그는 거룩하게 구별하는 기름부음을 받고 드려졌으므로, 하나님
의 성소를 버려두고 나가거나 성소를 더럽혀서는 안된다. 나는 **하나님**이다.
13-15 그는 젊은 처녀와 결혼해야 한다. 과부나 이혼한 여자나 제의에서 몸을
판 여자와 결혼해서는 안된다. 그는 자기 백성 가운데서 고른 처녀하고만 결
혼해야 한다. 그는 자기 후손이 그 백성 가운데서 더러워지지 않게 해야 한
다. 나는 그를 거룩하게 하는 **하나님**이기 때문이다."

16-23 **하나님**께서 모세에게 말씀하셨다. "너는 아론에게 이렇게 일러 주어라.
대대로 너의 후손 가운데서 흠이 있는 사람은 자기 하나님에게 음식을 바칠
수 없다. 흠이 있는 사람은 눈이 먼 사람, 다리를 저는 사람, 몸이 일그러졌
거나 기형인 사람, 손이나 발이 불구인 사람, 등이 굽은 사람, 난쟁이, 눈에
부정한 것이 낀 사람, 고름을 흘리는 사람, 고환이 상한 사람을 가리킨다. 제
사장 아론의 후손 가운데서 흠이 있는 사람은 **하나님**에게 제물을 바칠 수 없
다. 그는 흠이 있으므로 자기 하나님에게 음식을 바쳐서는 안된다. 그는 자
기 하나님의 음식, 곧 지극히 거룩한 제물과 거룩한 제물을 모두 먹을 수는
있지만, 자기에게 흠이 있으니 휘장 가까이 가거나 제단에 다가가서는 안된
다. 그럴 경우 나의 성소를 더럽히고 말 것이다. 나는 그들을 거룩하게 하는
하나님이다."

24 모세는 이 말씀을 아론과 그의 아들들과 이스라엘 온 백성에게 전했다.

22

1-2 **하나님**께서 모세에게 말씀하셨다. "너는 아론과 그의 아들들에게 말하여, 이스라엘 자손이 나에게 바치는 거룩한 제물을 경건하게 다루어서, 나의 거룩한 이름을 모독하는 일이 없게 하여라. 나는 **하나님**이다.

3 너는 그들에게 이렇게 일러 주어라. 이제부터 너희 후손 가운데 누구든지, 이스라엘 자손이 **하나님**에게 구별해 바친 거룩한 제물에 부정한 상태로 다가가면, 그는 내 앞에서 끊어질 것이다. 나는 **하나님**이다.

4-8 아론의 후손 가운데서 전염성이 있는 피부병에 걸렸거나 고름을 흘리는 사람은, 정결하게 될 때까지 거룩한 제물을 먹어서는 안된다. 또한 주검 때문에 더러워진 것을 만졌거나, 정액을 흘렸거나, 기어 다니는 것과 접촉해 더러워졌거나, 어떤 이유로든 부정하게 된 사람의 몸에 닿은 사람, 곧 그런 부정한 것과 접촉한 사람은 저녁때까지 부정하며, 물로 자기 몸을 깨끗이 씻지 않으면 거룩한 제물을 먹을 수 없다. 그는 해가 진 뒤에야 정결하게 되어 거룩한 제물을 먹을 수 있다. 그것이 그의 음식이기 때문이다. 그는 죽은 채 발견되었거나 맹수에게 찢겨 죽은 것을 먹어 자신을 더럽혀서는 안된다. 나는 **하나님**이다.

9 제사장들은 나의 지시를 따라야 한다. 그러지 않고 제물을 함부로 다루면, 그들은 죄를 짓고 죽게 될 것이다. 나는 그들을 거룩하게 하는 **하나님**이다.

10-13 일반인은 그 누구도 거룩하게 구별된 음식을 먹어서는 안된다. 제사장의 손님이나 제사장의 품꾼도 거룩한 음식을 먹어서는 안된다. 그러나 제사장이 돈을 주고 산 종은 그 음식을 먹을 수 있다. 제사장의 집에서 태어난 종도 제사장의 음식을 먹을 수 있다. 그러나 제사장의 딸이 일반인과 결혼한 경우, 거룩하게 바쳐진 음식을 더 이상 먹어서는 안된다. 그 딸이 과부가 되었거나 자식 없이 이혼하여 자기 아버지 집으로 돌아와 예전처럼 살 때는, 아버지의 음식을 먹을 수 있다. 그러나 일반인은 그 누구도 거룩한 음식을

먹어서는 안된다.
14 누가 모르고 거룩한 제물을 먹었으면, 그는 그 거룩한 제물 값에 오분의
일을 더해서 제사장에게 갚아야 한다.
15-16 제사장들은 이스라엘 자손이 **하나님**에게 바친 거룩한 제물을 함부로 다
루어서는 안된다. 그들이 거룩한 제물을 먹다가 부정하게 되어 스스로 죄를
짓는 일이 없게 해야 한다. 나는 그 음식을 거룩하게 하는 **하나님**이다."

17-25 **하나님**께서 모세에게 말씀하셨다. "아론과 그의 아들들과 이스라엘 온
백성에게 이렇게 일러 주어라. 너희 가운데 본국인이든 외국인이든, 서원한
것을 행하려고 **하나님**에게 번제물을 바치거나 자원 제물을 바칠 때, 그 제물
이 받아들여지려면 반드시 소나 양이나 염소 가운데서 흠 없는 수컷을 골라
서 바쳐야 한다. 어떤 것이든 흠 있는 것을 바쳐서는 안된다. 그런 제물은 받
지 않을 것이다. 누구든지 서원한 것을 행하려고 소나 양 가운데서 **하나님**
에게 화목 제물을 바치거나 자원 제물을 바칠 때, 그 제물이 받아들여지려
면 반드시 흠 없는 온전한 것을 바쳐야 한다. 눈먼 것이나 다리를 저는 것이
나 어떤 부위가 잘린 것이나 고름을 흘리는 것이나 종기가 난 것이나 피부병
이 있는 것을 **하나님**에게 바쳐서는 안된다. 그런 것들은 **하나님**에게 바치는
제물로 제단 위에 올려서는 안된다. 자원 제물로는 한쪽 다리가 길거나 짧
은 소와 양을 드려도 괜찮다. 그러나 서원 제물로는 받아들여지지 않을 것이
다. 짐승 가운데 고환이 상했거나 으스러졌거나 찢겼거나 잘려 나간 것은 **하
나님**에게 바치지 마라. 너희 땅에서 그와 같은 일을 하지 마라. 외국인에게
서도 그런 짐승을 받아 너희 **하나님**에게 음식으로 바치는 일이 없게 하여라.
그런 것들은 보기 흉하고 결함이 있으므로 받지 않을 것이다."

26-30 **하나님**께서 모세에게 말씀하셨다. "송아지나 어린양이나 염소가 태어나
면 칠 일 동안은 그 어미와 함께 있게 해야 한다. 팔 일째 되는 날부터는, 그
것을 **하나님**에게 제물로 바쳐도 받아들여질 것이다. 암소나 암양을 그 새끼

와 같은 날에 잡지 마라. **하나님**에게 감사 제물을 바칠 때는 받아들여지도록
바르게 바쳐야 한다. 제물은 바친 그날에 다 먹고, 다음날 아침까지 남겨 두
지 마라. 나는 **하나님**이다.
31 너희는 내가 명령한 것을 행하고, 내가 일러 준 대로 살아라. 나는 **하나님**이다.
32-33 나의 거룩한 이름을 더럽히지 마라. 나는 이스라엘 백성 가운데서 거룩하
게 높임을 받기 원한다. 나는 너희를 거룩하게 하는 **하나님**이다. 나는 너희 하
나님이 되려고 너희를 이집트에서 이끌어 낸 **하나님**이다. 나는 **하나님**이다."

하나님의 절기

23 1-2 **하나님**께서 모세에게 말씀하셨다. "너는 이스라엘 백성에게
이렇게 일러 주어라. 너희가 거룩한 모임으로 선언해야 하는 **하**
나님의 절기, 내가 정한 절기는 이러하다.
3 육 일 동안 일하여라. 일곱째 날은 안식일이다. 완전하고 온전한 안식의
날, 거룩한 모임의 날이다. 이날에는 아무 일도 하지 마라. 너희가 어디서 살
든지, 이날은 **하나님**의 안식일이다.
4 **하나님**이 정한 절기, 곧 너희가 정해진 때에 선포해야 할 거룩한 모임은 이
러하다.
5 첫째 달 십사 일 해가 질 무렵부터 **하나님**의 유월절이다.
6-8 같은 달 십오 일은 **하나님**의 무교절이다. 너희는 칠 일 동안 누룩을 넣지
않은 빵을 먹어야 한다. 첫째 날에 거룩한 모임을 열고, 평소에 하던 일은 아
무것도 하지 마라. 너희는 칠 일 동안 **하나님**에게 불살라 바치는 제물을 바
쳐야 한다. 칠 일째 되는 날에도 거룩한 모임을 열고, 평소에 하던 일은 아무
것도 하지 마라."
9-14 **하나님**께서 모세에게 말씀하셨다. "이스라엘 백성에게 이렇게 일러 주어
라. 내가 주는 땅에 들어가 곡식을 거두어들일 때, 너희가 수확한 첫 곡식단
을 제사장에게 가져오너라. 그러면 제사장은 너희를 위해 그 곡식단이 받아
들여지도록 그것을 **하나님** 앞에 흔들어 바칠 것이다. 제사장은 그것을 안식
일 다음날 아침에 흔들어 바쳐야 한다. 곡식단을 흔들어 바치는 날, 너희는

일 년 된 흠 없는 어린 숫양을 **하나님**에게 번제물로 바쳐라. 그와 함께 기름
섞은 고운 곡식 가루 4리터를 곡식 제물로 바쳐라. 이것은 **하나님**에게 불살
라 바치는 제물이며, **하나님**을 기쁘게 하는 향기다. 또한 포도주 1리터를 부
어 드리는 제물로 바쳐야 한다. 너희가 이렇게 제물을 너희 하나님에게 바치
는 날까지는, 빵이나 볶은 곡식이나 날곡식을 먹지 마라. 이것은 너희가 어
디서 살든지, 대대로 지켜야 할 영원한 규례다."

15-21 "안식일 다음날 아침, 곧 너희가 곡식단을 흔들어 바친 날부터 일곱 번
째 안식일 다음날 아침까지 일곱 주를 꽉 채워 오십 일을 세어라. 그날에 너
희는 새로운 곡식 제물을 **하나님**에게 바쳐라. 너희가 살고 있는 곳에서, 고
운 곡식 가루 4리터에 누룩을 넣어 구운 빵 두 덩이를 가져오너라. 이것은
첫 수확물로 **하나님**에게 흔들어 바치는 제물이다. 이 빵과 함께, 일 년 된 흠
없는 어린 숫양 일곱 마리와 수송아지 한 마리와 숫양 두 마리를 바쳐야 한
다. 이것들을 곡식 제물과 부어 드리는 제물과 함께 **하나님**에게 번제물로 바
쳐야 한다. 이것은 불살라 바치는 제물이며, **하나님**을 기쁘게 하는 향기다.
너희는 또 숫염소 한 마리를 속죄 제물로 바치고 일 년 된 어린양 두 마리를
화목 제물로 바쳐라. 제사장은 첫 수확물로 만든 빵과 함께 그 어린양 두 마
리를 흔들어 바치는 제물로 **하나님** 앞에 흔들어 바쳐야 한다. 그것들은 **하나**
님에게 바쳐진 거룩한 제물로, 제사장의 몫이다. 그날에 너희는 거룩한 모임
을 선포해야 한다. 평소에 하던 일은 아무것도 하지 마라. 이것은 너희가 어
디서 살든지, 대대로 지켜야 할 영원한 규례다.
22 너희가 땅에서 곡식을 거두어들일 때는 밭의 가장자리까지 거두지 말고,
떨어진 이삭을 다 줍지도 마라. 가난한 사람과 외국인을 위해 그것들을 남겨
두어라. 나는 **하나님** 너희 하나님이다."

23-25 **하나님**께서 모세에게 말씀하셨다. "너는 이스라엘 백성에게 이렇게 일
러 주어라. 일곱째 달 첫째 날은 안식의 날, 거룩한 모임의 날로 구별하여라.
숫양의 뿔로 만든 나팔을 크게 울려 그날을 기념하여라. 평소에 하던 일은

아무것도 하지 말고, **하나님**에게 불살라 바치는 제물을 바쳐라."

26-32 **하나님**께서 모세에게 말씀하셨다. "일곱째 달 십 일은 속죄일이다. 너희
는 거룩한 모임을 열고, 금식하며, **하나님**에게 불살라 바치는 제물을 바쳐
라. 그날은 너희 **하나님** 앞에서 너희를 위해 속죄하는 속죄일이니, 그날에
는 일하지 마라. 그날에 금식하지 않는 사람은 누구든지 자기 백성 가운데서
끊어져야 한다. 누구든지 그날에 일하는 사람은 내가 그 백성 가운데서 멸할
것이다. 그날에는 아무 일도 해서는 안된다. 절대로 일하지 마라. 이것은 너
희가 어디서 살든지, 대대로 지켜야 할 영원한 규례다. 그날은 안식일, 곧 온
전하고 완전한 쉼의 날이며 금식의 날이다. 그달 구 일 저녁부터 다음날 저
녁까지 너희는 안식일을 지켜라."

33-36 **하나님**께서 모세에게 말씀하셨다. "너는 이스라엘 백성에게 이렇게 일
러 주어라. **하나님**의 초막절은 일곱째 달 십오 일에 시작되어 칠 일 동안 이
어진다. 첫째 날은 거룩한 모임의 날이니, 평소에 하던 일은 아무것도 하지
마라. 칠 일 동안 **하나님**에게 불살라 바치는 제물을 바쳐라. 팔 일째 되는 날
에 다시 거룩한 모임을 열고 **하나님**에게 제물을 바쳐라. 이것은 엄숙한 집회
다. 평소에 하던 일은 아무것도 하지 마라.
37-38 이것들은 **하나님**이 정한 절기다. 그날에 너희는 거룩한 모임을 선포하
고 **하나님**에게 불살라 바치는 제물을 바치되, 번제물과 곡식 제물과 희생 제
물과 부어 드리는 제물을 각각 정해진 날에 바쳐야 한다. 이 제물들은 **하나
님**의 안식일에 바치는 제물, 서원 제물, 자원 제물과는 별도로 너희가 **하나
님**에게 바치는 것들이다.
39-43 밭에서 곡식을 거두고 난 다음, 너희는 일곱째 달 십오 일부터 칠 일 동
안 **하나님**의 절기를 기념하여라. 첫째 날은 온전히 쉬는 날이고, 팔 일째 되
는 날도 온전히 쉬는 날이다. 첫째 날에 가장 좋은 나무에서 열린 가장 좋은
열매를 따고, 종려나무 잎과 잎이 무성한 나뭇가지와 시냇가의 버드나무를
꺾어 들고, 너희 **하나님** 앞에서 칠 일 동안 즐거워하여라. 칠 일 내내 **하나님**

앞에서 그 절기를 경축하여라. 앞으로 매년 일곱째 달이 되면, 이 절기를 기념하여라. 너희는 칠 일 동안 초막에서 지내야 한다. 이스라엘의 모든 아들딸이 초막에 들어가야 한다. 이는 내가 이스라엘 백성을 이집트 땅에서 이끌어 낼 때 초막에서 살게 한 것을 너희 후손이 알게 하려는 것이다. 나는 하나님 너희 하나님이다."

44 모세는 이스라엘이 즐겁게 지켜야 할 절기, 곧 하나님께서 정해 주신 일 년 동안의 절기를 그들에게 공표했다.

하나님 앞에 두는 등불과 빵

24

1-4 하나님께서 모세에게 말씀하셨다. "이스라엘 백성에게 등불에 쓸 깨끗한 올리브기름을 가져오게 하여, 등불이 계속 타오르게 하여라. 아론은 이 등불을 회막 안 증거궤를 가리는 휘장 앞에 두어, 저녁부터 아침까지 하나님 앞에서 계속 타오르게 해야 한다. 이것은 너희가 대대로 지켜야 할 영원한 규례다. 아론은 이 등불을 하나님 앞 순금 등잔대 위에 두어, 계속 타오르게 해야 한다."

5-9 "너는 고운 곡식 가루를 가져다가, 빵 한 개당 가루 4리터를 들여 빵 열두 개를 구워라. 그 빵들을 하나님 앞 순금 상 위에 한 줄에 여섯 개씩 두 줄로 차려 놓아라. 각 줄을 따라 순전한 향을 발라, 그 빵을 기념물로 삼아라. 이것은 하나님에게 바치는 제물이다. 안식일마다 그 빵을 하나님 앞에 차려 놓아야 한다. 이것은 이스라엘 자손이 지켜야 할 영원한 언약이다. 그 빵은 아론과 그의 아들들 몫이 되고, 그들은 그 빵을 거룩한 곳에서 먹어야 한다. 그 빵은 하나님에게 바친 제물에서 온 것으로, 그들의 몫 가운데서도 지극히 거룩한 것이다. 이것은 영원히 지켜야 할 규례다."

하나님을 모독한 자

10-12 어머니는 이스라엘 사람이고 아버지는 이집트 사람인 한 남자가 있었

다. 하루는 그가 외출하여 이스라엘 사람들에게로 갔는데, 진 안에서 그와
어떤 이스라엘 사람 사이에 싸움이 일어났다. 그 이스라엘 여인의 아들이 **하
나님**의 이름을 모독하고 저주했다. 그러자 사람들이 그를 끌고 모세에게로
왔다. 그의 어머니 이름은 슬로밋인데, 단 지파 디브리의 딸이었다. 사람들
은 그를 가두어 두고 **하나님**의 뜻이 그들에게 드러나기를 기다렸다.
13-16 **하나님**께서 모세에게 말씀하셨다. "하나님을 모독한 그 자를 진 밖으로
끌어내라. 그가 한 말을 들은 사람은 모두 그의 머리에 손을 얹은 다음, 온
회중이 그를 돌로 쳐서 죽여라. 너는 이스라엘 자손에게 이렇게 일러 주어
라. 누구든지 하나님을 저주한 자는 그 책임을 져야 한다. 누구든지 **하나님**
의 이름을 모독한 자는 사형에 처해야 한다. 온 회중이 그를 돌로 쳐서 죽여
야 한다. 외국인이든 본국인이든, 하나님의 이름을 모독한 자는 사형에 처해
야 한다.
17-22 누구든지 사람을 때려 죽게 한 사람은 사형에 처해야 한다. 다른 사람의
짐승을 죽인 사람은 그것을 물어 주어야 한다. 생명은 생명으로 갚아야 한
다. 누구든지 이웃에게 상처를 입힌 사람은 자신이 입힌 만큼 되받게 될 것
이다. 골절에는 골절로, 눈에는 눈으로, 이에는 이로 되받게 될 것이다. 이
웃에게 상처를 입힌 만큼 그 자신도 상처를 입게 될 것이다. 짐승을 때려 죽
게 한 자는 그것을 물어 주어야 한다. 그러나 사람을 때려 죽게 한 사람은 사
형에 처해야 한다. 여기에 예외는 없다. 외국인이나 본국인에게나 같은 법이
적용된다. 나는 **하나님** 너희 하나님이다."
23 모세가 이렇게 이스라엘 백성에게 말하자, 그들은 하나님을 모독한 자를
진 밖으로 끌어내어 돌로 쳐서 죽였다. 이스라엘 백성은 **하나님**께서 모세에
게 명령하신 대로 행했다.

땅도 하나님 앞에서 안식하게 하여라

25

1-7 **하나님**께서 시내 산에서 모세에게 말씀하셨다. "너는 이스라
엘 백성에게 전하여라. 그들에게 이렇게 일러 주어라. 내가 너희
에게 주는 땅에 들어가면, 그 땅도 **하나님** 앞에서 안식하게 하여라. 너희는

여섯 해 동안, 밭에 씨를 뿌리고 포도밭을 가꾸고 수확물을 거두어들여라.
그러나 일곱째 해에는, 그 땅이 **하나님** 앞에서 안식, 곧 온전하고 완전한 쉼
을 얻게 해야 한다. 너희는 밭에 씨를 뿌려서도 안되고, 포도밭을 가꾸어서
도 안된다. 자생하는 것을 거두어들이지도 말고, 돌보지 않은 포도나무의 열
매를 수확하지도 마라. 그 땅은 한 해 동안 온전하고 완전한 쉼을 얻을 것이
다. 안식년 동안 그 땅에서 자생하는 것은 너희가 먹어도 된다. 너희와, 너희
남종과 여종과 너희 품꾼과 너희 땅에서 사는 외국인은 물론이고, 너희의 가
축과 그 땅의 들짐승도 그것을 먹을 수 있다. 그 땅에서 자생하는 것은 무엇
이든 먹어도 된다."

희년

8-12 "안식년을 일곱 번, 곧 일곱 해를 일곱 번 세어라. 안식년이 일곱 번이면
마흔아홉 해가 된다. 일곱째 달 십 일, 곧 속죄일에 숫양의 뿔로 만든 나팔을
크게 울려라. 나팔소리가 온 땅에 울려 퍼지게 하여라. 너희는 오십 년이 되
는 해를 거룩한 해로 정하고, 온 땅에 사는 모든 사람에게 자유를 선포하여
라. 이 해는 너희를 위한 희년이니, 각 사람은 자기 집안의 소유지로 돌아가
서 자기 가족을 만날 것이다. 오십 년째 해는 너희의 희년이다. 씨를 뿌리지
도 말고, 밭에서 자생하는 것을 거두지도 말고, 돌보지 않은 포도나무의 열
매를 수확하지도 마라. 그해는 희년이고 너희에게 거룩한 해이기 때문이다.
너희는 밭에서 자생하는 것은 무엇이든 먹어도 된다.
13 이 희년에는 모든 사람이 자기 집안의 소유지로 돌아가야 한다.
14-17 이웃에게 소유물을 팔거나 이웃에게서 소유물을 살 때는, 이웃을 속이
지 마라. 살 때는 희년에서 몇 해가 지났는지를 계산해서 가격을 정하고, 팔
때는 다음 희년까지 몇 해가 남았는지를 계산해서 가격을 정해야 한다. 희년
까지 햇수가 많이 남았으면 큰 돈이 되니 값을 올릴 수 있다. 하지만 햇수가
적게 남았으면 돈이 덜 되니 값을 내려라. 실제로 너희가 사고파는 것은 곡
물을 수확할 수 있는 횟수인 것이다. 너희는 서로 속이지 말고, 너희 하나님
을 두려워하여라. 나는 **하나님** 너희 하나님이다.

18-22 나의 규례를 지키고, 나의 법도를 따라 살아라. 그러면 너희가 그 땅에
서 안전하게 살 것이다. 그 땅은 열매를 낼 것이고, 너희는 온갖 먹을거리를
얻고 아무 걱정 없이 안전하게 살게 될 것이다. 너희가 묻기를, '일곱째 해에
심지도 않고 거두지도 않으면 무엇을 먹고 살라는 말입니까?' 하겠지만, 내
가 보증하겠다. 내가 여섯째 해에 너희에게 복을 주어, 세 해 동안 먹기에 충
분한 소출이 그 땅에서 나게 할 것이다. 여덟째 해에 씨를 뿌리고 나서, 아홉
째 해가 되어 햇곡식을 거둘 때까지 너희는 묵은 곡식을 먹게 될 것이다.
23-24 땅을 영구히 팔지는 못한다. 땅은 나의 것이다. 너희는 다만 외국인이요
나의 소작인일 뿐이다. 너희는 너희가 소유한 땅을 누군가가 되살 수 있는
권리를 보장해야 한다.
25-28 네 형제 가운데 하나가 가난하게 되어 자기 땅의 일부를 팔아야 할 경
우, 그 친척 가운데 가장 가까운 사람이 나서서 자기 형제가 판 땅을 되사야
한다. 땅을 되사 줄 친척이 없는 사람이라도 나중에 성공해서 그 땅을 되살
만큼 충분한 돈을 벌었으면, 그 사람은 자신이 땅을 판 뒤로 사용된 땅의 가
치를 계산해서 남은 값을 땅을 산 사람에게 지불하면 된다. 그렇게 해서 그
는 자기 소유의 땅으로 돌아갈 수 있다. 그러나 되살 만큼 돈을 벌지 못했으
면, 그가 판 땅은 희년이 될 때까지 그 땅을 산 사람의 소유로 남는다. 희년
이 되면 땅은 원래의 주인에게 돌아갈 것이다. 그때 그는 자기 땅으로 돌아
가 그 땅에서 살아갈 수 있다.
29-31 성곽 안에 있는 집을 판 경우, 판 지 한 해가 다 차기까지는 되살 권리
가 있다. 한 해 동안은 언제든 되살 수 있다. 하지만 한 해가 다 지나도록 되
사지 못하면, 그 집은 영원히 구입한 사람과 그 자손의 소유가 된다. 그 집은
희년이 되어도 원래의 주인에게 돌아가지 않는다. 그러나 성곽이 없는 마을
에 있는 집은 밭과 마찬가지로 처리할 것이다. 그 집은 언제든 되살 수 있고,
희년에는 원래의 주인에게 돌아가야 한다.
32-34 레위인 성읍의 경우에는, 성읍 안에 있는 그들 소유의 집은 언제든 되살
수 있다. 레위인의 집은 그들 소유의 성읍에서 판 것이면 언제든 되살 수 있
고, 희년이 되면 원래의 주인에게 돌아간다. 레위인의 성읍에 있는 집은 이

스라엘 백성 가운데 있는 그들의 재산이기 때문이다. 레위인의 성읍에 속한 목초지는 그들의 영원한 소유지이므로 팔 수 없다.
35-38 너희 형제 가운데 누가 가난하게 되어 자기 힘으로 살아가지 못하는 사
람이 있으면, 외국인이나 손님을 돕듯이 그를 도와주어라. 그래서 그가 너희 동네에서 계속 살 수 있게 해주어라. 그에게 이자를 받아 돈을 벌려고 하지 마라. 너희 하나님을 경외하는 마음으로, 너희 형제가 너희와 한 동네에서 함께 살 수 있게 해주어라. 그의 곤경을 이용하여 과도한 이자를 얻으려고 돈을 빌려 주거나, 이득을 보려고 양식을 꾸어 주어서는 안된다. 나는 가나안 땅을 너희에게 주어 너희 하나님이 되려고 너희를 이집트에서 이끌어 낸 너희 하나님이다.
39-43 너희 형제 가운데 누가 가난하게 되어 자신의 몸을 너희에게 팔아야 할
경우, 그를 종 부리듯 하지 말고, 품꾼이나 너희 가운데 머무는 손님처럼 대하여라. 희년이 될 때까지 그가 너희를 위해 일할 것이다. 희년이 되면 그는 자녀들과 함께 마음 놓고 자기 친척과 조상의 땅으로 돌아갈 수 있다. 이스라엘 백성은 내가 이집트에서 이끌어 낸 나의 종이니, 절대 종으로 팔 수 없다. 너희는 그를 가혹하게 부리지 마라. 너희는 하나님을 두려워하여라.
44-46 너희가 소유할 수 있는 남종과 여종은 주변 나라에서 온 사람들이어야
한다. 주변 나라로부터 종을 사들이는 것은 괜찮다. 일시적으로 너희와 함께 사는 외국인 노동자의 자녀들은 사들여도 된다. 너희 땅에서 태어나 너희 가운데 사는 그들의 친척에게서 사들일 수도 있다. 너희는 그들을 너희 소유로 삼아 너희 자녀에게 재산으로 물려줄 수 있고, 그들이 사는 동안 종으로 부릴 수도 있다. 그러나 너희 형제 이스라엘 자손을 가혹하게 부려서는 안된다.
47-53 너희와 함께 사는 외국인이나 거류민 가운데 부유해진 사람이 있어서,
너희 형제 가운데 가난해진 한 사람이 너희와 함께 사는 외국인이나 그의 친척에게 자신의 몸을 판 경우, 그는 자기 몸을 판 뒤라도 되살 권리가 있다. 그의 친족 가운데 하나가 그를 되살 수 있다. 그의 삼촌이나 사촌이나 그의 친척 가운데서 가까운 사람이 그를 되살 수 있다. 또는 그가 돈을 모아서 스스로 값을 치를 수도 있다. 그럴 경우, 그와 그의 주인은 그가 몸을 판 해부

터 희년이 되는 해까지의 햇수를 계산하고, 그 햇수 동안 치러야 할 품꾼의
삯에 따라 되사는 값을 정해야 한다. 희년까지 햇수가 많이 남았으면, 그는
자신을 판 가격의 상당액을 갚아야 한다. 그러나 희년까지 몇 해 남지 않았
으면, 그 남은 햇수에 따라 되사는 값을 계산해야 한다. 주인은 그를 해마다
고용한 사람처럼 대해야 한다. 주인이라도 그를 가혹하게 부리는 일이 없어
야 한다.
54-55 그가 이 방법들 가운데 어느 것으로도 풀려나지 못한다 해도, 희년이 되
면 자유의 몸이 된다. 그는 물론이고 그의 자녀까지도 자유의 몸이 된다. 이
는 이스라엘 백성이 나의 종, 곧 내가 이집트에서 이끌어 낸 나의 종이기 때
문이다. 나는 **하나님** 너희 하나님이다."

26 1 "너희 자신을 위해 우상들을 만들지 마라. 조각한 신상이나 돌
기둥을 세우지 마라. 조각한 돌을 너희 땅에 놓고 그 앞에 절하며
섬기는 일이 없게 하여라. 나는 **하나님** 너희 하나님이다.
2 너희는 나의 안식일을 지키고, 나의 성소를 귀하게 여겨라. 나는 **하나님**이다."

너희가 내 규례를 따라 살면

3-5 "너희가 내 규례를 따라 살고 내 계명을 잘 지키면, 내가 철 따라 비를 내
려 줄 것이다. 땅은 농작물을 내고 들의 나무는 열매를 맺을 것이다. 너희는
포도를 수확할 때까지 타작하고, 다음 파종할 때까지 포도를 거두게 될 것이
다. 너희는 배불리 먹고도 남을 만큼 풍성히 거두고 너희 땅에서 아무 걱정
없이 안전하게 살 것이다.
6-10 내가 그 땅을 평화의 땅으로 만들 것이다. 너희는 밤에 아무 두려움 없이
잠들 수 있을 것이다. 내가 그 땅에서 사나운 짐승을 없애고 전쟁을 없애겠
다. 너희는 원수를 쫓아내고 원수를 쓰러뜨릴 것이다. 너희 다섯 명이 그들
백 명을 추격하고, 너희 백 명이 그들 만 명을 추격하여 그들을 없애 버릴 것
이다. 내가 너희에게 온갖 주의를 기울여, 반드시 너희가 번성하고 너희 수

가 많아지게 하며, 내가 너희와 맺은 언약이 제대로 이행되게 하겠다. 너희
가 지난해에 거둔 곡식을 다 먹지 못했는데도 햇곡식을 쌓을 자리를 마련하
기 위해 창고를 비워야 할 것이다.
11-13 너희가 사는 곳에 나도 같이 살 것이다. 내가 너희를 피하지도 않고 멀
리하지도 않겠다. 내가 너희와 함께 거리를 거닐겠다. 나는 너희 하나님이
되고, 너희는 내 백성이 될 것이다. 나는 너희를 이집트에서 구해 내어 더 이
상 이집트 사람들의 종이 되지 않게 한 **하나님**, 곧 너희 하나님이다. 나는 너
희에게서 종의 굴레를 벗겨 내어, 너희가 마음껏 자유롭게 다니게 했다."

너희가 내 말에 순종하지 않으면

14-17 "그러나 너희가 내 말에 순종하지 않고 내 계명을 지키지 않으면, 또 내
규례를 멸시하고 내 법도를 경멸하여 순종하지 않고 내 언약을 내팽개치면,
내가 직접 나서서 다음과 같은 재앙을 쏟아붓겠다. 내가 몸을 쇠약하게 하
는 병과 열병을 보내고 눈을 어둡게 하여, 너희 생명을 조금씩 쇠약하게 하
겠다. 너희가 씨를 뿌리지만, 너희 원수들이 그 알곡을 먹어 버릴 것이다. 너
희 원수들이 너희를 넘어뜨리는 동안, 나는 그 곁에서 등을 돌리고 서 있을
것이다. 너희를 미워하는 자들이 너희를 다스릴 것이다. 너희를 뒤쫓는 자가
없는데도 너희는 겁을 집어먹고 도망치게 될 것이다.
18-20 이렇게 하는데도 너희가 내 말에 주의를 기울이지 않으면, 내가 너희 죄
로 인해 너희를 일곱 배로 벌하겠다. 내가 너희의 그 드센 교만을 꺾어 버리
겠다. 너희 머리 위의 하늘을 철판처럼, 너희 발 아래의 땅을 무쇠처럼 만들
어 버리겠다. 너희가 아무리 애써도 아무것도 얻지 못할 것이다. 땅에서 곡
식을 얻지 못하고, 나무에서 열매를 얻지 못할 것이다.
21-22 너희가 나를 거역하고 내 말에 귀를 기울이지 않으면, 너희가 지은 죄보
다 일곱 배나 더 벌을 내리겠다. 내가 너희에게 들짐승들을 풀어 놓겠다. 들
짐승들이 너희 자녀들을 물어 가고 너희 가축을 죽이고 너희의 수를 크게 줄
여서, 너희가 사는 곳은 유령 도시처럼 황폐해질 것이다.
23-26 이렇게 하는데도 너희가 바뀌지 않고 징계를 받아들이지 않으며 계속해

서 내게 맞서면, 그때는 내가 너희와 맞설 것이다. 내가 너희 죄로 인해 너희를 일곱 배로 벌하겠다. 내가 너희에게 전쟁을 일으켜 너희가 언약을 파기한 것을 되갚아 주겠다. 너희가 전쟁을 피해 성 안으로 모여들면 내가 너희에게 치명적인 전염병을 보내겠다. 너희가 너희 원수 앞에서 맥없이 무너질 것이다. 내가 너희의 양식을 끊어 버리면, 열 명의 여인이 한 화덕에서 빵을 구워 너희에게 나누어 줄 것이다. 너희는 먹어도 먹은 것 같지 않을 것이다. 아무도 배부르지 못할 것이다.

27-35 이렇게까지 하는데도 너희가 바뀌지 않고 여전히 내 말에 귀를 기울이지 않고 나와 맞서면, 내가 더는 두고 보지 않고 진노하여 너희와 맞서고, 너희 죄로 인해 너희를 일곱 배로 벌할 것이다! 극심한 기근이 찾아와서, 너희는 급기야 너희 아들을 삶아 먹고 너희 딸을 구워 먹게 될 것이다. 내가 음란한 종교의 산당을 허물고, 거기에 딸린 기물들도 모두 박살내겠다. 너희의 주검과 우상들의 주검을 한자리에 차곡차곡 쌓아 올리겠다. 내가 너희를 몹시 싫어하여 너희 도시를 돌무더기로 만들어 버리겠다. 너희 성소를 쓸어버리고, 너희가 피워 올리는 '기쁘게 하는 향기'에도 코를 막아 버리겠다. 내가 너희 땅을 생명이 없는 황무지로 만들어 버리겠다. 그 땅을 접수하러 온 너희 원수들이 그 광경을 보고 충격을 받을 것이다. 내가 너희를 세계 곳곳으로 흩어 버리고, 내 칼끝을 너희 등에 겨눈 채로 계속 너희 뒤를 쫓을 것이다. 너희의 땅은 황폐하게 되고, 너희의 도시는 폐허가 될 것이다. 너희가 그 땅을 떠나 너희 원수들의 땅에 흩어져 사는 동안, 너희가 사라진 그 땅은 그제야 쉼을 얻고 안식을 누릴 것이다. 버려져 있는 동안에 그 땅은 쉼을 얻을 것이며, 너희가 그 땅에 사는 동안에 누리지 못했던 쉼, 곧 안식을 누리게 될 것이다.

36-39 너희 가운데 아직 살아남은 자들에게는 내가 두려움을 잔뜩 심어 주겠다. 그들은 나뭇잎 바스락거리는 소리에도 기겁하여 달아날 것이다. 뒤쫓는 자가 없는데도 목숨을 부지하려고 도망치듯이 이리 뛰고 저리 뛰고 갈팡질팡하다가, 극도로 당황해서 서로 걸려 넘어지고 말 것이다. 너희는 원수들과 맞설 수 없을 것이다. 너희는 민족들 가운데서 망하고 너희 원수들의 땅이

너희를 집어삼킬 것이다. 살아남은 자도 원수들의 땅에서 서서히 힘을 잃고, 쇠약해지고 말 것이다. 자신들의 죄로 인해 쇠약해지고, 조상이 지은 죄 때문에 더욱 쇠약해지고 말 것이다."

그러나 그들이 자신들의 죄를 고백하면

40-42 "그러나 그들이 자신들의 죄와 조상의 죄, 곧 그들의 배은망덕한 반역과
반항 때문에 내가 그들과 맞서 그들을 원수의 땅으로 쫓아냈다고 고백하면,
행여 그들이 자신들의 굳은 마음을 부드럽게 하여 그들의 죄를 바로잡기만
하면, 내가 야곱과 맺은 내 언약을 기억하고, 이삭과 맺은 내 언약, 아브라함
과 맺은 내 언약을 기억할 것이다. 또한 그 땅도 기억하겠다.
43-45 그들이 버리고 떠난 그 땅은 그들이 없는 동안에 안식을 누릴 것이다.
하지만 내 법도를 거절하고 내 규례를 업신여긴 그들은 죄값을 치르게 될 것
이다. 그러나 그들의 행실에도 불구하고, 그들이 원수들 가운데 있을 때에,
나는 그들을 내치거나 멸시하거나 완전히 없애지는 않을 것이다. 내가 그들
과 맺은 내 언약도 깨뜨리지 않겠다. 나는 **하나님** 그들의 하나님이다. 내가
그들을 위해 그들의 조상과 맺은 언약을 기억할 것이다. 나는 그들의 하나
님이 되기 위해, 모든 민족이 지켜보는 앞에서 그들을 이집트에서 이끌어 냈
다. 나는 **하나님**이다."

46 이것은 **하나님**께서 시내 산에서 모세를 통해 자신과 이스라엘 백성 사이
에 세우신 규례와 법도와 지침이다.

서원 제물의 값

27 1-8 **하나님**께서 모세에게 말씀하셨다. "너는 이스라엘 백성에게
전하여라. 그들에게 이렇게 일러 주어라. 누구든지 **하나님**을 섬
기는 사람으로 서원하고 그 값을 드리기로 했으면, 스무 살에서 예순 살에 이
르는 남자는 그 값을 성소 세겔을 기준으로 은 오십 세겔로 정하여라. 여자일
경우, 그 값은 삼십 세겔이다. 다섯 살에서 스무 살 사이면, 남자는 그 값을

이십 세겔, 여자는 그 값을 십 세겔로 정하여라. 생후 한 달에서 다섯 살 사이면, 남자아이는 은 오 세겔, 여자아이는 은 삼 세겔로 값을 정하여라. 예순 살이 넘었으면, 남자는 십오 세겔, 여자는 십 세겔로 값을 정하여라. 너무 가난하여 정한 액수를 낼 수 없는 사람이면, 그를 제사장에게 데려가거라. 제사장은 서원한 그 사람이 낼 수 있는 형편에 따라 그의 값을 정해 주어야 한다.
9-13 그가 받아들여질 만한 짐승을 **하나님**에게 바치기로 서원했으면, 그 짐승은 **하나님**에게 바쳐진 것이므로 성소의 재산이 된다. 좋은 것을 나쁜 것으로, 나쁜 것을 좋은 것으로 바꾸거나 대체해서는 안된다. 바치려던 짐승을 다른 짐승으로 바꾸면, 본래의 것과 바꾼 것이 모두 성소의 재산이 된다. 그가 서원한 것이 부정한 짐승, 곧 **하나님**에게 바치는 제물로 받아들여질 만한 것이 아니면, 그 짐승을 제사장에게 보여야 한다. 제사장은 비싸든 싸든 그 값을 매길 것이고, 제사장이 정한 값이 그 제물의 값이 될 것이다. 그가 마음을 바꿔 그 짐승을 되사려고 하면, 짐승 값에 오분의 일을 더해서 내야 한다.
14-15 어떤 사람이 자기 집을 거룩하게 구별하여 성소의 재산으로 **하나님**에게 바칠 경우, 제사장이 그 값을 심사하여 비싸든 싸든 그 값을 매기면 제사장이 정한 값이 그 집의 값이 된다. 그 사람이 집을 되사려고 하면, 그 값에 오분의 일을 더해서 내야 다시 자기 것이 된다.
16-21 어떤 사람이 자기 집안의 땅 일부를 거룩하게 구별하여 **하나님**에게 바칠 경우, 그 값은 그 땅에 뿌릴 씨앗의 분량에 따라 정해야 한다. 보리 220리터에 은 오십 세겔의 비율로 정하면 된다. 그가 희년에 자기 밭을 거룩하게 구별해 바치면, 그 값은 앞서 정한 그대로 하면 된다. 그러나 희년이 지난 다음에 그 밭을 바치면, 제사장이 다음 희년까지 남은 햇수를 계산해서 그 햇수에 비례해 값을 낮추어 정하면 된다. 밭을 바친 사람이 그 밭을 되사려면, 정한 값에 오분의 일을 더해서 내야 한다. 그러면 그 밭은 다시 자기 것이 된다. 그러나 그가 그 밭을 되사지 않거나 다른 사람에게 팔았으면, 다시는 그 밭을 되살 수 없다. 희년이 되어 그 밭이 풀려나더라도, 그 밭은 **하나님**에게 거룩한 것이 되어 성소의 재산, 곧 **하나님**의 밭이 된다. 그 밭은 제사장의 소유가 될 것이다.

22-25 어떤 사람이 자기 집안의 땅이 아니라 자기가 사들인 밭을 거룩하게 구
별하여 **하나님**에게 바치려면, 제사장은 다음 희년까지 남은 햇수를 계산해
서 그 햇수에 비례해 값을 매겨야 한다. 그 사람은 그 자리에서 그 값을 **하나
님**에게 거룩한 것, 곧 성소에 속한 것으로 바쳐야 한다. 희년이 되면, 그 밭
은 밭을 판 사람, 곧 그 밭의 원래 주인에게 돌아간다. 모든 값은 성소 세겔
로 정할 것이며, 일 세겔은 이십 게라다.
26-27 짐승의 첫 새끼는 거룩하게 구별하여 바칠 수 없다. 맨 처음 태어난 것
은 이미 **하나님**에게 속한 것이기 때문이다. 소든 양이든, 그것은 이미 **하나
님**의 것이다. 그러나 바치려는 것이 부정한 짐승이면, 정한 값에 오분의 일
을 더해서 되살 수 있다. 되사지 않으려면, 그 짐승은 정한 값에 다른 사람에
게 팔아야 한다.
28 어떤 사람이 자기 소유물 가운데 무엇을 **하나님**에게 온전히 바쳤으면, 사람
이든 짐승이든 집안의 땅이든, 그것을 팔거나 되살 수 없다. 모든 헌물은 지
극히 거룩한 것이다. 그것은 **하나님**의 재산으로, 누구에게도 양도할 수 없다.
29 거룩한 진멸에 바쳐진 사람은 속하여 살려 줄 수 없다. 그는 반드시 죽여
야 한다."

❖

30-33 "땅의 곡식이든 나무의 열매든, 땅에서 거둔 소출의 십분의 일은 **하나님**
의 것이다. 그것은 **하나님**에게 거룩한 것이다. 어떤 사람이 자신이 바친 십
분의 일을 되사고자 할 경우, 그는 그 되사는 값에 오분의 일을 더해서 내야
한다. 소 떼와 양 떼의 십분의 일, 곧 목자의 지팡이 밑으로 지나가는 짐승의
십분의 일은 **하나님**에게 거룩한 것이다. 좋은 것과 나쁜 것을 골라서도 안되
고 바꿔서도 안된다. 바꿀 경우, 본래의 것과 바꾼 것이 모두 성소의 소유가
되며 되살 수 없게 된다."

34 이것은 **하나님**께서 시내 산에서 이스라엘 백성을 위해 모세에게 주신 계
명이다.

민수기 | 머리말

참다운 인간 공동체를 이루는 것은 긴 시간이 소요되는 복잡다단하고 번거로운 일이다. 한 개인이 성숙한 인간으로 성장하는 데도 최대한 지혜와 인내와 용기를 발휘해야 한다. 그러나 다른 사람들과 더불어 성장하는 것은, 낯선 사람이나 비열한 원수들은 말할 것도 없고 부모와 형제자매와 이웃들과 더불어 성장하는 것조차도 대단히 복잡한 일이다.

민수기는 그처럼 녹록치 않은 성장 과정 속으로 우리를 밀어 넣는다. 성경의 이 부분에 수록된 사건들을 읽다 보면, 우리는 하나님의 백성에 속하는 것이 어떤 것인지 생생히 실감하게 된다. 하나님의 백성은 하나님을 경외하고, 일상생활에서 사랑과 정의를 실천하고, 자신과 타인 안에 있는 죄를 다룰 줄 알고, 하나님의 명령을 따르면서 복된 미래로 나아가는 인간 공동체를 가리킨다. 이 모든 일에는 환상이 끼어들 여지가 없다.

> 구름이 성막 위로 올라갈 때면 이스라엘 백성이 행진했고, 구름이 내려와 머물 때면 백성이 진을 쳤다. 이스라엘 백성은 **하나님**의 명령에 따라 행진하고, **하나님**의 명령에 따라 진을 쳤다. 구름이 성막 위에 머무는 동안에는 진을 쳤다. 구름이 성막 위에 여러 날을 머물면, 그들은 **하나님**의 명령에 따라 행진하지 않았다. 구름이 성막 위에 머물러 있는 동안에는 **하나님**의 명령에 순종하여 진 안에 머물렀고, **하나님**께서 명령을 내리시면 곧바로 행진했다. 구름이 해가 질 무렵부터 새벽녘까지 머물다가 동이 틀 무렵에 올라가면, 그들은 행진했다. 밤이든 낮이든 상관없이, 구름이 올라가면 그들은 행진했다. 구름이 성막 위에 이틀을 머물든 한 달을 머물든 한 해

를 머물든 상관이 없었다. 구름이 성막 위에 머무는 동안에는 그들도 그 자리에 머물렀다. 그러다가 구름이 올라가면, 그들도 일어나 행진했다. 그들은 **하나님**의 명령에 따라 진을 치고, **하나님**의 명령에 따라 행진했다. 그들은 모세가 전한 **하나님**의 명령에 순종하며 살았다(민 9:17-23).

우리 가운데 상당수는 낭만적으로 묘사된 영성을 마음속에 그리며 좋아한다. 이를테면 "하나님께서 하늘에 계시니 모든 것이 세상과 제대로 어우러지네"(로버트 브라우닝의 '피파의 노래' 일부—옮긴이)와 같은 식의 생각 말이다. 일이 "제대로" 되지 않을 때, 우리는 다른 사람이나 자신을 탓하고, 할 수 있는 최선을 다해 상황을 헤쳐 나가고, 종종 성질을 부리고, 다른 시대—아마도 '성경 시대!'—에 태어났더라면 거룩하게 사는 것이 훨씬 쉬웠을 것이라고 생각한다. 하지만 그것은 헛된 생각일 뿐이다. 하나님께 지음받은 인간이 되어 순종하는 믿음과 희생적인 사랑의 삶으로 부름받는다는 것이 무슨 뜻인지를 보여주는 기본 교재인 성경 어디에도, 사는 것이 쉽다거나 '자연스러운 것'이라고 암시하는 대목은 없다. 따라서 우리는 많은 도움이 필요하다.

우리는 조직적인 도움이 필요하다. 공동체 안에서 함께 지낼 때는, 업무를 분담하고 지도자를 임명하고 물품 목록을 갖추어 두어야 한다. 수를 세고 목록을 작성하고 명부를 갖추는 것은 기도와 가르침과 정의만큼이나 하나님의 공동체로 살아가는 데 꼭 필요한 요소다. 정확한 계산법은 하나님의 백성이 갖추어야 할 덕목이다.

우리는 관계의 측면에서도 도움이 필요하다. 우리는 하나님의 부르심과 인도하심과 명령을 받는 사람들이, 싸우고 말다툼하고 불평하고 반역하고 간음하고 도둑질하는 등 많은 죄를 범하는 남녀 무리와 함께 있음을 알게 된다. 함께 살아가는 데는 도움이 필요하다. 하나님의 백성이 되는 데는 사려 깊은 훈련이 필요하다.

수를 세는 일과 다툼이 민수기의 상당 부분을 차지한다. 그것들은 우리가 하나님의 백성이 되는 데 있어서 피할 수 없는 부분이다. 이처럼 결코 낭만적이지 않은 세부사항을 받아들이도록 우리의 상상력을 훈련시켜서, 하나님의 백성이 되어 가는 데 꼭 필요한 책이 바로 민수기다.

민수기

시내 광야에서의 인구조사

1 1-5 이스라엘 자손이 이집트에서 나온 이듬해 둘째 달 첫째 날에 하나
님께서 시내 광야 회막에서 모세에게 말씀하셨다. "너는 가문과 집안
별로 이스라엘 백성 온 회중의 수를 세어, 모든 남자의 이름을 명부에 올려
라. 너와 아론은 군에 입대해 싸울 수 있는 스무 살 이상 된 남자들을 모두 부
대별로 등록시켜야 한다. 각 지파에서 한 사람씩, 곧 지파마다 우두머리를 한
사람씩 뽑아 너희를 돕게 하여라. 너희를 도와줄 사람들의 이름은 이러하다.

르우벤 지파에서는 스데울의 아들 엘리술
6 시므온 지파에서는 수리삿대의 아들 슬루미엘
7 유다 지파에서는 암미나답의 아들 나손
8 잇사갈 지파에서는 수알의 아들 느다넬
9 스불론 지파에서는 헬론의 아들 엘리압
10 요셉의 아들들 가운데
에브라임 지파에서는 암미훗의 아들 엘리사마
므낫세 지파에서는 브다술의 아들 가말리엘
11 베냐민 지파에서는 기드오니의 아들 아비단

12 단 지파에서는 암미삿대의 아들 아히에셀
13 아셀 지파에서는 오그란의 아들 바기엘
14 갓 지파에서는 드우엘의 아들 엘리아삽
15 납달리 지파에서는 에난의 아들 아히라.

16 이들은 회중 가운데서 선출된 사람들로, 조상 때부터 내려온 지파들의 지
도자들이자 이스라엘 각 부대의 우두머리들이다.

17-19 모세와 아론은 자신들을 돕도록 임명된 이 사람들을 데리고, 둘째 달 첫
째 날에 온 회중을 불러 모았다. 백성이 자기 가문과 조상의 집안별로 명부
에 등록하고, 스무 살 이상 된 남자들의 이름을 명부에 기록했다. 하나님께
서 모세에게 명령하신 대로 한 것이다. 모세는 시내 광야에서 그들의 수를
세었다.
20-21 이스라엘의 맏아들 르우벤의 자손 가운데 군에 입대해 싸울 수 있는 스
무 살 이상 된 남자로 조상의 가문과 집안별로 등록된 사람을 하나하나 세었
다. 르우벤 지파는 그 수가 46,500명이었다.
22-23 시므온의 자손 가운데 군에 입대해 싸울 수 있는 스무 살 이상 된 남자
로 가문과 집안별로 등록된 사람을 하나하나 세었다. 시므온 지파는 그 수가
59,300명이었다.
24-25 갓의 자손 가운데 군에 입대해 싸울 수 있는 스무 살 이상 된 남자로 가
문과 집안별로 등록된 사람을 하나하나 세었다. 갓 지파는 그 수가 45,650
명이었다.
26-27 유다의 자손 가운데 군에 입대해 싸울 수 있는 스무 살 이상 된 남자
로 가문과 집안별로 등록된 사람을 하나하나 세었다. 유다 지파는 그 수가
74,600명이었다.
28-29 잇사갈의 자손 가운데 군에 입대해 싸울 수 있는 스무 살 이상 된 남자
로 가문과 집안별로 등록된 사람을 하나하나 세었다. 잇사갈 지파는 그 수가
54,400명이었다.

30-31 스불론의 자손 가운데 군에 입대해 싸울 수 있는 스무 살 이상 된 남자로 가문과 집안별로 등록된 사람을 하나하나 세었다. 스불론 지파는 그 수가 57,400명이었다.

32-33 요셉의 아들 에브라임의 자손 가운데 군에 입대해 싸울 수 있는 스무 살 이상 된 남자로 가문과 집안별로 등록된 사람을 하나하나 세었다. 에브라임 지파는 그 수가 40,500명이었다.

34-35 요셉의 아들 므낫세의 자손 가운데 군에 입대해 싸울 수 있는 스무 살 이상 된 남자로 가문과 집안별로 등록된 사람을 하나하나 세었다. 므낫세 지파는 그 수가 32,200명이었다.

36-37 베냐민의 자손 가운데 군에 입대해 싸울 수 있는 스무 살 이상 된 남자로 가문과 집안별로 등록된 사람을 하나하나 세었다. 베냐민 지파는 그 수가 35,400명이었다.

38-39 단의 자손 가운데 군에 입대해 싸울 수 있는 스무 살 이상 된 남자로 가문과 집안별로 등록된 사람을 하나하나 세었다. 단 지파는 그 수가 62,700명이었다.

40-41 아셀의 자손 가운데 군에 입대해 싸울 수 있는 스무 살 이상 된 남자로 가문과 집안별로 등록된 사람을 하나하나 세었다. 아셀 지파는 그 수가 41,500명이었다.

42-43 납달리의 자손 가운데 군에 입대해 싸울 수 있는 스무 살 이상 된 남자로 가문과 집안별로 등록된 사람을 하나하나 세었다. 납달리 지파는 그 수가 53,400명이었다.

44-46 이것은 모세와 아론이 이스라엘 가문을 대표하는 열두 지도자의 도움을 받아 등록시킨 사람들의 수다. 군에 입대해 싸울 수 있는 스무 살 이상 된 사람으로 조상의 가문별로 계수된 이스라엘 백성의 수는, 모두 603,550명이었다.

47-51 그러나 레위인은 다른 지파들과 함께 자기 조상의 가문별로 계수되지 않았다. **하나님**께서 모세에게 말씀하셨다. "레위 지파는 예외다. 그들은 등록시키지 마라. 레위 지파의 수는 세지 않아도 된다. 이스라엘 백성을 대상으로 한 인구조사에 그들을 포함시키지 마라. 대신 레위인에게 증거판이 보

관된 성막과 그 모든 기구와 거기에 딸린 모든 것을 맡게 하여라. 그들은 성
막과 그 모든 기구를 나르고 성막을 관리하며 성막 주위에 진을 치고 살아야
한다. 성막을 옮길 때가 되면 레위인이 그것을 거두고, 성막을 세울 때가 되
면 레위인이 그것을 세워야 한다. 그들 외에 성막에 가까이 다가오는 자는
죽임을 당할 것이다.
52-53 나머지 이스라엘 백성은 부대별로 자기 진영의 깃발 아래 장막을 쳐야
한다. 그러나 레위인은 증거판이 보관된 성막 주위에 진을 쳐서, 진노가 이
스라엘 공동체에 임하지 않게 해야 한다. 레위인의 임무는 증거판이 보관된
성막을 안전하게 지키는 것이다."
54 이스라엘 백성은 **하나님**께서 모세에게 명령하신 모든 것을 행했다. 그들
은 그 모든 일을 빠짐없이 행했다.

행진 순서

2 1-2 **하나님**께서 모세와 아론에게 말씀하셨다. "이스라엘 백성은 회막
을 에워싸고 둘레에 진을 치되, 회막을 마주 보도록 쳐야 한다. 부대
마다 자기 지파를 표시하는 깃발 아래 진을 쳐야 한다.
3-4 동쪽 해 뜨는 쪽에는 유다 지파의 진영에 속한 부대들이 그 진영의 깃발
아래 진을 친다. 유다 지파의 지휘관은 암미나답의 아들 나손이며, 그가 이
끌 병력의 수는 74,600명이다.
5-6 잇사갈 지파는 유다 지파 옆에 진을 친다. 잇사갈 지파의 지휘관은 수알
의 아들 느다넬이며, 그가 이끌 병력의 수는 54,400명이다.
7-8 스불론 지파도 유다 지파 옆에 진을 친다. 스불론 지파의 지휘관은 헬론
의 아들 엘리압이며, 그가 이끌 병력의 수는 57,400명이다.
9 유다 진영에 배속된 각 부대의 군사 수는 모두 186,400명이다. 이들이 선
두에 서서 행진할 것이다."

10-11 "남쪽에는 르우벤 지파의 진영에 속한 부대들이 그 진영의 깃발 아래 진
을 친다. 르우벤 지파의 지휘관은 스데울의 아들 엘리술이며, 그가 이끌 병

력의 수는 46,500명이다.
12-13 시므온 지파는 르우벤 지파 옆에 진을 친다. 시므온 지파의 지휘관은 수
리삿대의 아들 슬루미엘이며, 그가 이끌 병력의 수는 59,300명이다.
14-15 갓 지파도 르우벤 지파 옆에 진을 친다. 갓 지파의 지휘관은 드우엘의
아들 엘리아삽이며, 그가 이끌 병력의 수는 45,650명이다.
16 르우벤 진영에 배속된 각 부대의 군사 수는 모두 151,450명이다. 이들이
두 번째로 행진한다."

17 "회막은 레위인의 진영과 함께 행진 대열의 중앙에 위치한다. 각 지파가
진을 친 순서대로 행진하되, 각자 자기 깃발을 따라 행진한다."

18-19 "서쪽에는 에브라임 지파의 진영에 속한 부대들이 그 진영의 깃발 아래
진을 친다. 에브라임 지파의 지휘관은 암미훗의 아들 엘리사마이며, 그가 이
끌 병력의 수는 40,500명이다.
20-21 므낫세 지파는 에브라임 지파 옆에 진을 친다. 므낫세 지파의 지휘관은
브다술의 아들 가말리엘이며, 그가 이끌 병력의 수는 32,200명이다.
22-23 베냐민 지파도 에브라임 지파 옆에 진을 친다. 베냐민 지파의 지휘관은
기드오니의 아들 아비단이며, 그가 이끌 병력의 수는 35,400명이다.
24 에브라임 진영에 배속된 각 부대의 군사 수는 모두 108,100명이다. 이들
이 세 번째로 행진한다."

25-26 "북쪽에는 단 지파의 진영에 속한 부대들이 그 진영의 깃발 아래 진을
친다. 단 지파의 지휘관은 암미삿대의 아들 아히에셀이며, 그가 이끌 병력의
수는 62,700명이다.
27-28 아셀 지파는 단 지파 옆에 진을 친다. 아셀 지파의 지휘관은 오그란의
아들 바기엘이며, 그가 이끌 병력의 수는 41,500명이다.
29-30 납달리 지파도 단 지파 옆에 진을 친다. 납달리 지파의 지휘관은 에난의
아들 아히라이며, 그가 이끌 병력의 수는 53,400명이다.

31 단 진영에 배속된 각 부대의 군사 수는 모두 157,600명이다. 이들은 자기
진영의 깃발 아래 행진 대열의 맨 마지막에 자리를 잡고 출발한다."

32-33 이들은 자기 조상의 가문에 따라 계수된 이스라엘 백성이다. 모든 진영
에서 부대별로 계수된 군사 수는 모두 603,550명에 달했다. 그러나 **하나님**
께서 모세에게 내리신 명령에 따라, 레위인은 나머지 이스라엘 자손과 함께
계수되지 않았다.
34 이스라엘 백성은 **하나님**께서 모세에게 명령하신 대로 모두 행했다. 그들
은 각각 자기 진영의 깃발 아래 진을 치고, 자기 조상의 가문과 함께 지파별
로 행진했다.

레위인

3

1 **하나님**께서 시내 산에서 모세와 말씀하시던 때에 아론과 모세의 족
보는 이러하다.
2-4 아론의 아들들의 이름은 맏아들 나답, 그 아래로 아비후, 엘르아살, 이다
말이다. 이들은 제사장으로 섬기도록 위임받고, 기름부음을 받은 제사장들
이다. 그러나 나답과 아비후는 시내 광야에서 규정에 어긋난 제물을 **하나님**
께 드리다가 **하나님** 앞에서 죽었다. 그들이 아들 없이 죽었으므로, 엘르아살
과 이다말이 아버지 아론이 살아 있는 동안 제사장 직무를 수행했다.
5-10 **하나님**께서 모세에게 말씀하셨다. "너는 레위 지파를 앞으로 나오게 하
여라. 그들을 아론에게 맡겨 그를 돕게 하여라. 그들은 성막 일을 수행하여
회막 앞에서 아론과 온 회중을 위해 일하게 될 것이다. 그들의 임무는 성막
의 모든 기구를 책임지고, 이스라엘 백성이 의무를 다하기 위해 나아올 때
성막 일을 수행하는 것이다. 너는 레위인을 아론과 그의 아들들에게 맡겨라.
그들은 전적으로 아론을 위해 일하도록 임명된 사람들이다. 아론과 그의 아
들들을 세워 제사장 직무를 수행하게 하여라. 누구든지 다른 사람이 그를 밀
치고 들어오려고 하다가는 죽임을 당할 것이다."
11-13 **하나님**께서 모세에게 말씀하셨다. "나는 이스라엘 백성 가운데서 레위

인을 택하여, 모든 이스라엘 어머니의 맏아들을 대신하게 했다. 레위인은 나
의 것이다. 처음 태어난 것은 모두 나의 것이다. 내가 이집트에서 처음 태어
난 것을 모두 죽여 없애던 때에, 사람이든 짐승이든 이스라엘에서 처음 태어
난 것은 모두 거룩하게 구별하여 나의 것으로 삼았다. 그들은 나의 것이다.
나는 **하나님**이다."
14-16 **하나님**께서 시내 광야에서 모세에게 말씀하셨다. "레위 자손의 수를 조
상의 가문과 집안별로 세어라. 태어난 지 한 달 이상 된 남자의 수를 모두 세
어라." 모세는 **하나님**께서 지시하신 대로 그들의 수를 세었다.
17 레위의 아들들의 이름은 게르손, 고핫, 므라리다.
18 게르손의 아들들의 이름은 가문별로 립니, 시므이다.
19 고핫의 아들들은 가문별로 아므람, 이스할, 헤브론, 웃시엘이다.
20 므라리의 아들들은 가문별로 마흘리, 무시다.
이는 가문별로 살펴본 레위의 자손이다.
21-26 게르손은 립니 가문과 시므이 가문의 조상이다. 이들은 게르손 가문으
로 알려졌다. 그들 중 태어난 지 한 달 이상 된 남자의 수는 모두 7,500명이
었다. 게르손 자손은 성막 뒤편 서쪽에 진을 쳤으며, 라엘의 아들 엘리아삽이
그들을 이끌었다. 게르손 자손이 회막에서 맡은 일은 성막과 장막과 그 덮개,
회막 입구를 가리는 막, 뜰의 휘장, 성막과 제단을 둘러싼 뜰의 입구를 가리
는 막, 여러 가지 줄, 그 밖에 이와 관련된 모든 일을 관리하는 것이었다.
27-32 고핫은 아므람 가문과 이스할 가문과 헤브론 가문과 웃시엘 가문의 조
상이다. 이들은 고핫 가문으로 알려졌다. 그들 중 태어난 지 한 달 이상 된
남자의 수는 모두 8,600명이었다. 고핫 자손은 성소를 맡았다. 고핫 자손은
성막 남쪽에 진을 쳤으며, 웃시엘의 아들 엘리사반이 그들을 이끌었다. 그
들이 맡은 일은 증거궤와 상과 등잔대와 제단들, 예식에 쓰는 성소의 물품과
휘장, 그 밖에 이와 관련된 모든 일을 관리하는 것이었다. 제사장 아론의 아
들 엘르아살이 레위인의 지도자들과 성소 맡은 이들을 감독했다.
33-37 므라리는 마흘리 가문과 무시 가문의 조상이다. 이들은 므라리 가문으
로 알려졌다. 그들 중 태어난 지 한 달 이상 된 남자의 수는 모두 6,200명이

었다. 그들은 성막 북쪽에 진을 쳤으며, 아비하일의 아들 수리엘이 그들을
이끌었다. 므라리 자손이 맡은 일은 성막의 널판과 가로다지, 기둥, 밑받침,
성막에 딸린 모든 기구와 이와 관련된 모든 물건을 책임지고, 뜰 둘레에 세
우는 기둥과 밑받침, 장막 말뚝과 여러 가지 줄을 관리하는 것이었다.
38 모세와 아론과 그의 아들들은 성막 동쪽, 곧 회막 앞 해 뜨는 쪽에 진을 쳤
다. 그들이 맡은 일은 이스라엘 백성을 위해 성소를 관리하고 예배 의식을
거행하는 것이었다. 이들 외에 이 직무를 수행하려고 한 사람은 누구든지 죽
임을 당했다.
39 **하나님**의 명령에 따라 모세와 아론이 가문별로 계수한 레위인, 곧 태어난
지 한 달 이상 된 남자의 수는 모두 22,000명이었다.

40-41 **하나님**께서 모세에게 말씀하셨다. "이스라엘 백성 가운데서 태어난 지
한 달 이상 된 모든 맏아들의 수를 세어라. 그들의 이름을 명부에 올려라. 이
스라엘 백성의 모든 맏아들 대신에 레위인을 나의 것으로 따로 떼어 놓아라.
기억하여라. 나는 **하나님**이다. 이스라엘 백성의 가축 대신에 레위인의 가축
을 나의 것으로 따로 떼어 놓아라. 나는 **하나님**이다."
42-43 모세는 **하나님**께서 명령하신 대로, 이스라엘 백성의 모든 맏아들의 수
를 세었다. 태어난 지 한 달 이상 된 맏아들, 곧 명부에 이름을 올린 맏아들
의 수는 모두 22,273명이었다.
44-48 **하나님**께서 다시 모세에게 말씀하셨다. "너는 이스라엘 백성의 모든 맏
아들 대신에 레위인을 택하고, 이스라엘 백성의 가축 대신에 레위인의 가축
을 택하여라. 레위인은 나의 것이다. 나는 **하나님**이다. 이스라엘 자손의 맏
아들 가운데서 레위인의 수를 초과하는 273명을 대속하되, (이십 게라가 일 세
겔인) 성소 세겔로 한 사람에 오 세겔씩 거두어 대속하여라. 이렇게 거둔 돈
을 레위인의 수를 초과하는 이스라엘 자손을 대속하는 값으로 아론과 그의
아들들에게 주어라."
49-51 모세는 레위인이 대속한 사람들의 수를 초과한 이들에게서 대속의 값을
거두었다. 그는 이스라엘 자손의 맏아들 273명에게서 성소 세겔로 은 1,365

세겔을 거두었다. **하나님**께서 말씀하신 대로 모세는 그 대속의 값을 아론과
그의 아들들에게 주었다. 그는 이렇게 **하나님**께서 명령하신 대로 행했다.

고핫 자손의 임무

4 1-3 **하나님**께서 모세와 아론에게 말씀하셨다. "레위 자손 가운데서 고
핫 자손의 수를 가문과 집안별로 세어라. 서른 살에서 쉰 살까지 회막
일을 할 만한 남자의 수를 모두 세어라.
4 고핫 자손이 회막에서 맡을 일은, 지극히 거룩한 것들을 보살피는 것이다.
5-6 진이 출발하려고 할 때, 아론과 그의 아들들은 안으로 들어가서 칸막이
휘장을 내리고 그것으로 증거궤를 덮어야 한다. 그 위에 돌고래 가죽을 덮
고, 또 그 위에 튼튼한 청색 천을 덮은 다음 채를 꿰어야 한다.
7-8 임재의 빵을 차려 놓는 상 위에 청색 보자기를 펴고, 그 위에 접시와 향
담는 그릇과 대접과 부어 드리는 제물을 담는 주전자를 두고, 늘 차려 놓는
빵도 그 위에 놓아두어라. 이것들을 주홍색 보자기로 덮고, 그 위에 돌고래
가죽을 덮은 다음 채를 꿰어야 한다.
9-10 빛을 내는 등잔대와 등잔들, 심지 자르는 가위와 재를 담는 접시, 등잔대
에 딸린 기름 단지들을 청색 보자기로 덮은 다음, 이 모든 것을 돌고래 가죽
덮개로 싸서 들것 위에 얹어야 한다.
11 금제단 위에 청색 보자기를 펴고 그 위에 돌고래 가죽을 덮어서 들것 위에
얹어야 한다.
12 성소에서 섬길 때 쓰는 온갖 기구를 가져다가 청색 보자기에 싸고 돌고래
가죽을 덮은 다음 들것 위에 얹어야 한다.
13-14 제단의 재를 치우고 그 위에 자주색 보자기를 펴고, 거기에다 제단에서
예식을 거행할 때 쓰는 온갖 기구, 곧 화로와 고기 집게와 부삽과 쟁반 등 제
단에서 쓰는 모든 기구를 얹고, 그 위에 돌고래 가죽을 덮은 다음 채를 꿰어
야 한다.
15 아론과 그의 아들들이 모든 거룩한 비품과 기구를 싸는 일을 마치고 진영
이 출발할 준비가 되면, 고핫 자손이 와서 그것들을 들고 날라야 한다. 이때

그 거룩한 물건들을 만져서는 안된다. 만졌다가는 죽을 것이다. 고핫 자손이
맡은 임무는 회막 안에 있는 모든 물건을 들고 나르는 것이다.
16 제사장 아론의 아들 엘르아살은 등불에 쓰는 기름, 향기로운 향, 매일 바치
는 곡식 제물, 거룩하게 구별하는 기름을 맡아야 한다. 또한 그는 성막 전체
와 성막의 거룩한 비품과 기구를 포함한 성막 안의 모든 것을 맡아야 한다."
17-20 **하나님**께서 모세와 아론에게 말씀하셨다. "고핫 자손의 가문들이 레위
인 가운데서 끊어지지 않게 하여라. 그들이 지극히 거룩한 것에 가까이 갈
때 죽지 않고 살도록 그들을 보호하여라. 그들을 보호하기 위해, 아론과 그
의 아들들이 그들보다 먼저 성소 안으로 들어가서 각 사람이 해야 할 일과
날라야 할 것을 정해 주어야 한다. 고핫 자손은 성소에 들어가서 거룩한 것
들을 보아서는 안된다. 잠깐이라도 보았다가는 죽을 것이다."

게르손 자손의 임무

21-23 **하나님**께서 모세에게 말씀하셨다. "게르손 자손의 수를 조상의 가문과
집안별로 세어라. 서른 살에서 쉰 살까지 회막 일을 할 만한 남자의 수를 모
두 세어라.
24-28 게르손 자손의 가문과 집안은 무거운 짐을 나르는 일로 섬길 것이다. 그
들은 성소와 회막의 휘장들, 장막 덮개와 그 위에 씌우는 돌고래 가죽 덮개,
회막 입구를 가리는 막, 거기에 딸린 여러 가지 줄, 그 밖에 성소에서 섬길 때
쓰는 모든 기구를 나르고, 이와 관련된 일을 해야 한다. 그들은, 아론과 그 아
들들의 감독 아래 짐을 들어 올리고 나르고 옮기는 모든 일을 수행해야 한다.
너는 그들이 날라야 할 것을 분명하게 정해 주어라. 이것은 게르손 자손이 회
막에서 할 일이다. 제사장 아론의 아들 이다말이 그들의 일을 감독할 것이다."

므라리 자손의 임무

29-30 "므라리 자손의 수를 조상의 집안별로 세어라. 서른 살에서 쉰 살까지
회막 일을 할 만한 남자의 수를 모두 세어라.
31-33 그들이 회막에서 맡을 일은 성막의 널판과 가로다지, 기둥과 밑받침, 뜰

둘레에 세우는 기둥과 밑받침, 장막 말뚝과 여러 가지 줄, 그리고 이것들을 사용하는 것과 관련된 모든 기구를 나르는 것이다. 너는 각 사람이 날라야 할 것을 정확하게 정해 주어라. 이것은 므라리 자손이 회막에서 제사장 아론의 아들 이다말의 감독 아래 해야 할 일이다."

34-37 모세와 아론과 회중의 지도자들은 고핫 자손의 수를 가문과 집안별로 세었다. 서른 살에서 쉰 살까지 회막 일을 하러 온 남자의 수를 가문별로 세어 보니, 모두 2,750명이었다. 이는 회막에서 섬긴 고핫 자손의 전체 수다. 모세와 아론은 **하나님**께서 모세를 통해 명령하신 대로 그들의 수를 세었다.
38-41 게르손 자손의 수도 가문과 집안별로 세었다. 서른 살에서 쉰 살까지 회막 일을 하러 온 남자의 수를 가문과 집안별로 세어 보니, 모두 2,630명이었다. 이는 회막에서 섬긴 게르손 자손의 전체 수다. 모세와 아론은 **하나님**께서 명령하신 대로 그들의 수를 세었다.
42-45 므라리 자손의 수도 가문과 집안별로 세었다. 서른 살에서 쉰 살까지 회막 일을 하러 온 남자의 수를 가문별로 세어 보니, 모두 3,200명이었다. 이는 므라리 자손 가운데서 계수된 사람의 전체 수다. 모세와 아론은 **하나님**께서 모세를 통해 명령하신 대로 그들의 수를 세었다.
46-49 모세와 아론과 이스라엘의 지도자들은 모든 레위인의 수를 가문과 집안별로 세었다. 서른 살에서 쉰 살까지 회막 운반 작업을 하러 온 남자의 수는 모두 8,580명이었다. 모세는 **하나님**께서 명령하신 대로 각 사람이 할 일을 정해 주고 날라야 할 것을 일러 주었다.
이것은 **하나님**께서 모세에게 명령하신 대로, 이스라엘 자손의 수를 계수한 이야기다.

5

1-3 **하나님**께서 모세에게 말씀하셨다. "너는 이스라엘 백성에게 명령하여, 악성 피부병에 걸린 사람, 고름을 흘리는 사람, 주검에 닿아 부

정하게 된 사람을 진 안에 머물지 못하게 하여라. 남자와 여자 가리지 말고 똑같이 내보내라. 그들을 진 밖으로 내보내어, 내가 그들 가운데 머물고 있는 진을 더럽히지 못하게 하여라."
4 이스라엘 백성은 그대로 행하여 그들을 진 안에 머물지 못하게 했다. 그들은 **하나님**께서 모세를 통해 명령하신 대로 행했다.

❖

5-10 **하나님**께서 모세에게 말씀하셨다. "너는 이스라엘 백성에게 이렇게 일러 주어라. 남자든 여자든 어떤 잘못을 저질렀으면, 그 사람은 **하나님**과의 신뢰 관계를 끊은 것이므로 유죄다. 그는 반드시 자기 잘못을 고백해야 한다. 또한 그는 피해자에게 전액을 보상하고 거기에 오분의 일을 더해서 갚아야 한다. 그러나 피해자에게 보상을 받을 가까운 친척이 없으면, 그 보상은 **하나님**의 것이므로 속죄에 쓰는 숫양과 함께 제사장에게 주어야 한다. 이스라엘 백성이 제사장에게 가져오는 거룩한 제물은 모두 제사장의 것이다. 각 사람이 가져온 거룩한 제물은 그 사람의 것이지만, 일단 제사장에게 준 것은 제사장의 것이 된다."

❖

11-15 **하나님**께서 모세에게 말씀하셨다. "이스라엘 백성에게 이렇게 일러 주어라. 한 남자의 아내가 바람을 피우고, 남편을 배신한 채 다른 남자와 잠자리를 같이하여 자기 몸을 더럽혔는데도 남편이 그 사실을 전혀 알아채지 못했다고 하자. 목격자도 없고 현장에서 잡힌 것도 아닌데 남편이 질투심에 사로잡혀 자기 아내가 부정하다고 의심할 경우, 또는 아내가 결백한데도 남편이 근거 없는 질투심에 사로잡혀 의심할 경우, 남편은 자기 아내를 제사장에게 데려가야 한다. 그는 자기 아내를 위해 보릿가루 2리터를 제물로 가져가야 한다. 그 제물에는 기름을 부어서도 안되고 향을 섞어서도 안된다. 그것은 질투 때문에 바친 곡식 제물, 죄를 밝히기 위해 바친 제물이기 때문이다.
16-22 제사장은 그 여자를 데려다가 **하나님** 앞에 세워야 한다. 그리고 옹기항

아리에 거룩한 물을 담아다가 성막 바닥에서 흙먼지 얼마를 긁어 그 물에 타야 한다. 제사장은 그 여자를 **하나님** 앞에 세운 다음 그 여자에게 머리를 풀게 하고, 진상 규명의 제물, 곧 질투 때문에 바친 곡식 제물을 그 여자의 두 손에 얹어 놓아야 한다. 제사장은 저주를 전하는 쓴 물을 손에 들고 그 여자에게 맹세시키면서 이렇게 말해야 한다. '그대가 다른 남자와 잠자리를 같이 한 적이 없고 그대가 남편과 결혼생활을 하는 동안에 바람을 피워 몸을 더럽힌 일이 없으면, 저주를 전하는 이 쓴 물이 그대를 해치지 않을 것이오. 그러나 그대가 남편과 결혼생활을 하는 동안에 바람을 피우고 그대의 남편 외에 다른 남자와 잠자리를 같이하여 자기 몸을 더럽혔으면—이 대목에서 제사장은 그 여자를 다음과 같이 저주해야 한다—**하나님**께서 그대의 자궁을 오그라들게 하시고 그대의 배를 부풀어 오르게 하셔서, 그대의 백성이 그대를 저주하고 욕하게 하실 것이오. 저주를 전하는 이 물이 그대의 몸속에 들어가서, 그대의 배를 부풀어 오르게 하고 그대의 자궁을 오그라들게 할 것이오.'

그러면 그 여자는 '아멘. 아멘' 하고 말해야 한다.

23-28 제사장은 이 저주의 말을 두루마리에 적어서, 쓴 물에 그 글자를 씻은 다음, 저주를 전하는 쓴 물을 그 여자에게 주어야 한다. 이 물은 그 여자의 몸속에 들어가 심한 통증을 일으킬 것이다. 제사장은 그 여자의 손에서 질투 때문에 바친 곡식 제물을 한 움큼 받아, **하나님** 앞에 흔들어 바치고 제단으로 가져가야 한다. 제사장은 또 곡식 제물을 한 움큼 쥐고, 그것을 진상 규명의 제물로 삼아 제단 위에서 불살라 바쳐야 한다. 그런 다음 여자에게 그 물을 마시게 해야 한다. 저주를 전하는 물을 마셨을 때, 그 여자가 자기 남편을 배반하고 몸을 더럽힌 일이 있으면, 그 물이 그 여자의 몸속에 들어가 심한 통증을 일으킬 것이다. 그 여자의 배가 부풀어 오르고 자궁이 오그라들 것이다. 그 여자는 자기 백성 가운데서 저주를 받을 것이다. 그러나 그 여자가 자기 몸을 더럽힌 일이 없고 결백하면, 자신의 오명을 씻고 아이도 가질 수 있게 될 것이다.

29-31 이것은 질투에 관한 법으로, 한 여자가 남편과 결혼생활을 하는 동안 바람을 피우고 자기 몸을 더럽혔거나, 남편이 아내를 의심하여 질투심에 사로

잡혔을 경우에 적용되는 법이다. 제사장은 그 여자를 **하나님** 앞에 세우고 이 모든 절차를 그 여자에게 적용해야 한다. 그러면 남편은 죄를 면하고, 그 여자는 자기 죄값을 치르게 될 것이다."

나실인 서원

6 1-4 **하나님**께서 모세에게 말씀하셨다. "너는 이스라엘 백성에게 전하
여라. 그들에게 이렇게 일러 주어라. 남자든 여자든 너희가 자신을 거
룩하게 구별하여 **하나님**에게 완전히 바치겠다는 특별 서원, 곧 나실인 서원
을 하려고 할 경우, 너희는 포도주와 맥주를 마셔서는 안된다. 취하게 하는
음료는 무엇이든 마셔서는 안된다. 포도즙도 안되고, 포도나 건포도를 먹어
서도 안된다. 나실인으로 헌신하는 기간 내내 포도나무에서 취한 것은 어떤
것도 먹어서는 안된다. 포도 씨나 포도 껍질을 먹어서도 안된다.
5 헌신하는 기간 동안 너희는 머리털을 깎아서는 안된다. 긴 머리는 **하나님**
에게 거룩하게 구별되었음을 알리는 지속적인 표가 될 것이다.
6-7 또한 **하나님**에게 자신을 구별해 바치기로 한 기간 동안 주검에 가까이 가
서도 안된다. 너희 아버지나 어머니, 너희 형제나 누이의 주검이더라도, 너
희는 그것으로 자기 몸을 더럽혀서는 안된다. 하나님에게 자신을 구별해 바
쳤음을 알리는 표가 너희 머리에 있기 때문이다.
8 헌신하는 기간 동안 너희는 **하나님**에게 거룩해야 한다.
9-12 누가 갑자기 너희 곁에서 죽어 너희가 구별해 바친 머리털이 더럽혀졌을
경우, 너희는 자신을 정결하게 하는 날, 곧 칠 일째 되는 날에 머리털을 깎아
야 한다. 팔 일째 되는 날에는 산비둘기 두 마리나 집비둘기 두 마리를 회막
입구로 가져와서 제사장에게 주어야 한다. 그러면 제사장은 한 마리는 속죄
제물로, 다른 한 마리는 번제물로 바쳐, 주검 때문에 더럽혀진 너희를 정결
하게 할 것이다. 그날로 너희는 다시 자기 머리를 거룩하게 하고, 너희 자신
을 나실인으로 다시 **하나님**에게 구별해 바치고, 일 년 된 어린양을 보상 제
물로 가져와야 한다. 너희는 처음부터 다시 시작해야 한다. 너희의 헌신이
더럽혀졌으므로, 지나간 날은 날수로 세지 않는다.

13-17 너희가 **하나님**에게 자신을 구별해 바치기로 한 기간이 다 찼을 때를 위
한 법은 이러하다. 먼저, 너희는 회막 입구로 가서 너희의 제물을 **하나님**에
게 바쳐야 한다. 일 년 된 건강한 어린 숫양 한 마리는 번제물로 바치고, 일
년 된 건강한 암양 한 마리는 속죄 제물로, 건강한 숫양 한 마리는 화목 제물
로 바쳐야 한다. 또 고운 곡식 가루로 만든 누룩을 넣지 않은 빵과 고운 곡식
가루에 기름을 섞어 만든 빵과 기름을 발라 만든 과자 한 바구니를 바치고,
곡식 제물과 부어 드리는 제물도 바쳐야 한다. 제사장은 **하나님**에게 나아와
너희의 속죄 제물과 번제물을 바쳐야 한다. 누룩을 넣지 않은 빵 한 바구니
와 함께 숫양을 **하나님**에게 화목 제물로 바치고, 마지막으로 곡식 제물과 부
어 드리는 제물을 바쳐야 한다.
18 너희가 구별해 바친 자신의 머리털을 회막 입구에서 깎고, 그 깎은 머리털
은 화목 제물 밑에 타고 있는 불 속에 넣어라.
19-20 너희가 구별해 바친 머리털을 깎고 나면, 제사장은 삶은 숫양의 어깨와
누룩을 넣지 않은 빵 한 개와 과자 한 개를 바구니에서 가져와서, 너희의 두
손에 얹어 놓아야 한다. 제사장은 그것들을 흔들어 바치는 제물로 **하나님** 앞
에 흔들어 바쳐야 한다. 그것들은 거룩한 것이므로, 흔들어 바친 가슴과 들
어 올려 바친 넓적다리와 함께 제사장의 소유가 된다.
그제야 너희는 포도주를 마실 수 있다.
21 이것은 나실인이 지켜야 할 법으로, 그가 따로 바치는 제물 외에 자신을 구
별해 바치기로 서원하고 **하나님**에게 제물을 바칠 때 지켜야 할 지침이다. 그
는 나실인이 지켜야 할 법에 따라 서원한 것은 그대로 실행에 옮겨야 한다."

아론의 축복

22-23 **하나님**께서 모세에게 말씀하셨다. "너는 아론과 그의 아들들에게, '너희
는 이스라엘 백성에게 이렇게 축복해야 한다'고 일러 주어라.

24 **하나님**께서 여러분에게 복을 내리시고 여러분을 지켜 주시기를,
25 **하나님**께서 여러분에게 미소 지으시고 은혜 베푸시기를,

26 하나님께서 여러분의 얼굴에서 눈을 떼지 않으시고
여러분을 형통케 해주시기를 빕니다.

27 이렇게 하여, 그들이 나의 이름을 이스라엘 백성 위에 두게 하여라.
그러면 내가 나의 이름을 확인하고 그들에게 복을 내릴 것이다."

지도자들이 드린 봉헌 제물

7 1 모세는 성막 세우는 일을 마친 뒤에 성막에 기름을 발라, 성막과 거
기에 딸린 모든 기구를 거룩하게 구별했다. 제단과 거기에 딸린 기구
에도 기름을 발라 거룩하게 구별했다.
2-3 인구조사를 수행한 이스라엘의 지도자들, 곧 각 지파의 우두머리들이 제
물을 가져왔다. 덮개 있는 수레 여섯 대와 수소 열두 마리를 하나님 앞에 드
렸는데, 수레는 지도자 두 사람에 한 대씩, 수소는 지도자 한 사람에 한 마리
씩이었다.
4-5 하나님께서 모세에게 말씀하셨다. "너는 이 제물들을 받아 회막을 운반하
는 데 사용하여라. 그것들을 레위인에게 주어, 그들의 일에 필요한 대로 쓰
게 하여라."
6-9 모세는 수레와 수소들을 받아 레위인에게 주었다. 수레 두 대와 수소 네
마리는 게르손 자손에게 주어 그들의 일에 쓰게 하고, 수레 네 대와 수소 여
덟 마리는 므라리 자손에게 주어 그들의 일에 쓰게 했다. 그들은 모두 제사
장 아론의 아들 이다말의 감독을 받았다. 모세는 고핫 자손에게는 아무것도
주지 않았다. 고핫 자손은 자신들이 맡은 거룩한 것들을 어깨에 메고 직접
날라야 했기 때문이다.
10-11 제단에 기름을 부어 거룩하게 구별하던 날, 지도자들이 제단 봉헌을 위
한 제물을 가져와 제단 앞에 드렸다. 하나님께서 모세에게 "날마다 지도자
한 사람씩 제단 봉헌을 위한 제물을 바쳐야 한다"고 말씀하셨기 때문이다.
12-13 첫째 날에는 유다 지파 암미나답의 아들 나손이 제물을 가져왔다. 그가
드린 제물은 이러하다.

(성소 표준 중량으로) 무게가 1,430그램인 은쟁반 하나와 무게가 770그램인 은대접 하나. 이 두 그릇에는 곡식 제물로 드릴 기름 섞은 고운 곡식 가루가 가득 담겨 있었다.
14 무게가 110그램인 금접시 하나. 이 그릇에는 향이 가득 담겨 있었다.
15 번제물로 드릴 수송아지 한 마리, 숫양 한 마리, 일 년 된 어린 숫양 한 마리.
16 속죄 제물로 드릴 숫염소 한 마리.
화목 제물로 드릴 수소 두 마리, 숫양 다섯 마리, 숫염소 다섯 마리, 일 년 된 어린 숫양 다섯 마리.
17 이것이 암미나답의 아들 나손이 드린 제물이다.

18-23 둘째 날에는 잇사갈의 지도자, 수알의 아들 느다넬이 제물을 가져왔다. 그가 드린 제물은 이러하다.
(성소 표준 중량으로) 무게가 1,430그램인 은쟁반 하나와 무게가 770그램인 은대접 하나. 이 두 그릇에는 곡식 제물로 드릴 기름 섞은 고운 곡식 가루가 가득 담겨 있었다.
무게가 110그램인 금접시 하나. 이 그릇에는 향이 가득 담겨 있었다.
번제물로 드릴 수송아지 한 마리, 숫양 한 마리, 일 년 된 어린 숫양 한 마리.
속죄 제물로 드릴 숫염소 한 마리.
화목 제물로 드릴 수소 두 마리, 숫양 다섯 마리, 숫염소 다섯 마리, 일 년 된 어린 숫양 다섯 마리.
이것이 수알의 아들 느다넬이 드린 제물이다.

24-29 셋째 날에는 스불론 자손의 지도자, 헬론의 아들 엘리압이 제물을 가져왔다. 그가 드린 제물은 이러하다.
(성소 표준 중량으로) 무게가 1,430그램인 은쟁반 하나와 무게가 770그램인 은대접 하나. 이 두 그릇에는 곡식 제물로 드릴 기름 섞은 고운 곡식 가루가 가득 담겨 있었다.
무게가 110그램인 금접시 하나. 이 그릇에는 향이 가득 담겨 있었다.

번제물로 드릴 수송아지 한 마리, 숫양 한 마리, 일 년 된 어린 숫양 한 마리.
속죄 제물로 드릴 숫염소 한 마리.
화목 제물로 드릴 수소 두 마리, 숫양 다섯 마리, 숫염소 다섯 마리, 일 년 된 어린 숫양 다섯 마리.
이것이 헬론의 아들 엘리압이 드린 제물이다.

30-35 넷째 날에는 르우벤 자손의 지도자, 스데울의 아들 엘리술이 제물을 가져왔다. 그가 드린 제물은 이러하다.
(성소 표준 중량으로) 무게가 1,430그램인 은쟁반 하나와 무게가 770그램인 은대접 하나. 이 두 그릇에는 곡식 제물로 드릴 기름 섞은 고운 곡식 가루가 가득 담겨 있었다.
무게가 110그램인 금접시 하나. 이 그릇에는 향이 가득 담겨 있었다.
번제물로 드릴 수송아지 한 마리, 숫양 한 마리, 일 년 된 어린 숫양 한 마리.
속죄 제물로 드릴 숫염소 한 마리.
화목 제물로 드릴 수소 두 마리, 숫양 다섯 마리, 숫염소 다섯 마리, 일 년 된 어린 숫양 다섯 마리.
이것이 스데울의 아들 엘리술이 드린 제물이다.

36-41 다섯째 날에는 시므온 자손의 지도자, 수리삿대의 아들 슬루미엘이 제물을 가져왔다. 그가 드린 제물은 이러하다.
(성소 표준 중량으로) 무게가 1,430그램인 은쟁반 하나와 무게가 770그램인 은대접 하나. 이 두 그릇에는 곡식 제물로 드릴 기름 섞은 고운 곡식 가루가 가득 담겨 있었다.
무게가 110그램인 금접시 하나. 이 그릇에는 향이 가득 담겨 있었다.
번제물로 드릴 수송아지 한 마리, 숫양 한 마리, 일 년 된 어린 숫양 한 마리.
속죄 제물로 드릴 숫염소 한 마리.
화목 제물로 드릴 수소 두 마리, 숫양 다섯 마리, 숫염소 다섯 마리, 일 년 된 어린 숫양 다섯 마리.

이것이 수리삿대의 아들 슬루미엘이 드린 제물이다.

42-47 여섯째 날에는 갓 자손의 지도자, 드우엘의 아들 엘리아삽이 제물을 가져왔다. 그가 드린 제물은 이러하다.
(성소 표준 중량으로) 무게가 1,430그램인 은쟁반 하나와 무게가 770그램인 은대접 하나. 이 두 그릇에는 곡식 제물로 드릴 기름 섞은 고운 곡식 가루가 가득 담겨 있었다.
무게가 110그램인 금접시 하나. 이 그릇에는 향이 가득 담겨 있었다.
번제물로 드릴 수송아지 한 마리, 숫양 한 마리, 일 년 된 어린 숫양 한 마리.
속죄 제물로 드릴 숫염소 한 마리.
화목 제물로 드릴 수소 두 마리, 숫양 다섯 마리, 숫염소 다섯 마리, 일 년 된 어린 숫양 다섯 마리.
이것이 드우엘의 아들 엘리아삽이 드린 제물이다.

48-53 일곱째 날에는 에브라임 자손의 지도자, 암미훗의 아들 엘리사마가 제물을 가져왔다. 그가 드린 제물은 이러하다.
(성소 표준 중량으로) 무게가 1,430그램인 은쟁반 하나와 무게가 770그램인 은대접 하나. 이 두 그릇에는 곡식 제물로 드릴 기름 섞은 고운 곡식 가루가 가득 담겨 있었다.
무게가 110그램인 금접시 하나. 이 그릇에는 향이 가득 담겨 있었다.
번제물로 드릴 수송아지 한 마리, 숫양 한 마리, 일 년 된 어린 숫양 한 마리.
속죄 제물로 드릴 숫염소 한 마리.
화목 제물로 드릴 수소 두 마리, 숫양 다섯 마리, 숫염소 다섯 마리, 일 년 된 어린 숫양 다섯 마리.
이것이 암미훗의 아들 엘리사마가 드린 제물이다.

54-59 여덟째 날에는 므낫세 자손의 지도자, 브다술의 아들 가말리엘이 제물을 가져왔다. 그가 드린 제물은 이러하다.

(성소 표준 중량으로) 무게가 1,430그램인 은쟁반 하나와 무게가 770그램인 은대접 하나. 이 두 그릇에는 곡식 제물로 드릴 기름 섞은 고운 곡식 가루가 가득 담겨 있었다.
무게가 110그램인 금접시 하나. 이 그릇에는 향이 가득 담겨 있었다.
번제물로 드릴 수송아지 한 마리, 숫양 한 마리, 일 년 된 어린 숫양 한 마리.
속죄 제물로 드릴 숫염소 한 마리.
화목 제물로 드릴 수소 두 마리, 숫양 다섯 마리, 숫염소 다섯 마리, 일 년 된 어린 숫양 다섯 마리.
이것이 브다술의 아들 가말리엘이 드린 제물이다.

60-65 아홉째 날에는 베냐민 자손의 지도자, 기드오니의 아들 아비단이 제물을 가져왔다. 그가 드린 제물은 이러하다.
(성소 표준 중량으로) 무게가 1,430그램인 은쟁반 하나와 무게가 770그램인 은대접 하나. 이 두 그릇에는 곡식 제물로 드릴 기름 섞은 고운 곡식 가루가 가득 담겨 있었다.
무게가 110그램인 금접시 하나. 이 그릇에는 향이 가득 담겨 있었다.
번제물로 드릴 수송아지 한 마리, 숫양 한 마리, 일 년 된 어린 숫양 한 마리.
속죄 제물로 드릴 숫염소 한 마리.
화목 제물로 드릴 수소 두 마리, 숫양 다섯 마리, 숫염소 다섯 마리, 일 년 된 어린 숫양 다섯 마리.
이것이 기드오니의 아들 아비단이 드린 제물이다.

66-71 열째 날에는 단 자손의 지도자, 암미삿대의 아들 아히에셀이 제물을 가져왔다. 그가 드린 제물은 이러하다.
(성소 표준 중량으로) 무게가 1,430그램인 은쟁반 하나와 무게가 770그램인 은대접 하나. 이 두 그릇에는 곡식 제물로 드릴 기름 섞은 고운 곡식 가루가 가득 담겨 있었다.
무게가 110그램인 금접시 하나. 이 그릇에는 향이 가득 담겨 있었다.

번제물로 드릴 수송아지 한 마리, 숫양 한 마리, 일 년 된 어린 숫양 한 마리.
속죄 제물로 드릴 숫염소 한 마리.
화목 제물로 드릴 수소 두 마리, 숫양 다섯 마리, 숫염소 다섯 마리, 일 년 된 어린 숫양 다섯 마리.
이것이 암미삿대의 아들 아히에셀이 드린 제물이다.

72-77 열한째 날에는 아셀 자손의 지도자, 오그란의 아들 바기엘이 제물을 가져왔다. 그가 드린 제물은 이러하다.
(성소 표준 중량으로) 무게가 1,430그램인 은쟁반 하나와 무게가 770그램인 은대접 하나. 이 두 그릇에는 곡식 제물로 드릴 기름 섞은 고운 곡식 가루가 가득 담겨 있었다.
무게가 110그램인 금접시 하나. 이 그릇에는 향이 가득 담겨 있었다.
번제물로 드릴 수송아지 한 마리, 숫양 한 마리, 일 년 된 어린 숫양 한 마리.
속죄 제물로 드릴 숫염소 한 마리.
화목 제물로 드릴 수소 두 마리, 숫양 다섯 마리, 숫염소 다섯 마리, 일 년 된 어린 숫양 다섯 마리.
이것이 오그란의 아들 바기엘이 드린 제물이다.

78-83 열두째 날에는 납달리 자손의 지도자, 에난의 아들 아히라가 제물을 가져왔다. 그가 드린 제물은 이러하다.
(성소 표준 중량으로) 무게가 1,430그램인 은쟁반 하나와 무게가 770그램인 은대접 하나. 이 두 그릇에는 곡식 제물로 드릴 기름 섞은 고운 곡식 가루가 가득 담겨 있었다.
무게가 110그램인 금접시 하나. 이 그릇에는 향이 가득 담겨 있었다.
번제물로 드릴 수송아지 한 마리, 숫양 한 마리, 일 년 된 어린 숫양 한 마리.
속죄 제물로 드릴 숫염소 한 마리.
화목 제물로 드릴 수소 두 마리, 숫양 다섯 마리, 숫염소 다섯 마리, 일 년 된 어린 숫양 다섯 마리.

이것이 에난의 아들 아히라가 드린 제물이다.

84 제단에 기름을 부어 거룩하게 구별하던 때에 이스라엘의 지도자들이 드린
제물은 이러하다.

은쟁반 열둘
은대접 열둘
금접시 열둘.

85-86 각 쟁반의 무게는 1,430그램이고, 각 대접의 무게는 770그램이다. 쟁반
과 대접을 모두 합한 무게는 (성소 표준 중량으로) 약 26,400그램이다. 향이 가
득 담긴 금접시 열둘은 하나의 무게가 (성소 표준 중량으로) 110그램이다. 금
접시를 모두 합한 무게는 약 1,320그램이다.
87 곡식 제물과 함께 번제물로 드린 짐승의 수는 이러하다.

수송아지 열두 마리
숫양 열두 마리
일 년 된 어린 숫양 열두 마리.

속죄 제물로 드린 짐승의 수는 이러하다.

숫염소 열두 마리.

88 화목 제물로 드린 짐승의 수는 이러하다.

수소 스물네 마리
숫양 육십 마리
숫염소 육십 마리

일 년 된 어린 숫양 육십 마리.

이것이 제단에 기름을 부어 구별한 뒤에 드린 제단 봉헌 제물이다.
89 모세가 **하나님**께 아뢰려고 회막에 들어갈 때면, 증거궤를 덮은 속죄판 위
의 두 그룹 천사 사이에서 말씀하시는 그분의 음성을 들었다. **하나님**께서 그
와 말씀하신 것이다.

등잔

8 1-2 **하나님**께서 모세에게 말씀하셨다. "아론에게, 등잔 일곱 개를 두어
등잔대 앞을 비추게 하라고 일러 주어라."
3-4 아론이 그대로 행했다. **하나님**께서 모세에게 지시하신 대로, 등잔들을 설
치하여 등잔대 앞을 비추게 했다. 등잔대는 줄기에서 꽃잎까지 두들겨 편
금으로 만들었다. **하나님**께서 모세에게 보여주신 도안과 정확히 일치하게
만들었다.

레위인을 정결하게 하다

5-7 **하나님**께서 모세에게 말씀하셨다. "이스라엘 백성 가운데서 레위인을 데
려다가, 그들을 정결하게 하여 **하나님**의 일을 할 수 있게 하여라. 너는 이렇
게 하여라. 속죄의 물을 그들에게 뿌리고, 그들이 온몸의 털을 밀게 하고 자
기 옷을 빨게 하여라. 그러면 그들이 정결하게 될 것이다.
8-11 그들에게 수송아지 한 마리를 가져오게 하고, 기름 섞은 고운 곡식 가루
를 곡식 제물로 가져오게 하여라. 또한 다른 수송아지 한 마리를 속죄 제물
로 가져오게 하여라. 레위인을 회막 앞으로 나오게 하고, 이스라엘 온 공동
체를 모아라. 레위인을 **하나님** 앞에 세우면, 이스라엘 백성이 그들에게 손
을 얹을 것이다. 아론은 이스라엘 백성으로부터 레위인을 넘겨받아 흔들어
바치는 제물로 **하나님** 앞에 바쳐야 한다. 이는 **하나님**의 일을 하도록 그들을
준비시키는 것이다.
12-14 너는 레위인에게 수송아지들의 머리에 손을 얹게 한 다음, 한 마리는 속

죄 제물로, 다른 한 마리는 번제물로 **하나님**에게 바쳐 레위인을 위해 속죄하여라. 레위인을 아론과 그의 아들들 앞에 세우고, 그들을 흔들어 바치는 제물로 **하나님**에게 바쳐라. 이는 레위인을 이스라엘 백성에게서 구별하는 절차다. 레위인은 오직 나를 위해서만 존재한다.

15-19 네가 이렇게 레위인을 정결하게 하여 흔들어 바치는 제물로 **하나님**에게 바친 뒤에야, 그들이 회막에 들어가서 일할 수 있다. 이스라엘 백성 가운데서 레위인을 뽑은 것은 오직 내가 쓰기 위해서다. 그들은 이스라엘 여인들에게서 태어난 모든 맏아들을 대신하는 것이다. 짐승이든 사람이든, 이스라엘에서 처음 태어난 것은 모두 내가 쓰려고 따로 구별해 둔 것이다. 내가 이집트의 모든 맏아들을 치던 날, 나는 그들을 거룩하게 쓰려고 구별해 두었다. 그러나 이제 나는 이스라엘 백성 가운데서 뽑은 레위인을 이스라엘의 모든 맏아들 대신 받아, 그들을 아론과 그의 아들들에게 주었다. 이는 그들이 이스라엘 백성을 위해 회막과 관련된 모든 일을 하고 이스라엘 백성을 위해 속죄하게 하여, 이스라엘 백성이 성소에 가까이 나아올 때 나쁜 일이 일어나지 않게 하려는 것이다."

20-22 모세와 아론과 이스라엘 백성 온 공동체는 **하나님**께서 모세에게 명령하신 대로, 이 절차들을 레위인과 함께 실행에 옮겼다. 레위인은 자기 몸을 정결하게 하고 자기 옷을 깨끗이 빨았다. 아론은 그들을 흔들어 바치는 제물로 **하나님** 앞에 드리고, 그들을 위해 속죄하여 그들을 정결하게 했다. 그런 뒤에 레위인은 회막으로 가서 일을 했다. 아론과 그의 아들들은 **하나님**의 지시에 따라 그들을 감독했다.

23-26 **하나님**께서 모세에게 말씀하셨다. "이것은 레위인에 관한 지침이다. 그들은 스물다섯 살이 되면 회막에 들어가 일을 시작해야 한다. 쉰 살이 되면 일에서 물러나야 한다. 그들은 형제들이 회막에서 하는 일을 도울 수는 있지만, 직접 그 일을 맡아 해서는 안된다. 이것이 레위인의 직무에 관한 기본 규례다."

두 번째 유월절

9 [1-3] 이집트를 떠난 이듬해 첫째 달에 **하나님**께서 시내 광야에서 모세
에게 말씀하셨다. "이스라엘 백성이 정해진 때에 유월절을 기념하여
지키게 하여라. 예정대로 이 달 십사 일 저녁에 모든 규례와 절차에 따라 유
월절을 기념하여 지켜라."
4-5 모세가 이스라엘 백성에게 유월절을 기념하여 지키라고 명령하자, 그들
이 첫째 달 십사 일 저녁에 시내 광야에서 유월절을 지켰다. 이스라엘 백성
은 **하나님**께서 모세에게 명령하신 대로 모두 행했다.
6-7 그러나 그들 가운데 몇 사람은 주검 때문에 부정하게 되어 정해진 날에
유월절을 지킬 수 없었다. 그들이 유월절에 모세와 아론에게 나와서, 모세에
게 말했다. "우리가 주검 때문에 부정하게 되기는 했지만, 어찌하여 우리가
유월절 정해진 때에 다른 이스라엘 자손과 함께 **하나님**께 제물을 드리지 못
하게 막는 것입니까?"
8 모세가 대답했다. "시간을 좀 주십시오. **하나님**께서 여러분의 처지를 보시
고 어떻게 말씀하시는지 알아보겠습니다."
9-12 **하나님**께서 모세에게 말씀하셨다. "너는 이스라엘 백성에게 이렇게 일러
주어라. 너희 가운데 어떤 사람이 주검 때문에 부정하게 되었거나 먼 여행길
에 있다 하더라도, **하나님**의 유월절을 기념하여 지킬 수 있다. 그러나 그런
사람은 둘째 달 십사 일 저녁에 유월절을 지켜야 한다. 누룩을 넣지 않은 빵
과 쓴 나물을 곁들여 유월절 양을 먹고, 다음날 아침까지 아무것도 남기지
마라. 어린양의 뼈를 꺾지도 마라. 모든 절차를 그대로 따라라.
13 그러나 정결한 사람이나 여행중이 아닌 사람이 유월절을 지키지 않으면,
그 사람은 자기 백성 가운데서 끊어져야 한다. 정해진 때에 **하나님**에게 제물
을 바치지 않았기 때문이다. 그러한 사람은 자기 죄값을 치르게 될 것이다.
14 너희와 함께 사는 외국인이 **하나님**의 유월절을 지키려면, 모든 규례와 절
차를 따라야 한다. 외국인이나 본국인에게나 똑같은 절차가 적용된다."

성막을 덮은 구름

15-16 성막을 세우던 날, 구름이 성막 곧 증거판이 보관된 성막을 덮었다. 해
가 질 무렵부터 새벽녘까지 구름이 성막을 덮고 있었다. 그 구름은 불처럼
보였다. 구름은 그렇게 항상 성막을 덮고 있었고, 밤이 되면 불처럼 보였다.
17-23 구름이 성막 위로 올라갈 때면 이스라엘 백성이 행진했고, 구름이 내려
와 머물 때면 백성이 진을 쳤다. 이스라엘 백성은 **하나님**의 명령에 따라 행진하고, **하나님**의 명령에 따라 진을 쳤다. 구름이 성막 위에 머무는 동안에는 진을 쳤다. 구름이 성막 위에 여러 날을 머물면, 그들은 **하나님**의 명령에 따라 행진하지 않았다. 구름이 성막 위에 머물러 있는 동안에는 **하나님**의 명령에 순종하여 진 안에 머물렀고, **하나님**께서 명령을 내리시면 곧바로 행진했다. 구름이 해가 질 무렵부터 새벽녘까지 머물다가 동이 틀 무렵에 올라가면, 그들은 행진했다. 밤이든 낮이든 상관없이, 구름이 올라가면 그들은 행진했다. 구름이 성막 위에 이틀을 머물든 한 달을 머물든 한 해를 머물든 상관이 없었다. 구름이 성막 위에 머무는 동안에는 그들도 그 자리에 머물렀다. 그러다가 구름이 올라가면, 그들도 일어나 행진했다. 그들은 **하나님**의 명령에 따라 진을 치고, **하나님**의 명령에 따라 행진했다. 그들은 모세가 전한 **하나님**의 명령에 순종하며 살았다.

두 개의 나팔

10 1-3 **하나님**께서 모세에게 말씀하셨다. "너는 두들겨 편 은으로 나팔 두 개를 만들어라. 회중을 불러 모으거나 진에 행진 명령을 내릴 때, 이 두 나팔을 사용하여라. 나팔 둘을 같이 불면, 온 공동체가 회막 입구에 모여 너를 만날 것이다.
4-7 나팔 하나를 짧게 불면, 그것은 지도자들, 곧 가문의 우두머리들에게 모임을 알리는 신호다. 나팔 하나를 길게 불면, 그것은 행진하라는 신호다. 첫 번째 나팔소리에는 동쪽에 진을 친 지파들이 출발하고, 두 번째 나팔소리에는 남쪽에 진을 친 지파들이 출발한다. 긴 나팔소리는 행진하라는 신호다. 모임을 알리는 나팔소리와 행진을 알리는 신호는 다르다.

8-10 나팔을 부는 일은 아론의 아들들인 제사장들이 맡는다. 이것은 그들이
대대로 맡아야 할 임무다. 침략자들에 맞서 싸우러 나갈 때는 나팔을 길게
불어라. 그러면 **하나님**이 너희를 알아보고 너희 원수들에게서 너희를 구해
줄 것이다. 경축일과 정한 절기와 음력 초하룻날에는 번제물과 화목 제물을
바치며 나팔을 불어라. 그 소리를 듣고서 너희는 하나님에게 주의를 기울이
게 될 것이다. 나는 **하나님** 너희 하나님이다."

시내 광야를 떠나 행진하다

11-13 둘째 해 둘째 달 이십 일에 증거판이 보관된 성막 위로 구름이 올라갔
다. 그러자 이스라엘 백성은 시내 광야에서 출발하여 구름이 바란 광야에 내
려앉을 때까지 이동했다. 그들은 **하나님**께서 모세를 통해 주신 명령에 따라
행진을 시작했다.
14-17 유다 진영의 깃발이 앞장섰고, 암미나답의 아들 나손의 지휘 아래 부대
별로 출발했다. 잇사갈 지파의 부대는 수알의 아들 느다넬이 이끌었고, 스불
론 지파의 부대는 헬론의 아들 엘리압이 이끌었다. 성막을 거두자, 게르손
자손과 므라리 자손이 성막을 메고 출발했다.
18-21 르우벤 진영의 깃발이 그 뒤를 이었는데, 스데울의 아들 엘리숱이 부대
를 이끌었다. 시므온 지파의 부대는 수리삿대의 아들 슬루미엘이 이끌었고,
갓 지파의 부대는 드우엘의 아들 엘리아삽이 이끌었다. 이어서 고핫 자손이
거룩한 물건들을 메고 출발했다. 이들이 도착하기 전에 성막이 세워져 있어
야 했다.
22-24 뒤이어 에브라임 지파의 깃발이 출발했는데, 암미훗의 아들 엘리사마가
부대를 이끌었다. 므낫세 지파의 부대는 브다술의 아들 가말리엘이 이끌었
고, 베냐민 지파의 부대는 기드오니의 아들 아비단이 이끌었다.
25-27 마지막으로, 모든 진영의 후방 경계를 맡은 단 지파가 깃발을 앞세우고
행진했는데, 암미삿대의 아들 아히에셀이 이끌었다. 아셀 지파의 부대는 오
그란의 아들 바기엘이 이끌었고, 납달리 지파의 부대는 에난의 아들 아히라
가 이끌었다.

28 이것이 이스라엘 백성의 행진 대형이었다. 그들은 이렇게 길을 떠났다.

29 모세가 자신의 처남 호밥에게 말했다. 그는 미디안 사람이자 모세의 장인
인 르우엘의 아들이었다. "이제 우리는 **하나님**께서 '내가 너희에게 주겠다'고
약속하신 곳으로 행진할 것이네. 우리가 자네를 선대할 테니, 우리와 함께
가세. **하나님**께서 이스라엘에게 좋은 것을 약속해 주셨다네."
30 호밥이 말했다. "가지 않겠습니다. 나는 내 고향, 내 가족에게로 돌아갈 작
정입니다."
31-32 그러자 모세가 대답했다. "우리를 떠나지 말게. 광야에서 진을 칠 최적
의 장소를 두루 아는 사람은 자네밖에 없네. 우리에게는 자네의 안목이 필요
하네. 우리와 함께 가면, **하나님**께서 우리에게 베풀어 주신 온갖 좋은 것을
자네에게도 나누어 주겠네."

33-36 그들은 행진했다. 그들은 **하나님**의 산을 떠나서, **하나님**의 언약궤를 앞
세우고 사흘길을 행진해 진을 칠 곳을 찾았다. 낮에 그들이 진영을 떠나 행
진할 때면, **하나님**의 구름이 그들 위에 머물렀다. 언약궤를 앞세우고 갈 때
면, 모세는 이렇게 말했다.

하나님, 일어나소서!
주의 원수들을 물리치소서!
주를 미워하는 자들을 산으로 쫓아내소서!

그리고 언약궤를 내려놓을 때면, 이렇게 말했다.

하나님, 저희와 함께 쉬소서.
이스라엘의 많고 많은
사람들과 함께 머무소서.

하나님의 불이 타오르다

11

1-3 백성이 자신들의 고단한 삶을 두고 불평하기 시작했다. **하나님**께서 그 불평을 들으시고 진노를 발하셨다. **하나님**께로부터 불이 타올라 진 바깥 경계를 불태웠다. 백성이 모세에게 소리쳐 도움을 청했다. 모세가 **하나님**께 기도하자, 불이 꺼졌다. **하나님**의 불이 그들을 향해 타올랐기 때문에, 그곳의 이름을 다베라(불사름)라고 했다.

지도자 칠십 명을 세우다

4-6 백성 가운데 있던 어중이떠중이 무리가 탐욕을 품자, 이윽고 이스라엘 백성도 울며 불평을 터뜨렸다. "어째서 우리는 고기를 먹을 수 없는 거지? 이집트에서는 오이와 수박, 부추와 양파와 마늘은 말할 것도 없고 생선까지 공짜로 먹었는데 말이야! 여기에는 맛있는 것이 하나도 없다. 우리가 먹을 것이라고는 온통 만나, 만나, 만나뿐이다."

7-9 만나는 씨앗 모양이었고 겉은 송진처럼 반들반들했다. 백성이 돌아다니며 그것을 모아서 맷돌에 갈거나 절구에 넣어 곱게 빻았다. 그런 다음 냄비에 넣어 익힌 후에 빚어서 과자를 만들었다. 그 맛은 올리브기름에 튀긴 과자 맛 같았다. 밤에 이슬이 진 위로 내리면, 만나도 함께 내렸다.

10 모세는 온 집안이 저마다 자기 장막 앞에서 울며 불평하는 소리를 들었다. **하나님**께서 크게 진노하셨다. 모세는 사태가 심각하다는 것을 깨달았다.

11-15 모세가 **하나님**께 아뢰었다. "어찌하여 저를 이렇게 대하십니까? 제가 이런 대접을 받을 만한 일을 **하나님**께 한 적이 있습니까? 제가 이들을 낳았습니까? 제가 이들의 어미라도 된다는 말입니까? 어찌하여 이 백성의 무거운 짐을 저에게 지우십니까? 왜 저에게 아이를 품은 어미처럼 이들을 안고 다니라고 하십니까? 어찌하여 이들의 조상에게 약속하신 땅에 이르기까지 이들을 안고 가라고 하십니까? 이 백성이 모두 '고기가 먹고 싶으니, 고기를 주십시오' 하며 불평하는데, 이들에게 줄 고기를 제가 어디서 얻을 수 있겠습니까? 이 일은 저 혼자 할 수 있는 일이 아닙니다. 이 백성을 모두 안고 가는 것은 너무나 버거운 일입니다. 저를 이리 대하시려거든, 차라리 죽여 주십시오. 저

는 볼 만큼 보고, 겪을 만큼 겪었습니다. 저를 여기서 벗어나게 해주십시오."
16-17 **하나님**께서 모세에게 말씀하셨다. "이스라엘의 지도자들 가운데서 칠십 명을 불러 모아라. 그들은 네가 아는 이들로, 존경받고 신뢰할 만한 사람들이어야 한다. 그들을 회막으로 데려오너라. 내가 거기서 너를 만나겠다. 내가 내려가서 너와 이야기하겠다. 내가 네게 내려 준 영을 그들에게도 내려 주겠다. 그러면 그들이 이 백성의 짐을 일부 짊어질 수 있을 것이다. 너 혼자 그 짐을 다 짊어지려고 애쓰지 않아도 될 것이다.
18-20 너는 백성에게 이렇게 일러 주어라. 너희 자신을 거룩하게 구별하여라. 고기를 먹게 될 내일을 위해 준비하여라. 너희는 **하나님**에게 '고기를 원합니다. 고기를 주십시오. 이집트에서도 이보다는 더 잘 살았습니다' 하고 불평했다. **하나님**이 너희의 불평을 들었으니, 너희에게 고기를 주겠다. 너희는 고기를 먹게 될 것이다. 너희는 고기를 하루만 먹고 말 것이 아니다. 이틀이나, 닷새나, 열흘이나, 스무 날도 아니다. 한 달 내내 먹게 될 것이다. 콧구멍에서 고기 냄새가 날 때까지 먹게 될 것이다. 고기 이야기만 나와도 구역질을 할 만큼 고기에 질리고 말 것이다. 너희 가운데 있는 **하나님**을 너희가 거부하고, 그 얼굴을 향해 '아이고, 우리가 어쩌자고 이집트를 떠났던가?' 하면서 불평했기 때문이다."
21-22 모세가 아뢰었다. "제가 이 자리에 서 있지만, 지금 이 자리에는 걸어서 행진하는 장정 60만 명이 저를 둘러싸고 있습니다. **하나님**께서는 '내가 그들에게 고기를 주겠다. 한 달 동안 매일 고기를 주겠다'고 하시는데, 그 고기가 어디서 나온단 말입니까? 양 떼와 소 떼를 다 잡는다고 한들 넉넉하겠습니까? 바다의 고기를 다 잡는다고 한들 충분하겠습니까?"
23 **하나님**께서 모세에게 대답하셨다. "그래서, 너는 내가 너희를 보살피지 못할 것이라고 생각하느냐? 이제 너는 내가 말한 것이 너희에게 일어나는지 안 일어나는지 곧 보게 될 것이다."
24-25 모세가 밖으로 나가서 **하나님**께서 하신 말씀을 백성에게 알렸다. 그는 지도자 칠십 명을 불러 모아 그들을 장막 주위에 세웠다. **하나님**께서 구름 가운데 내려오셔서 모세에게 말씀하시고, 모세에게 내린 영을 칠십 명의 지

도자들에게도 내려 주셨다. 그 영이 그들에게 내려와 머물자, 그들이 예언을 했다. 그러나 예언을 계속하지는 못했다. 그것은 단 한 번 일어난 일이었다.

❖

26 한편 두 사람, 곧 엘닷과 메닷이 진 안에 남아 있었다. 그들은 지도자 명단
에 들어 있었지만, 장막으로 가지 않고 진에 있었다. 그런데도 영이 그들에
게 내려와 머물렀고, 그들도 진에서 예언을 했다.
27 한 젊은이가 모세에게 달려와서 알렸다. "엘닷과 메닷이 진에서 예언하고
있습니다!"
28 그러자 젊은 시절부터 모세의 오른팔 역할을 해온 눈의 아들 여호수아가
말했다. "나의 주인 모세여! 그들을 말리셔야 합니다!"
29 그러나 모세는 이렇게 말했다. "네가 나를 위해 시기하는 것이냐? 나는 하
나님의 백성이 다 예언자가 되었으면 좋겠다. 하나님께서 모든 백성에게 그
분의 영을 내려 주셨으면 좋겠다."

❖

30-34 모세와 이스라엘의 지도자들이 진으로 돌아왔다. 하나님께서 일으키신
바람이 바다에서 메추라기를 몰고 왔다. 메추라기가 진 안에 90센티미터가
량 쌓였고, 진 밖으로는 사방 하룻길 되는 거리까지 쌓였다. 그날 낮과 밤과
그 다음날까지 백성이 나가서 종일토록 메추라기를 주워 모으니, 그 양이 상
당했다. 그들 가운데 가장 적게 거둔 사람도 2,200리터를 모았다. 그들은 그
것들을 진 사방에 널어 말렸다. 그러나 그들이 메추라기를 씹어 미처 한 입
삼키기도 전에, 하나님께서 백성에게 크게 진노하셨다. 하나님께서 그들을
끔찍한 전염병으로 치셨다. 결국 그들은 그곳을 기브롯핫다아와(탐욕의 무덤)
라고 불렀다. 그들은 고기를 탐한 백성을 그곳에 묻었다.
35 그들은 기브롯핫다아와를 떠나 하세롯으로 행진해 갔다. 그들은 하세롯에
머물렀다.

미리암과 아론이 모세에게 대항하다

12 1-2 (모세가 아내로 맞아들인) 구스 여인 때문에 미리암과 아론이 뒤
에서 모세를 비방했다. 그들이 말했다. "하나님께서 모세를 통해
서만 말씀하시느냐? 우리를 통해서도 말씀하시지 않느냐?"
하나님께서 그들이 하는 말을 들으셨다.
3-8 모세는 아주 겸손한 사람이었다. 그는 이 땅에 사는 어떤 사람보다도 겸
손했다. 하나님께서 갑자기 모세와 아론과 미리암 사이에 개입하셨다. "너희
셋은 회막으로 나아오너라." 그들 셋이 나아오자, 하나님께서 구름기둥 가운
데 내려오셔서 장막 입구에 서 계셨다. 그분께서 아론과 미리암을 부르셨다.
그들이 나아가자, 하나님께서 말씀하셨다.

너희는 내가 하는 말을 잘 들어라.
너희 가운데 하나님의 예언자가 있으면,
나는 환상으로 나 자신을 그에게 알리고
꿈속에서 그에게 말할 것이다.
그러나 나의 종 모세에게는 그렇게 하지 않는다.
그는 나의 집 어디든 마음대로 드나들도록 허락받은 사람이다.
나는 그와 직접 친밀하게 말하고
수수께끼가 아닌 분명한 말로 이야기한다.
그는 하나님의 참 모습을 깊이 헤아리는 사람이다.
그런데 어찌하여 너희는 존경이나 경의를 표하지 않고
나의 종 모세를 비방하는 것이냐?

9 하나님께서 그들에게 진노하고 떠나가셨다.
10 장막을 덮고 있던 구름이 걷히니, 미리암이 나병에 걸려 피부가 눈처럼 하
얗게 되었다. 아론이 미리암을 살펴보니, 영락없는 나병환자였다!
11-12 아론이 모세에게 말했다. "나의 주인님, 우리가 어리석게 생각 없이 지
은 죄 때문에, 우리를 가혹하게 벌하지 마십시오. 제발 미리암을, 몸이 반쯤

썩은 채 모태에서 죽어 나온 아이처럼 저렇게 두지 마십시오."
13 그러자 모세가 **하나님**께 기도했다.

하나님, 미리암을 고쳐 주십시오.
부디 미리암을 고쳐 주십시오.

14-16 **하나님**께서 모세에게 응답하셨다. "미리암의 얼굴에 그녀의 아버지가
침을 뱉었어도, 그녀가 칠 일 동안은 부끄러워해야 하지 않겠느냐? 그녀를
칠 일 동안 진 밖에 격리시켜라. 그런 뒤에야 그녀가 진으로 돌아올 수 있
다." 그리하여 미리암은 칠 일 동안 진 밖에 격리되었다. 백성은 그녀가 돌아
올 때까지 행진하지 않았다. 백성은 그녀가 돌아온 뒤에야 하세롯에서 출발
하여, 바란 광야에 이르러 진을 쳤다.

가나안 땅 정탐

13

1-2 **하나님**께서 모세에게 말씀하셨다. "사람들을 보내어, 내가 이
스라엘 백성에게 주려고 하는 가나안 땅을 정탐하게 하여라. 각
지파에서 한 사람씩 보내되, 각 지파에서 믿을 수 있는 검증된 지도자를 보
내야 한다."
3-15 모세는 **하나님**의 명령에 따라 바란 광야에서 그들을 보냈다. 그들은 모
두 각 지파에서 한 사람씩 뽑힌 이스라엘의 지도자들이었다. 그들의 이름은
이러하다.

르우벤 지파에서는 삭굴의 아들 삼무아
시므온 지파에서는 호리의 아들 사밧
유다 지파에서는 여분네의 아들 갈렙
잇사갈 지파에서는 요셉의 아들 이갈
에브라임 지파에서는 눈의 아들 호세아
베냐민 지파에서는 라부의 아들 발디

스불론 지파에서는 소디의 아들 갓디엘
(요셉 지파 가운데 하나인) 므낫세 지파에서는 수시의 아들 갓디
단 지파에서는 그말리의 아들 암미엘
아셀 지파에서는 미가엘의 아들 스둘
납달리 지파에서는 웝시의 아들 나비
갓 지파에서는 마기의 아들 그우엘.

16 이는 모세가 그 땅을 정탐하라고 보낸 사람들의 명단이다. 모세는 눈의 아들 호세아(구원)에게 여호수아(하나님께서 구원하신다)라는 새 이름을 지어 주었다.

17-20 모세는 가나안을 정탐하라고 그들을 보내면서 이렇게 말했다. "네겝 지역에 올라가 보고, 산지에도 가 보시오. 그 땅을 샅샅이 살펴보고, 그 땅이 어떠한지 조사하시오. 그 땅의 백성이 강한지 약한지, 그들의 수가 적은지 많은지 조사하시오. 그 땅이 살기 좋은 땅인지 척박한 땅인지 상세히 알아 오시오. 그들이 살고 있는 성읍들이 탁 트인 진인지 성곽으로 둘러쌓인 요새인지, 토양이 비옥한지 메마른지, 삼림이 우거져 있는지 상세히 알아 오시오. 그리고 그 땅에서 자라는 열매를 가져오시오. 지금은 포도가 처음 익는 철이오."

21-25 그들은 길을 떠났다. 그들은 신 광야에서 르보하맛 방면에 있는 르홉에 이르기까지 그 땅을 정탐했다. 그들은 네겝 사막을 지나 헤브론 성읍까지 이르렀다. 거기에는 거인족 아낙의 후손인 아히만 부족과 세새 부족과 달매 부족이 살고 있었다. 헤브론은 이집트의 소안보다 칠 년 먼저 세워진 곳이다. 그들은 에스골 골짜기에 이르러, 포도송이 하나가 달린 가지를 잘라 장대에 매달았다. 그것을 나르려면 두 사람이 필요했다. 또한 그들은 석류와 무화과도 땄다. 그들은 그곳 이름을 에스골 골짜기(포도송이 골짜기)라고 했다. 그곳에서 잘라 낸 포도송이가 엄청나게 컸기 때문이다. 그들은 그 땅을 사십 일 동안 정탐하고 돌아왔다.

26-27 그들은 가데스에 있는 바란 광야에서 모세와 아론과 이스라엘 백성 온
회중 앞에 모습을 드러냈다. 그들은 온 회중에게 보고하고 그 땅의 과일을
보여주었다. 그리고 자신들의 정탐 이야기를 들려주었다.
27-29 "우리를 보낸 그 땅으로 갔더니, 정말 그곳은 젖과 꿀이 흐르는 땅이었
습니다! 이 과일 좀 보십시오! 그런데 문제는, 그곳에 사는 백성은 몹시 사납
고, 그들의 성읍은 거대한 요새라는 점입니다. 더구나 우리는 거인족인 아낙
자손도 보았습니다. 아말렉 사람이 네겝 지역에 퍼져 있고, 헷 사람과 여부
스 사람과 아모리 사람이 산지를 차지하고 있습니다. 그리고 가나안 사람이
지중해 바닷가와 요단 강가에 자리 잡고 있습니다."
30 갈렙이 이야기를 중단시키고 모세 앞에서 백성을 조용히 시킨 뒤에 말했
다. "당장 올라가서 그 땅을 점령합시다. 우리는 할 수 있습니다."
31-33 그러나 다른 사람들이 이렇게 말했다. "우리는 그 백성을 칠 수 없소. 그
들은 우리보다 강하오." 그러면서 그들은 이스라엘 백성 사이에 무시무시한
소문을 퍼뜨렸다. "우리가 그 땅 이쪽 끝에서 저쪽 끝까지 정탐해 보았는데,
그 땅은 사람들을 통째로 삼키는 땅이다. 우리가 본 그곳 사람들은 모두가
어마어마하게 컸다. 우리는 네피림 자손인 거인족도 보았다. (거인족인 아낙
자손은 네피림 자손에서 나왔다.) 그들 곁에 서니, 마치 우리가 메뚜기 같았다.
그들도 우리가 메뚜기라도 된다는 듯이 얕잡아 보았다."

백성의 반역

14

1-3 온 공동체가 큰 소란을 일으키며 밤새도록 울부짖었다. 이스라
엘 온 백성이 모세와 아론에게 불평을 쏟아냈다. 공동체 전체가
여기에 가세했다. "차라리 우리가 이집트에서 죽었으면 좋았을 것을! 아니면
이 광야에서라도 죽었으면 좋았을 것을! 어쩌자고 하나님은 우리를 이 땅으
로 데려와서 우리를 죽게 하시는가? 우리 아내와 자식들이 노획물이 되겠구
나. 차라리 이집트로 돌아가는 편이 낫겠다! 당장 그렇게 하자!"
4 곧이어 그들은 서로 말했다. "새로운 지도자를 뽑아 이집트로 돌아가자."
5 모세와 아론은 비상 회의로 모인 온 공동체 앞에서 얼굴을 땅에 대고 엎드

렸다.
6-9 정탐을 다녀온 이들 가운데 눈의 아들 여호수아와 여분네의 아들 갈렙이
자기 옷을 찢으며, 그 자리에 모여든 이스라엘 백성에게 말했다. "우리가 두
루 다니며 정탐한 그 땅은 매우 아름답고 정말 좋은 땅입니다. **하나님**께서
우리를 기뻐하시면, 저들이 말한 대로, 젖과 꿀이 흐르는 그 땅으로 우리를
인도하실 것입니다. 그 땅을 우리에게 주실 것입니다. 그러니 **하나님**을 배역
하지 마십시오! 그 백성을 두려워하지 마십시오. 그렇습니다. 그들은 우리의
밥이 될 것입니다! 그들에게는 보호자가 없지만, 우리에게는 **하나님**이 계십
니다. 그러니 그들을 두려워하지 마십시오!"
10-12 그러나 온 공동체가 들고일어나 그들을 돌로 치려고 했다.
그때 **하나님**의 빛나는 영광이 회막 가운데 나타났다. 모든 이스라엘 자손이
그것을 보았다. **하나님**께서 모세에게 말씀하셨다. "이 백성이 언제까지 나
를 업신여기겠느냐? 언제까지 나를 신뢰하지 않을 작정이냐? 내가 저들 가
운데 일으킨 모든 표적을 보고도 저렇게 하는구나! 이것으로 충분하다. 이제
내가 저들을 전염병으로 쳐서 죽이겠다. 그러나 너는 저들보다 크고 강한 민
족으로 만들겠다."
13-16 그러나 모세는 **하나님**께 이렇게 아뢰었다. "이집트 사람들이 듣겠습니
다! **하나님**께서는 큰 능력을 보이시며 이 백성을 이집트에서 건져 내셨는데,
이제 그리하시겠다니요? 이집트 사람들이 모든 사람에게 알릴 것입니다. 그
들은 당신께서 **하나님**이시고, 이 백성 편이시며, 이 백성 가운데 계시다는
말을 이미 들었습니다. 그들은 이 백성이 구름 속에서 **하나님**을 두 눈으로
뵙는다는 말도 들었습니다. 또한 그들은 구름이 이 백성 위에 머물면서, 낮
에는 구름기둥으로 이 백성을 인도하고, 밤에는 불기둥으로 인도한다는 말
도 들었습니다. **하나님**께서 이 백성 전체를 단번에 죽이시면, 이제까지 진행
되어 온 일을 들은 민족들이 '**하나님**은 저 백성을 약속한 땅으로 데리고 갈
능력이 없어서, 저들을 광야에서 무참히 죽여 버렸다' 하고 말할 것입니다.
17 전에 주께서 말씀하신 대로, 부디 주의 능력을 더 크게 펼치시기 바랍니다.

18 **하나님**은 노하기를 더디하고 그 사랑이 심히 커서
죄악과 반역과 죄를 용서하되,
죄를 그냥 덮어 두지는 않는다.
부모가 지은 죄의 결과를
삼사 대 자손에 이르기까지
미치게 한다.

19 이집트를 떠나던 날부터 이 백성을 줄곧 용서하신 것처럼, **하나님**의 신실
하신 사랑을 아낌없이 베푸셔서, 이 백성의 잘못을 용서해 주십시오."
20-23 **하나님**께서 말씀하셨다. "네 말을 존중하여 내가 저들을 용서하겠다. 그
러나 내가 살아 있는 한, 그리고 **하나님**의 영광이 온 땅을 가득 채우고 있는
한, 나의 영광과 내가 이집트와 광야에서 행한 이적을 보았으면서도 끊임없
이 나를 시험하며 내 말을 듣지 않은 자들은, 단 한 사람도, 내가 그들의 조
상에게 엄숙히 약속한 땅을 보지 못할 것이다. 계속해서 나를 멸시한 자들은
어느 누구도 그 땅을 보지 못할 것이다.
24 그러나 나의 종 갈렙은 다르다. 그는 마음이 저들과 달라서, 전심으로 나
를 따른다. 나는 그가 정탐한 땅으로 그를 들어가게 하고, 그의 자손이 그 땅
을 물려받게 할 것이다.
25 아말렉 사람과 가나안 사람이 골짜기에 자리 잡고 있으니, 당장 진로를 바
꿔 홍해에 이르는 길을 따라서 광야로 돌아가거라."

26-30 **하나님**께서 모세와 아론에게 말씀하셨다. "이 악한 공동체가 언제까지
내게 불평을 늘어놓겠느냐? 이 불평 많은 이스라엘 자손의 투덜거리는 소리
를 내가 들을 만큼 들었다. 너는 그들에게 전하여라. **하나님**의 말이다. 내가
살아 있음을 두고 맹세하건대, 이제 내가 이렇게 행하겠다. 너희는 주검이
되어 광야에 나뒹굴게 될 것이다. 인구조사 때 계수된 스무 살 이상의 사람
들, 곧 불평하고 원망하던 이 세대가 모두 다 그렇게 될 것이다. 너희 가운데
아무도 내가 굳게 약속한 땅에 들어가지 못할 것이며, 그 땅에 너희 집도 짓

지 못할 것이다. 그러나 여분네의 아들 갈렙과 눈의 아들 여호수아는 들어가
게 될 것이다.
31-34 너희가 노획물로 사로잡혀 갈 것이라고 말한 너희의 자녀들만 내가 그
땅으로 데리고 들어가서, 너희가 거부한 그 땅을 차지하게 하겠다. 그러나
너희는 주검이 되어 광야에서 썩어질 것이다. 너희의 자녀들은 너희 세대가
다 주검이 되어 광야에 누울 때까지, 사십 년 동안 광야에서 양을 치며 너희
가 지은 음란과 불성실의 죄를 짊어지고 살 것이다. 너희가 사십 일 동안 그
땅을 정탐했으니, 하루를 일 년으로 쳐서 사십 년 동안 너희 죄값으로 형기
를 채워야 한다. 이는 너희가 나를 노하게 하여 받는 기나긴 훈련이다.
35 나 **하나님**이 말했듯이, 나는 악이 가득한 이 공동체, 나를 거슬러 한통속
이 되어 버린 이 공동체 전체에 반드시 이 일을 행할 것이다. 그들은 이 광야
에서 최후를 맞을 것이다. 그들은 여기서 죽을 것이다."
36-38 모세가 정탐을 보냈던 사람들이 돌아와서 그 땅에 대해 그릇된 소문을
유포시키며 온 공동체를 부추겨 모세에게 불평하게 했다. 그 사람들이 모두
죽었다. 그들은 그 땅에 대해 그릇된 소문을 퍼뜨리다가 **하나님** 앞에서 전염
병으로 죽었다. 그 땅을 정탐하러 갔던 사람들 가운데 눈의 아들 여호수아와
여분네의 아들 갈렙만이 살아남았다.

39-40 모세가 이 모든 말씀을 이스라엘 백성에게 전하니, 그들이 몹시 슬퍼했
다. 그들은 이튿날 아침 일찍 산지로 올라가며 말했다. "다 왔다. 이제 우리
가 올라가기만 하면 된다. **하나님**께서 우리에게 약속하신 땅으로 올라가서
그 땅을 치자. 우리가 죄를 지었으나, 지금이라도 그 땅을 치자."
41-43 모세가 말했다. "여러분은 어쩌자고 또 **하나님**의 명령을 거스르는 것입
니까? 이 일은 결코 성공하지 못할 것입니다. 그들을 치러 가지 마십시오.
하나님께서 이 일에 여러분과 함께하지 않으십니다. 여러분은 적에게 처참
하게 패하고 말 것입니다. 아말렉 사람과 가나안 사람이 여러분을 기다리고
있다가 여러분을 죽일 것입니다. 여러분이 **하나님**의 말씀을 순종하며 따르
지 않았으니, **하나님**께서 이 일에 여러분과 함께하지 않으실 것입니다."

44-45 그러나 그들은 갔다. 무모하고 오만하게도 그들은 산지로 올라갔다. 그러나 언약궤와 모세는 진에서 꼼짝도 하지 않았다. 산지에 사는 아말렉 사람과 가나안 사람이 산에서 나와 그들을 쳐서 물리치고, 호르마까지 그들을 밀어냈다.

하나님께 드리는 제물

15 1-5 **하나님**께서 모세에게 말씀하셨다. "너는 이스라엘 백성에게
전하여라. 그들에게 이렇게 일러 주어라. 내가 너희에게 주려고
하는 땅에 너희가 들어가 불살라 바치는 제물을 **하나님**에게 바칠 때, 곧 절
기를 맞아 서원 제물이나 자원 제물로 번제물이나 소 떼나 양 떼에서 고른
제물을 **하나님**을 기쁘게 하는 향기로 바칠 때, 제물을 가져오는 사람은 고운
곡식 가루 2리터에 기름 1리터를 섞은 것을 **하나님**에게 곡식 제물로 바쳐야
한다. 번제물이나 희생 제물로 바칠 어린양 한 마리에는 기름 1리터와 부어
드리는 제물로 바칠 포도주 1리터를 준비하여라.
6-7 숫양 한 마리를 바칠 때는 고운 곡식 가루 4리터에 기름 1.25리터를 섞어
곡식 제물로 준비하고, 포도주 1.25리터를 부어 드리는 제물로 준비하여라.
이것을 **하나님**을 기쁘게 하는 향기로 바쳐야 한다.
8-10 특별 서원을 갚거나 **하나님**에게 화목 제물을 바치려고 수송아지를 번제
물이나 희생 제물로 준비할 때는, 수송아지와 함께 고운 곡식 가루 6리터와
기름 2리터를 곡식 제물로 바쳐라. 그리고 포도주 2리터도 부어 드리는 제
물로 바쳐라. 이것은 불살라 바치는 제물이요, **하나님**을 기쁘게 하는 향기가
될 것이다.
11-12 수소 한 마리나 숫양 한 마리, 어린양 한 마리나 어린 염소 한 마리를 준
비할 때도 이와 같이 해야 한다. 너희가 준비한 것이 아무리 많아도, 그 수효
대로 한 마리씩 이 절차를 따르도록 하여라.
13-16 이스라엘 본국인이 **하나님**을 기쁘게 하는 향기로 불살라 바치는 제물을
바칠 때는, 이 절차를 따라야 한다. 다음 세대에 대대로 너희와 함께 사는 외
국인이나 거류민이 **하나님**을 기쁘게 하는 향기로 불살라 바치는 제물을 바

칠 때도 같은 절차를 따라야 한다. 공동체는 너희나 너희와 함께 사는 외국
인에게나 같은 규례를 적용해야 한다. 이것은 다음 세대에 항상 지켜야 할
규례다. 너희나 외국인이나, **하나님** 앞에서는 동일하다. 너희나 너희와 함께
사는 외국인에게나 같은 법과 규례가 적용된다."

17-21 **하나님**께서 모세에게 말씀하셨다. "너는 이스라엘 백성에게 전하여라.
그들에게 이렇게 일러 주어라. 내가 너희를 데려가려고 하는 그 땅에 너희가
들어가서 그 땅에서 나는 양식을 먹게 될 때, 너희는 그 양식의 일부를 **하나
님**에게 바칠 제물로 따로 떼어 놓아라. 처음 반죽한 것으로 둥근 빵을 만들
어 제물로 바쳐라. 이는 타작마당에서 바치는 제물이다. 너희는 대대로 처음
반죽한 것으로 이 제물을 만들어 **하나님**에게 바쳐라."

22-26 "그러나 너희가 정도에서 벗어나 **하나님**이 모세에게 내린 명령, 곧 **하나
님**이 모세를 통해 너희에게 명령한 것을 **하나님**이 처음 명령하던 때부터 지
금까지 지키지 않았으면, 그리고 그것이 회중이 모르는 가운데 실수로 저지
른 것이면, 온 회중은 수송아지 한 마리를 번제물, 곧 **하나님**을 기쁘게 하는
향기로 바치고, 곡식 제물과 부어 드리는 제물도 함께 규례대로 바쳐야 한
다. 또 숫염소 한 마리를 속죄 제물로 바쳐야 한다. 제사장은 이스라엘 백성
온 공동체를 위해 속죄해야 한다. 그러면 그들이 용서를 받는다. 그것은 그
들이 고의로 저지른 죄가 아니었고, 그들이 **하나님**에게 불살라 바치는 제물
을 바쳤으며, 자신들의 실수를 보상하기 위해 속죄 제물을 바쳤기 때문이다.
모든 백성이 잘못을 저지른 것이므로, 이스라엘 온 공동체뿐만 아니라 그들
과 함께 사는 외국인도 용서를 받을 것이다.
27-28 그러나 어떤 사람이 자신이 무엇을 하는지도 모르고 실수로 죄를 지었
으면, 그는 일 년 된 암염소 한 마리를 속죄 제물로 가져와야 한다. 제사장은
실수로 죄를 지은 그 사람을 위해 속죄해야 한다. **하나님** 앞에서 속죄하여,
그 죄가 그 사람에게 남아 있지 않게 해야 한다.

[29] 본국에서 난 이스라엘 자손이든 외국인이든, 실수로 죄를 지은 사람에게
는 누구나 같은 규례가 적용된다.
[30-31] 그러나 본국인이든 외국인이든, 고의로 **하나님**을 모독하는 죄를 지은
사람은 자기 백성 가운데서 끊어져야 한다. 그가 **하나님**의 말씀을 업신여기
고 **하나님**의 명령을 어겼기 때문이다. 그런 자는 반드시 공동체에서 내쫓아
홀로 죄값을 치르게 해야 한다."

❦

[32-35] 이스라엘 백성이 광야에서 여러 해를 지내던 때였다. 어떤 사람이 안식
일에 나뭇가지를 줍다가 붙잡혔다. 그를 붙잡은 사람들이 모세와 아론과 온
회중 앞으로 그를 끌고 왔다. 그들은 그를 어떻게 해야 할지 결정이 내려질
때까지 가두어 두었다. 그때 **하나님**께서 모세에게 말씀하셨다. "그에게 사형
을 선고하여라. 온 공동체가 진 밖에서 그를 돌로 쳐서 죽여야 한다."
[36] **하나님**께서 모세를 통해 명령하신 대로, 온 공동체가 그를 진 밖으로 끌어
내어 돌로 쳐서 죽였다.

❦

[37-41] **하나님**께서 모세에게 말씀하셨다. "이스라엘 백성에게 전하여라. 그들
에게 이렇게 일러 주어라. 지금부터 너희는 대대로 옷자락에 술을 만들어 달
고, 청색 끈을 그 술에 달아 표시해야 한다. 너희는 그 술을 볼 때마다 **하나
님**의 계명을 기억하여 지켜야 한다. 너희가 느끼고 보는 것, 곧 너희를 꾀어
배역하게 하는 모든 것에 미혹되는 일이 없게 해야 한다. 그 술은 나의 모든
계명을 기억하여 지키고, **하나님**을 위해 거룩하게 살라는 표가 될 것이다.
나는 너희 **하나님**이 되려고 너희를 이집트 땅에서 구해 낸 **하나님**이다. 나는
하나님 너희 하나님이다."

고라 무리의 반역

16 1-3 어느 날, 레위의 증손이자 고핫의 손자이며 이스할의 아들인 고라가 르우벤 자손 몇 명—엘리압의 아들인 다단과 아비람, 그리고 벨렛의 아들인 온—과 함께 거들먹거리며 모세에게 반기를 들었다. 고라는 이스라엘 회중 가운데서 지도자 250명을 자기편으로 끌어들였다. 이들은 총회에서 높은 지위를 차지한 사람들로, 이름 있는 자들이었다. 그들이 모세와 아론에게 몰려가서 대들며 말했다. "당신들은 월권을 했소. 온 공동체가 거룩하고 **하나님**께서 그들 가운데 계시는데, 당신들은 어째서 모든 권한을 쥔 것처럼 행동하는 거요?"
4 모세가 이 말을 듣고 얼굴을 땅에 대고 엎드렸다.
5 그러고 나서 고라와 그의 무리에게 말했다. "아침이 되면, **하나님**께서 누가 그분 편에 서 있고, 누가 거룩한 사람인지 밝히 보이실 것이오. **하나님**께서 친히 택하신 사람을 곁에 세우실 것이오.
6-7 고라, 내가 당신과 당신 무리에게 바라는 것은 이것이오. 내일 향로를 가져오시오. **하나님** 앞에서 향로에 불을 담고 그 위에 향을 얹으시오. 그러면 누가 거룩한지, 누가 **하나님**께서 택하신 사람인지 알게 될 것이오. 레위 자손 여러분, 당신들이야말로 월권을 하고 있소."
8-11 모세가 계속해서 고라에게 말했다. "레위 자손 여러분, 잘 들으시오. 이스라엘의 하나님께서 당신들을 이스라엘의 회중 가운데서 뽑으시고 당신들을 그분 곁에 오게 하셔서, **하나님**의 성막 일로 섬기게 하시고 회중 앞에 서서 그들을 돌보게 하셨는데, 그것으로 부족하다는 말이오? 그분께서는 당신과 당신의 레위인 형제들을 불러들여 최측근이 되게 하셨는데, 이제 당신들은 제사장직까지 거머쥐려 하고 있소. 당신들은 우리를 거역한 것이 아니라 **하나님**을 거역한 것이오. 어떻게 당신들이 아론을 비방하며 그에게 대든단 말이오?"
12-14 모세가 엘리압의 두 아들 다단과 아비람에게 출두하라고 지시했다. 그러자 그들이 말했다. "우리는 가지 않겠소. 젖과 꿀이 흐르는 땅에서 우리를 끌어내어 이 광야에서 죽이는 것으로는 성이 차지 않는단 말이오? 이제 당신은 아예 우리를 마음대로 부리려 하는구려! 현실을 직시하시오. 당신이 한

일이 뭐가 있소? 우리를 젖과 꿀이 흐르는 땅으로 데려가기를 했소, 약속한
밭과 포도밭을 우리에게 유산으로 주기를 했소? 현실을 보지 못하게 하려면
우리의 두 눈을 뽑아내야 할 것이오. 관두시오. 우리는 가지 않겠소."
15 모세는 몹시 화가 나서 **하나님**께 아뢰었다. "저들의 곡식 제물을 받지 마
십시오. 저는 저들에게서 나귀 한 마리 빼앗지 않았고, 저들의 머리카락 한
올 상하게 하지 않았습니다."
16-17 모세가 고라에게 말했다. "내일 당신네 사람들을 **하나님** 앞에 나아오게
하시오. 그들과 아론은 물론이고 당신도 나아오시오. 각자 자기 향로에 향을
가득 담아 가져와서 **하나님**께 드리시오. 모두 250개의 향로가 될 것이오. 당
신과 아론도 똑같이 향로를 가져오시오."
18 그들은 그대로 했다. 저마다 불과 향이 가득 담긴 향로를 가져와서 회막
입구에 섰다. 모세와 아론도 그렇게 했다.
19 고라와 그의 무리가 회막 입구에서 모세와 아론에게 맞섰다. 그때 온 공동
체가 **하나님**의 영광을 보았다.
20-21 **하나님**께서 모세와 아론에게 말씀하셨다. "너희는 이 회중으로부터 떨
어져 있어라. 내가 저들을 완전히 없애 버리겠다."
22 그러자 모세와 아론이 얼굴을 땅에 대고 엎드리며 말했다. "하나님, 살아
있는 모든 것의 하나님, 죄는 한 사람이 지었는데, 온 공동체에 화를 쏟으실
작정이십니까?"
23-24 **하나님**께서 모세에게 말씀하셨다. "공동체에 전하여라. 고라와 다단과
아비람의 장막에서 물러서라고, 그들에게 일러 주어라."
25-26 모세가 일어나 다단과 아비람에게 갔다. 이스라엘의 지도자들도 그를
따라갔다. 모세가 공동체에 말했다. "이 악인들의 장막에서 물러서십시오.
그들에게 속한 것은 하나도 건드리지 마십시오. 건드렸다가는 그들이 지은
죄의 홍수에 쓸려 가고 말 것입니다."
27 그들은 모두 고라와 다단과 아비람의 장막에서 멀찍이 물러섰다. 다단과
아비람은 아내와 자녀와 젖먹이들과 함께 밖으로 나와서 자기들 장막 입구
에 서 있었다.

28-30 모세가 계속해서 공동체에 말했다. "이로써 여러분은 이 모든 일이 **하나**
님께서 나를 보내서 하신 것이지, 내가 마음대로 조작한 것이 아니라는 것을
알게 될 것입니다. 이 자들이 우리처럼 수명이 다해 죽는다면, **하나님**께서
나를 보내신 것이 아닙니다. 그러나 **하나님**께서 전에 없던 일을 행하셔서,
땅이 입을 벌려 이들을 모두 삼키고 산 채로 스올에 내던지게 하시면, 여러
분은 이 자들이 **하나님**을 업신여겼다는 것을 알게 될 것입니다."
31-33 모세가 이 말을 마치자마자 땅이 쫙 갈라졌다. 땅이 입을 벌려 그들과
그들의 가족과, 고라와 관계된 모든 사람과, 그들의 모든 소유를 한입에 삼
켜 버렸다. 그들은 산 채로 스올에 내던져져 최후를 맞이했다. 땅이 그들을
덮어 버렸다. 공동체가 그들의 소리를 들은 것은 그때가 마지막이었다.
34 주위에 있던 사람들이 그들의 비명소리에 놀라, "우리마저 산 채로 삼켜
버리겠다!" 하고 소리치며 모두 필사적으로 도망쳤다.
35 그때 **하나님**께서 번갯불을 보내셨다. 그 불이 분향하던 250명을 불살라
버렸다.
36-38 **하나님**께서 모세에게 말씀하셨다. "너는 제사장 아론의 아들 엘르아살
에게 명령하여, 연기 나는 잿더미에서 향로들을 모으게 하고, 타다 남은 숯
불은 멀리 흩어 버리게 하여라. 이 향로들은 거룩하게 되었기 때문이다. 죄
를 지어 죽은 자들의 향로를 가져다가 얇게 두들겨 펴서 제단에 씌워라. 그
향로들은 **하나님**에게 바쳐진 것으로, **하나님**에게 거룩한 것이다. 이것을 이
스라엘 자손에게 표징으로 삼아, 오늘 일어난 일의 증거가 되게 하여라."
39-40 엘르아살은 **하나님**께서 모세를 통해 지시하신 대로, 타 죽은 이들의 청
동향로들을 거두어 두들겨 펴서 제단에 씌웠다. 이것은 아론의 후손만이 **하**
나님 앞에 향을 사르도록 허락받았으며, 다른 사람이 그렇게 하면 결국 고라
와 그의 무리처럼 된다는 것을 이스라엘 자손에게 알리는 표징이 되었다.
41 이튿날, 이스라엘 공동체에서 불평이 터져 나왔다. 모세와 아론에게 퍼붓
는 불평이었다. "당신들이 **하나님**의 백성을 죽였습니다!"
42 온 공동체가 모여서 모세와 아론을 공격할 때에 모세와 아론이 회막을 보
니, 모든 이가 볼 수 있도록 구름, 곧 **하나님**의 영광이 머물러 있었다.

43-45 모세와 아론이 회막 앞에 서자, **하나님**께서 모세에게 말씀하셨다. "이
회중에게서 멀찍이 떨어져 있어라. 내가 저들을 당장 없애 버리겠다."
그들은 얼굴을 땅에 대고 엎드렸다.
46 모세가 아론에게 말했다. "형님의 향로를 가져다가 제단의 불을 담고 그
위에 향을 가득 얹으십시오. 어서 빨리 회중에게 가서 그들을 위해 속죄하십
시오. **하나님**께서 진노를 쏟아내고 계십니다. 전염병이 시작되었습니다!"
47-48 아론은 모세가 지시한 대로 향로를 가지고 회중 가운데로 뛰어갔다. 이
미 전염병이 퍼지고 있었다. 그는 향로에 향을 얹어 백성을 위해 속죄했다.
그가 살아 있는 자들과 죽은 자들 사이에 서자, 전염병이 그쳤다.
49-50 고라의 일로 죽은 사람 외에도, 전염병으로 죽은 사람이 14,700명이었
다. 아론은 회막 입구로 돌아와서 모세와 합류했다. 전염병이 그친 것이다.

아론의 싹 난 지팡이

17 1-5 **하나님**께서 모세에게 말씀하셨다. "이스라엘 백성에게 전하
여, 그들에게서 지팡이를 거두어라. 각 지파의 지도자에게서 지
팡이 하나씩, 모두 열두 개를 거두어라. 각 지도자의 이름을 지팡이에 써라.
먼저 아론부터 레위의 지팡이에 아론의 이름을 쓰고, 나머지 지팡이들에도
각 지파 지도자들의 이름을 써라. 그것들을 회막 안, 내가 너희와 약속을 맺
는 증거판 앞에 놓아라. 그러면 내가 선택하는 사람의 지팡이에서 싹이 날
것이다. 이스라엘 백성이 너희에게 쉴 새 없이 쏟아내는 불평을 내가 그치게
하겠다."
6-7 모세가 이스라엘 백성에게 전하자, 그들의 지도자들이 각 지파마다 하나
씩 모두 열두 개의 지팡이를 건넸다. 아론의 지팡이도 그 가운데 있었다. 모
세는 그 지팡이들을 증거의 장막 안 **하나님** 앞에 펼쳐 놓았다.
8-9 이튿날 모세가 증거의 장막 안으로 들어가 보니, 아론의 지팡이, 곧 레위
지파의 지팡이에 정말로 싹이 돋아나 있었다. 싹이 돋아나서 꽃이 피고, 아
몬드 열매까지 열려 있었다! 모세가 지팡이들을 모두 **하나님** 앞에서 가지고
나와 이스라엘 백성에게 보여주자, 그들이 찬찬히 훑어보았다. 지도자들이

저마다 자기 이름이 적힌 지팡이를 가져갔다.
10 **하나님**께서 모세에게 말씀하셨다. "아론의 지팡이를 증거판 앞에 도로 갖
다 놓아라. 그것을 간직하여 반역자들에게 경종이 되게 하여라. 이것으로 백
성이 나에 대한 불평을 그치고 자기 목숨을 건지게 될 것이다."
11 모세는 **하나님**께서 명령하신 대로 행했다.

12-13 이스라엘 백성이 모세에게 말했다. "우리는 죽은 것이나 다름없습니다.
이것은 우리에게 내리는 사형선고입니다. **하나님**의 성막에 가까이 가는 사
람은 누구든지 죽을 텐데, 우리 모두 망한 것이 아닙니까?"

제사장과 레위인의 직무

18 1-4 **하나님**께서 아론에게 말씀하셨다. "성소와 관련된 죄를 다루
는 일은 너와 네 아들들과 네 아버지의 집안이 책임져야 한다. 제
사장의 직무와 관련된 죄도 너와 네 아들들이 책임져야 한다. 레위 지파에
속한 네 형제들을 명부에 올려라. 그들이 너와 함께 있게 하여, 너와 네 아
들들이 증거의 장막에서 일할 때 너희를 돕게 하여라. 그들은 네게 보고하고
장막과 관련된 일을 해야 한다. 그러나 그들은 제단의 거룩한 기구에는 조금
도 관여해서는 안된다. 이를 어기면 죽임을 당할 것이다. 그들뿐 아니라 너
희도 죽을 것이다! 그들은 너희 곁에서 회막을 돌보는 일, 곧 회막과 관련된
일을 해야 한다. 그 밖에 다른 사람이 너희를 도울 수는 없다.
5-7 너희가 할 일은 성소와 제단을 보살펴서, 이스라엘 백성에게 진노가 더
이상 내리지 않게 하는 것이다. 너희 형제인 레위인은 내가 온 이스라엘 자
손 가운데서 직접 뽑은 사람들이다. 내가 그들을 너희에게 선물로 주어 회막
일을 돕도록 하겠다. 그러나 제사장으로 섬기면서 제단 근처와 휘장 안에서
하는 일은 너와 네 아들들이 해야 한다. 제사장의 직무는 내가 너희에게만
주는 선물이다. 아무도 그 일을 대신할 수 없다. 다른 사람이 함부로 성소에
들어오다가는 죽임을 당할 것이다."

8-10 **하나님**께서 아론에게 말씀하셨다. "나의 헌물, 곧 내가 이스라엘 백성에
게서 받는 모든 거룩한 제물을 네게 맡긴다. 그것들을 너와 네 자녀의 몫으
로 주어 네가 개인적으로 쓸 수 있게 하겠다. 이것은 영원한 규례다. 제물 가
운데서 남은 것, 곧 곡식 제물과 속죄 제물과 보상 제물 가운데서 불사르지
않고 남은 것은 무엇이든 너와 네 아들들의 몫이다. 그것은 지극히 거룩한
것이니, 경건한 마음으로 먹어라. 남자는 누구나 그것을 먹을 수 있다. 너는
그것을 거룩하게 다루어라.
11-13 이스라엘 백성이 흔들어 바치는 제물도 네 몫이다. 내가 그것을 너와 네
아들딸들에게 선물로 준다. 이것은 영원한 규례다. 네 집에 있는 정결한 사
람은 누구나 그것을 먹을 수 있다. 가장 좋은 올리브기름과 가장 좋은 새 포
도주와 곡식, 곧 그들이 수확의 첫 열매로 **하나님**에게 바친 것도 네게 준다.
그들이 **하나님**에게 바친 첫 수확물은 모두 네 것이다. 네 집에 있는 사람 가
운데 정결한 사람은 누구나 그것을 먹을 수 있다.
14-16 완전한 헌신의 제물도 네 몫이다. 짐승이든 사람이든, 처음 태어난 것으
로 **하나님**에게 바친 것은 모두 네 몫이다. 다만 처음 태어난 것 자체를 받는
것이 아니라 그것을 대속하는 값을 받는 것이다. 사람의 맏아들과 정결한 짐
승의 첫 새끼는 그것을 바친 사람이 되사고, 너는 그가 되사면서 치른 값을
받는다. 태어난 지 한 달 된 것부터 되살 수 있는데, 대속하는 값은 성소 표
준 세겔로 은 오 세겔이다. 일 세겔은 이십 게라다.
17-19 이와 달리, 수소의 첫 새끼나 양의 첫 새끼나 염소의 첫 새끼는 값을 받
고 돌려주지 않는다. 그것들은 거룩한 것이다. 대신에, 너는 그것들의 피를
제단에 뿌리고, 그것들의 지방을 불살라 바치는 제물, 곧 **하나님**을 기쁘게
하는 향기로 불살라 바쳐야 한다. 그러나 흔들어 바치는 제물의 가슴과 오른
쪽 넓적다리가 네 몫인 것처럼, 그것들의 고기도 네 몫이다. 이스라엘 백성
이 **하나님**을 위해 따로 마련한 모든 거룩한 제물을 내가 너와 네 자녀들에게
준다. 이것은 너와 네 자녀들이 지켜야 할 영원한 규례로, **하나님** 앞에서 맺
은 영원불변의 소금 언약이다."

20 하나님께서 아론에게 말씀하셨다. "너는 땅에서는 받을 유산이 없다. 작은
땅이라도 네 몫은 없다. 네 몫의 땅은 나다. 이스라엘 백성 가운데서 네가 받
을 유산은 바로 나밖에 없다.
21-24 나는 레위인에게 회막에서 일하는 대가로 이스라엘의 십일조 전부를 준
다. 이제부터 이스라엘 백성은 회막을 드나들지 못한다. 회막을 드나드는 죄
를 지을 경우 벌을 받게 될 것인데, 그 벌은 바로 죽음이다. 회막에서 일할
수 있는 사람은 오직 레위인뿐이다. 이것을 어길 경우, 모든 책임은 레위인
이 진다. 이것은 언제나 지켜야 하는 규례다. 레위인은 이스라엘 백성 가운
데서 유산을 받지 못한다. 대신에, 이스라엘 백성이 하나님에게 제물로 바치
는 십일조를 내가 그들에게 준다. 그래서 내가 이런 규례를 주는 것이다. 레
위인은 이스라엘 백성 가운데서 땅을 유산으로 상속받지 못한다."

25-29 하나님께서 모세에게 말씀하셨다. "레위인에게 전하여라. 그들에게 이
렇게 일러 주어라. 내가 너희에게 유산으로 정해 준 십일조를 이스라엘 백성
에게서 받으면, 너희는 거기서 십분의 일을 떼어 하나님에게 제물로 바쳐야
한다. 내가 너희의 제물을, 다른 사람들이 타작마당에서 바치는 곡식 제물
이나 술통에서 따라 바치는 포도주와 똑같은 것으로 여길 것이다. 너희가 이
스라엘 백성에게서 받는 모든 십일조에서 일부를 하나님에게 제물로 바치는
절차는 이러하다. 이 십일조 가운데서 하나님의 몫을 떼어 제사장 아론에게
주어라. 너희가 받는 모든 것 가운데서 가장 좋고 지극히 거룩한 것을 하나
님의 몫으로 떼어 놓아야 한다.
30-32 너는 레위인에게 이렇게 일러 주어라. 너희가 가장 좋은 것을 바치면,
남은 것은 내가 다른 사람들이 타작마당에서 바치는 곡식이나 술통에서 따
라 바치는 포도주와 똑같은 것으로 여길 것이다. 너희와 너희 집안 사람들은
언제 어디서든 그것을 먹어도 된다. 그것은 회막에서 일하는 대가로 내가 너
희에게 주는 몫이다. 너희는 가장 좋은 것을 바침으로써 죄를 면하게 될 것
이다. 너희는 이스라엘 백성의 거룩한 제물을 더럽히지 않도록 하여라. 그래

야 너희가 죽지 않을 것이다."

정결하게 하는 물

19

1-4 **하나님**께서 모세와 아론에게 말씀하셨다. "이것은 **하나님**이 명
령하는 규례, 곧 계시로 정한 규례다. 너는 이스라엘 백성에게 말
하여, 한 번도 멍에를 메어 본 적이 없는 정결하고 건강한 붉은 암소를 가져
오게 하여라. 그 암소를 제사장 엘르아살에게 주고, 그것을 진 밖으로 끌고
가서, 그가 보는 앞에서 잡아라. 엘르아살은 손가락에 그 피 얼마를 찍어 회
막 쪽으로 일곱 번 뿌려야 한다.
5-8 그 후에 엘르아살의 감독 아래 그 암소를 불사르되, 가죽과 고기와 피와
똥까지 모두 불살라야 한다. 제사장은 백향목 가지 하나와 우슬초 가지 몇
개와 주홍색 실 한 다발을 가져다가 불타는 암소 위에 던져야 한다. 그런 다
음 제사장은 자기 옷을 빨고, 물로 몸을 깨끗이 씻어야 한다. 그 후에야 그는
진으로 들어올 수 있다. 그는 저녁때까지 부정하다. 암소를 불사른 사람도
자기 옷을 빨고, 물로 몸을 깨끗이 씻어야 한다. 그도 저녁때까지 부정하다.
9 그 후에 정결한 사람이 암소의 재를 거두어, 진 밖의 정결한 곳에 두어야
한다. 속죄 제사를 드릴 때 정결하게 하는 물에 타서 쓸 수 있도록, 이스라엘
회중은 그것을 잘 보관해야 한다.
10 재를 거두었던 사람은 자기 옷을 깨끗이 빨아야 하며, 그는 저녁때까지 부
정하다. 이것은 본국에서 태어난 이스라엘 자손과 그들과 함께 사는 외국인
이 지켜야 할 영원한 규례다.
11-13 누구든지 주검을 만진 사람은 칠 일 동안 부정하다. 그는 삼 일째 되는
날에 정결하게 하는 물로 자기 몸을 정결하게 해야 하며, 칠 일째 되는 날에
정결하게 된다. 그러나 삼 일째 되는 날과 칠 일째 되는 날에 이 절차를 따르
지 않으면, 그는 정결하게 되지 않는다. 누구든지 주검을 만진 뒤에 정결하
게 하지 않으면, 그는 **하나님**의 성막을 더럽힌 자이므로 반드시 공동체 가운
데서 추방해야 한다. 정결하게 하는 물을 자기 몸에 뿌리지 않는 한, 그는 부
정한 상태로 남아 있기 때문이다.

14-15 장막에서 사람이 죽었을 때 적용되는 규례는 이러하다. 그 장막에 출입
하는 사람이나 이미 장막 안에 있던 사람은 칠 일 동안 부정하다. 뚜껑을 덮
지 않은 그릇도 모두 부정하다.
16-21 넓은 들에 나가 있다가, 맞아 죽은 사람의 주검이나 수명이 다해 죽은
사람의 주검이나 사람의 뼈나 무덤을 만진 사람은 칠 일 동안 부정하다. 이
부정한 사람을 위해서는 속죄 제물을 태우고 남은 재를 가져다가 대접에 담
고 거기에 맑은 물을 부어야 한다. 정결한 사람이 우슬초 가지를 그 물에 담
갔다가 장막과 거기에 딸린 모든 기구와 장막 안에 있던 사람, 살해당했거나
수명이 다해 죽은 사람의 뼈를 만진 사람, 무덤을 만진 사람에게 뿌린다. 정
결한 사람은 삼 일째 되는 날과 칠 일째 되는 날에 부정한 사람에게 물을 뿌
려야 한다. 그러면 부정한 사람은 칠 일째 되는 날에 정결하게 된다. 정결하
게 된 그 사람은 자기 옷을 깨끗이 빨고 몸을 씻어야 한다. 그는 저녁때까지
부정하다. 그러나 부정한 사람이 이 정결 과정을 거치지 않으면, 그는 공동
체 가운데서 추방되어야 한다. 그가 하나님의 성소를 더럽혔기 때문이다. 그
는 정결하게 하는 물을 뿌리지 않았으므로 부정하다. 이것은 위와 같은 경우
에 적용해야 할 영원한 규례다.
정결하게 하는 물을 뿌린 사람은 자기 옷을 깨끗이 빨아야 한다. 정결하게
하는 물을 만진 사람도 저녁때까지 부정하다.
22 부정한 사람이 만진 것은 무엇이든 부정하며, 부정한 사람이 만진 것을 만
진 사람도 저녁때까지 부정하다."

가데스에서 일어난 일

20 1 첫째 달에, 온 이스라엘 백성이 신 광야에 이르렀다. 백성은 가
데스에 머물렀다.
그곳에서 미리암이 죽어 땅에 묻혔다.
2-5 거기에는 마실 물이 없었다. 그들이 무리를 지어 모세와 아론에게 대들었
다. 그들은 모세에게 비난을 퍼부었다. "우리 형제들이 하나님 앞에서 죽을
때 우리도 죽었으면 차라리 좋았을 것을. 어쩌자고 당신은 하나님의 회중을

여기 광야까지 끌고 와서, 사람이나 가축이나 모두 죽게 하는 겁니까? 왜 우
리를 이집트에서 데리고 나와서 이 비참한 땅으로 끌고 온 겁니까? 여기에
는 곡식도 없고, 무화과도 없고, 포도나무도 없고, 물도 없는데 말입니다!"
6 모세와 아론은 몰려든 회중을 뒤로하고 회막으로 가서, 얼굴을 땅에 대고
엎드렸다. 그들이 **하나님**의 영광을 뵈었다.
7-8 **하나님**께서 모세에게 말씀하셨다. "지팡이를 손에 잡아라. 네 형 아론과 함
께 공동체를 소집하여라. 그들 바로 앞에 있는 저 바위에 말하여라. 그러면 그
바위에서 물이 날 것이다. 바위에서 물을 내어, 회중과 가축이 마시게 하여라."
9-10 모세는 **하나님**께서 명령하신 대로 지팡이를 잡고 **하나님** 앞에서 나왔다.
모세와 아론은 온 회중을 바위 앞에 불러 모았다. 모세가 말했다. "반역자들
은 들으시오! 우리가 여러분을 위해 이 바위에서 물을 내야 하겠소?"
11 이 말과 함께 모세가 팔을 들어 지팡이로 바위를 세차게 두 번 쳤다. 그러
자 물이 흘러나왔다. 회중과 가축이 그 물을 마셨다.
12 **하나님**께서 모세와 아론에게 말씀하셨다. "너희가 나를 신뢰하지 않고 이스
라엘 백성 앞에서 나를 거룩한 경외심으로 대하지 않았으니, 너희 두 사람은
내가 이 무리에게 주려고 하는 땅으로 그들을 이끌고 들어가지 못할 것이다."
13 이곳 므리바(다툼) 샘에서 이스라엘 백성이 **하나님**과 다투었고, **하나님**께
서 자신의 거룩함을 나타내 보이셨다.

14-16 모세는 가데스에서 에돔 왕에게 사신을 보내 이런 메시지를 전했다. "왕
의 형제 이스라엘이 전하는 메시지입니다. 왕께서는 우리가 겪은 온갖 고초
를 잘 아실 것입니다. 우리 조상은 이집트로 내려가 그곳에서 오랫동안 살았
습니다. 그런데 이집트 사람들은 우리와 우리 조상을 잔인하게 학대했습니
다. 우리가 **하나님**께 울부짖고 도움을 구하자, **하나님**께서 우리의 울부짖음
을 들으시고 천사를 보내셔서 우리를 이집트에서 이끌어 내셨습니다. 이제
우리는 왕의 영토 경계에 있는 성읍 가데스에 와 있습니다.
17 우리가 왕의 영토를 지나가도록 허락해 주시겠습니까? 우리가 왕의 밭이

나 과수원에 들어가지 않고, 왕의 우물물도 마시지 않겠습니다. 큰길, 곧 왕
의 길만 따라가겠습니다. 왕의 영토를 다 지나갈 때까지, 오른쪽으로나 왼쪽
으로나 벗어나지 않겠습니다."
18 에돔 왕이 답했다. "절대 안된다! 내 땅에 발을 딛는 순간, 내가 너희를 죽일
것이다."
19 이스라엘 백성이 말했다. "들어 보십시오. 우리가 큰길로만 다니겠습니다.
우리나 우리 가축이 물을 마시면, 그 값을 치르겠습니다. 우리는 위험한 사
람들이 아닙니다. 그저 발이 부르튼 여행자들일 뿐입니다."
20-21 왕은 같은 답변을 보내왔다. "안된다. 너희는 지나갈 수 없다." 에돔 왕
은 무장한 많은 백성을 거느리고 나와서 길을 막았다. 에돔 왕은 그들이 자
기 영토를 지나가지 못하게 했다. 그래서 이스라엘은 에돔을 돌아서 갈 수밖
에 없었다.

아론의 죽음

22 이스라엘 백성 온 무리가 가데스를 출발하여, 호르 산으로 나아갔다.
23-26 **하나님**께서 에돔 경계에 있는 호르 산에서 모세와 아론에게 말씀하셨
다. "아론이 자기 조상에게 돌아갈 때가 되었다. 그는 내가 이스라엘 백성에
게 주려고 하는 땅에 들어가지 못할 것이다. 너희가 므리바 샘에서 내 명령
을 거역했기 때문이다. 너는 아론과 그의 아들 엘르아살을 데리고 호르 산으
로 올라가거라. 아론의 옷을 벗겨 그의 아들 엘르아살에게 입혀라. 아론이
거기서 자기 조상에게 돌아가 죽을 것이다."
27-29 모세가 **하나님**의 명령에 순종했다. 그들은 온 회중이 지켜보는 앞에서 호
르 산으로 올라갔다. 모세는 아론의 옷을 벗겨 그의 아들 엘르아살에게 입혔
다. 아론이 그 산의 꼭대기에서 죽자, 모세와 엘르아살은 산에서 내려왔다.
온 회중이 아론이 죽었다는 소식을 듣고, 삼십 일 동안 그의 죽음을 슬퍼했다.

거룩한 진멸

21 [1] 네겝 지역에서 다스리던 가나안 사람 아랏 왕은, 이스라엘이 아
다림 길로 진격해 오고 있다는 소식을 들었다. 그는 이스라엘을
공격하여 그들 가운데 일부를 포로로 잡아갔다.
2 이스라엘이 **하나님**께 서원했다. "이 백성을 저희 손에 넘겨주시면, 저희가
그들의 성읍들을 쳐부수고, 그 잔해를 하나님께 바쳐 거룩한 진멸이 되게 하
겠습니다."
3 **하나님**께서 이스라엘의 기도를 들으시고 가나안 사람을 그들 손에 넘겨주
셨다. 이스라엘은 그들과 그들의 성읍들을 쳐부수었다. 거룩한 진멸이었다.
이스라엘은 그곳 이름을 호르마(거룩한 진멸)라고 했다.

구리뱀으로 백성을 구하다

4-5 그들은 호르 산에서 출발하여 홍해 길을 따라 에돔 땅을 돌아서 나아갔
다. 백성이 길을 가는 동안에 그들의 마음이 조급하고 날카로워졌다. 그들은
하나님과 모세에게 거침없이 대들었다. "어쩌자고 우리를 이집트에서 끌어
내어, 하나님께 버림받은 이 땅에서 죽게 하는 겁니까? 먹을 만한 음식도 없
고 물도 없습니다. 이 형편없는 음식을 더는 못 먹겠습니다."
6-7 **하나님**께서 독사들을 백성 가운데로 보내셨다. 독사들이 그들을 물어, 이
스라엘의 많은 사람들이 죽었다. 백성이 모세에게 와서 말했다. "우리가 하
나님과 당신을 거역하는 죄를 지었습니다. 이 뱀들을 우리에게서 거두어 달
라고 **하나님**께 기도해 주십시오."
모세가 백성을 위해 기도했다.
8 **하나님**께서 모세에게 말씀하셨다. "뱀 한 마리를 만들어 깃대에 매달아라.
물린 자는 누구든지 그것을 보면 살게 될 것이다."
9 모세는 이글거리는 구리로 뱀을 만들어 깃대 위에 달아 놓았다. 뱀에게 물
린 사람마다 그 구리뱀을 보고 살아났다.

호르 산에서 모압까지

10-15 이스라엘 백성이 길을 떠나 오봇에 진을 쳤다. 오봇을 떠나서는 모압 맞은편, 동쪽 광야의 이예아바림에 진을 쳤다. 그곳을 떠나서는 세렛 골짜기에 진을 쳤다. 그 다음에는 아모리 땅과 모압 땅의 경계에 있는 아르논 강을 따라 진을 쳤다. 하나님의 전쟁기는 이 지역을 두고 다음과 같이 기록하고 있다.

수바의 와헙과
아르논 골짜기들은
협곡 벼랑을 따라
아르 촌락으로 뻗어 있고,
모압의 경계 쪽으로
가파르게 기울어 있다.

16-18 그들이 거기서 브엘(우물)로 나아갔다. 그곳은 하나님께서 모세에게 "백성을 모아라. 내가 그들에게 물을 주겠다"고 말씀하신 곳이다. 거기서 이스라엘은 다음과 같은 노래를 불렀다.

우물물아, 솟아나라!
우물의 노래를 불러라.
이 우물은
홀과 지팡이로
군주들이 파고
백성의 지도자들이 판 우물이다.

19-20 그들은 광야에서 맛다나를 떠나 나할리엘에 이르렀고, 나할리엘을 떠나 바못(고원)에 이르렀고, 바못을 떠나 모압 들판을 향해 트인 골짜기로 나아갔다. 그곳은 비스가(꼭대기) 산이 솟아올라 여시몬(황무지)이 내려다보이는 곳이었다.

시혼과 옥을 물리치다

21-22 이스라엘이 아모리 왕 시혼에게 사신들을 보내어 이렇게 말했다. "우리
가 왕의 영토를 지나가게 해주십시오. 우리가 왕의 밭에 들어가지 않고, 왕
의 포도밭에서 우물물을 마시지도 않겠습니다. 우리는 왕의 영토를 다 지나
갈 때까지 큰길, 곧 왕의 길만 따라가겠습니다."
23-27 그러나 시혼은 이스라엘이 지나가는 것을 허락하지 않았다. 오히려 이
스라엘과 싸우려고 군대를 소집하여 광야로 진격해 왔다. 그는 야하스에 이
르러 이스라엘을 공격했다. 그러나 이스라엘이 맹렬히 싸워 그를 무찌르고,
아르논에서 얍복, 곧 암몬의 경계에 이르기까지 그의 영토를 점령했다. 그
들은 거기서 멈추었는데, 암몬의 경계가 요새화되어 있었기 때문이다. 이스
라엘은 헤스본과 그 주변 모든 마을을 포함한 아모리 사람의 모든 성읍을 점
령했다. 헤스본은 아모리 왕 시혼이 다스리던 수도였다. 시혼은 모압의 이전
왕을 공격해서 북쪽으로 아르논 강에 이르기까지 그의 모든 영토를 빼앗은
왕이다. 그래서 시인들은 이렇게 노래했다.

헤스본으로 와서 도성을 재건하여라.
시혼의 성읍을 복구하여라.

28-29 헤스본에서 불이 나오고
시혼의 도성에서 화염이 나와
모압의 아르를 불태우고
아르논 고원의 원주민들을 불살랐다.
화가 있을 것이다, 모압아!
그모스의 백성아, 너는 망했다!
네 아들들은 도망자가 되어 쫓기고, 네 딸들은 포로가 되어
아모리 왕 시혼에게 넘겨졌다.

30 그러나 우리가 그들을 죽였다.

헤스본에서 디본까지 남김없이 해치웠다.
노바까지 파괴했고
메드바까지 이르는 땅을 초토화시켰다.

31-32 이스라엘은 아모리 사람의 땅으로 이주하여 거기서 지냈다. 모세는 사
람들을 보내어 야스엘을 정탐하게 했다. 이스라엘은 야스엘의 마을들을 점
령하고, 그곳에 사는 아모리 사람을 쫓아냈다.
33 그들은 북쪽으로 방향을 바꾸어 바산 길로 나아갔다. 바산 왕 옥이 모세와
맞서 싸우려고 자기의 모든 군대를 거느리고 에드레이로 진격해 왔다.
34 **하나님**께서 모세에게 말씀하셨다. "그를 두려워하지 마라. 내가 그와 그의
온 백성과 그의 땅을 네게 선물로 주겠다. 헤스본에서 다스리던 아모리 왕
시혼에게 한 것처럼, 그를 처치하여라."
35 그들이 그와 그의 아들들과 그의 온 백성을 치니, 살아남은 자가 하나도
없었다. 이스라엘이 그 땅을 점령한 것이다.

모압 왕 발락과 발람

22
1 이스라엘 백성이 계속 행진하여 요단-여리고 앞 모압 평야에
진을 쳤다.
2-3 십볼의 아들 발락은 이스라엘이 아모리 사람에게 한 일을 모두 들어 알고
있었다. 모압 백성은 이스라엘 때문에 잔뜩 겁을 먹었다. 이스라엘의 수가
너무 많았던 것이다! 그들은 공포에 떨었다.
4-5 모압이 미디안의 지도자들에게 말했다. "보시오, 까마귀 떼가 시체의 살점
을 말끔히 뜯어먹듯이, 이 무리가 우리를 남김없이 먹어 치우려 하고 있소."
그 당시, 모압의 왕은 십볼의 아들 발락이었다. 그는 브올의 아들 발람을 데
려오라고 사신들을 보냈다. 발람은 자기 고향인 유프라테스 강가에 자리한
브돌에 살고 있었다.
5-6 발락의 사신들이 전할 말은 이러했다. "보시오, 한 백성이 이집트에서 나
와 온 땅을 덮었소! 그들이 나를 맹렬히 압박하고 있소. 그들이 너무 벅차서

나로서는 감당할 수 없으니, 부디 와서, 나를 위해 그들을 저주해 주시오. 그
러면 내가 그들을 치겠소. 우리가 그들을 공격해서, 이 땅에서 쫓아낼 수 있
을 것이오. 당신의 명성은 익히 들어 알고 있소. 당신이 축복하는 자는 복을
받고, 당신이 저주하는 자는 저주를 받는다는 말을 들었소."
7-8 곧 모압의 지도자와 미디안의 지도자들이, 저주의 대가로 제공할 사례금
을 단단히 챙겨서 길을 떠났다. 그들이 발람의 집에 이르러, 그에게 발락의
말을 전했다.
발람이 말했다. "오늘 밤은 여기서 지내십시오. 내일 아침에 **하나님**께서 내
게 주시는 말씀을 여러분에게 알려 드리겠습니다."
모압의 귀족들은 그의 집에 머물렀다.
9 하나님께서 발람에게 오셔서 물으셨다. "너와 함께 있는 이 사람들은 누구냐?"
10-11 발람이 대답했다. "십볼의 아들인 모압 왕 발락이 사람들을 보내면서 이
런 메시지를 전했습니다. '보시오, 이집트에서 나온 백성이 온 땅을 덮었소!
부디 와서, 나를 위해 그들을 저주해 주시오. 그러면 내가 그들을 공격해서,
이 땅에서 쫓아낼 수 있을 것이오.'"
12 하나님께서 발람에게 말씀하셨다. "그들과 함께 가지 마라. 그 백성은 복
을 받은 백성이니, 그들을 저주하지 마라."
13 이튿날 아침에 발람이 일어나 발락의 귀족들에게 말했다. "돌아가십시오.
하나님께서 내가 여러분과 함께 가는 것을 허락하지 않으십니다."
14 그리하여 모압의 귀족들은 길을 떠나 발락에게 돌아가서 말했다. "발람이
우리와 함께 오지 않으려고 합니다."
15-17 발락은 그들보다 지위가 높고 명망 있는 귀족들을 보냈다. 그들이 발람
에게 가서 말했다. "십볼의 아들 발락이 이렇게 말씀합니다. '부디 거절하지
말고 내게 오시오. 당신을 극진히 예우하고 사례도 아낌없이 하겠소. 원하는
것이 무엇이든, 내가 다 들어주겠소. 얼마든지 사례할 테니, 그저 와서 저 백
성을 저주해 주기만 하시오.'"
18-19 발람이 발락의 신하들에게 대답했다. "발락이 은과 금이 가득한 자기 집
을 준다 해도, 나는 내 **하나님**의 명령을 어기고는 크든 작든 아무 일도 할 수

없습니다. 하지만 지난번에 오신 분들처럼 여러분도 오늘 밤 여기서 지내십
시오. 이번에는 하나님께서 어떻게 말씀하시는지 알아보겠습니다."
20 그날 밤, 하나님께서 발람에게 오셔서 말씀하셨다. "이 사람들이 너를 보
려고 이렇게 왔으니, 그들과 함께 가거라. 그러나 내가 네게 말하는 것 외에
는 절대 아무 일도 해서는 안된다."
21-23 발람은 아침에 일어나 나귀에 안장을 얹고, 모압에서 온 귀족들과 함께
길을 떠났다. 그러나 발람이 길을 나서자 하나님께서 진노하셨다. 하나님의
천사가 그가 가는 것을 막으려고 길에 서 있었다. 발람은 나귀를 탔고, 하인
둘이 그와 함께 가고 있었다. 나귀는 천사가 길을 막고 서서 칼을 휘두르는
것을 보자, 급히 길에서 벗어나 도랑으로 뛰어들었다. 발람은 나귀를 때려
다시 길로 돌아가게 했다.
24-25 그러나 그들이 길 양옆으로 울타리가 세워진 포도밭 사이로 지나갈 때,
나귀는 길을 막고 선 하나님의 천사를 다시 보게 되었다. 나귀는 울타리 쪽
으로 몸을 붙여, 발람의 발이 울타리에 짓눌리게 했다. 그러자 발람이 다시
나귀를 때렸다.
26-27 하나님의 천사가 또다시 길을 막아섰다. 이번에는 길목이 매우 비좁아
서, 오른쪽으로도 왼쪽으로도 빠져나갈 틈이 없었다. 발람의 나귀는 천사를
보자 그만 주저앉고 말았다. 발람은 화가 치밀어, 지팡이로 나귀를 때렸다.
28 그때 하나님께서 나귀의 입을 열어 주셨다. 나귀가 발람에게 말했다. "도대
체 제가 당신께 무엇을 잘못했기에 저를 이렇게 세 번씩이나 때리십니까?"
29 발람이 말했다. "네가 나를 가지고 놀지 않았느냐! 내게 칼이 있었으면, 벌
써 너를 죽였을 것이다."
30 나귀가 발람에게 말했다. "이때까지 저는 여러 해 동안 당신의 충실한 나
귀가 아니었습니까? 제가 전에 당신에게 이와 같은 짓을 한 적이 있습니까?
말씀해 보십시오."
그가 말했다. "없다."
31 그때 하나님께서 발람의 눈을 열어 상황을 보게 해주셨다. 그가 보니, 하
나님의 천사가 길을 막고 서서 칼을 휘두르고 있었다. 발람이 얼굴을 땅에

대고 엎드렸다.

32-33 **하나님**의 천사가 그에게 말했다. "너는 어째서 네 불쌍한 나귀를 이렇게 세 번씩이나 때렸느냐? 네가 성급히 길을 나서기에 내가 너를 막으려고 왔다. 나귀가 나를 보고, 내게서 세 번이나 비켜났다. 그러지 않았으면, 내가 벌써 너를 죽이고 나귀는 살려서 풀어 주었을 것이다."

34 발람이 **하나님**의 천사에게 말했다. "제가 잘못했습니다. 당신께서 저를 막으시려고 길에 서 계신 줄 몰랐습니다. 제가 하려는 일을 기뻐하지 않으시면 돌아가겠습니다."

35 **하나님**의 천사가 발람에게 말했다. "그들과 함께 가거라. 다만 내가 네게 일러 주는 것만 말하여라. 다른 말은 절대로 해서는 안된다."
그리하여 발람은 발락의 귀족들과 함께 갔다.

36 발락은 발람이 오고 있다는 소식을 듣고, 그를 마중하러 자기 영토의 경계 아르논 강가에 자리한 모압 사람의 성읍으로 나갔다.

37 발락이 발람에게 말했다. "내가 긴급한 전갈을 보내 도움을 요청하지 않았소? 내가 부를 때 왜 오지 않았소? 내가 넉넉하게 사례하지 못할 것이라고 생각한 것이오?"

38 발람이 발락에게 말했다. "내가 이렇게 오지 않았습니까. 그러나 나는 아무것도 알려 드릴 수 없습니다. 나는 하나님께서 내게 주시는 말씀만 전할 수 있습니다. 다른 말은 한 마디도 할 수 없습니다."

39-40 발람은 발락과 함께 기럇후솟(중심가)으로 갔다. 발락은 소와 양을 잡아 제물로 바치고, 그 제물을 발람과 그와 함께한 귀족들에게 선물했다.

41 이튿날 새벽에 발락이 발람을 데리고 이스라엘 백성 일부가 잘 보이는 바못바알(바알의 산당)로 올라갔다.

발람의 예언

23

1 발람이 말했다. "여기에 제단 일곱을 쌓고, 수소 일곱 마리와 숫양 일곱 마리를 준비해 주십시오."

[2] 발락은 발람의 말대로 했다. 발람과 발락은 제단마다 수소와 숫양을 한 마
리씩 바쳤다.
[3] 발람이 발락에게 지시했다. "왕은 여기 왕의 번제물 곁에 서서 지키고 계십
시오. 나 혼자 다녀오겠습니다. 어쩌면 하나님께서 오셔서 나를 만나 주실지
도 모르겠습니다. 그분께서 내게 보여주거나 알려 주는 것은 무엇이든, 왕께
전해 드리겠습니다." 그러고 나서 그는 혼자 갔다.

[4] 하나님께서 발람을 만나 주셨다. 발람이 아뢰었다. "제가 제단 일곱을 쌓
고, 제단마다 수소와 숫양을 한 마리씩 바쳤습니다."
[5] 하나님께서 발람에게 메시지를 주셨다. "발락에게 돌아가 이 메시지를 전
하여라."
[6-10] 발람이 발락에게 돌아가 보니, 그는 모압의 모든 귀족과 함께 자기 번제
물 곁에 서 있었다. 발람은 자신이 받은 예언의 메시지를 전했다.

발락이 아람에서,
모압 왕이 동쪽 산지에서 나를 이곳으로 데리고 왔다.
"와서, 나를 위해 야곱을 저주해 주시오.
와서, 이스라엘에게 악담을 퍼부어 주시오."
하나님께서 저주하시지 않은 저들을 내가 어찌 저주하겠는가?
하나님께서 악담을 퍼부으시지 않은 저들에게 내가 어찌 악담을 퍼붓겠는가?
내가 바위산 봉우리에서 그들을 바라보고
언덕 꼭대기에서 그들을 굽어본다.
보라, 홀로 떨어져 진을 친 백성을!
그들은 민족들 가운데서 자신을 이방인으로 여긴다.
야곱의 흙먼지를 누가 헤아리며,
티끌 구름 같은 이스라엘의 수를 누가 셀 수 있으랴?
나는 바르게 사는 이 백성처럼 죽기를 바란다!
나의 최후가 그들과 같기를 원한다!

11 발락이 발람에게 말했다. "이게 무슨 짓이오? 나의 원수들을 저주해 달라
고 당신을 데려왔더니, 당신은 그들에게 축복만 하고 있잖소."
12 발람이 대답했다. "**하나님**께서 내게 주시는 말씀만 주의해서 전해야 하지
않겠습니까?"

⁂

13 발락이 발람에게 말했다. "나와 함께 다른 곳으로 갑시다. 거기서도 그들
의 진 끝자락만 볼 수 있고, 전체는 볼 수 없을 것이오. 거기서 나를 위해 그
들을 저주해 주시오."
14 그는 발람을 비스가 산 꼭대기에 있는 '파수꾼의 풀밭'으로 데려갔다. 그는
거기에다 제단 일곱을 쌓고, 제단마다 수소와 숫양을 한 마리씩 바쳤다.
15 발람이 발락에게 말했다. "내가 저쪽에서 **하나님**을 뵙는 동안, 왕께서는
왕의 번제물 곁에 서 계십시오."
16 **하나님**께서 발람을 만나 주시고 그에게 메시지를 주셨다. "발락에게 돌아
가 이 메시지를 전하여라."
17-24 발람이 발락에게 돌아가 보니, 그는 모압의 귀족들과 함께 자기 번제물
곁에 서 있었다. 발락이 발람에게 말했다. "**하나님**께서 뭐라고 하셨소?" 그
러자 발람이 자신이 받은 예언의 메시지를 전했다.

발락아, 일어서서 들어라.
십볼의 아들아, 잘 들어라.
하나님은 사람이 아니시니 거짓을 말하지 않으시며
사람의 아들이 아니시니 마음을 바꾸지 않으신다.
그분께서 말씀만 하시고 행하지 않으시겠느냐?
그분께서 약속만 하시고 지키지 않으시겠느냐?
나는 축복하라고 이곳에 보내졌고
그분께서 복을 내리셨다. 그러니 내가 어찌 그것을 바꿀 수 있으랴?
그분께서 야곱에게 아무 불만이 없으시고

이스라엘에게서 어떤 잘못도 찾지 못하신다.
하나님께서 그들과 함께 계시고,
그들이 그분과 함께하면서 자신들의 왕이신 그분께 소리 높여 찬양한다.
하나님께서 그들을 이집트에서 이끌어 내셨으니,
그 행하심이 사나운 들소와도 같았다.
야곱을 결박할 마술이 없고
이스라엘을 방해할 술법도 없다.
사람들이 야곱과 이스라엘을 보고 말하리라.
"하나님께서 행하신 일이 어찌 그리 큰가!"
보라, 사자처럼 제 발로 일어나 기지개를 켜는 백성을,
눈을 떴다 하면 사냥이 끝날 때까지
배불리 먹고 마실 때까지
눕지도 쉬지도 않는 맹수의 제왕 같은 백성을.

25 발락이 발람에게 말했다. "좋소. 그들을 저주할 수 없다면, 적어도 축복하
지는 마시오."
26 발람이 발락에게 대답했다. "무엇이든 하나님께서 말씀하시는 것만 전하
겠다고 내가 전에 말씀드리지 않았습니까?"

❦

27-28 발락이 발람에게 말했다. "내가 당신을 다른 곳으로 데리고 가겠소. 우
리가 하나님의 눈에 드는 좋은 자리를 찾으면, 당신이 나를 위해 그들을 저
주할 수 있을지도 모르니 말이오." 그래서 발락은 발람을 데리고 여시몬(황무
지)이 내려다보이는 브올 산 꼭대기로 갔다.
29 발람이 발락에게 말했다. "나를 위해 이곳에 제단 일곱을 쌓고, 제물로 수
소 일곱 마리와 숫양 일곱 마리를 준비해 주십시오."
30 발락이 그대로 한 뒤에 제단마다 수소와 숫양을 한 마리씩 바쳤다.

발람의 마지막 메시지

24 [1-3] 그때에 발람은 **하나님**께서 이스라엘에게 복을 내리고 싶어 하
신다는 것을 깨달았다. 그래서 그는 전에 하던 것처럼 마술을 쓰
지 않고, 고개를 돌려 광야 쪽을 바라보았다. 발람이 보니, 이스라엘이 지파
별로 진을 친 것이 보였다. 하나님의 영이 그에게 임하여, 그가 예언의 메시
지를 선포했다.

[3-9] 브올의 아들 발람이 전하는 말이다.
눈이 매우 밝은 사람이 전하는 말이다.
하나님께서 하시는 말씀을 듣는 사람,
강하신 하나님께서 보여주시는 것을 보는 사람,
얼굴을 땅에 대고 엎드려 예배하는 사람,
실제 무슨 일이 일어나고 있는지 아는 사람의 말이다.

야곱아, 너의 장막이
이스라엘아, 너의 안식처가 어찌 그리 아름다우냐!
멀리 뻗은 계곡 같고
강가에 가꾸어 놓은 정원 같구나.
정원사 **하나님**께서 심으신 달콤한 향초 같고
못가와 샘물가에서 자라는 붉은 삼나무 같구나.
그들의 물동이에서는 물이 넘치고
그들의 씨는 도처에 퍼지리라.
그들의 왕은 아각과 그 일족보다 뛰어나고
그들의 왕국은 위세를 크게 떨치리라.
하나님께서 그들을 이집트에서 이끌어 내셨으니,
그 행하심이 사나운 들소와도 같았다.
원수들을 고기 조각 삼키듯 하시는 분,
원수들의 뼈를 가루로 만드시고, 그들의 화살을 꺾으시는 분.

이스라엘이 사자처럼 웅크리고
맹수의 제왕처럼 잠을 자니, 누가 그를 방해하랴?
너를 축복하는 사람은 누구나 복을 받고
너를 저주하는 사람은 누구나 저주를 받으리라.

10-11 발락이 크게 화가 나서 주먹을 불끈 쥐며 발람에게 말했다. "나는 원수들을 저주해 달라고 당신을 이곳으로 부른 것인데, 당신은 무엇을 한 것이오? 그들을 축복하다니! 그것도 세 번씩이나! 썩 물러가시오! 고향으로 돌아가시오! 당신에게 후히 사례하겠다고 했지만, 나는 아무것도 줄 수 없소. 당신은 **하나님**을 탓해야 할 것이오."
12-15 발람이 발락에게 말했다. "왕께서 사신들을 보내셨을 때, 내가 미리 말씀드리지 않았습니까? '발락이 자기 궁궐에 은과 금을 가득 채워 내게 준다 해도, 나는 **하나님**의 명령을 어기고는 선하든 악하든 아무 일도 내 마음대로 할 수 없습니다' 하고 말입니다. 이제 나는 고향으로, 내 백성에게로 갑니다. 장차 이 백성이 왕의 백성에게 어떻게 할 것인지 알려 드리겠습니다." 그러고 나서 그는 자신이 받은 예언의 메시지를 선포했다.

15-19 브올의 아들 발람이 전하는 말이다.
눈이 매우 밝은 사람이 전하는 말이다.
하나님의 말씀을 듣는 사람,
지극히 높으신 하나님께 무슨 일이 일어나고 있는지 아는 사람,
강하신 하나님께서 보여주시는 것을 보는 사람,
엎드려 예배하고 무엇이 실재인지 아는 사람의 말이다.
나는 그분을 보지만, 지금은 아니다.
나는 그분을 감지하지만, 여기서는 아니다.
한 별이 야곱에게서 솟아나고
한 홀이 이스라엘에게서 일어나리라.
그는 모압의 머리를,

시끄러운 수다쟁이의 두개골을 가루로 만들리라.
나는 에돔이 경매로 팔리고
원수 세일이 벼룩시장에 헐값에 넘겨지는 것을 본다.
그러나 이스라엘은 전리품을 차지한다.
한 통치자가 야곱에게서 나와
그 도시에 남아 있는 것을 파괴하리라.

20 그런 다음 발람은 아말렉을 바라보며 예언의 메시지를 전했다.

아말렉아, 너는 지금 민족들 가운데서 으뜸이지만
마지막이 되어, 멸망하리라.

21-22 그는 또 겐 족속을 바라보며 예언의 메시지를 전했다.

네 안식처는 꽤 안전한 곳에 있어서
낭떠러지 높은 곳에 있는 보금자리 같다.
그러나 앗수르가 너를 포로로 잡아갈 때
너 겐 족속은 바보 같아 보이리라.

23-24 발람은 마지막 예언의 메시지를 선포했다.

화가 있으리라! 하나님께서 이 일을 시작하실 때
누가 살아남으랴?
바닷가의 민족들, 바다를 건너온 침략자들이
앗수르와 에벨을 괴롭히겠지만,

그들도 다른 민족들처럼
사라지고 말리라.

25 발람은 일어나 고향으로 돌아갔다. 발락도 자기 길로 갔다.

싯딤에서 벌어진 음란한 바알 숭배

25

1-3 이스라엘이 싯딤(아카시아 숲)에서 장막을 치고 머무는 동안,
남자들이 모압 여자들과 성관계를 갖기 시작했다. 이 사건은 모
압 여자들이 음란한 종교 의식에 남자들을 초대하면서 시작되었다. 그 남자
들은 모압 여자들과 함께 음식을 먹고 그들의 신들에게 절했다. 이스라엘은
결국 브올의 신 바알을 숭배하는 의식에 참여하고 말았다. **하나님**께서 진노
하셔서, 이스라엘에게 화를 발하셨다.
4 **하나님**께서 모세에게 말씀하셨다. "이스라엘의 지도자들을 모두 잡아다가
목매달아 처형하고, 그들의 주검을 누구나 볼 수 있도록 버려두어라. 그래야
만 **하나님**의 진노가 이스라엘에서 떠날 것이다."
5 모세가 이스라엘의 재판관들에게 지시했다. "여러분 관할 아래 있는 남자
들 가운데 바알브올 숭배에 가담한 자들을 찾아 처형하십시오."
6-9 모든 사람이 회막 입구에서 참회의 눈물을 흘리고 있을 때, 이스라엘 남
자 하나가 모세와 온 회중 앞에서 자기 행동을 과시하듯 당당하게 미디안 여
자를 데리고 자기 가족의 장막으로 들어갔다. 제사장 아론의 손자이자 엘르
아살의 아들인 비느하스가 그의 하는 짓을 보고, 창을 쥐고 그들을 뒤쫓아
장막으로 들어갔다. 그는 창 하나로 두 사람을 꿰뚫었는데, 창이 이스라엘
남자와 그 여자의 배를 단번에 관통했다. 그러자 이스라엘 백성 가운데 퍼지
던 전염병이 그쳤다. 그러나 이미 24,000명이 죽은 뒤였다.
10-13 **하나님**께서 모세에게 말씀하셨다. "제사장 아론의 손자이자 엘르아살의
아들인 비느하스가 이스라엘 백성을 향한 나의 진노를 그치게 했다. 그가 나
의 영광을 위해 나만큼 열심을 다했으므로, 내가 질투로 이스라엘 백성을 다
죽이지는 않았다. 그러니 내가 그와 평화의 언약을 맺을 것이라고 일러 주어

라. 내가 그와는 물론이고 그의 후손과도 영원한 제사장직의 언약을 맺을 것
이다. 그가 자기 하나님을 위해 열심을 다했고, 이스라엘 백성을 위해 속죄
했기 때문이다."
14-15 미디안 여자와 함께 처형된 이스라엘 남자의 이름은 살루의 아들 시므
리였다. 살루는 시므온 지파 가문의 우두머리였다. 처형된 미디안 여자의 이
름은 수르의 딸 고스비였다. 수르는 미디안 족속 한 가문의 우두머리였다.

16-18 **하나님**께서 모세에게 말씀하셨다. "이제부터는 미디안 사람을 적으로
여겨라. 온 힘을 다해 그들을 쳐라. 그들은 브올에서 생겼던 일과 그 일로 인
해 전염병이 돌았을 때 처형된 미디안 지도자의 딸 고스비의 일로 너희를 꾀
어, 너희의 적이 되고 말았다."

모압 평야에서 실시한 두 번째 인구조사

26

1-2 전염병이 그친 뒤에 **하나님**께서 모세와 제사장 아론의 아들
엘르아살에게 말씀하셨다. "이스라엘 온 공동체의 수를 가문별로
세어라. 스무 살 이상 된 남자로, 이스라엘 군에 복무할 수 있는 사람의 수를
모두 세어라."
3-4 모세와 제사장 엘르아살은 **하나님**의 명령에 순종하여 요단-여리고 앞 모
압 평야에서 백성에게 말했다. "스무 살 이상 된 사람의 수를 세십시오!"

4-7 이집트 땅에서 나온 이스라엘 백성은 이러하다.
이스라엘의 맏아들 르우벤의 자손은 이러하다.
하녹과 하녹 가문
발루와 발루 가문
헤스론과 헤스론 가문
갈미와 갈미 가문.
이들은 르우벤 가문이며, 계수된 사람은 43,730명이다.
8 발루의 아들은 엘리압이다.

9-11 엘리압의 아들은 느무엘, 다단, 아비람이다. (다단과 아비람은 고라 무리에
서 뽑힌 공동체 지도자들로, 고라와 함께 모세와 아론에게 반기를 들어 하나님께 반역
한 자들이다. 불이 250명을 집어삼킬 때, 땅이 입을 벌려 고라 무리와 함께 그들도 삼
켜 버렸다. 세월이 지난 지금도 그들은 경고의 표징으로 남아 있다. 그러나 고라의 자
손이 다 죽어 없어진 것은 아니었다.)

12-14 가문별로 본 시므온의 자손은 이러하다.
느무엘과 느무엘 가문
야민과 야민 가문
야긴과 야긴 가문
세라와 세라 가문
사울과 사울 가문.
이들은 시므온 가문이며, 계수된 사람은 22,200명이다.

15-18 가문별로 본 갓의 자손은 이러하다.
스본과 스본 가문
학기와 학기 가문
수니와 수니 가문
오스니와 오스니 가문
에리와 에리 가문
아롯과 아롯 가문
아렐리와 아렐리 가문.
이들은 갓 가문이며, 계수된 사람은 40,500명이다.

19-22 유다의 아들 에르와 오난은 가나안 땅에서 일찍 죽었다. 가문별로 본 유
다의 자손은 이러하다.
셀라와 셀라 가문
베레스와 베레스 가문

세라와 세라 가문.
베레스의 자손은 이러하다.
헤스론과 헤스론 가문
하물과 하물 가문.
이들은 유다 가문이며, 계수된 사람은 76,500명이다.

23-25 가문별로 본 잇사갈의 자손은 이러하다.
돌라와 돌라 가문
부와와 부니 가문
야숩과 야숩 가문
시므론과 시므론 가문.
이들은 잇사갈 가문이며, 계수된 사람은 64,300명이다.

26-27 가문별로 본 스불론의 자손은 이러하다.
세렛과 세렛 가문
엘론과 엘론 가문
얄르엘과 얄르엘 가문.
이들은 스불론 가문이며, 계수된 사람은 60,500명이다.

28-34 가문별로 본 요셉의 자손은 므낫세와 에브라임으로 나뉜다. 므낫세의 자손은 이러하다.
마길과 마길 가문
(마길은 길르앗의 아버지다)
길르앗과 길르앗 가문.
길르앗의 자손은 이러하다.
이에셀과 이에셀 가문
헬렉과 헬렉 가문
아스리엘과 아스리엘 가문

세겜과 세겜 가문
스미다와 스미다 가문
헤벨과 헤벨 가문.
헤벨의 아들 슬로브핫은 아들은 없고 딸만 있었다.
그 딸들의 이름은 말라, 노아, 호글라, 밀가, 디르사다.
이들은 므낫세 가문이며, 계수된 사람은 52,700명이다.

35-37 가문별로 본 에브라임의 자손은 이러하다.
수델라와 수델라 가문
베겔과 베겔 가문
다한과 다한 가문.
수델라의 자손은 이러하다.
에란과 에란 가문.
이들은 에브라임 가문이며, 계수된 사람은 32,500명이다.
이들은 가문별로 본 요셉의 자손이다.

38-41 가문별로 본 베냐민의 자손은 이러하다.
벨라와 벨라 가문
아스벨과 아스벨 가문
아히람과 아히람 가문
수부밤과 수부밤 가문
후밤과 후밤 가문.
아룻과 나아만으로 나뉘는 벨라의 자손은 이러하다.
아룻과 아룻 가문
나아만과 나아만 가문.
이들은 베냐민 가문이며, 계수된 사람은 45,600명이다.

42-43 가문별로 본 단의 자손은 이러하다.

수함과 수함 가문.
이들은 단 가문이며, 모두 수함 가문이다. 계수된 사람은 64,400명이다.

44-47 가문별로 본 아셀의 자손은 이러하다.
임나와 임나 가문
이스위와 이스위 가문
브리아와 브리아 가문.
브리아의 자손은 이러하다.
헤벨과 헤벨 가문
말기엘과 말기엘 가문.
아셀은 딸 세라를 두었다.
이들은 아셀 가문이며, 계수된 사람은 53,400명이다.

48-50 가문별로 본 납달리의 자손은 이러하다.
야스엘과 야스엘 가문
구니와 구니 가문
예셀과 예셀 가문
실렘과 실렘 가문.
이들은 납달리 가문이며, 계수된 사람은 45,400명이다.

51 계수된 이스라엘 백성은 모두 601,730명이다.

52-54 **하나님**께서 모세에게 말씀하셨다. "인구수에 따라 그 땅을 유산으로 나
누어 주어라. 수가 많은 지파는 많은 유산을 받고, 수가 적은 지파는 적은 유
산을 받는다. 각 지파마다 계수된 인구수에 따라 유산을 받는다.
55-56 반드시 제비뽑기로 그 땅을 나누어라.
각 지파의 유산은 인구수, 곧 각 조상의 지파에 이름을 올린 사람들의 수를 근

거로, 수가 많은 지파와 수가 적은 지파 사이에서 제비뽑기로 나누어야 한다."

⁂

57-58 가문별로 계수된 레위인은 이러하다.
게르손과 게르손 가문
고핫과 고핫 가문
므라리와 므라리 가문.
레위 가문에는 다음 가문들도 포함된다.
립니 가문
헤브론 가문
마흘리 가문
무시 가문
고라 가문.
58-61 고핫은 아므람을 낳았다. 아므람의 아내는 요게벳으로, 이집트에서 레위
가문에 태어난 레위 자손이다. 요게벳은 아므람에게서 아론과 모세와 그들
의 누이 미리암을 낳았다. 아론은 나답과 아비후, 엘르아살, 이다말의 아버
지다. 나답과 아비후는 규정에 어긋난 제물을 **하나님** 앞에 드리다가 죽었다.
62 태어난 지 한 달 이상 된 레위 남자의 수는 23,000명에 달했다. 그들은 땅
을 유산으로 받지 않았으므로 나머지 이스라엘 백성과 함께 계수되지 않았다.

63-65 이들은 모세와 제사장 엘르아살이 요단-여리고 앞 모압 평야에서 계수한 이스라엘 백성이다. 모세와 제사장 아론이 시내 광야에서 이스라엘 백성을 상대로 인구조사를 실시할 때 계수한 사람들은 단 한 사람도 여기에 포함되지 않았다. 이는 **하나님**께서 그들을 두고 "그들은 죽을 것이다. 광야에서 죽을 것이다. 여분네의 아들 갈렙과 눈의 아들 여호수아 외에는 한 사람도 살아남지 못할 것이다" 하고 말씀하셨기 때문이다.

슬로브핫의 딸들

27 1 슬로브핫의 딸들이 앞으로 나왔다. 그들의 아버지 슬로브핫은 요셉의 아들 므낫세 가문에 속한 사람으로, 헤벨의 아들이고 길르앗의 손자이며 마길의 증손이고 므낫세의 현손이었다. 그 딸들의 이름은 말라, 노아, 호글라, 밀가, 디르사였다.

2-4 그들이 회막 입구로 가서, 모세와 제사장 엘르아살과 지도자들과 회중 앞에 서서 말했다. "저희 아버지는 광야에서 돌아가셨습니다. 그분은 **하나님**께 반역한 고라 무리와 함께하지 않았습니다. 그분은 자신의 죄 때문에 돌아가셨습니다. 아버지는 아들을 두지 않으셨습니다. 그런데 아들이 없어서 저희 아버지의 이름이 가문에서 빠져야 한다니, 어찌 된 것입니까? 저희 아버지의 친척들과 함께 저희도 유산을 물려받게 해주십시오."

5 모세가 그들의 사정을 **하나님**께 아뢰었다.

6-7 **하나님**께서 판결해 주셨다. "슬로브핫의 딸들의 말이 옳다. 그 아버지의 친척들과 함께 그 딸들에게도 땅을 유산으로 주어라. 그 아버지의 유산을 그들에게 주어라.

8-11 또 이스라엘 백성에게 이렇게 일러 주어라. 어떤 사람이 아들을 두지 않고 죽으면, 그의 유산을 그의 딸에게 주어라. 딸이 없으면, 그의 형제에게 주어라. 형제가 없으면, 그의 아버지의 형제에게 주어라. 그의 아버지에게 형제가 없으면, 가장 가까운 친척에게 주어, 유산이 그 집안에 남아 있게 하여라. 이것은 **하나님**이 모세를 통해 명령한 대로, 이스라엘 백성이 지켜야 하는 율례다."

모세의 후계자, 여호수아

12-14 **하나님**께서 모세에게 말씀하셨다. "너는 아바림 산에 올라가서, 내가 이스라엘 백성에게 주려고 하는 땅을 바라보아라. 그 땅을 본 뒤에는 너도 죽어서, 네 형 아론을 따라 네 조상에게 돌아가게 될 것이다. 이는 온 회중이 신 광야에서 물 문제로 다툴 때, 너희가 그들 앞에서 거룩한 경외심으로 나를 대하지 않았기 때문이다. 신 광야의 가데스에서 있었던 므리바(다툼)의 물

사건을 두고 하는 말이다."
15-17 모세가 **하나님**께 대답했다. "**하나님**, 살아 있는 모든 이에게 영을 주시는
하나님, 이 공동체 위에 한 사람을 세우셔서, 그가 이들을 이끌게 해주십시오.
그가 이들 앞에서 길을 제시하기도 하고 공동체를 이끌고 돌아오게도 해주십
시오. 그래서 **하나님**의 공동체가 목자 없는 양처럼 되지 않게 해주십시오."
18-21 **하나님**께서 모세에게 말씀하셨다. "눈의 아들 여호수아를 데려오너라.
그의 안에는 하나님의 영이 있다! 그에게 네 손을 얹어라. 그를 제사장 엘르
아살과 온 회중 앞에 세우고, 모든 사람이 보는 앞에서 그를 후계자로 임명
하여라. 네 권위를 그에게 넘겨주어, 온 이스라엘 백성이 그의 말에 순종하
게 하여라. 그는 제사장 엘르아살의 조언을 구해야 한다. 그러면 제사장은
우림의 판결을 사용해 **하나님** 앞에서 기도하며 그에게 조언해 줄 것이다. 그
는 이스라엘 백성, 곧 온 공동체의 출입을 지휘하게 될 것이다."
22-23 모세는 **하나님**의 명령을 따라 그대로 행했다. 그는 여호수아를 데려다
가, 제사장 엘르아살과 온 공동체 앞에 세웠다. 그리고 **하나님**께서 명령하신
대로, 그에게 손을 얹어 그를 후계자로 임명했다.

하나님께 드리는 제물

28 1-8 **하나님**께서 모세에게 말씀하셨다. "이스라엘 백성에게 명령하
여라. 그들에게 이렇게 일러 주어라. 너희는 나의 음식, 곧 불살
라 바쳐서 나를 기쁘게 하는 향기로운 제물을 정해진 때에 바쳐야 한다. 그
들에게 또 이렇게 일러 주어라. 너희가 **하나님**에게 바쳐야 하는 불살라 바치
는 제물은 이러하다. 일 년 된 건강한 어린 숫양 두 마리를 매일 번제물로 바
치되, 한 마리는 아침에 바치고 다른 한 마리는 저녁에 바쳐라. 또 고운 곡식
가루 2리터에 올리브기름 1리터를 섞어서 곡식 제물로 함께 바쳐라. 이는 시
내 산에서 제정된 표준 번제로, **하나님**을 기쁘게 하는 향기요 불살라 바치는
제물이다. 이것과 함께 바칠 부어 드리는 제물은 어린 숫양 한 마리에 독한
술 1리터로 한다. 부어 드리는 제물은 성소에서 **하나님** 앞에 부어 바쳐라.
저녁에 두 번째 어린 숫양을 바칠 때도 아침에 한 것처럼 곡식 제물과 부어

드리는 제물을 함께 바쳐라. 이것은 불살라 바치는 제물이며, **하나님**을 기쁘
게 하는 향기다."

❦

9-10 "안식일에는 일 년 된 어린 숫양 두 마리를 바치되, 고운 곡식 가루 4리터
에 기름 섞은 곡식 제물과 부어 드리는 제물을 함께 바쳐라. 이것은 매일 바치
는 번제와, 거기에 딸린 부어 드리는 제물 외에 안식일마다 바치는 번제다."

❦

11 "매월 초에 **하나님**에게 번제를 바칠 때는, 수송아지 두 마리, 숫양 한 마리,
일 년 된 어린 숫양 일곱 마리를 바쳐라. 그것들은 모두 건강한 것이어야 한다.
12-14 수송아지 한 마리에 기름 섞은 고운 곡식 가루 6리터를 곡식 제물로 함
께 바치고, 숫양 한 마리에 기름 섞은 고운 곡식 가루 4리터를 함께 바치며,
어린 숫양 한 마리에 기름 섞은 고운 곡식 가루 2리터를 함께 바쳐라. 이는
번제요, **하나님**을 기쁘게 하는 향기며, 불살라 바치는 제물이다. 이것과 함
께 부어 드리는 제물은, 수송아지 한 마리에 포도주 2리터, 숫양 한 마리에
포도주 1.25리터, 어린 숫양 한 마리에 포도주 1리터를 바쳐야 한다.
14-15 이것은 일 년 내내 매월 초에 바쳐야 하는 번제다. 매일 바치는 번제와
거기에 딸린 부어 드리는 제물 외에도, 숫염소 한 마리를 속죄 제물로 **하나
님**에게 바쳐야 한다."

❦

16-17 "**하나님**의 유월절은 첫째 달 십사 일에 지켜야 한다. 그달 십오 일에 절
기가 시작된다.
17-22 칠 일 동안은 누룩을 넣지 않은 빵을 먹어야 한다. 첫째 날은 거룩한 예
배로 시작하여라. 그날은 평소에 하던 일은 아무것도 하지 마라. **하나님**에게
불살라 바치는 제물로 번제를 바치되, 수송아지 두 마리, 숫양 한 마리, 일
년 된 어린 숫양 일곱 마리를 모두 건강한 것으로 가져오너라. 고운 곡식 가

루에 기름 섞은 곡식 제물을 준비하되, 수송아지 한 마리에 6리터, 숫양 한
마리에 4리터, 어린 숫양 한 마리에 2리터를 준비하여라. 거기에 너희를 위
해 속죄할 속죄 제물로 숫염소 한 마리를 준비하여라.
23-24 아침마다 바치는 번제 외에 이것들을 별도로 바쳐야 한다. 이렇게 칠 일
동안 날마다 불살라 바치는 제물, 곧 **하나님**을 기쁘게 하는 향기로 음식을
준비하여라. 매일 바치는 번제물과 부어 드리는 제물 외에 별도로 이것을 준
비하여라.
25 칠 일째 되는 날은 거룩한 예배로 마무리하여라. 그날은 평소에 하던 일은
아무것도 하지 마라."

❧

26-30 "첫 열매를 바치는 날, 곧 **하나님**에게 첫 수확물을 가져오는 칠칠절에는
거룩한 예배로 모이고, 평소에 하던 일은 아무것도 하지 마라. 불살라 바쳐
서 **하나님**을 기쁘게 하는 향기로운 제물로 수송아지 두 마리, 숫양 한 마리,
일 년 된 어린 숫양 일곱 마리를 가져오너라. 그것들은 모두 건강한 것이어
야 한다. 고운 곡식 가루에 기름 섞은 곡식 제물을 준비하되, 수송아지 한 마
리에 6리터, 숫양 한 마리에 4리터, 어린 숫양 한 마리에 2리터를 준비하여
라. 거기에 너희를 위해 속죄할 속죄 제물로 숫염소 한 마리를 준비하여라.
31 이것은 매일 바치는 번제와 거기에 딸린 곡식 제물과 부어 드리는 제물 외에
별도로 바쳐야 하는 제물이다. 잊지 마라, 그 짐승들은 건강한 것이어야 한다."

❧

29

1-5 "일곱째 달 첫째 날에는 거룩한 예배로 모이고, 평소에 하던
일은 아무것도 하지 마라. 이날은 너희가 나팔을 부는 날이다. 너
희는 번제를 드리되, 수송아지 한 마리, 숫양 한 마리, 일 년 된 어린 숫양 일
곱 마리를 **하나님**을 기쁘게 하는 향기로 바쳐라. 그것들은 모두 건강한 것이
어야 한다. 고운 곡식 가루에 기름 섞은 곡식 제물을 준비하되, 수송아지 한
마리에 6리터, 숫양 한 마리에 4리터, 어린 숫양 한 마리에 2리터를 준비하여

라. 거기에 너희를 위해 속죄할 속죄 제물로 숫염소 한 마리를 준비하여라.
6 이것은 규정에 따라 매달 바치는 번제와 매일 바치는 번제와 거기에 딸린
곡식 제물과 부어 드리는 제물 외에 별도로 바쳐야 하는 것으로, **하나님**을
기쁘게 하는 향기요 불살라 바치는 제물이다."

❦

7 "이 일곱째 달 십 일에 너희는 거룩한 예배로 모이고, 자신을 낮추고, 아무
일도 하지 마라.
8-11 수송아지 한 마리, 숫양 한 마리, 일 년 된 어린 숫양 일곱 마리를 **하나님**
을 기쁘게 하는 향기로 바칠 번제물로 가져오너라. 그것들은 모두 건강한 것
이어야 한다. 고운 곡식 가루에 기름 섞은 곡식 제물을 준비하되, 수송아지
한 마리에 6리터, 숫양 한 마리에 4리터를 준비하고, 어린 숫양 일곱 마리의
경우에는 한 마리에 2리터씩 준비하여라. 매일 바치는 번제와 거기에 딸린
곡식 제물과 부어 드리는 제물 외에, 숫염소 한 마리를 너희를 위해 속죄할
속죄 제물로 가져오너라."

❦

12-16 "일곱째 달 십오 일에 거룩한 예배로 모이고, 평소에 하던 일은 아무것도
하지 마라. 칠 일 동안 **하나님** 앞에서 절기를 지켜라. 수송아지 열세 마리,
숫양 두 마리, 일 년 된 어린 숫양 열네 마리를 **하나님**을 기쁘게 하는 향기로
바칠 번제물로 가져오너라. 그것들은 모두 건강한 것이어야 한다. 고운 곡식
가루에 기름 섞은 곡식 제물을 준비하되, 수송아지 한 마리에 6리터, 숫양 한
마리에 4리터를 준비하고, 어린 숫양 열네 마리의 경우에는 한 마리에 2리
터씩 준비하여라. 매일 바치는 번제와 거기에 딸린 곡식 제물과 부어 드리는
제물 외에, 숫염소 한 마리를 너희를 위해 속죄할 속죄 제물로 가져오너라.
17-19 둘째 날에는 수송아지 열두 마리, 숫양 두 마리, 일 년 된 어린 숫양 열
네 마리를 가져오너라. 그것들은 모두 건강한 것이어야 한다. 곡식 제물과
부어 드리는 제물은 규례에 따라 수송아지와 숫양과 어린 숫양들에 맞게 준

비하여라. 매일 바치는 번제와 거기에 딸린 곡식 제물과 부어 드리는 제물
외에, 숫염소 한 마리를 속죄 제물로 가져오너라.
20-22 셋째 날에는 수송아지 열한 마리, 숫양 두 마리, 일 년 된 어린 숫양 열
네 마리를 가져오너라. 그것들은 모두 건강한 것이어야 한다. 곡식 제물과
부어 드리는 제물은 규례에 따라 수송아지와 숫양과 어린 숫양들에 맞게 준
비하여라. 매일 바치는 번제와 거기에 딸린 곡식 제물과 부어 드리는 제물
외에, 숫염소 한 마리를 속죄 제물로 가져오너라.
23-25 넷째 날에는 수송아지 열 마리, 숫양 두 마리, 일 년 된 어린 숫양 열네
마리를 가져오너라. 그것들은 모두 건강한 것이어야 한다. 곡식 제물과 부어
드리는 제물은 규례에 따라 수송아지와 숫양과 어린 숫양들에 맞게 준비하
여라. 매일 바치는 번제와 거기에 딸린 곡식 제물과 부어 드리는 제물 외에,
숫염소 한 마리를 속죄 제물로 가져오너라.
26-28 다섯째 날에는 수송아지 아홉 마리, 숫양 두 마리, 일 년 된 어린 숫양
열네 마리를 가져오너라. 그것들은 모두 건강한 것이어야 한다. 곡식 제물
과 부어 드리는 제물은 규례에 따라 수송아지와 숫양과 어린 숫양들에 맞게
준비하여라. 매일 바치는 번제와 거기에 딸린 곡식 제물과 부어 드리는 제물
외에, 숫염소 한 마리를 속죄 제물로 가져오너라.
29-31 여섯째 날에는 수송아지 여덟 마리, 숫양 두 마리, 일 년 된 어린 숫양
열네 마리를 가져오너라. 그것들은 모두 건강한 것이어야 한다. 곡식 제물
과 부어 드리는 제물은 규례에 따라 수송아지와 숫양과 어린 숫양들에 맞게
준비하여라. 매일 바치는 번제와 거기에 딸린 곡식 제물과 부어 드리는 제물
외에, 숫염소 한 마리를 속죄 제물로 가져오너라.
32-34 일곱째 날에는 수송아지 일곱 마리, 숫양 두 마리, 일 년 된 어린 숫양
열네 마리를 가져오너라. 그것들은 모두 건강한 것이어야 한다. 곡식 제물
과 부어 드리는 제물은 규례에 따라 수송아지와 숫양과 어린 숫양들에 맞게
준비하여라. 매일 바치는 번제와 거기에 딸린 곡식 제물과 부어 드리는 제물
외에, 숫염소 한 마리를 속죄 제물로 가져오너라.
35-38 여덟째 날에는 거룩한 예배로 모이고, 평소에 하던 일은 아무것도 하지

마라. **하나님**을 기쁘게 하는 향기로 불살라 바치는 제물, 곧 번제물을 가져
오되, 수송아지 한 마리, 숫양 한 마리, 일 년 된 어린 숫양 일곱 마리를 가져
오너라. 그것들은 모두 건강한 것이어야 한다. 곡식 제물과 부어 드리는 제
물은 규례에 따라 수송아지와 숫양과 어린 숫양들에 맞게 준비하여라. 매일
바치는 번제와 거기에 딸린 곡식 제물과 부어 드리는 제물 외에, 숫염소 한
마리를 속죄 제물로 가져오너라.
39 너희가 절기를 맞아 모일 때마다 번제와 곡식 제물과 부어 드리는 제물과
화목 제물을 **하나님**에게 바쳐라. 이것은 너희가 개인적으로 바치는 서원 제
물과 자원 제물 외에 별도로 바쳐야 하는 제물이다."
40 모세는 **하나님**께서 명령하신 모든 것을 이스라엘 백성에게 알려 주었다.

서원

30

1-2 모세가 이스라엘 백성 각 지파의 우두머리들에게 말했다. "**하
나님**께서 이렇게 명령하십니다. '남자가 **하나님**에게 서원하거나
무엇을 하겠다고 맹세한 경우, 그는 자신이 한 말을 어겨서는 안된다. 그는
자신이 말한 대로 정확히 지켜야 한다.
3-5 여자가 어릴 때 자기 아버지의 집에 살면서 **하나님**에게 서원하거나 서약
한 경우, 아버지가 그녀의 서원이나 서약을 듣고도 아무 말 하지 않으면, 그
녀는 자신의 서원과 서약을 모두 지켜야 한다. 그러나 아버지가 그 서원이나
서약을 듣고 그녀를 만류하면, 그 서원과 서약은 무효가 된다. 아버지가 그
녀를 말렸으므로, **하나님**이 그녀를 놓아줄 것이다.
6-8 여자가 서원을 하거나 경솔하게 약속하거나 분별없이 서약하고 나서 시
집을 간 경우, 남편이 그것을 듣고도 그녀에게 아무 말 하지 않으면, 그 여자
는 자신이 서원하고 서약한 대로 행해야 한다. 그러나 남편이 그 서원을 듣
고 막으면, 그녀를 묶고 있는 서원과 서약을 남편이 취소시킨 것이니, **하나
님**이 그녀를 놓아줄 것이다.
9 과부나 이혼한 여자가 한 서원이나 서약은 그대로 구속력이 있다.
10-15 아내가 남편과 함께 살면서 서원을 하거나 맹세로 서약한 경우, 남편이

그것을 듣고도 아무 말 하지 않거나 그녀에게 그렇게 하지 말라고 하지 않으
면, 그녀의 서원과 서약은 모두 유효하다. 그러나 남편이 그녀의 서원과 서
약을 듣고 즉시 그것을 취소시키면, 그 서원과 서약은 구속력이 없다. 남편
이 취소시킨 것이니, **하나님**이 그녀를 놓아줄 것이다. 아내가 한 서원과 서
약이 그녀에게 해를 입힐 가능성이 있는 경우, 남편은 그녀의 서원과 서약을
지지할 수도 있고 취소시킬 수도 있다. 그러나 남편이 잠잠하고 그 다음날에
도 거론하지 않으면, 그는 아내의 서원과 서약을 승인한 것이다. 그녀는 자
신의 서원과 서약을 다 지켜야 한다. 남편이 그녀의 말을 듣고도 아무 말을
하지 않았으므로, 아내는 자신의 서원과 서약에 매이게 된 것이다. 그러나
남편이 그녀의 말을 듣고 얼마 지나서야 취소시키면, 그가 아내의 죄를 떠맡
아야 한다.'"
16 이것은 남편과 아내 사이, 아버지와 아버지 집에 사는 어린 딸 사이의 처
리법에 관해 **하나님**께서 모세에게 내리신 규례다.

미디안 전쟁

31

1-2 **하나님**께서 모세에게 말씀하셨다. "미디안 사람에게 이스라엘
백성의 원수를 갚아라. 그런 다음에 너는 네 조상에게 돌아가게
될 것이다."
3-4 모세가 백성에게 말했다. "미디안과 싸워 미디안에 대한 **하나님**의 원수를
갚을 사람들을 이스라엘 각 지파에서 천 명씩 모집하여 전쟁에 내보내십시오."
5-6 그리하여 이스라엘 각 지파에서 천 명씩, 모두 만이천 명을 모집하여 전
투 부대를 편성했다. 모세는 각 지파에서 천 명씩을 전쟁에 내보냈다. 엘르
아살의 아들 비느하스도 제사장 신분으로 입대하여 거룩한 기구와 신호용
나팔을 맡았다.
7-12 그들은 **하나님**께서 모세에게 명령하신 대로 미디안을 공격하여, 최후의
한 사람까지 다 죽였다. 죽은 자들 중에는 에위, 레겜, 수르, 후르, 레바 등
미디안의 다섯 왕도 있었다. 그들은 브올의 아들 발람도 칼로 베어 죽였다.
이스라엘 백성은 미디안 여자들과 아이들을 포로로 잡고, 그들의 모든 짐승

과 가축과 재산을 전리품으로 취했다. 그들은 미디안 사람이 살던 모든 성읍
과 막사를 잿더미로 만들고, 모든 물자와 사람과 짐승을 닥치는 대로 노획했
다. 그들은 포로와 노획물과 전리품을 끌고, 요단-여리고 앞 모압 평야에 진
을 치고 있던 모세와 제사장 엘르아살과 이스라엘 공동체로 돌아왔다.
13-18 모세와 제사장 엘르아살과 회중의 모든 지도자가 부대를 맞으러 진 밖
으로 나갔다. 모세는 전장에서 돌아오는 군지휘관인 천부장과 백부장들에게
화를 냈다. "이게 무슨 짓이오! 이 여자들을 살려 두다니! 저들은 브올 사건
때 발람의 지시에 따라 이스라엘 백성을 꾀어 **하나님**으로부터 멀어지게 하
고, 전염병을 촉발시켜 **하나님**의 백성을 치게 한 장본인들이오. 그러니 그대
들은 일을 마무리하시오. 사내아이들은 모두 죽이고, 남자와 잠자리를 같이
한 여자들도 모두 죽이시오. 그들보다 어린 처녀들은 그대들을 위해 살려 두
어도 좋소.
19-20 이제 그대들은 이렇게 하시오. 진 밖에 장막을 치시오. 사람을 죽였거나
주검을 만진 사람은 모두 칠 일 동안 진 밖에 머물러야 합니다. 삼 일째 되는
날과 칠 일째 되는 날에 그대들과 그대들이 잡아 온 포로들을 정결하게 하시
오. 모든 옷가지와 기구를 정결하게 하시오. 가죽으로 만든 것이든, 염소 털
로 짠 것이든, 나무로 만든 것이든 모두 정결하게 하시오."
21-24 제사장 엘르아살이 전쟁에서 싸운 군사들에게 말했다. "이것은 **하나님**
께서 모세에게 계시로 주신 규정입니다. 금과 은과 청동과 쇠와 주석과 납
등 불에 타지 않는 것은 모두 불에 넣었다가 꺼내야 합니다. 그러면 정결하
게 될 것입니다. 그런 다음에는 정결하게 하는 물로 씻어야 합니다. 불에 타
는 것은 무엇이든 그 물에 담갔다가 꺼내야 합니다. 칠 일째 되는 날에 그대
들의 옷을 깨끗이 빨면, 여러분은 정결하게 될 것입니다. 그런 뒤에야 여러
분은 진으로 돌아올 수 있습니다."

⁂

25-27 **하나님**께서 모세에게 말씀하셨다. "너와 제사장 엘르아살과 공동체에 속
한 각 가문의 지도자들은 사로잡아 온 사람과 짐승의 수를 세어라. 전리품을

절반으로 나누어, 반은 전투를 치른 군사들에게 주고 반은 회중에게 주어라.
28-30 군사들이 차지한 노획물은 사람이든 소든 나귀든 양이든, 오백분의 일의 비율로 세를 부과하여라. 그것은 **하나님**의 몫이니, 그들이 받은 절반의 몫에서 거두어 **하나님** 대신 제사장 엘르아살에게 넘겨주어라. 회중이 받은 절반은 사람이든 소든 나귀든 양이든 염소든 다른 짐승이든, 오십분의 일의 비율로 세를 부과하여라. 그것을 **하나님**의 성막 관리를 맡은 레위인에게 주어라."
31 모세와 엘르아살은 **하나님**께서 모세에게 명령하신 대로 행했다.

32-35 군대가 빼앗아 온 전리품 가운데 남은 것은 이러하다.
양 675,000마리
소 72,000마리
나귀 61,000마리
처녀 32,000명.
36-40 전쟁에서 싸운 군사들이 차지한 절반의 몫은 이러하다.
양 337,500마리, 그중 675마리를 **하나님** 몫으로 드렸다.
소 36,000마리, 그중 72마리를 **하나님** 몫으로 드렸다.
나귀 30,500마리, 그중 61마리를 **하나님** 몫으로 드렸다.
사람 16,000명, 그중 32명을 하나님 몫으로 드렸다.
41 모세는 이 세금을 **하나님** 몫으로 떼어 제사장 엘르아살에게 주었다. 이렇게 모세는 **하나님**께서 지시하신 대로 행했다.

42-46 모세가 전쟁에 나갔던 사람들에게서 떼어 이스라엘 공동체에 나누어 준 나머지 절반은 이러하다.
양 337,500마리
소 36,000마리
나귀 30,500마리
사람 16,000명.
47 모세는 **하나님**께서 지시하신 대로 이스라엘 백성에게 돌아간 절반에서 사

람이든 짐승이든, 오십분의 일을 떼어 **하나님**의 성막 관리를 맡은 레위인에
게 주었다.
48-50 군지휘관인 천부장과 백부장들이 모세에게 와서 말했다. "우리가 우리 수
하의 군사들을 세어 보았는데, 한 사람도 잃어버리지 않았습니다. 그래서 우리
가 **하나님**께 드릴 예물을 가져왔습니다. **하나님** 앞에서 우리 삶을 속죄하려고
우리가 얻은 금패물인 팔장식, 팔찌, 반지, 귀걸이, 장신구를 가져왔습니다."
51-54 모세와 제사장 엘르아살은 그들에게서 정교하게 세공된 온갖 금패물을
받았다. 모세와 엘르아살이 천부장과 백부장들에게서 받아 **하나님**께 예물로
드린 금의 무게는 약 185킬로그램이었다. 이것은 모두 노획물을 차지한 군사
들이 기부한 것이다. 모세와 엘르아살은 천부장과 백부장들에게서 받은 금을
회막으로 가져가, **하나님** 앞에서 이스라엘 백성을 위한 기념물로 삼았다.

요단 강 동쪽 지파들

32 1-4 르우벤 자손과 갓 자손은 엄청나게 많은 수의 가축 떼를 소유
하고 있었다. 그들이 야셀 땅과 길르앗 땅을 살펴보니, 가축을 방
목하기에 알맞은 곳이었다. 그래서 갓 자손과 르우벤 자손은 모세와 제사장
엘르아살과 회중의 지도자들에게 가서 말했다. "아다롯, 디본, 야스엘, 니므
라, 헤스본, 엘르알레, 스밤, 느보, 브온, 곧 **하나님**께서 이스라엘 공동체 앞
에서 쳐서 멸하신 땅은 가축에게 더없이 좋은 땅입니다. 그리고 우리에게는
가축 떼가 있습니다."
5 그들은 말을 이었다. "우리가 이제까지 일을 잘했다고 여기시면 이 땅을 우
리에게 유산으로 주셔서, 우리가 요단 강을 건너지 않게 해주십시오."
6-12 모세가 갓 자손과 르우벤 자손에게 말했다. "전쟁이 임박했는데 형제들
에게 떠넘기고, 여러분만 여기에 정착하겠다는 것이오? 이제 곧 이스라엘
백성이 **하나님**께서 주신 땅으로 들어가려고 하는데, 여러분은 어찌하여 형
제들을 실망시키고 그들의 사기마저 떨어뜨리려고 합니까? 내가 저 땅을 정
탐하라고 가데스바네아에서 여러분의 조상을 보냈을 때에 그들이 한 짓과
똑같군요. 그들은 에스골 골짜기까지 가서 한 번 훑어보고는 포기하고 말았

습니다. 그들은 이스라엘 백성의 사기를 완전히 꺾어서, **하나님**께서 그들에
게 주신 땅으로 들어가지 못하게 했습니다. 그러자 **하나님**께서 참으로 진노
하셔서 이렇게 맹세하셨습니다. '그들은 그 땅을 결코 보지 못할 것이다. 이
집트에서 나온 사람들 가운데 스무 살 이상 된 자는, 내가 아브라함과 이삭
과 야곱에게 약속한 땅을 결코 보지 못할 것이다. 그들은 나를 따르는 일에
관심이 없었다. 마음도 없었다. 그나스 사람 여분네의 아들 갈렙과 눈의 아
들 여호수아 외에는, 아무도 나를 따르지 않았다. 이 두 사람만 나를 따르고,
그 일에 마음이 있었다.'
13 **하나님**께서 이스라엘에게 진노하셔서, 그분의 눈앞에서 악을 행한 그 세
대가 모두 죽어 없어질 때까지, 사십 년 동안 그들을 광야에서 헤매게 하셨
습니다.
14-15 그런데 이제는 여러분이 여러분 조상 대신 또 하나의 죄인 무리가 되어,
이미 이스라엘을 향해 활활 타오르고 있는 **하나님**의 진노에 기름을 끼얹으
려 하는군요. 여러분이 **하나님**을 따르지 않으면, 그분께서 다시 한번 진노하
셔서 이스라엘을 광야에 내버리실 것입니다. 여러분의 모든 잘못 때문에 그
재앙이 닥치게 될 것입니다."
16-19 그러자 그들이 모세에게 가까이 다가와 말했다. "우리는 그저 우리 가축
을 위해 축사를 짓고, 우리 가족을 위해 성읍을 세우려는 것뿐입니다. 그런
다음에 무기를 들고 최전방에 서서, 이스라엘 백성을 그들이 살 곳으로 이끌
고 가겠습니다. 그러면 우리는 가족들을 뒤에 남겨 두고 떠날 수 있을 테고,
우리 가족들은 요새화된 성읍 안에 머물면서 이 땅 주민들로부터 안전하게
지낼 수 있을 것입니다. 이스라엘 자손이 저마다 유산을 충분히 차지할 때까
지, 우리는 집으로 돌아오지 않을 것입니다. 우리가 요단 강 동쪽에서 유산
을 차지했으니, 요단 강 서쪽에서는 어떤 유산도 바라지 않겠습니다."
20-22 모세가 말했다. "여러분이 말한 대로 **하나님** 앞에서 무장을 하고 우리와
함께 요단 강을 건너가서, **하나님**께서 자기 원수들을 그 땅에서 쓸어 내실
때까지 **하나님** 앞에서 싸워 그 땅을 정복하면, 여러분은 하나님과 이스라엘
에 대한 여러분의 의무를 다한 셈이 될 것입니다. 그제야 이 땅이 **하나님** 앞

에서 여러분의 소유가 될 것입니다.
23-24 그러나 여러분이 말한 대로 하지 않으면, 여러분은 **하나님**께 죄를 짓는
것입니다. 그러면 여러분은 그 죄에서 벗어나지 못한다는 것을 잘 알 것입니
다. 자, 가십시오. 여러분의 가족을 위해 성읍을 세우고, 여러분의 가축을 위
해 축사를 지으십시오. 여러분이 한 말을 꼭 지키십시오."
25-27 갓 자손과 르우벤 자손이 모세에게 말했다. "우리는 주인님의 명령대로
할 것입니다. 우리의 자녀와 아내들, 우리의 양 떼와 소 떼는 이곳 길르앗의
성읍들에 머물게 하겠습니다. 그러나 우리는 모두 주인님이 말씀하신 대로,
완전 무장을 하고 강을 건너가, **하나님**을 위해 싸우겠습니다."
28-30 모세는 그들을 위해 제사장 엘르아살과 눈의 아들 여호수아와 이스라엘
백성 각 지파의 우두머리들에게 지시를 내렸다. "갓 자손과 르우벤 자손이
무장을 하고서, **하나님** 앞에서 싸우기 위해 여러분과 함께 요단 강을 건너가
그 땅을 정복하면, 여러분은 그들에게 길르앗 땅을 유산으로 주십시오. 그러
나 여러분과 함께 건너가지 않으면, 그들은 여러분과 함께 가나안 땅에 정착
해야 할 것입니다."
31-32 갓 자손과 르우벤 자손이 대답했다. "우리가 **하나님**께서 말씀하신 대로
하겠습니다. **하나님** 앞에서 요단 강을 건너가, 기꺼이 싸우겠습니다. 다만
우리가 유산으로 받을 땅은 이곳 요단 강 동쪽이 되게 해주십시오."
33 모세는 갓 자손과 르우벤 자손과 요셉의 아들 므낫세 반쪽 지파에게, 아모
리 왕 시혼의 나라와 바산 왕 옥의 나라 전체, 곧 그 땅과 그 땅에 세워진 성
읍들과 주변의 모든 영토를 주었다.
34-36 갓 자손은 디본, 아다롯, 아로엘, 아다롯소반, 야스엘, 욕브하, 벳니므라,
벳하란을 요새화된 성읍들로 재건했다. 그들은 가축을 위한 축사도 지었다.
37-38 르우벤 자손은 헤스본, 엘르알레, 기랴다임을 재건하고, 느보와 바알므
온, 십마도 재건했다. 그들은 자신들이 재건한 성읍들에 새 이름을 붙였다.
39-40 므낫세의 아들 마길의 집안은 길르앗으로 가서 그곳을 점령하고, 거기
살던 아모리 사람을 내쫓았다. 그러자 모세는 길르앗을 므낫세의 후손인 마
길 자손에게 주었다. 그들은 그곳으로 이주하여 정착했다.

41 므낫세의 다른 아들 야일은 마을 몇 개를 점령하고, 그곳을 하봇야일(야일
의 장막촌)이라고 했다.
42 노바는 그낫과 그 주변 진들을 점령하고, 자기 이름을 따서 그곳을 노바라
고 했다.

라암셋에서 요단-여리고까지

33 1-2 이스라엘 백성이 모세와 아론의 지휘 아래 부대를 편성하여
이집트를 떠나 행진하면서 진을 쳤던 곳은 이러하다. 모세는 하
나님의 지시에 따라, 그들이 이동할 때마다 진을 친 곳을 하나하나 일지에
기록했다.
3-4 그들은 유월절 다음날에 라암셋에서 나왔다. 그날은 첫째 달 십오일이었
다. 그들은 고개를 들고 당당하게 행진하여 나왔다. 이집트 사람들은 **하나님**
께서 쳐죽이신 맏아들을 장사하는 데 여념이 없어, 그들이 떠나가는 것을 그
저 바라보기만 했다. **하나님**께서는 그들의 신들이 얼마나 터무니없는지 여
실히 드러내셨다.

5-36 이스라엘 백성은
라암셋을 떠나 숙곳에 진을 쳤다.
숙곳을 떠나서는 광야 가장자리에 있는 에담에 진을 쳤다.
에담을 떠나서는 바알스본 동쪽 비하히롯으로 돌아가 믹돌 근처에 진을 쳤다.
비하히롯을 떠나서는 바다를 건너 광야로 들어갔다. 에담 광야에서 사흘길
을 걸어 마라에 진을 쳤다.
마라를 떠나서는 샘 열두 개와 야자나무 일흔 그루가 있는 엘림에 이르러 진
을 쳤다.
엘림을 떠나서는 홍해 옆에 진을 쳤다.
홍해를 떠나서는 신 광야에 진을 쳤다.
신 광야를 떠나서는 돕가에 진을 쳤다.
돕가를 떠나서는 알루스에 진을 쳤다.

알루스를 떠나서는 르비딤에 진을 쳤다. 그곳에는 백성이 마실 물이 없었다.
르비딤을 떠나서는 시내 광야에 진을 쳤다.
시내 광야를 떠나서는 기브롯핫다아와에 진을 쳤다.
기브롯핫다아와를 떠나서는 하세롯에 진을 쳤다.
하세롯을 떠나서는 릿마에 진을 쳤다.
릿마를 떠나서는 림몬베레스에 진을 쳤다.
림몬베레스를 떠나서는 립나에 진을 쳤다.
립나를 떠나서는 릿사에 진을 쳤다.
릿사를 떠나서는 그헬라다에 진을 쳤다.
그헬라다를 떠나서는 세벨 산에 진을 쳤다.
세벨 산을 떠나서는 하라다에 진을 쳤다.
하라다를 떠나서는 막헬롯에 진을 쳤다.
막헬롯을 떠나서는 다핫에 진을 쳤다.
다핫을 떠나서는 데라에 진을 쳤다.
데라를 떠나서는 밋가에 진을 쳤다.
밋가를 떠나서는 하스모나에 진을 쳤다.
하스모나를 떠나서는 모세롯에 진을 쳤다.
모세롯을 떠나서는 브네야아간에 진을 쳤다.
브네야아간을 떠나서는 홀하깃갓에 진을 쳤다.
홀하깃갓을 떠나서는 욧바다에 진을 쳤다.
욧바다를 떠나서는 아브로나에 진을 쳤다.
아브로나를 떠나서는 에시온게벨에 진을 쳤다.
에시온게벨을 떠나서는 신 광야에 있는 가데스에 진을 쳤다.

37-39 그들이 가데스를 떠나 에돔 경계에 있는 호르 산에 진을 치고 나서, 제
사장 아론이 **하나님**의 명령에 따라 호르 산으로 올라가 그곳에서 죽었다. 그
날은 이스라엘 백성이 이집트를 떠난 지 사십 년 되는 해 다섯째 달 첫째 날
이었다. 아론이 호르 산에서 죽을 때 백스물세 살이었다.

❦

40 가나안의 네겝 지역에서 다스리던 가나안 사람 아랏 왕이, 이스라엘 백성
이 도착했다는 소식을 들었다.
41-47 그들은 호르 산을 떠나 살모나에 진을 쳤다.
살모나를 떠나서는 부논에 진을 쳤다.
부논을 떠나서는 오봇에 진을 쳤다.
오봇을 떠나서는 모압 경계에 있는 이예아바림에 진을 쳤다.
이임을 떠나서는 디본갓에 진을 쳤다.
디본갓을 떠나서는 알몬디블라다임에 진을 쳤다.
알몬디블라다임을 떠나서는 느보가 보이는 아바림(강 저편) 산지에 진을 쳤다.
48-49 그들은 아바림 산지를 떠나 요단-여리고 앞 모압 평야에 진을 쳤다. 모
압 평야에 자리한 그들의 진은 요단 강가를 따라 벳여시못에서 아벨싯딤(아
카시아 초원)까지 뻗어 있었다.

50-53 **하나님**께서 요단-여리고 앞 모압 평야에서 모세에게 말씀하셨다. "너는
이스라엘 백성에게 이렇게 일러 주어라. 너희가 요단 강을 건너 가나안 땅에 들
어가면, 그 땅 주민들을 너희 앞에서 쫓아내고, 그들이 돌에 새긴 우상과 부어
만든 신상들을 부수고, 그들의 산당들을 허물어뜨려라. 그 땅을 점령하고, 거
기서 마음 편히 살아라. 내가 그 땅을 너희에게 주었다. 그 땅은 너희 것이다.
54 그 땅을 가문의 규모에 따라 제비를 뽑아 나누어 주어라. 큰 가문에는 큰
토지를 나누어 주고 작은 가문에는 작은 토지를 나누어 주되, 제비가 뽑히는
대로 하여라. 너희 조상의 지파에 따라 그 땅을 나누어 주어라.
55-56 그러나 너희가 그 땅 주민을 쫓아내지 않으면, 너희가 남겨 놓은 자들이
너희 눈에 먼지가 되고 너희 발에 가시가 될 것이다. 그들이 바로 너희 뒷마
당에 살면서 너희를 끊임없이 괴롭힐 것이다. 그러면 내가 그들을 다루기로
마음먹었던 대로 너희를 다룰 것이다."

각 지파가 유산으로 받을 땅

34 1-2 하나님께서 모세에게 말씀하셨다. "이스라엘 백성에게 명령하
여라. 그들에게 이렇게 일러 주어라. 너희가 가나안 땅에 들어갈
때, 너희가 유산으로 받게 될 땅의 경계는 이러하다.
3-5 남쪽 경계는 에돔과 맞닿은 신 광야 일부를 포함한 사해 동쪽에서 시작되
어 전갈 고개를 돌아 신에 이르고, 거기서 가데스바네아 남쪽으로 이어지다
가, 하살아달을 지나 아스몬에 이른다. 그 경계는 다시 북쪽 이집트 시내로
방향을 틀어 지중해에 이른다.
6 서쪽 경계는 지중해다.
7-9 북쪽 경계는 지중해에서 호르 산까지 이어지고, 또 호르 산에서 르보하맛
까지 이어져 스닷에 이르고, 거기서 시브론으로 이어지다가 하살에난에서
끝난다. 이것이 너희 땅의 북쪽 경계다.
10-12 동쪽 경계는 하살에난에서 스밤까지 이어지고, 다시 스밤에서 아인 동
쪽 리블라까지 갔다가, 갈릴리 바다 동쪽 비탈을 끼고 이어진다. 거기서 요
단 강을 따라 내려가다가 사해에서 끝난다.
이것이 너희 땅의 사방 경계다."
13-15 모세가 이스라엘 백성에게 명령했다. "이것이 바로 여러분이 제비를 뽑
아 유산으로 나누어 받을 땅입니다. 하나님께서 그 땅을 아홉 지파와 반쪽
지파에게 주라고 명령하셨습니다. 르우벤 지파와 갓 지파와 므낫세 반쪽 지
파는 이미 자신들의 유산을 받았습니다. 이 두 지파와 반쪽 지파는 요단-여
리고 동쪽, 해 뜨는 곳에서 자신들의 유산을 받았습니다."

16-19 하나님께서 모세에게 말씀하셨다. "그 땅을 유산으로 나누어 주는 일을
맡을 사람은 제사장 엘르아살과 눈의 아들 여호수아다. 각 지파에서 지도자
한 명씩을 임명하여, 그들이 땅을 나누어 주는 일을 돕게 하여라. 너희가 임
명할 사람들은 이러하다.
19-28 유다 지파에서는 여분네의 아들 갈렙

시므온 지파에서는 암미훗의 아들 스무엘
베냐민 지파에서는 기슬론의 아들 엘리닷
단 지파에서는 요글리의 아들 북기 족장
요셉의 아들 므낫세 지파에서는 에봇의 아들 한니엘 족장
요셉의 아들 에브라임 지파에서는 십단의 아들 그므엘 족장
스불론 지파에서는 바르낙의 아들 엘리사반 족장
잇사갈 지파에서는 앗산의 아들 발디엘 족장
아셀 지파에서는 슬로미의 아들 아히훗 족장
납달리 지파에서는 암미훗의 아들 브다헬 족장이다."
29 이들은 가나안 땅에서 이스라엘 백성에게 땅을 유산으로 나누어 주도록
하나님께 명령받은 사람들이다.

레위인에게 줄 성읍과 도피성

35 1-3 하나님께서 요단-여리고 앞 모압 평야에서 모세에게 말씀하
셨다. "이스라엘 백성에게 명령하여, 그들이 받는 유산 가운데서
레위인이 거주할 성읍을 내어주게 하여라. 그 성읍 주위에는 반드시 풍부한
목초지가 있어야 한다. 그들이 거주할 성읍과 소 떼와 양 떼와 모든 가축을
위한 목초지를 제공하고, 그들을 잘 보살펴라.
4-5 레위인의 성읍을 에워싼 목초지는 성벽 둘레로부터 바깥쪽으로 사방 450
미터까지 이르는 지역이어야 한다. 목초지의 바깥쪽 경계는 성읍을 중심으
로 해서 동쪽으로 900미터, 남쪽으로 900미터, 서쪽으로 900미터, 북쪽으
로 900미터를 재어야 한다. 그렇게 하면 레위인이 거주하는 성읍마다 목초
지를 제공할 수 있을 것이다.
6-8 너희가 레위인에게 줄 성읍들 가운데서 여섯 개를 도피성으로 삼아, 실수
로 사람을 죽인 자가 피신할 수 있게 하여라. 이 밖에도 성읍 마흔두 개를 별
도로 레위인에게 내어주어라. 너희는 레위인에게 모두 성읍 마흔여덟 개와 거
기에 딸린 목초지를 내어주어야 한다. 이스라엘 백성의 공동 소유 가운데서
레위인에게 성읍을 내어줄 때는 지파의 크기에 따라 떼어 주어야 한다. 수가

많은 지파는 성읍을 많이 내어주고, 수가 적은 지파는 적게 내어주면 된다."

9-15 **하나님**께서 모세에게 말씀하셨다. "이스라엘 백성에게 전하여라. 그들
에게 이렇게 일러 주어라. 너희가 요단 강을 건너 가나안 땅으로 들어가거
든, 성읍 몇 개를 도피성으로 지정하여 실수로 사람을 죽게 한 자가 피신할
수 있게 하여라. 그 성읍들을 복수하는 자를 피할 도피성으로 삼아, 사람을
죽게 한 자가 법정에 출두하기 전에 공동체 앞에서 살해되는 일이 없게 하여
라. 성읍 여섯 개를 도피성으로 마련하여라. 그 가운데 세 개는 요단 강 동쪽
에 두고 세 개는 가나안 본토에 두어, 이스라엘 백성과 외국인과 임시 거류
민과 방문객에게도 도피성이 되게 하여라. 누구든지 실수로 사람을 죽게 한
자가 그곳으로 달려갈 수 있게, 성읍 여섯 개를 도피성으로 두어라.
16 그러나 실수로 사람을 죽게 한 자가 쇠 연장을 사용한 경우, 그것은 명백
한 살인 행위다. 그는 살인자이므로 사형에 처해야 한다.
17 누가 사람을 죽일 만큼 큰 돌을 손에 쥐고 있다가 사람을 죽게 한 경우, 그
것도 살인이다. 그는 살인자이므로 사형에 처해야 한다.
18 누가 사람을 죽일 만큼 육중한 나무 연장을 들고 다니다가 사람을 죽게 한
경우, 그것도 살인이다. 그는 살인자이므로 사형에 처해야 한다.
19 이러한 경우에, 복수하는 자는 살인자를 만나는 즉시 죽일 권리가 있다.
그는 살인자를 현장에서 죽여도 된다.
20-21 누가 들끓는 증오심으로 사람을 밀치거나 매복해 있다가 무언가를 던져
서 사람을 죽게 한 경우, 또는 홧김에 주먹으로 쳐서 사람을 죽게 한 경우,
그것도 살인이다. 그는 사형에 처해야 한다. 복수하는 자는 그를 붙잡는 즉
시 죽일 권리가 있다.
22-27 그러나 누가 원한 없이 충동적으로 사람을 밀치거나, 성급하게 무언가를
집어 던지거나, 사람이 있는 줄 모르고 실수로 망치 같은 연장을 떨어뜨려서
사람을 죽게 한 경우, 두 사람 사이에 원한이 있다고 의심할 만한 점이 없으
면, 공동체는 이 지침에 따라 우발적 살인자와 복수하는 자 사이를 판가름해
야 한다. 우발적 살인자를 복수하는 자의 손에서 구하는 것이 공동체의 의무

다. 공동체는 그 살인 혐의자를 그가 피신해 있던 도피성으로 돌려보내야 한
다. 거룩한 기름을 부어 세운 대제사장이 죽을 때까지, 그는 그곳에 머물러
야 한다. 그러나 살인자가 자신이 피신해 있던 도피성을 떠났는데, 복수하는
자가 도피성의 경계 밖에 있다가 그를 발견한 경우, 복수하는 자는 그 살인
자를 죽일 권리가 있다. 그 복수하는 자에게는 살인죄가 성립되지 않는다.
28 그러므로 살인자는 대제사장이 죽을 때까지 도피성에 머물러야 한다. 그
는 대제사장이 죽은 뒤에야 자기 땅으로 돌아갈 수 있다."

29 "이것은 너희가 어디서 살든지, 지금부터 대대로 따라야 할 재판 절차다.
30 누구든지 사람을 죽인 자는 목격자의 증언이 있어야 처형할 수 있다. 그러
나 한 사람의 증언만으로는 살인자를 처형할 수 없다.
31 뇌물을 받고 살인자의 목숨을 살려 주는 일이 없게 하여라. 그는 유죄이므
로 사형을 받아 마땅하다. 반드시 그를 처형해야 한다.
32 도피성으로 피신해 있는 자에게 뇌물을 받고, 대제사장이 죽기 전에 그를
자기 땅으로 돌려보내어 살게 해주어서는 안된다.
33 너희가 사는 땅을 더럽히지 마라. 살인은 땅을 더럽힌다. 살인한 자의 피
가 아니고는 그 땅에서 살인의 피를 씻을 수 없다.
34 너희가 사는 땅을 더럽히지 마라. 나도 그 땅에 살기 때문이다. 나 **하나님**
은, 이스라엘 백성이 사는 곳에 같이 살고 있다."

유산을 받은 슬로브핫의 딸들

36 1 요셉 자손의 가문 가운데 므낫세의 손자이자 마길의 아들인 길
르앗 가문의 우두머리들이, 모세와 이스라엘 백성의 지도자들인
각 집안의 우두머리들에게 나아왔다.
2-4 그들이 말했다. "**하나님**께서 주인님께 명령하셔서 제비를 뽑아 이스라엘
백성에게 땅을 유산으로 나누어 주라고 하셨을 때, 주인님께서는 우리의 형
제 슬로브핫의 유산을 그의 딸들에게 넘겨주라는 **하나님**의 명령도 받으셨습

니다. 그런데 그 딸들이 이스라엘 백성의 다른 지파 사람에게 시집가면 어떻게 됩니까? 그들이 유산으로 받은 땅이 조상 대대로 이어져 온 우리 지파에서 떨어져 나가, 그들이 시집간 지파에 더해질 것입니다. 그러면 이스라엘 백성에게 희년이 찾아와도, 그 딸들의 유산은 그들이 시집간 지파의 유산이 되고 말 것입니다. 그들의 땅이 우리 조상의 유산에서 떨어져 나가고 마는 것입니다!"

5-9 모세가 **하나님**의 명령에 따라 이스라엘 백성에게 지시했다. "요셉 자손 지파의 말이 옳습니다. **하나님**께서 슬로브핫의 딸들에게 내리신 명령은 이러합니다. '자기 조상의 가문 안에서 결혼하는 한, 그들은 자기가 선택한 사람과 결혼할 수 있다. 이스라엘 백성이 유산으로 받은 땅이 이 지파에서 저 지파로 넘어가서는 안된다. 각 지파가 유산으로 받은 땅은 자기 지파에서 관리해야 한다. 지파를 불문하고, 땅을 상속받은 딸은 누구나 자기 아버지 지파의 가문에 속한 남자에게만 시집가야 한다. 모든 이스라엘 자손은 유산으로 받은 땅이 자기 조상의 지파 안에 남아 있게 해야 한다. 유산으로 받을 땅이 이 지파에서 저 지파로 넘어가서는 안된다. 이스라엘 백성의 각 지파는 반드시 자기 땅을 굳게 붙들어야 한다.'"

10-12 슬로브핫의 딸들은 **하나님**께서 모세에게 명령하신 대로 행했다. 슬로브핫의 딸들, 곧 말라, 디르사, 호글라, 밀가, 노아는 모두 자기 아버지의 조카인 사촌들과 결혼했다. 그들이 요셉의 아들 므낫세 집안으로 시집갔으므로, 그들이 유산으로 받은 땅은 자기 아버지의 지파에 남아 있게 되었다.

13 이것은 **하나님**께서 요단-여리고 앞 모압 평야에서 모세의 권위를 통해 이스라엘 백성에게 내리신 명령과 규례다.

신명기 | 머리말

신명기는 설교, 그야말로 설교의 연속이다. 성경에서 가장 긴 설교이며, 어쩌면 이제까지 설교자들이 전한 설교 가운데 가장 긴 설교일지도 모른다. 신명기는 모세가 모압 평야에서 온 이스라엘 자손 앞에 설교하는 모습을 제시한다. 신명기는 그의 마지막 설교다. 설교를 마친 후 그는, 설교단을 평야에 남겨 둔 채 산으로 올라가 거기서 생을 마감할 것이다.

이 설교의 배경은 감동과 흥분을 한껏 자아낸다. 모세는 이집트에서 태어나 죽음의 위협을 받는 어린아이의 모습으로 성경의 구원 이야기에 등장했다. 그로부터 120년이 지난 지금, 그는 여전히 눈이 맑고 발걸음이 활기찬 모습으로 이 장대한 설교를 전하고 죽는다. 여전히 말씀과 생명으로 충만한 채 죽음을 맞이한다.

이 설교는 모든 설교가 지향하는 바를 그대로 견지한다. 말하자면 과거에 기록되고 선포된 하나님의 말씀을 고르고, 조상의 경험과 개인의 경험을 취하여, 그 말씀과 경험을 지금 여기서 하나의 사건으로 재현하는 것이다. 하나님의 말씀은 연구 대상으로만 존재하는 문학적 가공물이 아니다. 인간의 경험 역시 그저 후회나 감탄을 불러일으키기 위해 존재하는 죽은 역사가 아니다. 모세가 이 설교 전체에 걸쳐서 "오늘"이라는 말과 "이날"이라는 말을 모자이크처럼 계속 반복해서 사용하는 이유는, 청중의 주의를 팽팽하게 붙잡아 즉각적인 응답을 이끌어 내려는 것이다. "이렇게 살아라! 지금 당장!" 이라고 말씀하시는 하나님의 충만한 계시를 통해 인간의 다양한 경험은 생명을 얻고 구원을 얻는다.

> 내가 오늘 여러분에게 명령하는 이 계명은 여러분에게 어려운 것도 아니요, 여러분의 힘이 미치지 않는 곳에 있는 것도 아닙니다. 그 계명이 높은 산 위에 있어, 누가 산꼭대기에 올라가서 그것을 가지고 내려와 여러분의 수준에 맞게 풀이해 주어야, 여러분이 그 계명대로 살아갈 수 있는 것도 아닙니다. 또한 그 계명이 바다 건너편에 있어, 누가 바다를 건너가서 그것을 가져다가 설명해 주어야, 여러분이 그 계명대로 살아갈 수 있는 것도 아닙니다. 그렇습니다. 그 말씀은 바로 지금 여기에 있습니다. 입 속 혀처럼 가까이, 가슴 속 심장처럼 가까이 있습니다. 그러니 바로 행하십시오!
>
> 내가 오늘 여러분을 위해 한 일을 보십시오.
> 내가 여러분 앞에
> 생명과 선,
> 죽음과 악을 두었습니다.
>
> 내가 오늘 여러분에게 명령합니다. 하나님 여러분의 하나님을 사랑하십시오. 그분의 길을 따라 걸어가십시오. 그분의 계명과 법도와 규례를 지키십시오. 그러면 여러분이 참으로 살고, 풍성하게 살 것입니다. 하나님 여러분의 하나님께서 여러분이 들어가 차지할 땅에서 여러분에게 복을 내리실 것입니다(신 30:11-16).

모압 평야는 이집트 땅에서 약속의 땅으로, 종의 상태에서 자유인의 상태로 나아가는 사십 년 여정의 마지막 정거장이다. 하나의 공동체로서의 이스라엘 백성은 구원, 방황, 반역, 전쟁, 섭리, 예배, 인도하심 등 많은 것을 경험했다. 또한 이스라엘 백성은 하나님께로부터 계명과 언약 조건과 제사 절차에 관해 들었다. 그리고 요단 강을 건너 새 땅을 차지할 준비가 된 지금, 모세는 모압 평야에서 이 위대한 설교를 전하면서, 이스라엘 백성이 경험한 것과 하나님이 알려 주신 것을 하나라도 잊어서는 안된다고 당부한다. 그는 이스라엘 백성이 경험한 구원과 섭리를 현재 시제로 옮기고(1-11장), 하나님께서 알려 주신 계명과 언약도 현재 시제로 옮긴다(12-28장). 그런 다음 그는 당부와 노래와 축복으로 그 모든 것을 마무리하며, 오늘 여기서 순종하는 믿음의 삶을 시작하도록 그들을 떠나보낸다(29-34장).

"자, 가자!"

신명기

1 [1-2] 이것은 요단 강 동쪽 아라바 광야에서 모세가 온 이스라엘 백성에
게 전한 설교다. 아라바는 숩 맞은편, 곧 바란, 도벨, 라반, 하세롯, 디
사합 부근에 있는 광야다. 호렙에서 세일 산을 지나 가데스바네아까지는 열
하루가 걸린다.

[3-4] 사십 년째 되던 해 열한째 달 첫째 날에, 모세는 **하나님**께서 이스라엘 백
성과 관련하여 그에게 명령하신 모든 것을 그들에게 전해 주었다. 이는 모세
가 헤스본에서 다스리던 아모리 왕 시혼과 에드레이의 아스다롯에서 다스리
던 바산 왕 옥을 쳐부순 다음에 있었던 일이다. 모세는 요단 강 동쪽 모압 땅
에서 이 계시의 말씀을 설명하기 시작했다.

모세가 모압 평야에서 전한 설교

[5] 모세가 말했다.

[6-8] 전에 호렙 산에서, **하나님** 우리 하나님께서 우리에게 이렇게 말씀하셨습
니다. "너희는 이 산에서 꽤 오래 머물렀다. 이제 길을 떠나라. 어서 출발하
여라. 아모리 사람의 산지로 가거라. 아라바, 산지들, 작은 언덕들, 네겝 지

역, 바닷가 등 사람이 살고 있는 곳이면 어디로든 나아가거라. 또 가나안 사람의 땅과 레바논을 거쳐 멀리 큰 강 유프라테스까지 나아가거라. 보아라, 내가 이 땅을 너희에게 주었다. 이제 너희는 그 땅에 들어가서 그 땅을 차지하여라. 그 땅은 **하나님**이 너희 조상 아브라함과 이삭과 야곱과 그 자손에게 주겠다고 약속한 땅이다."

9-13 그때에 내가 여러분에게 이렇게 말했습니다. "나 혼자서는 이 일을 할 수 없습니다. 나 혼자서는 여러분의 짐을 질 수 없습니다. **하나님** 여러분의 하나님께서 여러분의 수를 늘어나게 해주셨습니다. 여러분 자신을 보십시오. 여러분의 수가 하늘의 별들에 뒤지지 않습니다! **하나님** 여러분 조상의 하나님께서 계속 그렇게 해주셔서 여러분의 수를 천 배나 늘어나게 하시고, 약속하신 대로 여러분에게 복 주시기를 원합니다. 하지만 나 혼자서 어떻게 여러분의 힘든 문제와 여러분의 무거운 짐과 여러분 사이의 분쟁을 감당할 수 있겠습니까? 그러니 여러분은 자기 지파에서 지혜롭고 사려 깊고 경험 많은 사람들을 뽑으십시오. 그러면 내가 그들을 여러분의 지도자로 세우겠습니다."

14 그러자 여러분은 내게 "좋습니다! 훌륭한 해결책입니다" 하고 대답했습니다.

15 그래서 나는 여러분의 지파에서 지혜롭고 경험 많은 사람들을 뽑아 여러분의 지도자로 삼았습니다. 여러분이 속한 지파들에 맞게 천 명을 맡을 지도자, 백 명을 맡을 지도자, 오십 명을 맡을 지도자, 열 명을 맡을 지도자를 뽑아 관리로 삼은 것입니다.

16-17 동시에 나는 여러분의 재판관들에게 이렇게 명령했습니다. "그대들의 동족인 이스라엘 자손 사이에 서로 고소하고 소송하는 일이 생기면, 잘 듣고 공정하게 재판하시오. 동족 사이에서만 그럴 것이 아니라 동족과 외국인 사이에 발생한 일도 공정하게 재판하시오. 어느 한쪽을 편들지 말고, 힘없는 사람이나 유력한 사람이나 똑같이 대하시오. 각 사람의 말을 주의 깊게 들으시오. 유명인사라고 해서 주눅 들 것 없습니다. 그대들이 하는 재판은 하나님의 재판이기 때문이오. 그대들이 처리하기 힘든 사건은 내게 가져오시오. 그것은 내가 처리하겠습니다."

18 그때에 나는 여러분이 해야 할 일을 여러분에게 다 지시했습니다.

19-21 우리는 **하나님** 우리 하나님께서 명령하신 대로 호렙을 떠나 아모리 사
람의 산지로 향했습니다. 우리는 여러분이 이제껏 보아 온 것보다 크고 두려
운 광야를 지나 마침내 가데스바네아에 이르렀습니다. 거기서 내가 여러분
에게 말했습니다. "여러분은 **하나님** 우리 하나님께서 우리에게 주시는 아모
리 사람의 산지에 이르렀습니다. 보십시오, **하나님** 여러분의 하나님께서 여
러분 앞에 이 땅을 선물로 두셨습니다. 어서 가서 그 땅을 차지하십시오. **하
나님** 여러분 조상의 하나님께서 그 땅을 여러분에게 주시겠다고 약속하셨습
니다. 그러니 두려워하지 마십시오. 낙심하지 마십시오."
22 그러나 그때 여러분은 모두 나에게 와서 말했습니다. "우리보다 먼저 몇
사람을 보내어 그 땅을 정탐하게 한 다음, 어느 길로 가는 것이 가장 좋은지,
우리가 차지할 만한 성읍은 어떤 곳이 있는지 보고하게 합시다."
23-25 나는 그 의견을 좋게 여겨 각 지파에서 한 사람씩 열두 사람을 뽑았습니
다. 그들은 길을 떠나 산지로 올라가서, 에스골 골짜기에 이르러 그 땅을 샅
샅이 조사했습니다. 그들은 그 땅의 열매를 가지고 우리에게 돌아와서 "**하나
님** 우리 하나님께서 우리에게 주시는 땅은 좋은 땅입니다!" 하고 말했습니다.
26-28 그러나 그때 여러분은 올라가려고 하지 않고, 오히려 **하나님** 여러분의
하나님의 명백한 말씀을 거역했습니다. 여러분은 장막 안에서 불평하며 말
했습니다. "하나님께서 우리를 미워하시는구나. 하나님께서 우리를 아모리
사람 가운데 던져 버리시려고 이집트에서 이끌어 내셨다. 우리에게 사형선
고를 내리신 게 틀림없어! 우리가 어떻게 올라갈 수 있단 말인가? 우리는 막
다른 골목으로 몰린 거야. 우리 형제들도 '그 땅 백성은 우리보다 훨씬 크고
강하다. 그들의 성읍들은 크고, 그들의 요새들은 엄청나게 견고하기 이를 데
없다. 우리는 거기서 거인족인 아낙 자손까지 보았다!' 하면서 우리의 기를
꺾지 않았던가!"
29-33 나는 두려워하는 여러분을 안심시키려고 이렇게 말했습니다. "그들을
두려워하지 마십시오. **하나님** 여러분의 하나님께서 앞서 가시며 여러분을

위해 싸우고 계십니다. 그분께서 여러분을 위해 이집트에서 어떻게 일하셨
는지, 광야에서는 어떻게 일하셨는지, 여러분의 두 눈으로 똑똑히 보았습니
다. 여러분은, 아버지가 자기 아이를 안고 가듯이, **하나님** 여러분의 하나님
께서 여러분이 이곳에 이를 때까지 줄곧 여러분을 안고 다니시는 것도 보았
습니다. 그러나 이제 이곳에 이르렀으면서도, 여러분은 **하나님** 여러분의 하
나님을 신뢰하려고 하지 않는군요. 이 **하나님**께서 여러분의 여정 가운데 여
러분보다 앞서 가시며 진 칠 곳을 정찰하시고, 밤에는 불기둥으로 낮에는 구
름기둥으로 여러분이 가야 할 길을 보여주시는데도 말입니다."
34-36 **하나님**께서는 여러분이 하는 말을 들으시고, 진노하며 맹세하셨습니다.
"이 악한 세대 가운데서는 단 한 사람도, 내가 너희 조상에게 주기로 약속한
좋은 땅을 얻지 못할 것이다. 얻기는커녕 보지도 못할 것이다. 다만 여분네
의 아들 갈렙만은 예외다. 그는 그 땅을 볼 것이다. 그가 마음과 뜻을 다해
하나님을 따랐으니, 그가 밟은 땅을 내가 그와 그의 자손에게 주겠다."
37-40 나 또한 벌을 받았습니다. 여러분 때문에 **하나님**의 진노가 나에게까지
미친 것입니다. 그분께서는 이렇게 말씀하셨습니다. "너도 그 땅에 들어가
지 못할 것이다. 너의 부관 눈의 아들 여호수아는 들어갈 것이다. 너는 그에
게 용기를 북돋아 주어라. 그는 이스라엘 자손에게 유산을 찾아 줄 적임자
다. 또한 너희가 노획물로 잡혀갈 것이라고 한 너희 젖먹이들과, 아직 옳고
그름조차 구별하지 못하는 이 어린아이들도 모두 그 땅에 들어갈 것이다. 내
가 그들에게 그 땅을 주겠다. 그렇다. 그들이 그 땅의 새로운 주인이 될 것이
다. 그러나 너희는 아니다. 너희는 발길을 돌려, 홍해 길을 따라 광야로 돌아
가거라."
41 그러자 여러분은 이렇게 말했습니다. "우리가 **하나님**께 죄를 지었습니다.
하나님 우리 하나님께서 명령하신 대로 우리가 올라가 싸우겠습니다." 여러
분은 무기를 들고 전투할 태세를 갖췄습니다. 그 산지로 들어가는 것을 너무
나 쉽게 여겼던 것입니다!
42 그러나 **하나님**께서 내게 말씀하셨습니다. "그들에게 이렇게 전하여라. '그
렇게 하지 마라. 싸우러 올라가지 마라. 내가 이 일에 너희와 함께하지 않겠

다. 너희 원수들이 너희를 죽일 것이다.'"
43-46 내가 그 말을 여러분에게 전했지만, 여러분은 들으려 하지 않았습니다.
여러분은 **하나님**의 명백한 말씀을 거역했습니다. 가슴을 펴고 자신만만하게
산지로 들어갔습니다. 그러자 평생을 그 산지에서 살아온 아모리 사람이 여
러분에게 벌 떼처럼 달려들어, 세일에서 호르마까지 여러분을 뒤쫓았습니
다. 그것은 여러분이 당한 뼈아픈 패배였습니다. 여러분은 돌아와 **하나님** 앞
에서 통곡했지만, **하나님**께서는 여러분을 조금도 거들떠보지 않으셨고, 관
심조차 보이지 않으셨습니다. 그래서 여러분은 예전만큼이나 오랫동안 가데
스에 머물렀던 것입니다.

광야에서 보낸 시간들

2 1 우리는 **하나님**께서 내게 지시하신 대로, 발길을 돌려 홍해 길을 따
라 광야로 들어갔습니다. 우리는 오랫동안, 세일 산지 일대를 떠돌아
다녔습니다.

❦

2-6 그때에 **하나님**께서 말씀하셨습니다. "너희가 이 산지에서 오랫동안 떠돌
았으니, 이제 북쪽으로 가거라. 백성에게 이렇게 명령하여라. '너희는 세일
에 자리 잡은 너희 동족 에서의 자손이 사는 땅을 통과하게 될 것이다. 그들
이 너희를 두려워하니, 조심하여라. 그들과 싸우지 마라. 그들의 땅은 한 뼘
이라도 내가 너희에게 주지 않을 것이다. 세일 산지는 내가 이미 에서에게
주었으니, 그가 그 땅의 주인이다. 너희가 그들에게서 먹을 것을 얻거나 마
실 것을 얻거든, 반드시 값을 치러야 한다.'"
7 **하나님** 여러분의 하나님께서는 여러분이 하는 모든 일에 복을 주셨습니다.
그리고 여러분이 이 넓은 광야를 지나는 동안 여러분을 지켜 주셨습니다. 지
난 사십 년 동안 **하나님** 여러분의 하나님께서 여러분과 함께 이곳에 계셨으
므로, 여러분에게는 부족한 것이 하나도 없었습니다.
8 우리는 세일에 사는 우리 동족 에서의 자손을 비켜 지나왔습니다. 엘랏과

에시온게벨에서 시작되는 아라바 길을 포기한 것입니다. 그 대신에 우리는 모압 광야를 가로지르는 길로 접어들었습니다.

9 **하나님**께서 내게 말씀하셨습니다. "모압 사람과 싸우려 하지 마라. 나는 너희에게 그들의 땅 어느 곳도 주지 않을 것이다. 아르 지역의 소유권은 내가 롯의 자손에게 주었기 때문이다."

10-12 전에는 에밈 사람(몸집이 거대한 사람들)이 그곳에 살았는데, 그들은 아낙 사람처럼 몸집이 큰 거인족이었습니다. 그들은 아낙 사람처럼 르바 사람(귀신 같은 사람들)과 같은 무리로 여겨졌으나, 모압에서는 에밈 사람으로 알려졌습니다. 전에 세일에는 호리 사람도 살았지만, 에서의 자손이 그 땅을 차지하고 그들을 멸망시켰습니다. 이것도 **하나님**께서 이스라엘에게 주셔서 차지하게 하신 땅에서 한 것과 같습니다.

13 **하나님**께서 "이제 세렛 시내를 건너라" 말씀하셔서, 우리는 세렛 시내를 건넜습니다.

14-15 우리가 가데스바네아에서 세렛 시내에 이르기까지는 삼십팔 년이 걸렸습니다. 그 세월이 어찌나 길었던지, **하나님**께서 맹세하신 대로, 그 세대의 모든 군사가 진에서 다 죽었습니다. 최후의 한 사람이 진에서 사라질 때까지 **하나님**께서 그들을 가차 없이 치신 것입니다.

16-23 마지막 군사까지 다 죽자, **하나님**께서 내게 말씀하셨습니다. "오늘 너는 모압 땅 아르를 가로질러 갈 것이다. 암몬 자손에게 가까이 이르거든, 그들에게 싸움을 걸지 말고 그들과 싸우지도 마라. 암몬 자손의 땅은 내가 너희에게 주지 않을 것이기 때문이다. 그 땅은 내가 이미 롯의 자손에게 주었다." 그곳도 르바 사람의 땅으로 알려진 곳이었습니다. 전에 그곳에 르바 사람이 살았는데, 암몬 사람은 그들을 삼숨 사람(미개인들)이라 불렀습니다. 그들은 아낙 사람처럼 거인족이었고 거대한 무리였습니다. **하나님**께서 그들을 멸하셨으므로, 암몬 사람이 들어가 그 땅을 차지했습니다. 이는 세일에 사는 에서의 자손이 한 것과 같습니다. 보다시피, **하나님**께서 그곳에 먼저 살던 호

리 사람을 없애 버리시자, 에서의 자손이 들어가 그 땅을 차지하게 된 것입니다. 이는 가사에 이르기까지 여러 마을에 살던 아위 사람의 경우도 마찬가지입니다. 갑돌(크레타)에서 온 갑돌 사람이 그들을 소탕하고 그곳에 들어가 살게 된 것입니다.

헤스본 왕 시혼을 진멸하다

24-25 "이제 일어나서, 떠나라. 아르논 시내를 건너라. 보아라, 헤스본 왕 아모리 사람 시혼과 그의 땅이 여기 있다. 내가 그 땅을 너희 손에 넘겨주겠다. 그 땅은 이제 너희 것이다. 어서 가서 그 땅을 차지하여라. 가서 그와 싸워라. 오늘이 다 가기 전에, 내가 반드시 이 주변에 사는 모든 백성이 두려움에 떨게 하겠다. 너희 소문이 들불처럼 퍼져서, 그들이 벌벌 떨게 될 것이다."
26-28 나는 그데못 광야에서 헤스본 왕 시혼에게 사신을 보내어, 다음과 같이 우호적인 메시지를 전했습니다. "큰길을 따라 왕의 영토를 지나가게 해주십시오. 내가 오른쪽으로나 왼쪽으로나 벗어나지 않고, 큰길로만 가겠습니다. 음식이나 물이 필요한 경우에는 값을 치르겠습니다. 걸어서 지나가게만 해주십시오.
29 세일에 사는 에서의 자손과 아르에 사는 모압 사람도 그렇게 해주었습니다. 내가 요단 강을 건너, **하나님** 우리 하나님께서 우리에게 주시는 땅에 들어갈 때까지 계속해서 길을 갈 수 있도록 도와주십시오."
30 그러나 헤스본 왕 시혼은 우리가 그의 영토를 지나가는 것을 허락하지 않았습니다. 여러분이 본 것처럼, **하나님** 여러분의 하나님께서 그를 여러분 손에 넘겨주시려고, 그의 성품을 비열하게 하시고 그의 마음을 완악하게 하셨습니다.
31 그때에 **하나님**께서 내게 말씀하셨습니다. "보아라, 이제 내가 일을 시작했으니, 시혼과 그의 땅이 조만간 네 차지가 될 것이다. 어서 가서, 그 땅을 차지하여라. 이제 그 땅은 네 것이나 다름없다!"
32-36 시혼과 그의 모든 군대가 우리와 맞서 싸우려고 야하스로 진격해 왔습니다. 자신의 모든 군대를 이끌고 나와 야하스에서 우리와 맞서 싸웠습니다.

하나님께서 그와 그의 아들들과 그의 모든 군대를 우리 손에 넘겨주셔서, 우리는 그들을 모조리 쳐부수었습니다. 여세를 몰아 우리는 그의 모든 성읍을 점령하고, 남자와 여자, 아이 할 것 없이 모조리 없앴습니다. 그야말로 거룩한 진멸이었습니다. 살아남은 자가 하나도 없었습니다. 다만 가축과 그 성읍에서 탈취한 물건은 우리 것으로 삼았습니다. 아르논 시내 끝자락에 있는 아로엘과 그 골짜기 가운데 있는 성읍에서부터 멀리 길르앗에 이르기까지, 우리가 감당하지 못할 성읍은 하나도 없었습니다. **하나님** 우리 하나님께서는 최후의 한 성읍까지 우리에게 주셨습니다.

37 여러분이 **하나님**의 명령에 순종하여 빼앗지 않은 땅은, 암몬 자손의 땅과 얍복 강 일대의 땅, 그리고 산지의 성읍들 주변에 있는 땅뿐이었습니다.

바산 왕 옥을 진멸하다

3 1 그런 다음 우리는 북쪽으로 방향을 바꾸어 바산 길로 나아갔습니다. 바산 왕 옥은 우리와 맞서 싸우려고 자신의 모든 백성을 거느리고 에드레이로 나왔습니다.

2 **하나님**께서 내게 말씀하셨습니다. "그를 두려워하지 마라. 내가 그와 그의 모든 군대와 그의 땅을 네 손에 넘겨주겠다. 헤스본에서 다스리던 아모리 왕 시혼을 처치한 것과 같이 그를 처치하여라."

3-7 **하나님** 우리 하나님께서는 바산 왕 옥과 그의 모든 백성도 우리 손에 넘겨주셨고, 이에 우리는 그들을 모조리 진멸했습니다. 이번에도 살아남은 자가 하나도 없었습니다. 동시에 우리는 그의 성읍들도 모두 빼앗았습니다. 바산 왕 옥의 영토인 아르곱 전역의 육십 개 성읍 가운데서 우리가 빼앗지 못한 성읍은 하나도 없었습니다. 그 성읍들은 하나같이 성벽이 높고 성문마다 빗장을 걸어 잠근 요새였습니다. 성곽이 없는 마을들도 많았습니다. 우리는 그 마을들도 모조리 쳐부수었습니다. 그야말로 거룩한 진멸이었습니다. 우리는 헤스본 왕 시혼에게 한 것과 똑같이 했습니다. 모든 성읍과 남자와 여자, 아이 할 것 없이 모조리 없애는, 그야말로 거룩한 진멸이었습니다. 그러나 가축과 그 성읍에서 탈취한 물건은 우리 것으로 삼았습니다.

8-10 그때에 우리는 요단 강 동쪽 땅을 다스리던 두 아모리 왕의 손에서, 아르
논 시내에서 헤르몬 산에 이르는 땅을 빼앗았습니다. (시돈 사람들은 헤르몬을
시룐이라 불렀고, 아모리 사람들은 스닐이라 불렀습니다.) 우리는 고원 지대의 모
든 성읍과 길르앗 온 땅과 바산 온 땅을 빼앗고, 바산 왕 옥의 영토 경계에
있는 성읍인 살르가와 에드레이까지 빼앗았습니다.
11 바산 왕 옥은 르바 사람 가운데서 마지막 생존자였습니다. 쇠로 만든 그의
침대는 길이가 4미터, 너비가 1.8미터인데, 암몬 자손이 사는 랍바에 있어
지금도 볼 수 있습니다.

요단 강 동쪽 땅 분배

12 나는 우리가 당시에 차지한 땅 가운데서 아르논 시내 일대의 아로엘 북쪽
땅과 길르앗 산지 절반과 거기에 딸린 성읍들을 르우벤 자손과 갓 자손에게
주었습니다.
13 므낫세 반쪽 지파에게는 길르앗의 나머지 땅과 바산 왕 옥의 영토 전역,
곧 바산 전역을 포함한 아르곱의 모든 지역을 주었습니다. 아르곱은 전에 르
바 사람의 땅으로 알려진 곳입니다.
14 므낫세의 아들 야일은 그술 사람과 마아갓 사람의 경계까지 이르는 아르곱
땅을 모두 차지했습니다. 그는 그곳 바산 마을들을 자기 이름을 따서 하봇야
일(야일의 장막촌)이라 불렀습니다. 그 마을들은 지금도 그렇게 불립니다.
15 나는 마길에게는 길르앗을 주었습니다.
16-17 르우벤 자손과 갓 자손에게는 아르논 시내 중앙을 경계로 하여 길르앗
에서 아르논 시내에 이르는 땅을 주고, 암몬 자손의 경계인 얍복 강까지 주
었습니다. 서쪽으로는 아라바에 있는 요단 강까지, 동쪽으로는 비스가 산 기
슭까지를 경계로 하여, 긴네렛(갈릴리 바다)에서 아라바 바다(소금 바다, 사해)
에 이르는 지역을 주었습니다.

18-20 그때에 나는 여러분에게 이렇게 명령했습니다. "**하나님 여러분의 하나**

님께서 이 땅을 여러분에게 주셔서 차지하게 하셨습니다. 그러니 군사들은 싸울 준비를 갖추고 여러분의 형제인 이스라엘 백성보다 앞서 강을 건너야 합니다. 다만 여러분의 아내와 아이들, 그리고 (내가 알기로 여러분이 많이 거느리고 있는) 가축들은 내가 앞서 여러분에게 나누어 준 성읍들로 가서 정착해도 됩니다. **하나님**께서 여러분에게 주신 것과 마찬가지로 여러분의 형제들에게도 살 곳을 확보해 주실 것입니다. 그들이 **하나님** 여러분의 하나님께서 그들에게 주시는 요단 강 서쪽 땅을 차지하게 되면, 그제야 여러분은 저마다 내가 이곳에서 여러분에게 나누어 준 땅으로 돌아갈 수 있습니다."

너는 요단 강을 건너지 못할 것이다

21-22 그때에 나는 여호수아에게 명령했습니다. "너는 **하나님** 너희 하나님께서 이 두 왕에게 행하신 모든 것을 두 눈으로 똑똑히 보았다. **하나님**께서는 네가 건너갈 강 건너편 모든 나라에도 똑같이 행하실 것이다. 그들을 두려워하지 마라. **하나님** 너희 하나님께서 친히 너희를 위해 싸우실 것이다."
23-25 동시에 나는 **하나님**께 간절히 구했습니다. "주 나의 **하나님**, 주께서는 이 일의 시작부터 저를 참여시키셨습니다. 주께서는 제게 주의 위대하심을 나타내시고, 주의 권능을 보여주셨습니다. 하늘과 땅에 있는 어떤 신이 주께서 행하신 것과 같은 일을 행할 수 있겠습니까! 부디, 이 일의 마지막까지 저를 참여시켜 주셔서, 제가 저 강을 건너서 요단 강 저편에 있는 좋은 땅, 초목이 무성한 언덕, 레바논의 산들을 보게 해주십시오."
26-27 그러나 **하나님**께서는 여러분 때문에 내게 진노하셔서, 나의 간구를 들어주지 않으셨습니다. 그분께서 말씀하셨습니다. "이제 됐다. 더 이상 이 일로 내게 말하지 마라. 너는 비스가 산 정상에 올라가서 동서남북 사방을 둘러보아라. 그 땅을 네 두 눈에 담아 두어라. 너는 이 요단 강을 건너지 못할 것이니, 잘 보아 두어라.
28 너는 여호수아에게 명령하여, 그에게 용기와 힘을 북돋아 주어라. 그가 혼자서 이 백성을 이끌고 강을 건너서, 네가 바라보기만 하고 들어갈 수 없는 그 땅을 그들에게 유산으로 받게 할 것이다."

29 그래서 우리는 벳브올 맞은편 이 골짜기에 머물렀습니다.

지켜야 할 하나님의 규례와 법도

4 1-2 이스라엘 여러분, 들으십시오. 내가 여러분에게 가르치는 규례와
법도를 잘 듣고 따르십시오. 그리하면 여러분이 살 것이요, **하나님**
여러분 조상의 하나님께서 여러분에게 주시는 땅에 들어가 그 땅을 차지할
것입니다. 내가 여러분에게 명령하는 말에 한 마디도 더하거나 빼지 마십시
오. 여러분은 내가 여러분에게 전하는, **하나님** 여러분의 하나님의 명령을 지
키십시오.
3-4 여러분은 **하나님**께서 바알브올에서 행하신 일을 두 눈으로 보았습니다.
하나님께서 바알브올 광란의 축제에 참여한 모든 사람을 여러분 가운데서
어떻게 멸하셨는지 똑똑히 보았습니다. 그러나 **하나님** 여러분의 하나님을
꼭 붙잡은 사람은 오늘까지 다 살아 있습니다.
5-6 잘 들으십시오. 내가 **하나님**께서 내게 명령하신 규례와 법도를 여러분에
게 가르쳐 주겠습니다. 이것은 여러분이 들어가 소유하게 될 땅에서 이 규례
와 법도를 지키며 살게 하려는 것입니다. 여러분은 이것을 지켜 실천하십시
오. 그러면 여러분은 지혜롭고 슬기로워질 것입니다. 사람들이 여러분에 대
해 듣고 눈으로 확인하고서 "대단한 민족이다! 어떻게 저토록 지혜롭고 슬기
로울 수 있을까! 저런 민족은 처음 본다" 하고 말할 것입니다.
7-8 맞습니다. 우리와 함께 계시고, 늘 우리 말을 들으시는 **하나님** 우리 하나
님처럼 친밀하신 신을 섬기는 위대한 민족이 또 어디 있겠습니까? 내가 오
늘 여러분 앞에 제시하는 이 계시의 말씀만큼 선하고 올바른 규례와 법도를
가진 위대한 민족이 또 어디 있겠습니까?
9 정신을 바짝 차리고, 여러분 자신을 면밀히 살피십시오. 여러분이 본 것을
잊지 마십시오. 여러분의 마음이 흐트러지지 않게 하십시오. 평생토록 깨어
있으십시오. 여러분이 보고 들은 것을 여러분의 자녀와 손자손녀에게 가르
치십시오.
10 여러분이 호렙에서 **하나님** 여러분의 하나님 앞에 서던 날, **하나님**께서 내

게 말씀하셨습니다. "백성을 내 앞에 불러 모아 내 말에 귀를 기울이게 하여
라. 그들이 그 땅에서 사는 날 동안 거룩한 두려움으로 나를 경외하는 법을
배우고, 똑같은 말씀을 그들의 자녀에게도 가르치게 하여라."
11-13 여러분이 모여서 산기슭에 서자, 그 산에 불이 활활 타올라 불길이 하늘
높이 치솟았습니다. 칠흑 같은 어둠과 짙은 구름이 여러분을 감쌌습니다. **하
나님**께서 불 가운데서 여러분에게 말씀하셨습니다. 여러분은 말씀하시는 소
리만 들었을 뿐 아무것도 보지 못했습니다. 아무 형상도 보지 못하고 오직
그 음성만 들었습니다. 하나님께서는 그분의 언약, 곧 십계명을 선포하셨습
니다. 여러분에게 그 계명대로 살라고 명령하시면서, 그것을 두 돌판에 써
주셨습니다.
14 그때에 **하나님**께서 내게 명령하시기를, 여러분이 요단 강을 건너가 차지
할 땅에서 지키며 살아야 할 규례와 법도를 여러분에게 가르쳐 주라고 하셨
습니다.
15-20 **하나님**께서 호렙 산 불 가운데서 여러분에게 말씀하시던 날, 여러분은
아무 형상도 보지 못했습니다. 그 점을 기억하십시오. 여러분이 타락하여 형
상을 만드는 일이 없도록 스스로 조심하십시오. 남자의 형상이든 여자의 형
상이든, 어슬렁거리는 짐승의 형상이든 날아다니는 새의 형상이든, 기어 다
니는 뱀의 형상이든 물속 물고기의 형상이든, 아무것도 돌에 새기지 마십시
오. 또 하늘로 눈을 들어, 해와 달과 별들, 곧 하늘의 온갖 천체를 보고 미혹
되어서, 그것들을 경배하고 섬기는 일이 없도록 스스로 조심하십시오. 그것
들은 도처에 있는 세상 모든 사람을 위해 **하나님**께서 진열해 놓으신 것에 불
과합니다. 그러나 여러분은, **하나님**께서 용광로와 같은 이집트에서 건져 내
셔서, 오늘 이처럼 그분 소유의 백성이 되게 하셨습니다.
21-22 그러나 **하나님**께서는 여러분과 여러분이 한 말 때문에 내게 진노하셨습
니다. 그분께서는 내가 요단 강을 건너지 못하고, **하나님** 여러분의 하나님께
서 여러분에게 유산으로 주시는 저 아름다운 땅에 들어가지 못할 것이라고
맹세하셨습니다. 이는 내가 이 땅에서 죽는다는 뜻입니다. 나는 요단 강을
건너지 못하지만, 여러분은 건너가서 저 아름다운 땅을 차지할 것입니다.

23-24 그러니 정신을 바짝 차리십시오. **하나님** 여러분의 하나님께서 여러분과
맺으신 언약을 한순간도 잊지 마십시오. 어떤 형상이든, 새겨 만든 우상들에
관심을 갖지 마십시오. 이는 **하나님** 여러분의 하나님께서 분명하게 내리신
명령입니다. **하나님** 여러분의 하나님을 함부로 대해서는 안됩니다. 그분은
태워 버리는 불이시며, 질투하는 하나님이십니다.
25-28 여러분이 자녀를 낳고 손자손녀를 보고 나이를 먹어 가면서 그것들을
당연한 것으로 여기며 살다가, 그만 타락하여 어떤 형상이든 돌에 새겨 만들
거나, **하나님** 보시기에 분명히 악한 짓을 하여 그분의 진노를 산다면, 내가
하늘과 땅을 증인 삼아 여러분에게 장담하건대, 여러분은 요단 강을 건너가
차지할 그 땅에서 쫓겨나고 말 것입니다. 정말입니다. 여러분이 그 땅에서
머무는 기간이 극히 짧을 것입니다. 여러분은 완전히 멸망할 것입니다. **하나
님**께서 여러분을 멀리 사방으로 흩어 버리실 것입니다. **하나님**께서 여러분
을 쫓아 보내실 민족들 가운데서도 살아남을 사람이 얼마 되지 않을 것입니
다. 여러분은 거기서 사람이 나무나 돌로 만든 이상한 신들, 곧 보지도 못하
고 듣지도 못하고 먹지도 못하고 냄새도 맡지 못하는 신들을 마음껏 섬기게
될 것입니다.
29-31 그러나 여러분이 거기서도 **하나님** 여러분의 하나님을 찾으면, 진정으로
그분을 찾고 마음과 뜻을 다해 그분을 찾으면, 그분을 만나게 될 것입니다. 장
차 여러분이 환난을 당하고 이 모든 끔찍한 일이 여러분에게 일어나면, 그제
야 여러분은 **하나님** 여러분의 하나님께로 돌아가, 그분이 하시는 말씀을 순종
하는 마음으로 듣게 될 것입니다. **하나님** 여러분의 하나님은 무엇보다 자비로
운 하나님이십니다. 그분은 여러분을 버리지도 멸하지도 않으실 것이며, 여러
분의 조상에게 지키겠다고 맹세하신 언약을 잊지도 않으실 것입니다.
32-33 물어보십시오. 여러분이 태어나기 전 그 오랜 세월 동안 무슨 일이 있었
는지 알아보십시오. 하나님께서 이 땅에 남자와 여자를 창조하신 날부터 지
금까지, 동쪽 지평선에서 서쪽 지평선에 이르기까지, 여러분이 상상할 수 있
는 가장 먼 옛날에 이르기까지, 여러분이 상상할 수 있는 가장 먼 곳에 이르
기까지, 이처럼 큰 일이 일어난 적이 있습니까? 누가 이와 같은 일을 들어

본 적이 있습니까? 불 가운데서 말씀하시는 신의 음성을 듣고도 여러분처럼
살아남아서 그 이야기를 전한 백성이 있습니까?
34 **하나님** 여러분의 하나님께서 이집트에서 여러분이 지켜보는 앞에서 여러
분을 위해 행하신 것처럼, 온갖 시험과 이적과 전쟁을 통해, 강한 손과 펴신
팔과 두렵고 어마어마한 광경으로, 한 민족을 다른 민족 가운데서 이끌어 내
려고 그토록 애쓴 신이 있습니까?
35-38 이 모든 것을 여러분에게 보여주신 것은, **하나님**만이 하나님이시며 그
분만이 유일한 하나님이시라는 것을 여러분이 알게 하시려는 것입니다. 하
나님은 정말로 그런 분이십니다. **하나님**께서는 여러분을 가르치시려고 하늘
로부터 그분의 음성을 여러분에게 들려주셨습니다. 땅에서는 큰 불을 여러
분에게 보여주셔서, 여러분이 다시 한번 그분의 말씀, 곧 불 가운데서 들려
오는 그분의 말씀을 듣게 하셨습니다. **하나님**께서는 여러분의 조상을 사랑
하셨고, 그래서 그들의 자손과 함께 일하기로 작정하셨습니다. 그분께서는
친히 강한 능력으로 여러분을 이집트에서 이끌어 내시고, 여러분보다 크고
강하고 오래된 여러 민족들을 쫓아내셨습니다. 그분께서는 여러분을 이끌어
내셔서, 그 민족들의 땅을 여러분에게 유산으로 넘겨주셨습니다. 그 일이 지
금, 바로 오늘 일어나고 있습니다.
39-40 오늘 여러분은, **하나님**께서 위로는 하늘에 계시고 아래로는 땅에 계시
며, 그분만이 오직 한분 하나님이신 것을 제대로 알고 마음에 새기십시오.
내가 오늘 여러분에게 전하는 그분의 규례와 계명을 지키며 사십시오. 그러
면 여러분이 잘 살고, 여러분의 자손도 여러분의 뒤를 이어 잘 살 것입니다.
여러분은 **하나님** 여러분의 하나님께서 여러분에게 주시는 땅에서 오래도록
살게 될 것입니다.

⁂

41-42 그때에 모세는 요단 강 동쪽 지역에 성읍 세 개를 따로 구별하고, 뜻하
지 않게 사람을 죽인 자가 그곳으로 피신하여 목숨을 건질 수 있게 했다. 원
한을 품은 일 없이 뜻하지 않게 살인한 자는, 이 성읍들 가운데 한 곳으로 피

신하여 목숨을 건질 수 있었다.
43 그 세 성읍은 르우벤 지파가 차지한 고원 지대 광야의 베셀, 갓 지파가 차
지한 길르앗의 라못, 므낫세 지파가 차지한 바산의 골란이다.

모세가 모압 평야에서 전한 두 번째 설교

44-49 다음은 모세가 이스라엘 백성에게 전한 계시의 말씀이다. 이것은 이스라엘 백성이 이집트를 나와 요단 강 동쪽 벳브올 맞은편 골짜기에 도착한 뒤에, 모세가 이스라엘 백성에게 전한 증언과 규례와 법도다. 그곳은 헤스본에서 다스리던 아모리 왕 시혼의 땅이었다. 모세와 이스라엘 백성은 이집트를 떠난 뒤에 그를 쳐서 물리치고 그 땅을 차지했다. 또한 그들은 바산 왕 옥의 땅도 차지했다. 두 아모리 왕이 차지하고 있던 요단 강 동쪽 지역의 땅은, 아르논 시내 근처에 있는 아로엘에서부터 북쪽으로는 헤르몬 산으로 알려진 시온 산까지, 요단 강 동쪽의 아라바 전역, 남쪽으로는 비스가 산 기슭 아래 아라바 바다(사해)까지였다.

십계명

5 1 모세가 온 이스라엘을 불러 모아, 그들에게 말했다.
이스라엘 여러분, 주목하십시오. 내가 오늘 여러분의 들을 줄 아는 귀에 대고 전하는 규례와 법도를, 순종하는 마음으로 들으십시오. 이것들을 익히고, 그대로 사십시오.
2-5 **하나님** 우리 하나님께서는 호렙에서 우리와 언약을 맺으셨습니다. **하나님**께서는 이 언약을 우리 조상하고만 맺으신 것이 아니라, 오늘 이렇게 살아 있는 우리 모두와도 맺으셨습니다. **하나님**께서는 그 산 불 가운데서 여러분에게 직접 말씀하셨습니다. 그때 나는 **하나님**과 여러분 사이에 서서, **하나님**께서 하시는 말씀을 여러분에게 전해 주었습니다. 기억하시겠지만, 여러분이 그 불을 두려워하여 산에 올라가려고 하지 않았기 때문입니다. **하나님**께서 말씀하셨습니다.

6 "나는 너희를 이집트 땅,
종살이하던 집에서 이끌어 낸
하나님 너희 하나님이다.

7 나 외에, 다른 신을 섬기지 마라.
8-10 날아다니는 것이나 걸어 다니는 것이나 헤엄쳐 다니는 것이나, 크기와
모양과 형상이 어떠하든지, 신상들을 새겨 만들지 마라. 그것들에게 절하거
나 그것들을 섬기지 마라. 나는 **하나님**, 너희 하나님이며, 몹시도 질투하는
하나님이다. 나는 부모의 죄를 자녀들에게 넘겨줄 뿐 아니라, 삼사 대 자손
에 이르기까지 그 죄값을 치르게 할 것이다. 그러나 나를 사랑하고 내 계명
을 지키는 사람에게는, 내가 천 대에 이르기까지 한결같은 사랑을 베푼다.
11 **하나님** 너희 하나님의 이름을, 저주하거나 실없이 농담을 하는 데 사용하
지 마라. 나 **하나님**은, 그 이름을 경건하지 못한 일에 사용하는 것을 참지 않
을 것이다.
12-15 안식일에는 일하지 마라. **하나님** 너희 하나님이 너희에게 명령한 대로
안식일을 거룩하게 지켜라. 육 일 동안 일하면서 네 할 일을 다 하여라. 그러
나 일곱째 날은 안식일, 곧 휴식의 날이니, 아무 일도 하지 마라. 너희와 너
희 아들딸, 너희 남종과 여종, 너희 소와 나귀(너희 소유의 집짐승), 심지어 너
희 마을을 방문한 손님도 일을 해서는 안된다. 그래야 너희 남종과 여종들도
너희와 똑같이 쉴 수 있을 것이다. 너희가 이집트에서 종으로 살았고, **하나
님** 너희 하나님이 강한 능력을 나타내어 너희를 그곳에서 이끌어 내었음을
잊지 마라. **하나님** 너희 하나님이 너희에게 안식의 날을 지키라고 명령하는
것은 그 때문이다.
16 너희 부모를 공경하여라. 이는 **하나님** 너희 하나님의 명령이다! 그러면 너
희가 오래도록 살고, 하나님이 너희에게 주는 땅에서 너희가 잘 될 것이다.
17 살인하지 마라.
18 간음하지 마라.
19 도둑질하지 마라.

20 너희 이웃에 대해 거짓말하지 마라.
21 너희 이웃의 아내를 탐내지 마라. 이웃의 집이나 밭, 남종이나 여종, 소나
나귀나 그 무엇이든, 너희 이웃의 소유는 어떤 것도 탐내지 마라!"

22 이것이 **하나님**께서 산에서 온 회중에게 선포하신 말씀입니다. 그분께서는
불과 구름과 짙은 안개 가운데서 큰 음성으로 말씀하셨습니다. 그 말씀이 전
부였고, 한 마디도 더하지 않으셨습니다. 그러고는 그것을 두 돌판에 써서
내게 주셨습니다.
23-24 여러분이 짙은 구름 가운데서 들려오는 그 음성을 듣고 산이 불타는 것
을 보고 나서야, 여러분 각 지파의 우두머리와 지도자들이 내게 다가와서 말
했습니다.
24-26 "우리 **하나님**께서 우리에게 그분의 영광과 위엄을 드러내 보이셨습니
다. 오늘 우리는 그분께서 불 가운데서 하시는 말씀을 들었습니다! 하나님께
서 사람들에게 말씀하시는데도 그들이 여전히 살아 있는 것을 우리가 똑똑
히 보았습니다. 하지만 어찌 더 모험을 하겠습니까? 우리가 더 머물다가는
이 큰 불이 우리를 삼키고 말 것입니다. 우리가 **하나님**의 음성을 더 듣다가
는 틀림없이 죽고 말 것입니다. 이제까지, 우리처럼 **하나님**의 음성을 듣고도
살아남아서 이야기를 전한 사람이 있었습니까?
27 이제부터는 당신이 가서 **하나님** 우리 하나님께서 하시는 말씀을 듣고, **하
나님**께서 당신에게 일러 주시는 말씀을 우리에게 전해 주십시오. 그러면 우
리가 듣고 그대로 행하겠습니다."
28-29 **하나님**께서는 여러분이 내게 하는 말을 들으시고 내게 말씀하셨습니다.
"이 백성이 네게 하는 말을 내가 들었다. 그들의 말이 참으로 옳다. 그들이
언제나 이런 마음으로 나를 경외하고 나의 모든 계명을 지키면, 내가 무엇
인들 주지 않겠느냐? 그렇게 하기만 하면, 그들과 그 자손이 영원토록 잘 살
것이다!
30-31 가서 그들에게 자기 장막으로 돌아가라고 말하여라. 그러나 너는 여기
에 나와 함께 머물러 있어라. 그들에게 가르쳐야 할 모든 계명과 규례와 법

도를 내가 네게 일러 주겠다. 그러면 그들은 내가 그들에게 주어 소유하게
할 땅에서 어떻게 살아야 하는지 알게 될 것이다."
32-33 그러니 여러분은 정신을 바짝 차려서, **하나님**께서 여러분에게 명령하시
는 그대로 행하십시오. 오른쪽으로나 왼쪽으로나 벗어나지 마십시오. **하나**
님께서 명령하시는 길을 곧장 따라가십시오. 그러면 여러분이 차지할 땅에
서 여러분이 잘 살고, 오래도록 살 것입니다.

여러분의 하나님을 전심으로 사랑하십시오

6

1-2 이것은 **하나님** 여러분의 하나님께서 여러분에게 가르치라고 내게
명령하신 계명과 규례와 법도입니다. 여러분이 건너가 차지할 땅에서
이것을 지켜 행하십시오. 이것은 여러분과 여러분의 자녀와 손자손녀가 평
생토록 **하나님**을 깊이 경외하며 살고, 내가 여러분에게 명령하는 그분의 규
례와 법도를 지켜, 오래도록 잘 살게 하려는 것입니다.
3 이스라엘 여러분, 잘 들으십시오. 이 말을 듣고 그대로 행하십시오. 그러면
하나님께서 약속하신 대로, 젖과 꿀이 흐르는 땅에서 여러분이 잘 살고, 풍
요로운 삶을 얻게 될 것입니다.
4 이스라엘 여러분, 주목하십시오!
하나님 우리 하나님! 그분은 오직 한분 **하나님**이십니다!
5 여러분은 **하나님**을, 여러분의 하나님을 전심으로 사랑하십시오. 여러분의
전부를 다해, 여러분이 가진 전부를 다 드려, 그분을 사랑하십시오.

6-9 오늘 내가 여러분에게 전한 이 계명을 여러분 마음에 새기십시오. 이 계
명이 여러분 마음에서 떠나지 않게 하고, 여러분 자녀의 마음에서 떠나지 않
게 하십시오. 집에 앉아 있을 때나 길을 걸을 때나 어디에 있든지, 이 계명에
관해 이야기하십시오. 아침에 일어나는 순간부터 밤에 잠자리에 드는 순간
까지, 이 계명에 관해 이야기하십시오. 이 계명을 여러분의 손과 이마에 매
어 표로 삼으십시오. 여러분의 집 양쪽 문기둥과 성문에도 새겨 놓으십시오.
10-12 **하나님** 여러분의 하나님께서 여러분의 조상 아브라함과 이삭과 야곱을

통해 여러분에게 주기로 약속하신 땅에 여러분을 이끌어 들이시면, 여러분은 여러분이 세우지 않은 크고 번화한 성읍들, 여러분이 구입하지 않은 좋은 가구가 즐비한 집들로 들어가, 여러분이 파지 않은 우물과 여러분이 심지 않은 포도밭과 올리브밭을 만나게 될 것입니다. 여러분이 그 모든 것을 차지하고 그곳에 정착하여 기쁨과 만족을 얻게 되거든, 여러분이 어떻게 그곳에 이르게 되었는지를 잊지 마십시오. 여러분을 이집트 종살이에서 이끌어 내신 분은 **하나님**이십니다.

13-19 **하나님** 여러분의 하나님을 깊이 경외하십시오. 그분만을 섬기고 오직 그분만을 예배하십시오. 그분의 이름으로만 맹세하십시오. 여러분 가운데 살고 계신 **하나님** 여러분의 하나님은 질투하는 하나님이시니, 다른 신들, 곧 이웃 백성이 섬기는 신들과 어울리지 마십시오. 그분을 노하게 하여, 활활 타오르는 그분의 진노가 여러분을 지면에서 싹 태워 버리는 일이 없게 하십시오. 전에 여러분이 맛사에서 하나님을 시험했던 것처럼, **하나님** 여러분의 하나님을 시험하지 마십시오. **하나님** 여러분의 하나님의 명령을 잘 지키고, 그분께서 여러분에게 주신 의무와 법도를 모두 지키십시오. 옳은 일을 하십시오. **하나님** 보시기에 선한 일을 행하십시오. 그러면 여러분이 잘 살게 되고, **하나님**께서 여러분의 조상을 통해 엄숙히 약속하신 저 아름다운 땅에 당당히 들어가 그 땅을 차지하며, **하나님**께서 말씀하신 대로 여러분의 원수들을 사방으로 쫓아낼 수 있을 것입니다.

20-24 장차 여러분의 자녀가 "**하나님** 우리 하나님께서 명령하신 이 의무와 법도와 규례는 무슨 뜻입니까?" 하고 묻거든, 여러분은 그들에게 이렇게 일러 주십시오. "우리가 이집트에서 바로의 종이었으나, **하나님**께서 강한 능력으로 직접 나서서 우리를 그 땅에서 이끌어 내셨다. **하나님**께서 이집트, 곧 바로와 그의 집안에 기적-표징과 큰 이적과 끔찍한 재앙을 내리실 때, 우리가 그곳에 서서 똑똑히 보았다. **하나님**께서 우리를 그곳에서 이끌어 내신 것은, 우리를 이곳으로 데려오셔서 우리 조상에게 엄숙히 약속하신 땅을 우리에게 주시려는 것이었다. **하나님**께서 우리에게 이 모든 규례를 따르라고 명령하신 것은 그 때문이다. 이는 우리가 **하나님** 우리 하나님 앞에서 경건하게

살게 하셔서, 오늘 이처럼 우리를 잘 살게 하시고 오래도록 살게 해주시려는
것이다.
25 하나님 우리 하나님께서 명령하신 대로 우리가 그분 앞에서 이 모든 계명을
지켜 행하면, 이것이야말로 하나님 앞에 바로 세워진 온전한 삶이 될 것이다."

하나님께서 이스라엘을 택하신 이유

7 1-2 하나님 여러분의 하나님께서, 여러분이 들어가 차지하려고 하는
땅으로 여러분을 데려가신 뒤에, 그곳에 자리 잡고 살던 막강한 민족
들, 곧 헷 사람, 기르가스 사람, 아모리 사람, 가나안 사람, 브리스 사람, 히
위 사람, 여부스 사람을 여러분 앞에서 몰아내실 것입니다. 그 일곱 민족은
모두 여러분보다 수가 많고 강한 민족입니다. 하나님 여러분의 하나님께서
그들을 여러분 손에 넘겨주실 것이니, 여러분은 그들을 쳐부수어야 합니다.
여러분은 그들을 완전히 멸해서, 그들을 거룩한 진멸의 제물로 하나님께 드
려야 합니다.
그들과 조약을 맺지 마십시오.
어떤 경우에도 그들을 풀어 주지 마십시오.
3-4 그들과 결혼하지 마십시오. 여러분의 딸을 그들의 아들에게 주지도 말고,
그들의 딸을 여러분의 아들에게 데려오지도 마십시오. 그렇게 하다가는 여
러분이 미처 눈치채기도 전에, 그들이 자기 신들을 숭배하는 일에 여러분을
끌어들이고 말 것입니다. 그러면 하나님께서 진노하셔서, 순식간에 여러분
을 멸하실 것입니다.
5 여러분은 이렇게 해야 합니다.

그들의 제단을 하나씩 허물고
남근 모양의 기둥들을 깨부수고
섹스와 종교를 결합한 아세라 목상들을 찍어 버리고
그들이 조각한 신상들을 불사르십시오.

6 여러분은 **하나님** 여러분의 하나님 앞에 거룩하게 구별된 백성이니, 그렇게
해야 합니다. **하나님** 여러분의 하나님께서 땅에 있는 모든 백성 가운데서 여
러분을 친히 택하시고, 그분의 소중한 보배로 삼으셨습니다.
7-10 **하나님**께서 여러분에게 마음이 끌리시고 여러분을 택하신 것은, 여러분
이 수가 많고 유력해서가 아니었습니다. 사실, 여러분에게는 이렇다 할 것이
없었습니다. 그분께서는 순전한 사랑 때문에, 그리고 여러분의 조상에게 하
신 약속을 지키시려고 그렇게 하신 것입니다. **하나님**께서 크신 능력으로 직
접 나서서 저 종살이하던 세계에서 여러분을 되사시고, 이집트 왕 바로의 강
철 같은 손에서 여러분을 해방시켜 주신 것입니다. 그러니 여러분은, **하나님**
여러분의 하나님만이 참 하나님이시며 여러분이 의지해야 할 하나님이시라
는 것을 알아야 합니다. **하나님**께서는 그분을 사랑하고 그분의 계명을 지키
는 사람들과 맺은 신실한 사랑의 언약을 천 대에 이르기까지 지키십니다. 그
러나 그분을 미워하는 자들에게는 벌을 내려 죽게 하십니다. **하나님**께서는
그런 자들에게 지체 없이 되갚아 주십니다. **하나님**께서는 그분을 미워하는
자들을 즉시 벌하십니다.
11 그러니 내가 오늘 여러분에게 명령하는 계명과 규례와 법도를 지키십시
오. 그대로 행하십시오.
12-13 그러면 장차 이런 일이 일어날 것입니다. 여러분이 이 명령을 따라 잘
지켜 행하면, **하나님**께서도 여러분의 조상과 맺은 신실한 사랑의 언약을 지
키실 것입니다.

하나님께서 여러분을 사랑하시고
여러분에게 복을 내리시며
여러분의 수를 늘려 주실 것입니다.

13-15 또 여러분에게 주시겠다고 여러분의 조상에게 약속하신 땅에서, 여러분
의 태에서 태어난 젖먹이와 여러분의 밭에서 난 곡식 수확물과 포도주와 기
름에 복을 내리시고, 여러분의 소 떼에서 태어난 송아지와 양 떼에서 태어

난 어린양에게도 복을 내려 주실 것입니다. 여러분은 다른 모든 민족보다 더
큰 복을 받아서, 여러분 가운데서 아이를 낳지 못하는 사람이 없고, 여러분
의 가축 가운데서 새끼를 낳지 못하는 짐승이 없을 것입니다. **하나님**께서 온
갖 질병을 없애 주실 것입니다. 그분께서는 여러분이 이집트에서 경험한 온
갖 나쁜 질병에 걸리지 않게 하시고, 여러분을 미워하는 자들에게 그러한 병
이 걸리게 하실 것입니다.
16 여러분은 **하나님** 여러분의 하나님께서 여러분에게 넘겨주시는 모든 민족
을 완전히 쳐부수어야 합니다. 그들을 불쌍히 여기지 말고, 그들의 신들을
숭배하지 마십시오. 그렇게 했다가는 그것들이 여러분에게 덫이 되고 말 것
입니다.
17-19 여러분은 속으로 "이 민족들이 우리보다 열 배는 많은 것 같다! 우리는
그들에게 아무런 충격도 주지 못할 것이다!" 하고 생각할 것입니다. 그러나
내가 분명히 말하건대, 두려워하지 마십시오. **하나님** 여러분의 하나님께서
바로와 온 이집트에 행하신 일을 낱낱이 기억하고 또 기억하십시오. 여러분
이 직접 목격한 그 위대한 싸움들을 기억하십시오. 하나님께서 팔을 뻗어 여
러분을 그곳에서 이끌어 내실 때에 보여주신 기적-표징과 이적과 그분의 강
한 손을 기억하십시오. **하나님** 여러분의 하나님께서는, 지금 여러분이 두려
워하고 있는 저 민족들에게도 그와 똑같이 행하실 것입니다.
20 그뿐 아니라, 말벌까지 보내실 것입니다. **하나님**께서 그들에게 말벌을 풀어
놓으셔서, 여러분의 눈을 피해 살아남은 자들까지 모조리 죽이실 것입니다.
21-24 그러니 그들을 겁내지 마십시오. **하나님** 여러분의 하나님, 위대하고 두
려우신 **하나님**께서 여러분 가운데 계십니다. **하나님** 여러분의 하나님께서
저 민족들을 서서히 쫓아내실 것입니다. 여러분은 저들을 단번에 쓸어버리
지는 못할 것입니다. 그렇게 했다가는 들짐승들이 그 땅을 차지하고서 여러
분을 덮칠지도 모릅니다. **하나님** 여러분의 하나님께서는 그들을 여러분의
길에서 몰아내시고 그들을 큰 공포에 빠지게 하셔서, 그들 가운데 살아남은
자가 하나도 없게 하실 것입니다. 그분께서 그들의 왕들을 여러분 손에 넘겨
주실 것이니, 여러분은 그들의 흔적을 하늘 아래서 모조리 없애 버릴 것입니

다. 단 한 사람도 여러분과 맞서지 못할 것이며, 여러분은 그들을 모조리 죽
일 것입니다.
25-26 여러분은 반드시 그들이 조각한 신상들을 불살라 버리십시오. 그 신상
들에 입힌 은이나 금을 탐내어 여러분의 것으로 취하지 마십시오. 그것 때문
에 여러분은 덫에 걸리고 말 것입니다. 그런 짓은, **하나님** 여러분의 하나님
께서 몹시 싫어하시는 역겨운 행동입니다. 여러분은 그 역겨운 것은 하나라
도 집에 들이지 마십시오. 그렇게 했다가는 여러분도 그 역겨운 것처럼 끝장
나고 말 것입니다. 거룩한 진멸의 제물로 불살라지고 말 것입니다. 그것은
금지된 물건입니다! 그러니 그것을 혐오하고 역겨운 것으로 여기십시오. 그
것을 없애 버려서, **하나님**의 거룩하심을 지키십시오.

여러분의 하나님을 잊지 마십시오

8

1-5 여러분은 오늘 내가 여러분에게 명령하는 모든 계명을 지켜 행하
십시오. 그러면 여러분이 살고 번성할 것이며, **하나님**께서 여러분의
조상에게 약속하신 땅에 들어가 그 땅을 차지할 것입니다. **하나님**께서 지난
사십 년 동안 광야에서 여러분을 인도하신 모든 여정을 기억하십시오. 그렇
게 여러분을 극한까지 몰아붙여 시험하신 것은, 여러분의 마음이 어떠한지,
여러분이 그분의 계명을 지키는지 지키지 않는지 알아보시려는 것이었습니
다. 그분께서는 여러분에게 힘든 시기를 겪게 하시고, 여러분을 굶주리게도
하셨습니다. 그러고는 여러분도 모르고 여러분의 조상도 몰랐던 만나로 여
러분을 먹여 주셨습니다. 이는 사람이 빵으로만 사는 것이 아니라 **하나님**의
입에서 나오는 모든 말씀으로 산다는 것을 여러분이 알게 하시려는 것입니
다. 그 사십 년 동안 여러분의 옷이 해어진 적이 없고, 여러분의 발이 부르튼
적이 없습니다. 여러분은 아버지가 자기 자녀를 훈련시키듯이, **하나님**께서
여러분을 훈련시키신다는 것을 마음 깊이 배웠습니다.
6-9 **하나님** 여러분의 하나님의 계명을 지키고 그분께서 보여주시는 길을 따
라 걸으며 그분을 경외하는 것이야말로 가장 중요한 일입니다. 이제 곧 **하**
나님께서 여러분을 아름다운 땅으로 데려가실 것입니다. 그곳은 시내와 강

이 흐르고, 샘과 호수가 있고, 산에서 물이 흘러내려 골짜기로 흐르는 땅입니다. 그곳은 밀과 보리, 포도주와 무화과와 석류, 올리브와 기름과 꿀이 나는 땅입니다. 그곳에서 여러분은 절대로 굶주리지 않을 것입니다. 식탁에는 음식이 끊이지 않을 것이며, 여러분이 거할 보금자리도 마련될 것입니다. 그 땅에서 여러분은 바위에서 쇠를 얻고, 산에서는 구리를 캐내게 될 것입니다.
10 여러분은 배불리 먹고 나서, 그 아름다운 땅을 여러분에게 주신 **하나님** 여러분의 하나님을 찬양하십시오.

11-16 **하나님** 여러분의 하나님을 잊지 않겠다고 다짐하십시오. 내가 오늘 여러분에게 명령하는 그분의 계명과 규례와 법도를 어기는 일이 없게 하십시오. 여러분이 배불리 먹고, 좋은 집을 지어 거기서 살고, 여러분의 소 떼와 양 떼가 늘어나 돈이 더 많아지고, 여러분의 생활수준이 점점 높아질 때, 행여 여러분의 마음이 여러분 자신과 여러분의 재산으로 가득 차서, **하나님** 여러분의 하나님을 잊는 일이 없게 하십시오.

그분은 여러분을 이집트의 종살이에서 구해 내신 하나님,
여러분을 이끌고 저 막막하고 무시무시한 광야,
불뱀과 전갈이 다니는 황량하고 메마른 불모지를 지나게 하신 하나님,
단단한 바위에서 솟아나는 물을 주신 하나님,
여러분의 조상이 들어 보지 못한 만나로
광야에서 여러분을 먹이신 하나님이십니다.
이는 여러분에게 고된 삶을 맛보게 하시고 여러분을 시험하셔서
장차 여러분이 잘 살 수 있도록 준비시키시려는 것이었습니다.

17-18 여러분이 마음속으로 "이 모든 것은 다 내가 이룬 것이다. 나 혼자서 이루었어. 나는 부자다. 모두 다 내 것이다!" 하고 생각한다면, 생각을 고쳐먹으십시오. 기억하십시오. **하나님** 여러분의 하나님께서는, 오늘 이처럼 여러분의 조상에게 맹세하신 언약을 이루시려고, 여러분에게 이 모든 부를 일구어 낼 힘을 주신 것입니다.

19-20 여러분이 **하나님** 여러분의 하나님을 잊고, 다른 신들과 어울려 그 신들
을 섬기고 숭배하면, 분명히 경고하건대, 여러분은 그 일로 멸망하고 말 것
입니다. 곧 파멸입니다. 여러분이 **하나님** 여러분의 하나님의 음성에 순종하
지 않으면, **하나님**께서 여러분 앞에서 멸망시키신 민족들처럼 여러분도 멸
망하고 말 것입니다.

이스라엘 백성의 반역

9 1-2 이스라엘 여러분, 주목하십시오!
여러분은 저 땅에 들어가 여러분보다 수가 많고 강한 민족들을 쫓아
내려고, 바로 오늘 요단 강을 건널 것입니다. 이제 여러분은 하늘에 닿을 만
큼 높이 솟은 성벽으로 둘러싸인 큰 성읍들과 몸집이 대단히 큰 사람들, 곧
아낙 자손을 만나게 될 것입니다. 여러분은 그들에 대한 소문을 들었고, "아
무도 아낙 자손과 맞설 수 없다"는 말까지 들었습니다.
3 여러분은 오늘 이것을 알아 두십시오. **하나님** 여러분의 하나님께서는 여러
분보다 앞서 강을 건너가실 것입니다. 그분은 태워 버리는 불이십니다. 그분
께서 그 민족들을 멸하셔서, 여러분의 힘 아래 굴복시키실 것입니다. **하나님**
께서 여러분에게 약속하신 대로, 여러분은 그들을 쫓아내고, 속히 그들을 멸
망시킬 것입니다.
4-5 **하나님**께서 그들을 여러분 앞에서 몰아내시거든, "**하나님**께서 우리를 이
곳으로 이끌고 오셔서 저 민족들을 쫓아내게 하신 것은 내가 행한 모든 착한
행실 때문이다" 하고 생각하지 마십시오. 사실 그것은 저 민족들이 악을 저
질렀기 때문입니다. 여러분이 여기까지 온 것은 여러분이 행한 착한 행실 때
문도 아니고, 여러분이 쌓아 올린 고상한 행위 때문도 아닙니다. **하나님** 여
러분의 하나님께서 저 민족들을 여러분 앞에서 쫓아내시려는 이유는, 그들
이 몹시도 사악하기 때문입니다. 또한 그것은 여러분의 조상, 곧 아브라함과
이삭과 야곱에게 하신 약속을 지키시려는 것입니다.
6-10 이것을 기억하고 절대 잊지 마십시오. **하나님**께서 저 아름다운 땅을 차
지하라고 여러분에게 주시는 것은, 여러분이 선을 행해서가 아닙니다. 전혀

아닙니다! 여러분은 고집 센 백성일 뿐입니다. 여러분이 광야에서 **하나님** 여
러분의 하나님을 얼마나 노엽게 했는지, 절대로 잊지 말고 기억하십시오. 여
러분은 이집트를 떠나던 날부터 이곳에 이를 때까지 **하나님**께 반항하고 대
들었습니다. 줄곧 반역을 일삼았습니다. 호렙에서 여러분은, **하나님**께서 여
러분을 멸하려고 하셨을 만큼 그분을 노엽게 했습니다. 내가 돌판, 곧 **하나
님**께서 여러분과 맺으신 언약의 돌판을 받으려고 그 산에 올라갔을 때, 나는
밤낮으로 사십 일을 그곳에 머물면서, 음식도 먹지 않고 물도 마시지 않았습
니다. 그때 **하나님**께서 손수 새기신 돌판 두 개를 내게 주셨습니다. 거기에
는 여러분이 모두 모였을 때, **하나님**께서 그 산 불 가운데서 여러분에게 하
신 모든 말씀이 글자 그대로 기록되어 있었습니다.
11-12 밤낮으로 사십 일이 지난 뒤에 **하나님**께서 내게 두 돌판, 곧 언약의 돌
판을 주셨습니다. 그리고 내게 말씀하셨습니다. "어서 가거라. 네가 이집트
에서 이끌어 낸 네 백성이 모든 것을 파멸시키고 있으니, 빨리 내려가거라.
그들이, 내가 그들을 위해 펼쳐 놓은 길을 순식간에 버리고 떠나서, 자기들
을 위해 신상을 부어 만들었다."
13-14 **하나님**께서 말씀하셨습니다. "내가 이 백성을 보니, 목이 뻣뻣하고 마음
이 굳은 반역자들이다. 나를 막지 마라. 내가 저들을 멸망시키겠다. 내가 저
들을 지상에서 완전히 쓸어버리겠다. 그러고 나서 너와 새롭게 시작하여, 너
를 저들보다 낫고 저들보다 큰 민족으로 만들겠다."
15-17 내가 언약 돌판을 두 손에 들고 돌아서서 그 산을 내려오는데, 그 산은
이미 불타고 있었습니다. 내가 보니, 여러분이 **하나님** 여러분의 하나님께 죄
를 짓고 있었습니다. 여러분이 직접 송아지 모양의 신상을 부어 만들었던 것
입니다! **하나님**께서 걸어가라고 명령하신 길에서 여러분은 너무 빨리 떠나
갔습니다. 나는 두 돌판을 높이 들었다가 내던져, 그것을 여러분이 지켜보는
앞에서 산산조각 내 버렸습니다.
18-20 그런 다음 나는 전과 같이 밤낮으로 사십 일을 **하나님** 앞에 엎드려, 음
식도 먹지 않고 물도 마시지 않았습니다. 내가 그렇게 한 것은, 여러분과 여
러분이 저지른 모든 죄 때문이었습니다. 여러분이 **하나님**을 거슬러 죄를 짓

고, **하나님** 보시기에 악한 일을 저질러 그분을 노엽게 했기 때문이었습니다.
나는 **하나님**의 진노, 활활 타오르는 그분의 진노가 두려웠습니다. 그분께서
여러분을 멸망시키려고 하신다는 생각이 들었습니다. 그러나 **하나님**께서 다
시 한번 내 말을 들어주셨습니다. 그분께서 아론에게도 진노하셔서, 그를 멸
하려 하셨습니다. 그때에 나는 아론을 위해서도 기도했습니다.
21 나는 여러분이 만든 죄악된 물건, 곧 송아지 신상을 가져다가 불 속에 넣
어 태운 다음, 고운 가루가 될 때까지 부수고 빻아서, 산에서 흘러 내려오는
시냇물에 뿌렸습니다.
22 여러분은 우리가 진을 쳤던 다베라(불사름), 맛사(시험한 곳), 기브롯핫다아
와(탐욕의 무덤)에서도 그랬습니다. 여러분은 **하나님**을 진노케 한 경우가 많
았습니다.
23-24 최근에도 **하나님**께서는 가데스바네아에서 여러분을 보내시며, "가서,
내가 너희에게 주는 땅을 차지하여라" 하고 명령하셨습니다. 그때 여러분은
어떻게 했습니까? 하나님을 거역했습니다. **하나님** 여러분의 하나님께서 내
리신 분명한 명령을 거스르고 그분을 신뢰하지 않았습니다. 그분의 말씀에
순종하려 하지 않았습니다. 내가 여러분을 알게 된 날부터 지금까지, 여러분
은 줄곧 **하나님**을 거역하는 반역자로 살아왔습니다.
25-26 **하나님**께서 여러분을 멸하시겠다고 말씀하실 때에 나는 밤낮으로 사십
일을 **하나님** 앞에 엎드려, 여러분을 위해 **하나님**께 기도했습니다. "나의 주
하나님, 주의 관대하심으로 속량하시고, 그 크신 능력으로 이집트에서 이끌
어 내신 당신의 백성, 당신의 소유를 멸하지 말아 주십시오.
27-28 주의 종 아브라함과 이삭과 야곱을 기억하셔서, 이 백성의 완악함과 악
과 죄를, 너무 심각하게 여기지 말아 주십시오. 그렇게 하지 않으시면, 주께
서 저들을 구해 내신 이집트 땅의 사람들이 '**하나님**도 어쩔 수 없군. 그가 지
쳐서, 자신이 약속한 땅으로 그들을 데리고 가지 못하는 거야. 그들을 미워
해서, 결국 그들을 광야에 죽게 내버려 두는구나' 하고 말할 것입니다.
29 그들은 주께서 친히 강한 능력으로 구해 내신 주의 백성, 주의 소유입니다."

십계명을 다시 받다

10 1-2 그러자 하나님께서 이렇게 대답하셨습니다. "너는 돌판 두 개
를 처음 것과 같이 만들어서, 산으로 가지고 올라와 나를 만나라.
또 나무로 궤를 하나 만들어라. 처음 돌판, 곧 네가 깨뜨려 버린 돌판에 있던
말을 내가 그 돌판에 새겨 줄 테니, 너는 그것을 그 궤에 넣어라."
3-5 그래서 나는 아카시아나무로 궤를 만들고, 처음 것과 같이 돌판 두 개를
만들어 양손에 들고 산으로 올라갔습니다. 하나님께서는 총회 날에 그 산 불
가운데서 여러분에게 말씀하신 십계명을, 처음 돌판에 쓰셨던 것처럼 그 돌
판에 새겨 내게 주셨습니다. 나는 돌아서서 산을 내려왔습니다. 그러고는 하
나님께서 명령하신 대로, 내가 만든 궤 안에 그 두 돌판을 넣었습니다. 두 돌
판은 그 후로 지금까지 그 궤 안에 있습니다.

6-7 이스라엘 백성은 야아간 사람의 우물을 떠나 모세라로 갔습니다. 거기서
아론이 죽어 묻혔고, 그의 아들 엘르아살이 뒤를 이어 제사장이 되었습니다.
그들은 그곳을 떠나 굿고다로 갔고, 굿고다를 떠나서는 여러 물줄기가 흐르
는 땅 욧바다로 갔습니다.
8-9 그때에 하나님께서 레위 지파를 따로 구별하셔서, 하나님의 언약궤를 나
르게 하시고, 하나님 앞에서 일하게 하시며, 그분을 섬기고 그분의 이름으로
축복하는 일을 하게 하셨습니다. 그들은 지금도 그렇게 하고 있습니다. 그
때문에 레위인에게는 그들의 동족이 유산으로 물려받은 것과 같은 땅이 한
평도 없습니다. 하나님 여러분의 하나님께서 그들에게 약속하신 대로, 하나
님께서 그들의 유산이 되어 주시기 때문입니다.
10 나는 처음과 같이 산 위에서 밤낮으로 사십 일을 머물렀습니다. 그러자 하
나님께서 그때처럼 나의 간구를 들어주셨습니다. 여러분을 멸하지 않기로
하신 것입니다.
11 하나님께서 내게 말씀하셨습니다. "이제 떠나거라. 백성을 인도하여라. 그
들이 다시 길을 떠나, 내가 그들 조상에게 주겠다고 약속한 땅을 차지하게

하여라."

여러분 마음의 굳은살을 베어 내고

12-13 그러니 이스라엘 여러분, **하나님**께서 여러분에게 기대하시는 것이 무엇
이겠습니까? 그것은 바로 여러분이 그분 앞에서 거룩하고 경건하게 살고,
그분께서 여러분 앞에 두신 길을 따라 걸으며, 그분을 사랑하고, 마음을 다
해 **하나님** 여러분의 하나님을 섬기며, 내가 오늘 여러분에게 명령하는 **하나**
님의 계명과 법도를 지키는 것입니다. 이것이야말로 여러분이 잘 사는 길입
니다.
14-18 주위를 둘러보십시오. 여러분의 눈에 보이는 모든 것, 곧 하늘과 그 위
에 있는 것, 땅과 그 위에 있는 모든 것이 다 **하나님**의 것입니다. 그런데도
하나님께서는 여러분의 조상에게 마음을 두시고, 다른 모든 민족 가운데서
그들의 자손인 여러분을 택하셨습니다! 우리가 지금 그 자리에 있습니다.
그러니 여러분은 마음의 굳은살을 베어 내고, 제멋대로 고집부리는 것을 멈
추십시오. **하나님** 여러분의 하나님은 모든 신의 하나님이시며, 모든 주의
주이시며, 위대하고 강하고 두려우신 하나님이십니다. 그분께서는 편애하
지 않으시고, 뇌물을 받지 않으시며, 고아와 과부가 공평하게 대우 받게 하
시고, 외국인이 음식과 옷을 구할 수 있도록 그들을 따뜻하게 보살피는 분
이십니다.

19-21 여러분은 낯선 외국인을 보살펴 따뜻하게 대해야 합니다.
기억하십시오, 여러분도 전에는 이집트 땅에서 외국인이었습니다.
하나님 여러분의 하나님을 경외하고, 그분을 섬기며, 그분을 꼭 붙잡고,
여러분의 약속을 그분의 이름으로만 맹세하십시오.
그분은 여러분의 찬양을 받으실, 여러분의 하나님이십니다!
그분은 여러분이 두 눈으로 직접 본 것처럼,
크고 두려운 이 모든 일을 행하신 분이십니다.

22 여러분의 조상이 이집트에 들어갈 때에는 그 수가 겨우 칠십 명에 지나지 않았습니다. 그러나 이제 보십시오. 여러분의 수가 밤하늘의 별처럼 많지 않습니까? **하나님**께서 그렇게 하신 것입니다.

하나님을 사랑하고 그분의 계명을 지키십시오

11

1 그러므로 **하나님** 여러분의 하나님을 사랑하십시오. 여러분이 사는 날 동안 그분의 규례와 법도를 잘 지키고, 그분의 계명을 지키십시오.

2-7 오늘 여기에서 가장 중심에 있어야 할 사람은 여러분의 자녀가 아닙니다. 그들은 **하나님**께서 행하신 일을 알지도 못하고, 그분이 행하신 일을 본 적도 없으며, 그분의 징계를 경험하지도 못했고, 그분의 위대하심에 놀란 적도 없기 때문입니다. 또한 그들은, 하나님께서 어떻게 그분의 크신 능력으로 이집트 한가운데서 이집트 왕 바로와 그의 온 땅에 기적-표징과 큰 일을 일으키셨는지, 이집트의 군대와 말과 전차들이 여러분을 뒤쫓아 올 때에 어떻게 그들을 홍해에 수장시키셨는지 알지 못합니다. **하나님**께서 그들을 물에 빠뜨려 죽이셨지만, 여러분은 살아서 오늘 이 자리에 서 있습니다. 여러분이 이곳에 이르기까지 **하나님**께서 여러분을 광야에서 어떻게 돌보셨는지, 르우벤의 자손이며 엘리압의 아들인 다단과 아비람에게 그분께서 어떻게 행하셨는지, 땅이 어떻게 입을 벌려 이스라엘 가운데서 그들과 그 가족과 그들의 장막과 주위의 모든 것을 삼켜 버렸는지를 아는 사람도 여러분의 자녀가 아닙니다. 그렇습니다. **하나님**께서 행하신 이 모든 크고 위대한 일을 두 눈으로 본 사람은, 다름 아닌 여러분입니다.

8-9 그러므로 여러분은 오늘 내가 여러분에게 명령하는 모든 계명을 지켜 행해야 합니다. 그러면 여러분은 힘을 얻고, 여러분이 건너가서 차지하려는 땅에 들어가 그 땅을 차지하게 될 것입니다. 여러분은 계명을 지킴으로써, **하나님**께서 여러분의 조상과 그 자손에게 주시기로 약속하신 땅, 젖과 꿀이 흐르는 땅에서 오래도록 살게 될 것입니다.

10-12 여러분이 들어가 차지하려는 땅은 여러분이 떠나온 이집트 땅과 같지
않습니다. 거기서는 여러분이 씨를 뿌리고, 채소밭에 물을 줄 때처럼 직접
물을 주어야 했습니다. 그러나 여러분이 강을 건너가 여러분의 소유로 삼을
땅은 산과 골짜기가 있는 땅, 하늘에서 내리는 빗물을 흡수하는 땅입니다.
정원사이신 **하나님** 여러분의 하나님께서 친히 가꾸시고, 일 년 내내 홀로 돌
보시는 땅입니다.
13-15 이제부터 여러분이, 내가 오늘 여러분에게 명령하는 계명을 순종하는 마
음으로 듣고, **하나님** 여러분의 하나님을 사랑하고, 마음을 다해 그분을 섬기
면, 그분께서 제때에 가을비와 봄비를 내려 주셔서, 여러분이 곡식과 포도와
올리브를 거두게 해주실 것입니다. 또한 여러분의 가축들이 뜯어먹을 풀도
무성하게 해주실 것입니다. 여러분은 먹을거리를 풍성히 얻게 될 것입니다.
16-17 여러분은 유혹을 받고 길을 벗어나, 다른 신들을 섬기고 숭배하는 일이
없도록 깨어 있으십시오. 그러지 않으면 **하나님**께서 진노하셔서 하늘을 닫
으실 것입니다. 비가 내리지 않고 밭에서는 아무것도 자라지 않아서, 여러
분은 곧 굶어 죽고 말 것입니다. **하나님**께서 여러분에게 주신 아름다운 땅에
서, 여러분은 흔적도 없이 사라지고 말 것입니다.
18-21 그러므로 이 말을 여러분의 마음에 간직하십시오. 마음속 깊이 간직하
십시오. 손과 이마에 매어 표로 삼으십시오. 또한 여러분의 자녀에게 가르
치십시오. 집에 앉아 있을 때나 길을 걸을 때나 어디에 있든지, 아침에 일어
나서 밤에 잠자리에 드는 순간까지 이 계명에 관해 이야기하십시오. 양쪽 문
기둥과 성문에도 새겨 넣으십시오. 그러면 **하나님**께서 여러분의 조상에게
주겠다고 약속하신 땅에서 여러분과 여러분의 자손이, 땅 위에 하늘이 있는
한, 오래도록 살게 될 것입니다.
22-25 맞습니다. 내가 여러분에게 지키라고 명령하는 이 모든 계명을 부지런
히 지키고, **하나님** 여러분의 하나님을 사랑하고, 그분께서 일러 주시는 대
로 행하며, 그분께 꼭 붙어 있으면, **하나님**께서 여러분 앞에서 저 모든 민족
을 쫓아내실 것입니다. 그렇습니다. 그분께서 여러분보다 크고 강한 민족들
을 몰아내실 것입니다. 여러분이 발을 딛는 곳마다 여러분의 땅이 될 것입니

다. 여러분 땅의 경계는 광야에서 레바논 산맥에 이르기까지, 유프라테스 강에서 지중해에 이르기까지 뻗어 나갈 것입니다. 아무도 여러분의 앞길을 막지 못할 것입니다. 여러분이 가는 곳이면 어디든지, **하나님**께서 약속하신 대로 공포와 전율을 여러분보다 앞서 보내실 것입니다.

26 나는 오늘 여러분을 복과 저주의 갈림길에 세웠습니다.

27 내가 오늘 여러분에게 명령하는 **하나님** 여러분의 하나님의 계명을 순종하는 마음으로 듣고 따르면, 복을 받을 것입니다.

28 내가 오늘 여러분에게 명령하는 **하나님** 여러분의 하나님의 계명에 주의를 기울이지 않고, 그 길에서 벗어나 여러분이 알지도 못하는 신들을 따라가면, 저주를 받을 것입니다.

29-30 **하나님** 여러분의 하나님께서 여러분이 들어가 차지할 땅으로 여러분을 데리고 가시면, 여러분은 그리심 산에서 축복을 선포하고 에발 산에서 저주를 선포하십시오. 요단 강을 건너면, 서쪽 길을 따라가다가 길갈과 모레의 상수리나무 인근 골짜기에 있는 가나안 사람들의 땅을 통과해 가십시오.

31-32 이제 여러분은 요단 강을 건너, **하나님** 여러분의 하나님께서 여러분에게 주시는 땅으로 들어가 그 땅을 차지하게 될 것입니다. 깨어 있으십시오. 내가 오늘 여러분 앞에 제시하는 법도와 규례를 모두 지켜 행하십시오.

하나님께서 택하신 예배 처소

12 1 이것은 **하나님** 여러분 조상의 하나님께서 여러분에게 차지하라고 주신 땅에서 여러분이 사는 날 동안 부지런히 지켜야 할 규례와 법도입니다.

2-3 여러분이 쫓아낼 민족들이 자기 신들을 섬기는 산당은, 가차 없이 허물어 버리십시오. 그 산당을 낮은 산이나 높은 산, 푸른 나무숲이나 그 어디에서 찾아내든지, 가차 없이 허물어 버리십시오. 그들의 제단을 부수고, 남근 모양의 기둥들을 박살내십시오. 섹스와 종교를 결합한 아세라 산당들을 불태우고, 그들이 조각한 신상들을 부수어 버리십시오. 그 산당의 이름들을 흔적도 없이 지워 버리십시오.

4 여러분은 그런 곳과 분명히 선을 그으십시오. 그런 곳에서 일어나는 일이,
하나님 여러분의 하나님께 드리는 예배를 더럽히지 못하게 하십시오.
5-7 여러분은 **하나님** 여러분의 하나님께서 택하셔서 자기 이름으로 표시하신
곳, 이스라엘 온 지파를 위해 정해 주신 곳으로 가서, 그곳에서 모임을 가지
십시오. 여러분의 속죄 제물과 희생 제물, 여러분의 십일조와 높이 들어 바
치는 제물, 여러분의 서원 제물과 자원 제물, 소 떼와 양 떼의 첫 새끼를 그
곳으로 가져가십시오. 거기, 곧 **하나님** 여러분의 하나님 앞에서 잔치를 벌이
십시오. **하나님** 여러분의 하나님께서 주시는 복으로 성취한 모든 것을 두고
여러분의 가족과 함께 기뻐하십시오.
8-10 지금은 우리가 이 같은 일들을 저마다 원하는 대로 하고 있지만, 앞으로
는 그렇게 하지 마십시오. 아직까지는 여러분이 목적지와 안식처, 곧 **하나**
님 여러분의 하나님께서 유산으로 주시는 땅에 이르지 못했기 때문입니다.
그러나 여러분이 요단 강을 건너 **하나님** 여러분의 하나님께서 유산으로 주
시는 땅에 들어가 자리를 잡으면, 그분께서 여러분 주위에 있는 모든 적들을
쫓아내시고 여러분을 편히 쉬게 해주실 것입니다. 그러면 여러분은 안전하
게 자리를 잡고 살게 될 것입니다.
11-12 그때부터는 내가 여러분에게 명령하는 모든 것, 곧 여러분의 속죄 제물
과 희생 제물, 여러분의 십일조와 높이 들어 바치는 제물, 여러분이 **하나님**
께 서원하고 바치는 서원 제물 가운데서 가장 좋은 것을, **하나님** 여러분의
하나님께서 택하셔서 자기 이름으로 표시하신 곳, 여러분이 그분을 만날 수
있는 곳으로 가져가십시오. 거기서 여러분은, **하나님** 여러분의 하나님 앞에
서 여러분의 자녀와 남종과 여종과, 여러분의 유산 가운데 자기 몫 없이 여
러분의 동네에 사는 레위인과 함께 기뻐하십시오.
13-14 특히, 마음에 드는 아무 곳에서나 속죄 제물을 드리는 일이 없도록 조심
하십시오. **하나님**께서 여러분의 지파 가운데서 택하신 한곳에서만 속죄 제
물을 드리십시오. 내가 명령하는 모든 것을 그곳으로만 가져가야 합니다.
15 **하나님** 여러분의 하나님께서 주신 복에 따라, 노루나 사슴처럼 제물용이
아닌 짐승은 여러분의 성읍에서 잡아 원하는 부위를 먹어도 됩니다. 정결한

사람이든 부정한 사람이든, 모두 그 고기를 먹을 수 있습니다.
16-18 그러나 그 피를 먹어서는 안됩니다. 피는 물처럼 땅바닥에 쏟아 버려야
합니다. 그리고 여러분의 곡식과 새 포도주와 올리브기름의 십일조, 소와 양
의 첫 새끼, 여러분이 서원하여 드린 서원 제물과 자원 제물, 높이 들어 바치
는 제물도 여러분의 성읍에서 먹어서는 안됩니다. 이 모든 것은 **하나님** 여러
분의 하나님 앞, 곧 **하나님** 여러분의 하나님께서 택하신 곳에서 먹어야 합니
다. 여러분과 여러분의 자녀, 여러분의 남종과 여종, 여러분의 동네에 사는
레위인이 모두 그렇게 해야 합니다. 여러분은 여러분이 성취한 모든 것을 두
고, **하나님** 여러분의 하나님 앞에서 경축해야 합니다.
19 여러분은 여러분의 땅에서 사는 동안 레위인을 결코 소홀히 대하지 마십시오.
20-22 **하나님** 여러분의 하나님께서 친히 약속하신 대로, 여러분의 영토를 넓
혀 주신 뒤에, 고기 생각이 간절하여 여러분의 입에서 "고기가 먹고 싶다"
는 말이 나오면, 가서 원하는 만큼 고기를 먹으십시오. 만일 **하나님** 여러분
의 하나님께서 자기 이름으로 표시하신 곳이 여러분이 사는 곳에서 너무 멀
면, 내가 여러분에게 명령한 대로 **하나님**께서 여러분에게 주신 소나 양을 잡
아, 여러분의 성읍에서 마음껏 먹어도 됩니다. 노루나 사슴처럼 제물용이 아
닌 짐승을 먹듯이, 그 고기를 먹어도 됩니다. 부정한 사람이든 정결한 사람
이든, 한 식탁에 둘러앉아 그것을 먹을 수 있습니다.
23-25 그러나 피는 안됩니다. 피는 먹지 마십시오. 피는 생명이니, 생명을 고
기와 함께 먹어서는 안됩니다. 피는 먹지 말고, 물처럼 땅바닥에 쏟아 버리
십시오. 그것을 먹지 마십시오. 그러면 여러분과 여러분의 자손이 모두 잘
살게 될 것입니다. 반드시, **하나님** 보시기에 올바른 일을 행하십시오.
26-27 여러분의 거룩한 제물과 여러분의 서원 제물은, 높이 들어 **하나님**께서
정해 주신 곳으로 가져가십시오. 속죄 제물의 고기와 피는 **하나님** 여러분의
하나님의 제단에 바치십시오. 속죄 제물의 피는 **하나님** 여러분의 하나님의
제단에 쏟으십시오. 그런 다음 여러분은 고기를 먹어도 됩니다.
28 정신을 차려, 내가 여러분에게 명령하는 이 말을 순종하는 마음으로 들으
십시오. 그러면 여러분과 여러분의 자손이, **하나님** 여러분의 하나님 보시기

에 선한 일과 올바른 일을 행하면서, 오래도록 잘 살게 될 것입니다.

다른 신들을 섬기지 마십시오

29-31 **하나님** 여러분의 하나님께서 여러분이 들어가 차지하려는 땅에 살고 있
는 민족들을 끊어 버리시고 여러분 앞에서 그들을 몰아내셔서, 그들을 대신
해 여러분이 그 땅에 자리를 잡게 하시면, 조심하십시오. 여러분 앞에서 멸
망한 그들에 대해 호기심을 품는 일이 없도록 조심하십시오. 그들의 신들에
게 정신이 팔려, "이 민족들은 신들을 어떻게 섬겼을까? 나도 한번 그렇게
해보고 싶다" 하고 생각하는 일이 없게 하십시오. **하나님** 여러분의 하나님께
그 같은 일을 하지 마십시오. 그들은 상상할 수 있는 온갖 역겨운 짓을 자기
신들과 함께 저지릅니다. **하나님**께서는 그러한 짓을 몹시 싫어하십니다. 그
들은 자녀를 불살라 자기 신들에게 제물로 바치기까지 합니다!
32 내가 여러분에게 명령하는 모든 것을, 여러분은 부지런히 지켜 행하십시
오. 거기에 무엇을 더하거나 빼지 마십시오.

13

1-4 여러분의 공동체에 예언자나 환상을 보는 자가 나타나서 기
적-표징이나 이적을 일으키겠다 말하고, 자신이 말한 기적-표징
이나 이적이 일어나서, 그가 (여러분이 알지 못하는 신들을 들먹이며) "다른 신들
을 따라가 그 신들을 섬기자" 하고 말하거든, 그 예언자나 환상을 보는 자의
말을 듣는 척도 하지 마십시오. 이는 **하나님** 여러분의 하나님께서, 여러분이
마음을 다해 그분을 온전히 사랑하는지 알아보시려고 여러분을 시험하시는
것입니다. 여러분은 **하나님** 여러분의 하나님만을 따르고, 그분을 깊이 경외
하고, 그분의 계명을 지키고, 그분의 말씀을 순종하는 마음으로 들으며, 그
분을 섬겨야 합니다. 생명을 다해 그분을 꼭 붙잡으십시오!
5 그런 예언자나 환상을 보는 자는 반드시 사형에 처해야 합니다. 이집트에
서 여러분을 건져 주시고, 종살이하던 세계에서 여러분을 속량하셨으며, 여
러분에게 길을 제시해 그 길을 걸으라고 명령하신 **하나님** 여러분의 하나님

을 배반하라고 그 자가 선동했기 때문입니다. 여러분은 여러분의 공동체에
서 악을 말끔히 제거해 버리십시오.
6-10 그리고 여러분의 형제나 아들이나 딸이나, 여러분이 사랑하는 아내나 여
러분의 평생 친구가 은밀히 다가와서, (여러분이나 여러분의 조상이 전혀 알지
못하는 신들, 땅의 이 끝에서 저 끝까지 원근 각처에 있는 민족들의 신들을 들먹이며)
"가서 다른 신들을 섬깁시다" 하고 꾀거든, 여러분은 그를 따르지도 말고 그
의 말을 듣지도 마십시오. 그런 자를 불쌍히 여기지도 말고 변호해 주지도
마십시오. 그 자를 죽이십시오. 그런 자는 죽이는 것이 옳습니다. 여러분이
먼저 돌을 던지십시오. 그런 다음 곧바로 공동체의 모든 사람이 동참하여 돌
을 던지십시오. 돌로 쳐서 그를 죽이십시오. 그가 여러분을 반역자로 만들
어, 이집트 땅 종살이하던 세계에서 여러분을 이끌어 내신 **하나님** 여러분의
하나님을 거역하게 하려고 했기 때문입니다.
11 그러면 이스라엘의 모든 남자와 여자와 아이가 그 일을 듣고 두려워하여,
이처럼 악한 일을 다시는 저지르지 않게 될 것입니다.
12-17 **하나님** 여러분의 하나님께서 여러분에게 들어가 살라고 주시는 성읍들
가운데 한 곳에서 소문이 들리기를, 악한 자들이 그 성읍 주민들 일부와 공
모하여 배반을 일삼고 (여러분이 알지 못하는 신들을 들먹이며) "가서 다른 신들
을 섬깁시다" 한다 하거든, 여러분은 반드시 그 일을 자세히 알아봐야 합니
다. 심문하고 조사하십시오. 소문이 사실로 판명되고, 그 역겨운 일이 실제
로 여러분의 공동체 안에서 벌어졌다는 것이 사실로 드러나면, 여러분은 그
성읍 주민들을 처형해야 합니다. 그들을 죽이고, 그 성읍을 거룩한 진멸을
위해 따로 떼어 두십시오. 그 성읍과 그 안에 있는 모든 것과 가축까지 멸하
십시오. 노획물은 그 성읍의 광장 한가운데 모아 놓고 그 성읍과 노획물을
모조리 불살라서, 그 연기를 **하나님** 여러분의 하나님을 위한 거룩한 제물로
바치십시오. 그 성읍을 폐허 더미로 남겨 두고, 다시는 그 터 위에 성읍을 세
우지 마십시오. 거룩한 진멸에 바쳐진 노획물 가운데 어느 것에도 손대지 마
십시오. 완전히 없애 버리십시오. 그래야 **하나님**께서 진노를 푸시고 긍휼을
베푸셔서, 여러분의 조상에게 약속하신 대로, 여러분을 번성하게 해주실 것

입니다.
18 그렇습니다. **하나님** 여러분의 하나님의 말씀을 잘 들으십시오. 오늘 내가
여러분에게 전하는 그분의 계명을 모두 지키십시오. **하나님** 여러분의 하나
님 보시기에 올바른 일을 행하십시오.

먹을 수 있는 짐승과 먹을 수 없는 짐승

14 1-2 여러분은 **하나님** 여러분의 하나님의 자녀이니, 죽은 자를 위해
애도할 때 여러분의 몸에 상처를 내거나 머리를 미는 일이 없게
하십시오. **하나님** 여러분의 하나님께 거룩한 백성은 여러분밖에 없습니다.
하나님께서 땅 위에 있는 모든 백성 가운데서 여러분을 택하셔서 그분의 소
중한 보배로 삼으셨기 때문입니다.
3-8 혐오스러운 것은 무엇이든 먹지 마십시오. 여러분이 먹어도 되는 짐승은
소와 양과 염소, 사슴과 노루와 수노루, 들염소와 산염소와 영양과 산양과
같이 굽이 갈라지고 새김질하는 모든 짐승입니다. 그러나 낙타와 토끼와 바
위너구리는 먹어서는 안됩니다. 그것들은 새김질은 하지만 굽이 갈라지지
않아서 부정한 것입니다. 돼지도 먹지 마십시오. 돼지는 굽은 갈라졌지만 새
김질을 하지 않아서 부정한 것입니다. 그 주검을 만져서도 안됩니다.
9-10 물속에 사는 것 가운데서 지느러미와 비늘이 있는 것은 무엇이든 여러분
이 먹어도 됩니다. 그러나 지느러미나 비늘이 없는 것은 먹어서는 안됩니다.
그것은 부정한 것입니다.
11-18 정결한 새는 무엇이든 먹어도 됩니다. 그러나 예외가 있는데, 다음 새들
은 먹지 마십시오. 곧 독수리, 참수리, 검은대머리수리, 솔개, 수리, 각종 말
똥가리, 각종 까마귀, 타조, 쏙독새, 각종 매, 금눈쇠올빼미, 큰올빼미, 흰올
빼미, 사다새, 물수리, 가마우지, 황새, 각종 왜가리, 오디새, 박쥐입니다.
19-20 날개 달린 곤충은 부정하니 먹지 마십시오. 그러나 정결하고 날개 달린
것은 먹어도 됩니다.
21 여러분은 **하나님** 여러분의 하나님께 거룩한 백성이니, 죽은 채 발견된 것
은 무엇이든 먹지 마십시오. 그러나 그것을 여러분의 동네에 사는 외국인에

게 먹으라고 주거나 그에게 파는 것은 괜찮습니다.
새끼염소를 그 어미의 젖에 삶지 마십시오.

십일조

22-26 매년 여러분의 밭에서 거둔 농산물 가운데서 십분의 일, 곧 십일조를 예
물로 드리십시오. 여러분의 곡식과 포도주와 기름의 십일조를, 양 떼와 소
떼의 처음 태어난 새끼와 함께 **하나님** 여러분의 하나님 앞, 곧 **하나님**께서
예배를 위해 정해 주신 곳으로 가져가서 먹어야 합니다. 이렇게 함으로써 여
러분은, 살아 있는 동안 **하나님** 여러분의 하나님을 깊이 경외하며 사는 법을
배우게 될 것입니다. 그러나 **하나님** 여러분의 하나님께서 정해 주신 곳이 너
무 멀어서 그곳까지 십일조를 가져갈 수 없을 경우에도, **하나님** 여러분의 하
나님께서는 여러분에게 복을 주실 것입니다. 여러분의 십일조를 돈으로 바
꾸어 **하나님** 여러분의 하나님께서 예배받으시기 위해 택하신 곳으로 가져가
십시오. 거기서 여러분이 원하는 것을 사십시오. 소나 양, 포도주나 맥주, 그
무엇이든 여러분이 보기에 좋은 것을 그 돈을 주고 사십시오. 그런 다음 여
러분과 여러분의 온 집안이 **하나님** 여러분의 하나님 앞에서 잔치를 벌이고
즐거운 시간을 보내십시오.
27 그러나 여러분의 성읍에 사는 레위인을 잊지 말고 잘 보살피십시오. 그들
은 여러분처럼 재산이나 자기 소유의 유산을 상속받을 수 없기 때문입니다.
28-29 여러분은 매 삼 년 끝에 그해에 거둔 모든 곡식의 십분의 일을 거두어들
여, 창고에 따로 저장해 두십시오. 재산이나 유산이 없는 레위인과 여러분의
동네에 사는 외국인과 고아와 과부를 위해 그것을 비축해 두십시오. 그러면
그들이 먹을거리를 풍성히 얻게 될 것이고, **하나님** 여러분의 하나님께서 여
러분이 하는 모든 일에 복을 주실 것입니다.

빚을 면제해 주는 해

15 1-3 매 칠 년 끝에는 모든 빚을 면제해 주십시오. 그 절차는 다음
과 같습니다. 누구든지 이웃에게 돈을 꾸어 준 사람은 자기가 꾸

어 준 것을 장부에서 지워 버려야 합니다. **하나님**께서 "모든 빚이 면제되었
다" 말씀하시니, 여러분은 이웃이나 그의 형제에게 빚을 갚으라고 독촉해서
는 안됩니다. 외국인에게 빌려 준 돈은 거두어들여도 되지만, 여러분의 동족
이스라엘 자손에게 꾸어 준 것은 무엇이든지 장부에서 지워 버려야 합니다.
4-6 여러분 가운데 가난한 사람이 있어서는 안됩니다. **하나님** 여러분의 하나
님께서 여러분에게 유산으로 주시는 저 땅, 곧 여러분이 차지할 땅에서 여러
분에게 아낌없이 복을 주실 것이기 때문입니다. 그러나 여러분이 **하나님** 여
러분의 하나님의 음성을 순종하는 마음으로 듣고, 내가 오늘 여러분에게 명
령하는 모든 계명을 부지런히 지킬 때에만 그렇게 하실 것입니다. 그렇습니
다. **하나님** 여러분의 하나님께서는 약속하신 대로, 여러분에게 복을 주실 것
입니다. 여러분은 많은 민족들에게 꾸어 줄지언정 꾸지는 않을 것이고, 많은
민족들을 다스릴지언정 다스림을 받지는 않을 것입니다.
7-9 **하나님** 여러분의 하나님께서 주시는 저 땅에서 함께 살아가는 여러분의
동족 가운데 곤경에 처하거나 도움이 필요한 이를 만나거든, 못 본 척 고개
를 돌리지 마십시오. 여러분의 지갑을 꼭 닫지 마십시오. 그러면 안됩니다.
그의 처지를 살펴보고, 여러분의 지갑을 열어 그가 필요로 하는 만큼 넉넉하
게 꾸어 주십시오. 손해를 따지지 마십시오. "조금 있으면 일곱째 해, 곧 모
든 빚을 면제해 주는 해다" 하는 이기적인 소리에 솔깃하여, 곤경에 빠진 궁
핍한 이웃을 외면하거나 그를 돕지 않는 일이 없게 하십시오. 그가 여러분과
여러분의 뻔뻔스러운 죄를 두고 **하나님**께 부르짖으면 **하나님**께서 들으실 것
이기 때문입니다.
10-11 자원하는 마음으로 기꺼이 베푸십시오. 아까워하는 마음을 갖지 마십시
오. 여러분이 이러한 문제를 어떻게 처리하느냐에 따라, 여러분이 하는 모든
일, 곧 여러분의 모든 업무와 사업 가운데 내려 주시는 **하나님** 여러분의 하
나님의 복이 결정됩니다. 여러분 가운데는 가난하고 궁핍한 사람이 늘 있을
것입니다. 그러므로 나는 여러분에게 명령합니다. 언제나 인정 많은 사람이
되십시오. 지갑을 열고 손을 활짝 펴서, 어려움에 처한 여러분의 이웃, 가난
하고 굶주린 여러분의 이웃에게 베푸십시오.

12-15 히브리 남자나 히브리 여자가 여러분에게 팔려 와서 여섯 해 동안 여러
분을 섬겼을 경우, 일곱째 해에는 그들을 놓아주어 자유로운 삶을 살게 해
야 합니다. 그들을 놓아줄 때에는 빈손으로 보내지 마십시오. 그들에게 가
축 몇 마리를 내어주고, 빵과 포도주와 기름도 듬뿍 내어주십시오. **하나님**
여러분의 하나님께서 여러분에게 베푸신 온갖 복을 듬뿍 떼어 그들에게 주
십시오. 여러분도 전에는 이집트 땅에서 종이었으며, **하나님** 여러분의 하나
님께서 그 종살이하던 세계에서 여러분을 속량해 주셨음을 한순간도 잊지
마십시오.
그래서 내가 오늘 여러분에게 이것을 명령하는 것입니다.
16-17 그러나 여러분의 종이 여러분과 여러분의 가족을 사랑하고 여러분과 함
께 지내는 것을 좋아하여 "나는 주인님을 떠나고 싶지 않습니다" 하고 말하
면, 송곳을 가져다가 그의 귀를 문기둥에 대고 구멍을 뚫어, 그를 영원토록
여러분의 종으로 삼으십시오. 여러분과 함께 지내고 싶어 하는 여종에게도
똑같이 하십시오.
18 여러분의 종을 놓아주는 것을 이치에 맞지 않은 어려운 일로 여기지 마십
시오. 따지고 보면, 그는 여섯 해 동안 품꾼의 절반 품삯으로 여러분을 위해
일했기 때문입니다.
하나님 여러분의 하나님께서 여러분이 하는 모든 일에 복을 주실 것이니, 내
말을 믿으십시오.

19-23 여러분의 소 떼와 양 떼 가운데서 처음 태어난 수컷은 모두 **하나님** 여러
분의 하나님께 드리십시오. 처음 태어난 소는 부리지 말고, 처음 태어난 양
의 털은 깎지 마십시오. 이것들은 여러분과 여러분의 가족이 **하나님** 여러분
의 하나님 앞, 곧 **하나님**께서 예배를 위해 정해 주신 곳에서 해마다 먹어야
하는 것들입니다. 그 짐승에게 흠이 있으면, 곧 다리를 절거나 눈이 멀었거
나 그 밖에 어딘가 결함이 있으면, **하나님** 여러분의 하나님께 제물로 잡아 드
리지 마십시오. 그런 것은 집에서 먹으십시오. 노루나 사슴을 먹을 때와 마

찬가지로, 정결한 사람이든 부정한 사람이든 누구나 그것을 먹어도 됩니다.
다만 그 피를 먹어서는 안됩니다. 피는 물처럼 땅바닥에 쏟아 버리십시오.

유월절

16 1-4 아빕월을 지켜 **하나님** 여러분의 하나님께 유월절 제사를 드리
십시오. **하나님** 여러분의 하나님께서 여러분을 아빕월 밤에 이집
트에서 건져 내셨습니다. **하나님**께서 자기 이름을 두고 예배받으시려고 택
하신 그곳에서, **하나님** 여러분의 하나님께 유월절 제물을 드리십시오. 누룩
을 넣은 빵을 그 제물과 함께 먹어서는 안됩니다. 칠 일 동안 누룩을 넣지 않
은 빵, 곧 궁핍한 시절에 먹었던 빵을 그 제물과 함께 먹으십시오. 이는 여러
분이 이집트를 나올 때 급히 떠나왔기 때문입니다. 그 빵은 여러분이 이집트
를 어떻게 떠나왔는지를, 여러분이 사는 동안 생생하게 기억나게 할 것입니
다. 칠 일 동안은 어디에도 누룩의 흔적이 있어서는 안됩니다. 여러분이 저
녁에 제물로 드린 고기는 다음날 아침까지 남겨 두지 마십시오.
5-7 유월절 제물을, **하나님** 여러분의 하나님께서 여러분에게 주신 성읍 아무
데서나 드리지 마십시오. 오직 **하나님** 여러분의 하나님께서 예배를 위해 정
해 주신 곳에서, 여러분이 이집트를 나오던 시각, 곧 해가 지는 저녁에 유월
절 제물을 드리십시오. **하나님** 여러분의 하나님께서 정해 주신 곳에서 그 제
물을 삶아 먹고, 새벽에 집으로 돌아가십시오.
8 육 일 동안 누룩을 넣지 않은 빵을 먹고, 일곱째 날은 거룩한 날로 구별하
여 아무 일도 하지 마십시오.

칠칠절

9-11 무르익은 곡식에 낫을 대는 날부터 시작하여, 일곱 주를 세십시오. 여러
분의 자원 제물을 가지고 가서 **하나님** 여러분의 하나님께 드리는 칠칠절을
기념하십시오. **하나님** 여러분의 하나님께서 여러분에게 복을 주시는 대로
넉넉하게 드리십시오. 여러분과 여러분의 자녀, 여러분의 남종과 여종, 여러
분의 동네에 사는 레위인, 여러분과 함께 사는 외국인과 고아와 과부 할 것

없이 모두 다 **하나님** 여러분의 하나님 앞에서 기뻐하십시오. **하나님** 여러분
의 하나님께서 예배받으시려고 따로 구별해 주신 곳에서 기뻐하십시오.
12 여러분도 전에는 이집트 땅에서 종이었음을 잊지 마십시오. 이 법도를 부
지런히 지키십시오.

초막절

13-15 타작마당과 포도주틀에서 수확물을 거두어들일 때, 칠 일 동안 초막절을 지키십시오. 여러분과 여러분의 자녀, 여러분의 남종과 여종, 여러분의 동네에 사는 레위인과 외국인과 고아와 과부 할 것 없이 모두 이 절기를 기뻐하십시오. 칠 일 동안 **하나님**께서 정해 주신 곳에서, **하나님** 여러분의 하나님 앞에 절기를 지키십시오. **하나님** 여러분의 하나님께서 여러분의 수확물과 여러분이 하는 모든 일에 복을 주셨으니, 즐겁게 보내십시오. 마음껏 경축하십시오!

16-17 여러분 가운데 모든 남자는 해마다 세 차례, 곧 무교절(유월절)과 칠칠절과 초막절에, **하나님** 여러분의 하나님께서 정해 주신 곳에서 그분 앞에 나아가야 합니다. 빈손으로 **하나님** 앞에 나아가서는 안됩니다. 저마다 **하나님** 여러분의 하나님께서 베풀어 주신 복에 따라, 힘 닿는 만큼 넉넉하게 가져가서 드려야 합니다.

18-19 **하나님** 여러분의 하나님께서 여러분에게 주시는 모든 성읍에, 지파에 따라 재판관과 관리들을 임명하여 세우십시오. 그들은 백성을 공정하고 정직하게 재판해야 합니다. 법을 왜곡하지 말고, 어느 한쪽을 편들지 마십시오. 뇌물을 받지 마십시오. 뇌물은 슬기로운 사람의 눈을 어둡게 하고, 가장 선한 사람의 의도마저 훼손합니다.
20 옳은 것, 바른 것! 오직 올바른 것만 따르십시오! 그렇게 할 때에만 여러분
이 참으로 살고, **하나님** 여러분의 하나님께서 여러분에게 주시는 땅을 차지

할 수 있습니다.

⁂

21-22 여러분이 세울 **하나님** 여러분의 하나님의 제단 옆에 다산의 신 아세라 목상들을 세우지 마십시오. 남근 모양의 기둥들을 세우지 마십시오. 그것들은 **하나님** 여러분의 하나님께서 혐오하시는 것들입니다.

17

1 흠이 있거나 결함이 있는 소나 양을 **하나님** 여러분의 하나님께 제물로 드리지 마십시오. 그런 것은 **하나님** 여러분의 하나님께 역겹고 혐오스러운 것입니다.

⁂

2-5 **하나님** 여러분의 하나님께서 여러분에게 주시는 성읍 안에서, **하나님** 보시기에 부정한 짓을 저지르고, 그분의 언약을 저버리고 다른 신들을 숭배하러 가서 해나 달이나 하나님을 대적하는 하늘의 신들에게 절하는 자를 만나거든, 그 증거를 찾아 철저히 조사하십시오. 그것이 사실로 드러나고 그들이 이스라엘 안에서 역겨운 짓을 한 것이 드러나면, 여러분은 그 악한 짓을 저지른 남자나 여자를 여러분의 성문 밖으로 끌고 가 돌로 쳐서 죽여야 합니다. 그가 죽을 때까지 돌로 쳐야 합니다.
6-7 하지만 두세 사람의 증언이 있을 때에만 사람을 죽일 수 있습니다. 한 명의 증언만으로 사람을 죽여서는 안됩니다. 증인이 먼저 돌을 던지고, 그 후에 공동체의 나머지 사람들이 따라서 던져야 합니다. 이와 같이 하여 여러분은 여러분의 공동체에서 악을 제거해야 합니다.

8-9 여러분이 판결하기 어려운 재판의 문제, 곧 살인이나 법적 소송이나 싸움 등 어려운 사건이 생기거든, 그 사건을 **하나님** 여러분의 하나님께서 정해 주신 예배 처소로 가져가십시오. 그 사건을 당시 직무를 맡은 레위인 제사장

들과 재판관에게 가져가서 문의하십시오. 그러면 그들이 여러분에게 판결을
내려 줄 것입니다.
10-13 그런 다음 **하나님** 여러분의 하나님께서 정해 주신 곳에서 그들의 판결
대로 실행하십시오. 그들이 여러분에게 일러 주는 대로, 꼭 그대로 행하십시
오. 그들의 판결을 정확히 따르십시오. 빼거나 더하지 마십시오. **하나님** 여
러분의 하나님 앞에서 섬기는 제사장이나 재판관의 판결을 듣지 않고 거역
하는 사람은 죽여야 합니다. 그런 자는 뿌리째 뽑아 버리십시오. 이스라엘에
서 악을 제거하십시오. 그러면 모든 사람이 듣고 마음에 깊이 새겨서, 아무
도 주제넘게 행동하지 않을 것입니다.

14-17 **하나님** 여러분의 하나님께서 여러분에게 주시는 땅에 들어가서 그 땅을
차지하고 자리를 잡은 다음에, "주위의 모든 민족처럼 왕을 세워야겠다"는
말이 나오면, 반드시 **하나님** 여러분의 하나님께서 택하시는 사람을 왕으로
세우십시오. 여러분의 동족 가운데서 왕을 고르십시오. 외국인을 왕으로 세
우지 말고, 여러분의 동족을 왕으로 세워야 합니다. 그러나 아무리 왕이라고
해도 전쟁 무기를 늘리거나 군마와 전차를 비축하게 해서는 안됩니다. 말을
늘리려고 백성을 이집트로 보내서도 안됩니다. **하나님**께서 여러분에게 "너
희가 다시는 그곳으로 돌아가서는 안된다!" 하고 말씀하셨기 때문입니다. 또
한 왕이 후궁을 늘리고 여러 아내를 맞이하여, 바르고 고결한 삶에서 벗어나
는 일이 없게 하십시오. 또 은과 금을 많이 쌓아 두는 일도 없게 하십시오.
18-20 왕이 해야 할 일은 이러합니다. 왕위에 오른 사람이 맨 먼저 할 일은, 레
위인 제사장들의 감독 아래 이 계시의 말씀을 두루마리에 직접 기록하는 것
입니다. 왕은 그것을 늘 곁에 두고 날마다 연구하여 **하나님**을 경외하는 것이
무슨 뜻인지 배우고, 이 규례와 법도를 성심껏 따르고 지키면서 살아야 합니
다. 그는 자만하거나 교만해서도 안되고, 자기 좋을 대로 하거나 자기 생각을
내세우기 위해 기분에 따라 계명을 고쳐서도 안됩니다. 그와 그의 자손이 이
계명을 읽고 배우면, 이스라엘에서 오랫동안 왕으로 다스리게 될 것입니다.

제사장과 레위인의 몫

18 1-2 레위인 제사장들, 곧 모든 레위 지파는 나머지 이스라엘 지파
들과 함께 땅을 유산으로 받지 못합니다. 그들은 **하나님**께 불살
라 바친 제물을 유산으로 받아, 그것을 먹고 살 것입니다. 그러나 그들은 자
기 동족처럼 땅을 유산으로 받지 못합니다. 그들의 유산은 다름 아닌 **하나님**
이기 때문입니다.
3-5 소나 양을 제물로 바치는 백성에게서 제사장이 받을 수 있는 것은 앞다리
와 턱과 위입니다. 여러분은 처음 거둔 곡식과 포도주와 기름은 물론이고,
여러분이 처음 깎은 양털도 제사장에게 주어야 합니다. 이는 **하나님** 여러분
의 하나님께서 여러분의 모든 지파 가운데서 그들과 그 자손을 택하셔서, 그
들이 언제나 **하나님** 여러분의 하나님의 이름으로 그곳에 있으면서 섬기게
하셨기 때문입니다.
6-8 레위인은 자신이 원하는 성읍 어디든지 갈 수 있습니다. 그가 이스라엘의
어느 성읍을 떠나, **하나님**께서 예배받으시려고 정해 주신 곳으로 갈 경우,
그는 **하나님** 앞에서 섬기는 모든 레위인 형제와 함께 그곳에서 **하나님**의 이
름으로 섬길 수 있습니다. 그가 자기 조상의 재산을 판 돈을 가지고 있더라
도, 그들과 똑같이 먹고 살 몫을 나누어 받아야 합니다.

다른 민족들의 생활방식을 본받지 마십시오

9-12 **하나님** 여러분의 하나님께서 여러분에게 주시는 땅에 들어가거든, 여러
분은 그곳에 사는 민족들의 역겨운 생활방식을 본받지 마십시오. 여러분의
아들이나 딸을 불 속에 제물로 바치지 마십시오. 점이나 마술, 운세풀이, 마
법, 주문 걸기, 혼백 불러내기나 죽은 자와 소통하는 짓 등을 따라하지 마십
시오. **하나님**께서는 이와 같은 짓을 일삼는 자들을 역겨워하십니다. **하나님**
여러분의 하나님께서 저 민족들을 여러분 앞에서 쫓아내려고 하시는 것은,
그런 역겨운 관습 때문입니다.
13-14 **하나님** 여러분의 하나님께 온전히 충성하십시오. 여러분이 저 땅에서 쫓
아낼 민족들은 지금도 마술사와 무당들과 놀아나고 있지만, 여러분은 그렇

게 해서는 안됩니다. **하나님** 여러분의 하나님께서는 그런 일을 금하십니다.
15-16 **하나님** 여러분의 하나님께서 여러분을 위해 한 예언자를 일으켜 세우실
것입니다. 여러분의 동족 가운데서 나와 같은 예언자를 세우실 것입니다. 여
러분은 그의 말을 순종하는 마음으로 들으십시오. 이것은 여러분이 호렙에
모이던 날에 **하나님** 여러분의 하나님께 청한 일입니다. 그때 여러분은 이렇
게 말했습니다. "우리는 **하나님** 우리 하나님께서 하시는 말씀을 더 이상 듣
지 못하겠습니다. 이렇게 불을 보고 서 있다가는 우리가 죽을 것 같습니다!"
17-19 그러자 **하나님**께서 내게 말씀하셨습니다. "맞다. 그들의 말이 옳다. 내
가 그들을 위해 그들의 동족 가운데서 너와 같은 예언자 한 사람을 일으켜
세워, 무슨 말을 해야 하는지 그에게 일러 주겠다. 그러면 그는 내가 그에게
명령하는 모든 것을 그들에게 전해 줄 것이다. 그가 전하는 내 말을 귀 기울
여 듣지 않는 자에게는, 내가 직접 책임을 물을 것이다.
20 만일 어떤 예언자가 내 말을 조작하거나, 내가 명령하지도 않은 말을 내
이름으로 말하거나 다른 신들의 이름으로 말하면, 그 예언자는 반드시 죽여
야 한다."
21-22 여러분은 마음속으로, "**하나님**께서 하신 말씀인지 아닌지 우리가 어떻
게 알겠는가?" 하고 말할지도 모르겠습니다. 알 수 있는 방법이 여기 있습
니다. 예언자가 **하나님**의 이름으로 말한 것이 실제로 일어나지 않으면, **하나
님**께서 하신 말씀이 아니라 예언자가 자기 마음대로 꾸며 낸 것입니다. 그런
예언자의 말은 신경 쓰지 마십시오.

도피성

19 1-3 **하나님** 여러분의 하나님께서 친히 여러분에게 주시는 땅에서
저 민족들을 내쫓으시고 여러분이 그들의 성읍과 집에 들어가 살
게 되면, 여러분은 **하나님** 여러분의 하나님께서 여러분에게 차지하라고 주
시는 땅에서, 누구나 쉽게 접근할 수 있는 성읍 셋을 따로 떼어 놓아야 합니
다. 여러분은 **하나님** 여러분의 하나님께서 여러분에게 차지하라고 주시는
저 땅을 세 지역으로 나누고 각 성읍에 이르는 길을 닦아서, 실수로 사람을

죽인 사람이 그곳으로 피신할 수 있게 하십시오.
4-7 살인자가 그곳으로 피신하여 보호받을 수 있는 경우는 다음과 같습니다. 그는 원한을 품은 일 없이 실수로 이웃을 죽인 사람이어야 합니다. 예를 들어, 어떤 사람이 자기 이웃과 함께 나무를 하러 숲에 가서 도끼를 휘두르다가 그만 도끼날이 자루에서 빠져 그 이웃이 맞아 죽었다고 합시다. 그 사람은 이 세 성읍 가운데 한 곳으로 피신하여 목숨을 건질 수 있습니다. 그 성읍이 너무 멀리 떨어져 있으면, 복수심에 불타는 피의 보복자가 그 사람을 뒤쫓아 가서 잡아 죽이고 말 것입니다. 거리가 먼 탓에, 죽지 않아도 되는 사람이 죽게 됩니다. 사람을 죽인 것이 그의 잘못이 아니고 살인자와 피해자 사이에 원한을 살 만한 일이 없었는데도, 그런 참극이 빚어지는 것입니다. 그러므로 나는 여러분에게 명령합니다. 여러분을 위해 성읍 셋을 따로 떼어 두십시오.
8-10 **하나님** 여러분의 하나님께서 여러분의 조상에게 엄숙히 약속하신 대로, 여러분의 땅을 넓혀 주시고 그 경계를 확장해 주시고 여러분의 조상에게 약속하신 땅 전체를 여러분에게 주시면, 다시 말해 내가 오늘 여러분에게 명령하는 대로, 여러분이 열심히 살고 **하나님** 여러분의 하나님을 사랑하며 그분이 말씀하시는 것을 여러분 평생에 실천하여 그런 일이 일어나면, 여러분은 이 세 성읍에 다른 세 성읍을 추가하여 무고한 피가 여러분의 땅에 떨어지는 일이 없게 하십시오. **하나님** 여러분의 하나님께서 여러분에게 유산으로 주시는 땅이니, 여러분은 그 땅을 무고한 피로 더럽혀 피 흘림의 죄를 뒤집어쓰지 않게 해야 합니다.
11-13 그러나 어떤 사람이 이웃을 미워하여 숨어서 기다리다가, 그를 급습하여 쳐죽이고 이 성읍들 가운데 한 곳으로 달아난 경우에는 이야기가 다릅니다. 그가 살던 성읍의 장로들은 사람을 보내어 그를 붙잡아 돌아오게 해야 합니다. 그런 다음 그를 피의 보복자에게 넘겨주어 죽게 해야 합니다. 그를 불쌍히 여기지 마십시오. 이스라엘에서 사악한 살인을 말끔히 씻어 버리십시오. 그래야 여러분이 깨끗한 공기를 마시며 잘 살게 될 것입니다.

⚘

14 여러분은 그 땅에 첫 발을 들여놓은 여러분의 조상이, 오래전에 자기 소유
지 경계로 세워 놓은 경계표를 옮기지 마십시오.

15 어떤 범죄나 죄도 한 사람의 증언만으로는 유죄 판결을 내릴 수 없습니다.
증인이 두세 사람은 있어야 그 일을 판결할 수 있습니다.
16-21 악의를 가진 증인이 나타나서 어떤 사람에게 죄가 있다고 말하면, 다툼
에 연루된 두 당사자는 **하나님** 앞에, 그 당시 직무를 맡은 제사장과 재판관
들 앞에 서야 합니다. 재판관들은 철저하게 심문하여, 그 증인이 거짓 증인
이고 자기 동족 이스라엘 자손에 대해 거짓 증언을 한 것이 드러나면, 그가
상대에게 주려고 했던 것과 똑같은 벌을 그에게 주어야 합니다. 여러분의 공
동체에서 더러운 악을 말끔히 쓸어버리십시오. 그러면 백성이 여러분이 한
일을 듣고 마음에 깊이 새겨, 여러분 가운데서 그와 같은 악을 다시는 행하
지 않을 것입니다. 그를 불쌍히 여기지 마십시오. 목숨에는 목숨으로, 눈에
는 눈으로, 이에는 이로, 손에는 손으로, 발에는 발로 갚으십시오.

전쟁에 관한 법

20 1-4 여러분이 적과 싸우러 나가서 여러분보다 많은 수의 말과 전
차와 군사를 보더라도, 그들을 두려워하여 움츠러들지 마십시오.
이집트에서 여러분을 이끌어 내신 **하나님** 여러분의 하나님께서 여러분과 함
께 계십니다. 전투가 시작되려고 하면, 제사장을 앞에 내세워 전군에 말하게
하십시오. 제사장은 이렇게 말하십시오. "이스라엘 여러분, 들으십시오. 잠
시 후 여러분은 적과 전투를 벌일 것입니다. 전의가 꺾이지 않게 하십시오.
두려워하지 마십시오. 주저하지 마십시오. 침착하십시오. **하나님** 여러분의
하나님께서 여러분과 함께 계시면서, 여러분과 더불어 적과 싸워 승리하실
것입니다."
5-7 그 다음에는 장교들을 내세워 전군에 말하게 하십시오. "새 집을 짓고서
아직 준공식을 하지 못한 사람이 이 자리에 있습니까? 그런 사람이 있으면

지금 당장 집으로 돌아가십시오. 그가 싸우다 죽어서, 다른 사람이 준공식을 거행하는 일이 없게 하십시오. 포도밭을 일구어 놓고서 아직 포도를 맛보지 못한 사람이 있습니까? 그런 사람이 있으면 지금 당장 집으로 돌아가십시오. 그가 싸우다 죽어서, 다른 사람이 그 포도를 맛보는 일이 없게 하십시오. 약혼하고서 아직 아내를 맞아들이지 못한 사람이 있습니까? 그런 사람이 있으면 지금 당장 집으로 돌아가십시오. 그가 싸우다 죽어서, 다른 사람이 그 여자를 맞아들이는 일이 없게 하십시오."

8 장교들은 또 이렇게 말하십시오. "전의가 꺾여 두려운 사람이 이 자리에 있습니까? 그런 사람이 있으면 지금 당장 집으로 돌아가십시오. 그래야 그의 동료들이 그의 소심하고 겁 많은 모습에 영향을 받지 않을 것입니다."

9 장교들은 전군에 할 말을 마쳤으면 지휘관들을 임명하여 부대별로 소집하게 하십시오.

10-15 여러분이 어떤 성읍에 다가가 공격하고자 할 때에는, 먼저 "평화를 원합니까?" 하고 큰소리로 말하십시오. 그들이 "평화를 원합니다!" 하고 여러분에게 성읍을 개방하면, 그곳 사람들을 강제노역자로 삼아 여러분을 위해 일하게 하십시오. 그러나 그들이 평화 제안을 받아들이지 않고 전쟁을 고집하면, 곧바로 공격하십시오. **하나님** 여러분의 하나님께서 그들을 여러분의 손에 넘겨주실 것이니, 거기 있는 모든 남자를 칼로 쳐죽이십시오. 그러나 여자와 아이와 가축은 죽이지 마십시오. 성읍 안에 있는 모든 것은 전리품으로 취하여, 여러분이 먹고 사용해도 됩니다. 그것은 **하나님** 여러분의 하나님께서 여러분에게 주시는 것입니다. 여러분에게서 멀리 떨어져 있는 성읍들, 곧 여러분 주변의 민족들에게 속하지 않은 성읍들은 이런 식으로 처리하십시오.
16-18 그러나 **하나님** 여러분의 하나님께서 여러분에게 유산으로 주시는 민족들의 성읍은 경우가 다릅니다. 그들은 한 사람도 살려 두지 마십시오. 그들을 거룩한 진멸의 제물로 삼으십시오. **하나님** 여러분의 하나님께서 명령하신 대로, 헷 사람, 아모리 사람, 가나안 사람, 브리스 사람, 히위 사람, 여부스 사람을 진멸하십시오. 그렇게 해야 그들이 자기 신들과 어울리며 행하던

역겨운 짓을 여러분에게 가르쳐서, 여러분이 **하나님** 여러분의 하나님께 죄
를 짓게 되는 일이 없을 것입니다.
19-20 여러분이 어떤 성읍을 공격하러 올라가 오랫동안 포위하고 있을 때, 도
끼를 휘둘러 나무를 쓰러뜨리는 일이 없게 하십시오. 그 나무들은 여러분이
장차 먹을 양식이니 베지 마십시오. 그 나무들이 군사들처럼 무기를 들고 여
러분과 맞서 싸우러 올 리는 없지 않습니까? 그러나 열매를 맺지 않는 나무
는 예외입니다. 그런 나무는 베어서, 여러분에게 저항하는 성읍을 함락하기
까지, 그 성읍을 포위하고 공격하는 데 필요한 병기 재료로 사용하십시오.

❦

21

1-8 **하나님** 여러분의 하나님께서 여러분에게 주신 땅에서 들에 방
치된 주검이 발견되었는데, 누가 그를 죽였는지 아무도 알지 못
할 경우, 여러분의 지도자와 재판관들이 나가서 그 주검이 있는 곳에서부터
인근 성읍들에 이르는 거리를 재어야 합니다. 그 주검에서 가장 가까운 성읍
의 지도자와 재판관들은 아직 부린 적도 없고 멍에를 메운 적도 없는 암송아
지 한 마리를 끌고 오십시오. 지도자들은 물이 흐르는 골짜기, 땅을 갈아엎
거나 씨를 뿌린 적이 없는 골짜기로 암송아지를 끌고 가서 그 목을 꺾으십시
오. 그런 다음 레위인 제사장들이 나서십시오. 그들은 **하나님**께서 택하셔서
이런 일과 관련해 그분을 섬기고, 법적 소송과 폭력 범죄를 수습하며, **하나
님**의 이름으로 축복을 선언하는 일을 맡은 사람들입니다. 마지막으로, 그 주
검에서 가장 가까운 성읍의 지도자들 모두가 물가에서 목이 꺾인 암송아지
위에서 손을 씻고 이렇게 말하십시오. "우리는 이 사람을 죽이지 않았고, 누
가 이 사람을 죽였는지도 모릅니다. **하나님**, 주께서 속량하신 주의 백성 이
스라엘을 정결하게 해주십시오. 주의 백성 이스라엘을 이 살인죄에서 깨끗
하게 해주십시오."
8-9 그러면 이스라엘은 그 살인에 대한 책임을 벗게 될 것입니다. 이 절차를
따름으로써 여러분은 그 살인에 관여했다는 의혹에서 벗어날 것입니다. 여
러분이 **하나님** 보시기에 옳은 일을 했기 때문입니다.

10-14 여러분이 적과 싸우러 나갈 때에 **하나님** 여러분의 하나님께서 여러분에게 승리를 안겨 주셔서 포로를 사로잡았는데, 여러분이 그 포로들 가운데 아름다운 여자를 보고 마음이 끌려 그 여자와 결혼하고 싶을 경우, 여러분은 이렇게 하십시오. 그 여자를 집으로 데려가, 머리를 손질하고 손톱을 깎고 포로로 잡혔을 때 입고 있던 옷을 벗어 버리게 하십시오. 그 여자는 한 달 동안 여러분의 집에 머물면서 자기 부모를 생각하며 애도해야 합니다. 그런 다음에야 여러분은 그 여자와 잠자리를 같이하여 부부가 될 수 있습니다. 그 여자가 여러분의 마음에 들지 않으면, 그녀를 놓아주어 원하는 곳 어디서든 살게 해야 합니다. 그 여자를 팔거나 종으로 부려서는 안됩니다. 여러분이 그 여자를 욕되게 했기 때문입니다.

15-17 어떤 남자에게 두 아내가 있는데, 한 아내는 사랑을 받고 다른 아내는 미움을 받다가 둘 다 그 남자의 아들을 낳았습니다. 이때 미움받는 아내의 아들이 맏아들인 경우, 그 남자는 자기 아들들에게 유산을 나누어 줄 때, 진짜 맏아들인 미움받는 아내의 아들을 제쳐 두고 사랑받는 아내의 아들을 맏아들로 대해서는 안됩니다. 그는 미움받는 아내의 아들, 곧 진짜 맏아들의 상속권을 인정하여 자기 유산에서 두 배의 몫을 그에게 주어야 합니다. 그 아들이 생식능력의 첫 번째 증거이므로, 맏아들의 권리는 그에게 있습니다.

18-20 어떤 사람에게 부모의 말을 전혀 듣지 않고 반항하는 고집 센 아들이 있어, 부모가 아무리 타일러도 말을 듣지 않을 경우, 부모는 그를 강제로라도 성문에 있는 지도자들 앞으로 끌고 가서, "우리 아들 녀석은 고집 센 반항아입니다. 우리가 하는 말을 한 마디도 들으려 하지 않습니다. 게다가 먹보이고 술꾼입니다" 하고 말하십시오.

21 그러면 성읍의 모든 사람이 그에게 돌을 던져 죽여야 합니다. 여러분은 여
러분 가운데서 더러운 악을 말끔히 제거해야 합니다. 온 이스라엘이 그 일어
난 일을 듣고 두려워할 것입니다.

❦

22-23 어떤 사람이 죽을죄를 지어서 사형 선고를 받고 처형되어 나무에 매달
린 경우, 그의 주검을 밤새도록 나무에 매달아 두지 마십시오. 그날로 무덤
에 안장하여, 여러분의 **하나님**께서 주신 땅을 더럽히는 일이 없게 하십시오.
사형당해 나무에 매달린 사람은 하나님을 욕되게 하기 때문입니다.

22

1-3 동족의 소나 양이 줄이 풀려 돌아다니는 것을 보거든, 못 본
척 고개를 돌리지 마십시오. 그 짐승을 본래 있던 자리로 즉시 돌
려보내십시오. 여러분의 동족 이스라엘 사람이 가까이에 없거나 여러분이
그 짐승의 주인을 알지 못하겠거든, 그 짐승을 집으로 끌고 가서 잘 보살피
십시오. 그러다가 여러분의 동족이 그 짐승에 대해 물어 오면, 그때 그에게
돌려주십시오. 여러분의 동족 이스라엘 사람이 나귀든 옷가지든 그 무엇을
잃어버리든지, 그렇게 하십시오. 못 본 척 고개를 돌리지 마십시오.
4 동족의 나귀나 소가 상처를 입어 길가에 쓰러져 있는 것을 보거든, 못 본 척
고개를 돌리지 마십시오. 여러분의 동족을 거들어 그 짐승을 일으켜 주십시오.

5 여자가 남자 옷을 입어서는 안되고, 남자가 여자 옷을 입어서도 안됩니다.
이런 것은 **하나님** 여러분의 하나님께 역겨운 짓입니다.

6-7 여러분이 길을 가다가 나무나 땅에서 새의 둥지를 발견했는데, 어미새가
새끼나 알을 품고 있는 경우, 새끼를 품고 있는 어미새는 잡지 마십시오. 새
끼는 잡아도 되지만 어미새는 날려 보내십시오. 그래야 여러분이 오래도록
잘 살게 될 것입니다.

8 새로 집을 짓거든, 지붕 둘레에 난간을 설치하여 안전하게 하십시오. 그래
야 누군가 떨어져 죽는 일이 없고, 여러분의 집이 사망 사고를 책임지는 일
도 없을 것입니다.

9 여러분의 포도밭에 두 종자의 씨를 섞어서 뿌리지 마십시오. 그럴 경우, 여
러분이 뿌린 곡식과 포도밭의 수확물 전체를 잃게 될 것입니다.

10 소와 나귀를 한 멍에에 메워 밭을 갈지 마십시오.

11 양털과 모시실을 섞어 짠 옷을 입지 마십시오.

12 몸에 걸치는 겉옷의 네 귀퉁이에 술을 만들어 다십시오.

13-19 어떤 남자가 여자와 결혼하여 잠자리를 같이하고 나서, 갑자기 그 여자
를 난잡한 여자라 욕하면서 "내가 이 여자와 결혼하여 잠자리를 같이하고 보
니 처녀가 아니었다" 하고 누명을 씌울 경우, 그 여자의 부모는 그 여자가 처
녀였다는 증거물을 가지고 그 여자와 함께 성문에 있는 지도자들에게 가야
합니다. 그런 다음, 그 여자의 아버지는 지도자들에게 이렇게 말해야 합니
다. "내가 내 딸을 이 남자에게 아내로 주었는데, 그가 갑자기 내 딸을 욕하
며 내쳤습니다. 그리고 이제는 내 딸이 처녀가 아니었다고 비방하고 있습니
다. 하지만 이것을 보십시오. 내 딸이 처녀였다는 증거가 여기 있습니다." 그
러고는 지도자들 앞에 그 여자의 피 묻은 결혼 예복을 펴 놓아, 확인할 수 있
게 해야 합니다. 그러면 성읍의 지도자들은 그 남편을 붙잡아 매질하고 그에
게 은화 백 개를 벌금으로 부과하여, 그것을 받아 그 여자의 아버지에게 주
어야 합니다. 그 남자가 이스라엘의 처녀에게 누명을 씌웠기 때문입니다. 그
는 그 여자를 아내로 데리고 있어야 하며, 결코 이혼해서는 안됩니다.
20-21 그러나 그의 주장이 사실로 드러나고 그 여자가 처녀였다는 증거가 없
으면, 성읍의 남자들이 그 여자를 그 아버지의 집 문 앞으로 끌어내어 돌로

쳐서 죽여야 합니다. 그 여자가 이스라엘 가운데서 수치스러운 일을 하여,
자기 부모의 집에 있을 때에 창녀처럼 살았기 때문입니다. 이렇게 여러분은,
여러분 가운데서 악을 제거해 버리십시오.
22 어떤 남자가 다른 남자의 아내와 잠자리를 같이하다가 발각된 경우, 둘 다
죽여야 합니다. 이스라엘 가운데서 그런 악을 제거해 버리십시오.
23-24 어떤 남자가 이미 한 남자와 약혼한 처녀를 성읍 안에서 만나 잠자리를
같이한 경우, 그 두 사람을 성문으로 끌고 가 돌로 쳐서 죽여야 합니다. 그
여자는 성읍 안에 있으면서도 도와 달라고 소리치지 않았기 때문이고, 그 남
자는 자기 이웃의 약혼녀를 범했기 때문입니다. 이렇게 여러분은, 여러분 가
운데서 악을 제거해 버리십시오.
25-27 그러나 그 남자가 약혼한 여자를 들에서 보고 덮쳐 범했으면, 여자를 범
한 남자만 죽여야 합니다. 여자는 잘못한 게 없으니, 그 여자에게는 어떠한
벌도 주지 마십시오. 이는 어떤 사람이 들에서 자기 이웃을 만나 살해한 것
과 같은 경우입니다. 약혼한 그 여자가 도와 달라고 고함을 질렀어도, 그 소
리를 듣고 구해 줄 사람이 주위에 없었기 때문입니다.

28-29 어떤 남자가 약혼한 적이 없는 처녀를 만나 그녀를 덮쳐 범하다가 두 사
람이 발견되었으면, 여자를 범한 남자는 그 여자의 아버지에게 은화 오십 개
를 주어야 합니다. 그는 그 여자를 욕보였으므로 그 여자와 결혼해야 하며,
결코 이혼해서는 안됩니다.

30 아무도 자기 아버지의 전처와 결혼해서는 안됩니다. 그런 짓은 자기 아버
지의 권리를 범하는 것입니다.

❖

23 1 거세된 남자는 하나님의 회중에 들 수 없습니다.
2 사생아는 하나님의 회중에 들 수 없고, 그의 자손도 십 대에 이
르기까지 회중에 들 수 없습니다.

3-6 암몬 사람이나 모압 사람은 **하나님**의 회중에 들 수 없고, 그들의 자손도
십 대에 이르기까지 회중에 들 수 없습니다. 여러분이 이집트에서 나올 때
에 그들은 여러분을 환대하지 않았고, 게다가 여러분을 저주하려고 브올의
아들 발람을 고용하여 메소포타미아의 브돌에서 그를 데려왔기 때문입니다.
하나님 여러분의 하나님께서는 발람의 말을 듣지 않으시고, 오히려 저주를
복으로 바꾸어 주셨습니다. **하나님** 여러분의 하나님께서 여러분을 얼마나
사랑하시는지요! 그러니 절대로 그들과 어울리려고 하거나, 그들을 위해 어
떠한 일을 하려고 하지 마십시오.
7 에돔 사람을 경멸하지 마십시오. 그들은 여러분의 친족입니다.
이집트 사람을 경멸하지 마십시오. 여러분은 그들의 땅에서 외국인이었습니다.
8 에돔 사람과 이집트 사람에게서 삼 대 자손으로 태어난 사람은 **하나님**의
회중에 들 수 있습니다.

9-11 여러분이 적과 싸우러 나가 진을 치고 있을 때, 부정한 일을 하지 않도록
스스로 조심하십시오. 여러분 가운데 한 사람이 밤에 정액을 흘려 부정하게
되었으면, 그는 진 밖으로 나가서 저녁때까지 그곳에 머물러야 합니다. 그는
오후 늦게야 몸을 씻고 해가 질 무렵에 진으로 돌아올 수 있습니다.
12-14 용변을 볼 수 있게 진 밖에 변소를 마련하십시오. 그곳에 갈 때는 무기
외에 막대기를 가지고 가서, 용변을 본 뒤에 막대기로 땅을 파고 배설물을
덮으십시오. **하나님** 여러분의 하나님께서 여러분을 구원하시고, 적들과의
싸움에서 여러분에게 승리를 안겨 주시려고 여러분의 진을 두루 거니시기
때문입니다. 그러니 여러분은 진을 거룩한 상태로 유지하십시오. **하나님**의
눈에 거슬리는 상스러운 것이나 역겨운 것을 용납하지 마십시오.

15-16 도망쳐 나온 종을 그 주인에게 돌려보내지 마십시오. 그가 피신하려고
여러분에게 왔기 때문입니다. 그가 여러분의 성읍 안에서 원하는 곳에 자리

를 잡고 살게 해주십시오. 그를 부려 먹지 마십시오.

17-18 이스라엘의 딸은 신전의 창녀가 되어서는 안됩니다. 이스라엘의 아들도
신전의 남창이 되어서는 안됩니다. 신전의 창녀가 매춘으로 번 돈이나 신전
의 남창이 번 소득은 서원을 갚는 돈으로 **하나님**의 집에 가져오지 마십시오.
이 두 가지는 모두 **하나님** 여러분의 하나님께서 역겨워하시는 것입니다.

19-20 여러분의 친족에게 꾸어 준 것이 있거든 이자를 받지 마십시오. 돈이든
양식이든 옷이든, 이자를 받을 수 있는 그 어떤 것에도 이자를 받지 마십시
오. 외국인에게는 이자를 받아도 되지만, 여러분의 형제에게는 이자를 받아
서는 안됩니다. 그래야 **하나님** 여러분의 하나님께서 여러분이 하는 모든 일
과, 여러분이 들어가 차지할 땅에 복을 주실 것입니다.
21-23 **하나님** 여러분의 하나님께 서원한 것은 미루지 말고 지키십시오. **하나
님** 여러분의 하나님께서는 여러분이 서원한 것을 지키기를 기대하십니다.
여러분이 서원을 지키지 않았으면, 여러분에게 죄가 됩니다. 하지만 애초에
서원하지 않았으면, 죄가 될 일도 없습니다. 여러분이 무엇을 하겠다고 말했
으면, 그대로 행하십시오. 여러분이 자원해서 **하나님** 여러분의 하나님께 서
원한 것은 반드시 지키십시오. 약속했으면, 그 약속을 지켜야 합니다.

24-25 이웃의 포도밭에 들어가서 포도를 원하는 만큼 배불리 먹는 것은 괜찮지
만, 양동이나 가방에 조금이라도 담아서는 안됩니다. 이웃의 무르익은 곡식
밭을 지나갈 때에 곡식 이삭을 따는 것은 괜찮지만, 낫을 대서는 안됩니다.

24 1-4 어떤 남자가 한 여자와 결혼했는데, 그 여자에게 부정한 것이
있음을 알게 되어 그 여자에게서 마음이 떠난 경우, 그는 이혼 증
서를 써서 그 여자의 손에 쥐어 주고 그녀를 내보낼 수 있습니다. 그 여자가
그의 집을 떠나 다른 남자의 아내가 되었는데, 두 번째 남편도 그 여자를 싫

어하여 이혼 증서를 써서 그 여자의 손에 쥐어 주고 내보냈거나 그 두 번째 남편이 죽은 경우, 그 여자를 내보낸 첫 번째 남편은 그 여자를 다시 아내로 맞아들여서는 안됩니다. 그 여자가 이미 자신을 더럽혔으므로, 첫 번째 남편과 다시 결혼하는 것은 **하나님** 앞에 역겨운 일이며, **하나님** 여러분의 하나님께서 여러분에게 유산으로 주시는 땅을 죄로 더럽히는 일입니다.
5 어떤 남자가 아내를 맞아들였으면, 그를 군대에 보내서도 안되고 어떤 의무를 그에게 지워서도 안됩니다. 그는 한 해 동안 집에 있으면서 자기 아내를 행복하게 해주어야 합니다.

6 맷돌 전체나 그 위짝을 담보물로 잡지 마십시오. 그것은 누군가의 생명을 빼앗는 짓입니다.

7 어떤 사람이 자기 동족 가운데 한 사람, 곧 이스라엘 백성 가운데 한 사람을 유괴하여 종으로 삼거나 팔아넘기다가 잡혔을 경우, 그를 반드시 죽여야 합니다. 여러분 가운데서 그런 악을 제거해 버리십시오.

8-9 경고합니다! 악성 피부병이 발생한 경우, 레위인 제사장들이 적어 주는 규례를 정확히 따르십시오. 내가 그들에게 명령한 규례를 철저히 지키십시오. 여러분이 이집트에서 나오는 길에 **하나님** 여러분의 하나님께서 미리암에게 하신 일을 잊지 마십시오.

10-13 이웃에게 무엇을 꾸어 줄 경우, 담보물을 잡으려고 그의 집에 들어가지 마십시오. 여러분은 밖에서 기다리고, 여러분에게 담보를 제공하는 사람이 담보물을 가지고 밖으로 나오게 하십시오. 그가 가난한 사람이면, 그의 겉옷을 덮고 자지 마십시오. 해가 질 무렵에는 그것을 돌려주어, 그가 자기 겉옷을 덮고 자면서 여러분을 축복할 수 있게 하십시오. 그렇게 하는 것이 **하나님** 여러분의 하나님께서 보시기에 의로운 행위입니다.

14-15 가난하고 궁핍한 노동자를 착취하지 마십시오. 그가 여러분의 땅, 여러
분의 성읍에 사는 사람이면, 동족이든 아니든 그를 착취해서는 안됩니다. 하
루 일을 마칠 때면 반드시 그에게 품삯을 주십시오. 그는 하루 벌어 하루 먹
고 사는 처지여서, 당장 그 품삯을 받지 못하면 살 수 없기 때문입니다. 여러
분이 품삯 지급을 미루면 그가 **하나님**께 이의를 제기할 것이고, 그러면 그것
이 여러분의 죄로 남을 것입니다.

16 부모가 자식을 대신하여 사형을 당해서는 안되고, 자식이 부모를 대신하
여 사형을 당해서도 안됩니다. 누구나 자기 죄로만 사형을 당해야 합니다.

17-18 외국인과 고아가 정당한 권리를 누릴 수 있게 하십시오. 과부의 겉옷을
담보물로 잡지 마십시오. 여러분도 전에는 이집트 땅에서 종이었으며, **하나님**
여러분의 하나님께서 여러분을 그곳에서 이끌어 내셨음을 절대로 잊지 마십
시오. 여러분에게 명령합니다. 내가 여러분에게 일러 주는 대로 행하십시오.

19-22 여러분이 곡식을 수확하다가 곡식 한 단을 잊어버리고 왔을 경우, 그것
을 가지러 되돌아가지 마십시오. 외국인과 고아와 과부를 위해 그것을 남겨
두십시오. 그러면 **하나님** 여러분의 하나님께서 여러분이 하는 모든 일에 복
을 주실 것입니다. 여러분이 올리브나무를 흔들어 그 열매를 떨어낼 때, 이
미 떨어낸 나무로 다시 가서 남은 열매를 모조리 떨어내는 일이 없게 하십시
오. 그 남은 것은 외국인과 고아와 과부의 것입니다. 여러분이 여러분의 포
도밭에서 포도송이를 딸 때, 가지에 마지막 남은 포도송이까지 따지 마십시
오. 외국인과 고아와 과부를 위해 몇 송이라도 남겨 두십시오. 여러분이 전
에 이집트 땅에서 종이었던 것을 절대로 잊지 마십시오. 여러분에게 명령합
니다. 내가 여러분에게 일러 주는 대로 행하십시오.

25 1-3 사람들 사이에 법적 소송이 일어날 경우, 그들을 법정으로 보
내십시오. 재판관은 그들 사이를 재판하여, 한쪽에는 무죄를 선
고하고 다른 한쪽에는 유죄를 선고하십시오. 유죄를 선고받은 사람이 벌을
받아야 하면, 재판관은 그를 자기 앞에 엎드리게 하고, 그의 죄에 해당하는
만큼 매를 맞게 해야 합니다. 그러나 마흔 대 이상 맞게 하지는 마십시오. 그
렇게 하는 것은 그를 인간 이하의 존재로 대하는 것입니다.
4 타작 일을 하는 소의 입에 망을 씌우지 마십시오.

5-6 형제들이 함께 살다가 그 가운데 한 사람이 아들 없이 죽은 경우, 그 죽은
사람의 아내는 다른 집안 남자와 결혼해서는 안됩니다. 남편의 형제가 그 여
자와 결혼하여 자신의 의무를 다해야 합니다. 그 여자가 낳은 첫아들은 죽은
남편의 이름으로 지어, 그 이름이 이스라엘에서 없어지지 않게 해야 합니다.
7-10 그러나 그 형제가 자기 형제의 아내와 결혼하기를 원하지 않으면, 그 여
자는 성문에 있는 지도자들에게 가서 이렇게 말해야 합니다. "내 남편의 형
제가 자기 형제의 이름을 이스라엘 가운데서 이어 주려고 하지 않습니다. 그
의 의무를 나에게 이행할 마음이 없는 것 같습니다." 그러면 지도자들은 남
편의 형제를 불러 꾸짖어야 합니다. 그래도 그가 듣지 않고 "나는 저 여인을
원하지 않습니다" 하고 말하면, 그 형제의 아내는 그의 발에서 신발을 벗긴
다음, 그의 얼굴에 침을 뱉고 이렇게 말해야 합니다. "자기 형제의 집안을 일
으켜 세우려고 하지 않는 자에게는 이런 일이 일어난다. 이스라엘에서 그의
이름은 '신발 없는 자의 집안'이 될 것이다!"

11-12 두 남자가 싸울 때에 한쪽 남자의 아내가 남편을 구하려다 그만 남편을
때리는 사람의 성기를 움켜잡은 경우, 여러분은 그 여인의 손을 잘라 버려야
합니다. 그녀를 조금도 불쌍히 여기지 마십시오.

13-16 두 개의 추, 곧 무거운 추와 가벼운 추를 함께 가지고 다니지 마십시오.
또한 큰 되와 작은 되를 함께 두지 마십시오. 추는 정확하고 바른 것으로 하

나만 사용하고, 되도 정확하고 바른 것으로 하나만 사용하십시오. 그러면 **하나님** 여러분의 하나님께서 여러분에게 주시는 땅에서 여러분이 오래도록 살 것입니다. **하나님** 여러분의 하나님께서는 추와 되를 가지고 눈속임하는 것을 몹시 싫어하십니다. 거래에서 이루어지는 모든 불법 행위를 역겨워하십니다!

17-19 여러분이 이집트에서 나온 뒤에 아말렉이 여러분의 여정에서 어떻게 했는지 잊지 마십시오. 그들은 여러분이 지쳐서 한 발짝도 더 내딛지 못할 때에 여러분 뒤에 처진 사람들을 무자비하게 베어 죽이고, **하나님**마저 무시했습니다. **하나님** 여러분의 하나님께서 여러분에게 차지하라고 유산으로 주시는 땅에서 친히 여러분 주위의 모든 적을 물리치고 여러분에게 안식을 주실 때, 여러분은 이 땅에서 아말렉이라는 이름을 지워 버려야 합니다. 이것을 잊지 마십시오!

첫 열매, 십일조

26

1-5 여러분이 **하나님** 여러분의 하나님께서 여러분에게 유산으로 주시는 땅에 들어가 그곳을 차지하고 자리를 잡게 되면, **하나님** 여러분의 하나님께서 여러분에게 주신 땅에서 거둔 모든 첫 열매 가운데 얼마를 가져다가 바구니에 담아, **하나님** 여러분의 하나님께서 예배받으시려고 따로 정해 주신 곳으로 가야 합니다. 그때에 그곳에 있는 제사장에게 가서, "**하나님**께서 우리에게 주시겠다고 우리 조상에게 약속하신 땅에 내가 들어온 것을, 오늘 **하나님** 당신의 하나님께 아뢰니다" 하고 말하십시오. 제사장이 여러분에게서 바구니를 받아 **하나님**의 제단 위에 놓으면, 여러분은 **하나님** 여러분의 하나님 앞에서 이렇게 아뢰십시오.

5-10 내 조상은 방랑하는 아람 사람으로,
이집트로 내려가 거기서 나그네로 살았습니다.
처음에는 그와 몇 안되는 형제들이 전부였지만
이내 그들은 크고 강하고, 수가 많은 민족이 되었습니다.

그러자 이집트 사람들이 우리를 학대하고 때리며
무자비하고 잔혹하게 종살이를 시켰습니다.
우리가 **하나님** 우리 조상의 하나님께 울부짖자,
그분께서 우리의 소리를 들으시고
우리의 궁핍과 곤경과 비참한 처지를 보셨습니다.
하나님께서는 강한 손과 펴신 팔,
큰 위엄과 표적과 이적으로
우리를 이집트에서 이끌어 내셨습니다.
우리를 이곳으로 데리고 오셔서,
우리에게 젖과 꿀이 흐르는 이 땅을 주셨습니다.
그래서 내가 이 자리에 서게 된 것입니다. 오 **하나님**,
하나님께서 내게 주신 이 땅에서 재배한 첫 열매를 가져왔습니다.

10-11 그런 다음 가져온 것을 **하나님** 여러분의 하나님 앞에 놓고, **하나님** 여러분의 하나님 앞에 엎드리십시오. 그리고 기뻐하십시오! **하나님** 여러분의 하나님께서 여러분과 여러분의 집안에 베푸신 온갖 좋은 것으로 경축하십시오. 여러분과 레위인과 여러분과 함께 사는 외국인이 한데 어우러져 잔치를 벌이십시오.

⁂

12-14 삼 년마다 십일조를 바치는 해가 되면, 여러분이 거둔 곡식에서 십분의 일을 떼어 레위인과 외국인과 고아와 과부에게 주어, 그들이 여러분의 성읍에서 배불리 먹게 하십시오. 그런 다음, **하나님** 여러분의 하나님 앞에서 이렇게 아뢰십시오.

나는 거룩한 몫을 가져다가
레위인과 외국인과 고아와 과부에게 주었습니다.
나는 주께서 명령하신 대로 행했습니다.

주신 명령을 회피하지 않았고
하나도 잊지 않았습니다.
애도할 때에 그 거룩한 몫을 먹지 않았고
부정한 상태일 때에는 그것을 떼어 놓지 않았으며
장례식에 쓰지도 않았습니다.
나는 **하나님**의 말씀을 순종하는 마음으로 듣고
주께서 내게 명령하신 대로 살았습니다.

15 하늘에 있는 주의 거룩한 집에서 굽어 살펴 주십시오!
주의 백성 이스라엘에게 복을 내려 주시고
주께서 우리 조상에게 약속하신 대로, 우리에게 주신 땅,
젖과 꿀이 흐르는 이 땅에도 복을 내려 주십시오.

16-17 바로 오늘 **하나님** 여러분의 하나님께서 이 규례와 법도를 지키라고, 온
마음을 다해 그것을 지켜 행하라고 여러분에게 명령하십니다. 여러분은 오
늘 **하나님**께서 여러분의 하나님이심을 선언했고, 그분께서 여러분에게 지시
하시는 대로 살겠다고 새롭게 맹세했습니다. 그러니 그분께서 규례와 법도
와 계명으로 여러분에게 일러 주시는 것을 지켜 행하고, 그분의 말씀을 순종
하는 마음으로 들으십시오.
18-19 **하나님**께서는 친히 약속하신 대로, 오늘 여러분을 그분의 소중한 보배
로 받아들이시고, 그분의 계명을 지키는 백성, 손수 만드신 다른 모든 민족
들 위에 높이 세워진 백성, 칭찬을 받으며 명성과 영예를 얻는 백성이 되게
하시겠다고 거듭 단언하셨습니다. 그분께서 약속하신 대로, 여러분은 **하나
님** 여러분의 하나님께 거룩한 백성입니다.

돌에 새겨 기록한 말씀

27 [1-3] 모세가 이스라엘의 지도자들과 백성에게 명령했다. 여러분은 내가 오늘 여러분에게 명령하는 모든 계명을 지키십시오. 요단 강을 건너, **하나님** 여러분의 하나님께서 여러분에게 주시는 땅에 들어가는 날, 여러분은 큰 돌들을 세우고 거기에 회반죽을 입히십시오. 강을 건너자마자, 이 모든 계시의 말씀을 그 돌들 위에 기록하십시오. 그러면 여러분은 **하나님** 여러분의 하나님께서 여러분에게 주시는 땅, **하나님** 여러분의 조상의 하나님께서 여러분에게 약속하신 젖과 꿀이 흐르는 땅에 들어가게 될 것입니다.

[4-7] 요단 강을 건너가거든, 이 돌들을 에발 산에 세우고 거기에 회반죽을 입히십시오. 그곳 산 위에 **하나님** 여러분의 하나님을 위해 돌로 제단을 쌓으십시오. 그 돌들에 쇠 연장을 대지 마십시오. 다듬지 않은 돌로 **하나님** 여러분의 하나님을 위해 제단을 쌓고, 그 위에 **하나님** 여러분의 하나님께 번제를 드리십시오. 화목 제물을 드리고 거기서 먹으면서, **하나님** 여러분의 하나님 앞에서 기뻐하십시오.

[8] 여러분은 이 모든 계시의 말씀을, 그 돌들 위에 분명하게 기록하고 새기십시오.

에발 산에서 선포한 저주

[9-10] 모세와 레위인 제사장들이 온 이스라엘에게 선포했다. 조용히 하십시오. 이스라엘 여러분, 잘 들으십시오. 바로 오늘 여러분은 **하나님** 여러분의 하나님의 백성이 되었습니다. **하나님** 여러분의 하나님께서 하시는 말씀을 잘 들으십시오. 내가 오늘 여러분에게 명령하는 그분의 계명과 법도를 지키십시오.

[11-13] 그날 모세가 명령했다. 여러분이 요단 강을 건넌 뒤에, 백성을 축복하기 위해 그리심 산에 서야 할 지파는 시므온 지파, 레위 지파, 유다 지파, 잇사갈 지파, 요셉 지파, 베냐민 지파입니다. 그리고 저주하기 위해 에발 산에 서야 할 지파는 르우벤 지파, 갓 지파, 아셀 지파, 스불론 지파, 단 지파, 납달리 지파입니다.

14-26 레위인들은 대변인 역을 맡아 큰소리로 이스라엘에게 이렇게 선포하십
시오.

"**하나님**께서 역겨워하시는 신상을 새기거나 부어 만드는 자, 장인이 만든 신상을 은밀한 곳에 세워 두는 자는 **하나님**의 저주를 받습니다" 하면
온 백성이 "예, 물론입니다" 하고 응답하십시오.
"부모 얼굴에 먹칠하는 자는 **하나님**의 저주를 받습니다" 하면
온 백성이 "예, 물론입니다" 하고 응답하십시오.
"이웃의 경계표를 옮기는 자는 **하나님**의 저주를 받습니다" 하면
온 백성이 "예, 물론입니다" 하고 응답하십시오.
"눈먼 사람을 잘못된 길로 인도하는 자는 **하나님**의 저주를 받습니다" 하면
온 백성이 "예, 물론입니다" 하고 응답하십시오.
"외국인과 고아와 과부의 정당한 권리를 침해하는 자는 **하나님**의 저주를 받습니다" 하면
온 백성이 "예, 물론입니다" 하고 응답하십시오.
"아버지의 아내와 동침하여 아버지의 여자를 욕보이는 자는 **하나님**의 저주를 받습니다" 하면
온 백성이 "예, 물론입니다" 하고 응답하십시오.
"짐승과 교접하는 자는 **하나님**의 저주를 받습니다" 하면
온 백성이 "예, 물론입니다" 하고 응답하십시오.
"아버지의 딸이든 어머니의 딸이든 자기 누이와 동침하는 자는 **하나님**의 저주를 받습니다" 하면
온 백성이 "예, 물론입니다" 하고 응답하십시오.
"장모와 동침하는 자는 **하나님**의 저주를 받습니다" 하면
온 백성이 "예, 물론입니다" 하고 응답하십시오.
"이웃을 몰래 죽이는 자는 **하나님**의 저주를 받습니다" 하면
온 백성이 "예, 물론입니다" 하고 응답하십시오.
"뇌물을 받고 무고한 사람을 죽이는 자는 **하나님**의 저주를 받습니다" 하면

온 백성이 "예, 물론입니다" 하고 응답하십시오.
"이 계시의 말씀을 행하지 않는 자는 **하나님**의 저주를 받습니다" 하면
온 백성이 "예, 물론입니다" 하고 응답하십시오.

순종하여 받을 복

28 1-6 여러분이 **하나님** 여러분의 하나님의 말씀을 잘 듣고, 내가 오늘 여러분에게 명령하는 그분의 모든 계명을 마음을 다해 지키면, **하나님** 여러분의 하나님께서 여러분을 세상 모든 민족 위에 높이 두실 것입니다. 여러분이 **하나님** 여러분의 하나님의 말씀에 응답했으므로, 이 모든 복이 여러분에게 내려서, 여러분 너머로 퍼져 나갈 것입니다.

하나님의 복이 도시에 내릴 것입니다.
하나님의 복이 시골에 내릴 것입니다.
하나님의 복이 여러분의 자녀에게
여러분의 땅에서 나는 곡식에
여러분이 기르는 가축의 새끼에게
여러분이 기르는 소의 새끼에게
여러분이 기르는 양의 새끼에게 내릴 것입니다.
하나님의 복이 여러분의 바구니와 빵 반죽 그릇에도 내릴 것입니다.
여러분이 들어와도 **하나님**의 복이 내리고
여러분이 나가도 **하나님**의 복이 내릴 것입니다.

7 여러분의 적들이 여러분을 공격해도, **하나님**께서 그들을 쳐부수실 것입니다. 그들이 여러분을 치러 한 길로 왔다가 일곱 길로 도망칠 것입니다.
8 **하나님**께서 명령하셔서, 여러분의 창고와 일터에 복이 넘치게 하실 것입니다. **하나님** 여러분의 하나님께서 여러분에게 주시는 땅에서, 여러분에게 복을 내리실 것입니다.
9 여러분이 **하나님** 여러분의 하나님의 계명을 지키고 그분께서 여러분에게

보여주신 길을 따라 살면, **하나님** 여러분의 하나님께서 약속하신 대로, 여러
분을 거룩한 백성으로 만드실 것입니다.

10 땅 위의 모든 백성이 **하나님**의 이름 아래 살아가는 여러분의 모습을 보고,
여러분을 크게 두려워할 것입니다.
11-14 **하나님**께서 여러분에게 좋은 것을 아낌없이 주실 것입니다. **하나님**께서
여러분에게 주시겠다고 여러분의 조상에게 약속하신 땅에서, 여러분의 태에
서 태어나는 자녀와 여러분이 보살피는 가축 새끼와 땅에서 나는 곡물을 아
낌없이 주실 것입니다. **하나님**께서 하늘 금고의 문을 여셔서 여러분의 땅에
철 따라 비를 내리시고, 여러분이 손대는 일에 복을 내리실 것입니다. 여러
분은 많은 민족들에게 빌려 주기는 해도, 여러분이 빌리지는 않을 것입니다.
내가 오늘 여러분에게 명령하는 **하나님**의 계명을 여러분이 잘 듣고 부지런
히 지키면, **하나님**께서 여러분을 머리가 되게 하시고 꼬리가 되지 않게 하실
것이며, 여러분을 언제나 위에만 있고 아래에 있지 않게 하실 것입니다. 내
가 오늘 여러분에게 명령하는 말에서 오른쪽으로나 왼쪽으로나 조금이라도
벗어나서, 다른 신들을 따라가거나 섬기는 일이 없게 하십시오.

불순종하여 받을 저주

15-19 여러분이 **하나님** 여러분의 하나님의 말씀을 잘 듣지 않고, 내가 오늘 명
령하는 계명과 규례를 부지런히 지키지 않으면, 이 모든 저주가 여러분에게
쏟아져 내릴 것입니다.

하나님의 저주가 도시에 내릴 것입니다.
하나님의 저주가 시골에 내릴 것입니다.
하나님의 저주가 여러분의 바구니와 빵 반죽 그릇에 내릴 것입니다.
하나님의 저주가 여러분의 자녀에게
여러분의 땅에서 나는 곡식에
여러분이 기르는 가축의 새끼에게

여러분이 기르는 소의 새끼에게
여러분이 기르는 양의 새끼에게 내릴 것입니다.
여러분이 들어와도 **하나님**의 저주가 내리고
여러분이 나가도 **하나님**의 저주가 내릴 것입니다.

20 여러분이 하려고 하는 모든 일에 **하나님**께서 저주와 혼란과 역풍을 보내
셔서, 마침내 여러분이 멸망하고 여러분에게 남은 것이 하나도 없게 하실 것
입니다. 이것은 모두 여러분이 그분을 저버리고 악을 좇았기 때문입니다.
21 **하나님**께서 여러분을 질병에 걸리게 하셔서, 여러분이 들어가 차지할 땅
에서 여러분을 쓸어버리실 것입니다.
22 **하나님**께서 여러분을 폐병과 열병과 발진과 발작과 탈수증과 마름병과 황
달로 공격하실 것입니다. 그것들이 여러분을 따라다니며 괴롭히다가, 마침
내 여러분을 죽게 할 것입니다.
23-24 여러분 머리 위에 있는 하늘은 쇠 지붕이 되고, 여러분이 딛고 선 땅은
콘크리트 덩어리가 될 것입니다. **하나님**께서 하늘에서 재와 먼지를 비처럼
내리셔서 여러분을 질식시키실 것입니다.
25-26 **하나님**께서 적의 공격을 통해 여러분을 치실 것입니다. 여러분은 그들
을 치러 한 길로 갔다가 일곱 길로 도망칠 것입니다. 땅 위의 모든 나라가 여
러분을 보고 혐오스럽게 여길 것입니다. 썩은 고기를 먹는 새와 짐승들이 여
러분의 주검을 마음껏 뜯어먹어도, 그것들을 쫓아 줄 사람이 없을 것입니다.
27-29 **하나님**께서 이집트의 종기와 치질과 옴과 난치성 가려움증으로 여러분
을 모질게 치실 것입니다. 그분께서 여러분을 미치게 하시고, 눈멀게 하시
고, 노망이 들게 하실 것입니다. 눈먼 자가 평생토록 어둠 속에서 길을 더듬
는 것처럼 여러분은 대낮에도 길을 더듬게 되어, 여러분이 가려고 하는 곳에
도 이르지 못할 것입니다. 여러분이 학대와 강탈을 당하지 않고 지나가는 날
이 하루도 없을 것입니다. 하지만 아무도 여러분을 도와주지 않을 것입니다.
30-31 여러분이 여자와 약혼해도 다른 남자가 그 여자를 빼앗아 첩으로 삼을
것입니다. 여러분이 집을 지어도 그 집에서 살지 못하고, 정원을 가꾸어도

당근 한 뿌리 먹지 못할 것입니다. 여러분의 소가 도살되는 것을 보면서도 고기 한 조각 얻지 못할 것입니다. 여러분의 나귀를 눈앞에서 도둑맞아도 다시 찾지 못할 것입니다. 여러분의 양을 적들에게 빼앗겨도 여러분을 도우려고 나서는 사람이 없을 것입니다.

32-34 여러분이 아들딸을 외국인에게 빼앗기고 눈이 빠지도록 그들을 기다려도, 어찌해 볼 도리가 없을 것입니다. 여러분의 곡식과 여러분이 일해서 얻은 모든 것을 외국인이 먹어 치우고, 여러분은 학대와 구타를 당하며 남은 생애를 보내게 될 것입니다. 여러분의 눈에 보이는 것마다 여러분을 미치게 할 것입니다.

35 **하나님**께서 여러분의 무릎과 다리를 치료할 수 없는 심한 종기로 치셔서, 머리끝부터 발끝까지 번지게 하실 것입니다.

36-37 **하나님**께서 여러분과 여러분이 세운 왕을 여러분과 여러분의 조상이 들어 보지도 못한 나라로 데려가실 것입니다. 거기서 여러분은 다른 신들, 곧 나무나 돌로 만들어져 신이라고 할 수 없는 것들을 섬기게 될 것입니다. **하나님**께서 데려가실 모든 민족 가운데서 여러분은 교훈거리와 웃음거리, 혐오의 대상이 되고 말 것입니다!

38-42 여러분이 밭에 자루째 씨를 뿌려도, 메뚜기들이 먹어 치워서 거둘 게 거의 없을 것입니다. 여러분이 포도밭을 일구고 풀을 뽑고 가지를 손질해도, 벌레들이 먹어 치워 포도주를 마시거나 저장하지 못할 것입니다. 도처에 올리브나무가 있어도, 그 열매가 다 떨어져 여러분의 얼굴과 손에 바를 기름이 없을 것입니다. 여러분이 아들딸을 낳아도, 그들이 여러분의 자녀로 오래 있지 못하고 포로로 잡혀갈 것입니다. 여러분의 모든 나무와 곡식을 메뚜기들이 차지하고 말 것입니다.

43-44 여러분과 함께 사는 외국인은 여러분보다 점점 더 높이 올라가고, 여러분은 점점 깊은 구렁텅이 속으로 떨어질 것입니다. 그가 여러분에게 빌려 주어도, 여러분은 그에게 빌려 주지 못할 것입니다. 그는 머리가 되고, 여러분은 꼬리가 될 것입니다.

45-46 이 모든 저주가 여러분 위에 내려, 여러분에게 남은 것이 하나도 없게
될 때까지 여러분을 쫓아다니며 괴롭힐 것입니다. 이는 여러분이 **하나님** 여
러분의 하나님의 말씀을 잘 듣지 않고, 내가 오늘 여러분에게 명령한 그분의
계명과 규례를 부지런히 지키지 않았기 때문입니다. 이 저주들은 여러분의
자손에게 영원토록 경고의 표징이 될 것입니다.
47-48 모든 것이 풍족한데도 여러분이 **하나님** 여러분의 하나님을 기쁘고 즐거
운 마음으로 섬기지 않은 탓에, 여러분은 **하나님**께서 여러분을 대적하라고
보내시는 여러분의 원수들을 섬기며, 굶주림과 목마름과 누더기와 비참함
속에서 살게 될 것입니다. 그분께서 여러분의 목에 쇠멍에를 메워, 마침내
여러분을 멸망시키실 것입니다.
49-52 그렇습니다. **하나님**께서는 여러분을 대적하도록 먼 곳에서 한 민족을
일으키셔서, 독수리처럼 여러분을 덮치게 하실 것입니다. 여러분이 알아듣
지 못하는 언어를 쓰고 험상궂게 생긴 그들은, 늙은 여자와 갓난아이를 가리
지 않고 학대하는 민족입니다. 그들은 여러분이 기르는 가축의 새끼와 여러
분의 밭에서 나는 곡식을 약탈하여, 마침내 여러분을 멸망시킬 것입니다. 그
들은 곡식과 포도주와 기름과 송아지와 어린양을 남겨 두지 않는 것은 물론
이고, 결국에는 여러분도 가만 놔두지 않을 것입니다. 그들이 사방에서 여러
분을 포위하고 공격하여 여러분을 성문 뒤로 몰아넣을 것입니다. 그들은 여
러분이 안전하다고 여기던 높고 웅대한 성벽을 공격하여 무너뜨릴 것입니
다. 그들은 **하나님** 여러분의 하나님께서 여러분에게 주신 땅 도처에 있는 요
새화된 성읍을 그렇게 포위하고 공격할 것입니다.
53-55 마침내 여러분은 **하나님** 여러분의 하나님께서 여러분에게 주신 아들딸
을 잡아먹을 것입니다. 포위 공격으로 고통이 최고조에 달하면, 여러분은 여
러분의 젖먹이까지 잡아먹게 될 것입니다. 여러분 가운데 가장 온유하고 자
상하던 남자마저 험악하게 변하여, 자기 형제와 소중한 아내와 살아남은 자
녀들에게까지 독기 서린 눈을 부라리고, 자기가 먹고 있는 자기 자녀의 살점
을 그들과 나눠 먹으려 하지 않을 것입니다. 원수들이 여러분의 요새화된 성
읍을 포위하고 옥죄어 오는 것이 고통스러워서, 그는 모든 것을 잃고 인간성

마저 상실하게 된 것입니다.
56-57 여러분 가운데 가장 온유하고 상냥하여 들꽃 한 송이조차 함부로 밟지 않던 여자마저 험악하게 변하여, 자신의 소중한 남편과 아들딸에게 독기 서린 눈을 부라리고, 심지어 갓 태어난 아기와 그 태반까지 남몰래 먹으려 들 것이며, 기어이 잡아먹고 말 것입니다! 원수들이 여러분의 요새화된 성읍을 포위하고 옥죄어 오는 것이 고통스러워서, 그녀는 모든 것을 잃고 인간성마저 상실했기 때문입니다.

58-61 여러분이 이 영광스럽고 두려운 이름, **하나님** 여러분의 하나님을 경외하지 않고, 이 책에 쓰인 모든 계시의 말씀을 부지런히 지키지 않으면, **하나님** 여러분의 하나님께서 여러분과 여러분의 자손에게 재앙을 내리실 것입니다. 그칠 줄 모르는 큰 재앙과 무시무시한 질병으로 사정없이 치실 것입니다. 그분께서는 한때 여러분이 그토록 무서워하던 이집트의 모든 질병을 가져다가 여러분에게 들러붙게 하실 것입니다. 그렇습니다. **하나님**께서는 상상할 수 있는 모든 질병과 재앙, 이 계시의 책에 기록되지 않은 재앙까지 여러분에게 내리셔서, 여러분을 멸하실 것입니다.
62 여러분이 한때 하늘의 눈부신 별처럼 허다하게 많았더라도, 이제는 몇 안 되는 가엾은 낙오자로 남고 말 것입니다. 이는 **하나님** 여러분의 하나님께서 하시는 말씀을 여러분이 순종하여 듣지 않았기 때문입니다.

63-66 결국 이렇게 끝나고 말 것입니다. 전에 **하나님**께서 여러분을 기뻐하시고, 여러분을 잘 살게 하시고, 여러분에게 많은 자손 주기를 기뻐하셨던 것처럼, 이제 여러분을 제거하고 땅에서 없애 버리는 것을 기뻐하실 것입니다. 그분께서는 여러분이 들어가 차지할 그 땅에서 여러분을 뿌리째 뽑아, 사방으로 부는 바람에 여러분을 실어, 땅 이쪽 끝에서 저쪽 끝까지 흩어 버리실 것입니다. 여러분은 다른 모든 신들, 곧 여러분과 여러분의 조상이 들어 보지도 못한 신들, 나무나 돌로 만들어져 신이라고 할 수도 없는 것들을 섬기게 될 것입니다. 여러분은 거기서 안식을 얻기는커녕 자리조차 잡지 못할 것입

니다. **하나님**께서 여러분에게 불안한 마음, 갈망하는 눈, 향수병에 걸린 영
혼을 주실 것입니다. 여러분은 끊임없는 위험에 노출된 채 온갖 망령에 시달
리며, 다음 모퉁이에서 무엇을 만날지 전혀 알지 못한 채 살게 될 것입니다.
67 여러분은 아침에는 "어서 저녁이 되었으면!" 하고, 저녁에는 "어서 아침이
되었으면!" 할 것입니다. 여러분은 직접 목격한 광경 때문에 다음에 무슨 일
이 닥칠지 몰라서, 두려워 떨게 될 것입니다.
68 "여러분이 다시는 보지 않게 될 것입니다" 하고 내가 약속한 그 길로, **하나
님**께서 여러분을 배에 태워 이집트로 돌려보내실 것입니다. 거기서 여러분
이 자기 자신을 원수들에게 남종이나 여종으로 팔려고 해도, 여러분을 살 사
람이 없을 것입니다.

모압 평야에서 맺으신 언약의 말씀

29 1 이것은 **하나님**께서 호렙에서 이스라엘 백성과 맺으신 언약에
덧붙여, 모압 땅에서 모세에게 명령하여 그들과 맺으신 언약의
말씀이다.

2-4 모세가 온 이스라엘을 불러 모아 말했다. 여러분은 **하나님**께서 이집트에
서 바로와 그의 신하들에게 하신 일, 이집트 온 땅에 하신 모든 일을 두 눈으
로 똑똑히 보았습니다. 그것은 여러분이 직접 목격한 엄청난 시험과 큰 표적
과 이적이었습니다. 그러나 **하나님**께서는 오늘까지 여러분에게 깨닫는 마음
이나 통찰력 있는 눈이나 경청하는 귀를 주지 않으셨습니다.
5-6 나는 지난 사십 년 동안 여러분을 이끌고 광야를 지나왔습니다. 그 모든
세월 동안 여러분의 몸에 걸친 옷이 해어지지 않았고, 여러분의 발에 신은
신발이 닳지 않았습니다. 여러분은 빵과 포도주와 맥주 없이도 잘 살았습니
다. 이는 하나님이 정말로 **하나님** 여러분의 하나님이신 것을 여러분에게 알
게 하시려는 것이었습니다.
7-8 여러분이 이곳에 이르렀을 때, 헤스본 왕 시혼과 바산 왕 옥이 전쟁 준비
를 하고 우리와 싸우러 나왔지만, 우리는 그들을 쳐부수었습니다. 우리는 그

들의 땅을 빼앗아 르우벤 자손과 갓 자손과 므낫세 반쪽 지파에게 유산으로
주었습니다.
9 여러분은 이 언약의 말씀을 부지런히 지키십시오. 이 말씀대로 행하면, 여
러분은 모든 면에서 지혜롭고 잘 살게 될 것입니다.

10-13 오늘 여러분은 **하나님** 여러분의 하나님 앞에 모두 나와 섰습니다. 각 지
파의 우두머리, 여러분의 지도자, 관리, 이스라엘의 모든 사람, 곧 여러분의
아이와 아내와 여러분의 진에 장작과 물을 날라다 주는 외국인에 이르기까
지 다 나와서, **하나님** 여러분의 하나님께서 오늘 여러분과 맺으시는 엄숙한
언약에 참여하고 있습니다. **하나님**께서 여러분과 여러분의 조상 아브라함과
이삭과 야곱에게 약속하신 대로, 여러분은 그분의 백성이 되고, 그분은 **하나
님** 여러분의 하나님이 되시겠다는 언약을 다시 굳게 하는 것입니다.
14-21 나는 이 언약과 맹세를 여러분하고만 맺는 것이 아닙니다. 나는 오늘 **하
나님** 우리 하나님 앞에 서 있는 여러분하고만 이 언약을 맺는 것이 아니라,
오늘 이 자리에 있지 않은 사람들과도 맺는 것입니다. 우리가 이집트에서 어
떤 처지로 살았고 우리가 여러 민족들 사이를 어떻게 헤쳐 왔는지, 여러분
은 잘 알고 있습니다. 여러분은 그들의 역겨운 것들, 곧 그들이 나무와 돌과
은과 금으로 만든 잡신들을 충분히 보았습니다. 여러분 가운데 남자나 여자
나, 어떤 가문이나 지파 그 누구든지, **하나님**에게서 벗어나 그 민족들의 우
상에 빠지지 않도록, 경계를 늦추지 마십시오. 독초가 움터 올라 여러분 가
운데 퍼지지 않게 하십시오. 이 언약과 맹세의 말씀을 듣고도 자신을 제외시
켜 "미안하지만, 나는 내 뜻대로 살겠습니다" 하면서 모든 사람의 목숨까지
파멸시키는 자가 생기지 않게 하십시오. **하나님**께서 그를 용서하지 않으실
것입니다. **하나님**의 진노와 질투가 화산처럼 폭발하여 그에게 미칠 것입니
다. 이 책에 기록된 모든 저주가 그를 덮을 것입니다. **하나님**께서 그의 이름
을 기록에서 지워 버리실 것입니다. **하나님**께서 그를 이스라엘 모든 지파 가
운데서 따로 떼어 내어, 이 계시의 책에 기록된 언약의 온갖 저주대로, 그에
게 특별한 벌을 내리실 것입니다.

22-23 여러분 뒤에 올 다음 세대의 자손과 먼 나라에서 올 외국인이, 도처에
널린 참상과 **하나님**께서 온 땅을 병들게 하신 것을 보고 소스라치게 놀랄 것
입니다. 그들은 유황불에 검게 타 버린 불모지와 소금 평야, 아무것도 뿌릴
수 없고, 아무것도 자라지 않으며, 풀잎 하나 돋아나지 않는 땅을 보게 될 것
입니다. 그 땅은 **하나님**께서 진노로 멸하신 소돔과 고모라와 아드마와 스보
임 같을 것입니다.
24 모든 민족이 이렇게 물을 것입니다. "어찌하여 **하나님**께서 이 땅에 이런
일을 행하셨단 말인가? 도대체 무엇이 그분을 이토록 진노하게 했을까?"
25-28 그러면 여러분의 자손이 이렇게 대답할 것입니다. "그들은, **하나님**께서
이집트에서 그들 조상을 이끌어 내신 뒤에 그들 조상과 맺으신 언약을 저버
리고, 그들이 들어 보지도 못하고 그들과 아무 관계도 없는 신들에게 가서
그것들을 섬기고 그것들에게 복종했기 때문입니다. 그래서 **하나님**의 진노가
폭발하여 이 땅에 미쳤고, 이 책에 기록된 온갖 저주가 그 위에 내렸습니다.
크게 진노하신 **하나님**께서 그들을 그 땅에서 뿌리 뽑으셔서, 오늘 여러분이
보는 것처럼, 다른 땅에 내다 버리신 것입니다."

29 감추어진 것은 **하나님** 우리 하나님께서 책임지고 하실 일이지만, 드러난
것은 우리의 몫입니다. 이 모든 계시의 말씀을 소중히 여겨 순종하는 것은,
우리와 우리 자손이 해야 할 일입니다.

생명과 선, 죽음과 악의 길

30 1-5 앞으로 이런 일이 일어날 것입니다. 내가 여러분 앞에 제시한
대로 복과 저주가 임할 것입니다. **하나님**께서 여러분을 흩으셔
서 여러 민족들 가운데서 살게 하실 때에, 여러분과 여러분의 자손이 이 일
들을 진지하게 받아들이고 **하나님** 여러분의 하나님께 돌아와서 내가 오늘
여러분에게 명령하는 모든 말씀에 따라 마음과 뜻을 다해 그분께 순종하면,
하나님 여러분의 하나님께서 여러분이 잃어버린 모든 것을 회복해 주시고
여러분을 긍휼히 여기실 것입니다. 그분께서 돌아오셔서, 흩어져 살던 모든

곳에서 여러분을 모으실 것입니다. 여러분이 아무리 멀리 떨어져 있어도 하나님 여러분의 하나님께서는 그곳에서 여러분을 이끌고 나오셔서, 전에 여러분의 조상이 차지했던 땅으로 여러분을 다시 데려오실 것입니다. 그 땅은 다시 여러분의 땅이 될 것입니다. 그분은 그 땅에서 여러분을 잘 살게 하시고, 여러분의 조상보다 수가 더 많게 하실 것입니다.

6-7 **하나님** 여러분의 하나님께서 여러분과 여러분 자손의 마음에서 굳은살을 베어 내셔서, 여러분이 마음과 뜻을 다해 **하나님** 여러분의 하나님을 사랑하게 하시고, 참된 삶을 살게 하실 것입니다. **하나님** 여러분의 하나님께서 여러분의 원수들, 곧 여러분을 미워하여 여러분을 노리던 자들 위에 이 모든 저주를 내리실 것입니다.

8-9 그러면 여러분은 새롭게 시작하여 **하나님**의 말씀을 잘 듣고, 내가 오늘 여러분에게 명령하는 그분의 모든 계명을 지킬 것입니다. **하나님** 여러분의 하나님께서 여러분의 일에 전보다 더 큰 복을 주실 것입니다. 여러분은 아이를 낳고 송아지를 얻고 농작물을 재배하며, 모든 면에서 행복한 삶을 누리게 될 것입니다. 그렇습니다. **하나님**께서 여러분의 조상이 잘 되게 하면서 기뻐하셨듯이, 여러분의 일이 잘 되게 하면서 다시 기뻐하실 것입니다.

10 여러분이 **하나님** 여러분의 하나님의 말씀을 잘 듣고 이 계시의 책에 기록된 계명과 규례를 지키면, 그렇게 해주실 것입니다. 마지못해 해서는 안됩니다. 여러분은 마음을 다하고 정성을 다해 **하나님** 여러분의 하나님께 돌아와야 합니다. 조금도 망설여서는 안됩니다.

11-14 내가 오늘 여러분에게 명령하는 이 계명은 여러분에게 어려운 것도 아니요, 여러분의 힘이 미치지 않는 곳에 있는 것도 아닙니다. 그 계명이 높은 산 위에 있어, 누가 산꼭대기에 올라가서 그것을 가지고 내려와 여러분의 수준에 맞게 풀이해 주어야, 여러분이 그 계명대로 살아갈 수 있는 것도 아닙니다. 또한 그 계명이 바다 건너편에 있어, 누가 바다를 건너가서 그것을 가져다가 설명해 주어야, 여러분이 그 계명대로 살아갈 수 있는 것도 아닙니다. 그렇습니다. 그 말씀은 바로 지금 여기에 있습니다. 입 속 혀처럼 가까이, 가슴 속 심장처럼 가까이 있습니다. 그러니 바로 행하십시오!

15 내가 오늘 여러분을 위해 한 일을 보십시오.
내가 여러분 앞에
생명과 선,
죽음과 악을 두었습니다.

16 내가 오늘 여러분에게 명령합니다. **하나님** 여러분의 하나님을 사랑하십시
오. 그분의 길을 따라 걸어가십시오. 그분의 계명과 법도와 규례를 지키십시
오. 그러면 여러분이 참으로 살고, 풍성하게 살 것입니다. **하나님** 여러분의 하
나님께서 여러분이 들어가 차지할 땅에서 여러분에게 복을 내리실 것입니다.
17-18 그러나 여러분에게 경고합니다. 여러분의 마음이 변하여 잘 듣지 않고 자
기 마음대로 떠나서 다른 신들을 섬기고 숭배하면, 여러분은 반드시 죽고 말
것입니다. 요단 강을 건너 들어가 차지할 땅에서 오래 살지 못할 것입니다.
19-20 나는 오늘 하늘과 땅을 불러 여러분 앞에 증인으로 세우고, 생명과 죽
음, 복과 저주를 여러분 앞에 둡니다. 여러분과 여러분의 후손이 살려거든,
생명을 택하십시오. **하나님** 여러분의 하나님을 사랑하고, 그분의 말씀을 순
종하여 듣고, 그분을 꼭 품으십시오. 그렇습니다. 그분이 바로 생명이십니
다. 여러분의 조상 아브라함과 이삭과 야곱에게 주겠다고 약속하신 그 땅에
계신 **하나님** 여러분의 하나님이야말로, 생명 그 자체이십니다.

모세의 마지막 당부

31

1-2 모세가 온 이스라엘에게 계속해서 이 말을 선포했다. 그가 말
했다. "내 나이가 이제 백스무 살입니다. 거동이 전과 같지 못합
니다. **하나님**께서도 나에게 '너는 이 요단 강을 건너지 못할 것이다' 하고 말
씀하셨습니다.
3-5 **하나님** 여러분의 하나님께서 여러분보다 먼저 강을 건너셔서, 여러분 앞에
있는 저 민족들을 멸하시고, 여러분이 그들을 쫓아내게 하실 것입니다. (하나
님께서 말씀하신 대로, 여호수아가 여러분 앞에서 강을 건널 것입니다.) **하나님**께서
는 아모리 왕 시혼과 옥과 그들의 땅에 행하신 것처럼, 저 민족들에게도 똑같

이 행하시고 저들을 멸하실 것입니다. 하나님께서 저 민족들을 여러분 손에
넘겨주시면, 여러분은 내가 여러분에게 명령한 대로 그들에게 행하십시오.
6 힘을 내십시오. 용기를 내십시오. 두려워하지 마십시오. 하나님 여러분의
하나님께서 여러분보다 앞서 성큼성큼 힘차게 걸어가시니, 그들을 두려워하
지 마십시오. 하나님께서 여러분과 함께하실 것입니다. 여러분을 버리지도
않으시고, 떠나지도 않으실 것입니다."
7-8 모세가 여호수아를 불러, 온 이스라엘이 지켜보는 앞에서 그에게 말했다.
"힘을 내시오. 용기를 내시오. 그대는 이 백성과 함께 하나님께서 그들 조상
에게 주시겠다고 약속하신 땅으로 들어가서, 그들이 저 땅을 자랑스럽게 차
지하게 하시오. 하나님께서 그대보다 앞서 성큼성큼 힘차게 걸어가시고, 그
대와 함께하십니다. 그대를 버리지도 않으시고, 떠나지도 않으실 것이오. 두
려워하지 마시오. 염려하지 마시오."

9-13 모세가 이 계시의 말씀을 기록하여, 하나님의 언약궤를 나르는 레위 자
손 제사장과 이스라엘의 모든 지도자에게 주었다. 그리고 그들에게 명령을
내렸다. "일곱째 해, 곧 모든 빚을 면제해 주는 해가 끝날 무렵인 초막절 순
례 기간에, 온 이스라엘이 하나님 여러분의 하나님을 뵈려고 그분께서 정해
주신 곳으로 나아올 때에, 여러분은 이 계시의 말씀을 온 이스라엘에게 읽어
주어, 모두가 듣게 하십시오. 남자와 여자와 아이와 여러분과 함께 사는 외
국인 할 것 없이 백성을 다 불러 모아서, 그들이 잘 듣고, 하나님 여러분의
하나님을 경외하며 사는 법을 배우고, 이 모든 계시의 말씀을 부지런히 지키
게 하십시오. 이 모든 것을 모르는 그들의 자녀들도, 여러분이 요단 강을 건
너가 차지할 땅에서 사는 동안에 듣고 배워서, 하나님 여러분의 하나님을 경
외하며 살게 하십시오."

14-15 하나님께서 모세에게 말씀하셨다. "너는 머지않아 죽는다. 여호수아를
불러, 함께 회막에서 나를 만나거라. 내가 그를 임명하겠다."

그래서 모세와 여호수아가 함께 가서 회막에 섰다. **하나님**께서 구름기둥 가
운데서 회막에 나타나시고, 구름은 회막 입구 가까이에 있었다.
16-18 **하나님**께서 모세에게 말씀하셨다. "이제 너는 죽어서 네 조상과 함께 묻
힐 것이다. 네가 무덤에 눕자마자, 이 백성은 저 땅에 들어가 이방 신들을 음
란하게 섬길 것이다. 그들은 나를 저버리고, 나와 맺은 언약을 깨뜨릴 것이
다. 나는 몹시 진노할 것이다! 나는 그들을 홀로 버려둔 채 떠나가서 뒤돌아
보지 않을 것이다. 그러면 수많은 재난과 재앙이 무방비 상태의 그들을 덮칠
것이다. 그들은 '이 모든 재앙이 우리에게 닥친 것은 하나님께서 여기 계시
지 않기 때문이 아닌가?' 하고 말할 것이다. 그러나 나는, 그들이 다른 신들
과 어울리며 저지른 온갖 악행 때문에, 그들의 삶에 관여하지 않고 못 본 척
할 것이다!
19-21 이제 너희는 이 노래를 옮겨 적은 다음, 이스라엘 백성에게 가르쳐서 외워
부르게 하여라. 그러면 이 노래가 그들에게 나의 증언이 될 것이다. 내가 그들
의 조상에게 약속한 젖과 꿀이 흐르는 땅으로 그들을 이끌고 들어가면, 그들
이 배불리 먹고 살이 쪄서 다른 신들과 바람을 피우고 그것들을 섬기기 시작할
것이다. 사태가 악화되어 끔찍한 일들이 일어난 뒤에야, 그들 곁에서 이 노래
가 증언이 되어, 그들이 누구이며 무엇이 잘못되었는지 일깨워 줄 것이다. 그
들의 후손이 이 노래를 잊지 않고 부를 것이다. 내가 약속한 저 땅에 그들이 아
직 들어가지 않았지만, 나는 그들이 무슨 생각을 품고 있는지 다 알고 있다."
22 모세가 그날에 이 노래를 기록하여 이스라엘 백성에게 가르쳤다.
23 **하나님**께서 눈의 아들 여호수아에게 명령하여 말씀하셨다. "힘을 내라. 용
기를 내라. 너는 내가 이스라엘 백성에게 주겠다고 약속한 땅에 그들을 이끌
고 들어갈 것이다. 내가 너와 함께하겠다."
24-26 모세는 이 계시의 말씀을 마지막 한 글자까지 책에 다 기록하고 나서,
하나님의 언약궤 운반을 맡은 레위인들에게 명령하여 말했다. "이 계시의 책
을 가져다가 **하나님** 여러분의 하나님 언약궤 옆에 두십시오. 이 책을 거기에
두어 증거로 삼으십시오.
27-29 나는 여러분이 반역을 일삼으며, 얼마나 완악하고 제멋대로인지 잘 알

고 있습니다. 지금 내가 버젓이 살아서 여러분과 함께 있는데도 여러분이 하나님께 반역하는데, 내가 죽으면 얼마나 더하겠습니까! 그러니 각 지파의 지도자와 관리들을 이곳으로 불러 모으십시오. 내가 하늘과 땅을 증인 삼아 그들에게 직접 말해야겠습니다. 내가 죽은 뒤에, 여러분이 모든 것을 엉망으로 만들고, 내가 명령한 길에서 떠나 온갖 악한 일을 끌어들이리라는 것을 나는 잘 알고 있습니다. 또한 나는 여러분이 하나님을 무시하고 기어이 악을 행하리라는 것과, 여러분이 행하는 일로 그분을 진노하게 하리라는 것도 잘 알고 있습니다."

30 온 이스라엘이 모여서 듣는 가운데, 모세는 그들에게 다음 노랫말을 처음부터 끝까지 가르쳐 주었다.

모세의 노래

32

1-5 하늘아, 내가 말할 테니 귀를 기울여라.
땅아, 내가 입을 열 테니 주목하여라.
나의 가르침은 부드러운 비처럼 내리고
나의 말은 아침 이슬처럼 맺히나니,
새싹 위에 내리는 가랑비
정원에 내리는 봄비 같다.
내가 하나님의 이름을 선포하니
우리 하나님의 위대하심에 응답하여라!
그분은 반석, 그분의 일은 완전하고
그분의 길은 공평하고 정의롭다.
너희가 의지할 하나님은 한결같이
올곧은 하나님이시다.
그분의 자녀라고 할 수 없는, 엉망진창인 자들이
그분 얼굴에 먹칠을 하지만, 그분 얼굴은 조금도 더러워지지 않는다.

6-7 너희가 이처럼 대하는 분이 하나님이심을 알지 못하느냐?

이런 미친 짓을 하다니, 너희는 경외심도 없느냐?
이분은 너희를 창조하신 아버지,
너희를 지으셔서 땅 위에 세우신 아버지가 아니시더냐?
너희가 태어나기 전에 어떤 일이 있었는지 읽어 보아라.
옛일을 조사하고, 너희 뿌리를 알아보아라.
너희가 태어나기 전에는 어떠했는지 부모에게 물어보고,
어른들에게 물어보아라. 그들이 한두 가지 말해 줄 것이다.

8-9 지극히 높으신 하나님께서 민족들에게 땅을 나누어 주시고
땅 위에 살 곳을 주실 때,
백성마다 경계를 그어 주시고
하늘 보호자들의 보살핌을 받게 하셨다.
그러나 **하나님**께서 자기 백성만은 친히 떠맡으시고
야곱만은 직접 돌보셨다.

10-14 그분이 광야에서
바람만 드나드는 텅 빈 황무지에서 그를 찾아내시고
두 팔로 감싸 극진히 돌보아 주셨으며
자기 눈동자처럼 지켜 주셨다.
마치 독수리가 보금자리를 맴돌며
새끼들을 보호하고
날개를 펴서 새끼들을 공중으로 들어 올려
새끼들에게 나는 법을 가르치듯이,
하나님께서 홀로 야곱을 인도하시고
이방 신은 눈에 띄지 않게 하셨다.
하나님께서 그를 산꼭대기로 들어 올리셔서,
밭의 곡식을 마음껏 즐기게 하셨다.
바위에서 흘러내리는 꿀을 먹이시고

단단한 바위틈에서 나오는 기름을 먹게 하셨다.
우유로 만든 치즈와 양의 젖
어린양과 염소의 살진 고기와
바산의 숫양, 질 좋은 밀을 먹이시고
검붉은 포도주를 먹게 하셨다. 너희는 질 좋은 포도주를 마신 것이다!

15-18 여수룬은 몸집이 커지자 반항했다.
네가 살이 찌고 비대해져 기름통이 된 것이다.
그는 자신을 지으신 하나님을 저버리고
자기 구원의 반석을 업신여겼다.
그들은 최신 유행하는 이방 신들로 그분의 질투를 사고
음란한 짓으로 그분의 진노를 불러일으켰다.
그들은 신이라고 할 수 없는 귀신들,
자기들이 알지도 못하던 신들,
시장에 갓 나온 최신 유행하는 신들,
너희 조상이 한 번도 "신"이라고 부른 적 없는 것들에게 제물을 바쳤다.
너희에게 생명을 주신 반석이신 분을 버리고
너희를 세상에 내신 하나님을 잊어버렸다.

19-25 **하나님**께서 그것을 보시고 발길을 돌리셨다.
자기 아들딸들에게 상처를 입으시고 진노하셨다.
그분께서 말씀하셨다. "이제부터 나는 못 본 척하겠다.
그들에게 무슨 일이 일어나는지 지켜보겠다.
그들은 변절자, 위아래가 뒤집힌 세대다!
다음에는 어떻게 할지 그 진심을 누가 알겠느냐?
그들이 신이 아닌 것들로 나를 자극하고
허풍쟁이 신들로 나를 격노케 했으니,
이제 나도 내 백성이 아닌 자들로 그들을 자극하고

빈껍데기 민족으로 그들을 격앙시키겠다.
나의 진노가 불을 뿜으니,
들불처럼 스올 밑바닥까지 타들어 가며
하늘 높이 치솟아 땅과 곡식을 삼켜 버리고
모든 산을 기슭에서 꼭대기까지 불살라 버린다.
나는 그들 위에 재난을 쌓아 올리고
굶주림, 불 같은 더위, 치명적인 질병을
화살 삼아 그들을 향해 쏘겠다.
으르렁거리는 들짐승들을 숲에서 보내어 그들을 덮치게 하고
독벌레들을 땅속에서 보내어 그들을 치게 하겠다.
거리에는 살인이
집 안에는 공포가 난무하니,
청년과 처녀가 거꾸러지고
젖먹이와 백발노인도 거꾸러질 것이다."

26-27 "내가 그들을 갈기갈기 찢어
땅에서 그들의 흔적을 모두 지워 버리겠다" 할 수도 있었지만
원수가 그 모든 것을 자기 공로인 양
"우리가 한 일을 보아라!
이 일은 **하나님**과 아무 관계가 없다" 하고 우쭐댈까 봐
그렇게 하지 않았다.

28-33 그들은 어리석은 민족이어서
비를 피할 줄도 모른다.
그들이 조금이라도 분별력이 있었다면
길 위에 무엇이 떨어지고 있는지 볼 텐데.
그들의 반석이신 분께서 그들을 팔아 버리지 않으시고서야
하나님께서 그들을 포기하지 않으시고서야,

어찌 군사 한 명이 천 명의 적을 쫓아내며
어찌 두 사람이 이천 명을 도망치게 할 수 있겠느냐?
우리의 원수들조차 자기들의 반석은
우리의 반석에 비하면 아무것도 아니라고 한다.
그들은 소돔에서 뻗어 나온 포도나무,
고모라의 밭에 뿌리박은 포도나무다.
그들의 포도는 독이 있어서
송이마다 쓰기만 하다.
그들의 포도주는 방울뱀의 독,
치명적인 코브라의 독이 섞여 있다.

34-35 내가 그것들을 내 창고에 보관하고
철문으로 꼭꼭 잠가 둔 것을, 깨닫지 못하느냐?
원수 갚는 것은 나의 일이니
그들이 넘어지기만을 내가 기다린다.
그들이 멸망할 날이 가까우니
느닷없이 신속하고도 확실하게 닥칠 것이다.

36-38 **하나님**께서는 자기 백성을 심판하셔도
가엾게 여기며 심판하실 것이다.
그들의 힘이 다하고
종도 자유인도 남지 않았음을
그분께서 보시고 말씀하실 것이다.
"그들의 신들이 어디 있느냐?
그들이 피난처로 삼던 반석이 어디 있느냐?
그들이 제물로 바친 지방 덩어리를 먹고
그들이 부어 바친 포도주를 마시던 신들이 어디 있느냐?
능력을 보여달라고, 도와 달라고,

너희에게 손을 펼쳐 달라고, 그것들에게 말해 보아라!"

39-42 "이제 알겠느냐? 내가 하나님인 줄 이제 알겠느냐?
나밖에 다른 신이 없다는 것을 알겠느냐?
나는 죽이기도 하고 살리기도 하며, 상하게도 하고 낫게도 하니
내게서 빠져나갈 자 아무도 없다!
내가 손을 들고 엄숙히 맹세한다.
'나는 언제 어디에나 있다. 내가 내 생명을 걸고 약속한다.
내가 번뜩이는 칼을 갈아
재판을 집행할 때
나의 원수들에게 복수하고
나를 미워하는 자들에게 되갚아 주겠다.
내 화살이 피에 취하게 하고
내 칼이 살을 실컷 먹게 하겠다.
살해당한 자들과 포로들,
오만하고 거만한 원수의 주검을 마음껏 먹게 하겠다.'"

43 민족들아, 그분의 백성과 함께 즐거워하고 찬양하여라.
그분께서는 자기 종들의 죽음을 갚아 주시고
자기 원수들에게 복수하시며
그 백성을 위해 자기 땅을 깨끗게 하신다.

44-47 모세와 눈의 아들 여호수아가 가서 이 노랫말을 백성에게 들려주었다.
모세가 이 모든 말씀을 온 이스라엘에게 전한 뒤에 말했다. "내가 오늘 증언
한 이 모든 말씀을 마음에 새기고, 속히 여러분의 자녀들에게 명령하여 이
모든 계시의 말씀을 하나하나 실천하게 하십시오. 그렇습니다. 이것은 여러
분에게 하찮은 것이 아닙니다. 바로 여러분의 생명입니다. 여러분이 이 말씀
을 지키면, 요단 강을 건너가 차지할 저 땅에서 오래도록 잘 살 것입니다."

[48-50] 바로 그날에 **하나님**께서 모세에게 말씀하셨다. "너는 여리고 맞은편 모
압 땅에 있는 아바림 산을 타고 느보 산 정상에 올라가서, 내가 이스라엘 백
성에게 주어 차지하게 할 가나안 땅을 바라보아라. 네 형 아론이 호르 산에
서 죽어 자기 조상에게 돌아간 것처럼, 너도 네가 올라간 산에서 죽어 땅에
묻힌 네 조상에게 돌아가거라.
[51-52] 이는 네가 신 광야 가데스의 므리바 샘에서 이스라엘 백성이 지켜보는
가운데 나와의 믿음을 저버리고, 나의 거룩한 임재를 나타내지 않았기 때문
이다. 너는 네 앞에 펼쳐진 저 땅, 내가 이스라엘 백성에게 주는 땅을 바라보
기만 할 뿐, 들어가지는 못할 것이다."

모세의 축복

33

[1-5] 하나님의 사람 모세가 죽기 전에, 이스라엘 백성에게 다음과
같은 말로 축복했다.

하나님께서 시내 산에서 내려오시고
세일 산에서 그들 위에 떠오르셨다.
그분께서 바란 산에서 빛을 비추시고
거룩한 천사 만 명을 거느리고 오시는데
그분의 오른손에서는
널름거리는 불길이 흘러나왔다.
오, 주께서 저 백성을 어찌나 아끼시는지,
당신의 거룩한 이들이 모두 주의 왼손 안에 있습니다.
그들이 주의 발 앞에 앉아서
주의 가르침을,
모세가 명령한 계시의 말씀을
야곱의 유산으로 귀히 여깁니다.
이렇게 **하나님**께서는
이스라엘의 지도자와 지파들이 모인 가운데

여수룬에서 왕이 되셨습니다.

6 르우벤
"르우벤은 그 수가 줄어들어 겨우겨우 살겠지만
죽지 않고 살게 해주십시오."

7 유다
"**하나님**, 유다의 외치는 소리를 들으시고
그를 자기 백성에게로 데려다 주십시오.
그의 손을 강하게 하시고
그의 도움이 되셔서 그의 원수들을 물리쳐 주십시오."

8-11 레위
"주의 둠밈과 우림이
주의 충성스런 성도에게 있게 해주십시오.
주께서 맛사에서 그를 시험하시고
므리바 샘에서 그와 다투셨습니다.
그는 자기 아버지와 어머니를 두고
'나는 저들을 모른다' 하고
자기 형제들을 외면하고
자기 자식들까지 못 본 체했으니,
이는 그가 주의 말씀을 보호하고
주의 언약을 지키고 있었기 때문입니다.
그로 하여금 주의 규례를 야곱에게 가르치고
주의 계시를 이스라엘에게 가르치며,
주의 코에 향을 피워 올리고
주의 제단에서 번제를 드리게 해주십시오.
하나님, 그의 헌신에 복을 주시고

그가 하는 일에 주께서 승인하신다는 표를 찍어 주십시오.
그에게 대항하는 자의 허리를 꺾으셔서
그를 미워하는 자의 최후가 어떠한지, 저희가 듣게 해주십시오."

12 베냐민
"그는 **하나님**께서 사랑하시는 자,
하나님의 영원한 거처.
하나님께서 종일토록 그를 감싸시고
그 안에서 편히 쉬신다."

13-17 요셉
"그의 땅은 **하나님**께 이런 복을 받게 하십시오.
높은 하늘에서 내리는 가장 맑은 이슬
땅속 깊은 곳에서 솟구치는 샘물
태양이 발하는 가장 밝은 빛
달이 내는 가장 좋은 빛
산들의 꼭대기에서 쏟아지는 아름다움
영원한 언덕에서 나는 최고의 산물
땅의 풍성한 선물들 가운데서도 가장 값진 선물
불타는 떨기나무에 거하시는 분의 미소.
이 모든 복이 요셉의 머리 위에
형제들 가운데서 거룩하게 구별된 이의 이마 위에 내릴 것이다.
그는 처음 태어난 수소처럼 위엄이 있고
그의 뿔은 들소의 뿔.
그 뿔로 민족들을 들이받아
땅 끝으로 모두 밀어낼 것이다.
에브라임의 수만 명이 그러하고
므낫세의 수천 명이 그러할 것이다."

18-19 스불론과 잇사갈
"스불론아, 외출할 때에 기뻐하여라.
잇사갈아, 집에 있을 때에 기뻐하여라.
그들이 사람들을 산으로 초청하여
바른 예배의 제물을 바칠 것이니,
바다에서 풍요를 거둬들이고
바닷가에서 보화를 주울 것이기 때문이다."

20-21 갓
"갓을 광대하게 하신 분, 찬양을 받으소서.
갓은 사자처럼 돌아다니다가
먹이의 팔을 찢고, 그 머리를 쪼갠다.
그는 가장 좋은 곳, 지도자의 몫으로 마련된 그 땅을
한 번 쳐다보고 혼자 힘으로 움켜쥐었다.
그는 선두에 서서
하나님의 옳은 길을 따르고
이스라엘의 생명을 위해 그분의 규례를 지켰다."

22 단
"단은 바산에서 뛰어오르는
새끼 사자다."

23 납달리
"납달리에게 은총이 넘치고
하나님의 복이 넘쳐흐른다.
그는 바다와
남쪽 땅을 차지한다."

24-25 아셀

"아들들 가운데 가장 많은 복을 받은 아셀!
형제들이 가장 아끼는 이가 되어
그 발을 기름에 담그고 안마를 받을 것이다.
철문을 잠갔으니 안전하고
살아 있는 동안 네 힘이 강철 같을 것이다."

❧

26-28 여수룬아, 하나님 같은 분은 없다.
그분께서 너를 구하시려 하늘을 가르고 오시며
구름으로 자기 위엄을 두르신다.
옛부터 계시는 하나님은 너의 안식처,
영원하신 두 팔이 그 기초를 떠받치신다.
그분께서 원수들을 네 앞에서 쫓아내시며
"멸하여라!" 명령하셨다.
이스라엘은 안전히 살고
야곱의 샘은 곡식과 포도주의 땅에
고요히 흐르고
그의 하늘은 이슬을 흠뻑 내린다.

29 이스라엘아! 너와 같이 복된 이가 누구겠느냐?
하나님께 구원받은 백성아!
그분은 너를 지키시는 방패
승리를 안기시는 칼.
네 원수들이 배로 기어서 네게 나아오고
너는 그들의 등을 밟고 행진할 것이다.

모세의 죽음

34

1-3 모세가 모압 평야에서 여리고 맞은편에 있는 느보 산 비스가 꼭대기에 올랐다. **하나님**께서 그에게 길르앗에서 단까지 이르는 온 땅을 보여주셨다. 납달리와 에브라임과 므낫세의 땅, 지중해까지 이르는 유다의 땅, 네겝 지역, 종려나무 성읍 여리고를 에워싸며 멀리 남쪽 소알까지 이르는 평지를 보여주셨다.

4 그런 다음 **하나님**께서 그에게 말씀하셨다. "이것은 내가 네 조상 아브라함과 이삭과 야곱에게 맹세하여 '네 후손에게 주겠다'고 약속한 땅이다. 내가 저기 있는 저 땅을 네 눈으로 보게 해주었다. 그러나 너는 저 땅에 들어가지 못한다."

5-6 **하나님**의 종 모세는 **하나님**께서 말씀하신 대로 모압 땅에서 죽었다. 하나님께서 그를 벳브올 맞은편 모압 땅 골짜기에 묻으셨는데, 오늘날까지 그가 묻힌 곳을 아는 사람이 아무도 없다.

7-8 모세가 죽을 때 백스무 살이었으나 그는 눈빛이 흐리지 않았고, 거뜬히 걸어 다닐 수 있었다. 이스라엘 백성은 모압 평야에서 모세를 생각하며 삼십 일 동안 슬피 울었다. 이렇게 모세를 위해 애도하는 기간이 끝났다.

9 모세가 안수했으므로, 눈의 아들 여호수아는 지혜의 영으로 가득 찼다. 이스라엘 백성은 그의 말을 잘 듣고, **하나님**께서 모세에게 명령하신 대로 행했다.

10-12 그 후로 지금까지 이스라엘에 모세와 같은 예언자가 다시는 일어나지 않았다. 모세는 **하나님**께서 얼굴을 마주 보고 아시던 사람이다. **하나님**께서 그를 이집트에 보내셔서 바로와 그의 모든 신하와 그의 온 땅에 일으키게 하신 표징과 이적 같은 것이, 그 후로 다시는 일어나지 않았다. 모세가 온 이스라엘 백성이 보는 앞에서 행한 크고 두려운 일과 그의 강한 손에 견줄 만한 것이 아무것도 없었다.

성경 이야기의 다섯 막

성경의 요체는 이야기다. 특정 백성에 대한 이야기, 하나님께서 어떻게 그들을 부르셨고 그들을 모든 인류를 위한 복의 통로로 삼고자 하시는지에 대한 이야기다. 사실, 이야기는 우리 삶을 가장 잘 묘사해 주는 단어이기도 하다. 우리는 법을 잘 준수하는 사람일 수도, 사실을 깊이 연구하는 사람일 수도, 지혜를 추구하는 사람일 수도 있지만, 이런 행위들이 우리에게 우리 삶의 의미를 밝혀 주는 것은 아니다. 우리 삶에 맥락을 제공하고 의미를 부여해 주는 것은 다름 아닌 이야기다.

성경은 모든 부분들이 모여 결국 하나의 이야기를 이룬다. 그렇기에

> **성경을 이해하자면, 우리는 그 등장인물을 파악하고 배경을 이해하고 줄거리를 따라가야 한다.**

성경의 클라이맥스와 대미를 이해하자면, 우리는 거기까지 전개되어 온 이야기를 알고 있어야 한다. 고조되는 긴장과 깊어지는 갈등을 함께 느낄 줄 알아야 한다. 좋은 소설을 읽을 때처럼 우리는 이야기 속에 푹 빠져들어야 한다.

다음은 성경을 다섯 막으로 이루어진 드라마로 보고 그 이야기를 축약해 본 것이다.

제1막 | 창조

성경 드라마는 막이 오를 때 이미 하나님이 무대 위에 올라와 계신다. 세상을 창조하고 계신다. 하나님은 사람 곧 아담을 만드시고는, 그를 에덴 동산에 두어 그곳을 돌보고 가꾸는 일을 하게 하신다. 하나님의 뜻은 인간이 당신과 친밀한 관계 가운데 살며 주변의 모든 창조물과 조화를 이루며 사는 것이다. 성경의 처음 장들은 하나님을 처음 인간들인 아담과 하와와 더불어 에덴 동산에 거주하시는 분으로 그린다. 창세기 첫째 장은 스스로 하신 일에 대해 자평하시는 하나님의 말씀으로 마친다.

> 하나님께서 손수 만드신 모든 것을 보시니
> 참으로 좋고 좋았다!(창 1:31)

이렇게 성경 이야기의 1막은 하나님께서 사람에게 바라시는 것이 무엇인지를 계시해 주며, 이후 일어날 일들의 배경이 된다.

제2막 | 타락

이야기에 긴장이 도입된다. 아담과 하와가 하나님의 길을 저버리고 자기 꾀를 내어 살기로 선택한 것이다. 그들은 하나님의 원수인 사탄의 혹하는 소리에 귀를 기울이고 하나님의 미쁘심을 의심한다. 그들은 하나님께 반역한다. 그 결과,

> 하나님은 그들을 에덴 동산에서 내쫓으시고, 그들이 흙으로 지어졌으므로 흙을 일구게 하셨다. 하나님께서 그들을 쫓아내신 다음, 동산 동쪽에 그룹 천사들과 회전하는 불칼을 두셔서, 생명나무에 이르는 길을 지키게 하셨다(창 3:23-24).

1막이 세상을 창조하신 하나님의 뜻이 무엇인지를 계시해 주었다면, 여기 2막은 창조물 가운데 일부가 하나님의 계획을 따르기를 거부했음을 보여준다. 하나님은 과연 인간과의 관계를 회복하고 창조세계에서 저주를 제거하실 수 있을 것인가? 아니면, 하나님의 원수에 의해 결국 그분의 계획이 무산되고 이야기가 역전되고 말 것인가?

1막과 2막은 페이지 수로 따지면 성경에서 얼마 안되지만, 뒤따라 전개되는 이야기 전체를 지배하는 중심 갈등이 도입되는 부분이다.

제3막 | 이스라엘

하나님께서 아브람에게 말씀하셨다. "네 고향과 네 가족과 네 아버지 집을 떠나, 내가 네게 보여줄 땅으로 가거라.

내가 너를 큰 민족이 되게 하고
네게 복을 주겠다.
내가 네 이름을 떨치게 할 것이니
너는 복의 근원이 될 것이다.
너를 축복하는 사람에게는 내가 복을 내리고
너를 저주하는 사람에게는 내가 저주를 내리겠다.
세상 모든 민족이
너로 인하여 복을 받을 것이다"(창 12:1-3).

하나님은 아브람(후에 하나님은 그에게 아브라함이라는 새 이름을 지어 주신다)을 부르셔서는 그를 큰 민족의 조상으로 삼아 주시겠다는 약속을 하신다. 그러고는 하나님은 초점을 좁혀 한동안은 한 무리의 사람들에게 집중하신다. 하지만 하나님의 궁극적 목적은 동일하다. 지상의 모든 민족들에게 복을 내리고, 창조세계에서 저주를 없애며, 에덴 동산에 존재했던 그 본래적 관계를 회복시키는 것 말이다.

이후 아브라함의 자손들이 이집트에서 노예로 살아가는 상황이 벌어지자, 성경 이야기의 중심 패턴 하나가 모습을 드러낸다. 즉 하나님께서 당신의 백성을 다시 찾아오시고, 그들을 해방시켜 주시며, 그들에게 약속의 땅을 되찾아 주신다. 하나님은 이 새 민족 이스라엘과 시내 산에서 언약을 맺으신다. 이집트로부터 탈출하여 출애굽(Exodus)하는 그들을 위해 모세를 지도자로 세워 주신다. 언약을 맺으실 때 하나님은, 만일 당신의 백성이 당신께 충실하고 신실히 당신의 길을 따른다면 그 새 땅에서 그들에게 복을 내리고 그곳을 에덴 동산 같은 곳으로 만들어 주겠노라고 분명히 약속해 주신다.

그러나 하나님은 또 경고하시기를, 만일 이스라엘이 언약을 충실히 이행하지 않는다면, 당신께서는 그들을 아담과 하와에게 하셨던 것처럼 그 땅에서 쫓아내실 것이라고 하신다. 비극적이게도, 또 하나님의 거듭된 경고와 호소에도 불구하고, 이스라엘은 결국 하나님의 길을 저버리고 만다. 그들은 하나님과의 언약을 깨뜨리고, 주변 민족들이 섬기는 거짓 신들을 따르며, 그렇게 하나님의 심판을 자초한다.

이렇게 아브라함의 자손들은 아담의 실패를 만회하라고 선택된 이들이었음에도 결국 실패하고 만다. 그러나 이런 와중에서도 하나님은 다른 씨들을 심고 계셨다. 이스라엘의 왕들 가운데 하나였던 다윗은 **"하나님의 마음에 합한 사람"**이었다. 하나님은 이스라엘에게 장차 다윗 같은 왕을 보내 주시겠다고 약속하셨다. 다윗의 후손인 그 왕은 이스라엘을 지혜롭게 인도할 것이며, 백성의 마음을 다시 하나님께로 돌이킬 것이며, 세계의 모든 민족들에게 복을 가져올 것이라고 하셨다.

이렇게 3막은 하나님의 부재와 더불어, 그러나 또한 한 약속, 희망과 더불어 막을 내린다.

제4막 | 예수

시간이 흘러 사백 년 후, 이스라엘 백성은 로마의 압제 아래서 신음하며 하나님이 다시 찾아와 주시기를 대망하고 있다. 이때 하나님의 천사가 마리아라는 한 젊은 여인을 찾아와서는 소식을 전한다.

> "네가 임신하여 아들을 낳을 것이니, 그 이름을 예수라고 하여라.
>
> 그는 크게 되어
> '지극히 높으신 분의 아들'이라 불릴 것이다.
> 주 하나님께서 그에게
> 그의 조상 다윗의 왕위를 주실 것이다.
> 그는 영원히 야곱의 집을 다스리고
> 그의 나라는 영원무궁할 것이다"(눅 1:31-33).

예수께서 오시는 것은 하나님의 약속의 성취였다.

예수께서는 미션에 돌입하신다. 백성 가운데 아프고 병든 이들을 고쳐 주신다. 영적 세계에 도사리고 있는 하나님의 원수들 곧 마귀들과 대결하시고, 그들더러 사람을 괴롭히지 말고 떠나라고 명령하신다. 가난한 심령으로 나아오는 이들에게 죄 용서를 선언하신다. 예수께서는 복음, 곧 희소식을 선포하신다.

> "때가 다 되었다! 하나님 나라가 여기 있다. 너희 삶을 고치고 메시지를 믿어라"(막 1:15).

예수께서 전한 메시지의 핵심은 바로 이 희소식, 하나님께서 통치하시는 나라가 다가오고 있다는 소식이다. 마침내 하나님께서 당신의 백성에게 돌아오실 것이고 다시 그들 가운데 거하실 것이다. 예수께서 임마누엘, 곧 "하나님이 우리와 함께하신다"고 불리시는 까닭이 여기에 있다.

그러나 예수의 메시지는 상반된 반응을 불러일으킨다. 믿고 받아들이는 이들도 있으나, 대부분은 그저 어리둥절해하며 그분을 신기해할 뿐이다. 제도권 종교 지도자들은 곧 그분을 적대한다. 갈등은 고조되다가 마침내 파국에 이르고, 마침내 종교 지도자들은 공모해 예수를 체포해서는 십자가에 못 박아 죽인다.

그러나 일견 하나님의 패배로 보이는 이 일은 실상 하나님의 최고 승리 사건이다. 예수의 죽음은 대역전의 사건, 하나님께서 당신의 원수를 거꾸러뜨리고 세상을 뒤엎으신 사건이다. 스스로 자기 목숨을 제물로 바침으로써 예수께서는 우리의 죄에 대한 하나님의 심판을 친히 담당해 주신다. 이스라엘의 참 제사장으로서 그분은 자기 목숨을 당신의 백성을 위해 제물로 바치신다. 그분께서는 당신 백성을 새로이 출애굽시키신다. 죽음에서 생명으로 옮기신다. 이 모든 일이 보여주는 바, 예수께서는 인류를 하나님과 화해시켜 주러 오시기로 약속된 바로 그 아브라함의 자손이다. 이스라엘은 예수를 통해 비로소 자신의 역할을 완수하게 된다. 하나님께서 아브라함을 부르신 목적을 마침내 이루게 된다.

이와 같은 예수 이야기가 바로 성경 전체 이야기의 핵심 포인트다. 하나님의 원수와의 대결, 세상의 근원적 뒤틀림을 바로잡으려는 씨름의 진면목이 펼쳐지는 장이 바로 예수의 삶이다. 예수께서 바로 성경 이야기의 주인공이시다.

제5막 | 하나님의 새 백성

결정적 승리는 이미 확보되었다. 그런데 왜 5막이 필요할까? 하나님께서는 예수의 승리가 세상 모든 민족들에게 퍼져 나가기를 바라시기 때문이다. 예수를 따르는 이들은 지금 함께 하나님의 새 성전으로 지어져 가는 중이다. 하나님의 영이 거하시는 곳으로 말이다. 하나님은 세계 방방곡곡에서 이런 이들을 불러 모아 당신의 교회를 이루게 하신다. 이 일이 완성되는 날, 예수께서 돌아오실 것이고, 하나님의 통치가 하나님의 창조세계 전체에 걸쳐 실재가 될 것이다(고전 15:24-25). 2막 때 들어왔던 저주가 마침내 제거될 것이다(계 22:3).

세계 모든 민족들에게 복을 가져오는 백성이 되라는 임무가 다시금 아브라함의 자손들에게 주어졌다. 신약성경에 따르면, 그리스도께 속한 이들이야말로 진정한 아브라함의 자손들이다(갈 3:29). 5막은 그리스도를 따르는 제자들에게 부여된 미션을 강조한다. 그리스도의 나라에 대한 희소식, 그 해방의 메시지를 선포하며 살아 내는 삶 말이다.

지금 우리 모두는 이 5막의 시대, 그 드라마를 살고 있다. 그리스도에 대한, 그분 나라에 대한 복음 메시지가 우리에게까지 이르렀다. 우리도 중대한 결단 앞에 서게 된 것이다. 어떤 결단을 내릴 것인가? 이 이야기 속에서 우리는 어떤 역할을 자임할 것인가?

성경 이야기는 인류 역사를 관통하는 갈등과 씨름에 대한 참된 서술이다. 우리는 새 창조의 일을 하시는, 세상을 회복시키시며 세상과 우리를 새롭게 하시는 하나님의 선교에 동참할 것인가?

무엇을 할 것인가?

지금 당장 할 수 있는 가장 중요한 일은 먼저 이 성경을 주의 깊게 읽는 것이다. 그러면 하나님의 영께서 성경의 말씀을 힘 있게 들어 사용하셔서 당신의 목적을 성취하신다. 여러분을 변화시키며, 여러분을 통해 세상을 변화시키신다.

성경을 읽기 쉬운 책이라 말하기는 어렵다. 이해하기 어려운 구절들도 분명 있다. 그러나 그럼에도 불구하고 여러분이 성경 읽기를 고수한다면, 하나님에 대해, 또 그분께서 성경을 통해 주시는 이야기에 대해 더 깊이 알고자 매진한다면, 여러분은 인도받을 것이고, 변화될 것이며, 하나님과 친밀한 사이가 될 것이다.

성경 드라마 | 연대표

◎ 세계사 주요 사건

피라미드 건설, 주전 2500년대
힌두교가 인도에서 흥왕하다, 주전 1100년대
불교가 인도에서 창시되다, 주전 500년대
알렉산더 대제의 통치 시대 개막, 주전 336년
중국이 만리장성 건축을 시작하다, 주전 214년
로마제국의 발흥, 주전 28년

제1막 | 창조

창조

대홍수가 지면을 덮다

하나님께서 아브라함을 택하시다
주전 2100년경

제3막 | 이스라엘

왕정의 시작
주전 1000년경
사울 / 다윗 / 솔로몬

왕국의 멸망과 포로기
이스라엘 주전 722년
유다 주전 586년

제4막 | 예수

예수의 탄생

예수께서 죽으시고 3일 만에 부활하시다
주후 30년경

◎ 아담과 하와 ◎ 노아 ◎ 아브라함 ◎ 모세 ◎ 예수

죄로 인한 타락

사람들이 흩어지다

모세가 이스라엘을 이끌고 출애굽하다

왕국의 분열

구약의 마지막 책이 저술되다

그리스도의 생애
마태, 마가, 누가, 요한이 각기 다른 관점에서 예수의 삶을 기록하다
예수께서 사역을 시작하시다

교회의 시작

오늘의 교회

제2막 | 타락

제5막 | 하나님의 새 백성